Hans-Dietrich Genscher

Deutsche Außenpolitik

Verlag BONN AKTUELL

W0072557

HANS-DIETRICH GENSCHER

DEUTSCHE AUSSEN-POLITIK

Ausgewählte Reden und Aufsätze
1974–1985

BONN AKTUELL

CIP-Kurztitelaufnahme der Deutschen Bibliothek
Genscher, Hans-Dietrich:
Deutsche Außenpolitik :
ausgew. Aufsätze 1974–1985 /
Hans-Dietrich Genscher. –
Überarb. u. wesentl. erw. Neuausg. –
Stuttgart : Bonn Aktuell, 1985.
ISBN 3-87959-238-1

Verlag BONN AKTUELL GmbH
April 1985
ISBN 3-87959-238-1

Umschlagentwurf: Jürgen Reichert, 7000 Stuttgart-Stammheim
Gesamtherstellung: Druckerei Maisch & Queck, 7016 Gerlingen
© 1977, 1981, 1985 Verlag BONN AKTUELL GmbH, 7000 Stuttgart 31

Inhalt

VIII

Zur Einführung

*»Beharrlichkeit im Wandel, Dauerhaftigkeit
der Überzeugungen im Wechsel«
(Altbundespräsident Walter Scheel 1985 in
einer Würdigung Genschers)*

Am 17. Mai 1974 übernahm Hans-Dietrich Genscher
das Amt des Außenministers und Vizekanzlers.

Elf Jahre sind seither vergangen, Genscher ist – wie er
gerne anmerkt – zum dienstältesten Außenminister der
Welt nach Gromyko geworden.

Es waren 11 Jahre eines dramatischen Wandels in
Weltpolitik und Weltwirtschaft. Der Weg ging:

- vom Höhepunkt der Entspannung 1974/75 zur Krise
  der Ost-West-Beziehungen Anfang der 80er Jahre und
  von da, seit Januar 1985, zum Versuch eines umfassenden Neubeginns;
- von der Ölpreisexplosion 1974 und dem machtvollen
  Eintritt der Dritten Welt in die große Politik zur Hun-
  gerkrise Afrikas und Schuldenkrise Lateinamerikas;
- von einem Zeitbewußtsein, das die Welt an den
  »Grenzen des Wachstums« (Club of Rome 1972) ange-
  kommen sah, zum Bewußtsein, daß eine technologische Revolution die Menschheit in ein neues Zeitalter
  vorantreibt – in das Zeitalter der Informationsgesellschaft, dessen neuer Grundrohstoff »Information«
  beliebig vermehrbar ist und das den Konflikt des Industriezeitalters zwischen Wachstum und Umweltschutz
  zu lösen verspricht;
- und der Weg ging – im Zusammenhang mit diesem
  Übergang in ein neues Zeitalter – von einer atlantisch
  zentrierten Welt zur »Pazifischen Herausforderung« –

zur Gefahr, daß ein bequem gewordenes Europa mit Amerika und Japan und den neuen Industrieländern Ostasiens nicht mithalten kann, daß es technologisch-wirtschaftlich und am Ende auch politisch an den Rand geschoben wird.

Die in diesem Band ausgewählten Reden und Aufsätze Genschers umfassen die ganze Spanne dieser elf Jahre.

Sie zeugen davon, wie Genscher neue Entwicklungen frühzeitig erkennt und wachsam auf sie reagiert.

Und sie zeugen davon, wie er die neuen Herausforderungen aufgreift mit einer sehr klaren Vorstellung darüber, was die Staatsraison der Bundesrepublik Deutschland verlangt, was das Bewegungsgesetz unseres Staates ist.

Es ist – wie diese Reden wieder und wieder ins Bewußtsein rufen – das Bewegungsgesetz einer »mittleren Macht« in der Mitte Europas, das Bewegungsgesetz eines Staates:

● der geistig und politisch zum Westen gehört und zugleich Nachbar des Ostens ist;

● der Teil einer getrennten Nation ist und zu seinem politischen Ziel erklärt hat, »auf einen Zustand des Friedens in Europa hinzuwirken, in dem das deutsche Volk in freier Selbstbestimmung seine Einheit wiedererlangt«;

● der ein Drittel seines Sozialprodukts und die Hälfte seiner Industrieproduktion exportiert, und das heißt: der für seine Existenz angewiesen ist auf weltweite gute Beziehungen und auf die Aufrechterhaltung einer offenen, stabilen Weltwirtschaft.

Stärker noch als der weltpolitische Wandel prägt sich so bei Lektüre dieser Reden die Stetigkeit ein, mit der Genscher die Grundlinien der deutschen Außenpolitik durchhält, prägt sich ein »die Dauerhaftigkeit der Überzeugungen im Wechsel«.

Für eine realistische Entspannungspolitik

Als Genscher im Mai 1974 die Leitung der deutschen Diplomatie übernahm, steuerte die Entspannungspolitik ihrem Höhepunkt zu: dem Abschluß der Konferenz über Sicherheit und Zusammenarbeit in Europa (Helsinki, 30. Juli bis 1. August 1975).

Die Verhandlungen über den Text der Schlußakte hatten am 18. September 1973 in Genf begonnen und endeten am 21. Juli 1975. Sie fielen also zum größten Teil in Genschers Zeit.

In seiner *Rede vom 25. Juli 1975* stellt Genscher das Verhandlungsergebnis dem Deutschen Bundestag vor:

Er betont den hohen Rang, den die Entspannungspolitik gerade für unser Land hat:

»Niemand hat mehr Anlaß als wir, Entspannung und Zusammenarbeit über die Grenzen und Blöcke hinweg zu fördern.«

Aber er fordert zugleich, auch die Grenzen der Entspannungspolitik klar zu erkennen. Er warnt vor Überschwang, er warnt insbesondere vor der Illusion, Entspannungspolitik könne uns von der Bürde befreien, die notwendigen Anstrengungen für unsere Verteidigungsfähigkeit zu unternehmen:

»Wer glaubt, er könne seine Sicherheit gewährleisten allein durch Bemühung um Entspannung, wäre ein gefährlicher Träumer.«

Und

»Die Schlußakte ist kein Ersatz für das Atlantische Bündnis. Die Bedrohung durch das militärische Potential der Staaten des Warschauer Paktes besteht ebenso fort wie die gesteigerten Rüstungsanstrengungen der Mitglieder dieses Pakts. Deshalb ist und bleibt die NATO Grundlage unserer Sicherheit... Das Bündnis steht nicht nur nicht im Gegensatz zur Entspannung, es ist ihre Voraussetzung und Grundlage.«

Genscher weiß um die Gefahren einer euphorischen Entspannungspolitik. Er weiß, daß überspannte Erwartungen in Enttäuschungen umschlagen müssen, die dann leicht auch ein Umschlagen der Politik zur Folge haben. Langfristige Entspannungspolitik, von deren Notwendigkeit Genscher zutiefst überzeugt ist, ist nur möglich, wenn sie »*realistische* Entspannungspolitik« ist.

Auf dem Höhepunkt der Entspannungspolitik wird Genscher so zum Mahner zur Nüchternheit.

Wir wissen heute: Der Westen und insbesondere die Vereinigten Staaten sind der Gefahr nicht entgangen, an die Entspannungspolitik unerfüllbare hohe Erwartungen zu knüpfen. Die zweite Hälfte der 70er Jahre wurde so zu einer Periode der Desillusion. Ende 1975/Anfang 1976 intervenierten kubanische Truppen, von sowjetischen Großraumflugzeugen über den Atlantik transportiert, in Angola. 1977/78 griffen sie in Äthiopien ein. Zugleich wurde sich der Westen bewußt, daß die Sowjetunion unvermindert weiterrüstete, während die Vereinigten Staaten ihre Rüstungsausgaben real verminderten. Gegen Westeuropa, und auch gegen Asien, stellte die Sowjetunion neue nukleare Mittelstreckenraketen auf, die durch Verteidigungserfordernisse nicht zu rechtfertigen waren. Im Dezember 1979 marschierte dann die Sowjetarmee in Afghanistan ein. Die Entspannungsperiode der 70er Jahre war zu Ende.

Im Rahmen der Doppelstrategie des Bündnisses, wie sie im Harmel-Bericht von 1967 vereinbart war, setzten die USA unter dem neuen Präsidenten Ronald Reagan veränderte Akzente: Sie betonten mehr als zuvor die Bedeutung der Verteidigungsfähigkeit gegenüber der Entspannungsbereitschaft. Den USA ging es darum, Versäumnisse früherer Jahre aufzuholen. Von dieser Entwicklung blieb das Bündnis nicht unberührt. Der amerikanische Versuch, die Europäer von den Verträgen mit der Sowjetunion über das Erdgas-Röhrengeschäft abzubringen, führte zu einer schweren Belastung der Allianz. Mitten aus dieser Situation heraus ist der Foreign-Affairs-Aufsatz vom September

1982 geschrieben. Er ist an Amerika gerichtet und begründet klar die Notwendigkeit einer ausgewogenen Doppelstrategie gegenüber der Sowjetunion, die die Bereitschaft und Fähigkeit zur Verteidigung ergänzt durch den Willen zu Dialog und Entspannung.

Ausgangspunkt der Argumentation ist die Grunderkenntnis, daß im Nuklearzeitalter eine ein-fache Politik reiner Gegnerschaft nicht mehr möglich ist:

»Das Konzept der Doppelstrategie gibt auf die Herausforderung der sowjetischen Politik die wirksamste Antwort: dem einen Teil dieser Strategie, der Gleichgewichtspolitik, fällt die Aufgabe zu, der sowjetischen Führung die Aussichtslosigkeit einer Vorherrschaftspolitik in der Welt klarzumachen. Der andere Teil der Strategie, die Entspannungspolitik, gibt der Sowjetunion gleichzeitig eine Alternative, nämlich die Option eines kooperativen Verhältnisses mit dem Westen. Wenn der Weg zur Vorherrschaft dauerhaft versperrt ist, könnte die sowjetische Führung am Ende durchaus zu der Einsicht gelangen, daß es auch in ihrem Interesse liegt, dieses Angebot zu Kooperation anzunehmen...
Es gilt heute den Fehler, der zum Zweiten Weltkrieg führte, zu vermeiden, als die Demokratien durch eine Beschwichtigungspolitik dem Deutschen Reich erlaubten, militärische Übermacht in Europa zu erlangen. Es gilt aber ebenso den Fehler, der zum Ersten Weltkrieg führte, nicht wieder zu machen, als beide Seite sich die Kontrolle über die Entwicklung verloren und trotz Bestehens eines Gleichgewichts in einen Krieg hineintrieben, den niemand wollte.«

Aufbauend auf dieser Grundeinsicht in die Notwendigkeit einer Doppelstrategie entwickelt Genscher im zweiten Teil des Aufsatzes ein umfassendes Konzept für eine in sich stimmige Gesamtpolitik gegenüber dem Osten in den vier großen Bereichen: der Rüstungskontrolle, den Wirtschaftsbeziehungen, den Menschenrechten und der Respektierung des Selbstbestimmungsrechts der Länder der Dritten Welt.

Der Aufsatz schließt:

»Vor den westlichen Demokratien liegt eine lange Periode ständiger Anstrengung. Die Doppelstrategie der Sicherung des Gleichgewichts und der Offenheit für Kooperation stellt dabei Anforderungen, auf die uns die bisherigen geschichtlichen Erfahrungen nicht vorbereitet haben. Die Doppelstrategie erfordert, in der Sowjetunion gleichzeitig den möglichen Gegner und den möglichen Partner zu sehen. Sie erfordert, daß

XV

die Bürger über lange Zeit die notwendigen Opfer für die Rüstung aufbringen, ohne sich dabei durch eine Stimmung der Konfrontation leiten zu lassen. Und sie erfordert, mit der Sowjetunion zu verhandeln und zu kooperieren, ohne das Gefühl für die grundlegende Bedrohung zu verlieren...

An der Frage, ob die westlichen Demokratien die Kraft zu einer Politik aufbringen, die über eine lange Periode des Übergangs hin das Gleichgewicht wahrt und gleichzeitig die Hand der Kooperation ausgestreckt hält – an dieser Frage wird sich wie an keiner anderen die Zukunft der Menschheit insgesamt entscheiden.«

In der Zeit der Entspannungs-Euphorie war Genscher ein Mahner zum Realismus – ein Mahner, der vielen unbequem war, von manchen als »Bremser« kritisiert wurde. Nun, in der Krise der Entspannung, wird Genscher zum Bewahrer des Erreichten, der sich unermüdlich für die Aufrechterhaltung eines konstruktiven West-Ost-Dialogs einsetzt.

Treibende Kraft ist Genscher insbesondere für den KSZE-Prozeß. Es ist vor allem ihm zu verdanken, daß das Zweite KSZE-Folgetreffen in Madrid, das im November 1980 begonnen hatte, in der Polenkrise vom Dezember 1981 nicht ergebnislos abgebrochen wurde. Der Westen blieb vielmehr am Verhandlungstisch sitzen, bis man sich im September 1983 auf ein Abschlußdokument einigen konnte, durch das der KSZE-Prozeß in allen Bereichen weitergeführt wird.

Zur gleichen Zeit läßt Genscher andererseits die Sowjetunion in keinem Zweifel darüber, daß die Bundesrepublik Deutschland zu beiden Teilen des NATO-Doppelbeschlusses vom Dezember 1979 steht, und das heißt: die Bundesrepublik wird amerikanische nukleare Mittelstreckenwaffen stationieren, falls die Sowjetunion sich in den INF-Verhandlungen nicht bereit zeigt, ihre Vorrüstung mit SS 20-Raketen zurückzunehmen.

Im Dezember 1983 beginnt die Stationierung der ersten Pershing-Raketen. Moskaus Versuch, einseitige nukleare Überlegenheit in Europa durchzusetzen, war gescheitert. Die Sowjets reagieren auf dieses Scheitern

mit dem Abbruch der Verhandlungen über Mittelstrekkenwaffen und wenig später auch über Interkontinentalwaffen.

In seiner Erklärung vom 6. Dezember 1983 begründet
Genscher noch einmal die Nachrüstungsentscheidung,
aber macht zugleich deutlich:

>»daß die Raketen eben kein Instrument für eine ›neue Politik der
>Stärke‹ sein werden, daß sie nicht als ein Instrument für eine Konfron-
>tationsstrategie auf europäischem Boden gegen die Sowjetunion
>gedacht sind, sondern daß wir festhalten an Entspannung und Zusam-
>menarbeit.«

Er zeigt sich zugleich überzeugt, daß Moskau aus Einsicht in die eigenen Interessen an den Verhandlungstisch
zurückkehren werde.

In der Tat, im Januar 1984 tritt, wie beim Madrider
Folgetreffen vereinbart, in Stockholm die Konferenz über
Vertrauens- und Sicherheitsbildende Maßnahmen und
Abrüstung zusammen *(Rede vom 19. Januar 1984)*.

Und ein Jahr später, am 8. Januar 1985, kommen der
amerikanische und der sowjetische Außenminister in
Genf überein, neue Abrüstungsverhandlungen aufzunehmen, die in umfassender Weise Kernwaffen strategischer
Reichweite, Kernwaffen mittlerer Reichweite und Welt-
raumwaffen einbeziehen sollen.

Genschers Voraussage ist eingetroffen. Seine Grundüberzeugung, daß im Nuklearzeitalter eine eingleisige
Politik der Gegnerschaft und der Dialoglosigkeit weder
für West noch für Ost möglich ist, hat sich erneut bestätigt.

Deutschlandpolitik

Entspannungspolitik ist für Genscher wesentlich *auch* Deutschlandpolitik. Denn, wie er unermüdlich betont, nur in einem Klima der Entspannung läßt sich die Lage der Deutschen, die voneinander getrennt in zwei Staaten leben müssen, verbessern. Und nur innerhalb einer wirklichen Friedensordnung in Europa kann unsere Nation hoffen, die Trennung zu überwinden.

Genscher hält mit ganzem Herzen an dem im Brief zur deutschen Einheit formulierten Ziel fest: »auf einen Zustand des Friedens in Europa hinzuwirken, in dem das deutsche Volk in freier Selbstbestimmung seine Einheit wiedererlangt.« Jahr für Jahr bekennt er sich in seiner Rede vor den Vereinten Nationen zu diesem Ziel, und bekennt sich zu ihm in der unbeirrbaren Sicherheit dessen, der die Geschichte auf seiner Seite weiß.

Aber er weiß auch: das Ziel ist fern. Es kann nur auf dem langen Weg der Entwicklung einer europäischen Friedensordnung erreicht werden. Genscher warnt alle, die glauben, diesen langen Weg abkürzen zu können durch eine Neutralisierung der beiden deutschen Staaten.

In seiner *Rede auf der »Eiswette zu Bremen« am 15. Januar 1983* sagt er dazu folgendes:

»Wer heute ungeduldig aus der harten Realität des Ost-West-Gegensatzes aussteigen will, wer der Illusion eines aus der Weltpolitik herausgelösten neutralisierten Deutschlands nachjagt, der trägt nicht zu einer Friedensordnung bei, sondern zu einer Rivalitäts-Ordnung – zu einem friedensgefährdenden Zustand permanenter Rivalität zwischen Ost und West um Deutschland.«

In diesem Zitat klingt ein zweiter Grundgedanke von Genschers Deutschlandpolitik an: die von ihm immer wieder beschworene Verantwortungsgemeinschaft der beiden deutschen Staaten für den Frieden. Aus der Geschichte ergibt sich für die Deutschen als oberste Pflicht, dafür zu sorgen, daß von deutschem Boden nie wieder ein Krieg ausgeht.

Europäische Friedenspolitik ist zugleich *auch* Deutschlandpolitik, aber ebenso gilt umgekehrt: Deutschlandpolitik ist zugleich *auch* europäische Friedenspolitik. Anknüpfend an die Maxime, die Arnold Duckwitz, der große Bremer Bürgermeister aus der Zeit der Freiheits- und Einheitsbewegung von 1848 für seine Stadt aufgestellt hatte, formuliert Genscher:

»Ein Staat wie Deutschland, im Herzen Europas, darf nie als ein Hindernis für das Wohlergehen der Gesamtheit der europäischen Staaten erscheinen, vielmehr soll er seine Stellung in solcher Weise nehmen, daß seine Selbständigkeit als ein Glück für das Ganze, seine Existenz als eine Notwendigkeit angesehen wird. Darin liegt die sicherste Bürgschaft seines Bestehens.«

Dritte Welt-Politik als Teil einer weltweiten Friedens- und Stabilitätspolitik

Im September 1973 war die Bundesrepublik Deutschland in die Vereinten Nationen aufgenommen worden. Auf Genscher kam die Aufgabe zu, die neugewonnene Mitgliedschaft in der Weltorganisation aktiv zu nutzen. Es galt, eine Politik nach Süden, eine Dritte Welt-Politik, zu entwickeln. Der deutschen Außenpolitik, bisher konzentriert auf Europa und den Atlantischen Raum, war die weltweite Dimension hinzuzufügen.

Der Anfang einer deutschen Dritte Welt-Politik fiel in eine Zeit, in der das allgemeine Verhältnis zwischen West und Süd in eine sich immer noch weiter verschärfende Konfrontation geraten war. An der Jahreswende 1973/74 hatten die OPEC-Länder den Ölpreis vervierfacht und damit von den westlichen Industrieländern den Transfer von nicht weniger als 2% ihres Sozialprodukts erzwungen. Die Entwicklungsländer in ihrer Gesamtheit feierten das Ölpreisdiktat der OPEC als den Anbruch einer neuen Ära. Im Hochgefühl der Macht forderten sie eine »Neue Weltwirtschaftsordnung«, in deren Zentrum ein neues Austauschverhältnis zwischen den Rohstoffen der Dritten Welt und den Fertigwaren der Industrieländer stehen sollte.

Im Mai 1974 beschloß eine Sondergeneralversammlung der Vereinten Nationen ein Aktionsprogramm für die Errichtung einer solchen neuen Ordnung. Und im Dezember 1974 stieß die reguläre 23. VN-Generalversammlung nach und verabschiedete, gegen die Stimmen der Bundesrepublik Deutschland und anderer westlicher Länder, eine »Charta wirtschaftlicher Rechte und Pflichten der Staaten«. Kaum ein Monat verging, in dem nicht ein neues Rohstoffkartell der Dritten Welt ins Leben sprang. Im Westen andererseits gab es Stimmen, die für ein militärisches Eingreifen in den Ölländern plädierten – so als ließe sich dadurch die Ölversorgung sichern.

In dieser Atmosphäre einer sich zuspitzenden West-Süd-Konfrontation nützte Genscher die Gelegenheit einer *Rede vor dem Ostasiatischen Verein in Hamburg (7. 3. 75),* um für die deutsche Dritte Welt-Politik das Leitwort auszugeben: »Kooperation, nicht Konfrontation«. In einer Beziehung gegenseitiger Abhängigkeit, so lautete seine Begründung, bedeutet Konfrontation per definitionem, daß *alle* Parteien verlieren. Aufgabe sei deshalb:

»die Vereinten Nationen von dem Konfrontationskurs abzubringen und sie wieder zu einem Forum zu machen, in dem Entwicklungsländer und Industrieländer an der Lösung der gemeinsamen Probleme der interdependenten Welt zusammenarbeiten.«

In seiner *Rede vor der 7. VN-Sondergeneralversammlung vom 2. September 1975* nahm Genscher dann die in Hamburg erhobene Forderung: »Reform, nicht Zerstörung des Weltwirtschaftssystems« auf und legte ein umfassendes Programm für eine marktkonforme Reform der Weltwirtschaft zugunsten der Entwicklungsländer vor.

XX

Er bekennt sich zum Ziel einer gerechteren Weltwirtschaftsordnung. Aber er betont: dieses Ziel läßt sich nicht erreichen durch »Flucht in einen weltweiten bürokratischen Dirigismus«. Es kann vielmehr allein erreicht werden durch eine Reform der Weltwirtschaftsordnung im Geiste sozialer Marktwirtschaft. Die Reformaufgabe lautet:

»die Effizienz des Marktes ist erhalten, aber sie mit wirksamer Hilfe für die Schwachen zu verbinden.«

Zusammen mit der Rede des amerikanischen Außenministers Kissinger markierte Genschers Rede die Überwindung der West-Süd-Konfrontation. Mit einer im Konsensus verabschiedeten Resolution leitete die 7. Sondergeneralversammlung den Nord-Süd-Dialog ein.

Die Themen der Interdependenz und Kooperation, die in der Rede vom 2. September auf die Weltwirtschaft bezogen sind, rücken wenige Wochen später in Genschers *Rede vor der 30. VN-Generalversammlung (24. 9. 75)* in ihrer vollen Breite in den Blick. Es heißt hier:

»Die Gewährleistung von Sicherheit und die Gewährleistung von wirtschaftlichem Wachstum und Stabilität kann kein Staat mehr in Isolation lösen. Ob es um die Vermeidung einer nuklearen Katastrophe, um die Bekämpfung des internationalen Terrorismus, um die Überwindung von Inflation und Rezession, um die Erhaltung der Lebensbedingungen auf unserem Planeten geht: überall übersteigen die Aufgaben die Möglichkeiten des einzelnen Staates, überall sind Lösungen nur im Zusammenwirken aller Staaten und Staatengruppen erreichbar. Die Probleme sind global geworden.«

Hatte die Rede vor der 7. Sondergeneralversammlung für den Aufbau einer gerechteren Weltwirtschaftsordnung das Prinzip der sozialen Marktwirtschaft betont, so stellt diese Rede nun das politische Prinzip der Selbstbestimmung der Nationen heraus. Die notwendig gewordene globale Ordnung der Zusammenarbeit läßt sich nur als eine »Ordnung unter Gleichen« entwickeln. Sie muß deshalb ausgehen vom Selbstbestimmungsrecht der Völker.

Jede Gemeinschaft braucht für ihren Zusammenhalt die Grundlage gemeinsamer Wertvorstellungen. Genscher sieht für die Zukunftsgemeinschaft gleichberechtigter Staaten diese Grundlage in den Menschenrechten, wie sie von den Vereinten Nationen in der Allgemeinen Menschenrechtserklärung verkündet und in den Menschenrechtspakten kodifiziert worden sind. Neben die Forderung nach Achtung des Selbstbestimmungsrechts der Völker tritt so in seinen Reden organisch die Forderung nach weltweiter Verwirklichung der Menschenrechte. Diese Verwirklichung mit voranzutreiben, dies ist für Genscher ein wichtiges Anliegen deutscher Außenpolitik und insbesondere deutscher VN-Politik.

Den wirtschaftlichen, politischen und menschenrechtlichen Komponenten einer Weltordnungspolitik fügt die *Rede vor der UNESCO vom 30. 10. 1978* die kulturelle Komponente hinzu. Genscher setzt sich insbesondere mit der Forderung der Dritten Welt nach einer »neuen Weltinformationsordnung« auseinander. Er unterstützt das Verlangen nach größerem Gleichgewicht im Informationsaustausch zwischen Nord und Süd. Die Industrieländer, so fordert er, müssen den Entwicklungsländern helfen, leistungsfähige Nachrichtenagenturen und andere Informationsmedien aufzubauen. Es gilt:

»eine Teilung der Welt in Informationsgeber auf der einen Seite und Informationsempfänger auf der anderen Seite zu verhindern.«

Aber Genscher tritt zugleich mit allem Nachdruck auch hier für das Prinzip der Freiheit ein und lehnt kompromißlos jeden Versuch ab, Informationsmedien staatlicher Kontrolle zu unterstellen. Die Freiheit der Information ist für ihn »Prüfstein aller Freiheiten«.

Die beiden großen VN-Reden von 1975 legten die Grundlage für die deutsche Dritte Welt-Politik. Sie zeigen, wie Genscher die auf die deutsche Außenpolitik zugekommene Aufgabe, an der Neugestaltung des Nord-Süd-Verhältnisses mitzuwirken, von Anfang an in umfassendem Sinn als Aufgabe einer weltweiten Friedens- und Stabilitätspolitik begreift: als Weltordnungspolitik.

Er tritt ein für den Aufbau einer globalen Ordnung, in der die Staaten im Bewußtsein ihrer Interdependenz gleichberechtigt und partnerschaftlich zusammenarbeiten.

Bei der Entwicklung einer solchen Weltordnung kommt den Vereinten Nationen eine unentbehrliche Rolle zu. Unter Genscher wird deshalb konstruktive Mitarbeit in den VN zu einem wichtigen Feld deutscher Außenpolitik.

Die Bundesrepublik Deutschland wurde schon kurz nach ihrem Beitritt für eine Zweijahresperiode in den Sicherheitsrat der Vereinten Nationen gewählt; die Generalversammlung von 1980 leitete ein deutscher Präsident, VN-Botschafter von Wechmar. 1977, im Vorwort zur ersten Ausgabe dieser Reden, schrieb Ralf Dahrendorf: »Außenminister Genscher hat der deutschen Mitwirkung in den Vereinten Nationen einen Rang gegeben, von dem ich gerne hoffen möchte, daß er als Vermächtnis eines liberalen Politikers lange fortwirkt in der deutschen Politik«.

Wie die Westintegration mit Adenauers Namen und wie die Regelung des Verhältnisses zum Osten und zur DDR mit den Namen Brandt und Scheel verbunden ist, so ist die Entwicklung einer deutschen Politik gegenüber der Dritten Welt mit Genschers Namen verknüpft.

Die Mitte der 70er Jahre war die Zeit des großen Aufbruchs in der Nord-Süd-Zusammenarbeit. Aber schon in den letzten Jahren der Dekade begann sich der Horizont zu verdüstern. Die zweite Ölpreisexplosion von 1978/79 ließ den Wachstumstrend in den Volkswirtschaften der Industrie- wie der Entwicklungsländer abbrechen. Zugleich breiteten sich in immer mehr Regionen der

Dritten-Welt-Bürgerkriege und Kriege zwischen Entwicklungsländern aus. Die Interventionen von außen nahmen zu.

Unter dem Eindruck dieser Entwicklungen machte Genscher die Gegenkräfte und Gegenbewegungen, die sich dem Fortschreiten der Menschheit entgegenstellen, zum Hauptthema seiner *Rede vor der 35. VN-Generalversammlung (24. 9. 1980).* Er fragt: »Kommt die Welt von ihrem Wege ab?«

Zur Mitte der 80er Jahre hin verschärft sich die Lage in vielen Entwicklungsländern weiter. In Lateinamerika bricht das Wachstum unter dem Druck der Schuldenkrise zusammen. In weiten Teilen Afrikas breitet sich Hunger aus.

Gleichzeitig nimmt die Hilfsbereitschaft der Industrieländer ab.

Schuld daran sind die eigenen wirtschaftlichen Schwierigkeiten in den westlichen Demokratien. Schuld daran ist der wieder aufgeflammte Ost-West-Konflikt.

Schuld daran ist aber auch die Enttäuschung über die zu gering erscheinenden Erfolge, die die Hunderte von Milliarden an Entwicklungshilfe bisher gehabt haben. Mit Geld allein, so war deutlich geworden, ließ sich die Entwicklung in der Dritten Welt nicht erreichen. Voraussetzung für erfolgreiche Hilfe von außen sind vielmehr erfolgreiche Entwicklungspolitiken im Innern. Und daran fehlt es nur allzu oft.

Seit den 80er Jahren rücken so die internen Entwicklungsstrategien der Länder der Dritten Welt in den Blick. Genscher prägte in diesem Zusammenhang schon früh den Begriff der »Entwicklung in Stabilität«. Von den hier abgedruckten Reden befaßt sich mit diesem Thema am ausführlichsten die *Rede vor der 11. VN-Sondergeneralversammlung vom 27. 8. 1980.*

Trug die Sondergeneralversammlungs-Rede von 1975

ein Programm für die Reform der internationalen Wirtschaftsbeziehungen vor, so legt Genscher hier seine Gedanken über ausgewogene *nationale* Entwicklungsstrategien dar, die erst die Bedingung für eine erfolgreiche Hilfe von außen schaffen:

»Entwicklung ist nur möglich, wenn sie die Massen der Armen in den Entwicklungsprozeß einbezieht. Einseitige Industrialisierungsstrategien, die die große Mehrheit der Bevölkerung übergehen, müßten zu zunehmender wirtschaftlicher und sozialer Ungerechtigkeit und damit zu politischer Instabilität führen, die schließlich das Wachstum auch der Industrie zerstören würde.«

Und

»Wir müssen daraus offen die Konsequenzen für den Nord-Süd-Dialog ziehen. Wir müssen ihn, mehr als dies bisher gelungen ist, zu einem Dialog darüber machen, was jede der beiden Seiten zum Erfolg der Entwicklungszusammenarbeit beizutragen hat. Ich möchte um Verständnis bei den Entwicklungsländern werben, wenn ich sage: die Bundesregierung kann den Bürgern Leistungen für die Entwicklungshilfe nur dann abfordern, wenn diese wissen, daß sie damit Armut und Not verringern.«

Mit einem Gipfeltreffen versuchten Industrie- und Entwicklungsländer im Oktober 1981 in Cancun, den Nord-Süd-Dialog wieder in Gang zu bringen und den Weg zu öffnen für die seit Jahren geplanten Globalverhandlungen. Die Hoffnungen jedoch, die Cancun nochmals weckte, erfüllten sich nicht.

Der Nord-Süd-Dialog ist heute praktisch zum Stillstand gekommen.

Dies kann kein Dauerzustand bleiben. Die Industriestaaten können nicht auf den Ost-West-Gegensatz und ihre eigenen Schwierigkeiten fixiert bleiben und den Rest der Welt, und das heißt: drei Viertel der Weltbevölkerung, vergessen.

In einem hier nicht aufgenommenen Aufsatz von 1976 stellte Genscher fest:

»Eine Weltwirtschaftsordnung und – ich füge hinzu – eine Weltfriedensordnung, deren Teilnehmer sich in Richtung auf immer größere Ungleichheit auseinanderentwickeln, kann nicht stabil bleiben.«

Diese Erkenntnis ist auch heute unverändert richtig. Es scheint eine sichere Prognose vorauszusagen, daß die weitere Entwicklung in der Dritten Welt West und Ost über kurz oder lang zwingen wird, sich wieder stärker mit den Problemen der Entwicklungsländer zu befassen. Die große Aufgabe unserer Zeit, wie Genscher immer wieder betont, ist die Überwindung der Kluft zwischen armen und reichen Ländern. Vor dieser Aufgabe erscheint der Ost-West-Konflikt als ein anachronistischer Konflikt.

Europäische Gemeinschaft und Nordatlantisches Bündnis als Schicksalsgemeinschaft der Freiheit

»Das Fundament deutscher Außenpolitik ist unsere Einbettung in die Europäische Gemeinschaft und in das Nordatlantische Bündnis« – wieder und wieder hämmern Genschers Reden diese Grundgegebenheit deutscher Außenpolitik ein. Denn, so heißt es etwa in der *Rede vom 20. Mai 1980:*

»Nur innerhalb dieser beiden Gemeinschaften können wir das Überleben und Gedeihen unseres Landes in Frieden, Freiheit und wirtschaftlich-sozialer Stabilität sichern. Sie stark zu erhalten und weiterzuentwickeln muß deshalb erste Priorität unserer Politik sein.«

In der *Davoser Rede vom 29. Januar 1982* beschreibt Genscher die Rolle des demokratischen Europas in der Weltpolitik, indem er ausgeht von einer Definition der europäischen Identität.

»Was ist die Identität dieses Europas? Was kann und will es der Welt geben?
Erstens: Europas heutige Identität in der Welt ist geprägt durch die Gründung der Europäischen Gemeinschaft: Noch in der ersten Hälfte des 20. Jahrhunderts war Europa Ausgangspunkt zweier Weltkriege. Heute ist die Europäische Gemeinschaft eine Kraft für den Frieden – nicht nur für Europa insgesamt, sondern für die Welt.
Zweitens: Die europäischen Demokratien sind die am stärksten in die Weltwirtschaft integrierte Region. Europa ist von seiner Natur aus

und muß dies bleiben: eine Kraft für ein offenes Weltwirtschaftssystem und für eine partnerschaftliche Zusammenarbeit mit den Entwicklungsländern.

Drittens: Die Idee, die Europa zu Europa gemacht hat, ist die Idee der Freiheit. Sie entfesselte die schöpferischen Kräfte des Menschen und machte Europa zur Geburtsstätte der modernen Welt.

In der Idee der Freiheit verbinden sich mit der Achtung der Würde und der Rechte jedes einzelnen Menschen die Bejahung der Toleranz und des Rechtes der Völker auf Selbstbestimmung. Europa ist durch diese Wertvorstellungen eine Kraft für die Evolution einer Weltordnung der Partnerschaft – einer Ordnung, die die Menschenrechte und die Pluralität der Kulturen bejaht und auf dieser Grundlage die Völker zu gleichberechtigter Zusammenarbeit zusammenführt.«

Und er fügt dem hinzu:

»Die europäische Kultur trägt die Möglichkeit in sich, aus ihrer Ausschließlichkeit herauszutreten, sich in die Betrachtungsweisen anderer Kulturen zu versetzen und umgekehrt sich selbst mit den Augen anderer Kulturen zu sehen, kurz: sich selbst zu relativieren. Diese früh angelegte Fähigkeit – ich verweise auf die altgriechische Aufklärung im 5. Jahrhundert vor Christus – ist heute zur Reife entwickelt. Europäisch denken und handeln heißt: Absage an jeden Fanatismus der Ausschließlichkeit, an jedes ideologische Vorherrschaftsstreben, an jede totalitäre Vereinheitlichung der Welt.«

Europa – auch dies hebt die Rede vom 29. Juni 1982 sehr klar heraus – kann seine Friedensaufgabe jedoch nur erfüllen im Bündnis mit Nordamerika.

Dieses Bündnis ist, noch vor aller Gemeinsamkeit des Sicherheitsinteresses, eine Gemeinschaft der Werte: eine Gemeinschaft des Willens zur Freiheit, Menschenwürde und Selbstbestimmung. Diese Wertgemeinschaft unterscheidet es wesensmäßig von einer traditionellen Militärallianz und gibt ihm seine Vitalität und seine Dauerhaftigkeit.

Das Bündnis ist ferner – und auch dies seinem Wesen nach – ein Zusammenschluß gleichberechtigter Staaten. Aber – so fügt Genscher hinzu:

»Gleichberechtigt ist nicht automatisch schon gleichgewichtig. Gleichgewichtigkeit Europas im Bündnis, und das heißt stärkere Mitgestaltung des Bündnisses, kann vielmehr nur durch ein einiges Europa erreicht werden. Nicht die Vereinigten Staaten verweigern Europa die Gleichgewichtigkeit im Bündnis, sondern die Europäer sich selbst: durch mangelnde Einigungsfähigkeit, durch nationale Egoismen, durch unvollständige Beiträge zur gemeinsamen Sicherheit. Wer in Europa über Abhängigkeit von Amerika klagt, der klagt in Wirklichkeit über unzureichende Fortschritte in der europäischen Einigung.«

Genscher ist ein energischer Verfechter der europäischen Einigung. Es geht ihm hierbei auch darum, Gleichgewichtigkeit im europäisch-amerikanischen Bündnis zu erreichen, die er als Voraussetzung ansieht für langfristige Stabilität und Gesundheit des Bündnisses.

Einigung heißt dabei zuvörderst: politische Einigung. Denn wie in der nationalen Politik, so kann auch in der europäischen Politik die Kraft zum Konsens und Interessenausgleich nur aus dem Bewußtsein kommen, daß man zusammengehört.

In der Rede vom 29. 1. 1982 führt Genscher aus:

»Am Anfang der Europäischen Wirtschaftsgemeinschaft stand die Begeisterung für ein politisch vereintes Europa. Es war ein schweres Versagen, daß wir alle in Europa diesen politischen Elan der Anfangszeit versickern ließen und uns, in guten Zeiten bequem geworden, auf die Theorie verließen, die wirtschaftlichen Sachzwänge würden automatisch auch die politische Einigung bringen.

Wir erkennen heute, in einer Zeit wirtschaftlicher Schwierigkeiten, diese Fehleinschätzung nur allzu deutlich. Die wirtschaftlichen Sachzwänge sind stärker als je zuvor. Aber sie einen nicht, sie versuchen uns eher auseinanderzutreiben, uns in die Sackgasse kurzsichtiger nationaler Egoismen zu führen. Und über den endlosen Debatten um Agrarpreise und -überschüsse, um Nettosalden, um Wettbewerbsverzerrungen und nationale Subventionen usw. ist die Europäische Gemeinschaft in die Gefahr geraten, die Zustimmung ihrer Bürger zu verspielen.«

Um die Idee der politischen Einigung Europas zu stärken, hatte Genscher schon in seiner *Rede in Stuttgart am 6. Januar 1981* eine neue Initiative in Richtung auf eine Europäische Union vorgeschlagen.

Frucht dieser Initiative ist die »Feierliche Erklärung zur Europäischen Union«, die am 19. Juni 1983 – zweieinhalb Jahre später – von den Staats- und Regierungschefs der Europäischen Gemeinschaft auf dem Gipfeltreffen von Stuttgart unterzeichnet wurde.

XXVIII

Neue Technologien verändern Weltwirtschaft und Weltpolitik

Seit Beginn der 80er Jahre bricht in die Außenpolitik ein neues Thema ein: die technologische Herausforderung.

Eine neue industrielle Revolution verwandelt die Welt. Sie geht aus von den beiden Basisinnovationen des integrierten Schaltkreises und des Computers. Die auf ihnen aufbauenden neuen Informations- und Kommunikationstechniken bringen nicht nur eine Fülle neuer Produkte hervor, sondern sie revolutionieren, im Verein auch mit der Weltraumtechnik und der neuen Materialtechnik, Produkte und Produktionsverfahren aller anderen Industrien, sie revolutionieren viele Bereiche des Dienstleistungssektors, und sie revolutionieren die Medien.

Und hinter diesen neuen Technologien, die bereits heute in ganzer Breite vordringen, kommt eine zweite Technologiewelle: die neue Biotechnik, die auf der Basisinnovation der Spaltung und Neukombination von Genen aufbaut. Bringt der Computer die vollautomatisierte Fabrik der Zukunft, so bringt die Biotechnik eine zweite Art von Fabrik der Zukunft: die »Fabrik der Mikroben«. In Bio-Tanks werden »maßgeschneiderte« Bakterien neue Pharmazeutik erzeugen oder Enzyme herstellen, die ihrerseits dazu dienen, chemische Grundstoffe auf neue, auf biologische Weise herzustellen. Schon in den 90er Jahren wird die Biotechnik voraussichtlich Medizin und pharmazeutische Industrie, Landwirtschaft und chemische Grundstoffindustrie und nicht zuletzt den Umweltschutz tiefgreifend verwandeln.

Kurz: Die neuen Technologien führen in eine neue Volkswirtschaft und in eine neue Gesellschaft. Die Menschheit tritt aus dem Industriezeitalter heraus und in das hochtechnologische Informationszeitalter hinein.

Dieser Übergang aber hat umwälzende Auswirkungen auch auf Weltpolitik und Weltwirtschaft:

Die erste industrielle Revolution ging von Europa aus und machte Europa zur Herrin der Welt. Die zweite industrielle Revolution wird in einem gigantischen Wettlauf von den USA und Japan vorangetrieben. Werden sich mit ihr Macht und Reichtum in den Pazifik verlagern, werden Europa und der Atlantik zur »Peripherie«?

Genscher greift – mit weitem Echo in der deutschen Öffentlichkeit – die technologische Herausforderung in seinem *Vortrag auf der Jahresversammlung des Bundesverbands der Deutschen Arbeitgeberverbände vom 12. Dezember 1983* auf. Und er macht von nun an diese Herausforderung zu einem Hauptthema seiner Reden. In dieser Sammlung gehören hierher: die *Rede in Kiel vom 21. Februar 1984*, die *Rede zur Eröffnung der internationalen Luftfahrtausstellung in Hannover vom 19. Mai 1984*, die *Rede in Dortmund vom 22. Januar 1985*.

Genscher weist die in Amerika und Japan verbreitete Ansicht, die europäische und auch die deutsche Industrie seien technologisch bereits aus dem Rennen geworfen, entschieden zurück (Rede vom 22. 1. 1985):

»Mit einem Wort, das Bild der deutschen Industrie ist ganz offensichtlich nicht das Bild einer Industrie, die in der Welt nicht mehr mitkommt. Das amerikanische Meinungspendel ist eben wieder einmal von einem Extrem in das andere geschwungen... Wir sollten das mit Gelassenheit sehen. Das Pendel wird in die Mitte zurückschwingen. Es gibt dafür schon Anzeichen.«

Aber mit der gleichen Entschiedenheit warnt Genscher auf der anderen Seite davor, daß wir uns auf den Lorbeeren unserer Exportüberschüsse ausruhen. Unser berechtigtes Selbstbewußtsein darf nicht zur Selbstgefälligkeit verführen. Wir müssen uns vielmehr mit aller Klarheit bewußt machen, daß wir in zentralen Feldern der neuen Informationstechnik zurückliegen. Und wir müssen die hierin liegende Herausforderung in ihrem ganzen Ernst erkennen und annehmen.

XXX

Die technologische Herausforderung ist dabei nicht nur eine Herausforderung an unsere Forscher und Unternehmer, sie ist vielmehr eine Herausforderung an uns alle: eine nationale und europäische Herausforderung.

In der Kieler Rede vom 21. Februar 1984 sagt Genscher hierzu:

»Der Aufbau einer hochtechnologischen Volkswirtschaft ist zunächst einmal Aufgabe der Forscher, der Ingenieure, der Unternehmer. Welche neuen Produkte zu produzieren, welche neue Produktionsverfahren einzuführen sind, das können nur sie herauszufinden suchen. Und über den Erfolg kann nur der Markt entscheiden. Jeder Versuch, die zweite industrielle Revolution durch staatliche Bürokratien zu steuern, wäre von vornherein zum Scheitern verurteilt.

Aber die Unternehmer können die hochtechnologische Volkswirtschaft nicht in einem Vakuum aufbauen, sie brauchen dazu die notwendigen gesellschaftlichen und staatlichen Rahmenbedingungen. Wir müssen die soziale Marktwirtschaft unter den Bedingungen der zweiten industriellen Revolution neu verwirklichen.«

Und in der Dortmunder Rede vom 22. Januar 1985 ergänzt er:

»Der bekannte Soziologe Mancour Olson analysiert in seinem Buch über »Aufstieg und Niedergang von Nationen« die Gründe dafür, daß eine Gesellschaft durch eine lange Periode der Stabilität in Gefahr gerät zu erstarren. Es entstehen immer mehr große und kleine Interessengruppen, die sich Veränderungen entgegenstellen und am Ende Wachstum und Weiterentwicklung der Gesellschaft unmöglich machen.

Die ebenso entscheidende wie schwierige Aufgabe, vor der eine zukunftsorientierte Politik heute steht, ist also: die vielfachen Erstarrungen in unserer Gesellschaft und Wirtschaft aufzubrechen und die notwendigen Freiheitsräume zu schaffen, um so die Wege zu bahnen für einen erfolgreichen Übergang in das neue Zeitalter der Information.«

Für die erfolgreiche Bewältigung der technologischen Herausforderung ist es nach Genscher erforderlich, daß wir vor allem vier große Aufgaben erfüllen:

Die erste Aufgabe ist die *Erneuerung der Marktwirtschaft:*

»Die neuen Hochtechnologien können nur gedeihen, wenn sie eingebettet sind in eine von Unternehmergeist erfüllte Kultur.

In den Vereinigten Staaten entstehen gegenwärtig pro Jahr 600 000 neue Unternehmen... Es sind diese neugegründeten Unternehmen und die kleineren und mittleren Unternehmen insgesamt, die das amerikanische Arbeitsplatzwunder geschaffen haben...

Auch bei uns ist eine Renaissance des Unternehmertums notwendig. Für die Politik heißt dies: sie muß die Rahmenbedingungen schaffen und wieder schaffen, unter denen sich auch bei uns Unternehmergeist, Eigenverantwortung, Leistungsbereitschaft und Risikobereitschaft voll entfalten können.« *(Dortmunder Rede vom 22. 1. 1985)*

Die zweite Aufgabe ist, daß *Staat und Industrie* in den Hochtechnologien in richtiger Weise *zusammenwirken.*

»Mit der Schaffung marktwirtschaftlicher Freiräume, in denen sich Unternehmertum, Innovationen und Investitionen entfalten können, spielt der Staat eine indirekte Rolle. Es gibt jedoch zwei Bereiche, wo von ihm auch eine direkte Rolle gefordert ist:
Die erste ist der Bereich der öffentlichen Investitionen. Der Staat ist hier in seiner Rolle als Nachfrager am Markt gefordert. Gerade in der Informationstechnologie und noch stärker in der mit ihr verbundenen Weltraumtechnologie ist der Staat ja der wichtigste einzelne Nachfrager. Eine unentbehrliche Voraussetzung für den Erfolg unserer Hochtechnologie-Industrie ist deshalb, daß die staatlichen Investitionen innovativ sind, und das heißt: daß sie der technischen Entwicklung nicht nachhinken, sondern sie antreiben und der Industrie einen Absatzmarkt für modernste Produkte bieten.
Der zweite Bereich, in dem der Staat eine direkte Rolle zu spielen hat, ist die Unterstützung von Forschung und Entwicklung in den Hochtechnologien. Wir müssen dabei klar vor Augen haben, was in Japan und in den USA geschieht...
Eine der wichtigsten Aufgaben sehe ich deshalb darin, das gegenwärtige Verhältnis von Zukunftsinvestitionen und Erhaltungssubventionen bei den staatlichen Ausgaben drastisch zugunsten der Zukunftsinvestitionen zu verändern.« *(Dortmunder Rede)*

Die dritte Aufgabe ist eine *Bildungspolitik für das neue Zeitalter:*

Genscher hebt hier insbesondere die *Universitätspolitik* heraus:

»Der Wettbewerb der Nationen ist heute zuallererst Wettbewerb ihrer Universitäten.
Die amerikanischen Erfolge in der Hochtechnologie wären undenkbar ohne die Elite-Universitäten wie Stanford und Berkeley, MIT und Harvard...
Das amerikanische Universitätssystem zieht seine Leistungsfähigkeit aus seiner Vielfältigkeit. Es bietet, von den Junior Colleges bis hin zu den Elite-Universitäten, ein breitgefächertes Lehrangebot, das allen Begabungen, allen Interessen und Neigungen gerecht werden kann.
Unsere 76 wissenschaftlichen Hochschulen dagegen stellen einheitlich dieselben akademischen Ausbildungsansprüche...
Die Lehrenden können sich in ihrem Lehrangebot und in den Prüfungsanforderungen nur auf ein mittleres Spektrum von Begabungen einstellen. Sie können weder die Hochbegabten wirksam ausbilden und

fördern, noch auch die Schwächerbegabten. Die Ersteren weden unterfordert, die Letzteren überfordert.

Und inhomogen, wie die Studenten an einer Universität, sind ebenso die Professoren. Spitzenforschung ist in einer solchen Atmosphäre schwierig gemacht.

Die zentrale Aufgabe unserer Hochschulpolitik ist also, das Versäumnis der letzten 15 Jahre gutzumachen und dem Wettbewerb zwischen den Hochschulen und der Differenzierung mehr Freiraum zu verschaffen...

Hervorragend ausgebildete Leistungs- und Verantwortungseliten sind für unsere Demokratie lebenswichtig. Wir müssen den Gleichheitsaposteln in der Bildungspolitik wie in allen übrigen Bereichen ein entschiedenes Nein entgegensetzen. *(Dortmunder Rede)*

Die vierte Aufgabe schließlich ist die *Europapolitik*. Sie muß endlich jenen einheitlichen europäischen Raum für Industrie und Forschung schaffen, ohne den gerade in den Hochtechnologien Erfolg auf den Weltmärkten nicht möglich ist:

»Unser Land kann im technologischen Wettbewerb mit den USA und Japan nicht allein auf sich gestellt bestehen. Wir haben dazu weder die Forschungs- und Industriekapazität, noch die Größe des Marktes. Für beides brauchen wir Europa.«

Und

»Wo Europa gemeinsam forscht, wie in der Hochenergie-Physik oder in der Kernfusion, da ist es mit an der Spitze. Und wo Europa gemeinsam produziert, wie beim AIRBUS, der ARIANE, beim Spacelab, einigen hochtechnologischen Waffensystemen, da kann es mithalten.

Was national gilt, gilt mehr noch für Europa: Noch haben wir die Ressourcen, um in den Spitzentechnologien zu den USA und Japan aufzuschließen. Pessimismus, die Vorstellung eines unausweichlichen Abstiegs wären völlig verfehlt. Worauf es ankommt, ist, daß wir uns der Herausforderung bewußt werden und daß wir sie bestehen wollen.«
(Rede vor dem BDA am 13. 12. 1983)

»Bewußtsein« ist ein Schlüsselwort für Genscher. Denn nur, wenn es gelingt, unserer Gesellschaft als ganzer das Bewußtsein der zukunftsentscheidenden technologischen Herausforderung zu vermitteln, werden wir in der Lage sein, die genannten vier großen Aufgaben zu erfüllen.

In der Dortmunder Rede heißt es dazu:

»Es kommt deshalb darauf an, daß wir über die ganze Breite unserer Gesellschaft hin das Bewußtsein dafür gewinnen, was auf uns zukommt. Aus diesem Bewußtsein heraus müssen wir Konzeptionen für die Gestaltung unserer Zukunft entwickeln.

XXXIII

Wir brauchen nicht, wie sie uns heute so oft angeboten werden, nostalgische Vorschläge für ein Zurück in die gute alte Zeit, die nur deshalb so gut erscheint, weil sie völlig wirklichkeitsfremd vorgestellt wird. Wir brauchen vielmehr eine positive politische Vision für eine faszinierende Zukunft. ...

Aus dieser Vision können wir dann die Kraft und den Mut schöpfen zum Wandel.«

Diese Zukunftsorientiertheit, diese positive Vision findet Genscher bei den Amerikanern und Japanern, aber auch bei Franzosen und Engländern. Er vermißt sie in unserem Land. Und er versucht deshalb, seine Erfahrung der Zukunftsorientiertheit anderer westlicher Nationen in unsere Gesellschaft hineinzutragen.

Der Außenminister übernimmt damit eine neuartige Aufgabe: aus dem Bewußtsein der technologischen Herausforderung heraus, das er in der Begegnung mit Amerika und Japan gewonnen hat, wird er zum Mahner, der die eigene Gesellschaft aus Selbstzufriedenheit wie aus Pessimismus aufrüttelt und ihr Zukunftsorientiertheit geben will.

Zukunftsoptimismus eines Liberalen

Im Schlußteil von Genschers Rede vor der 11. VN-Sondergeneralversammlung vom 27. August 1980 heißt es:

»Vor 200 Jahren, am Ausgang des 18. Jahrhunderts, öffneten die liberale und die industrielle Revolution in Europa und Amerika der Menschheit den Blick auf eine neuartige Zukunft. Bis dahin waren für die große Mehrheit der Menschen Unterdrückung und Armut unabänderliches Schicksal. Nun aber zeigte sich die Möglichkeit, daß eines Tages alle Menschen frei von Knechtschaft und frei von Not sein könnten.

Mit der Entkolonialisierung und der wirtschaftlichen Entwicklung der Dritten Welt hat sich in unserem Jahrhundert der Prozeß der Befreiung auf die gesamte Menschheit ausgedehnt.«

Und

»Der technologische Fortschritt gibt uns die Möglichkeit, die wirtschaftlichen und ökologischen Probleme zu lösen, vor denen unsere heutige

Welt steht und stehen wird. Es ist an uns, die moralischen Kräfte aufzubringen, die über die Zukunft der Menschheit entscheiden: den Willen zur Toleranz, der das Selbstbestimmungsrecht des anderen respektiert, den Willen zum fairen Interessenausgleich, den Willen zur Solidarität und – mit einem Wort – den Willen zum Frieden.«

Genscher ist sich illusionslos bewußt, wie bedroht das Fortschreiten der Menschheit ist; in der zitierten Rede war sein Ausgangspunkt die gegenwärtige Krise der Entwicklung in der Dritten Welt, und die wenig spätere Rede vor der regulären 35. VN-Generalversammlung stellte er unter das Thema: »Kommt die Welt von ihrem Weg ab?«

Und dennoch, Genscher sieht auch die andere Seite. Er läßt sich durch die Krisenerscheinungen der Gegenwart nicht den Blick verstellen auf die langfristigen Trends der Geschichte, die in eine bessere Zukunft weisen. Es sind die technologisch-wirtschaftlichen Trends und es sind ebenso die weltpolitischen Trends.

Unter den weltpolitischen Trends ist für Genscher am bedeutsamsten und am ermutigendsten die Entwicklung, die Westeuropa seit 1945 genommen hat. Nationen, die eben noch zwei verheerende Weltkriege gegeneinander geführt haben, verbanden sich zur Europäischen Gemeinschaft. Krieg zwischen ihnen ist undenkbar geworden.

Das Beispiel der Europäischen Gemeinschaft strahlt aus auf andere Regionen der Welt. In Asien, Afrika, Lateinamerika entstehen regionale Zusammenschlüsse.

Am weitesten fortgeschritten ist ASEAN, der Zusammenschluß der südost-asiatischen Staaten. An ihm wird modellhaft deutlich, einen wie entscheidenden Beitrag die regionale Kooperation zu Frieden und Entwicklung in der Dritten Welt leisten kann:

Der Zusammenschluß der ASEAN-Staaten half diesen Staaten zunächst, die eigenen Konflikte, die sie untereinander hatten, zu überwinden. Er wirkte auf diese Weise friedensstiftend und stabilisierend nach Innen. Die Über-

windung der Konflikte beseitigte zugleich die Ansatzpunkte für eine Einmischung raumfremder Mächte und
stärkte die Unabhängigkeit der Region. Frieden und
Unabhängigkeit wiederum schufen die politische Grundlage für eine schnelle wirtschaftliche und soziale Entwicklung.

Unter die positiven Trends der Weltpolitik rechnet
Genscher auch die Entwicklung der Blockfreienbewegung. Diese hat ihre antikolonialistische und damit anti-
westliche Gründungsphase hinter sich gelassen und ist zu
einer Politik übergegangen, die darauf gerichtet ist, die
gewonnene Unabhängigkeit nach allen Seiten hin zu
behaupten. Die Gipfelkonferenz in Havanna von 1979,
auf der Kubas Versuch, die Blockfreienbewegung an die
Sowjetunion anzulehnen, eindeutig scheiterte, markiert
den Wendepunkt.

Genscher begreift die weltpolitische Situation der
Gegenwart als Zeit eines langen Übergangs, in der zwei
Realitäten und Denkweisen miteinander im Widerstreit
liegen. In der in dieser Sammlung nicht wiedergegebenen
Rede vor den Vereinten Nationen am 26. September
1978 führt er dazu aus:

»Die eine Realität ist die Machtpolitik. Sie findet ihren Ausdruck in
einem gigantischen militärischen Rüsten, das sich immer noch weiter
steigert und auf mehr und mehr Regionen auch der Dritten Welt über-
greift. Dahinter steht die überholte Vorstellung, daß ein Staat die eigenen Interessen am besten durch Gewalt und durch das Streben nach
Vorherrschaft wahren und sichern kann.
Die zweite, die neue Realität, ist die globale Interdependenz. Alle
Staaten sind heute angewiesen auf verläßlichen Zugang zum Markt des
anderen, zur Technologie des anderen, zu den Rohstoffen des anderen.
Sie brauchen Wachstumsimpulse durch das Wachstum des anderen,
brauchen Zusammenarbeit im Kampf gegen den internationalen Terro-
rismus, brauchen Zusammenarbeit zum Schutze des bedrohten ökologi-
schen Gleichgewichts. Das alles aber läßt sich in unserer komplexen
Welt nicht durch Machtpolitik erlangen. Gewalt bedeutet Chaos und
Vernichtung für alle.«

Das Ineinandergreifen zweier widerstreitender Realitäten erfordert vom Außenpolitiker eine schwierige Dop-

pelkritik. Er muß einerseits eine konsequente Politik des Gleichgewichts verfolgen, um so jedes Vorherrschafts- streben abzuschrecken und den Frieden zu erhalten. Er darf andererseits nie die große, langfristige Zukunftsauf- gabe aus dem Blick verlieren, am Aufbau einer Weltord- nung gleichberechtigter, partnerschaftlicher Kooperation mitzuwirken.

Eine »Welt der Partnerschaft« – dies ist Genschers Zukunftsvision. Er weiß, wie lang der Weg dorthin noch ist, er weiß, daß weder wir noch unsere Kinder die Ver- wirklichung einer solchen Welt erleben werden. Aber er hofft, daß wir, und daß unsere Kinder weitere Fort- schritte in Richtung auf eine solche Welt machen werden.

Demjenigen, dem dies als Utopie erscheint, würde Genscher wohl antworten: er müsse konsequenterweise dann auch als Ziel der Menschheit die Selbstzerstörung annehmen.

Genscher weigert sich, ein solches Ende der Geschich- te für möglich zu halten. Er glaubt an den Fortschritt der Menschheit, so sehr auch dieser immer wieder durch Rückschritte unterbrochen wird.

Dieser grundsätzliche Glaube an den Fortschritt prägt den Geist der in diesem Band vereinigten Reden.

Und er kennzeichnet die von Genscher vertretene Außenpolitik als die Außenpolitik eines Liberalen.

Konrad Seitz

Eine westliche Gesamtstrategie für Frieden, Freiheit und Fortschritt

Aufsatz, veröffentlicht in den Zeitschriften »Foreign Affairs« im Herbst 1982 und »Außenpolitik« Nr. 4 (1982)

»Die Einheit des Bündnisses ist die Grundlage jedes erfolgreichen Verhältnisses mit dem Osten.« Dieser Satz Präsident Reagans gilt auch umgekehrt: Einigkeit des Bündnisses in der Politik gegenüber der Sowjetunion und Osteuropa, Einigkeit in der politisch-wirtschaftlichen wie in der militärischen Strategie – dies ist die Grundlage für Zusammenhalt und Handlungsfähigkeit der Allianz.

Das Sommerheft der Zeitschrift »Foreign Affairs« brachte eine deutsche Sicht zum Thema der militärischen Strategie. Ich beschränke mich daher im folgenden auf die Fragen der politischen und wirtschaftlichen Strategie.

Krisen im Osten dürfen nicht zu Bündniskrisen hochgeredet werden

Diese Fragen stehen seit der sowjetischen Intervention in Afghanistan und insbesondere seit der durch sowjetischen Druck erzwungenen Verhängung des Kriegsrechts in Polen im Zentrum der europäisch-amerikanischen Diskussion. Wir haben es dabei fertiggebracht, Krisen des Ostblocks in Krisen oder, richtiger, Krisenstimmungen der Allianz zu verwandeln.

Dem Beobachter von außen bietet sich so ein wahrhaft paradoxes Schauspiel: Da wird in Polen wieder einmal und deutlicher denn je die Brüchigkeit der sowjetischen Herrschaft über Osteuropa offenbar. Da zeigt sich eine

1

kommunistische Partei, die – ideologisch ausgehöhlt und nicht mehr fähig, selbst zu herrschen – die Macht an das Militär abgibt. Da zeigt sich die Krise nicht nur des polnischen, sondern des gesamten kommunistischen Wirtschaftssystems: Marx hatte verkündet, der Kapitalismus werde an seinen Widersprüchen zugrundegehen, und nun wird deutlich, daß es die sozialistische Planwirtschaft ist, in der die Produktionsverhältnisse in Gegensatz zu den Produktivkräften der Zeit treten. Da urteilt die Kommunistische Partei Italiens, der Kommunismus sowjetischer Prägung sei ein System, »das keine wirkliche demokratische Beteiligung erlaubt, weder im Bereich der Produktion noch im Bereich der Politik, und das so nicht nur die Freiheit und die schöpferischen Energien abtötet, sondern zugleich die ökonomische Dynamik, die Technologie und die Kultur bremst«.

Aber wer nicht gerade die »Unità« liest, erfährt von alledem wenig. Er muß vielmehr den Eindruck bekommen, daß am 13. Dezember 1981 mit der Verhängung des Kriegsrechts in Polen eine Krise des europäisch-amerikanischen Bündnisses ausbrach. Es ist höchste Zeit, daß die westlichen Demokratien dieser Paradoxie ein Ende machen: daß sie dem selbstzerstörerischen Kleinmut ein Ende machen, mit dem sie Meinungsunterschiede, wie sie für ein Bündnis freier Staaten normal sind, zu »Krisen« aufblasen und darüber unfähig werden zu sehen, wo in der Welt die wirkliche Krise liegt.

Wir müssen uns wieder der geistigen und materiellen Kräfte des Westens bewußt werden und erkennen, daß unsere Demokratien in der säkularen Auseinandersetzung mit der Sowjetunion die besseren Karten haben. Was wir brauchen, ist ruhige Zuversicht. Und aus dieser Zuversicht heraus müssen wir einen Konsensus über eine stetige, langfristig angelegte Gesamtstrategie für unsere Politik gegenüber der Sowjetunion in den 80er Jahren entwickeln.

2

I

Entspannungspolitik

Im Zentrum der Krisenstimmung im Bündnis steht die Auseinandersetzung um die Entspannungspolitik. Viel wäre bereits gewonnen, wenn wir uns bewußt würden, daß Amerikaner und Europäer mit dem Wort »Entspannung« Verschiedenes meinen.

Die europäische Sicht: Gleichgewichtspolitik und Entspannungspolitik

Sprechen Europäer von Entspannungspolitik, so meinen sie damit den einen Teil einer Doppelstrategie. Der andere Teil ist die Aufrechterhaltung einer ausreichenden militärischen Stärke des Bündnisses, um die Verteidigungsfähigkeit zu gewährleisten und jeden Angriff gegen einen Mitgliedsstaat, aber auch jede politische Erpressung abzuschrecken. Diese Gleichgewichtspolitik gilt es nach europäischer Ansicht auch weiterhin durch eine Entspannungspolitik zu ergänzen: eine Politik, die bereit ist zu Dialog, Verhandlungen und ausgewogener Zusammenarbeit mit dem Osten und die auf diese Weise bemüht ist, den Ost-West-Konflikt unter Kontrolle zu halten und die Spannungen zu vermindern.

Entspannungspolitik in diesem Sinne ist einer von zwei Pfeilern in einer Doppelstrategie für den Frieden. Der erste Teil, die Sicherung des Gleichgewichts, ist dabei die Basis, auf der die Entspannungspolitik aufbaut und überhaupt erst aufbauen kann. Denn es ist klar: ohne Gleichgewicht könnten die westlichen Demokratien der Sowjetunion nicht als gleichberechtigte Verhandlungspartner gegenübertreten, sondern könnten lediglich eine Politik der Beschwichtigung und der Anpassung an sowjetische Forderungen führen.

Das Ziel: eine europäische Friedensordnung

Im Vordergrund der europäischen Entspannungspolitik und insbesondere auch der deutschen Ostpolitik steht das Ziel, im geteilten Europa einen modus vivendi herzustellen und zu bewahren, der den auf absehbare Zeit unlösbaren Grundkonflikt zwischen Ost und West ausklammert und über den Graben der gegensätzlichen Wertvorstellungen und langfristigen Ziele Brücken des Dialogs und der Zusammenarbeit schlägt. Auf diese Weise soll auf kurze Frist die Teilung Europas gemildert werden und auf lange Frist ein evolutionärer Prozeß in Osteuropa und in der Sowjetunion selbst begünstigt werden, der zu größerer Freiheit für die Menschen im Osten und zu einer wirklichen europäischen Friedensordnung führen soll. Die KSZE-Schlußakte hat dabei deutlich gemacht, daß die Vereinigten Staaten und Kanada Teilnehmer einer europäischen Friedensordnung und Teilnehmer des zu ihr hinführenden Prozesses sind.

Eingefügt in diese europäische Friedenspolitik ist die Politik der Bundesrepublik Deutschland gegenüber der DDR. Sie ist Politik aus Verantwortung für den Frieden in Europa. Sie soll zugleich möglichst fruchtbare Beziehungen zwischen den beiden deutschen Staaten herstellen und ein Maximum an Informationsaustausch und persönlichen Kontakten zwischen den Deutschen auf beiden Seiten der Grenze erreichen. Unser langfristiges Ziel ist und bleibt dabei, »in Europa auf einen Zustand des Friedens hinzuwirken, in dem das deutsche Volk in freier Selbstbestimmung seine Einheit wiedererlangt«. So ist dieses Ziel im Brief zur deutschen Einheit formuliert,

4

den die sowjetische Regierung bei Abschluß des Moskauer Vertrags offiziell zur Kenntnis genommen hat. Es sollte allen unseren Bündnispartnern klar sein: Kein verantwortlicher Politiker in der Bundesrepublik Deutschland hat die Illusion, daß er das langfristige, unvergeßbare Ziel der Wiedererlangung der deutschen Einheit durch eine nationale Politik des Alleingangs fördern könnte. Basis für die Erreichung dieses Zieles sind vielmehr das Bündnis und eine gemeinsame Politik des Bündnisses für eine gesamteuropäische Friedensordnung.

Dies weist auf ein Zweites hin: Die nationalen Interessen der Deutschen decken sich mit dem Interesse des Westens insgesamt an einer positiven Entwicklung der Beziehungen zum Osten. Niemand im Bündnis würde sich wünschen, daß zu den gegenwärtigen Ost-West-Spannungen auch noch Spannungen zwischen den beiden deutschen Staaten hinzukämen. Und niemand sehnt sich in die Zeit zurück, als von Berlin aus friedensgefährdende Krisen auf das ganze Ost-West-Verhältnis ausstrahlten.

Die amerikanische Sicht: Entspannungspolitik als gescheiterte Gesamtpolitik

Das hier skizzierte deutsche und europäische Konzept der Entspannungspolitik als Teil einer Doppelstrategie gegenüber dem Osten ist amerikanischem Denken keineswegs fremd. Der erste, der eine solche Doppelstrategie entwickelte, war Präsident Kennedy in seiner Rede vor der Amerikanischen Universität vom 10. Juni 1963. Im Harmel-Bericht von 1967 wurde diese Doppelstrategie dann zur gemeinsamen Politik des Bündnisses erklärt. Auch für Kissinger gehörten Gleichgewichtspolitik und Entspannungsbemühungen zusammen. Aber es ist nicht

5

zu übersehen, daß Anfang der siebziger Jahre die Entspannungspolitik in Amerika »überverkauft« wurde und sich weithin ein Verständnis herausbildete, bei dem Entspannungspolitik nicht als Teil einer Doppelstrategie gesehen wird, sondern als einheitliche Gesamtpolitik:

Die Aufgabe blieb die alte: die globale Eindämmung der sowjetischen Machtexpansion. Unter dem Trauma des Scheiterns der rein militärischen Eindämmungspolitik in Vietnam wurde nun jedoch dieses Ziel primär auf eine neue Weise angestrebt: die Sowjetunion sollte in ein vielmaschiges Netz wechselseitig vorteilhafter Zusammenarbeit eingebunden und dadurch für das Prinzip gegenseitiger politischer Zurückhaltung und gegenseitiger Mäßigung in der Rüstung gewonnen werden. Der Sowjetunion sollte, mit anderen Worten, die Möglichkeit zu vorteilhafter Beteiligung am internationalen System gegeben werden und damit ein langfristiges Eigeninteresse an der Stabilität dieses Systems.

Zu Beginn der siebziger Jahre stützten sich amerikanische und europäische Entspannungspolitik gegenseitig. Von dem verschiedenen Ansatz dieser beiden Politiken her und von den mit ihnen verknüpften verschiedenen Erwartungen her kann jedoch heute im Rückblick auf die siebziger Jahre nicht ausbleiben, daß viele Amerikaner die Entspannungspolitik anders beurteilen als die Europäer.

Vielen Amerikanern gilt heute die Entspannungspolitik als gescheitert. Sie verweisen darauf, daß diese Politik weder politische Zurückhaltung der Sowjetunion noch Mäßigung in der Rüstung erreichen konnte. Im Gegenteil: Ungeachtet aller Rüstungskontrollverhandlungen rüstete die Sowjetunion mit ganzer Kraft weiter – auf allen Ebenen und weit über ein Maß hinaus, das sich durch Verteidigungsziele erklären ließe. Zugleich ging die Sowjetunion seit Mitte der siebziger Jahre offen zu einer Politik indirekter und direkter militärischer Intervention in der Dritten Welt über.

Zu Beginn der achtziger Jahre sehen sich die westlichen Demokratien damit einer Sowjetunion gegenüber, die militärisch zu einer globalen Supermacht geworden ist und die – wie die Entwicklung von Angola zu Afghanistan zeigt – bereit ist, die neugewonnene Fähigkeit weltweiter militärischer Intervention auch anzuwenden.

Die Europäer und gerade auch wir Deutsche, die wir an der Grenze von Ost und West leben, sehen diese Entwicklung durchaus in ähnlicher Weise wie Amerika. Und wir sehen nicht anders als Amerika die Bedrohung, die sich aus dieser Entwicklung ergibt: Die Gefahr ist heute offensichtlich nicht in erster Linie ein Angriff in Europa: der Große Krieg. Näher liegt vielmehr die Gefahr der schrittweisen Veränderung des weltpolitischen Kräfteverhältnisses. Am Ende dieses Prozesses der Kräfteverschiebung würden dann die westlichen Demokratien – und zuerst die europäischen Demokratien – durch die Demonstration erdrückender militärischer Übermacht und durch sowjetische Kontrolle von Seetransportwegen und Regionen der Dritten Welt, die für die westliche Energie- und Rohstoffversorgung lebenswichtig sind, zur Anpassung und Unterwerfung gezwungen sein.

In dieser Analyse der Situation besteht zwischen Amerikanern und Europäern weitgehende Einigkeit. Die Unterschiede der Auffassungen betreffen die Folgerungen, die aus den Erfahrungen der siebziger Jahre zu ziehen sind. Während viele Amerikaner die Entspannungspolitik als endgültig gescheitert erklären, halten die meisten Menschen in Europa das Konzept der Entspannungspolitik nach wie vor für richtig und notwendig. Denn sie sehen die Ursache für die Rückschläge der siebziger Jahre im Ost-West-Verhältnis nicht in der Entspannungspolitik, sondern vielmehr in den Versäumnissen bei der Gleichgewichtspolitik.

Voraussetzung der Entspannungspolitik – dies hatte die im Harmel-Bericht deklarierte Doppelstrategie des Bündnisses mit aller Klarheit betont – ist das Gleichgewicht. In den siebziger Jahren jedoch gingen die amerikanischen Rüstungsausgaben real zurück, während die sowjetischen unablässig anstiegen. In der Angola-Krise 1975 machte der Kongreß durch einen Gesetzesakt vor aller Welt klar, daß sich die USA aus dem Konflikt heraushalten würden, was die sowjetische Führung ihrerseits als Freibrief für die Intervention kubanischer Truppen nahm. Das Jackson-Vanik-Amendment und das Stevenson-Amendment andererseits entzogen der Administration die Möglichkeit, Moskau eine umfassende wirtschaftliche Zusammenarbeit in Aussicht zu stellen. Die Frage bleibt damit unbeantwortet, wie sich die sowjetische Politik entwickelt hätte, wenn die Vereinigten Staaten unter dem Doppeltrauma von Vietnam und Watergate nicht gleichzeitig ihre Möglichkeit, Widerstand zu leisten, und ihre Möglichkeit, Anreize zu geben, selbst gravierend geschwächt hätten.

Westliche Doppelstrategie contra sowjetische »friedliche Koexistenz«

Man kann den die Gleichgewichtspolitik ergänzenden Teil der Harmel-Doppelstrategie verschieden benennen: Entspannungspolitik (dies ziehe ich vor), Dialogpolitik, Suche nach konstruktiveren Beziehungen, Politik der Stabilisierung und des friedlichen Wandels – entscheidend ist, daß eine sozusagen einteilige Politik reiner Gegnerschaft im Nuklearzeitalter nicht mehr möglich ist. Wir leben in einer weltgeschichtlich neuen Situation, in der erstmals die militärische Austragung eines Konflikts keine rationale Option mehr ist, weil sie selbst für den

»Sieger« den eigenen Untergang bedeutete. Die Ambivalenz der Harmel-Doppelstrategie, die in der Sowjetunion zugleich den Gegner und den Verhandlungspartner sieht, ist begründet in der Ambivalenz der Wirklichkeit selbst.

Entspannungspolitik knüpft an dem einen entscheidenden Interesse an. Das Ost und West gemeinsam haben: dem Interesse, einen nuklearen Krieg zu verhüten. Die Vermeidbarkeit eines Krieges zwischen Ost und West wird sei Chruschtschow auch von der Sowjetunion offen anerkannt. Was uns als Selbstverständlichkeit erscheint, ist in Wahrheit eine fundamentale Korrektur der kommunistischen Doktrin, ist eine erste Bresche in der Mauer einer manichäischen Weltsicht, die im Nicht-Kommunisten sonst allein den Klassenfeind zu erkennen vermag.

Breschnew entwickelte den Grundsatz der Vermeidbarkeit eines Nuklearkriegs und der »friedlichen Koexistenz« weiter zu einer konsequenten langfristigen Strategie. »Friedliche Koexistenz« bedeutet dabei nicht, daß die Sowjetunion das Ziel der Weltrevolution aufgibt, sie ist vielmehr eine Strategie, die sowjetische Vorherrschaft in einer Weise voranzutreiben, die den großen Krieg zwischen Ost und West verhütet und eine wirtschaftliche Zusammenarbeit mit dem Westen möglich macht. Eine sowjetische Führung also, die hochrüsten kann, ohne auf Nachrüstung zu stoßen, und die in der Dritten Welt intervenieren kann, ohne das Risiko von Gegenmaßnahmen einzugehen, wird dies gemäß ihrem eigenen Selbstverständnis tun. Nur Illusionisten können anderes erwarten. Aber die Frage ist, wie eine sowjetische Führung sich verhalten würde, die bei einer solchen Politik mit einer adäquaten Antwort des Westens und mit adäquaten Risiken rechnen müßte. Sie könnte sich auf die Dauer durchaus gezwungen sehen, den aus ihrer Sicht »zweitbesten« Weg zu wählen: den Weg echter Koexistenz mit dem Westen. Echte Koexistenz ist nicht Koexistenz sowjetischer Art, bei der erwartet wird, daß die westlichen Demokratien sich passiv in die angebliche geschichtliche Gesetzmäßigkeit des Sieges des Kommunismus fügen. Echte Koexistenz kann für uns nur heißen: friedliches Neben- und Miteinander, beiderseits vorteilhafte Kooperation, friedlicher Wandel in einer pluralen Welt.

Das Konzept der Doppelstrategie gibt auf die Herausforderung der sowjetischen Politik der »friedlichen Koexistenz« die wirksamste Antwort: Dem einen Teil dieser Strategie, der Gleichgewichtspolitik, fällt die Aufgabe zu, der sowjetischen Führung die Aussichtslosigkeit einer Vorherrschaftspolitik in der Welt klarzumachen. Der andere Teil der Strategie, die Entspannungspolitik, gibt der Sowjetunion gleichzeitig eine Alternative, nämlich die Option eines kooperativen Verhältnisses mit dem Westen. Wenn der Weg zu Vorherrschaft dauerhaft versperrt ist, könnte die sowjetische Führung am Ende durchaus zu der Einsicht gelangen, daß es auch in ihrem Interesse liegt, dieses Angebot zur Kooperation anzunehmen.

Eine solche Doppelstrategie des Bündnisses ist gerade in der gegenwärtigen Situation des schrittweisen Führungswechsels in Moskau von größter Bedeutung. Jede einseitige Politik würde das Ziel, den Frieden sicherer zu machen, verfehlen:

- Eine Politik der Vorleistung könnte die neue sowjetische Führungsgeneration nur zur Fortsetzung des Vorherrschaftsstrebens ermutigen.
- Eine Konfrontationspolitik andererseits müßte im Ergebnis auf das gleiche hinauslaufen – denn sie ließe der sowjetischen Führung keine andere Wahl.

Es gilt heute den Fehler, der zum Zweiten Weltkrieg führte, zu vermeiden, als die Demokratien durch eine Beschwichtigungspolitik dem Deutschen Reich erlaubten, militärische Übermacht in Europa zu erlangen. Es gilt

10

aber ebenso den Fehler, der zum Ersten Weltkrieg führte, nicht wieder zu machen, als beide Seiten die Kontrolle über die Entwicklung verloren und trotz Bestehen eines Gleichgewichts in einen Krieg hineintrieben, den niemand wollte.

Realistische Entspannungspolitik

Aus diesen Überlegungen heraus plädieren wir Deutsche für die Fortsetzung der Entspannungspolitik – die Fortsetzung allerdings einer realistischen Entspannungspolitik. »Realistisch« bedeutet, daß sich das Bündnis stets des weiterbestehenden Gegensatzes zwischen Ost und West in Wertvorstellungen und in Zielen bewußt ist und daß es sich bewußt ist, daß Entspannungspolitik nur aufbauen kann auf der Grundlage der Gleichgewichtspolitik, daß sie so verstanden jedoch als einer der beiden Pfeiler der Friedenswahrung notwendige Ergänzung der Gleichgewichtspolitik ist.

Die Bundesregierung hat Entspannungspolitik von allem Anfang an als realistische Entspannungspolitik geführt. Die Regierungserklärung vom Oktober 1969 war bereits darauf bedacht, keine »trügerischen Hoffnungen« zu erwecken. Und ich selbst sagte z. B. am 25. Juli 1975 vor dem Deutschen Bundestag – in einer Erklärung aus Anlaß der Unterzeichnung der Schlußakte von Helsinki, also auf einem der Höhepunkte der Entspannungspolitik: »Realistische Entspannungspolitik ist eine Politik, die auch ihre Grenzen sehr klar erkennt. Entspannungspolitik erfordert das Fundament der Sicherheit, und Sicherheit gibt es für uns nicht ohne das Bündnis und seine und damit auch unsere Verteidigungsbereitschaft. Wer glaubt, er könnte seine Sicherheit gewährleisten allein durch Bemühung um Entspannung, wäre ein gefährlicher Träumer.«

Wir Deutsche haben nach dieser Erkenntnis auch gehandelt. Wir haben in den siebziger Jahren unsere Rüstungsausgaben Jahr für Jahr um real 3 Prozent gesteigert und die Bundeswehr zu einer der bestausgerüsteten und bestausgebildeten Armeen der Welt gemacht – und sie ist eine Wehrpflichtarmee. Ähnlich wie wir handelten auch andere europäische Bündnispartner.

Die Erfahrung der Entspannungsdekade der siebziger Jahre ist eben in Europa ganz anders als in den USA, wo die Verteidigungsausgaben während dieser Zeit zurückgingen. Die in Amerika verbreitete Annahme, eine Entspannungsatmosphäre führe zur Vernachlässigung der Verteidigungsbereitschaft, stimmt für Europa eben gerade nicht. Es ist umgekehrt: Die Menschen in Europa sind willig, Opfer für die Verteidigung zu bringen, wenn sie überzeugt sind, durch diese Rüstungsausgaben den Frieden zu stabilisieren. Eine Konfrontationsatmosphäre dagegen schlägt um in Angst vor Rüstung.

Sind wir uns dieser unterschiedlichen Vorstellungen bewußt, die Deutsche und Europäer einerseits und Amerikaner andererseits mit dem Begriff »Entspannung« verbinden, dann sollte es von diesem Grundverständnis aus möglich sein, daß wir im Bündnis eine langfristig angelegte Gesamtpolitik gegenüber dem Osten entwickeln, die übereinstimmende Lehren aus den Erfahrungen der siebziger Jahre zieht und auf die Herausforderungen der achtziger Jahre eine gemeinsame Antwort gibt.

Es geht um vier Fragenbereiche: die Rüstungskontroll- und Abrüstungspolitik, die Wirtschaftsbeziehungen zum Osten, die Menschenrechtspolitik, und in diesem Zusammenhang insbesondere die Politik gegenüber Osteuropa, und die Politik gegenüber der Dritten Welt.

II

Rüstungskontroll- und Abrüstungspolitik

Für die Entwicklung der Ost-West-Beziehungen in den kommenden Jahren, ja für die Entwicklung der Weltpolitik und Weltwirtschaft insgesamt ist keine Frage entscheidender als die, ob es gelingt, eine weitere Drehung der Rüstungsspirale anzuhalten.

Die bisherigen Bemühungen um Rüstungskontrolle und Abrüstung konnten nicht verhindern, daß in Ost und West und in der Dritten Welt weiter gerüstet wurde. Es ist verständlich, daß sich Skepsis gegenüber der Rüstungskontrollpolitik ausbreitet. Jedoch, man sollte das Erreichte nicht unterschätzen. Es wurden durchaus bereits einige wichtige Ergebnisse erreicht: der Nicht-Verbreitungsvertrag, das Teststoppabkommen, Weltraum-, Antarktis- und Meeresbodenvertrag, das SALT-I-Abkommen mit dem dazugehörigen ABM-Vertrag und schließlich das SALT-II-Abkommen, das zwar nicht ratifiziert wurde, an dessen Bestimmungen sich jedoch beide Seiten halten.

Rüstungskontrollverhandlungen erfüllen darüber hinaus bereits an sich, und d. h. noch bevor es zu einem Abkommen kommt, eine wichtige Funktion. Sie führen zu einem Informationsaustausch über die beiderseitige Rüstung, verbessern das Verständnis für die Sichtweise des andern und erleichtern die Einschätzung der Potentiale. Das Gespräch zwischen den USA und der UdSSR und zwischen den beiden Bündnissen über ihre Sicherheitsfragen ist eine geschichtlich neue Entwicklung, die Stabilität fördert.

Rüstungskontrollverhandlungen bieten zugleich dem Westen das geeignetste Forum, um für jedermann sichtbar zu machen, daß die Rüstungspolitik des Bündnisses am Gleichgewicht orientiert ist, daß sie nicht nach militärischer Überlegenheit strebt. Dies deutlich zu machen ist eine Aufgabe von größter Wichtigkeit für den Rückhalt der Bündnispolitik in der Bevölkerung. Nur wenn die Bündnispolitik als Friedenspolitik auf der Basis des Gleichgewichts gesehen wird, werden die Regierungen den Rückhalt ihrer Bürger hinter sich haben, wenn sie die notwendigen Ausgaben für die Verteidigung fordern. Eine Politik dagegen, die mißverstanden werden könnte als Konfrontationspolitik um ihrer selbst willen, müßte die Zustimmung der Bürger verlieren.

Das Angebot des Westens

Mit Recht setzt also das Bündnis trotz der Enttäuschungen in den siebziger Jahren die Rüstungskontrollpolitik mit aller Kraft fort. Das Bündnis ist sich darüber einig, daß Rüstungskontrolle und Abrüstung integraler Bestandteil seiner Sicherheitspolitik sind. Es hat aus dieser Überzeugung heraus und dank nicht zuletzt der Initiativen von Präsident Reagan der Sowjetunion und dem Warschauer Pakt das breitest angelegte Abrüstungsangebot der Nachkriegsgeschichte unterbreitet:

- In den im Juni 1982 begonnenen »START-Verhandlungen« schlagen die Vereinigten Staaten der Sowjetunion erhebliche Verminderungen bei den nuklearen Interkontinentalwaffen vor.
- In den seit November 1981 laufenden Verhandlungen über Kernwaffen mittlerer Reichweite (INF) streben die USA die vollständige Beseitigung aller landgestützten amerikanischen und sowjetischen Mittelstreckenwaffen an.
- Es gilt im übrigen auch die Gefahr zu bannen, daß die Sowjetunion durch den Ausbau ihrer Nuklearwaffen

kürzerer Reichweite die Verhandlungen über die Mittelstreckenraketen unterläuft. Es darf nicht eine neue Grauzone entstehen, die von keinem Rüstungskontrollabkommen erfaßt wird.

● In den Wiener MBFR-Verhandlungen über beiderseitige und ausgewogene Truppenverminderungen in Mitteleuropa haben die beteiligten Bündnispartner soeben einen neuen umfassenden Vorschlag vorgelegt, um die Verhandlungen voranzubringen.

● Wir hoffen darüber hinaus, daß es bei Wiederaufnahme des Madrider KSZE-Folgetreffens gelingt, eine Konferenz über vertrauens- und sicherheitsbildende Maßnahmen und über Abrüstung in Europa einzusetzen. Aufgabe dieser Konferenz soll es sein, für ganz Europa, vom Atlantik bis zum Ural, vertrauensbildende Maßnahmen zu vereinbaren, die die militärische Potentiale und Aktivitäten in Europa transparenter machen und dazu beitragen, die Furcht vor einem Überraschungsangriff und die Gefahr ungewollter Eskalation abzubauen.

Das Ziel: militärisches Gleichgewicht auf möglichst niedrigem Niveau

Ziel des Westens und Angebot des Westens an die Sowjetunion ist es, ein militärisches Gleichgewicht auf möglichst niedrigem Niveau herzustellen. Dieses Ziel ist überaus schwierig zu erreichen. Dennoch ist vorsichtige Zuversicht am Platz: In der gegenwärtigen wirtschaftlichen Lage in Ost und West werden die hohen Rüstungsausgaben zu einer immer schwerer zu ertragenden Belastung. Dies gilt gerade auch für die Sowjetunion. In den siebziger Jahren, als die sowjetische Wirtschaft noch mit einer Rate von 4 Prozent wuchs, konnte die sowjetische

Führung beides: sie konnte die Rüstungsausgaben um jährlich real 4 bis 5 Prozent steigern, und sie konnte den Lebensstandard der Bevölkerung in bescheidenem Umfang verbessern. Seit Ende der siebziger Jahre jedoch ist das sowjetische Wirtschaftswachstum auf eine Rate von 2 Prozent gesunken, parallel dazu ist der Anteil der Rüstungsausgaben am Sozialprodukt auf 14 bis 15 Prozent gestiegen. Die Frage, Butter oder Kanonen, stellt sich damit in den achtziger Jahren für die Sowjetunion mit aller Schärfe. Beibehaltung oder gar Steigerung des bisherigen Rüstungstempos wäre unausweichlich mit einer einschneidenden Verschlechterung des Lebensstandards der Bevölkerung verbunden.

Zugleich hat sich in den Vereinigten Staaten der Trend real sinkender Verteidigungsausgaben angesichts der sowjetischen Überrüstung umgekehrt. Die Sowjets können also nicht mehr hoffen, durch einseitiges Weiterrüsten das Kräfteverhältnis zu ihren Gunsten zu verschieben. In dieser Situation scheint es durchaus möglich, daß sich die Sowjetunion dazu durchringt, den vom Westen angebotenen Weg zu gehen: den Weg verifizierbarer Rüstungsbegrenzung und Abrüstung mit dem Ziel der Parität und des Gleichgewichts auf einem möglichst niedrigen Niveau der Rüstungen.

III

Die Wirtschaftsbeziehungen zum Osten

Im Zentrum der gegenwärtigen europäisch-amerikanischen Diskussion steht die Frage der Wirtschaftsbeziehungen zur Sowjetunion. Wir sind uns einig, daß den Wirtschaftsbeziehungen eine wichtige politische Rolle innerhalb einer Gesamtstrategie gegenüber der Sowjetunion zukommt. Doch welche Rolle?

Die Bedeutung des Westhandels für die Sowjetunion

Um Übereinstimmung zu erreichen, welche Rolle die Wirtschaftsbeziehungen spielen sollen, ist zunächst notwendig, sich einig zu werden, welche Rolle sie spielen können. Mit anderen Worten: Wie wichtig ist der Westhandel für die Sowjetunion? Die Meinungsunterschiede fangen hier an, und ich gebe im folgenden eine deutsche und europäische Sicht.

Zunächst einige Fakten: Von 1947 bis in die sechziger Jahre hinein verfolgte die Sowjetunion – auch unter dem Zwang des westlichen Embargos – eine Politik der Autarkie. Der Handel mit dem Westen war gering. Embargo und Autarkie verhinderten jedoch nicht, daß die Sowjetunion mit dem »Sputnik« als erstes Land in den Weltraum vorstieß und in der Nuklearrüstung nachzog. Mitte der sechziger Jahre liberalisierte der Westen den Osthandel weitgehend, und Moskau traf die Entscheidung, das eigene Land und die anderen Länder des Blocks dem Welthandel zu öffnen. Anfang der siebziger Jahre kam die Entscheidung hinzu, westliche Kredite aufzunehmen. In der Folge stieg der sowjetische Handel mit dem Westen steil an; das Volumen der Westimporte der Sowjetunion verdreifachte sich in den siebziger Jahren.

Der Höhepunkt dieser Expansion war jedoch bereits Mitte der siebziger Jahre erreicht. Von da an begann der Ost-West-Handel aus wirtschaftlichen Gründen zu stagnieren. Diese Stagnation betraf gerade auch den deutsch-sowjetischen Handel. Die deutschen Exporte in die Sowjetunion hatten 1980 real gerechnet nur das gleiche Niveau wie 1975 und sind 1981 sogar nominal (!) gesunken. 1982 dürften allerdings die deutschen Exporte in die Sowjetunion wieder ansteigen – jedoch weit weniger als die amerikanischen. Die USA sind jetzt durch ihre Getreideexporte mit weitem Abstand der größte westliche Exporteur in die UdSSR.

1971 bis 1976 finanzierte die Sowjetunion netto rund 20 Prozent ihrer Westimporte durch Kredite. Ab 1977 verlangsamte sich der Nettokapitalzufluß und verwandelte sich 1980/81 in einen kleinen Nettoabfluß. Der steigende Schuldendienst begann also die Nettoauszahlungen aus Krediten zu neutralisieren. 1982 dürfte es allerdings wiederum zu einem Nettozufluß kommen.

Welche Bedeutung nun haben Handel und Kredite für die Sowjetunion? Die Relation der Westimporte zum sowjetischen Bruttosozialprodukt wird von den meisten Experten auf etwa 1,5 Prozent geschätzt. An den sowjetischen Maschinen- und Ausrüstungsinvestitionen hatten Einfuhren aus dem Westen 1975 einen Anteil von schätzungsweise 7 bis 9 Prozent; dieser Anteil sank bis 1979 auf 6 bis 8 Prozent und dürfte seither in dem Maße weiter gefallen sein, wie die sowjetischen Maschinenimporte Platz machen mußten für die Prioritätsimporte von Getreide.

Die sowjetische Nettoverschuldung ging bis Ende der siebziger Jahre auf je nach Schätzung 8 bis 10 Milliarden Dollar zurück; gegenüber deutschen Banken und Lieferanten reduzierte sie sich von 5,3 Milliarden DM (1976) auf 3,6 Milliarden DM (März 1982). 8 bis 10 Milliarden Dollar Nettoverschuldung – dies ist bei einem Bruttosozialprodukt von 1400 Milliarden Dollar (Schätzung CIA 1979) nicht einmal 1 Prozent des Sozialprodukts. Um den Schuldendienst leisten zu können, hat die Sowjetunion stets konsequent entsprechende Exportkapazitäten aufgebaut. Bei den heutigen, beispiellos hohen Realzinsen erfordert das erhebliche Anstrengungen. Auch dies ist zu bedenken, wenn man die Vorteile der Westkredite für die sowjetische Wirtschaft abschätzen will.

Die Relation der Westimporte zum sowjetischen Bruttosozialprodukt von 1,5 Prozent erfaßt natürlich nicht die ganze Wirklichkeit. Westimporte können für die sowjetische Volkswirtschaft eine größere Bedeutung haben, als es ihr Dollarwert und diese gesamtwirtschaftliche Relation ausdrücken: Sie sind kaum entbehrlich für einige Prioritätsprogramme der sowjetischen Wirtschaft, so für die Aufrechterhaltung und Steigerung der Fleischproduktion (Einfuhr von Futtergetreide) und für die vorgesehene Steigerung der Energieproduktion (Einfuhr von Röhren und Pumpstationen). Importe aus dem Westen sind ferner wichtig, um Engpässe zu überbrücken. Technologieimporte ersparen zeitraubende und kostspielige Eigenentwicklungen und ermöglichen bessere Qualität. Ein wesentlicher Rückgang der Westimporte würde also die gegenwärtig ohnehin großen Schwierigkeiten in der sowjetischen Volkswirtschaft zweifellos verschärfen. Sofortige und weithin fühlbare Wirkung hätte allerdings nur der Ausfall der Getreidelieferungen aus dem Westen.

Einflußmöglichkeiten des Handels auf die sowjetische Politik nicht überschätzen

All dies dürfte jedoch an dem Gesamtbefund nichts ändern, daß die sowjetische Volkswirtschaft – anders als die osteuropäischen Volkswirtschaften – nach wie vor gegenüber dem Westen weitgehend autark ist. Die Wirtschaftsbeziehungen der Sowjetunion mit dem Westen haben zwar eine Größenordnung erreicht, die die Sowjetunion ernsthaft an Zusammenarbeit interessiert sein läßt. Aber sie haben nicht einen Umfang, der dem Westen ein Druckmittel in die Hand gäbe, mit dessen Hilfe er die Sowjetunion zu wesentlichen politischen Zugeständnissen veranlassen könnte. *»Carrot«* und *»stick«* sind dafür zu klein. Der Anreiz des Handels vermag die Sowjetunion vielleicht zu humanitären Zugeständnissen bewegen. Aber Handelsanreize können nicht erkaufen, daß die Sowjetunion auf Hochrüstungspolitik verzichtet, wenn sie die Chance sieht, dadurch Überlegenheit zu erreichen. Und Handel kann nicht erkaufen, daß die Sowjetunion Zurückhaltung in der Dritten Welt übt, wenn sich risikolose Gelegenheiten bieten, ihr Vorherrschaftsgebiet auszuweiten. Die sowjetische Herausforderung ist politisch und militärisch, eine wirksame Antwort auf sie läßt sich nur politisch und militärisch geben.

Noch weniger kann man hoffen, durch Handelsverweigerung die Sowjetunion zu weiterer Hochrüstung unfähig zu machen. Die sowjetische Volkswirtschaft besteht de facto aus zwei Wirtschaftskreisen: der Militärwirtschaft und der zivilen Wirtschaft. Die Militärwirtschaft hat so gut wie absoluten Vorrang, und es kann keinen Zweifel geben, daß die sowjetische Führung ihr jederzeit die Ressourcen zuweisen wird und kann, die sie für notwendig hält.

Wenn sich so auch die sowjetische Politik kurzfristig weder durch wirtschaftliche Anreize noch durch wirtschaftliche »Bestrafung« beeinflussen läßt, so gilt es andererseits doch klar zu sehen, daß die Wirtschaftsbeziehungen für die langfristige Entwicklung des Ost-West-Verhältnisses große Bedeutung haben:

Aufrechterhaltung der westlichen Bereitschaft zu Handel heißt Aufrechterhaltung des Kooperationsangebots, heißt stetige Erinnerung an die Möglichkeiten einer umfassenden wirtschaftlichen Ost-West-Zusammenarbeit – falls die Sowjetunion ihre Vormachtpolitik ändert und Kurs aufnimmt auf echte Koexistenz.

Negative Folgen westlicher Handelsbeschränkungen

Einschneidende westliche Handelseinschränkungen andererseits müßten die Sowjetunion in eine Autarkiepolitik gegenüber dem Westen zurücktreiben und zu einer stärkeren wirtschaftlichen Hinwendung zu den neuen Industrieländern der Dritten Welt führen. Sie müßten aber vor allem politisch das Klima zwischen West und Ost zu einem Klima der Konfrontation verschlechtern. Gerade dieses Konfrontationsklima könnte es zugleich der sowjetischen Führung erleichtern, die Kosten für eine Fortführung der Hochrüstungs- und der Expansionspolitik gegenüber der eigenen Bevölkerung durchzusetzen.

Hierbei ist zu bedenken: Die Sowjetunion steht in den achtziger Jahren in jedem Fall vor großen wirtschaftlichen Schwierigkeiten. Westliche Handelseinschränkungen könnten diese Schwierigkeiten nur relativ wenig erhöhen. Aber sie lieferten der sowjetischen Führung den Vorwand, die gesamten Schwierigkeiten dem »Wirtschaftskrieg« des Westens gegen das sowjetische Vaterland zuzuschreiben.

Der wirkliche Druck für Reformen in der Sowjetunion und im Ostblock insgesamt kommt von innen. Druck von außen würde paradoxerweise diesen Druck von innen verringern. Druck von außen würde vor allem auch die Fähigkeit der Sowjetunion zur Hochrüstung eher verbessern. Will die sowjetische Führung die bisherige Steigerungsrate der Rüstungsausgaben von real 4 bis 5 Prozent pro Jahr beibehalten, obwohl das Wirtschaftswachstum auf eine Rate von 2 Prozent und das Wachstum des Pro-Kopf-Einkommens auf eine Rate von 1 Prozent abgesunken sind, so würde dies erfordern, den Konsum der breiten Masse zu senken. Für die sowjetische Führung öffnet sich damit das Dilemma, daß Konsumeinschränkungen die Arbeitsmotivation der Bevölkerung weiter verschlechtern und damit das wirtschaftliche Wachstum weiter drücken. Gerade aus diesem Dilemma könnte ihr ein »Handelskrieg« des Westens heraushelfen.

Bei der Frage, welche Handels- und Kreditpolitik die westlichen Regierungen gegenüber der Sowjetunion einschlagen sollen, geht es also nicht um die Frage, ob man »soft« oder »hard on communism« sein soll. Es geht vielmehr um die Frage, welches die zur Erreichung unserer eigenen Ziele wirksamste Politik ist. Ein Handelskrieg wäre kontraproduktiv. Von dieser Erkenntnis sollten wir uns auch in der gegenwärtigen amerikanisch-europäischen Auseinandersetzung um das Erdgas-Röhren-Geschäft leiten lassen.

Eine Kündigung dieses Geschäfts durch Westeuropa bedeutete Bruch der Verträge. Sie bedeutete zugleich eine drastische Reduzierung des Handels über die ganzen achtziger Jahre hinweg. Die Deviseneinnahmen aus den zusätzlichen sowjetischen Gasexporten nach Westeuropa, die durch den Bau der Yamal-Pipeline ermöglicht werden, gleichen voraussichtlich nicht einmal den Einnahmeausfall aus, der aus der zu erwartenden Abnahme der sowjetischen Ölexporte nach Westeuropa resultiert. Verweigert man der Sowjetunion diese Einnahmen, dann müßte der Handel wegen der sowjetischen Devisenknappheit stark zurückgehen.

Auch die amerikanische Administration betont, sie wolle keinen Handelskrieg mit der Sowjetunion. Aber was wären ein solcher Vertragsbruch und eine solche drastische Handelseinschränkung anderes? Bei allem Vorrang der politischen Erwägungen sollten wir schließlich auch die rein wirtschaftliche Kosten-Nutzen-Rechnung nicht vernachlässigen.

Präsident Reagan stellte im Wahlkampf 1980 die Frage, ob das amerikanische Getreideembargo nicht den

Vereinigten Staaten selbst wirtschaftlich mehr geschadet hat als der Sowjetunion. Dies ist eine sehr relevante Frage. Denn es wäre in der Tat paradox, wenn wir durch Embargos uns selbst mehr schwächten als die Sowjetunion. Die »Washington Post« vom 25. Juli 1982 berichtete über eine amerikanische Modellrechnung, die die Annahme zugrunde legte, daß die größeren westlichen Industrieländer ihre Fertigwarenexporte in die Sowjetunion 1982 und 1983 um die Hälfte verringern würden. Das Ergebnis: Das sowjetische Sozialprodukt würde in diesen zwei Jahren einen Verlust von 4,5 Milliarden Dollar erleiden, das westliche Sozialprodukt von 30 Milliarden Dollar.

Die Fortsetzung des Handels und das Angebot umfassender Kooperation

All diese Überlegungen scheinen mir für folgende Linie in unseren Wirtschaftsbeziehungen zur Sowjetunion zu sprechen: Im Sinne der Doppelstrategie liegt es, den gegenwärtigen relativ begrenzten Handel des Westens mit der Sowjetunion aufrechtzuerhalten und mit ihm das langfristig angelegte Angebot auf eine wirklich ins Gewicht fallende umfassende Kooperation unter der Voraussetzung, daß die Sowjetunion zu einer Politik echter Koexistenz übergeht. Bis dahin sollte der Westen seine Wirtschaftsbeziehungen zum Osten strikt an den drei Prinzipien ausrichten, die auf dem Wirtschaftsgipfel von Versailles und dem NATO-Gipfel von Bonn festgelegt wurden: die Gegenseitigkeit der Vorteile, die kommerzielle Vorsicht bei der Vergabe von Krediten und die Verhinderung des Transfers militärisch relevanter westlicher Technologien. Diesen Prinzipien stimmten alle Bündnispartner zu. Die Aufgabe ist, in den konkreten Anwendungsfällen zur Einigung zu gelangen.

Kredite an den Osten sollten nur zu Marktbedingungen vergeben werden. Auf staatliche Bürgschaften für Kredite, wie sie bei Exporten von Investitionsgütern üblich sind, wird sich nicht verzichten lassen. Auch diese Bürgschaften sollten jedoch ökonomischen Gesichtspunkten folgen: Die Prämien für Bürgschaften sollten kostendeckend sein, die Bürgschaften nur vergeben werden, wenn die Verschuldungs- und Liquiditätslage die Übernahme des Rückzahlungsrisikos vertretbar erscheinen lassen.

Noch stärker als bisher müssen die westlichen Demokratien im Handel mit dem Osten darauf achten, daß keine Technologien übertragen werden, die militärisch anwendbar sind. Die COCOM-Überwachung muß verschärft werden, und die Erkenntnisse, welche Technologien für die sowjetische Rüstung relevant sind, müssen verbessert werden.

Schließlich muß der Westen auch darauf achten, durch den Handel mit der Sowjetunion nicht eigene Abhängigkeiten zu schaffen. Die Frage der Abhängigkeit sei am Beispiel der Bundesrepublik Deutschland betrachtet. Sie ist – Exporte und Importe zusammengenommen – der größte westliche Handelspartner der Sowjetunion. Dennoch machen die deutschen Exporte in die Sowjetunion nur ein Drittel etwa der Exporte in die Schweiz aus. Ihr Anteil an den Gesamtexporten betrug 1981 1,9 Prozent; 90 000 Erwerbstätige arbeiteten direkt oder indirekt für den Export in die Sowjetunion – das sind 0,4 Prozent der Beschäftigten insgesamt. Niemand wird aus diesen Zahlen herauslesen, daß die Bundesrepublik Deutschland durch die Sowjetunion politisch erpreßbar wäre. Dazu sind die in westlichen Medien gerne zitierten *»benefits«* des deutschen Osthandels denn doch wohl zu gering!

Abhängigkeit entsteht auch nicht durch die geplante Steigerung der Erdgasimporte ab Mitte der achtziger Jahre. Denn diese Importe werden – und dies im besten

Falle – nur den zu erwartenden Rückgang der sowjetischen Öllieferungen ersetzen. Der Anteil von 5 bis 6 Prozent, den die Energieeinfuhren aus der Sowjetunion am gesamten deutschen Primärenergieverbrauch haben, wird also nicht steigen, sondern eher sinken. Allerdings wird sich der Anteil des sowjetischen Gases am gesamten Gasverbrauch auf 30 Prozent erhöhen. Wir haben jedoch Vorsorge getroffen, daß die industriellen Großabnehmer von Erdgas kurzfristig auf Kohle oder Öl umschalten können. Zu bedenken ist im übrigen, daß die Yamal-Rohrleitung eine Export-Pipeline ist. Eine Unterbrechung der Gaslieferungen, die für ganz Westeuropa gelten müßte, wäre also für die Sowjetunion kostspielig; sie bedeutete Ausfall von Deviseneinnahmen und wahrscheinlich auch eine Einschränkung der Produktion.

IV

Menschenrechtspolitik

Im Unterschied zur sowjetischen Konzeption, nach der Entspannung nur die Beziehungen zwischen den Regierungen betrifft, war es von vornherein ein Anliegen des Westens und gerade auch der Bundesrepublik Deutschland, daß Entspannung für die Menschen in ihrem täglichen Leben spürbar würde. Sie sollte beitragen, daß sich die Freiheitsräume des einzelnen im Osten erweitern und daß die Menschen über die Grenze zwischen Ost und West wieder zueinander kommen können.

Erfolge und Bedeutung der KSZE

In der KSZE-Schlußakte gelang es dem Westen, diesem Anliegen Anerkennung zu verschaffen: Im Prinzip VII der Schlußakte verpflichten sich die Teilnehmerstaaten, die Menschenrechte und Grundfreiheiten zu achten, und erkennen an, daß diese Achtung ein wesentlicher Faktor für den Frieden, die freundschaftlichen Beziehungen und die Zusammenarbeit zwischen ihnen ist. Und in »Korb III« der Akte geben die Teilnehmerstaaten konkrete Zusagen, wie sie die Kontakte und Begegnungen zwischen den Menschen sowie den Austausch von Informationen über die Grenzen hinweg fördern wollen.

Es gilt klar zu sehen, was hier erreicht wurde: Es gelang mit diesen Vereinbarungen, weit über einen modus vivendi in Europa auf status-quo-Basis hinauszukommen und in die Entspannungspolitik dynamische Elemente einzufügen – Elemente, die hinwirken auf eine langfristige Fortentwicklung in den kommunistischen Staaten Europas in Richtung größerer Freiheit und Selbstbestimmung.

Mit der KSZE-Schlußakte hat der Westen also ein wichtiges Instrument für eine dynamische Entspannungspolitik in die Hand bekommen. Die Schlußakte verlangt nichts von uns, was wir nicht bereits tun. Sie gibt uns andererseits die politische Legitimation für unsere Forderungen nach Verwirklichung der Menschenrechte, nach friedlichem Wandel und nach allmählicher Überwindung der Teilung Europas. Diese Themen sind in der Schlußakte vom Osten ausdrücklich als Themen anerkannt, die essentiell zu dem Dialog über Ost-West-Zusammenarbeit gehören. Der Westen hat deshalb stärkstes Interesse daran, den KSZE-Prozeß aufrechtzuerhalten und zu nutzen.

Entspannung und KSZE-Prozeß haben bei den Menschen im sowjetisch beherrschten Mittel- und Osteuropa das Verlangen nach mehr Freiheit nicht erzeugt, aber sie haben ihm ungleich günstigere Entfaltungsmöglichkeiten gegeben, als dies in einer Konfrontationsatmosphäre des Kalten Krieges hätte geschehen können. Die Unterdrückung der Dissidenten-Bewegungen durch die Sowjetunion und jetzt vor allem die Unterdrückung des Reformstrebens der polnischen Arbeiter sind schwere Rückschläge. Aber wir sollten auch sehen, daß eine Bewegung wie die »Solidarität« in Polen ohne Entspannung und ohne die intensiven menschlichen und wirtschaftlichen Beziehungen Polens mit dem Westen nicht möglich gewesen wäre. Und andererseits: Auch in der Zeit des Kalten Krieges ließ sich weder der Volksaufstand in der DDR 1953 verhindern noch die sowjetische Intervention in Ungarn 1956 und in der Tschechoslowakei 1968 noch der Bau der Berliner Mauer 1961. Wir sollten uns ferner bewußt bleiben, wie sehr auch heute noch – trotz aller Rückschritte – die Freiheitsräume des einzelnen im Osten im Vergleich zu den fünfziger und sechziger Jahren erweitert sind und wie sehr die Möglichkeiten, daß die Menschen über die Grenzen zueinander kommen können, vermehrt sind.

Von größter Tragweite ist die fundamentale Veränderung in der Lage der osteuropäischen Volkswirtschaften. Diese sind heute auf die Zusammenarbeit mit dem Westen angewiesen. Die Sowjetunion kann weder ihren Bedarf an fortgeschrittener Technologie noch ihren Bedarf an Nahrungsmitteln mehr befriedigen, und es zeichnet sich ab, daß sie in Zukunft immer weniger auch in der Lage sein wird, den Bedarf der anderen COMECON-Länder an Energie und Rohstoffen zu decken. Das aber bedeutet: Die Sowjetunion hat mit der Fähigkeit, die Versorgung Osteuropas mit wichtigen Gütern zu sichern, auch das Monopol auf diese Versorgung verloren.

Der KSZE-Prozeß liegt auch im Interesse der Sowjetunion

Die westliche Politik gegenüber Osteuropa muß von den in den siebziger Jahren eingetretenen Veränderungen ausgehen. Diese Veränderungen geben dem Westen Einflußmöglichkeiten auf Osteuropa, wie sie in den sechziger Jahren noch kaum vorstellbar gewesen sind. Die westliche Politik wird diese Einflußmöglichkeiten aber nur nutzen können, wenn sie sie vorsichtig nutzt, wenn sie sie nutzt für eine Politik der kleinen Schritte, der allmählichen Verbesserung.

Die Situation in Polen, wo praktisch das gesamte Volk hinter der Forderung nach Reformen und demokratischen Beteiligungsrechten steht, macht exemplarisch offenbar, in welche Sackgasse die Sowjetunion mit einer Definition ihres Sicherheitsinteresses gerät, die von allen Mitgliedsländern des Warschauer Pakts nicht nur Bündnistreue, sondern Übernahme des rigiden kommunistischen Systems sowjetischer Art verlangt. Die Sowjetunion hat die militärische Macht, den Menschen dieses System aufzuzwingen. Aber sie kann auf diese Weise weder verläßliche Bündnispartner gewinnen noch Wirtschaftspartner, die ein Vorteil und nicht eine Bürde sind. Dies ist allein zu erreichen, wenn die Sowjetunion auf das Verlangen der Völker nach Selbstbestimmung und Verwirklichung ihrer nationalen und europäischen Identität konstruktiv antwortet.

Den Weg aus der Sackgasse weist die KSZE-Schlußakte. Sie fordert keine Auflösung der Bündnisse. Sie beeinträchtigt niemandes Sicherheitsinteresse. Im Gegenteil. Die Erfüllung der Schlußakte durch alle Unterzeichnerstaaten würde ganz Europa mehr Stabilität, mehr Sicherheit geben. Die zwangsweise Aufrechterhaltung des jetzigen Zustandes im mittel- und osteuropäischen Hegemonialbereich der Sowjetunion dagegen ist eine ständige Gefahr für das friedliche Zusammenleben in ganz Europa.

Von ihrem Ideal der Freiheit her und vom Ziel der Friedenssicherung in Europa her gesehen, können und dürfen die westlichen Demokratien zu der Unterdrükkung der Freiheit in Mittel- und Osteuropa nicht schweigen, sie müssen auch hier Verwirklichung der Menschenrechte und des Selbstbestimmungsrechts fordern. Aber sie müssen auf einen evolutionären Wandel des sowjetischen Herrschaftssystems hinwirken.

Was den westlichen Forderungen auf lange Frist durchaus eine Chance auf Erfüllung gibt, ist, daß sie eben nicht allein im Interesse der mittel- und osteuropäischen Völker und im Interesse des Westens liegen. Es sind vielmehr Forderungen, in deren Verwirklichung schließlich auch die Sowjetunion selbst die Lösung bei der Suche nach einem fruchtbareren Verhältnis zu ihren europäischen Verbündeten sehen könnte.

V

Dritte-Welt-Politik

Unter der Voraussetzung, daß in Europa das Gleichgewicht gesichert wird, sind die weltpolitischen Bewegungen, die über die Zukunft des globalen Kräfteverhältnisses entscheiden, in Asien, Afrika und Lateinamerika zu erwarten. Eine richtige Politik des Westens gegenüber den Ländern der Dritten Welt und ihrem Willen zur Blockfreiheit ist deshalb von höchster Bedeutung.

Bei ihrer Gründung war die Blockfreien-Bewegung eine Bewegung vor allem gegen den Kolonialismus und gegen eine Einbeziehung der neuen, unabhängig gewordenen Staaten der Dritten Welt in Paktsysteme des Westens. Im Kampf der Blockfreien gegen den Kolonialismus bot sich die Sowjetunion als »natürlicher Bundesgenosse« an, und in manchen Fällen zwang eine kurzsichtige westliche Politik die Blockfreien, sowjetische Unterstützung anzunehmen, die sie ursprünglich nicht gesucht, ja nicht gewollt hatten.

Mit der nunmehr fast vollendeten Entkolonisierung hat sich diese Situation geändert. Die Blockfreien-Bewegung ist in ein neues Stadium eingetreten, in dem sie die gewonnene Unabhängigkeit stärken und nach allen Seiten sichern will. Die sowjetische Invasion des blockfreien Afghanistan und die von der Sowjetunion abgestützte Besetzung Kambodschas durch Vietnam haben dabei vielen Ländern der Dritten Welt die Augen dafür geöffnet, daß die wirkliche Gefahr für ihre Unabhängigkeit von dem sowjetischen Streben nach politischer und ideologischer Vorherrschaft kommt. Die Gipfelkonferenz der Blockfreien in Havanna 1979, auf der sich die überwältigende Mehrheit gegen die von Kuba propagierte Anlehnung an die Sowjetunion ausgesprochen hat, markiert den Wendepunkt.

Achtung und Stärkung der Unabhängigkeit der Dritten Welt

Die neue Lage öffnet dem Westen die Chance zu fruchtbarer Zusammenarbeit mit den Ländern der Dritten Welt. Er kann diese Chance jedoch nur nutzen, wenn er auf die sowjetische Vorherrschaftspolitik in der Dritten Welt nicht spiegelbildlich mit einer Politik antwortet, die ihrerseits Einflußsphären zu errichten sucht. Er muß sich vielmehr entschlossen auf die Seite der Unabhängigkeit und Selbstbestimmung stellen. Er ist dann im Bunde mit der stärksten Triebkraft, die das Denken und Handeln der Völker in Asien, Afrika und Lateinamerika bestimmt. Und er ist im Bunde mit dem Fortschritt der Geschichte.

Eine Politik der Achtung und Stärkung der Unabhängigkeit der Dritten Welt erfordert konkret als erstes, das Recht der Staaten der Dritten Welt auf eigene Wege zu bejahen und zu fördern. Wir sollten nicht versuchen, unsere politischen, wirtschaftlichen und gesellschaftlichen Modelle in die Dritte Welt zu exportieren. Und wir dürfen uns nicht dazu mißbrauchen lassen, Beschützer überholter, ungerechter Strukturen zu werden.

Unsere Interessen sind keineswegs schon dann gefährdet, wenn ein Entwicklungsland sein System sozialistisch und planwirtschaftlich nennt. Worauf es ankommt, ist, daß seine Regierung unabhängig handeln kann, daß sie für ihre Existenz und ihr Überleben nicht von Moskau abhängt. Mit einer unabhängigen Regierung wird der Westen im Regelfall fruchtbare Beziehungen unterhalten können, denn mit seinem Bekenntnis zum Selbstbestimmungsrecht und mit seiner Bereitschaft zu wirtschaftlicher Hilfe ist er, nicht die Sowjetunion, der natürliche Partner der Dritten Welt. Stärkung der Unabhängigkeit der Dritten Welt erfordert zweitens eine aktive Politik, mit der der Westen zu friedlicher Regelung der Konflikte in der Dritten Welt beizutragen sucht. Stärkung der Unabhängigkeit der Dritten Welt erfordert drittens, den Trend zu regionalen Zusammenschlüssen in der Dritten Welt zu fördern. Solche Zusammenschlüsse schaffen größere Einheiten, die Schutz gewähren gegen Intervention raumfremder Mächte. Sie schaffen zugleich größere Wirtschaftsräume, die die Entwicklung und den Aufbau leistungsfähiger Industrien erleichtern, ja häufig überhaupt erst ermöglichen. Wir Deutsche haben uns aus dieser Erwägung heraus in der Europäischen Gemeinschaft zum

Fürsprecher für die Förderung regionaler Zusammenschlüsse in der Dritten Welt gemacht und darauf hingewirkt, Formen der interregionalen Zusammenarbeit zwischen der Europäischen Gemeinschaft und diesen Zusammenschlüssen zu entwickeln.

Stärkung der Unabhängigkeit der Dritten Welt erfordert schließlich und vor allem auch wirtschaftliche Hilfe für Entwicklung und erfordert einen vertrauensvollen Nord-Süd-Dialog mit dem Ziel, zwischen Industrie- und Entwicklungsländern eine stabile Zusammenarbeit im Geiste der Interdependenz aufzubauen. Wir sollten in diesem Nord-Süd-Dialog zugleich für interne Entwicklungsstrategien plädieren, die die Massen der Armen in den Entwicklungsprozeß einbeziehen. In den meisten Ländern werden dies Entwicklungsstrategien sein müssen, die nicht auf forcierte Industrialisierung nach westlichem oder östlichem Muster setzen, sondern die dem Aufbau einer arbeitsintensiven Landwirtschaft und einer Industrie für einfache Massenkonsumgüter die Priorität geben. Nur so läßt sich vermeiden, daß ein großer Teil der Bevölkerung von den Früchten der Entwicklung ausgeschlossen bleibt, nur so läßt sich Entwicklung in Stabilität erreichen.

Friedliche Regelung von Konflikten in der Dritten Welt und Hilfe zu wirtschaftlicher und sozialer Entwicklung in Stabilität vermindern die Ansatzpunkte, auf die sich die sowjetische Expansionspolitik stützen kann. Andererseits ist der Wille des Westens, echte Blockfreiheit zu achten und den Ost-West-Gegensatz aus der Dritten Welt herauszuhalten, ein Kooperationsangebot auch an die Sowjetunion. Wir wollen unsererseits keineswegs Teile der Dritten Welt in westliche Einflußzonen verwandeln, und wir fordern von der Sowjetunion nur, was wir selbst tun: Achtung der Unabhängigkeit und Selbstbestimmung der Länder der Dritten Welt.

VI

Die gemeinsame Verteidigung der Demokratie

Die dringende Aufgabe, vor der das Bündnis zu Beginn der achtziger Jahre steht, ist: in der politisch-wirtschaftlichen Strategie gegenüber der Sowjetunion ebenso wie in der hier nicht behandelten militärischen Strategie Konsens- und Handlungsfähigkeit zu bewahren und, wo sie gefährdet oder verloren sind, wiederherzustellen. Die NATO-Gipfelkonferenz vom 9. und 10. Juni 1982 in Bonn hat für eine Gesamtstrategie des Bündnisses in den achtziger Jahren die Grundlage gelegt. Auf ihr gilt es aufzubauen, um die noch verbleibenden Meinungsunterschiede in konkreten Fragen, so insbesondere der Frage der Wirtschaftsbeziehungen zur Sowjetunion, zu überwinden.

Wertegemeinschaft und Sicherheitsgemeinschaft

Solange es dabei in einzelnen Fragen nicht gelingt, die Meinungen genügend aneinander anzunähern und Interessenunterschiede auszugleichen, müssen wir die Diskussion jedoch stets so führen, daß in den Fundamenten des Bündnisses kein Schaden entsteht. Diese Fundamente sind zwei: das Bewußtsein der Wertgemeinschaft und das Bewußtsein der Sicherheitsgemeinschaft, und das heißt: das Bewußtsein der Amerikaner, Kanadier und Europäer, zusammenzugehören, dieselben Ideale von Freiheit und Demokratie, von Wert und Würde des Menschen zu haben, und das Bewußtsein der Amerikaner, Kanadier und Europäer, daß sie diese Ideale nur gemeinsam verteidigen können, daß ihre Schicksale miteinander verkettet sind. Wir sind von gleicher Art, und wir sitzen in dem einen, gleichen Boot.

Daß es in einem Bündnis freier Nationen bei einzelnen Fragen Meinungs- und auch Interessenunterschiede gibt und daß diese in offener Diskussion geäußert werden, ist natürlich. Wir sollten solche Unterschiede als ebenso normal betrachten, wie wir Meinungs- und Interessenunterschiede innerhalb unserer Demokratien betrachten. Solche Unterschiede im Bündnis haben zu jeder Zeit bestanden. Sie scheinen heute in ihrer Substanz weder entscheidend größer noch schwerer überbrückbar als früher. Was jedoch alarmiert, ist die Perzeption dieser Unterschiede in der öffentlichen Meinung auf beiden Seiten des Atlantiks, ist eine sich ausbreitende Stimmung, daß das Bündnis nicht mehr in Ordnung ist. Was alarmiert, ist, daß das Bewußtsein der Wertgemeinschaft und das Bewußtsein der Sicherheitsgemeinschaft bei manchen Menschen diesseits und jenseits des Atlantiks – auch wenn es sich nur um eine Minderheit handelt – geschwächt oder gar verloren scheinen.

In Europa sprechen manche gedankenlos von »den beiden Supermächten«. Und einige predigen sogar bewußt die »Äquidistanz«. In Amerika andererseits entsteht durch die Auswahl der Nachrichten in den Medien der falsche Eindruck, als gebe es in Europa einen weitverbreiteten Antiamerikanismus. Und aus diesem Eindruck wieder nährt sich eine gefährliche Stimmung des »go-it-alone«.

Daß Amerikaner denken können, sie könnten auch alleine, ohne das Bündnis, eine Zukunft in Freiheit sichern, ist gewiß verständlicher, als wenn Europäer dies glauben. Doch auch für Amerikaner ist ein solcher Glaube Illusion. »Die einfache Tatsache ist« – so schrieb General Rogers in der Sommernummer von »Foreign Affairs« –, »daß die Vereinigten Staaten die Freiheiten und den Wohlstand, die sie heute haben, sich nicht durch irgendein alternatives Konzept einer ›Festung Amerika‹ erhalten könnten.«

Für die älteren Generationen in Europa wie in Amerika, die den Zweiten Weltkrieg und die Nachkriegszeit bewußt erlebt haben, ist das Grundgefühl der Zusammengehörigkeit und des Aufeinanderangewiesenseins selbstverständlich. Sie haben erlebt, wie man gemeinsam die Bedrohung der Freiheit durch die Sowjetunion abwehrte. Wir Deutschen haben zudem erlebt, wie sich die Amerikaner als großzügige Sieger erwiesen und uns halfen, eine freiheitliche Demokratie und eine blühende Wirtschaft aufzubauen.

Die Generation der heute 20- und 30jährigen Europäer und Amerikaner hat diese Erfahrungen nicht gemacht. Und die ältere Generation erkennt nun mit Bestürzung, daß sie zu leichtfertig angenommen hat, Gefühle und Einsichten, die ihr selbstverständlich sind, würden sich auch von selbst weitergeben. Es gilt, diesen Fehler mit aller Kraft zu korrigieren. In Europa wie in Amerika muß es sich die ältere Generation zur bewußten Aufgabe machen, ihre grundlegenden historischen Erfahrungen an die Jugend zu vermitteln. Die Jugend auf beiden Seiten des Atlantiks muß ferner sehr viel mehr als bisher in Kontakt zueinander kommen; denn keine noch so gute Argumentation kann das eigene Erlebnis der Zusammengehörigkeit ersetzen.

Gerechte Lastenverteilung

Zu den beiden Grundgefühlen, die ich als die Fundamente der Allianz bezeichnete, sollte man noch ein weiteres wichtiges Gefühl hinzufügen: das Gefühl, daß die Lasten für die gemeinsame Verteidigung unter den Bündnispartnern fair verteilt sind. Ich halte es für sehr gefährlich, daß gegenwärtig offenbar viele Amerikaner den Eindruck haben, diese Fairneß der Lastenverteilung sei nicht gegeben und die Europäer trügen nicht den ihnen zukommenden Teil.

Dieser Eindruck hängt damit zusammen, daß die Vereinigten Staaten gegenwärtig unter erheblichen Opfern die Verteidigungsausgaben weit mehr steigern, als dies die Europäer tun. Dennoch, er ist nicht berechtigt.

Die meisten europäischen Bündnispartner, allen voran die Bundesrepublik Deutschland, haben über die gesamte Dekade der siebziger Jahre hinweg ihre Verteidigungsausgaben um jährlich real 3 Prozent im Durchschnitt erhöht. In dieser Zeit senkten die Vereinigten Staaten ihre Ausgaben real um durchschnittlich über 2 Prozent pro Jahr. Europas Anteil an den gesamten westlichen Verteidigungsausgaben (also nicht nur den Ausgaben im Rahmen der NATO) stieg zwischen 1969 und 1980 von 21 Prozent auf 42 Prozent. Der Anteil der Vereinigten Staaten ging auf 56 Prozent zurück. 90 Prozent der Mannschaften in Europa, 75 Prozent der Panzer und Kampfflugzeuge werden von den Europäern gestellt.

Zu berücksichtigen bei diesem Vergleich der Rüstungsausgaben ist auch, daß einige europäische Bündnispartner, unter ihnen die Bundesrepublik Deutschland und Frankreich, Wehrpflicht-Armeen unterhalten. Die Ausgaben für Wehrpflichtige sind geringer als die Ausgaben für Berufssoldaten. Viel wichtiger aber noch: Wehrpflicht-Armeen geben die Möglichkeit, Reservisten zu mobilisieren. So können die europäischen Streitkräfte von ihrem Friedensstand von 3 Millionen Mann im Mobilisierungsfall auf 6 Millionen Mann erhöht werden, während die Vereinigten Staaten und Kanada ihre 2,2 Millionen Mann nur auf 3 Millionen Mann verstärken können.

Stärkung des »europäischen Pfeilers«

Der Zusammenhalt des Bündnisses – dies erkannte schon Präsident Kennedy sehr klar – würde gestärkt, wenn es gelänge, das Bündnis von zwei nordamerikanischen und vierzehn europäischen Staaten in ein Bündnis zu verwandeln, das auf zwei einigermaßen gleichgewichtigen Säulen ruht: Nordamerika und Westeuropa. Dies zu erreichen ist vor allem Verantwortung der Europäer. Wer in Europa über Abhängigkeit von Amerika klagt, der klagt in Wirklichkeit über unzureichende Fortschritte in der europäischen Einigung. Nicht die Vereinigten Staaten verweigern Europa die Gleichgewichtigkeit im Bündnis, sondern die Europäer selbst: durch mangelnde Einigungsfähigkeit, d. h. durch mangelnde Fähigkeit, nationale Interessen wo nötig einem europäischen Interesse unterzuordnen, und damit mangelnde Fähigkeit, im Bündnis europäische Ziele gemeinsam zu formulieren und zu vertreten. Europäische Einigungspolitik ist von daher gesehen auch Politik für die Stärkung der westlichen Einheit insgesamt.

Von Anfang an ist das westliche Bündnis nicht nur Militärallianz gewesen, sondern vor allem auch eine politische, wertbezogene Gemeinschaft. Alles was die Konsultationen innerhalb des Bündnisses stärkt, stärkt deshalb das Bündnis selbst. In dieser Überzeugung habe ich seit 1980 vorgeschlagen, informelle Treffen der NATO-Außenminister einzurichten, in denen die Fragen ohne feste Tagesordnung und ohne Beamtenstäbe im Kreise allein der Außenminister besprochen werden können. Ich halte es für sehr wichtig, daß solche Treffen nun beschlossen sind und die NATO-Außenminister zu einem ersten informellen Treffen Anfang Oktober 1982 in Montreal zusammenkommen werden.

Die Bundesrepublik Deutschland ist ein verläßlicher Bündnispartner

Eckpfeiler der Allianz ist die deutsch-amerikanische Freundschaft. Dieser Pfeiler ist unverändert fest. Kein Zweifel, auch unter den Deutschen gibt es Leute, die »die beiden Supermächte« in Äquidistanz sehen. Und kein Zweifel weiter, es gibt Deutsche, die sich trotz der sowjetischen Divisionen an unseren Grenzen keiner Gefahr bewußt zu sein scheinen. Aber das Entscheidende ist: Diese Deutschen sind eine Minderheit.

Gerade aber weil sie nicht die Normalität sind, haben ihre Äußerungen und Handlungen Neuigkeitswert. Durch die Konzentration der Nachrichten in amerikanischen wie in europäischen Medien auf diese Minderheit entsteht so der Eindruck, diese Minderheit sei repräsentativ. Doch genau das Gegenteil ist richtig.

Alle Meinungsumfragen der letzten Jahre zeigen konstant, daß die überwältigende Mehrheit der Deutschen auf Seiten der Vereinigten Staaten steht. Es seien hier nur zwei Ergebnisse einer Umfrage vom Februar 1982 zitiert, die Gallup in einigen europäischen Ländern und in den Vereinigten Staaten für »Newsweek« machte: Diese Umfrage zeigte, daß in Deutschland der Prozentsatz derer, die zu den Vereinigten Staaten positiv eingestellt sind, unter allen befragten europäischen Ländern mit Abstand am höchsten ist: 73 Prozent der Deutschen haben eine günstige Meinung über die Vereinigten Staaten. Und weiter, 74 Prozent der Deutschen machten klar, daß sie, vor die Wahl gestellt, zu kämpfen oder sowjetische Herrschaft zu akzeptieren, kämpfen würden. Und noch eine weitere Zahl: In der letzten Bundestagwahl stimmten für kommunistische Parteien nur 0,2 Prozent. Diese Zahlen gilt es zur Kenntnis zu nehmen, statt sich die Gefahr eines deutschen Neutralismus einzureden und

das Gespenst eines neuen Rapallo zu beschwören. Die
Bundesrepublik Deutschland ist ein verläßlicher Bündnispartner. Sie hat bisher voll ihren Beitrag zur gemeinsamen Verteidigung der Freiheit geleistet, und sie wird dieses weiter tun.

VII

Mut zur Doppelstrategie

Vor den westlichen Demokratien liegt eine lange
Periode ständiger Anstrengung. Die Doppelstrategie der
Sicherung des Gleichgewichts und der Offenheit für Kooperation stellt dabei Anforderungen, auf die uns die bisherigen geschichtlichen Erfahrungen nicht vorbereitet
haben. Die Doppelstrategie erfordert, in der Sowjetunion
gleichzeitig den möglichen Gegner und den möglichen
Partner zu sehen. Sie erfordert, daß die Bürger über
lange Zeit die notwendigen Opfer für die Rüstung aufbringen, ohne sich dabei durch eine Stimmung der Konfrontation leiten zu lassen. Und sie erfordert, mit der
Sowjetunion zu verhandeln und zu kooperieren, ohne das
Gefühl für die grundlegende Bedrohung zu verlieren.

Gleichgewicht wahren und Kooperation wagen

Davon, ob die Bürger der westlichen Demokratien
diese Komplexität und Ambivalenz der notwendigen
Doppelstrategie verstehen und mittragen, davon, ob die
westlichen Demokratien das hierzu nötige Maß an Ratio-
nalität und Selbstdisziplin, an Mut und Kaltblütigkeit aufzubringen vermögen – davon wird der Ausgang des langfristigen Ost-West-Konflikts abhängen.

Die Menschheit lebt heute in einer Übergangsperiode, in der die Kräfte des Alten im Widerstreit liegen mit den Kräften des Neuen: Die Situation der atomaren Waffen erzwingt schon heute bei den Nuklearmächten Verzicht auf Krieg gegeneinander. In die gleiche Richtung des Gewaltverzichts wirkt die Situation der globalen Interdependenz, die neue, nicht auf Gewalt gegründete Ordnungsformen fordert.

In der Vergangenheit hieß internationale Ordnung zumeist: Vorherrschaft der einen und Unterordnung der anderen. Ordnung der Zukunft dagegen muß und kann nur auf der Gleichberechtigung der Staaten und dem Selbstbestimmungsrecht der Völker gründen. Alle Staaten sind heute angewiesen auf verläßlichen Zugang zum Markt der anderen, zur Technologie der anderen, zu den Rohstoffen der anderen. Sie brauchen Wachstumsimpulse durch das Wachstum der anderen, sie brauchen Zusammenarbeit zum Schutz des weltweit bedrohten ökologischen Gleichgewichts. Dies alles jedoch läßt sich nicht mehr durch Machtpolitik erreichen. Gewalt kann heute nur eines erzeugen: Chaos. Stabile Kooperation dagegen entsteht allein durch eine Ordnung, in der die Staaten freiwillig zusammenarbeiten, weil alle Staaten diese Ordnung als gerecht anerkennen und zu ihrer Bewahrung aus eigenem Interesse beitragen.

So evident diese Einsichten sind, so offenkundig ist gleichzeitig, wie weit die heutige Staatenwelt in ihrem Verhalten noch von einer solchen Ordnung der Partnerschaft entfernt ist. Noch dominiert in der Weltpolitik das Streben nach Macht und Vorherrschaft, so anachronistisch es auch geworden ist. Die sowjetische Herausforderung und die Antwort der Doppelstrategie ist vor diesem weltweiten Hintergrund zu sehen. An der Frage, ob die westlichen Demokratien die Kraft zu einer Politik aufbringen, die über eine lange Periode des Übergangs hin das Gleichgewicht wahrt und gleichzeitig die Hand zur Kooperation ausgestreckt hält – an dieser Frage wird sich wie an keiner anderen die Zukunft der Menschheit insgesamt entscheiden.

Die westlichen Länder waren in den letzten Jahrhunderten Träger des Fortschritts in der Welt. Sie müssen diese Aufgabe weiter erfüllen. Hierin liegt unsere weltgeschichtliche Verantwortung. Hierin liegt aber auch eine Vision, die uns die Kraft geben kann, die lange Periode der Anstrengung durchzustehen: die Vision einer pluralen Welt partnerschaftlicher Zusammenarbeit, die Vision eines wirklichen Friedens in der Welt.

Über die Grundlagen der internationalen Ordnung: Frieden, Freiheit, Menschenwürde

Rede vor der 29. Generalversammlung der Vereinten Nationen in New York am 23. September 1974

Die 29. Generalversammlung der Vereinten Nationen tritt vor einem Hintergrund weltpolitischer Ereignisse und Entwicklungen zusammen, die als eine Herausforderung an die politische Vernunft zu betrachten sind.

Trotz intensiver Bemühungen um Entspannung nimmt die Zahl der gewaltsam ausgetragenen Konflikte nicht ab. Das globale Netz der Wirtschaftsbeziehungen ist an vielen Stellen gestört, an manchen bereits zerrissen: Rohstoffverknappung, Preiskämpfe, Inflation und Währungsschwankungen treiben auf eine krisenhafte Zuspitzung zu. Die wirtschaftliche Situation in einigen Teilen der Welt hat sich weiter dramatisch verschlechtert, der Hunger nimmt immer noch zu. Noch immer werden Menschen ihre elementaren Rechte vorenthalten. Die Kluft zwischen Deklamation und Verwirklichung der Menschenrechte bleibt unerträglich groß.

Viele Menschen glauben nicht mehr an die Möglichkeit einvernehmlicher Lösungen ihrer Probleme. Diese Verzweiflung ist nicht nur der Nährboden für Resignation und Fatalismus, hier wächst auch der Entschluß zu Taten, die unter keinem Gesichtspunkt zu rechtfertigen sind, zu Akten des individuellen Terrorismus, vor dem sich kein Land mehr sicher fühlen kann, ein Terrorismus, der seine Blutspur auch in unbeteiligten Ländern hinterläßt.

Unsere größte Sorge aber muß es sein, den fortschreitenden Prozeß der Entsolidarisierung zwischen den Staaten und Völkern aufzuhalten und schließlich umzukehren.

Internationale Solidarität

Es gibt gewisse besondere Erfahrungen, die die Bundesrepublik Deutschland von vielen anderen Ländern unterscheiden, die hier vertreten sind, und die den Charakter unserer Mitarbeit in der großen Weltorganisation der Vereinten Nationen bestimmen. Ich will diese Erfahrungen hier nennen, um zu zeigen, daß wir nicht Entsolidarisierung, sondern mehr internationale Solidarität brauchen.

Die Bundesrepublik Deutschland ist aus der staatlichen Trennung der unteilbaren deutschen Nation entstanden. Wir sind uns daher stärker als manche andere der Tatsache bewußt, daß Staaten – bei aller Notwendigkeit ihrer Existenz – unvollkommene Gebilde sind. Unsere Bürger sind weniger geneigt, nationalstaatlich zu denken, ihre Regierung, ihre staatlichen Einrichtungen für die Quelle aller Weisheit zu halten und zu glauben, daß diese Einrichtungen allein mit den großen Fragen fertig werden können, den Fragen des Friedens, der Freiheit, der Menschenwürde und des Wohlstands. Wir sehen daher mit Sorge die Wiederkehr nationaler Selbstüberschätzung in einigen Teilen der Welt und den Versuch mancher Länder, ihr Wohl auf Kosten ihrer Nachbarn zu steigern – ein Weg, der noch immer zur Schwächung aller geführt hat.

Deshalb richtet die Bundesrepublik Deutschland ihre Politik auf das Ziel der europäischen Einigung aus. Wir sind überzeugt, daß nur ein geeintes Europa die politi-

schen, wirtschaftlichen und sozialen Aufgaben wirkungs-
voll lösen kann, die den Mitgliedsstaaten unserer
Gemeinschaft gestellt sind. Diese Gemeinschaft stellt sich
auch der Mitverantwortung für die Probleme jenseits
ihrer Grenzen. Sie wird dabei um so mehr leisten können, je fester sie gefügt ist.

Gewaltverzicht und Zusammenarbeit

Die andere Erfahrung, die das deutsche Volk gemacht
hat, ist die, daß Gewalt Fragen nicht löst, sondern die
Lösung im Gegenteil erschwert.

Nachdem mit den westeuropäischen Nachbarn, insbesondere mit dem französischen Volk, die Aussöhnung
erreicht war, hat die Bundesregierung Abkommen über
den Verzicht auf Gewalt mit jenen Ländern abgeschlossen, von denen uns eine leidvolle Geschichte der Gewalt-
samkeit getrennt hat.

Die Bundesregierung und alle verantwortlichen politischen Kräfte der Bundesrepublik Deutschland stehen
zum Grundsatz des Gewaltverzichts. In freier Selbstbestimmung (wie sie die Charta der VN ausdrücklich
bekräftigt) können und sollen Menschen ihre Angelegenheiten gestalten. Dazu gehört nach unserer Auffassung
auch, daß geteilte Länder sich aus freier Entscheidung
wieder vereinigen oder Staaten sich zu einer übernationa-
len Gemeinschaft verbinden können. Aber wenn in die
Beziehungen zwischen den Völkern Gewalt Einzug hält,
dann wird diese zur Saat fortwährender neuer Gewalt-
samkeit, und das heißt von Not und Elend und Unglück.

Beide Erfahrungen, die der Unvollkommenheit unserer
Staaten und die der Sinnlosigkeit der Gewalt, führen die
Bundesrepublik Deutschland mit Notwendigkeit auf den
Weg, den diese Weltorganisation beschreitet: Nur durch

ein gefügtes System der internationalen Ordnung können die Menschen in unseren Staatswesen den Rahmen finden, innerhalb dessen ihre Zukunft gesichert erscheint.

Für mein Land bekenne ich mich zu der sicher unbequemen, langwierigen, aber allein würdigen und am Ende erfolgversprechenden Form einer weltweiten, alle Menschen erfassenden Zusammenarbeit, für die die Vereinten Nationen das wichtigste Modell sind. Frieden, Freiheit, Menschenwürde, Wohlstand und eine zuverlässige Ordnung der internationalen Beziehungen sind unteilbar.

Es kommt heute mehr denn je auf den politischen Willen zur Zusammenarbeit an. Die internationalen Institutionen können nicht stärker sein als dieser politische Wille. Dazu gehört nicht nur die Bereitschaft, am Zustandekommen internationaler Vereinbarungen konstruktiv mitzuwirken, es gehört dazu eben auch die Entschlossenheit, sich an solche Vereinbarungen zu halten. Dies beides ist die Voraussetzung für das Funktionieren jener neuen Form der internationalen Ordnung, deren Aufbau die Zeit nach dem Zweiten – und wie wir hoffen dürfen letzten – Weltkrieg bestimmt hat. Es sind Voraussetzungen, die in den einzelnen Ländern geschaffen werden müssen, aber nicht nur bei den Regierungen. Ich bin zutiefst davon überzeugt, daß auch die einzelnen Menschen in unseren Staaten die Bereitschaft zu einem Handeln entwickeln müssen, das ich als internationale Solidarität zu beschreiben versucht habe.

Die Aufgaben der VN-Konferenzen in den vergangenen und in den vor uns liegenden Monaten – ich nenne nur die Rohstoff- und Entwicklungsfragen, die Bevölkerungsentwicklung, die Neuordnung der Nutzung des Meeres und das Welternährungsproblem – gehen jeden einzelnen Menschen an. Das Bewußtsein der gemeinsamen Verantwortung und der Wille zu konstruktiver Mitarbeit an der Lösung dieser Fragen kann in einer Regierung nur so weit ausgeprägt sein, wie die Einsicht ihrer Bürger reicht.

Die internationale Zusammenarbeit in ihren vielfältigen Formen hat dazu beigetragen, daß in den letzten zweieinhalb Jahrzehnten außerordentliche Wandlungen in der Welt stattfinden konnten. Lassen Sie mich nur zwei dieser Wandlungen erwähnen: den Prozeß der Befreiung der früheren Kolonialvölker, der sich gerade in dieser Versammlung sinnfällig niederschlägt, wo aus den ursprünglich 51 Mitgliedern der VN inzwischen 138 geworden sind; und die Entwicklung einer friedensbewahrenden und friedensschaffenden Politik der Vereinten Nationen, die geholfen hat, ein Übergreifen lokaler oder regionaler Konflikte zu verhindern.

Heute werden an denselben internationalen Regeln und Organisationen, deren oft stillem Wirken wir die Möglichkeit solcher Entwicklungen verdanken, zunehmend Zweifel laut. Für die Bundesregierung möchte ich feststellen: Wir wollen die Vereinten Nationen stärken und ihre Wirkungsmöglichkeiten erweitern. Bei all ihrer Unvollkommenheit gibt es für die Vereinten Nationen keinen Ersatz. Wem an der friedlichen Entwicklung der Menschheit gelegen ist, der muß diese unterstützen.

Die vielfältigen regionalen Zusammenschlüsse ergänzen die universellen Aufgaben der Vereinten Nationen. Für uns wird der Rang der VN in keiner Weise dadurch gemindert, daß wir einem Verteidigungsbündnis angehören und zusammen mit anderen eine politische und wirtschaftliche Union in Europa anstreben. Die Vielfalt der internationalen Gruppierungen entspricht der Vielfalt der Beziehungen zwischen den Völkern. Sie ist nützlich, solange keine Organisation sich gegen andere richtet und solange alle die Regeln respektieren, auf die wir uns hier, in diesem umfassendsten Rahmen, geeinigt haben. Beides kann ich Ihnen für mein Land zusagen.

Organisationen sind Menschenwerk, also unvollkommen, überdies ändern sich die Zeiten und Probleme. Für die Bundesrepublik Deutschland ist das kein Anlaß, die Grundlagen der bisherigen internationalen Ordnung in Frage zu stellen. Es geht vielmehr darum, ihre Regeln und Einrichtungen fortzuentwickeln und an die neuen Probleme anzupassen. Lassen Sie uns gemeinsam darangehen, im gesamten VN-Bereich zu prüfen, wo Verbesserungsmöglichkeiten der Organisation oder der ihr zugrundeliegenden Regeln im Interesse der Lösung ihrer Probleme bestehen. Die Bundesrepublik Deutschland wird an einer solchen Überprüfung in demselben Geiste mitarbeiten, in dem sie auch in anderen Organisationen, insbesondere im GATT und im Internationalen Währungsfonds, die Aufgabe der Erneuerung des internationalen Systems aus sich selbst betreibt.

Lösung der Weltwirtschaftsprobleme

Wir müssen die Formen internationaler Zusammenarbeit, die wir entwickelt haben, sehr gründlich darauf untersuchen, ob sie geeignet sind, die Ursachen der krisenhaften Entwicklungen in vielen Weltgegenden zu beseitigen. In der Charta der Vereinten Nationen steht die Lösung der weltweiten wirtschaftlichen, sozialen und humanitären Probleme gleichrangig neben dem Ziel der Friedenssicherung. Beide Bereiche sind untrennbar miteinander verbunden. Wir wissen, daß Frieden mehr ist als ein Zustand, in dem gerade einmal die Waffen schweigen. Eine internationale Wirtschaftsordnung, die das Prinzip der Gleichberechtigung und Partnerschaft auch in den ökonomischen Beziehungen verwirklicht, ist ein Beitrag zur Friedenssicherung.

Wer noch Zweifel an der Notwendigkeit schnellen

Handelns hatte, dem sollte die Entwicklung der letzten zwölf Monate die Augen geöffnet haben: Bei vielen wichtigen Rohstoffen ist eine Preiseskalation von bisher unbekannter Größenordnung zu verzeichnen. Die Energiepreise sind sprunghaft gestiegen. Sie alle kennen die Folgen: Beängstigend hohe Zahlungsbilanzdefizite bei den einen, gewaltige Überschüsse bei den anderen. Das Feuer der weltweiten Inflation hat dadurch reiche zusätzliche Nahrung erhalten. Bisher gültige Daten, die als Grundlage für wirtschaftliche Dispositionen dienten, wurden über Nacht in Frage gestellt. In vielen Ländern wächst das Gefühl der Unsicherheit angesichts einer wirtschaftlichen Entwicklung, die weniger denn je kalkulierbar erscheint.

Die Folgen treffen alle. Die Schwierigkeiten, vor denen die Industrieländer stehen, sind beträchtlich. Aber sie sind nicht zu vergleichen mit der existenzbedrohenden Notlage der am wenigsten entwickelten rohstoffarmen Länder. *Wir* müssen den Gürtel enger schnallen, für *sie* geht es ums Überleben. Dies ist eine Herausforderung, die nicht vor unterschiedlichen Systemen haltmacht. Sie trifft alle Staaten, gleich ob arm oder reich, ob Entwicklungsland oder Industriestaat.

Ich möchte auf diesen Punkt sehr viel Gewicht legen. Eine Verschärfung von Interessengegensätzen zwischen Rohstoffstaaten und Industriestaaten schafft nicht nur Probleme zwischen den unmittelbar Beteiligten, sondern zieht zuerst und am stärksten dritte Staaten in Mitleidenschaft. Daraus würden neue Spannungen resultieren, und die Versuchung wäre für viele Staaten groß, ohne Rücksicht auf andere das Heil in der Rettung der eigenen Haut zu suchen. Hüten wir uns davor: Leidvolle Erfahrungen der Vergangenheit haben uns gelehrt, daß die Flucht in den wirtschaftlichen Isolationismus Schwierigkeiten nicht lösen kann. Im Gegenteil: Angesichts der

engen Verflechtung der Weltwirtschaft fordert als ego-
istisch empfundenes Verhalten des einen Gegenmaßnahmen der anderen geradezu heraus. Die Mentalität des
»Rette sich wer kann« führt daher geradewegs ins wirtschaftliche Chaos und zu Spannungen zwischen den Staaten und Völkern.

Was wir wollen, ist genau das Gegenteil: Wir wollen
bestehende Unterschiede beseitigen, insbesondere die
Kluft zwischen Entwicklungsländern und Industriestaaten
abbauen, wir wollen das Aufkommen neuer Gegensätze
verhindern und wir wollen einseitige Abhängigkeiten vermeiden. Dazu müssen wir weltweit die wirtschaftlichen
und sozialen Strukturen verbessern, die Produktivität
steigern und sinnvolles Wachstum fördern, ohne darüber
den Schutz der Umwelt zu vernachlässigen, der seit der
Stockholmer Konferenz an Dringlichkeit nichts verloren
hat.

Wenn die Rohstoffländer für ihre Rohstoffe höhere
Preise im Markt erzielen wollen, so muß doch darauf
geachtet werden, daß es nicht zu exzessiven Preisschwankungen auf den Rohstoffmärkten kommt. Zugleich müssen wir auch eine langfristige gesicherte Versorgung mit
Rohstoffen anstreben. Im Interesse aller müssen wir aber
auch dafür sorgen, daß die gestiegenen Energie- und
Rohstofferlöse sinnvoll verwendet und so dem internationalen Wirtschaftskreislauf wieder zugeführt werden. Es
gilt, die Mittel dorthin zu lenken, wo sie am dringendsten
gebraucht werden. Wir sind bereit, regional und auch
weltweit zu Lösungen beizutragen, die Gefahren für das
Weltwährungssystem vermeiden.

Auf der 6. Sondergeneralversammlung der Vereinten
Nationen im April dieses Jahres ist der wichtige Dialog
über Weltwirtschaftsfragen begonnen worden. Wir werden den dort begonnenen Dialog weiterführen müssen
und dabei noch viel Geduld, Zähigkeit und Augenmaß

brauchen. Niemandem ist mit Entscheidungen gedient, die nicht von allen wichtigen Welthandelspartnern getragen werden, niemandem ist mit Beschlüssen geholfen, die die arbeitsteilige, auf dem Prinzip der Handelsfreiheit beruhende Weltwirtschaft in Frage stellen und durch ein System globaler Reglementierung zu ersetzen suchen. Gewiß ist die gegenwärtige Weltwirtschaftsordnung nicht ohne Mängel und Schwächen. Wir müssen sie deshalb weiter entwickeln, verbessern und anpassen an die Bedürfnisse aller Staaten.

Wir sehen die Notwendigkeit, die Märkte der Industriestaaten für Erzeugnisse der weniger entwickelten Staaten weiter zu öffnen. Die Europäische Gemeinschaft, zu der mein Land gehört, trägt dieser Notwendigkeit seit Jahren durch die Gewährung allgemeiner Zollpräferenzen Rechnung. Mit 44 Staaten Afrikas, der Karibik und des pazifischen Raums steht sie in Verhandlung über eine umfassende Regelung der gegenseitigen Wirtschaftsbeziehungen.

Die Bundesregierung unterstützt Kooperationsvorhaben auch privater Unternehmer in Entwicklungsländern. Sie bemüht sich, Investitionen durch geeignete Maßnahmen stärker in die am wenigsten entwickelten Länder zu lenken. Die Bundesregierung hat den Anteil ihrer Entwicklungshilfe für diejenigen Länder, die in besonderem Maße der internationalen Solidarität bedürfen, in den letzten Jahren ständig erhöht und wird dies auch in Zukunft tun. Die Bundesrepublik Deutschland hat ihre Bereitschaft erklärt, als Mitglied der Europäischen Gemeinschaft einen substantiellen Beitrag zur Nothilfeaktion der Vereinten Nationen zugunsten der am härtesten betroffenen Länder zu leisten, sobald die anderen angesprochenen Staaten sich entsprechend beteiligen. Die Bundesrepublik Deutschland nimmt an der Bekämpfung des Hungers in der Welt und an der Lösung der

Welternährungskrise teil. Auch im Rahmen der Europäischen Gemeinschaft leisten wir erhebliche Beiträge. An Düngemittellieferungen sind wir beteiligt. Der Präsident der Vereinigten Staaten von Amerika und sein Außenminister haben vor dieser Versammlung mit Recht erneut eindringlich auf die Bedeutung dieses Problems hingewiesen.

Die erhöhten Rohstoffpreise und die sich daraus ergebenden Probleme stellen uns vor große wirtschaftliche Schwierigkeiten. Dennoch wird die Bundesregierung besondere Anstrengungen unternehmen, ihre Entwicklungshilfe weiter zu steigern. Die Bundesregierung plant, sie in den nächsten Jahren prozentual stärker zu erhöhen als den nationalen Haushalt im Ganzen. Für das Jahr 1975 ist das schon beschlossen. Die multilaterale Hilfe wird im Rahmen unserer gesamten Entwicklungshilfe weiterhin einen wichtigen Platz einnehmen.

Wir setzen uns für einen verstärkten Austausch auf dem Gebiet der Wissenschaft und Technologie ein. Alle Staaten sollten Zugang zum wissenschaftlichen und technologischen Potential dieser Welt haben, damit sie ihre Probleme mehr und mehr aus eigener Kraft lösen können. Diesem Ziel dienen auch unsere Projekte auf dem Gebiet der Ausbildungshilfe. Wir begrüßen den Gedanken einer Weltwissenschaftskonferenz. Wir setzen uns dafür ein, daß dieses Projekt weiterverfolgt wird.

Die Ereignisse des letzten Jahres haben erneut die Interdependenz der Weltwirtschaft deutlich gemacht und gezeigt, wie empfindlich die komplexen Wirtschaftsmechanismen hochentwickelter Industriestaaten sind. Auch ihre Leistungsfähigkeit hat Grenzen. Das Funktionieren dieser Wirtschaften unterliegt eigenen Gesetzen. Dabei spielt Stabilität im Inneren eine wichtige Rolle. Nur Staaten mit funktionierender Wirtschaft können gute Handelspartner der Entwicklungsländer sein, nur sie auch können helfen, können sich langfristig über die eigenen Grenzen hinweg den Sorgen anderer zuwenden. Inflationsgeschüttelte Volkswirtschaften in den Industriestaaten lassen nach in ihrer Leistungsfähigkeit. Die Ergebnisse der von der Bundesrepublik Deutschland im Inneren betriebenen konsequenten Stabilitätspolitik kommen daher auch anderen zugute.

Umfassende Friedenssicherung

Wir wissen, daß die Lösung der ökonomischen und sozialen Probleme nur gelingen kann, wenn die politischen Voraussetzungen vorhanden sind. Dazu gehört in erster Linie eine umfassende Sicherung des Friedens. Dies bleibt die zentrale Aufgabe der Vereinten Nationen. Wenn von Frieden und Sicherheit die Rede ist, liegt es heute nahe, zwei Gebiete besonders zu erwähnen, deren Konflikte gerade auch uns Europäer unmittelbar berühren. Ich meine den Nahen Osten und Zypern.

Der Abschluß der Truppenentflechtungsabkommen im nahöstlichen Raum hat neue Hoffnungen auf eine umfassende friedliche Regelung des Konflikts begründet. Diese Entwicklung, an der die erfolgreichen Bemühungen Außenminister Kissingers wesentlichen Anteil hatten, wird von der Bundesrepublik Deutschland begrüßt. Diesen ersten Schritten müssen weitere folgen, um einen gerechten und dauerhaften Frieden zu schaffen, der die Existenz aller Staaten und Völker der Region sichert und die legitimen Rechte des palästinensischen Volkes berücksichtigt. Die bisherigen Fortschritte sind ein Zeichen dafür, daß auch unter den Konfliktparteien die Überzeugung gewachsen ist, nur mit friedlichen Mitteln eine echte Lösung erzielen zu können. Der Frieden im Nahen Osten wird starke Kräfte für den Wiederaufbau und die Entwicklung des gesamten östlichen und südlichen Mittelmeerraums freisetzen. Bei der Bundesrepublik Deutschland und ihren europäischen Partnern wird es an der Bereitschaft zu wirksamer Mitarbeit nicht fehlen. Mit der Aufnahme des europäisch-arabischen Dialogs haben die Neun bereis erste Grundlagen für diese große Aufgabe geschaffen.

Die Bundesregierung bedauert zutiefst die Ereignisse der jüngsten Vergangenheit in Zypern mit ihren tragischen Folgen für das Land und seine Bewohner. Wir hoffen, daß es den am Konflikt Beteiligten bald gelingt, zu einer Verhandlungslösung zu finden, die die Unabhängigkeit, Souveränität und territoriale Integrität Zyperns sichert und den äußeren und inneren Frieden dieses Landes wiederherstellt.

Sowohl im Nahen Osten als auch in Zypern konnten die VN mit ihren Mitteln dazu beitragen, daß die Waffen schweigen und Verhandlungen möglich wurden. Ich möchte die Bemühungen von Generalsekretär Dr. Kurt Waldheim hervorheben, dem wir Anerkennung und Dank schulden. Wir danken den Soldaten der Friedenstruppe für ihren Einsatz im Dienste der VN. Wir gedenken derer, die diesen Dienst mit dem Leben bezahlt haben. Die Bundesrepublik Deutschland erkennt die bedeutsamen Funktionen dieser Truppe zur Friedenssicherung an und hat deshalb die Aktionen im Nahen Osten und in Zypern durch zusätzliche freiwillige Leistungen gefördert. Die Effizienz und Wirkungsmöglichkeiten der VN-Truppen könnten weiter gesteigert werden, wenn es gelingt, eine Einigung über generelle Richtlinien für friedenserleichternde Operationen zu erreichen. Wir sollten uns um eine solche Einigung verstärkt bemühen.

Sicherheit, Entspannung, Rüstungskontrolle

Welche konkreten Beiträge zu einer aktiven Friedenspolitik können wir leisten? Die Außenpolitik der Bundesrepublik Deutschland will nach Kräften die Entspannung fördern. Entspannung allein beseitigt bestehende Gegensätze nicht, noch schafft sie automatisch mehr Sicherheit. Aber Entspannungspolitik ist ein wirkungsvolles Instrument, um alte Konflikte abzubauen und das Entstehen neuer Konflikte zu verhindern. Und erst in einer Atmosphäre der Entspannung sind Anstrengungen zur Rüstungsbegrenzung und Rüstungskontrolle unter Berücksichtigung der Sicherheitsinteressen überhaupt sinnvoll.

Die Bundesregierung schließt in ihre Entspannungspolitik auch das schwierigste und brennendste Problem in Deutschland selbst ein: Die Teilung unseres Landes mit allen ihren schmerzlichen Folgen für die Menschen. Ich möchte wiederholen, was die Bundesregierung an dieser Stelle vor einem Jahr deutlich gemacht hat: Wir können die Teilung nicht als das letzte Wort der Geschichte über die deutsche Nation akzeptieren. Dieses Wort wird vom deutschen Volk selbst gesprochen werden. Die Bundesregierung hält fest an ihrer Politik, auf einen Zustand des Friedens in Europa hinzuwirken, in dem das deutsche Volk in freier Selbstbestimmung seine Einheit wiedererlangt. Dies hindert uns jedoch nicht, das volle Maß an Zusammenarbeit auszuschöpfen, das in der gegebenen Lage erreichbar ist. Diese Politik hat vertraglich geregelte Beziehungen mit dem anderen deutschen Staat, der DDR, ermöglicht. Seither hat sich gezeigt, daß die Mitarbeit der Staaten eines geteilten Landes in den VN trotz tiefgreifender Unterschiede der politischen Auffassungen möglich und daß sie für alle – wie ich meine, auch für die Weltorganisation – nützlich ist.

Die Entspannung in Europa mußte dort ansetzen, wo die Gegensätze am härtesten aufeinanderstießen, in Berlin. Das Viermächte-Abkommen vom 3. September 1971 hat den Weg dafür geöffnet. Wir müssen deshalb die Entspannung auch daran messen, wie sich dieses Abkommen in allen seinen Teilen bewährt. Die gesicherte Zukunft Berlins ist ein unverzichtbares Element der Entspannung in Europa, und sie bleibt ein vitales Interesse unserer Politik.

Die Bundesrepublik Deutschland will die Fortsetzung einer wirksamen Entspannungspolitik. In diesem Geist arbeitet die Bundesregierung in Genf in der KSZE und in Wien in den MBFR-Verhandlungen aktiv und konstruktiv mit. Sie sucht dort nicht Vorteile, die nur einer Seite zugute kommen, sondern einen Weg, der das Zusammenleben der Völker auf dem dicht besiedelten Raum Europas erleichtern soll. Und wir setzen auf diese Konferenzen die Hoffnung, daß sie uns dem Zeitpunkt näherbringen, wo sich in Europa Ost und West nicht mehr hochgerüstet gegenüberstehen. Wir können und wollen uns nicht damit abfinden, daß der Rüstungswettlauf, an dem sich nicht nur die Großmächte beteiligen, immer wieder fortgesetzt wird. Die wirtschaftlichen Kräfte der Menschheit müssen vielmehr vermehrt dafür eingesetzt werden, daß Hunger und Elend von der Erdoberfläche verschwinden – aber sie dürfen nicht erst dann auf diese Aufgabe konzentriert werden, wenn es im Rüstungswettlauf einen Sieger gegeben hat, sondern jetzt.

Aus diesem Grunde glaube ich, daß wir mit noch größerem Nachdruck als bisher praktische Schritte der Abrüstung und der Rüstungskontrolle anstreben müssen. Die Bundesrepublik Deutschland ist entschlossen, hierzu wie bisher aktiv beizutragen. Abrüstung und Rüstungskontrolle sind integraler Bestandteil ihrer Politik. Wir sind bereit, auch in der CCD zusätzliche Verantwortung zu übernehmen, und sind gewiß, daß wir in naher Zukunft dazu die Gelegenheit haben werden. In diesem Zusammenhang möchte ich die große Bedeutung unterstreichen, welche wir der Politik der Nichtverbreitung von Kernwaffen beimessen. Die Bundesrepublik Deutschland beabsichtigt, an der für 1975 vorgesehenen Überprüfungskonferenz des VN-Vertrages teilzunehmen. Sie hofft, daß sie auch aus diesem Anlaß dazu beitragen kann, Gefährdungen der Nichtverbreitungspolitik, die sie zu erkennen glaubt, entgegenzuwirken.

Achtung der Menschenrechte

Wenn die Bundesrepublik Deutschland in dieser Generalversammlung ihr besonderes Augenmerk auf drei Problemkreise der weltweiten Kooperation richtet, nämlich
- auf die Stärkung der internationalen Ordnung und ihrer Institutionen,
- auf die Verbesserung der weltweiten Wirtschaftsbeziehungen im Geiste von Partnerschaft und Solidarität,
- auf konkrete Beiträge zur Entspannung und Abrüstung mit dem Ziel einer dauerhaften Friedenssicherung,

so tut sie das im Bewußtsein und in der Achtung vor den Erwartungen, den Wünschen, den Hoffnungen und den Sehnsüchten der Menschen des eigenen Volkes und aller anderen Völker. Alle unsere Bemühungen zielen im letzten auf das Wohl jedes einzelnen Menschen. Dieser Gedanke führt zu einem zentralen Punkt der Bestrebungen der VN, dem auch diese Generalversammlung ihre volle Aufmerksamkeit widmen sollte: ich meine die Frage der individuellen Menschenrechte, den Schutz des einzelnen innerhalb der menschlichen Gemeinschaft. Ich möchte vor der Illusion warnen, daß es genüge, die äußere Ordnung durch äußere Mittel gegen Krieg und Zerstörung zu schützen. Es bedarf nicht nur der formellen Anerkennung der Menschenrechte, sondern ihrer praktischen Durchsetzung und Anwendung, um den äußeren Maßnahmen zur Friedenswahrung auch innere Festigkeit und Überzeugungskraft zu verleihen. Hier geht es um elementare Rechte, die überall in der Welt gelten müssen, in Europa – und ich meine, in allen seinen Teilen – nicht weniger als in anderen Kontinenten.

Vom Inkrafttreten der beiden internationalen Menschenrechtspakte, die die Bundesrepublik Deutschland im Dezember 1973 ratifiziert hat, erwarten wir neue Impulse. Als neues Mitglied der Menschenrechtskommission wollen wir auch in diesem Gremium verantwortlich bei der Verwirklichung der Menschenrechte mitarbeiten. Wir wollen, was in unseren Kräften steht, dazu beitragen, den einzelnen Menschen gegen staatliche Willkür und vor Not zu schützen, ebenso auch Bevölkerungsgruppen, die rassischer, religiöser, politischer oder sonstiger Diskriminierung ausgesetzt sind. Wir begrüßen die von der Menschenrechtskommission und ihren Gremien beschlossene Ausarbeitung von Studien zum Selbstbestimmungsrecht. Das Selbstbestimmungsrecht ist ein Ordnungsprinzip, das nicht nur für den Bereich der Dekolonisierung oder für einen Erdteil, sondern überall in der Welt gelten muß. Selbstbestimmung und Menschenrechte sind die zentralen Anliegen, um die es auch im südlichen Afrika geht. Die Fragen der Dekolonisierung und Beseitigung der Rassendiskriminierung in diesem Bereich werden auch diese Generalversammlung erneut beschäftigen. An unserer Haltung haben wir keinen Zweifel gelassen: Wir fordern die Beseitigung des Restkolonialismus. Wir verurteilen jegliche Form rassischer Diskriminierung. Wir stellen heute mit Befriedigung fest, daß seit der letzten

Generalversammlung tiefgreifende Veränderungen in Gang gekommen sind: Wir begrüßen die historische Entscheidung Portugals, die Unabhängigkeit von Guinea-Bissau anzuerkennen und auch Moçambique und Angola den Weg in die Unabhängigkeit freizugeben. Wir sehen darin eine Bestätigung unserer Auffassung, daß auch diese Probleme mit Mut, Energie und Einsicht zu lösen sind. Die Garantie der individuellen Menschenrechte, die vollständige Ächtung des Rassismus in jeder Form und an jedem Ort und die Verwirklichung des Selbstbestimmungsrechts der Völker sind Aufgaben, an denen mein Volk nicht zuletzt aus den Erfahrungen der eigenen Geschichte mit großem Ernst und aller Energie mitwirken möchte.

Der deutsche Philosoph Immanuel Kant, dessen 250. Geburtstag wir in diesem Jahr begehen, hat im Jahre 1795 in seiner Schrift »Vom ewigen Frieden« Grundsätze der internationalen Zusammenarbeit aufgestellt. Einer solchen universalen Zielsetzung folgen auch die Vereinten Nationen. Die Grundsätze, die sie vor fast drei Jahrzehnten für das internationale Zusammenleben gesetzt haben, sind heute weltweiter Anerkennung sicher. Aber wir dürfen nicht bei Bekenntnissen und Resolutionen stehenbleiben. Es wird Aufgabe auch dieser Generalversammlung sein, praktische Impulse zu geben, die Richtung für unsere weitere Arbeit zu weisen, damit wir den Zielen der VN durch konkrete Maßnahmen, und seien es auch nur kleine Fortschritte, näherkommen. Daran werden wir uns am Ende dieser Generalversammlung messen lassen müssen.

Interessenausgleich und Kooperation mit der Dritten Welt

Rede beim Liebesmahl
des Ostasiatischen Vereins in Hamburg
am 7. März 1975

I

Die Krise der Weltwirtschaft – eine Gefahr für die Demokratie

Der Zusammenschluß der Ostasien-Kaufleute im Ostasiatischen Verein ist so alt wie das Jahrhundert – das könnte uns veranlassen, mit wenigen Strichen die damalige Situation der Welt nachzuzeichnen, um, verglichen mit heute, das Maß des Wandels bewußt zu machen:

Das Deutsche Reich damals, im eigenen Bewußtsein, vor dem Griff nach der Weltmacht; das weltpolitische Zentrum lag, wenn auch nur noch für kurze Zeit, bei den alten Mächten in Europa; die alte Weltordnung schien noch zu funktionieren, aber in Wahrheit waren ihre Grundlagen bereits zerbrochen. Und es zeigten sich damals schon neue geistige, gesellschaftliche und politische Kräfte, die das Gesicht der Welt von heute bestimmen.

Unsere Zeit: eine Zeit atemberaubenden Wandels

Doch müssen wir nicht 75 oder 50 Jahre zurückgehen, um Beispiele für grundlegende und in ihrem Ablauf atemberaubende Wandlungen zu finden. Wir selbst stehen mitten in einer solchen Entwicklung.

59

Ich meine den Eintritt der Dritten Welt als neuer Machtfaktor in die Weltpolitik und das Drängen der Dritten Welt
auf eine neue Weltwirtschaftsordnung. Damit wähle ich für
diese Rede ein Thema, das auch die Handelskammer Hamburg in ihrem Bericht 1974 zum Thema des Jahres gemacht
hat.

Alarmsignale in Europa

Für uns geht es bei dem Bemühen um eine Bewältigung
der weltwirtschaftlichen wie der binnenwirtschaftlichen
Probleme nicht nur um die Lösung ökonomischer Fragen,
für uns geht es dabei um die zentrale Frage, ob es uns
gelingt, den Bestand unserer demokratischen Strukturen
zu erhalten. Unser Volk weiß aus schmerzlicher Erfahrung,
welche Gefahren wirtschaftliche Instabilität für den demokratischen Staat heraufbeschwören kann.

Es gibt Alarmsignale in Europa, die wir nicht übersehen
dürfen. Sie zeigen an, daß wirtschaftliche Krisenerscheinungen auch scheinbar feste demokratische Strukturen
beeinträchtigen können. Das verpflichtet uns zu solidarischem Handeln. Wenn wir also Beiträge zur wirtschaftlichen Stabilisierung unserer Partner leisten, so leisten wir
damit auch einen Beitrag zur Erhaltung eines demokratischen Europas.

Realistische Erwartungen: Voraussetzung für die Lösung der Probleme

Aber diese Bemühungen können nur erfolgreich sein
unter der Voraussetzung, daß sich schnell die klare
Erkenntnis von den Grenzen des wirtschaftlich Möglichen
durchsetzt.

Hier liegt in der gegenwärtigen Situation die besondere

Aufgabe der politisch Verantwortlichen. Eine Verantwortung, die darin besteht, nicht mit Versprechungen für morgen über die Probleme von heute hinwegzutäuschen, sondern auf eben diese Grenzen des Möglichen hinzuweisen und die unveränderte Grundwahrheit auszusprechen, daß es ohne Leistung keinen Fortschritt gibt.

Von außen gesetzte Rahmenbedingungen unserer Volkswirtschaft

Für eine realistische Einschätzung, ob Erwartungen erfüllbar sind oder nicht, ist es auch notwendig, den Bürgern jene Grenzen bewußtzumachen, die unserer Volkswirtschaft durch äußere Bedingungen gezogen sind. Und hier wirkt sich unsere auswärtige Politik in einem bisher nicht gekannten Maß auf das Alltagsleben jedes einzelnen Bürgers aus.

Wenn wir etwa 1974 auf Grund der Ölpreiserhöhung rund 2 Prozent unseres Volkseinkommens an die Ölländer transferieren mußten, so kann keine Regierung der Welt diese 2 Prozent in die Taschen ihrer Bürger zurückzaubern.

Wenn dann dieser Einkommenstransfer zusammenfällt mit einer Rezession in der gesamten westlichen Welt, so ist es zwar ein respektables Ergebnis, daß es uns im Gegensatz zu einigen anderen großen Industrieländern gelang, das Realeinkommen insgesamt zu halten und das der Arbeitnehmer sogar zu steigern, aber das Problem bleibt bestehen.

Die westlichen Demokratien sind heute darauf angewiesen, daß ihre Bürger sich auch solcher außenwirtschaftlicher Zusammenhänge bewußt sind. Denn nur so ist im Inneren wie im Äußeren eine angepaßte, und das heißt rationale Politik möglich, die aus den vorgegebenen Bedingungen das Beste macht.

II

Das Weltwirtschaftssystem der Nachkriegsepoche

Wie stellt sich nun heute die wirtschaftliche Außenwelt für uns dar? Was hat sich verändert?

Ein Vergleich mit der Mitte der sechziger Jahre macht den Wandel deutlich: Das Weltwirtschaftssystem war damals im wesentlichen ein System der drei großen marktwirtschaftlichen Industrieregionen: USA – Westeuropa mit dem Kernbereich der Europäischen Wirtschaftsgemeinschaft – Japan.

Der Mittelpunkt des Systems waren die USA. Der Dollar, zu festen Paritäten in Gold und andere Währungen umtauschbar, schien die monetäre Stabilität zu garantieren. Den institutionellen Rahmen gaben die Statuten des Weltwährungsfonds und des GATT. Innerhalb dieses Rahmens regulierte sich das System durch das freie Spiel der Marktmechanismen selbst. Außerhalb des Systems stand der Ostblock.

Die Länder der Dritten Welt andererseits waren zwar zum großen Teil nicht selbst an der Schaffung des Systems beteiligt gewesen, fügten sich jedoch nichtsdestoweniger in die Spielregeln ein und standen wegen ihres noch unvollkommenen Entwicklungsstandes hauptsächlich als Rohstofflieferanten für die Industrienationen bereit. Die westlichen Industrienationen wiederum suchten durch Kapitalhilfe und technische Hilfe die Entwicklung der Dritten Welt zu beschleunigen.

Das System wurde getragen von dem Konsensus der Teilnehmer, daß es zugunsten aller wirke und dank seiner Effizienz allen Beteiligten die Erreichung des wirtschaftlichen Optimums ermögliche.

Als solches wurde für die westlichen Länder eine durchschnittliche Wachstumsrate von 4 Prozent angenommen. Für die Entwicklungsländer andererseits wurde ein jährliches Wachstumsziel von mindestens 6 Prozent angesetzt. Dieser Zuwachs lag über der westlichen Rate und würde so der Dritten Welt ein stetiges Aufholen ermöglichen.

Forderung der Dritten Welt nach einer neuen Weltwirtschaftsordnung

Wie sehr hat sich in den letzten Jahren die Situation gewandelt! Ich gehe hier nur auf die jüngste und einschneidendste Veränderung ein: das Ausscheiden der Dritten Welt aus dem Konsensus über die Weltwirtschaftsordnung.

Viele Führer der Dritten Welt sind heute davon überzeugt, daß die gegenwärtige Ordnung zuungunsten der Entwicklungsländer wirke.

Manche von ihnen vertreten die These, daß unter dieser Ordnung die Industrieländer die Entwicklungsländer sowohl im Handel wie im Bereich der Auslandsinvestitionen systematisch ausbeuten. Deshalb sei die gegenwärtige Weltwirtschaftsordnung ein Hindernis für die Entwicklung der Dritten Welt. Sie müsse durch eine neue Ordnung abgelöst werden.

Seit der 6. Sondergeneralversammlung der Vereinten Nationen liegt der Plan für eine Neuordnung auf dem Tisch. Im Zentrum stehen zwei Forderungen:

Die Forderung nach Rohstoffkartellen

Im Bereich des Welthandels sollen Erzeugerkartelle die Rohstoffpreise bestimmen. Dabei steht für viele nicht das alte Ziel der Preisstabilisierung im Vordergrund. Die Roh-

stoffpreise sollen vielmehr durch Verkäufermonopole fest-
gesetzt werden. Sie sollen von dem Bezugspunkt der Pro-
duktionskosten gelöst werden.

Es wird daran gedacht, als neuen Bezugspunkt die Sub-
stitutionskosten zu sehen, die die Industrieländer aufzubringen hätten, wollten sie die von der Dritten Welt einge-
führten Rohstoffe ersetzen.

Als zweiter Bezugspunkt werden die Preise der Exportgüter der Industrieländer diskutiert; ein System der Inde-
xierung soll eine automatische Verknüpfung von Industrie-
güter- und Rohstoffpreisen bringen.

Auslandsinvestitionen sollen
den Schutz des allgemeinen Völkerrechts
verlieren

Im Bereich der Auslandsinvestitionen andererseits soll
der Nutzen der Investitionen möglichst ausschließlich der
Dritten Welt zugute kommen. Zu diesem Zweck streben
die Entwicklungsländer den Aufbau eines weltweiten Kon-
trollsystems an.

Ein Teil der Dritten Welt geht auch hier noch weiter. Er
will es zum Grundsatz erheben, im Bereich der Rohstoffge-
winnung alle ausländischen Investitionen zu verstaatlichen.
Um dabei, und überhaupt bei Eingriffen in ausländische
Firmen, freie Hand zu haben, will er das Prinzip durchsetzen, daß bei Streitfragen ausschließlich die innerstaatlichen
Gesetze und Gerichte zuständig seien. Das soll insbesondere für die Entschädigungsfrage bei Enteignungen gelten.
Mit anderen Worten also: Ausländischem Eigentum soll
der Schutz des allgemeinen Völkerrechts entzogen werden.

So weit die Kernforderungen für die neue Ordnung. Ich
habe sie absichtlich hier in ihrer äußersten Zuspitzung
dargestellt, um zu zeigen, zu welchen Konsequenzen sie

führen können. Auch wenn die Dritte Welt ihnen überwiegend zuzustimmen scheint, wissen wir doch, daß viele Länder sie nur als eine Maximalposition betrachten, von der aus man zu einem Verhandlungskompromiß kommen möchte. Wie verhält sich die Bundesrepublik Deutschland dazu?

Reform – nicht Zerstörung

Das Leitprinzip unserer Politik ist: Kooperation, nicht Konfrontation. Denn wir wissen: in einer interdependenten Welt bedeutet Konfrontation schon per definitionem, daß alle Parteien verlieren.

Kooperation aber meint nicht Aufgabe unserer Prinzipien. Wir erkennen an, daß das Weltwirtschaftssystem der Reform bedarf; seine Zerstörung jedoch lehnen wir ab. Seine Grundprinzipien müssen in ihrem Kern erhalten bleiben.

Diese Ordnung hat in den vergangenen 25 Jahren nicht nur den Industrieländern einen unerhörten Aufschwung von Produktion und Handel gebracht. Sie hat vielmehr auch der Dritten Welt in der ersten Entwicklungsdekade 1960 bis 1970 eine jährliche Wachstumsrate von fast 6 Prozent ermöglicht. Diese Rate liegt deutlich über derjenigen der Industrieländer, und sie liegt weit über den Zuwachsraten, die die heute entwickelten Länder im 19. Jahrhundert erzielen konnten.

Dabei darf nicht verkannt werden, daß das Ziel, den wirtschaftlichen Abstand zwischen reichen und armen Ländern zu verringern, bisher nicht erreicht wurde. Der Aufholeffekt des schnelleren Wachstums der Dritten Welt wurde durch die Bevölkerungsexplosion aufgezehrt.

Ebensowenig darf übersehen werden, daß die Wachstumsrate von 6 Prozent eine Durchschnittsrate ist und daß sich hinter dieser Zahl enorme Unterschiede verbergen – Unterschiede, die durch die Erhöhung der Energiepreise noch einmal drastisch verschärft wurden.

Vor der Vollversammlung der Vereinten Nationen 1974 habe ich davon gesprochen, daß uns die Verteuerung der Energie zwinge, den Gürtel enger zu schnallen; für manche Länder der Dritten Welt aber könne sie zur Überlebensfrage werden.

Die Weltwirtschaft ist darüber hinaus mit einer Reihe von neu aufgekommenen Entwicklungen und Problemen konfrontiert. Ich nenne die Bereiche: multinationale Unternehmen, Rohstofferlösstabilisierung, Exportkontrollen, Exportkredite, flexible Devisenkurse und Interventionen der Zentralbanken in den Devisenmärkten.

Monopolistische Preiskämpfe und »Weltplanwirtschaft« würden nicht zuletzt den Entwicklungsländern schaden

Die Weltwirtschaftsordnung bedarf also zweifellos der Reform und der Ergänzung. Aber nochmals: Wir wollen auf keinen Fall die Zerstörung. Es würde niemandem dienen, auch nicht den Entwicklungsländern, an ihre Stelle das Chaos monopolistischer Preiskämpfe oder die Ineffizienz und Verschwendung eines weltweiten Dirigismus zu setzen. Systemveränderung um jeden Preis ist auch in der Außenpolitik von Übel.

Die Aufgabe lautet vielmehr: die Effizienz des Marktes mit der Hilfe für die Schwachen zu verbinden. Sie ist im Prinzip analog zu der Aufgabe, wie wir sie im Inneren durch die soziale Marktwirtschaft gelöst haben.

Kooperation, nicht Konfrontation! Reform, nicht Zerstörung! Wie wirkt sich diese Maxime im Konkreten aus?

Unterstützung realistischer Forderungen

Wir stimmen realistischen Vorschlägen, die die Dritte Welt für eine Neuordnung macht, durchaus zu. Ich nenne etwa die Forderung, den Marktzugang für die Exportgüter der Dritten Welt weiter zu verbessern. Die Bundesrepublik Deutschland stand hier innerhalb der Europäischen Gemeinschaft in der vordersten Front der Länder, die sich dafür einsetzten, der Dritten Welt allgemeine, nicht-gegenseitige Präferenzen zu gewähren.

Ich nenne weiter die Forderung, die wirtschaftliche Zusammenarbeit unter den Entwicklungsländern selbst zu stärken. Auch hier verfolgt die Bundesrepublik Deutschland seit langem die Politik, Zusammenschlüsse auf regionaler Basis zu fördern. Wir sind ferner auch bereit, in geeigneten Fällen den Abschluß von Rohstoffabkommen zu prüfen und – im Rahmen unserer finanziellen Möglichkeiten – dazu beizutragen, die Exporterlöse zu stabilisieren, wie es das Abkommen von Lomé beweist.

Das Nein zum Rohstoffkartell

Ausgleich extremer Preisschwankungen und Erlösstabilisierung sind jedoch etwas grundsätzlich anderes als es der Versuch wäre, die willkürliche Festsetzung der Rohstoffpreise zu einem Ordnungsprinzip der Weltwirtschaft zu machen. Hierzu müßten wir ebenso »nein« sagen, wie wir zur Aufhebung des völkerrechtlichen Schutzes für Auslandsinvestitionen »nein« gesagt haben.

Wir lassen uns dabei nicht nur von unseren eigenen Interessen leiten, sondern von der Sorge um die Auswirkungen auf die Weltwirtschaft in ihrer Gesamtheit. Die Dritte Welt selbst würde Schaden nehmen. Weit über die Hälfte der Entwicklungsländer sind Nettoimporteure von

mineralischen Rohstoffen (einschließlich Brennstoffe).
Überhöhte Preise für diese Rohstoffe würden also der
Mehrheit der Dritten Welt bereits durch ihre direkte Auswirkung Nachteil bringen. Wenn es dazu eines Beweises
bedürfte, hat ihn die Energiekrise geliefert. Die am meisten von den Erdölpreiserhöhungen betroffenen Länder
sind Länder der Dritten Welt. Nichts wäre verhängnisvol-
ler, als wenn sich so eine »Vierte Welt« entwickelte.

Rechtssicherheit für Auslandsinvestitionen ist im Interesse aller

Ein analoger direkter Effekt wäre vorauszusehen, wenn
die Auslandsinvestitionen keinen Schutz des allgemeinen
Völkerrechts mehr genießen sollten. Gewinnen würden –
und auch dies nur kurzfristig – allenfalls einige Rohstoffländer, die westliche Altinvestitionen ungehindert verstaatlichen könnten. Verlieren würden alle jene Entwicklungsländer, die wegen der so geschaffenen Rechtsunsicherheit
Auslandsinvestitionen nicht mehr anzuziehen vermöchten.

Gesundheit der westlichen Volkswirtschaften nützt auch den Entwicklungsländern

Schwerwiegender noch als diese direkten Verluste für
die Mehrheit der Dritten Welt wären die indirekten Folgen. Die Ölkrise gibt hier Anschauungsunterricht: Sie hat
die Lösung der ohnehin in der westlichen Welt vorhandenen Probleme gewiß nicht erleichtert. Für die rohstoffarme
Mehrheit der Dritten Welt bedeutet dies: fallende Exporte
in die Industrieländer, sinkende Hilfe auf Grund nachlas-
sender Leistungsfähigkeit des Westens und – als Konsequenz von beidem – abnehmende Wachstumsraten.

Politisierung der
Außenwirtschaftsbeziehungen

Die Auseinandersetzung um das Weltwirtschaftssystem
birgt die Gefahr in sich, daß durch Überspannung der
Forderungen auf der einen und starres Status-quo-Denken
auf der anderen Seite die Welt in eine Konfrontation
hineinmanövriert wird, in der beide Parteien verlieren.
Gerade die Bundesrepublik Deutschland, die durch ihre
starke außenwirtschaftliche Verflechtung so sehr auf Stabilität in der Welt angewiesen ist, muß diese Gefahr sehr
ernst nehmen. Aktiv dazu beizutragen, die Gefahr der
Konfrontation zu bannen, muß Priorität in unserer Außenpolitik haben. Die »gute alte Zeit« der Nachkriegsepoche,
wo die Außenwirtschaft in ein System verläßlicher Regeln
eingebettet war und sozusagen auf ihren eigenen Gleisen
fuhr, fern von allem politischen Hader, scheint fürs erste
vorbei zu sein. Außenpolitik und Außenwirtschaftspolitik
lassen sich nicht mehr voneinander trennen.

Ich habe unlängst in einer Rede vor dem Deutschen
Industrie- und Handelstag für den innerstaatlichen Bereich
gesagt: »Politik und Wirtschaft haben sich vollständig
durchdrungen und hängen vollkommen voneinander ab.
Politische Entscheidungen bestimmen das Wohlergehen
der Wirtschaft, aber umgekehrt gilt auch, daß wirtschaftliche Entscheidungen den Erfolg der Politik erleichtern oder
erschweren können.« Das läßt sich mit gleicher Berechti-
gung auch für den außenpolitischen Bereich sagen.

Politik des Interessenausgleichs mit der
Dritten Welt ist vor allem VN-Politik

Der Schauplatz der Auseinandersetzung um die Weltwirtschaftsordnung sind die Vereinten Nationen und die

von den VN einberufenen internationalen Konferenzen. Politik des Interessenausgleichs mit der Dritten Welt ist deshalb wesentlich VN-Politik. Wir haben uns in dieser Politik während der letzten VN-Generalversammlung bereits von der Maxime leiten lassen: Kooperation, nicht Konfrontation.

Anläßlich der Debatte über die »Charta wirtschaftlicher Rechte und Pflichten der Staaten« haben wir bei den Abstimmungen über die einzelnen Artikel gezeigt, daß wir mit den meisten Forderungen der Dritten Welt übereinstimmen. Bei der Abstimmung über die Charta im ganzen haben wir jedoch mit »nein« gestimmt, da sie die zwei für uns unakzeptablen Forderungen enthielt: die Forderung nach Rohstoffkartellen und die Forderung nach Wegfall des völkerrechtlichen Schutzes für Auslandsinvestitionen. Mit uns stimmten von den großen Industriestaaten auch die USA und Großbritannien. Auf viele Staaten der Dritten Welt ist diese sachlich motivierte eindeutige Haltung nicht ohne Wirkung geblieben. Unrealistische Forderungen werden in Frage gestellt. Das ist eine hoffnungsvolle Entwicklung.

Die Vereinten Nationen von der Gefahr eines Konfrontationskurses abbringen

Gemeinsames Ziel sollte es sein, die Vereinten Nationen von dem Konfrontationskurs, auf den sich die letzte Generalversammlung über weite Strecken begab, abzubringen und sie wieder zu einem Forum des weltweiten Interessenausgleichs zu machen – zu einem Forum, in dem Entwicklungsländer und Industrieländer an der Lösung der gemeinsamen Probleme der interdependenten Welt zusammenarbeiten.

Wir wollen diese Zusammenarbeit, und wir werden alles tun, um den Vereinten Nationen ihren Rang und damit ihre Wirkungsmöglichkeiten zu erhalten.

Bilaterale Gespräche im Vorfeld der VN

Die Bundesrepublik Deutschland hat gute und freundschaftliche Beziehungen zu den Ländern der Dritten Welt. Sie wollen wir einsetzen, um die Frontstellungen der letzten Generalversammlung der Vereinten Nationen zu überwinden. Wir tun dies auch aus der Sorge heraus, daß eine Fortdauer dieser Frontstellungen früher oder später auch nachteilige Auswirkungen auf die zweiseitigen Beziehungen haben könnte. Das muß vermieden werden. Wenn wir heute die Auswirkungen des in der letzten Generalversammlung praktizierten Majoritätsprinzips auf eine Welt analysieren, die vom Konsens aller abhängig ist, dann dürfen wir nicht übersehen, daß manche der Verhaltensweisen, die heute von der westlichen Welt kritisiert werden, unter anderen Mehrheitsverhältnissen von ihr selbst praktiziert wurden. Und wir können unsere Lage auch nicht durch den Hinweis verbessern, daß wir damals – wenn auch nicht durch eigenes Verdienst – noch nicht dabeigewesen seien.

Uns geht es darum, durch eine solide Vorbereitung der General- und der Sondergeneralversammlung, durch vorherige Kontakte nicht nur mit anderen Industriestaaten, sondern mit den uns freundschaftlich verbundenen Staaten der Dritten Welt, die konstruktive Erörterung der gesamten weltpolitischen und weltwirtschaftlichen Probleme zu erleichtern. In diese Richtung geht auch unsere Initiative, ein koordiniertes Verhalten der neun Staaten der Europäischen Gemeinschaft in den Vereinten Nationen zu erreichen.

Der europäisch-arabische Dialog –
ein Modell der Zusammenarbeit

Und in diese Richtung zielt ebenso meine Absicht, die Botschafter der Dritten Welt zu Gesprächsrunden einzuladen, in denen neben den bilateralen Fragen auch die in den Vereinten Nationen aufkommenden Fragen erörtert werden sollen. Im Vorfeld der Vereinten Nationen nehmen wir aktiv an allen Bemühungen um multilaterale Kooperation teil.

Für uns ist der europäisch-arabische Dialog geradezu ein Modell multilateraler Kooperation zwischen zwei Staatengruppen auf vielen Gebieten. Dieser Dialog hat für uns einen hohen Stellenwert. Auch wenn es sich nicht um einen politischen Dialog im engeren Sinne handelt, ist seine positive Auswirkung auf die Lage im Nahen Osten nicht zu übersehen. Er erleichtert unsere ausgewogene Nahostpolitik, und er fördert konstruktive Beiträge von arabischer Seite zur Lösung des Nahostkonflikts.

Das Abkommen zwischen der EG und den
46 afrikanisch-karibisch-pazifischen Staaten:
ein Akt weltwirtschaftlicher Vernunft

Das eben abgeschlossene Abkommen der Europäischen Gemeinschaft mit den AKP-Staaten ist ein Akt weltwirtschaftlicher Vernunft. Es beweist, daß und wie Industrie- und Entwicklungsländer den Weg der Kooperation gehen können. Die Regelungen, die auf dem Gebiet des Handels, der Rohstoffe, der finanziellen und industriellen Zusammenarbeit gefunden wurden, sind die konstruktive Antwort der EG auf Probleme der Dritten Welt, die wir nicht verkennen. Ich hoffe, sie wird überall so verstanden – auch über den Kreis der AKP-Länder hinaus.

Die aktiven Bemühungen der Bundesregierung um das Zustandekommen der Verbraucher-Produzenten-Konferenz ist ebenfalls getragen von dem Willen zum Interessenausgleich und zur Kooperation. Nur eine konsequente Fortsetzung unserer auf Interessenausgleich bedachten Politik wird die anstehenden weltwirtschaftlichen und damit weltpolitischen Probleme meistern. Die Bundesregierung ist dazu entschlossen.

III

Asien als Partner der Bundesrepublik

Lassen Sie mich den Ausführungen, die Fragen unseres Verhältnisses zur Dritten Welt insgesamt betreffen, noch einige Bemerkungen hinzufügen, die auf unsere Beziehungen zu Asien eingehen.

1. Günstige Entwicklung des Außenhandels

Unser Außenhandel mit Asien hat sich auch im abgelaufenen Jahr weiterhin günstig entwickelt. Unsere Exporte sind überproportional gestiegen. Die unterdurchschnittliche Zuwachsrate der Ausfuhr nach Japan, unserem Haupthandelspartner in der Region, wurde dabei mehr als ausgeglichen durch die überproportionalen Steigerungsraten unserer Exporte in die asiatischen Entwicklungsländer. So stiegen unsere Ausfuhren nach Sri Lanka um 100 Prozent, nach Malaysia um 88 Prozent, nach Pakistan um 79 Prozent, nach Indonesien und den Philippinen um je 62 Prozent. Die Ausfuhr nach China überschritt zum ersten Mal die Milliardengrenze.

Diese hohen Ausfuhren nach Asien und in andere
Regionen der Welt haben wesentlich zur Stabilisierung
unserer Binnenkonjunktur beigetragen.

2. 57 Prozent unserer Kapitalhilfe gingen nach Asien

Asien ist ein Schwerpunktbereich unserer Entwicklungshilfe. Von der deutschen Kapitalhilfe gingen 1974 über
57 Prozent der Brutto-Auszahlungen nach Asien. Die Neu-
zusagen machten allerdings nur ein Drittel der Gesamtzu-
sagen aus. Zu bedenken ist jedoch, daß Asien in den
letzten Jahren eine sehr beträchtliche deutsche Hilfe indirekt über die multilateralen Organisationen zufloß.

3. Unsere politische Zusammenarbeit mit Asien

Asien ist ein Kraftzentrum der Weltpolitik. Zwei der
großen Mächte, China und Japan, deren Bedeutung noch
ständig im Steigen ist, gehören der Region an. Die beiden
Supermächte wirken in die Region hinein.

Wir begrüßen und unterstützen den Zusammenschluß asiatischer Länder

Die Bundesrepublik Deutschland hat ein vitales Interesse an Frieden und Stabilität in diesem weltpolitisch so
bedeutenden Kontinent. Unsere Außenpolitik widmet von
daher den Entwicklungen auf dem Kontinent größte Aufmerksamkeit. Als wichtiger und zukunftsweisender Trend
erscheint uns der Zusammenschluß der asiatischen Länder
zu regionalen und subregionalen Gruppierungen. Darin

drückt sich ein wachsendes Gefühl gemeinsamer Verantwortung für das Schicksal der Region aus. Insbesondere die ASEAN-Länder zeigen dabei – über die wirtschaftliche Zusammenarbeit hinaus – mehr und mehr Willen, auch ihre Außen- und Sicherheitspolitik abzustimmen. Wir begrüßen diesen Willen zum Zusammenschluß, denn er wirkt darauf hin, zu stabilisieren und Interessenkonflikte durch Zusammenarbeit friedlich beizulegen.

Diese Entwicklung gibt unserer Politik zugleich die Chance, zur Stabilität des Kontinents einen – wenn auch notwendigerweise bescheidenen – Beitrag zu leisten: Wir, und ebenso die Europäische Gemeinschaft, suchen mit Rat und Tat diese Zusammenschlüsse zu fördern. Ich weise in diesem Zusammenhang insbesondere hin auf unsere Mitarbeit bei ECAFE und auf unser Engagement bei der Asiatischen Entwicklungsbank.

Asien als Partner in den Bemühungen um Reform der Weltwirtschaftsordnung

Im multilateralen Bereich ist Asien für uns ferner gerade bei der Suche nach einer neuen Stabilität der Weltwirtschaft ein wichtiger Partner. Wir treffen mit unserem Leitsatz, die Weltwirtschaftsordnung fortzuentwickeln, nicht aber umzustürzen, bei den asiatischen Entwicklungsländern auf besonderes Verständnis. Asien hat in seiner Jahrtausende währenden Geschichte einen starken, lebendigen Sinn für Kontinuität, Harmonie und Ausgleich entwickelt. In den Debatten über die Umgestaltung des Weltwirtschaftssystems kamen von den asiatischen Entwicklungsländern vorwiegend Stimmen der Mäßigung. Wir wünschen uns auch aus diesem Grunde, daß sie das Gewicht ihres Kontinents, in dem mehr als die Hälfte der Menschheit lebt, voll zur Geltung bringen.

Historisch gewachsene Beziehungen

Wir haben zu Asien – politisch, wirtschaftlich und kulturell – historisch gewachsene Beziehungen. Wir haben in beiden Richtungen einen regen Besucheraustausch.

Politische Besuche sollen das Gewicht deutlich machen, das wir unseren Beziehungen zu den Staaten Asiens beimessen. Meinen Besuchen in der Volksrepublik China und in Japan 1973 und 1974 soll in diesem Herbst eine Reise in andere Staaten Asiens folgen. Eine der von mir erwähnten Gesprächsrunden mit Botschaftern der Dritten Welt wird dieser Reise vorausgehen.

Unsere Außenpolitik und unsere Politik in den Europäischen Gemeinschaften werden dazu beitragen, unsere Beziehungen zu den Staaten Asiens weiter auszubauen und zu stärken. Wir sind uns daher einig mit den Zielen, die das Wirken des Ostasiatischen Vereins bestimmen.

Realistische Entspannungspolitik

Erklärung der Bundesregierung zur Konferenz über Sicherheit und Zusammenarbeit in Europa, abgegeben vom Bundesminister des Auswärtigen vor dem Deutschen Bundestag am 25. Juli 1975

In wenigen Tagen werden sich in Helsinki die Repräsentanten von 35 europäischen und nordamerikanischen Staaten zur dritten und abschließenden Phase der Konferenz über Sicherheit und Zusammenarbeit in Europa zusammenfinden, einer Konferenz, deren zweite Phase, also die eigentlichen Verhandlungen, nach eineinhalbjähriger Tätigkeit soeben in Genf zu Ende gegangen ist.

Die Bundesregierung hat in ihrer Sitzung am 23. Juli 1975 die Zustimmung zu den Konferenzergebnissen beschlossen. Sie begrüßt die Gelegenheit, diese Entscheidung vor dem Deutschen Bundestag begründen zu können.

Es ist heute das zweite Mal, daß sich der Deutsche Bundestag mit dieser Materie in einer besonderen Sitzung befaßt. Der Auswärtige Ausschuß hat in zehn Sitzungen allein in dieser Legislaturperiode die Konferenzmaterie beraten. Er ist außerdem ständig über den Gang der Verhandlungen eingehend unterrichtet worden.

Die Bedeutung der KSZE für unser Land

Wir, die Bundesrepublik Deutschland, haben die Konferenzergebnisse in dreifacher Hinsicht zu bewerten:
1. Welche Bedeutung haben sie für uns als eine freiheitliche Demokratie, die dem Atlantischen Bündnis angehört?

2. Welche Bedeutung haben sie für uns als Teil der Europäischen Gemeinschaft der Neun?
3. Was bedeuten sie für uns als Deutsche angesichts der anhaltenden staatlichen Teilung?

Wie die Dinge in Mitteleuropa liegen, muß das Thema Sicherheit und Zusammenarbeit in Europa nach wie vor das zentrale Thema unseres politischen Denkens und Handelns sein. Niemand als wir Deutschen kann ein größeres Interesse daran haben, daß die Konferenz ihr Ziel erreicht, nämlich die Beziehungen und die Kontakte zwischen den Staaten und den Menschen in ganz Europa zu verbessern. Niemand, so finden wir, hat mehr Anlaß als wir, Entspannung und Zusammenarbeit über die Grenzen und Blöcke hinweg zu fördern.

Hier liegt die spezifische deutsche Beziehung zu der Konferenz, zu ihren Zielen und zu ihren Möglichkeiten. Ich glaube, daß niemand mehr als wir seine nationale Pflicht versäumen würde, wollte er zögern, auch nur die geringste Chance für eine Entwicklung zu nutzen, die schließlich auch das Schicksal der geteilten Nation erleichtern könnte. Denn unverändert gilt fort, was der Bundeskanzler in der Regierungserklärung über die Lage der Nation am 30. Januar 1975 ausgeführt hat.

Er sagte damals: *Mauer, Stacheldraht, Todesstreifen und Schießbefehl haben ihre Unmenschlichkeit nicht verloren. Jeder weiß auch: es wäre Illusion zu glauben, mit Protesten hier Abhilfe schaffen zu können. Wir finden uns jedoch mit diesen Zuständen nicht ab, sondern wir bemühen uns beharrlich um Änderung. Wir wissen, daß die Überwindung der jetzigen Lage* – so schließt der Bundeskanzler an dieser Stelle – *erst am Ende einer sehr langfristigen Entwicklung stehen kann.*

Gerade den letzten Gesichtspunkt, den der langfristigen Entwicklung, haben wir bei den Verhandlungen in Genf von Anfang an in Rechnung gestellt. In unserer Lage ist es nur selbstverständlich, daß auch ein begrenzter Fortschritt große Anstrengungen rechtfertigt. Deshalb sollte jeder von uns das Erreichte allein am real Möglichen messen und sich nicht durch das ideal Wünschenswerte den Blick für das heute Mögliche verstellen lassen.

Wir haben unsere Rolle bei der Konferenz positiv aufgefaßt. Wir wollten die Entspannung fördern und so zugleich unsere Interessen als Deutsche und als Europäer vertreten.

Ich möchte an dieser Stelle den Mitgliedern der deutschen Verhandlungsdelegation, an der Spitze den Leitern – zunächst Dr. Brunner, dann Dr. Blech –, für die Zielstrebigkeit, die Beharrlichkeit und den persönlichen Einsatz, mit dem sie in Genf unsere Belange vertreten haben, hier ausdrücklich danken.

Die Konferenz für Sicherheit und Zusammenarbeit ist nicht zu einer Konferenz über Deutschland oder Berlin geworden, auch wenn die Sorge, sie könnte es werden, vorher nicht ganz unbegründet erscheinen mochte. Ich denke, angesichts dieser Tatsache sollten wir uns alle bei unseren Äußerungen zu der Konferenz, zu ihren Ergebnissen, und auch in der Art, wir wir diese Debatte heute führen, vor der Gefahr hüten, diese Konferenz nun von uns aus und nachträglich noch zu einer Deutschland- oder Berlin-Konferenz zu machen. Wir würden damit übrigens zugleich die umfassende Zielsetzung, die wir stets bejaht haben, verdecken.

Möglichkeiten und Grenzen der Entspannungspolitik

Wir konnten und wir können – gerade wir als Deutsche – aus einer Konfrontation in Europa keinen Nutzen ziehen. Wir können aber gewinnen, wenn wir den Prozeß der Entspannung, wie wir ihn verstehen, fördern:

- Wir können in einem Europa, das durch Unterschiede der politischen Systeme in schmerzhafter Weise geteilt ist, den Menschen den Kontakt und das Zusammenleben erleichtern;
- wir können über die Systemgrenzen hinweg die Zusammenarbeit der Staaten und der Menschen zum Nutzen aller fördern;
- wir können damit schließlich einen Zustand des Friedens in Europa erreichen, einen Zustand, von dem wir erwarten, daß in ihm auch das deutsche Volk in freier Selbstbestimmung seine Einheit wiedererlangen kann.

Ich sage bewußt »wir können«, weil wir Entspannung als eine Möglichkeit begreifen, die wir allerdings durch bewußte und zielstrebige politische Gestaltung nutzen müssen. Nutzen wir sie nicht, so könnten wir bei der Entspannung sogar verlieren. Verlieren nämlich dann, wenn sie ohne uns und damit ohne die Berücksichtigung unserer eigenen Interessen von anderen betrieben würde.

Unsere realistische Entspannungspolitik dient dem Frieden. Wer das bestreitet, muß die Alternative nennen. Realistische Entspannungspolitik ist eine Politik, die auch ihre Grenzen sehr klar erkennt.

Entspannungspolitik erfordert das Fundament Sicherheit, und Sicherheit gibt es für uns nicht ohne das Bündnis und seine und damit auch unsere Verteidigungsbereitschaft. Wer glaubt, er könne seine Sicherheit gewährleisten allein durch Bemühung um Entspannung, wäre ein gefährlicher Träumer.

Den Entspannungsprozeß haben wir durch deutsche Beiträge entscheidend mitbestimmt. Ich spreche von den Verträgen mit der Sowjetunion, mit Polen, mit der CSSR, vom Grundlagenvertrag mit der DDR und, verknüpft mit diesen Verträgen, auch vom Viermächte-Abkommen über Berlin.

Keine Festschreibung des Status quo in Europa

Halten wir uns kurz die Entstehungsgeschichte der Konferenz vor Augen: Die Bestrebungen, die Mitte der fünfziger Jahre und dann wiederum Mitte der sechziger Jahre auf eine – wie es damals hieß – gesamteuropäische Sicherheitskonferenz gerichtet waren, konnten mit unseren politischen Positionen und Zielen nicht in Einklang gebracht werden. So konnte es etwa für den Westen nicht akzeptabel sein, durch eine solche Konferenz den durch den Krieg geschaffenen territorialen Status quo in Europa endgültig festzuschreiben und zu legitimieren, die Rolle der Vereinigten Staaten in Europa zu vermindern und durch Schaffung eines sogenannten gesamteuropäischen Sicherheitssystems der Auflösung der Bündnisse – das heißt im praktischen Effekt vor allem der NATO – den Weg zu öffnen.

Die Lage änderte sich wesentlich, als – beginnend mit dem Harmel-Bericht von 1967 – das Atlantische Bündnis dem Konzept einer gesamteuropäischen Sicherheitskonferenz sein eigenes Entspannungskonzept gegenüberstellte – das übrigens unter Zustimmung der damaligen Bundesregierung und der Opposition. Dieses Konzept setzt den Bestand der engen Bindungen zwischen Westeuropa und Nordamerika als selbstverständliche Grundlage jeder Entspannung in Europa voraus.

Es ging ferner von zwei Grundsätzen aus: nämlich dem Grundsatz, daß politische und militärische Sicherheit untrennbar sind, und dem Grundsatz, daß wirkliche Entspannung den Menschen unmittelbar zugute kommen und von ihnen getragen werden muß.

Deshalb waren wir nicht nur berechtigt, sondern – wie die Bundesregierung meint – in Wahrnehmung unserer Interessen verpflichtet, die Konferenz auch als eine Chance für uns zu begreifen und entsprechend zu handeln. Wir können heute sagen: die Konferenz hat den Status quo in

Europa nicht festgeschrieben, und deshalb sollten wir ihn auch selbst nicht festreden.

In Wahrheit hat die Konferenz ausdrücklich und in Übereinstimmung mit dem Völkerrecht die Möglichkeit friedlicher und einvernehmlicher Grenzänderungen anerkannt. Sie hat damit sowohl die deutsche wie die europäische Option offengehalten.

Die Diskussion über die friedliche Veränderbarkeit der Grenzen, die Beharrlichkeit, mit der wir und unsere Freunde gerade um diese Passagen gerungen haben, hat einen wichtigen und positiven Effekt über den Inhalt dieser Aussage im Dokument hinaus: Wir haben damit der europäischen und darüber hinaus der Weltöffentlichkeit erneut deutlich gemacht, daß wir unbeirrbar an unserer Politik festhalten, wie sie unser Grundgesetz legitimiert, wie sie in den Briefen zur deutschen Einheit niedergelegt ist, und deutlich gemacht, daß wir entschlossen sind, den Prozeß der europäischen Einigung fortzusetzen. Wir haben das in Übereinstimmung und mit Unterstützung aller Partner in der Gemeinschaft und im Bündnis getan, für die ich an dieser Stelle unseren Freunden ausdrücklich danken möchte.

Vorteile auch für Berlin

Gleiches gilt, wo es auf die Interessen Berlins ankam, die wir in der Konferenz wahrzunehmen hatten. Zwar ist die Schlußakte kein völkerrechtlicher Vertrag, dessen Geltung nach dem üblichen Verfahren auf Berlin zu erstrecken wäre. Um so mehr mußte auf andere Weise sichergestellt werden, daß alle Teilnehmerstaaten, vor allem diejenigen, die mit Berlin in besonderer Weise zu tun haben, sich auch dann an die politischen Verhaltensregeln halten, zu denen sie sich in der Schlußakte bekennen, wenn es um Berlin geht, wenn es darum geht, daß den Berlinern die Vorteile zukommen, die aus den Konferenzergebnissen hervorgehen – und das ist geschehen.

Die Schlußakte macht deutlich, daß jene Vorteile eben nicht nur zwischen den Teilnehmerstaaten selbst gewährleistet sein sollen, sondern diese Staaten die Vorteile auch überall dort in Europa gewährleisten werden, wo man sie in Anspruch nehmen will.

Es entspricht der Auffassung aller Teilnehmerstaaten, daß es keine weißen Flecken auf der Landkarte der Entspannung geben kann, soweit es sich um Gebiete handelt, für die sie in der einen oder anderen Weise Verantwortung tragen.

Die Regierungschefs der neun europäischen Staaten haben in der gemeinsamen Erklärung des Europäischen Rates vom 17. Juli 1975 ausdrücklich festgestellt, daß die Ergebnisse der Konferenz überall in Europa, also auch in Berlin, zur Geltung kommen sollen.

Rolle Nordamerikas in Europa bestätigt

Die Konferenz hat, das wird heute niemand mehr bestreiten, die Rolle der Vereinigten Staaten und Kanadas in Europa gestärkt. Das Einverständnis aller anderen Staaten mit der Teilnahme dieser beiden Länder an der Konferenz war zugleich das Anerkenntnis der Verantwortung der USA und Kanadas in und für Europa.

Die Konferenz hat das Atlantische Bündnis zum aktiven Partner des Entspannungsprozesses werden lassen. Neben der militärischen Aufgabe, das Gleichgewicht der Kräfte zu erhalten, übernahm das Bündnis eine zweite, eine politische und dynamische Aufgabe, nämlich gemeinsam nach Fortschritten in Richtung auf spannungsfreie Ost-West-Beziehungen zu suchen.

Es ist ein bisher einmaliger Vorgang, daß die Partner eines Bündnisses auf der Grundlage gemeinsam in diesem Bündnis erarbeiteter Positionen multilateral auch mit den Staaten verhandeln, gegen die sie sich zur Verteidigung zusammengeschlossen haben, verhandeln über die Frage, wie die Konfliktgefahr verringert und mehr Stabilität gewonnen werden kann. Diese neue Rolle hat das Bündnis in seinem politischen Zusammenhalt gestärkt und ihm Gelegenheit gegeben, über zwei Verhandlungsjahre hinweg eben diesen Zusammenhalt unter Beweis zu stellen.

Solidarität der Europäischen Gemeinschaft

Das gleiche können wir von der Europäischen Gemeinschaft sagen. Auch hier hat die Konferenz dem politischen Einigungsprozeß starke Impulse gegeben. Die politische Zusammenarbeit und die Solidarität der Neun haben in Genf ihre Probe bestanden. Wenn einer der Neun ein wesentliches Interesse hatte, wurde dies auch zum Interesse der anderen acht. Die Neun wurden in dieser Zeit zu einer politischen Einheit und zu einer politischen Kraft, die den Gang der Konferenz ganz entscheidend beeinflußt hat. Wir haben während der Konferenz ein Stück gemeinsamer europäischer Außenpolitik definiert und gemeinsam vertreten.

Die Ihnen vorliegende Erklärung des Europäischen Rates – abgegeben von den neun Regierungschefs – zur Konferenz über Sicherheit und Zusammenarbeit in Europa hat diese Entschlossenheit erneut unterstrichen. Sie spricht zugleich die Absicht aus, nach der Konferenz und auf der Grundlage ihrer Ergebnisse auch die europäische Entspannungspolitik gemeinsam, d. h. als Politik der Neunergemeinschaft zu gestalten. Die Gemeinschaft ist damit zu einem aktiven Partner des Entspannungsdialogs geworden.

Wir, die Deutschen, die vom gegenwärtigen Zustand in Europa hauptsächlich und schmerzlich betroffen sind, sollten als erste erkennen, was es bedeutet, wenn wir unsere Belange nicht allein, sondern in Gemeinschaft mit unseren europäischen Partnern und damit auch mit ihrer Unterstützung verfolgen können.

Auch die Rolle der neutralen und ungebundenen Staaten ist hervorzuheben. Das Konsensprinzip, nach dem die Konferenz arbeitet, hat diesen Staaten ein volles Mitspracherecht gesichert; sie haben es wirksam gebraucht. Sie haben das selbstverständlich im Sinne ihrer durch Neutralität und Ungebundenheit bestimmten außenpolitischen Interessen getan. Es hat sich aber erwiesen, daß überall dort, wo sie und wir dieselben Wertvorstellungen von Demokratie, Freiheit, Rechtsstaatlichkeit und einer offenen Gesellschaft haben, die Gemeinsamkeit dieser Vorstellungen immer wieder eindrucksvoll zur Geltung kam.

Schließlich sollte noch hervorgehoben werden, daß die 35 Teilnehmerstaaten der Konferenz sich der Probleme bewußt waren, die ihr Verhältnis zur übrigen Welt stellt. Das kommt an mehreren Stellen der Schlußakte zum Ausdruck, nicht zuletzt in dem Teil, der sich mit der Sicherheit und Zusammenarbeit im Mittelmeerraum befaßt. Auch die schon zitierte Erklärung des Europäischen Rates nimmt darauf Bezug und hebt nochmals die Entschlossenheit hervor, auch die Beziehungen zu den nichteuropäischen Mittelmeerstaaten weiterzuentwickeln.

Konferenzergebnisse

Das Konferenzergebnis liegt Ihnen in Gestalt der Schlußakte vor. Es ist bekannt. Ich will deshalb hier nur zu einigen Schwerpunkten Stellung nehmen.

Die Schlußakte umschließt mit einigen einleitenden und

Schlußbestimmungen die eigentlichen Sachergebnisse der Konferenz, und zwar in drei Hauptbereichen, die man in Genf »Körbe« genannt hat. Es geht um

- Fragen der Sicherheit in Europa,
- die Zusammenarbeit in den Bereichen von Wirtschaft, Wissenschaft, Technik und Umwelt sowie
- die Zusammenarbeit in humanitären und anderen Bereichen.

Hinzu treten noch besondere Texte über Fragen der Sicherheit und Zusammenarbeit im Mittelmeerraum und – das ist von besonderer Bedeutung – über die Folgen der Konferenz.

Die operativen Aussagen der Schlußakte beziehen sich einmal auf die Entschlossenheit der Teilnehmerstaaten, den Ergebnissen der Konferenz volle Wirksamkeit zu verleihen und die Vorteile, die aus diesen Ergebnissen hervorgehen, zwischen ihren Staaten und – ich wiederhole dies – *in ganz Europa* zu gewährleisten. Ich habe schon darauf hingewiesen, was das positiv für Berlin bedeutet.

Zum anderen wird klargestellt, daß die Schlußakte kein völkerrechtlicher Vertrag ist, der nach Artikel 102 der Charta der Vereinten Nationen registrierbar wäre. Der Text läßt aber auch keinen Zweifel daran, daß die Teilnehmerstaaten das Dokument als ein Dokument von sehr hoher politischer Bedeutung betrachten.

Prinzipienerklärung

Nun zu den inhaltlichen Bestimmungen, zunächst zur Erklärung über die Prinzipien. Diese Prinzipien, die die Beziehungen zwischen den Teilnehmerstaaten leiten sollen, geben zu einem großen Teil geltendes allgemeines Völkerrecht wieder. Zum anderen enthalten sie Verhaltensregeln, wie sie von allen Staaten als angemessen und vernünftig akzeptiert werden. Insgesamt sind diese Prinzipien alle einander gleichgeordnet; jedes muß im Zusammenhang der anderen interpretiert und angewendet werden.

Nach dem Prinzip der souveränen Gleichheit soll jeder Staat selbst über seine inneren Angelegenheiten entscheiden und seine auswärtigen Beziehungen unter Beachtung des Völkerrechts nach seinem Belieben gestalten. Das bestätigt nicht nur seine Freiheit, Verträge zu schließen, internationalen Organisationen beizutreten, auch Mitglied von Bündnissen zu sein, sondern auch sein grundsätzliches Recht – und hier kommt die Bestimmung, die für uns besonders bedeutungsvoll ist –, in Übereinstimmung mit dem Völkerrecht seine Grenzen zu einem anderen Staat einvernehmlich und friedlich zu verändern, also auch aufzuheben.

Ich möchte noch einmal auf die Bedeutung dieser Aussage für die deutsche und die europäische Option hinweisen. Das Prinzip der Unverletzlichkeit der Grenzen kann von vornherein dem nicht entgegenstehen, da es das Verbot der Grenzänderung unter Gewaltanwendung oder Gewaltandrohung zum Inhalt hat. Wir bekennen uns in diesem Sinne uneingeschränkt zu diesem Prinzip, so wie wir uns uneingeschränkt zum Gewaltverbot überhaupt bekennen.

Es ist deshalb auch unserer Haltung in der deutschen Frage nicht entgegengesetzt. Wir sollten uns deshalb auch davor hüten, die in diesem Prinzip enthaltene Absage an jeden »Anschlag« auf eine Grenze auch nur gedanklich in die Nähe unseres, durch die Verfassung gebotenen und völkerrechtlich legitimen, Ziels der friedlichen Verwirklichung der Wiedervereinigung zu bringen.

Von gleicher Bedeutung wie die Feststellung der friedlichen Veränderbarkeit der Grenzen ist für uns das deutlich formulierte Prinzip der Selbstbestimmung und die Aussage über die Unberührtheit bestehender Rechte und Verpflichtungen und der diesbezüglichen Verträge und Vereinbarungen.

Damit ist klargestellt, daß die Konferenzergebnisse – einmal ganz abgesehen davon, daß sie keinen völkerrechtlichen Charakter haben – die Rechtslage in Deutschland nicht verändern können, daß die Rechte und Verantwortlichkeiten der Vier Mächte in bezug auf Deutschland als Ganzes und auf Berlin in keiner Weise beeinträchtigt werden. Hier wird besonders deutlich, daß die Konferenzergebnisse dem Zustand in Deutschland eben keinen definitiven Charakter verleihen. Gleiches gilt für unsere Verträge, von denen ich in diesem Zusammenhang nicht nur die Verträge mit den osteuropäischen Staaten und den Grundlagenvertrag mit der DDR, sondern auch den Deutschland-Vertrag ausdrücklich nenne.

In Helsinki werden die Regierungschefs und Staatschefs unserer drei Partner des Deutschland-Vertrages, also der Vereinigten Staaten, Frankreichs und Großbritanniens, mit dem Bundeskanzler zusammenkommen, so wie das auch vor anderen wichtigen internationalen Konferenzen üblich ist, und damit noch einmal sichtbar vor der ganzen Welt die gemeinsame Verantwortung für die deutsche Sache zum Ausdruck bringen. Namens der Bundesregierung möchte ich die Befriedigung über diesen erneuten Solidaritätsbeweis unserer Freunde hier zum Ausdruck bringen.

Vertrauensbildende Maßnahmen

Im zweiten Teil des ersten Korbes findet sich das Dokument über vertrauensbildende Maßnahmen und wichtige Aspekte der Sicherheit und Abrüstung, das ebenfalls besondere Aufmerksamkeit verdient. Es trägt der Tatsache

Rechnung, daß politische und militärische Sicherheit voneinander nicht zu trennen sind, auch nicht geographisch. Eine geographische Beschränkung hätte die Gefahr des Mißverständnisses mit sich bringen können, daß die Diskussion von Fragen der militärischen Sicherheit etwa grundsätzlich auf Mitteleuropa beschränkt sein müsse, daß es also in diesen Fragen für Mitteleuropa einen Sonderstatus gebe. Deshalb ist es so wichtig, daß die in der KSZE vereinbarten Maßnahmen zur Vertrauensbildung, etwa die Ankündigung von Manövern, für ganz Europa gelten, mit Ausnahmeregelungen nur für diejenigen Staaten, deren Gebiet über Europa hinausgeht. Sie schließen in ihrem Geltungsbereich einen substantiellen Teil der europäischen Gebiete der Sowjetunion ein.

Im übrigen ist dem Zusammenhang zwischen politischer und militärischer Sicherheit, wie sie das Schwerpunktthema der KSZE war, noch auf andere Weise Rechnung getragen worden. Die Verhandlungen über beiderseitige ausgewogene Truppenverminderung in Europa, die in Wien stattfinden, begannen bewußt in zeitlichem Zusammenhang mit der zweiten Phase der KSZE.

Wirtschaftliche Zusammenarbeit

Neben den Fragen, die in erster Linie mit Sicherheit zu tun haben, stehen in den weiteren Kapiteln des Schlußdokuments die umfangreichen Aussagen über die Kooperation und die menschlichen Kontakte. Die Realisierung dieser Aussagen, die neben allgemeinen Leitlinien eine Fülle von ganz konkreten spezifischen Ansatzpunkten für die Intensivierung der Beziehungen bieten, wird ein integraler Bestandteil des Entspannungsprozesses sein, und gerade hier wird sich zeigen, wie weit dieser Prozeß geführt werden kann.

In den Aussagen zur wirtschaftlichen und wissenschaftlich-technologischen Zusammenarbeit sowie zur Zusammenarbeit im Umweltschutz wurde zum erstenmal anerkannt, daß die Unterschiede der wirtschaftlichen Systeme die Einführung eines Prinzips der gleichwertigen Gegenseitigkeit notwendig machen. In den an die Leitlinien anschließenden konkreten Vereinbarungen ging es unter anderem darum, für unsere Wirtschaft und unsere Geschäftsleute die zahllosen bürokratischen Hemmnisse zu verringern, wie sie für staatswirtschaftliche Systeme charakteristisch sind.

In dieser und einer Vielzahl anderer Fragen sind in Korb II konkrete Verbesserungen zugesagt worden. Werden sie Wirklichkeit, so wird damit die wirtschaftliche Zusammenarbeit wesentlich gefördert werden.

Die Ausweitung des Handels, die langfristigen Kooperationsvereinbarungen sowie die Vermehrung der Geschäftskontakte, wie sie in Korb II angestrebt werden, können über den unmittelbaren wirtschaftlichen Nutzen hinaus auch eine günstige Auswirkung auf das gesamte politische Klima in Europa haben. Sie schaffen Interdependenz. Je dichter das Netz der Kooperation und damit auch der gegenseitigen Vorteile wird, um so größer wird das Interesse beider Seiten sein, diese Entwicklung nicht durch Verhalten in anderen Bereichen der Politik zu stören.

Begegnungen zwischen den Menschen und Informationsaustausch

Korb III schließlich befaßt sich mit den Maßnahmen zur Förderung der Kontakte, des Informationsaustausches und des kulturellen Austausches zwischen den Menschen in Ost und West. Erinnern wir uns bei dieser Gelegenheit noch einmal daran, daß die internationale Diskussion dieser

Themen vor der Konferenz keineswegs eine Selbstverständlichkeit war. Das Thema der menschlichen Erleichterungen ist jetzt endgültig auf der europäischen Tagesordnung.

Die Erklärungen in Korb III besagen, daß die Zusammenführung von Familien, persönliche Reisen, Jugendbegegnungen, Sporttreffen usw. gefördert werden sollen. Sie haben das Ziel, den Informationsaustausch zu verbessern und z. B. den Bezug ausländischer Zeitungen in allen Konferenzstaaten in breiterem Umfange als bisher zu ermöglichen und die Arbeitsbedingungen von Journalisten zu verbessern. Sie eröffnen schließlich die Möglichkeit, die kulturelle Zusammenarbeit zu erweitern.

Bei Korb III geht es um Fragen, die das Leben und das Schicksal unzähliger Menschen unmittelbar berühren. Es geht darum, ob Menschen ihre Angehörigen besuchen können, ob Familien, die auseinandergerissen sind, zusammenkommen, ob Menschen, die einander lieben, heiraten können, ob die Menschen überall in Europa mehr voneinander erfahren, ob sie einander besser verstehen können.

An den praktischen Auswirkungen gerade dieser Aussagen wird die Bundesregierung den Wert der Konferenzergebnisse messen. Und sie wird wie ihre Freunde den Willen jedes Teilnehmerstaates zu echter Entspannung danach beurteilen, wie er diese Zusagen erfüllt. Konzentrieren wir uns also nach der Konferenz auf die Frage der Durchführung der Konferenzbeschlüsse gerade im Bereich des Korbes III.

Folgetreffen

Schließlich noch zu den Konferenzfolgen: Es war ursprünglich die Schaffung eines permanenten Nachfolgeorgans in der Diskussion; es sollte nach den Vorstellungen seiner Initiatoren Kern und Ansatzpunkt eines künftigen gesamteuropäischen Sicherheitssystems sein. Es wird kein solches Folgeorgan geben. Statt dessen wird 1977 nach entsprechender Vorbereitung ein erstes Treffen von hohen Beamten stattfinden. Bei dieser Gelegenheit werden wir mit den anderen Teilnehmerstaaten zu überprüfen haben, ob die Konferenzbeschlüsse in der erwünschten Weise Wirklichkeit geworden sind. Zugleich wird dabei festzustellen sein, wie diese Wirklichkeit das politische Klima in Europa zu beeinflussen vermochte.

Wir werden uns dann auch schlüssig werden können, in welcher Form wir den multilateralen Entspannungsprozeß in Europa fortsetzen wollen. Eine Automatik wird es dabei nicht geben; jedes neue Treffen und jede neue Konferenz wird dann nach dem Konsensprinzip von jedem einzelnen der 35 Teilnehmerstaaten gutgeheißen werden müssen. Die praktischen Erfahrungen, die dann vorliegen, werden über die weitere Praxis entscheiden.

Konferenzergebnisse nüchtern einschätzen

Wenn wir die Verhandlungsergebnisse bewerten, so ist eine nüchterne Einschätzung des Charakters und des Erfolgswertes der Konferenzergebnisse erforderlich. Die Konferenzergebnisse sind nach Auffassung der Bundesregierung ein wichtiger und notwendiger Schritt innerhalb des komplizierten und Geduld erfordernden Prozesses der Entspannung. Sie in die Wirklichkeit umzusetzen, wird nicht minder wichtig sein; das wird nicht weniger Beharrlichkeit erfordern als die Verhandlungen während der Konferenz selbst.

Die Bundesregierung erwartet keine spektakulären Fortschritte in der Phase unmittelbar nach der KSZE, aber sie wird um kontinuierliche Fortschritte auf der Basis des Ergebnisses von Genf ringen. Hüten wir uns vor der Illusion, es könne eine Politik geben, mit der uns schon am Anfang des Entspannungsprozesses all das in den Schoß fällt, was wir am Ende als sein Ergebnis für möglich halten und wünschen.

Wenn sich also der Fortschritt nur in kleinen Schritten zeigen sollte, so müssen die Schritte doch konkret sein, das heißt: spürbar für die Menschen. Für die Menschen in unserem Lande ist Entspannung kein abstrakter Begriff. Sie kann sich nur in Fortschritten für ungezählte Einzelschicksale ausdrücken, und das begründet die Pflicht für uns, die Instrumente zu nutzen, die diese Konferenz und ihre Ergebnisse uns bieten.

Nicht nur wir, nicht nur die unter der Teilung leidenden Menschen bei uns werden die Formulierungen der Konferenztexte mit der Wirklichkeit vergleichen, und es gehört keine Phantasie dazu, die Unterschiede festzustellen. Aber gerade dieser Gegensatz zwischen Wirklichkeit und Forderung veranlaßt uns, die Chance von Helsinki zu ergreifen und im Interesse der Menschen auf die Realisierung der Beschlüsse hinzuwirken.

Protest und Klage allein bringen uns nicht weiter, das haben wir lange genug erlebt. Die Schlußakte von Helsinki wird kein völkerrechtlicher Vertrag, kein völkerrechtliches Abkommen sein, das eine neue Rechtssituation schafft. Worüber sich die 35 Teilnehmerstaaten geeinigt haben und was sie sich in feierlicher Form zu eigen machen, sind Regeln ihres zukünftigen politischen Verhaltens und damit Regeln von hohem politisch-moralischem Rang.

Mit dieser Qualifizierung der Konferenzergebnisse schmälern wir ihre Bedeutung nicht; im Gegenteil: Wir bekennen uns zu diesen politischen Bindungen, und wir erwarten, daß die anderen es ebenso halten, daß sie diese Regeln als Richtschnur ihres zukünftigen Handelns betrachten.

Wir können uneingeschänkt ja sagen zu diesen Regeln.

Die jetzt formulierten Absichten verlangen von uns keine Änderung der Grundsätze unserer Politik; im Gegenteil: Sie beschreiben die Politik, die wir aufgrund unserer Ideale und unseres Bildes vom Menschen als einem freien Individuum betreiben.

Zusammenarbeit auf allen Gebieten, vertrauensbildende Maßnahmen, menschliche Erleichterungen, Gewaltverbot, auch hinsichtlich der Grenzen, aber die Möglichkeit friedlicher Veränderbarkeit: Niemandem in unserem Lande kann eine solche Politik auch nur die geringsten Schwierigkeiten bereiten.

Entspannungspolitik – Ergänzung, nicht Ersatz für Verteidigungspolitik

Wie die Konferenzergebnisse keine Charta für ein Gesamteuropa darstellen, so schaffen sie auch kein sogenanntes gesamteuropäisches Sicherheitssystem. Die KSZE hat die Machtstruktur in dieser Welt und in Europa nicht verändert. Die Schlußakte ist kein Ersatz für das Atlantische Bündnis. Die Bedrohung durch das militärische Potential der Staaten des Warschauer Pakts besteht ebenso fort wie die gesteigerten Rüstungsanstrengungen der Mitglieder dieses Pakts. Deshalb ist und bleibt die NATO Grundlage unserer Sicherheit. Das Bündnis ist für uns ebenso unverzichtbar wie die Präsenz der Vereinigten Staaten und Kanadas in Europa.

Was es zu sehen gilt, ist der unauflösbare Zusammenhang zwischen Bündnis und Entspannung. Entspannung und vertrauensvolle Zusammenarbeit zwischen Ost und West sind überhaupt nur bei einem militärischen Gleichgewicht der Kräfte möglich. Das heißt: das Bündnis steht nicht nur nicht im Gegensatz zur Entspannung, es ist ihre Voraussetzung und Grundlage. Wer im Westen Entspannung will, muß auch das Bündnis fördern. Von dieser Überzeugung wird sich die Bundesregierung auch in der Nach-KSZE-Phase leiten lassen.

Die KSZE-Schlußakte: Ausgangsbasis für die Weiterführung des multilateralen Entspannungsprozesses

Vor uns liegt ein Dokument, das die Perspektive eröffnet, zu mehr Sicherheit und Zusammenarbeit in Europa zu kommen. Kriterium für die endgültige Bewertung der Konferenz ist und bleibt aber die Durchführung der Beschlüsse. Die Konferenz ist für uns nicht Endpunkt, sondern Ausgangspunkt. Es muß sich nun zeigen, ob sich die Teilnehmerstaaten bei der Durchführung von der gleichen Haltung leiten lassen, die den positiven Abschluß der Konferenz ermöglichte.

Die Bundesregierung ist bereit, das Ihre zur praktischen Durchführung der Konferenzbeschlüsse beizutragen, und sie ist entschlossen, auf diese praktische Durchführung durch alle Teilnehmerstaaten zu drängen. Sie tut das im Verein mit den anderen Staaten der Europäischen Gemeinschaft und im Verein mit ihren Bündnispartnern. Wir werden die Chance, die diese Konferenz bietet, nur dann nutzen können, wenn Klarheit bei der Bestimmung unserer Ziele, Entschlossenheit und Festigkeit bei ihrer Durchsetzung unser Handeln bestimmen.

Das Dokument als solches birgt keine Gefahren in sich. Gefahren könnten sich nur dann ergeben, wenn Illusionen und nicht der klare Blick für die Realität unser künftiges Handeln bestimmen, wenn wir die Ziele unserer Politik aus den Augen verlieren, wenn ein trügerisches Sicherheitsgefühl den Verteidigungswillen einschläfert und damit der Sicherheit ebenso wie ausgewogener Leistung und Gegenleistung den Boden entzieht. Hier müssen sich Weitblick und Verantwortung der Demokratien bewähren. Wir sollten uns selbst, wir sollten unseren Partnern diese Fähigkeit nicht absprechen.

Ebensowenig aber können wir die gebotenen Möglichkeiten der Konferenz nutzen, wenn wir uns aus mangelndem Selbstvertrauen den Konferenzergebnissen und damit auch ihrer Verwirklichung und Durchsetzung verweigern. Es würde unseren eigenen nationalen Interessen schaden, wenn wir aus der gemeinsamen Haltung unserer Verbündeten und Partner ausscherten. Wir könnten unsere eigenen Interessen als Deutsche und Europäer nicht wahrnehmen, würden wir der Selbstisolierung unseres Landes gegenüber allen anderen Konferenzteilnehmern – einschließlich unseren Verbündeten – den Vorzug geben vor der aktiven Mitgestaltung des Entspannungsprozesses.

Die zustimmende Haltung der Bundesregierung zu den Konferenzergebnissen steht in der Kontinuität der Politik der Friedenssicherung der Bundesrepublik Deutschland. Diese Politik gebietet, die Entspannung zu fördern. Diese Politik gebietet, die Chance der Konferenz für Sicherheit und Zusammenarbeit in Europa illusionslos und mit Festigkeit für die Menschen im geteilten Deutschland, für die Menschen im geteilten Europa und für die Sicherung des Friedens auf dem Kontinent zu nutzen. Die Bundesregierung stellt sich dieser Verantwortung. Wir werden bei der Unterzeichnung in Helsinki nach dieser Einsicht handeln.

Eine Reform der Weltwirtschaftsordnung im Geiste sozialer Marktwirtschaft

Rede vor der 7. Sondergeneralversammlung der Vereinten Nationen über Entwicklung und internationale wirtschaftliche Zusammenarbeit am 2. September 1975

I

Die 7. Sondergeneralversammlung der Vereinten Nationen über Entwicklung und internationale wirtschaftliche Zusammenarbeit tritt vor dem Hintergrund der schwersten wirtschaftlichen Rezession seit 1930 zusammen.

Die Rezession der Weltwirtschaft

Zum ersten Mal in der Nachkriegszeit ist das weltwirtschaftliche Wachstum ins Stocken geraten, zum ersten Mal werden Welthandel und Weltsozialprodukt voraussichtlich sogar zurückgehen. Zum ersten Mal droht unter dem Druck sich auftürmender Zahlungsbilanzdefizite in vielen Entwicklungsländern die Entwicklung zu einem Stillstand zu kommen.

Wachstumsverfall und Arbeitslosigkeit belasten viele Industriestaaten. Sie sind die Folge weltweiter Inflation, die nicht unwesentlich darauf zurückzuführen ist, daß vor allem in den Industriestaaten eine Inflation der Ansprüche an das Sozialprodukt vorausging. Es wurde mehr ausgegeben als erarbeitet.

97

Es wird der engen Zusammenarbeit aller Staaten bedürfen, um die Weltwirtschaft wieder zu einem kontinuierlichen realen Wachstum zurückzuführen. Bundeskanzler Schmidt hat auf die Notwendigkeit abgestimmten Verhaltens und koordinierter Anstrengungen zur Überwindung der Rezession immer wieder hingewiesen und Vorschläge dafür vorgelegt: Anregungen und Vorschläge, die sich nicht nur auf die Bemühungen innerhalb der Europäischen Gemeinschaft beziehen, sondern die weltweit abgestimmtes Handeln zum Ziel haben.

Die Bundesregierung hat in der vergangenen Woche ein Programm verabschiedet, das zusätzliche öffentliche Ausgaben für Investitionen verbindet mit einer strukturellen Verbesserung der öffentlichen Haushalte auf der Ausgaben- und der Einnahmenseite.

Wir alle wissen, was es bedeutet, wenn wir der Rezession nicht Herr würden: Auf Wachstum und Entwicklung gründet nicht nur die Stabilität unserer Volkswirtschaften; auf ihnen gründet ebenso die Stabilität unserer sozialen und politischen Strukturen, gründet letztlich die Stabilität auch des internationalen Friedens.

Interdependenz heute auch zwischen Industrie- und Entwicklungsländern

Die Rezession hat jedem von uns zum Bewußtsein gebracht, welches Ausmaß die wirtschaftliche Interdependenz der Staaten erreicht hat. Hier zeigt sich eine Folgewirkung des beispiellosen Wachstums der Weltwirtschaft: die ebenso beispiellos gestiegene Abhängigkeit der einzelnen Volkswirtschaften von Entwicklungen und Entscheidungen außerhalb ihrer Grenzen.

Interdependenz bestimmt heute auch die Beziehungen zwischen Industrie- und Entwicklungsländern: Brauchen die Industrieländer Rohstoffe und Öl der Entwicklungsländer, so brauchen diese Kapital, Technologie und Getreide der Industrieländer. Jede Seite braucht für den Absatz ihrer Produkte den Markt der anderen.

Von den Exporten der Entwicklungsländer nehmen 75 Prozent allein die OECD-Länder auf; 20 Prozent sind Austausch zwischen den Entwicklungsländern selbst; 5 Prozent gehen in die Staatshandelsländer.

Das bedeutet: Die Wachstumsraten der marktwirtschaftlichen Industrieländer und die Wachstumsraten der Entwicklungsländer stehen in unauflösbarem Zusammenhang, Verlangsamung des Wachstums in den OECD-Ländern führt über den Rückgang der Einfuhren automatisch auch zur Verlangsamung des Wachstums in den Entwicklungsländern. Wenn es dafür eines Beweises bedarf, so liefert ihn die gegenwärtige Lage.

Interdependenz heißt Zwang zu Kooperation

Beide Seiten also können entweder gemeinsam expandieren, oder sie müssen gemeinsam stagnieren. Wer die Wachstumschancen des anderen nicht berücksichtigt, gefährdet auch das eigene Wachstum. Wer durch seine Politik das Wachstum des anderen gar beeinträchtigt, schadet mit Sicherheit im Endeffekt auch sich selbst.

Für die praktische Politik bedeutet das: Keine Seite kann gewinnen, wenn sie Ansprüche durchsetzt, die mit einem kontinuierlichen Wachstum der Weltwirtschaft unvereinbar sind. Umverteilung vorhandener Güter in einer stagnierenden Wirtschaft führt nicht weiter; Entwicklung läßt sich dauerhaft nur beschleunigen innerhalb einer *expandierenden* Weltwirtschaft.

In einer interdependenten Welt führen Konfrontation und einseitiges Handeln ohne Rücksicht auf den anderen unausweichlich dazu, daß am Ende *alle* Parteien verlieren. Interdependenz heißt also Zwang zu Zusammenarbeit und gemeinsamer Verantwortung. Sie bringt aber ebenso eine große Chance: Durch Kooperation können wir heute gemeinsam wirtschaftliches Wachstum und sozialen Fortschritt für alle erreichen. Kooperation muß deshalb heute wie für die Zukunft die Grundlage des Zusammenlebens auf dieser Erde sein.

Wirtschaftsfragen rücken ins Zentrum der Außenpolitik

Das hoffnungsvollste Moment in der gegenwärtigen Situation ist, daß sich – anders als 1930 – die Regierungen dieses Zusammenhangs bewußt sind. Eine ununterbrochene Serie von Wirtschaftsgesprächen und -konferenzen in den letzten beiden Jahren legt dafür Zeugnis ab. Wirtschaftsfragen sind ins Zentrum der internationalen Diplomatie gerückt. Der Ausgleich wirtschaftlicher Interessenkonflikte ist zum Test außenpolitischer Staatskunst geworden.

Die OECD-Länder entwickelten Regeln für kooperatives Verhalten in der Rezession. Sie verpflichteten sich insbesondere, trotz ernster Zahlungsbilanzschwierigkeiten, nicht zu Handelsbeschränkungen Zuflucht zu nehmen.

Das Abkommen von Lomé

Die beiden Jahre der Rezession sahen ebenso ein zukunftsweisendes Beispiel für eine vom Geist der Interdependenz getragene Zusammenarbeit von Industrie- und Entwicklungsländern: nämlich das Abkommen von Lomé zwischen der Europäischen Gemeinschaft und 46 afrikanischen, karibischen und pazifischen Staaten. Niemals zuvor hat eine so große Gruppe von Industrie- und Entwicklungsländern den Versuch unternommen, in völliger Gleichberechtigung Rahmenbedingungen für die künftige Zusammenarbeit festzulegen.

Das Abkommen verwirklicht neue Konzeptionen:

- Es gibt zum einen den AKP-Staaten praktisch freien Zugang zum europäischen Markt, während die Europäische Gemeinschaft ihrerseits auf Gegenseitigkeit verzichtet. Die Konzeption der »einseitigen Freihandelszone«, die von der Bundesrepublik Deutschland von Anfang an mit Nachdruck vertreten wurde, trägt dem Unterschied im Entwicklungsstand zwischen den beiden Partnern Rechnung.

- Das Abkommen errichtet außerdem ein System für die Stabilisierung der Rohstoffexporterlöse der Vertragspartner Afrikas, der Karibik und des Pazifik.

- Es geht schließlich neue Wege in der Förderung der industriellen Kooperation.

Eine ausgewogene Struktur der Weltwirtschaft

Die vor uns liegende Aufgabe ist es nunmehr, den Geist gemeinsamer Verantwortung, wie er in dem Abkommen von Lomé zum Ausdruck kommt, auf die weltweiten Kooperationsverhandlungen zwischen Industrie- und Entwicklungsländern zu übertragen. Es gilt, für die Zusammenarbeit in einer interdependenten Weltwirtschaft eine Struktur zu schaffen, die ausgewogener und gerechter ist. Außenminister Rumor hat sich gestern im Namen der neun Mitgliedstaaten der Europäischen Gemeinschaft zu diesem Ziel bekannt und die aktive und konstruktive Mitwirkung der Gemeinschaft bei seiner Verwirklichung zugesagt. Die Bundesregierung steht zu dieser Zusage.

Die doppelte Aufgabe

Das Ziel der Zusammenarbeit zwischen Industrie- und Entwicklungsländern ist ein doppeltes: Wir müssen zum einen die Weltwirtschaft aus der Rezession heraus- und auf den Pfad des realen Wachstums zurückführen. Nationale Bemühungen allein reichen dafür nicht mehr aus. Die Synchronisierung der Konjunkturzyklen bedeutet vielmehr, daß Wachstum der eigenen Volkswirtschaft wie Wachstum der Weltwirtschaft insgesamt nur mehr in gemeinsamer Anstrengung und enger Abstimmung zu erreichen ist.

Wir müssen zum andern – und dies ist von entscheidender Bedeutung – den Wachstumspfad so legen, daß er für die Entwicklungsländer steiler als in der Vergangenheit in die Höhe führt. Die Weltwirtschaft muß nicht nur wachsen, sie muß so wachsen, daß sich die Kluft zwischen Industrie- und Entwicklungsländern stetig verringert. Die Überwindung dieser Kluft ist die große Aufgabe unserer Zeit. An der Bereitschaft und Fähigkeit, diese Aufgabe anzugehen und zu meistern, werden wir gemessen werden – heute und morgen.

Ob wir die Aufgabe lösen, wird letztlich auch davon abhängen, ob die Entwicklungsländer selbst alle Anstrengungen unternehmen, ihre Produktivkräfte zu mobilisieren und sie effizient einzusetzen. Aber auch die Industrieländer können und müssen Hilfe auf allen Gebieten leisten und gemeinsam mit den Entwicklungsländern das Weltwirtschaftssystem so gestalten, daß es dem Ziel beschleunigter Entwicklung möglichst förderlich ist.

Fortentwicklung der Weltwirtschaft setzt Bewahrung des Erreichten voraus

Die Fortentwicklung der Weltwirtschaftsordnung steht im Zentrum unserer Debatte. Ihr Ziel ist ein gerechter Interessenausgleich, ist eine Ordnung, die die Entwicklungsländer voll in die Weltwirtschaft integriert und ihnen endlich den Platz einräumt, der ihnen gebührt. Fortentwicklung setzt Bewahrung des Erreichten voraus.

Niemand sollte übersehen: Die in den ersten Nachkriegsjahren geschaffene Ordnung hat der Welt ein in der Geschichte beispielloses Wachstum von Produktion und Handel gebracht, und sie hat dieses Wachstum nicht nur den Industrieländern, sondern ebenso den Entwicklungsländern ermöglicht. Zwischen 1960 und 1974, also seit Beginn der ersten Entwicklungsdekade, erzielten die Entwicklungsländer eine jährliche Wachstumsrate von fast 6 Prozent, also eine Rate, die über der Zuwachsrate der Industrieländer in dieser Periode liegt.

Allerdings, das Ziel, den Abstand im Pro-Kopf-Einkommen der reichen und armen Länder zu vermindern, wurde nicht erreicht. Der Aufholeffekt des stärkeren Wachstums der Dritten Welt wurde durch die Bevölkerungsexplosion überkompensiert. Die Bemühungen vieler Entwicklungsländer um eine Verlangsamung des Bevölkerungswachstums werden sicherlich mittelfristig eine positive Wirkung zeigen. Zugleich jedoch müssen wir alle Anstrengungen unternehmen, um ein noch schnelleres Wachstum der Wirtschaft in den Entwicklungsländern zu erreichen.

Hinzu kommt, daß die Wachstumsrate von 6 Prozent eine Durchschnittsrate ist, die die großen Unterschiede zwischen den Raten der einzelnen Entwicklungsländer verdeckt. Insbesondere die am wenigsten entwickelten Länder konnten die Wachstumschancen nur ungenügend nutzen. Auch das muß sich ändern.

Verbesserung der Marktmechanismen –
nicht Flucht in Dirigismus

Die Lösung dieser Aufgaben jedoch liegt in der Verbesserung des Wirkens der Marktmechanismen, nicht in der Flucht in einen weltweiten bürokratischen Dirigismus. Die Weltwirtschaftsordnung hat die Aufgabe, die Arbeitsteilung zwischen über 150 Staaten zu koordinieren – souveränen Staaten mit unterschiedlichen Wirtschaftssystemen. Diese komplexe Aufgabe läßt sich allein mit Hilfe des marktwirtschaftlichen Lenkungsprinzips lösen. Es wäre eine gefährliche Utopie, sie durch internationalen Dirigismus lösen zu wollen. Der Versuch, dies zu tun, könnte nur in Lähmung und Ressourcenverschwendung enden.

Auch in der Bundesrepublik Deutschland gab es, als wir aus den Trümmern des Krieges eine neue Wirtschaft aufbauen mußten, eine Diskussion, ob wir den Weg des Marktes gehen sollten, oder ob nicht angesichts der desolaten Verhältnisse dirigistische Lösungen vorzuziehen seien. Wenn wir heute eine hochentwickelte Wirtschaft und eine ausgewogene Sozialstruktur besitzen, so haben wir dies nicht zum wenigsten dem Umstand zu verdanken, daß wir uns damals für den Markt entschieden haben. Nicht zuletzt aus dieser Erfahrung heraus sagt die Bundesregierung ein uneingeschränktes »ja« zur Reform des Weltwirtschaftssystems, aber sie warnt davor, mit dirigistischen Experimenten die Leistungskraft der Weltwirtschaft zu lähmen. Das würde Industriestaaten und Entwicklungsländer treffen.

Gemeinsamer Nenner für unser Bemühen kann allein die Reform der bestehenden marktwirtschaftlichen Ordnung sein, unabhängig davon, für welches Wirtschaftssystem sich die Mitgliedstaaten der Vereinten Nationen im Inneren entschieden haben. Denn allein diese Ordnung respektiert die Souveränität aller Staaten, und sie allein macht weltweite gleichberechtigte Partnerschaft möglich.

Eine »soziale Weltmarktwirtschaft«

Die Reformaufgabe lautet also, die Effizienz des Marktes zu erhalten, aber sie mit wirksamer Hilfe für die Schwachen zu verbinden. Es gilt, den Mißbrauch des Marktes durch die Mächtigen zu verhindern, und es gilt, die Chancen der Schwachen zu vergrößern. Was wir erreichen müssen, ist eine Weltmarktwirtschaft, die die Forderung nach gerechtem Interessenausgleich erfüllt. Der Weg dazu führt über ein zusammenhängendes Programm marktkonformer Reformen. Wie sieht dieses Programm aus? Ich nenne die wichtigsten Elemente:

1. Wir müssen die Märkte der Industrieländer stärker als bisher für die Produkte der Entwicklungsländer öffnen; dies gilt besonders auch für die Verarbeitungsprodukte.

2. Wir müssen die Rohstoffexporterlöse der einzelnen Entwicklungsländer stabilisieren; dies gilt speziell für die am wenigsten entwickelten und von der Krise am härtesten betroffenen Länder.

3. Wir müssen übermäßige Preisschwankungen bei Rohstoffen verhindern.

4. Wir müssen im Interesse der Funktionsfähigkeit und des Wachstums der Weltwirtschaft eine kontinuierliche Rohstoffversorgung sicherstellen.

5. Wir müssen durch industrielle und technische Kooperation die Industrialisierung der Entwicklungsländer beschleunigen.

6. Wir müssen den Technologietransfer von den Industrieländern an die Entwicklungsländer erleichtern und verbessern.

7. Wir müssen die Nahrungsmittelproduktion in den Entwicklungsländern nachhaltig steigern.

8. Wir müssen den Kapitaltransfer in die Entwicklungsländer, und insbesondere in die ärmsten unter ihnen, mit allen Mitteln verstärken.

9. Wir müssen das Weltwährungssystem so ordnen, daß es dem Wachstum von Welthandel und Weltwirtschaft und der Erhaltung des Geldwertes möglichst förderlich ist.

II

Zu diesen Vorschlägen im einzelnen:

Öffnung der Märkte

Die Öffnung der Märkte der Industrieländer soll den Entwicklungsländern einen steigenden Anteil am Welthandel sichern. Die Bundesregierung setzt sich deshalb für einen Abbau tarifärer und nicht-tarifärer Handelshemmnisse ein und wirkt im Rahmen der Europäischen Gemeinschaft bei den laufenden GATT-Verhandlungen darauf hin, den Zugang der Entwicklungsländer zu den Importmärkten der Industrieländer weiter zu verbessern. Ich weise in diesem Zusammenhang darauf hin, daß mein Land in den Pro-Kopf-Einfuhren aus den Entwicklungsländern in der Spitzengruppe der marktwirtschaftlichen Länder liegt und daß diese Einfuhren das Zehnfache der entsprechenden Pro-Kopf-Einfuhren der Staatshandelsländer betragen.

Weiterer Zollabbau insbesondere auch für die Verarbeitungsprodukte der Entwicklungsländer

Der dynamischste Sektor des Welthandels ist der Austausch von Industriegütern. Hier also liegen die größten Chancen für die Steigerung der Exporte der Entwicklungsländer, und hier insbesondere müssen sich die Märkte der Industrieländer für die Entwicklungsländer noch weiter als bisher öffnen. Es ist nicht länger vertretbar, daß trotz vieler Verbesserungen die bestehenden Zollsätze in den Industrieländern im allgemeinen niedriger für Rohstoffe sind als für Halb- und Fertigwaren. Das benachteiligt die Fertigwarenausfuhren der Entwicklungsländer. Ein wichtiges Ziel muß es daher sein, diese progressiv gestaffelten Zölle abzubauen. Darüber hinaus gilt es, die Präferenzen für die Industriegütereinfuhren aus den Entwicklungsländern weiter auszubauen und zu verbessern.

Die Bundesrepublik Deutschland war und ist bei der Öffnung der Märkte zugunsten der Verarbeitungsprodukte der Entwicklungsländer Vorreiter. Als dynamische Volkswirtschaft sieht sie die Intensivierung der internationalen Arbeitsteilung als auch im eigenen Interesse liegend an. Die Bundesrepublik Deutschland ist daher in der Öffnung der Märkte für die Industriegüter der Entwicklungsländer stets mit eigenem Beispiel vorangegangen. Ihre Einfuhren von Halb- und Fertigwaren aus den Entwicklungsländern stiegen 1973 um nicht weniger als 56 Prozent. Sie stiegen zugleich wesentlich schneller als die entsprechenden Einfuhren aus den Industrieländern; der Anteil der Entwicklungsländer an den Gesamteinfuhren von Verarbeitungsprodukten verdoppelte sich zwischen 1972 und 1974.

Dies gilt für alle Industrieländer gleich welcher Wirtschaftsordnung

Diese Marktöffnung – eben nicht nur für Rohstoffe, sondern gerade auch für Verarbeitungsprodukte der Dritten Welt – ist nach Ansicht der Bundesregierung eine der wirksamsten Hilfen, die die Industrieländer den Entwicklungsländern leisten können. Alle Industrieländer, gleich welcher Wirtschaftsordnung sie angehören, sollten alles tun, um diese Öffnung zu verwirklichen.

Die Europäische Gemeinschaft hat als erstes Wirtschaftsgebiet ein allgemeines Zollpräferenzsystem für die Verarbeitungsprodukte der Entwicklungsländer eingeführt und dieses System ständig erweitert und verbessert. Die Gemeinschaft ist entschlossen, diesen Weg konsequent weiterzugehen. Sie hält es ferner für notwendig, das Präferenzsystem über 1980 hinaus fortzuführen.

Stabilisierung der Rohstoffexporterlöse

Die meisten Entwicklungsländer sind für ihre Deviseneinnahmen und für ihre Haushaltseinnahmen von Rohstoffexporten abhängig. Stabilität und Steigerung der Rohstoffexporterlöse sind für diese Länder deshalb ein vitales Ziel. Die Bundesrepublik Deutschland ist sich der Bedeutung dieses Ziels bewußt und unterstützt es.

Die Bundesregierung hält es für erforderlich, insbesondere den am wenigsten entwickelten und den von der Krise am meisten betroffenen Ländern zu stabileren Exporterlösen zu verhelfen. Sie hat deshalb – wie bekannt – im Rahmen einer Sondersitzung des Bundeskabinetts am 9. Juni 1975 den inzwischen vom Internationalen Währungsfonds akzeptierten Vorschlag unterbreitet, einen Teil des IWF-Goldes zu verkaufen und den Verkaufserlös zu verwenden, um diesen Ländern Kredite zu günstigen Bedingungen zur Verfügung zu stellen, wenn die Erlöse aus ihren Rohstoffexporten zurückgehen. Die Bundesregierung sieht in der Bereitstellung von einem Sechstel des IWF-Goldes einen ersten Schritt in der richtigen Richtung. Sie hält den Umfang angesichts der vor uns stehenden Probleme noch nicht für ausreichend. Sie wird sich deshalb um eine Ausweitung des Volumens bemühen.

Eine flexible Handhabung dieses Instruments würde seine Wirksamkeit erhöhen. Dies gilt für die Kreditbedingungen ebenso wie für die Laufzeit und die Möglichkeit, unter besonderen Voraussetzungen die Rückzahlung zu erlassen.

Maßnahmen der Erlösstabilisierung haben bei Rohstoffen, die sowohl von Entwicklungsländern wie von Industrieländern ausgeführt werden, den Vorteil der Zielgenauigkeit. Sie kommen allein den Entwicklungsländern zugute und vermeiden so den widersinnigen Effekt, daß rohstoffexportierende *Industrie*länder auf Kosten rohstoff*importierender* Länder – Industrie- ebenso wie Entwicklungsländer – zusätzliche Einnahmen erhalten.

Die Bundesregierung setzt sich ferner dafür ein, das bestehende System der kompensatorischen Finanzierung des Internationalen Währungsfonds quantitativ und qualitativ zu verbessern.

Verhinderung übermäßiger Preisschwankungen

Neben dem Ziel der Erlösstabilisierung bei Rohstoffen unterstützt die Bundesregierung auch das Ziel, übermäßige Schwankungen der Rohstoffpreise zu verhindern. Dies liegt ebenso im Interesse der Verbraucher wie der Erzeuger. Die Bundesregierung ist daher bereit, internationale Rohstoffabkommen dort ins Auge zu fassen,

- wo sie sich zur Vermeidung übermäßiger Preisschwankungen auf einem Rohstoffmarkt eignen,
- wo sie Preise halten, die geeignet sind, Angebot und Nachfrage langfristig auszugleichen und
- wo die Kosten in einem vertretbaren Verhältnis zum Nutzen stehen.

Die Bundesrepublik Deutschland ist Mitglied aller Rohstoffabkommen und hat an allen entsprechenden Verhandlungen aktiv mitgewirkt. Die Bundesregierung wird dies auch weiterhin tun. Sie ist an einem Höchstmaß an Wirksamkeit der Abkommen interessiert und begrüßt es deshalb, daß jetzt Hoffnung besteht, daß der Kreis der Teilnehmerstaaten an den bestehenden Abkommen größer wird.

Ziel unserer Bemühungen ist ein Preis, der lohnend für die Erzeuger und angemessen für die Verbraucher ist und der auf diese Weise ein langfristiges Gleichgewicht zwischen einem expandierenden Angebot und einem expandierenden Verbrauch herbeiführt. Die Bundesregierung akzeptiert langfristig steigende Preistrends, wenn diese der Entwicklung von Angebot und Nachfrage entsprechen.

Künstlich überhöhte Rohstoffpreise schaden auch den Rohstoffproduzenten

Sie würde aber den Versuch für bedenklich halten, Rohstoffpreise künstlich über dem langfristigen Gleichgewichtspreis zu fixieren. Ein solch überhöhter Preis bedeutet Überproduktion und läßt sich daher nur durch Produktions- und Exportbeschränkung aufrechterhalten. Eine solche Nichtausnutzung oder gar Stillegung von Kapazitäten ist jedoch in einer Welt der Knappheit globalökonomisch nicht sinnvoll.

Bei den meisten der zur Debatte stehenden Rohstoffe scheint es darüber hinaus fraglich, ob sich überhöhte Preise längerfristig überhaupt für die Produzenten selbst auszahlen. Denn überhöhte Preise bedeuten: Rückgang der Nachfrage, Substitution durch Ausweichprodukte, Eintritt neuer Produzenten in die Märkte, und das heißt oft: neuer

Produzenten auch und gerade aus den Industrieländern. Am Ende könnten für die ursprünglichen Produzenten sinkende, nicht steigende Exporterlöse stehen und für die Weltwirtschaft insgesamt die Verdrängung kostengünstiger durch kostenungünstige Produktion.

Rohstoffe schließlich werden auch von Entwicklungsländern importiert, direkt und – in Form von Fertigwaren – indirekt. Umgekehrt sind bei vielen Rohstoffen auch Industrieländer Exporteure und sogar Hauptexporteure. Ressourcentransfer über überhöhte Rohstoffpreise würde also auch Entwicklungsländer belasten und einige Industrieländer in großem Umfang begünstigen.

Keine Indexbindung der Rohstoffpreise

Die hier angedeuteten Probleme würden in voller Schärfe ebenso bei der Indexbindung der Rohstoffpreise an die Importpreise der Entwicklungsländer auftreten. Auch dies wäre ja ein Versuch, Preise unabhängig vom langfristigen Marktgleichgewichtspreis festzulegen. Dabei würden zusätzliche Probleme entstehen: Die Aufgabe, eine gerechte Indexformel zu finden, ist schon in der Theorie nicht lösbar. In der Praxis würde der Versuch, die indexierten Preise durchzusetzen, eine Lawine dirigistischer Maßnahmen nach sich ziehen. Eine globale Indexformel würde zudem die relativen Preise der einzelnen Rohstoffe ohne Rücksicht auf die Produktivitätsentwicklung zementieren.

Marktwirtschaftliche Lösung

Aus all diesen Überlegungen heraus ist die Bundesregierung überzeugt, daß das Ziel, die Rohstoffexporterlöse der Entwicklungsländer zu steigern, nicht durch administrierte

Preise, sondern auf marktwirtschaftlichem Weg verwirklicht werden muß: nämlich über die Steigerung der Produktivität und damit des Gewinns, über die Steigerung des Absatzes, über vermehrte Einschaltung in die Vermarktung, über das Hineingehen in die ersten Verarbeitungsstufen, und schließlich – wo die Kostenstruktur des Erzeugerlandes keine lohnende Produktion mehr zu Marktgleichgewichtspreisen zuläßt – über entschlossene Diversifizierung.

In diesen Bereichen liegen für viele Entwicklungsländer große, noch ungenutzte Möglichkeiten. Die Bundesregierung ist bereit und interessiert, bei ihrer Nutzung tatkräftige Hilfe zu leisten. Sie wird insbesondere auch die Verarbeitung der Rohstoffe an Ort und Stelle fördern.

Sicherung der Rohstoffversorgung

Das Problem, die Rohstoffversorgung zu sichern, dürfen wir auch in der jetzigen Situation der Stagnation und des rückläufigen Rohstoffverbrauchs nicht aus dem Auge verlieren. Denn die von uns angestrebte Expansion der Weltwirtschaft und eine rapide wachsende Bevölkerung führen zu steigendem Rohstoffverbrauch. Wir müssen deshalb rechtzeitig für ausreichende Produktionskapazitäten sorgen. Das bedeutet Exploration neuer Rohstoffvorkommen, Erschließung dieser Vorkommen und Schaffung der Infrastruktur, um sie zum Markt transportieren zu können. Diese Aufgabe einer kontinuierlichen Rohstoffversorgung kann nur durch Kooperation zwischen Industriestaaten und Entwicklungsländern gelöst werden. Kooperation heißt Partnerschaft. Kooperation verhindert, daß die Rohstoffe eines Entwicklungslandes von einem anderen Land ausgebeutet werden, ohne daß das Ursprungsland dadurch in seiner Entwicklung tatsächlich gefördert wird.

Das Problem einer kontinuierlichen Rohstoffversorgung könnte für eine Reihe von Rohstoffen, und nicht nur für Getreide, in der Tat zur entscheidenden Frage werden. Wie wir die notwendige Zusammenarbeit zwischen Industriestaaten und Entwicklungsländern in finanzieller und organisatorischer Hinsicht organisieren können, wie wir dafür neue geeignete Formen schaffen, das sollte nach Ansicht der Bundesregierung in den Rohstoffgesprächen zwischen Industrieländern und Entwicklungsländern einen angemessenen Platz erhalten. Gegenstand dieser Gespräche muß auch sein, wie eine parallele Entwicklung von Rohstoffproduktion und Industrialisierung in den Entwicklungsländern erreicht werden kann. Ohne eine solche Parallelität der Entwicklung stehen die Entwicklungsländer ständig vor der Gefahr schwerer wirtschaftlicher Rückschläge – dann nämlich, wenn ihre Rohstoffquellen versiegen oder wenn die technologische Entwicklung ihren Rohstoff überflüssig macht.

Beschleunigung der Industrialisierung

Auf der zweiten UNIDO-Konferenz in Lima hat sich die Bundesregierung zu dem Ziel bekannt, die Industrialisierung der Entwicklungsländer zu beschleunigen. Sie wird an der Verwirklichung dieses Ziels aktiv mitarbeiten.

Industrialisierung der Entwicklungsländer bedeutet Strukturwandel der Weltwirtschaft. Für strukturschwache Branchen in den Industrieländern heißt dies oft schmerzhafte Anpassung. Jede Regierung muß darauf bedacht sein, diese Anpassung in geordneten Bahnen ablaufen zu lassen. Die Bundesregierung war jedoch stets davon überzeugt, daß marktbedingter Strukturwandel nicht durch Erhaltungssubventionen aufgehalten werden darf. Er ist vielmehr zu erleichtern, indem Arbeitskräften und Investoren Hilfe dabei gegeben wird, von strukturschwachen in zukunftsweisende Branchen überzuwechseln. Ich brauche nicht zu betonen, daß diese Aufgabe für eine wachsende Wirtschaft leichter zu lösen ist als für eine rezessive. Auch in diesen Bereichen hängen Wachstum der Industrieländer und Verwirklichung der Ziele der Entwicklungsländer eng zusammen.

Verbesserung des Technologietransfers

Im Zusammenhang mit der Industrialisierung der Dritten Welt und mit der Beschleunigung des Entwicklungsprozesses überhaupt ist sich die Bundesregierung der bedeutenden Rolle bewußt, die Wissenschaft und Technologie bei der Verwirklichung dieser Ziele übernehmen müssen.

Die Bundesregierung ist daher bemüht, in partnerschaftlicher Zusammenarbeit im bilateralen wie multilateralen Rahmen die wissenschaftlich-technologische Infrastruktur der Entwicklungsländer zu stärken. Diese Stärkung der Infrastruktur soll die Aufnahmefähigkeit der Entwicklungsländer für Technologie erweitern. Sie soll die Entwicklungsländer vor allem auch in die Lage versetzen, übernommene Technologie kreativ weiterzuentwickeln und sie an die Gegebenheiten der eigenen Volkswirtschaft anzupassen. In vielen Bereichen wird es dabei darauf ankommen, kapitalintensive Produktionsmethoden der Industrieländer durch ebenso moderne, aber arbeitsintensive Methoden zu ersetzen.

Die Bundesregierung ist ferner bestrebt, die Rahmenbedingungen für den Technologietransfer zu verbessern. Sie wird im Rahmen der Welthandelskonferenz an der Ausarbeitung eines internationalen Verhaltenskodexes für den Technologietransfer konstruktiv mitwirken.

114

Rechtssicherheit für Auslandsinvestitionen

Beschleunigung der Industrialisierung und Verstärkung des Technologietransfers – beide Ziele werden häufig allein durch industrielle Kooperation zwischen Entwicklungsländern und Firmen der marktwirtschaftlichen Industrieländer zu verwirklichen sein. In einem Teil der Fälle wird dabei eine finanzielle Beteiligung der Firmen an gemeinsamen Unternehmungen auch von den Entwicklungsländern gewünscht werden. Die Bundesregierung fördert diese industrielle Kooperation durch finanzielle und steuerliche Hilfen und durch die Übernahme von Garantien. Entscheidend aber ist letztlich, welche Bedingungen die Entwicklungsländer selbst für diese Zusammenarbeit schaffen. Es kommt hierbei vor allem auf zwei Dinge an: gegenseitiges Vertrauen und langfristige Rechtssicherheit, und das heißt Sicherheit durch Völkerrecht. Formen für die industrielle Kooperation zu schaffen, die beiden Bedingungen gerecht werden, ist eine Aufgabe von entscheidender Wichtigkeit für das Entwicklungsziel.

Ich erinnere in diesem Zusammenhang an einen Vorschlag, den der damalige Bundesfinanzminister und heutige Bundeskanzler Helmut Schmidt schon 1974 gemacht hat: die Ausarbeitung von Leitlinien über die Tätigkeit von multinationalen Gesellschaften und für ihre Zusammenarbeit mit den Regierungen der Gastländer. Die notwendigen Arbeiten dafür sollten bald aufgenommen werden.

Steigerung der Nahrungsmittelproduktion

Die Steigerung der Nahrungsmittelproduktion der Entwicklungsländer muß insbesondere für Länder mit Nahrungsmitteldefizit vorrangiges Ziel sein. Nach den der Welternährungskonferenz vorgelegten Schätzungen wird der Bedarf an Nahrungsmitteln in den Entwicklungsländern um jährlich 3,6 Prozent zunehmen, ihre Produktion dagegen nur um 2,6 Prozent. Angesichts dieser beängstigenden Zukunftsperspektive müssen Industrieländer und Entwicklungsländer intensiv zusammenarbeiten, um als Nahziel zu erreichen, daß sich die bereits gegenwärtig unzureichende Nahrungsmittelversorgung der Menschen in der Dritten Welt zumindest nicht noch weiter verschlechtert.

Die Ernährungsprobleme der Defizitländer können auf Dauer nur durch Ausdehnung der eigenen Nahrungsmittelproduktion gelöst werden. Die Bundesregierung räumt deshalb der Hilfe für die Produktionssteigerung Vorrang ein. Sie wird darüber hinaus ihre Nahrungsmittelhilfe fortsetzen.

Die Bundesregierung bekennt sich auch zu den von der FAO vorgeschlagenen Grundsätzen für eine »internationale Verpflichtung zur Sicherung der Welternährung«. Sie tritt daher dafür ein, daß bereits vorhandene oder gegebenenfalls zu schaffende nationale Getreidevorratslager im Rahmen internationaler Vereinbarungen koordiniert werden, um voraussehbare größere Versorgungslücken schließen zu helfen. Wichtige Voraussetzung für die Welternährungssicherung ist jedoch, daß die zu erwartenden Ernteergebnisse sowie die Einfuhrbedürfnisse für Grundnahrungsmittel rechtzeitig bekannt werden, denn nur dann lassen sich gezielte Maßnahmen ergreifen, um Versorgungsengpässe zu vermeiden. Die Bundesregierung hat daher ihre Teilnahme an dem weltweiten Informations- und Frühwarnsystem für Ernährung und Landwirtschaft zugesagt. Sie würde es begrüßen, wenn die Siebte Sondergeneralversammlung dazu aufforderte, daß alle Länder sich an diesem System beteiligen und ebenso die »Internationale Verpflichtung zur Sicherung der Welternährung« unterzeichnen.

Verstärkung des Kapitaltransfers

Auch wenn in der künftigen Entwicklungsstrategie dem Handel eine noch bedeutendere Stellung zukommen wird als bisher, so wird doch der direkte Kapitaltransfer weiterhin ein unentbehrliches und zentrales Element in der Zusammenarbeit zwischen Industrieländern und Entwicklungsländern bleiben.

Die Bundesregierung ist sich bewußt, daß eine Verstärkung des Kapitalzuflusses – und zwar aus öffentlichen wie aus privaten Mitteln – eine wesentliche Voraussetzung dafür ist, daß die Entwicklungsländer die nötigen Wachstumsraten erreichen können. Dies gilt ganz besonders für die am wenigsten entwickelten Länder, die von den Verbesserungen im Handelsbereich in der Regel begrenzteren Nutzen ziehen werden als jene Länder, die reich an wichtigen Rohstoffen sind oder bereits über eine industrielle Basis verfügen.

Die öffentlichen Leistungen der Bundesrepublik sind auch in dem schwierigen Jahr 1974 gestiegen. Die Bundesregierung wird auch in Zukunft ihrer Verantwortung gerecht werden. Aber wir alle müssen wissen: die Möglichkeit der Leistungssteigerung hängt für die Bundesrepublik Deutschland und auch für die anderen Industrieländer weitgehend ab von einer Überwindung der Weltrezession.

Hilfezusagen der Bundesrepublik Deutschland haben dank der entschlossenen Stabilitätspolitik der Bundesregierung einen stabilen Wert. So stieg der Index der deutschen Exportpreise in diesem Jahr nur wenig an. Unsere Stabilitätspolitik kommt damit auch den Entwicklungsländern zugute.

In den beiden letzten Jahren sind die Ölländer als wichtige neue Geberländer aufgetreten. Die Mobilisierung von Investitionskapital dieser Länder kann für die angestrebte Steigerung der Gesamthilfe einen ganz wesentlichen Beitrag leisten. Für die Effizienz dieses Beitrags könnte eine Zusammenarbeit von Ölländern und Industrieländern von Nutzen sein, die den Zweck hätte, Projekte gemeinsam zu finanzieren und gemeinsam ihre technische Planung und Durchführung zu übernehmen. In einigen Ländern wurden für eine solche Dreieckskooperation bereits erste Formeln entwickelt. Wir würden es begrüßen, wenn es gelänge, hier die Zusammenarbeit noch zu intensivieren.

Neben der Steigerung des Volumens müssen auch die Bedingungen des Kapitaltransfers weiter verbessert werden. Die Kredite der Bundesrepublik Deutschland hatten 1974 einen Zinssatz von durchschnittlich 1,85 Prozent. Die Bundesregierung vergibt dabei ihre Kredite an die von der wirtschaftlichen Krise am meisten betroffenen Länder zu IDA-Bedingungen, das heißt also zu einem Zinssatz von 0,75 Prozent und einer Laufzeit von 50 Jahren.

Neuordnung des internationalen Währungssystems

Als ein wichtiges Problem betrachtet die Bundesregierung auch die Neuordnung des internationalen Währungssystems. Sie tritt dafür ein, die Sonderziehungsrechte des Weltwährungsfonds in zunehmendem Maße zum Mittelpunkt des Währungssystems zu machen und die Rolle nationaler Währungen und des Goldes als Reservemedien entsprechend zu verringern.

Die internationale währungspolitische Zusammenarbeit muß auf der Grundlage einer ausgewogenen Verteilung von Rechten und Pflichten aller Staaten ruhen. Die Bundesregierung begrüßt deshalb die geplante Verdoppelung des Quotenanteils der Ölländer am Weltwährungsfonds von 5 auf 10 Prozent. Diese Verdoppelung entspricht der stark gestiegenen Bedeutung und Verantwortung dieser

118

Länder für das Weltwährungssystem. Der Quotenerhöhung entspricht eine Reduzierung der Quote der Industrieländer. Der Einfluß der Entwicklungsländer insgesamt im Internationalen Währungsfonds vergrößert sich so.

Die Bundesregierung wird ferner zur Zinsverbilligung der Ölfazilität des Internationalen Währungsfonds beitragen. An der Ölfazilität selbst beteiligt sich die Deutsche Bundesbank mit 300 Millionen Sonderziehungsrechten.

III

Die Schaffung von Wirtschaftsbeziehungen zwischen den Entwicklungsländern und den Industriestaaten, die ausgewogener und gerechter sind, kann nicht auf einen Schlag in einer Konferenz erreicht werden. Sie ist ein Prozeß, der die Weltpolitik auch in den kommenden Jahren bestimmen wird.

Ein gerechter Interessenausgleich

Die Bundesregierung beteiligt sich an diesem Prozeß mit dem aufrichtigen Willen zu Partnerschaft und Zusammenarbeit. Sie wünscht und sie fördert den Dialog zwischen Industrieländern und Staaten der Dritten Welt mit dem Ziel, einen *gerechten Interessenausgleich* zu erreichen. Wir wollen über den Dialog hinaus zu gemeinsamen konkreten Aktionen kommen. Nutzen wir alle unsere Möglichkeiten, nutzen wir unsere bilateralen Beziehungen, nutzen wir die Zusammenarbeit in den internationalen Organisationen, nutzen wir alle Begegnungen zwischen unseren Völkern, um die Irrtümer der Vergangenheit zu überwinden und weltweit eine bessere Ordnung der ökonomischen Beziehungen zu finden. In dieser Ordnung müssen wir uns alle als gleichberechtigte Partner verstehen. Erkennen wir vor allen Dingen, daß in einem Zustand gegenseitiger Abhängigkeit nicht nur der eigene Vorteil und das eigene Wohlergehen wichtig sind, sondern auch der Vorteil und das Wohlergehen der anderen.

Wirtschaftliche Macht ist immer wieder mißbraucht worden, nicht anders als politische und militärische Macht auch. Es ist Aufgabe der Vereinten Nationen, solchen Mißbrauch in allen seinen Formen zu überwinden. Wer Macht besitzt, darf nicht auch die Freiheit besitzen, sie unbeschränkt auszuüben. Eine auf faire Zusammenarbeit ausgerichtete Ordnung der Weltwirtschaft bedarf deshalb klarer Spielregeln und vor allem der Möglichkeiten, sie auch durchzusetzen.

Nur durch Zusammenarbeit lassen sich die Probleme lösen

Die ökonomische Leistungsfähigkeit aller Staaten der Erde zusammen genommen, so groß sie auch sein mag, ist doch nicht unbegrenzt. Vielleicht reicht sie gerade aus, um die großen Probleme der Menschheit am Ende des 20. Jahrhunderts zu lösen, und das heißt Unterentwicklung, Hunger, Krankheit und Armut zu überwinden. Aber eines steht fest: Unsere gesamte wirtschaftliche Leistungsfähigkeit wird nicht ausreichen, wenn die einzelnen Staaten ihr ökonomisches Potential gegeneinander einsetzten, statt füreinander und für eine gemeinsame friedliche Entwicklung. Wir haben in dieser Sondergeneralversammlung den Schlüssel zu einer besseren Zusammenarbeit in der Hand. Lassen wir diese Chance nicht ungenutzt vorübergehen.

Außenpolitik im Zeitalter
weltweiter Interdependenz

*Rede vor der 30. Generalversammlung der Vereinten
Nationen am 24. September 1975*

Seit der Gründung der Vereinten Nationen ist ein Zeitraum vergangen, den wir gewöhnlich mit einer Generation
gleichsetzen. Dies mag mehr als sonst ein Anlaß sein, sich
zu vergegenwärtigen, was die Vereinten Nationen in diesen
drei Jahrzehnten schon erreicht haben und was sie noch zu
tun haben.

Ich freue mich, als Vorsitzenden der Vollversammlung
den Ministerpräsidenten eines Landes zu sehen, das nicht
nur dem meinen in enger Freundschaft verbunden ist,
sondern das mit seiner Weltoffenheit und seiner Bereitschaft zur internationalen Kooperation beispielhaft ist[1].

Der Geist, mit dem Ihr Land und Sie persönlich, Herr
Präsident, in Europa und in der Welt an der Kooperation
aller teilnehmen, ist vorbildlich und verpflichtend. Ich darf
Ihnen zu Ihrem verantwortungsvollen Amt von Herzen
Glück wünschen. Ich verbinde mit diesem Glückwunsch
den Dank an den scheidenden Präsidenten, den Außenminister Algeriens, Herrn Buteflika, der in einer sehr schwierigen Phase der VN-Geschichte dieses Amt geführt hat.

Fundamentale Veränderung der Welt

In den ersten dreißig Jahren der Vereinten Nationen
vollzog sich eine fundamentale Veränderung der Welt, von
der auch diese Organisation nicht ausgenommen war.

---

[1]) Ministerpräsident Gaston Thorn

Uns allen ist das graphische Bild der Bevölkerungsexplosion vertraut: eine Kurve, die über Jahrtausende fast horizontal verläuft, dann anzusteigen beginnt und Mitte unseres Jahrhunderts plötzlich fast vertikal in die Höhe geht. Nicht anders verlaufen die Kurven für das Wachstum der Wissenschaft und Technologie, der Produktion und des Konsums, des Welthandels und des Verkehrs und – nicht zuletzt – der Zerstörungskraft der Waffen. Überall beschleunigte sich die Entwicklung explosionsartig.

Seit 1945 verdreifachte sich die Zahl der Staaten. Aus 51 Mitgliedern unserer Organisation wurden über 140. Aus der starren Ordnung des bipolaren Gegenübers zweier Blöcke wurde eine komplexe multipolare Welt, in der mannigfaltige Kräfte und Bemühungen sich Geltung verschaffen.

Die Vereinten Nationen reflektieren diesen Prozeß sehr genau. Nichts hat ihre Entwicklung mehr beeinflußt als das Erscheinen der Dritten Welt als eigenständiger Faktor der Weltpolitik, befreit von kolonialer Abhängigkeit, mit gleichen Rechten und Pflichten wie alle anderen Staaten.

Das Entstehen einer globalen Interdependenz

Über alle Unterschiede der Zielvorstellungen hinweg finden sich die Staaten unserer Welt immer mehr zu einer Schicksalsgemeinschaft zusammengeschmiedet. Die ins Unmeßbare gewachsene Zerstörungskraft der Waffen hat ein einziges, globales Sicherheitsinteresse erzeugt; die sprunghaft angestiegene Produktivkraft eine einzige globale Wirtschaft geschaffen.

Die Gewährleistung von Sicherheit und die Gewährleistung von wirtschaftlichem Wachstum und Stabilität kann heute kein Staat mehr in Isolation lösen. Ob es um die Vermeidung einer nuklearen Katastrophe, um die

Bekämpfung des internationalen Terrorismus, um die Überwindung von Inflation und Rezession, um die Erhaltung der Lebensbedingungen auf unserem Planeten geht: überall übersteigen die Aufgaben die Möglichkeiten des einzelnen Staates, überall sind Lösungen nur im Zusammenwirken aller Staaten und Staatengruppen erreichbar.

Die Probleme sind global geworden. Der unaufhaltsame Trend zu immer engerer wechselseitiger Abhängigkeit der Staaten ist das Kennzeichen des neuen Zeitalters, ist der Zug der Weltgeschichte. Zum ersten Mal geht die Menschheit insgesamt einer gemeinsamen Zukunft entgegen: gemeinsamem Überleben oder gemeinsamem Untergang, gemeinsamer Prosperität oder gemeinsamem Niedergang. Es gilt für die Welt insgesamt ein ehernes Gesetz der Interdependenz: die Teile können nicht gedeihen, wenn das Ganze nicht gedeiht.

Gemeinsamer Fortschritt oder gemeinsames Chaos

Erkenntnis und Anerkenntnis dieser Entwicklung brechen sich Bahn. Zeichen dafür sind: die enge Zusammenarbeit der OECD-Länder zur Überwindung der weltwirtschaftlichen Krise, der konstruktive Konsensus der 7. Sondergeneralversammlung mit dem Versuch eines gerechten Interessenausgleichs zwischen Industrie- und Entwicklungsländern, die Bekräftigung des Willens zur Entspannung und Kooperation zwischen Ost und West auf der Konferenz über Sicherheit und Zusammenarbeit in Europa und die Aufnahme des europäisch-arabischen Dialogs.

Wir alle wissen: Wir haben nur die Alternative zwischen gemeinsamem Fortschritt und gemeinsamem Chaos. Uns ist es aufgegeben, entschlossen den Kurs der Zusammenarbeit zu wählen und die Grundlagen für diese Zusammenarbeit, die die Vereinten Nationen bisher geschaffen haben, konsequent weiterzuentwickeln.

Politik der Kooperation und des Interessenausgleichs

Die Aufgabe ist: das Bewußtsein der Interdependenz und als Konsequenz daraus die Politik der Kooperation endgültig durchzusetzen gegen die mächtigen Gegenkräfte traditioneller Doktrinen und Ideologien, durchzusetzen nach außen und nach innen. Denn es ist notwendig, daß auch die einzelnen Menschen in unseren Staaten das Verständnis für die neuen Zwänge der Interdependenz entwikkeln und daß sie den Willen zu internationaler Solidarität aufbringen.

Die Möglichkeiten der Regierungen zu solidarischer Politik reichen nur so weit, wie die Einsicht ihrer Bürger und ihre Bereitschaft reicht, eine solche Politik zu tragen. Die gegenwärtige Krise der Weltwirtschaft bietet uns die Chance, aus den dargestellten Einsichten die notwendigen Schlüsse zu ziehen.

Falsch wäre es, wenn sich die wohlhabenden Länder in eine Attitüde des »rette sich, wer kann« flüchten würden. Falsch wäre es, wenn der Ausweg aus den Schwierigkeiten des Entwicklungsprozesses in einer Zerschlagung und nicht in einer Fortentwicklung des Weltwirtschaftssystems gesehen würde, und ebenso falsch wäre es, wenn sich ein Teil der Staatengemeinschaft mit dem Hinweis auf die koloniale Vergangenheit anderer und die – vermeintlich oder tatsächlich – nicht-koloniale eigene Vergangenheit von der weltweiten notwendigen Solidarität zwischen Industrieländern und Entwicklungsländern ausschließen würde.

Die Tatsache der Interdependenz führt zum Postulat eines universalen Gemeinwohls. Daran haben wir uns in unserem Handeln zu orientieren, und der Weg dorthin kann nur die Politik des gerechten Interessenausgleichs sein.

Die Aufgaben unserer Zeit

Trotz aller Rückschläge und Katastrophen war unser Jahrhundert bisher auch ein Jahrhundert des beispiellosen Fortschritts für die Menschheit. Die Aufgaben, die an uns in unserer klein gewordenen Welt gestellt werden, sind außerordentlich – durch ihre Neuartigkeit ebenso wie durch ihre Größe. Aber außerordentlich und ohne Beispiel in der Geschichte sind auch die Mittel, die uns zu ihrer Erfüllung zur Verfügung stehen. Wenn wir diese Mittel in rationaler Zusammenarbeit einsetzen und sie nicht in irrationalem Konflikt vergeuden, werden wir die Aufgaben lösen.

Die Gründer der Vereinten Nationen setzten der Welt die drei großen Ziele unserer Charta: die Sicherung des Friedens, die Achtung der Menschenrechte und des Selbstbestimmungsrechts, und die Förderung des wirtschaftlichen und sozialen Fortschritts.

Was 1945 Ahnung war, ist heute Wirklichkeit: die globale Interdependenz der *einen* Welt.

Die drei großen Forderungen unserer Zeit sind:
– wir müssen weiterschreiten von wirtschaftlichem Egoismus zu einer weltweiten tragfähigen Ordnung der Kooperation unter Gleichen;
– wir müssen weiterschreiten von der Proklamation der Menschenrechte zu ihrer weltweiten Durchsetzung und zur Verwirklichung des Selbstbestimmungsrechts, wo immer dieses noch verweigert wird;
– wir müssen weiterschreiten von der Eindämmung der Krisen zu einem gerechten und dadurch dauerhaften Frieden.

I

Eine tragfähige Ordnung der wirtschaftlichen Zusammenarbeit

Die eben zu Ende gegangene 7. Sondergeneralversammlung hat einen hoffnungsvollen Beginn gesetzt in unserem Streben nach einer ausgewogenen Ordnung der wirtschaftlichen Zusammenarbeit. In ihren sehr intensiven, aber sachlichen Verhandlungen war die Versammlung ein Beispiel weltweiten Kooperationswillens. Das wird den Weg zu einem gerechten Interessenausgleich erleichtern.

Für zahlreiche Probleme sind die Grundlagen für Lösungen erarbeitet worden. Manche Fragen bedürfen noch der Klärung, wieder andere sind in ihren Auswirkungen zu prüfen.

Eine marktkonforme Reform der Weltwirtschaft

Die Bundesregierung trägt den Konsensus mit, weil ihm die Idee der vernünftigen und notwendigen Reform, aber nicht der revolutionären Umwälzung der Weltwirtschaftsordnung zugrunde liegt.

Die gegenwärtige weltwirtschaftliche Rezession führt uns allen eindringlich den Zusammenhang vor Augen, den ich zu Anfang das eherne Gesetz der Interdependenz genannt habe: Die Teile können nicht gedeihen, wenn das Ganze nicht gedeiht. Die Wachstumsraten der nationalen Wirtschaften hängen heute wechselseitig voneinander ab. Das gilt auch für das Verhältnis zwischen Industrie- und

Entwicklungsländern: Höhere Wachstumsraten der Industrieländer bedeuten höhere Wachstumsraten der Entwicklungsländer und niedrigere Wachstumsraten der Industrieländer bedeuten niedrigere Wachstumsraten der Entwicklungsländer.

Daß wir alle diesen Zusammenhang erkannten und anerkannten, hat das befriedigende Ergebnis der 7. Sondergeneralversammlung ermöglicht. Im Geist der Kooperation geht mein Land auch in den bevorstehenden Dialog zwischen Rohstoffproduzenten und Verbrauchern. In einer Weltwirtschaft, die nurmehr in gemeinsamer Anstrengung wachsen und sich entwickeln kann, müssen alle Partner die ihnen zufallende Verantwortung tragen. Den Industrieländern kommt dabei aufgrund ihres wirtschaftlichen Gewichts eine besondere Verantwortung zu. Die Bundesregierung ist sich dieser Verantwortung bewußt und handelt danach.

In enger Abstimmung mit den anderen marktwirtschaftlichen Industrieländern ist sie bestrebt, einen Wirtschaftsaufschwung ohne inflationäre Impulse in Gang zu setzen. Durch Öffnung der Märkte und Intensivierung der Zusammenarbeit mit den Entwicklungsländern soll dieser Aufschwung gerade auch den Entwicklungsländern zugute kommen.

Wir lehnen es ab, unsere Schwierigkeiten durch restriktive Maßnahmen zu exportieren, und wir halten konsequent an einer Politik der weiteren Öffnung der Märkte fest. Dies gilt insbesondere auch für die Einfuhren aus den Entwicklungsländern. Je mehr das Gewicht der Entwicklungsländer in der Weltwirtschaft wächst, um so mehr Verantwortung tragen auch sie in allen Bereichen, also auch in der Rohstoff- und Energiepolitik.

Gemeinsam wollen wir den Trend brechen und umkehren, der in der Vergangenheit den Abstand zwischen reich und arm immer noch zunehmen ließ. Gemeinsames Weltwirtschaftswachstum ist das eine Ziel, Überwindung der wirtschaftlichen Ungleichheit das andere.

Diese Ziele können nach unserer Überzeugung am besten durch eine marktwirtschaftliche Gestaltung der Wirtschaftsbeziehungen zwischen den Staaten erreicht werden, unabhängig von den Wirtschaftssystemen im Innern.

II

Selbstbestimmungsrecht und Menschenrechte

In der Ordnung der Zusammenarbeit unter Gleichen, die zu schaffen das Ziel unserer Organisation ist, nimmt die Verwirklichung des Selbstbestimmungsrechts der Völker einen zentralen Platz ein. Eine wirkliche Gemeinschaft der Staaten und der Menschen dieser Welt kann nur entstehen, wenn die Völker in dieser Gemeinschaft in freier Selbstbestimmung integriert sind. Nur in einer solchen Welt kann sich der Wille, Mitverantwortung für das Ganze zu übernehmen, voll entfalten. Das Selbstbestimmungsrecht der Völker ist deshalb ein fundamentales Prinzip unserer Ordnung.

In den ersten Jahrzehnten der Vereinten Nationen wurde mit der Verwirklichung des Selbstbestimmungsrechts der ehemaligen Kolonien die Grundlage für eine universale internationale Gemeinschaft geschaffen.

Auch in dieser Generalversammlung stießen wieder drei neue Staaten zu unserer Organisation. Ich möchte bei dieser Gelegenheit Mozambique, die Kapverdischen Inseln und São Tomé und Príncipe herzlich in unseren universal werdenden Vereinten Nationen willkommen heißen.

Selbstbestimmung im südlichen Afrika

Der Entkolonisierungsprozeß nähert sich seiner Vollendung. Nur in wenigen Gebieten klammert sich noch die überholte Ordnung des Kolonialismus fest. Aber ihre Tage sind gezählt. Wir hoffen, daß sie auch im *südlichen Afrika* ohne Gewalt und Zerstörung zu Ende gehen.

Die Bundesregierung begrüßt daher die Entscheidung der afrikanischen Außenminister-Konferenz vom April 1975 in Daressalam, bei Lösung der Probleme dem Verhandlungsweg den Vorzug zu geben. Sie begrüßt ebenso die Bemühungen der Führer der schwarzen und der weißen Gemeinschaft in Rhodesien eine neue gerechte Ordnung durch Verhandlungen zu erreichen und so die Gefahr eines blutigen Bürgerkrieges abzuwenden.

Die Bundesregierung tritt entschlossen für die Selbstbestimmung der Bevölkerung Namibias ein. Die Regierung der Republik Südafrika hat selbst erklärt, daß sie Namibia nicht als südafrikanisches Gebiet betrachtet. Sie muß daraus endlich und schnell die Konsequenz ziehen und Namibia ohne Verzögerung in die Unabhängigkeit führen, schneller als bis jetzt vorgesehen.

Die Bundesregierung hat diesen Standpunkt der Regierung Südafrikas wiederholt und in dringlichem Ton vorgetragen, und sie wird dies weiter tun. Nicht minder drängend setzt sie sich dafür ein, daß in der Republik Südafrika selbst endlich das System der Apartheid aufgegeben wird, das wir verurteilen.

Menschenrechte müssen verwirklicht werden

Diese letzte Frage führt mich zum Thema der Menschenrechte. Die Vereinten Nationen, die so vieles für die Verwirklichung des Selbstbestimmungsrechts erreicht haben, konnten auch für die Achtung der Menschenrechte wesentliche Grundlagen legen. In der allgemeinen Erklärung der Menschenrechte und den auf ihr aufbauenden Menschenrechtspakten haben sie die Menschenrechte definiert und dieser Definition weltweite Anerkennung verliehen.

Es ist unsere Aufgabe, dafür zu sorgen, daß sie überall in der Praxis verwirklicht werden. Die Bundesregierung wird alle Vorschläge unterstützen, die VN bei der Durchsetzung der Menschenrechte handlungsfähiger zu machen.

Verwirklichung der Menschenrechte auch in allen Teilen Europas

Die Menschenrechte müssen überall gelten, in allen Kontinenten. Als Europäer füge ich hinzu, sie müssen auch gelten in allen Teilen Europas. Die Konferenz über Sicherheit und Zusammenarbeit in Europa hat die Konsequenz aus dieser Erkenntnis gezogen und die Verwirklichung der Menschenrechte zu einem wichtigen Thema gemacht.

Das Recht auf Freizügigkeit ist eines der in der allgemeinen Menschenrechtserklärung und in den Menschenrechtspakten verbürgten Grundrechte. Und in der Tat: Wenn die Zusammenarbeit in Europa immer weiter ausgedehnt werden soll, dürfen die Menschen nicht gehindert werden, zueinander zu kommen.

Die Beschlüsse der Konferenz über Sicherheit und Zusammenarbeit in Europa haben für dieses Recht ebenso wie für andere Menschenrechte eine Fülle konkreter Zusagen für Verbesserungen in Europa gebracht.

Die Bundesregierung mißt den Wert der Konferenzergebnisse gerade auch daran, wann und wie diese Zusagen erfüllt werden.

III

Sicherung des Friedens

Frieden ist die Voraussetzung für Fortschritte in allen anderen Bereichen. Sicherung des Friedens bleibt daher eine primäre Aufgabe der Vereinten Nationen.

Friedenspolitik der Bundesrepublik Deutschland

In klarer Erkenntnis dieses Zusammenhangs ist die Politik der Bundesrepublik Deutschland seit ihrem Bestehen auf die Sicherung des Friedens gerichtet, das gilt für unsere eigene nationale Politik ebenso wie für unsere Mitwirkung innerhalb der Europäischen Gemeinschaft, dem großen zukunftsträchtigen Zusammenschluß europäischer Staaten, und für unsere Mitgliedschaft in der NATO, dem auf die Sicherung des Friedens gerichteten Verteidigungsbündnis.

Die Bundesregierung hat durch eine konsequente Politik des Gewaltverzichts die Entspannung in Europa gefördert und so die Basis für eine wachsende, für beide Seiten fruchtbare Zusammenarbeit mit den östlichen Nachbarn gelegt. Ich erwähne hier die Verträge von Moskau, Warschau und Prag. Das gleiche gilt für den Grundlagenvertrag mit der DDR.

Am Rande der Konferenz von Helsinki über Sicherheit und Zusammenarbeit in Europa sind im Geiste der gegenseitigen Verständigung zusätzliche Vereinbarungen mit der Volksrepublik Polen über noch offene Fragen getroffen worden. Diese Vereinbarungen sollen nach leidvoller Vergangenheit zur Versöhnung zwischen den beiden Völkern und zur langfristigen partnerschaftlichen Zusammenarbeit führen.

Die deutsche Teilung – nicht das letzte Wort der Geschichte

Die Bundesregierung schließt in ihre Politik des Gewaltverzichts und der Entspannung auch unser schmerzlichstes Problem ein: die deutsche Teilung.

Es ist unser Ziel, in Europa auf einen Zustand des Friedens hinzuwirken, in dem das deutsche Volk in freier Selbstbestimmung seine Einheit wiedererlangt. Ich bekräftige unsere Überzeugung, daß die Geschichte über die Teilung des deutschen Volkes nicht ihr letztes Wort gesprochen hat. Der Wille der Nation zur Einheit wird seine geschichtliche Kraft behalten.

Der Abschluß des Vertrages über die Grundlagen der Beziehungen zwischen der Bundesrepublik Deutschland und der DDR ist der Beweis für unseren Willen, auch im Verhältnis der beiden deutschen Staaten zueinander alle Möglichkeiten der friedlichen Zusammenarbeit auszuschöpfen.

Die Beschlüsse der KSZE müssen sich auch in Berlin bewähren

Aufbauend auf der bilateralen Entspannungspolitik, den dabei abgeschlossenen Verträgen und auf dem Viermächte-Abkommen über Berlin hat die Bundesregierung im Rahmen der Konferenz über Sicherheit und Zusammenarbeit in Europa aktiv mitgewirkt. Denn kein Volk in Europa spürt stärker als das deutsche die von der Spaltung unseres Kontinents ausgehende Gefahr.

Die Ergebnisse der Konferenz sollen nach Absicht der Teilnehmerstaaten in ganz Europa wirksam werden. So müssen sich Sicherheit und Zusammenarbeit gerade auch in der Stadt bewähren, die in den Jahren des Kalten

Krieges so oft Schauplatz gefährlicher, auf die ganze Welt ausstrahlender Spannungen gewesen ist – in Berlin. Berlin bleibt Gradmesser der Entspannung. Entspannung setzt gegenseitiges Vertrauen voraus. Mißtrauen und Furcht beleben nur den alten Zustand der Spannung in Europa. Deshalb hat die Bundesregierung unverzüglich begonnen, die in Helsinki beschlossenen vertrauensbildenden Maßnahmen zu ergreifen. Sie hat als erste an der Konferenz für Sicherheit und Zusammenarbeit in Europa teilnehmende Regierung militärische Manöver gemäß der Schlußakte von Helsinki allen Teilnehmerstaaten der Konferenz angekündigt.

Die Ergebnisse von Helsinki sind nicht nur für Europa wichtig. Denn Entspannung in Europa soll und kann politische und wirtschaftliche Energien freisetzen, die bisher in unfruchtbaren Konflikten gebunden sind. Geschieht dies, können wir uns mit vermehrter Kraft der großen Aufgabe unserer Zeit zuwenden: der Verringerung der Kluft zwischen reichen und armen Ländern.

Abrüstung und Nichtverbreitung von Kernwaffen

Von großer Bedeutung für die Sicherung des Weltfriedens ist eine beharrliche Politik der Rüstungskontrolle und Rüstungsverminderung. Die Bundesregierung beteiligt sich aktiv an den Verhandlungen in Wien, die zu beiderseitigen ausgewogenen Truppenverminderungen in Mitteleuropa führen sollen. Unser Ziel ist es, ein stabiles Gleichgewicht der Kräfte zu erreichen. Denn nur auf der Basis gleicher Sicherheit für alle Beteiligten können Entspannung und vertrauensvolle Zusammenarbeit gedeihen.

Die Bundesregierung unterstützt ebenso aktiv alle Maßnahmen, die geeignet sind, den weltweiten Rüstungswettlauf einzudämmen und zu beenden. Ausgewogene und kontrollierte Abrüstung ist eine unserer dringendsten Aufgaben. Die Vereinten Nationen können und müssen bei ihrer Erfüllung einen wichtigen Beitrag leisten.

Eine der drängendsten Aufgaben unserer interdependenten Welt ist ebenso, die Weiterverbreitung von Atomwaffen zu verhindern. Die Ausbreitung der friedlichen Kerntechnologie wird sich in den kommenden Jahren rapide beschleunigen. Schätzungen besagen, daß bis 1980 die Zahl der Kernreaktoren in der Welt auf das Fünfzehnfache der Zahl von 1970 steigt. Der Betrieb dieser Reaktoren würde Anfang der 80er Jahre potentiell den Gewinn von bis zu 26 000 kg Plutonium pro Jahr in den Nichtkernwaffenstaaten möglich machen – genug, um 50 Atombomben pro Woche zu produzieren. Die Aufgabe, die wir lösen müssen, lautet: Die Vorteile der friedlichen Kerntechnologie zu nutzen, ohne damit auch Kern*waffen* zu verbreiten.

Die Bundesrepublik Deutschland erkennt als einer der führenden Produzenten friedlicher Kernanlagen ihre besondere Verantwortung bei der Lösung dieser Aufgabe an. Sie hält sich bei allen Exporten von Kernanlagen strikt an die Bestimmungen des Nichtverbreitungsvertrages, dessen Mitglied sie ist, und an die Sicherungsmaßnahmen der Internationalen Atomenergie-Agentur. Sie unterstellt sich außerdem den Verpflichtungen, die sich aus dem Euratomvertrag ergeben. Sie unterstützt aktiv Vorschläge, die darauf gerichtet sind, diese Sicherungsmaßnahmen weiter zu verstärken und einheitliche Maßstäbe für den Export von spaltbarem Material und kerntechnischen Ausrüstungen zu entwickeln.

Regionale Krisenherde

Die Entspannungspolitik zwischen Ost und West trägt dazu bei, den Frieden in Europa zu festigen. Doch in unserer Nachbarschaft schwelen Krisenherde weiter.

Nahostkonflikt

Der gefährlichste von ihnen ist der Nahostkonflikt. Nirgends ist es offensichtlicher, daß sich Probleme in der heutigen Zeit nicht mehr durch Krieg lösen lassen, daß Krieg keine sinnvolle Alternative zur Politik ist, daß er keine ultima ratio mehr ist, sondern eine ultima irratio. Vier leidvolle Kriege haben eine Lösung in Nahost nicht erzwingen können. Ein fünfter Nahost-Krieg könnte verheerende Folgen haben.

Mit großer Erleichterung begrüßt deshalb die Bundesregierung das ägyptisch-israelische Interim-Abkommen vom 4. September. Es ist ein Erfolg staatsmännischen Handelns aller Beteiligten. Weitere Schritte müssen folgen, soll die Dynamik der in Gang gekommenen konstruktiven Entwicklung erhalten bleiben. Stillstand bedeutet Rückschritt und würde am Ende auch das Erreichte wieder zunichte machen.

Die Bundesrepublik Deutschland unterstützt alle Bemühungen, um weitere Schritte auf dem Wege der Verhandlungen folgen zu lassen. Eine informelle multilaterale Erörterung der zu lösenden Fragen, wie sie der amerikanische Außenminister vorgeschlagen hat, könnte in der Tat eine spätere Friedenskonferenz in nützlicher Weise fördern.

Der Weg zu einem gerechten Interessenausgleich im Nahen Osten ist durch die Resolutionen des Sicherheitsrats 242 und 338 vorgezeichnet. Das bedeutet unter anderem: Jede Friedensregelung, die Bestand haben soll, muß das Recht Israels respektieren, in sicheren und anerkannten Grenzen zu leben, muß die legitimen Rechte des palästinensischen Volkes verwirklichen und muß die Beendigung der Besetzung einschließen.

Dies ist die Haltung, die die Bundesrepublik Deutschland einnimmt – in voller Übereinstimmung mit ihren Partnern in der Europäischen Gemeinschaft. Die Bundesregierung ist an einem dauerhaften und gerechten Frieden in der nahöstlichen Nachbarregion aufs höchste interessiert. Sie sucht deshalb bilateral und im Rahmen der Europäischen Gemeinschaft jeden ihr möglichen Beitrag für das Zustandekommen eines solchen Friedens zu leisten.

Zypernkonflikt

Zügig muß auch in Zypern eine Verhandlungslösung herbeigeführt werden. Die Bundesregierung bedauert es, daß die vierte Gesprächsrunde zwischen den Vertretern der beiden Volksgruppen, die für den 8. und 9. September in New York angesetzt war, wegen Mangel an konkreten Vorschlägen vertagt werden mußte. Die tragischen Ereignisse von 1974 waren Folgen des jahrelangen Hinausschiebens der notwendigen Kompromißlösung. Daraus gilt es wenigstens jetzt, die Lehre zu ziehen. Die Blockierung einer Lösung durch ein Verhalten, bei dem jede Seite auf Zugeständnisse zuerst der anderen wartet, muß überwunden werden.

Die Bundesregierung appelliert daher an alle Beteiligten, die Verhandlungen baldigst wiederaufzunehmen. Jede Lösung muß die Unabhängigkeit, Souveränität und territoriale Integrität Zyperns wahren. Zypern braucht eine föderale Struktur, die den Interessen beider Volksgruppen gerecht wird. Die Berücksichtigung der Interessen beider Volksgruppen erfordert außerdem die Korrektur der gegenwärtigen Trennungslinie zwischen den beiden Gemeinschaften.

Die Bundesregierung ist bestrebt, bilateral und zusammen mit ihren Partnern in der Europäischen Gemeinschaft diplomatische Hilfe bei der Suche nach einer Lösung und humanitäre Hilfe für die Linderung des Flüchtlingselends zu leisten. Wie in Nahost leisten auch auf Zypern die Friedenstruppen der Vereinten Nationen einen unentbehrlichen Beitrag für die Erhaltung einer Atmosphäre, in der konstruktiv nach einer Lösung gesucht werden kann.

Das gleiche gilt für die Bemühungen des Generalsekretärs, die Gespräche zwischen den beiden Volksgruppen zu erleichtern. Ich möchte hierfür dem Generalsekretär und seinem Stab die Anerkennung und den Dank der Bundesregierung ausdrücken.

Stärkung der Vereinten Nationen

Bei der Errichtung einer Ordnung der Zusammenarbeit im Geiste der globalen Interdependenz und der gemeinsamen Verantwortung muß den Vereinten Nationen eine zentrale Rolle zukommen. Die Vereinten Nationen haben in den zurückliegenden 30 Jahren wesentlich dazu beigetragen, das Entstehen von Krisen zu verhindern, Krisen einzudämmen oder zu überwinden. Sie haben beigetragen, den Prozeß der Entkolonisierung zu beschleunigen. Sie haben die Forderung nach Verwirklichung der Menschenrechte in alle Welt getragen. Und sie haben die entscheidende Aufgabe unserer Zeit, die wirtschaftliche Entwicklung der Dritten Welt, überhaupt erst in ihrem ganzen Umfang bewußtgemacht und eine zusammenhängende Strategie entwickelt, diese Aufgabe anzugehen.

Mit zunehmender Erkenntnis der globalen Interdependenz muß auch die Rolle der Vereinten Nationen, der einzigen universalen Organisation in unserer Welt, weiter zunehmen. Das setzt voraus, daß wir alles tun, um die Universalität zu verwirklichen und zu bewahren. Wir müssen die Struktur der Organisation dem Wandel der weltpolitischen Verhältnisse und Aufgaben kontinuierlich anpassen.

Die neun Staaten der Europäischen Gemeinschaft haben

sich in einer Erklärung vom 17. Juni 1975 erneut zur Unterstützung der Vereinten Nationen und zu ihrer Stärkung bekannt. Der Präsident der Gemeinschaft, der italienische Außenminister Rumor, hat diesen Willen der Gemeinschaft gestern hier in eindrucksvoller Weise vorgetragen. Die Bundesrepublik Deutschland steht voll und ganz hinter dem Bekenntnis der Neun zu den Vereinten Nationen.

Nur wenn die Völker der Welt zum Geist echter Zusammenarbeit finden, werden die Aufgaben der Vereinten Nationen gemeistert werden können. Nur wenn es uns gelingt, den Geist echter Zusammenarbeit in den Vereinten Nationen überall durchzusetzen, werden wir die uns gestellten Aufgaben meistern: den internationalen Frieden zu sichern, das Selbstbestimmungsrecht der Völker und die Menschenrechte überall zu verwirklichen und durch wirtschaftlichen und sozialen Fortschritt ein universales Gemeinwohl zu fördern. Die Bundesregierung ist entschlossen, alle Bemühungen zu unterstützen, die in diese Richtung weisen.

Versöhnung zwischen Deutschen und Polen

Rede vor dem Deutschen Bundestag in der Schlußberatung der deutsch-polnischen Vereinbarungen am 19. Februar 1976

Auf der Tagesordnung der heutigen Sitzung des Deutschen Bundestages steht das Abkommen vom 9. Oktober 1975 zwischen der Bundesrepublik Deutschland und der Volksrepublik Polen über Renten- und Unfallversicherung sowie die Vereinbarung vom gleichen Tage. Dieses Abkommen und die Vereinbarung sind nur ein Teil der am 9. Oktober 1975 in Warschau unterzeichneten Vereinbarungen. Bei den anderen handelt es sich um den Finanzkredit und um das Ausreiseprotokoll.

Aber jeder in diesem Hohen Hause weiß, daß der Tagesordnungspunkt, den wir heute behandeln, eigentlich heißen müßte: »Das deutsch-polnische Verhältnis.« Dieses deutsch-polnische Verhältnis hat heute, 31 Jahre nach Kriegsende noch immer nicht den Stand, den man bei uns und den man in Polen wünscht. Die Aussöhnung zwischen Deutschen und Polen ist noch immer nicht Wirklichkeit, obwohl sie – davon bin ich überzeugt – von den Menschen auf beiden Seiten gewollt wird.

Schritt für Schritt aufeinander zugehen

Wir alle wissen, welche Hypotheken die Geschichte hinterlassen hat, wie tief die Gräben sind und wie schwer die Wunden. Die Bundesrepublik weiß auch, welche Empfindungen mitschwingen hüben und drüben, wenn über die deutsch-polnische Aussöhnung gesprochen wird. In Polen wird man sich an alles erinnern, was im deutschen Namen geschehen ist. Wer einmal in Polen war, weiß wie gegenwärtig das alles dort noch ist – so gegenwärtig, daß sich auch der Besucher dem nicht entziehen kann.

Dennoch gilt: Das polnische Volk will auch im Verhältnis zu uns den Blick in die Zukunft richten, will auch mit uns die Zukunft gestalten. Und auch bei uns, vor allem bei den vielen Millionen, die ihre Heimat verloren haben, ist die Erinnerung wach an die Not der Vertreibung, an viele schmerzliche Schicksale.

Aber wir haben unsere geschichtliche Lektion gelernt. Wir haben den Teufelskreis von Unrecht und Wieder-Unrecht der soviel Leid über die Völker Europas brachte, durchbrochen. Der feierliche Verzicht der Vertriebenen auf Gewalt dokumentiert diese Gesinnung.

Diese Haltung, die Integration der Vertriebenen ohne die Anfälligkeit für einen neuen Radikalismus, machte den Weg frei für die Friedenspolitik, zu der wir uns alle seit Bestehen der Bundesrepublik Deutschland gegenüber allen anderen Völkern bekennen. Daß diese Friedenspolitik mit und nicht gegen die Vertriebenen in unserem Lande seit 1949 verwirklicht werden konnte, ist das historische Verdienst der Vertriebenen.

Im Verhältnis zu Polen nahm die Verständigungspolitik Gestalt an mit dem Vertrag von Warschau von 1970. Dieser Vertrag hat die Chance eröffnet, die Belastungen der Vergangenheit abzubauen und damit ein neues Kapitel in den deutsch-polnischen Beziehungen aufzuschlagen. Die vorliegenden Vereinbarungen sollen uns auf diesem Wege weiterführen. Die Menschen in Europa erwarten von den Regierungen, daß sie die Hindernisse beiseite räumen, die den Weg in die Zukunft behindern.

Die Ergebnisse dieses Bemühens sind nicht zu übersehen. So war es im Westen möglich, den deutsch-französischen Gegensatz zu überwinden, ihn Geschichte werden zu lassen. Aus der von Frankreich erwiderten Versöhnungspolitik wurde die deutsch-französische Freundschaft. Was immer die Gründe gewesen sein mögen, warum es erst so spät, erst 1970, zum Warschauer Vertrag kam: fest steht wohl, daß die Zeit davor in jedem Fall nicht für uns gearbeitet hat.

Deshalb sollten wir jetzt nicht zögern, den nächsten Schritt auf dem damals eingeschlagenen Wege zu tun. Weil wir wissen, was diese Fragen in der Vergangenheit immer wieder an neuer Verbitterung geschaffen haben, treten wir so entschieden dafür ein, die Probleme der Deutschen in Polen zu lösen: durch die Genehmigung der Ausreise für diejenigen, die das wünschen, und durch Erleichterungen für diejenigen, die dort bleiben wollen.

Es geht uns dabei um die Menschen; es geht aber auch um eine dauerhafte Verständigung mit Polen. Dazu ist es notwendig, daß wir aufeinander zugehen, Deutsche und Polen, daß wir gegenseitig Vertrauen zueinander fassen.

Wenn wir Aussöhnung wirklich wollen, wenn uns das Schicksal der Deutschen in Polen auf den Nägeln brennt, dann dürfen wir nicht verkennen, daß man einen solchen Weg nicht mit Vorbedingungen beschreiten kann, daß man nicht nach der Haltung verfahren kann: alles oder nichts. Nein, man kann nur dann etwas erreichen, wenn man bereit ist, Schritt für Schritt – und wenn es sein muß, Zentimeter um Zentimeter – aufeinander zuzugehen.

Wer sich verständigen will, muß bereit sein, das heute Mögliche zu tun, den Weg für das dann noch Notwendige offenzuhalten und ihn zu ebnen für das, was noch zu tun bleibt. Glauben wir ja nicht, im deutsch-polnischen Verhältnis sei Kompromißbereitschaft nur auf der deutschen Seite und nur in bezug auf unsere Anliegen verlangt.

Ich denke, wir sollten froh sein, daß mit dem Willen zur Versöhnung das gegenseitige Aufrechnen keine Chance mehr hat. Wer sich ernstlich mit der moralischen Dimension, mit dem historischen Hintergrund der dieser Debatte zugrunde liegenden Vereinbarungen auseinandersetzt, der wird sich der Frage, die heute beantwortet werden muß, nur mit Bescheidenheit nähern können.

Die starken Worte passen nicht in diese Debatte, und ich will auch nicht verschweigen, daß ich bei der Auseinandersetzung der letzten Wochen manchmal das Gefühl gehabt habe, daß nicht jedem, der sich dabei zu Wort meldete, bewußt war, daß seine Worte auch in Polen – und nicht nur dort – gehört werden. Ich denke, jeder von uns sollte sich ganz im stillen für sich fragen, ob nicht am Ende auch unser Ja zu den Verträgen seinen Wert verliert, wenn die Art und Weise, wie darüber diskutiert wird, in Polen neue Wunden schlägt.

Die Vereinbarungen

Lassen Sie mich nun zum Gegenstand selbst kommen, zu dem Rentenvertrag und im Zusammenhang damit zu den anderen Vereinbarungen. Beratungsgegenstand sind die Vereinbarungen insgesamt: Rentenabkommen, Finanzkredit, Ausreiseprotokoll; denn sie stehen faktisch, sie stehen politisch und sie stehen – und das wissen die Mitglieder der beteiligten Ausschüsse – auch rechtlich in einem Zusammenhang.

Der Zustimmung der gesetzgebenden Körperschaft bedarf entsprechend unserer Rechtsordnung nur das Rentenabkommen, aber die Bundesregierung begrüßt es nicht nur, sie hält es für dringend geboten, daß bei der Entscheidung über Ja oder Nein dieses Teiles das Ganze gesehen wird. Sie ist davon überzeugt, daß jede der Vereinbarungen doppelt gerechtfertigt ist: einmal aus sich selbst, aus

142

ihrer materiellen Substanz heraus, zum andern als Teil eines Gesamtpakets, das in sich ausgewogen und deshalb geeignet ist, das Verhältnis zwischen Deutschen und Polen wirklich zu verbessern und so einen tatsächlichen Beitrag zur Aussöhnung zu leisten.

Wir alle wissen: Diese Vereinbarungen sind nicht die Aussöhnung selbst. Hier geht es um eine so tiefgreifende Veränderung im Verhältnis zwischen zwei Völkern, daß sie nicht von Regierungen ausgehandelt und von Parlamenten ratifiziert werden könnte. Aussöhnung kann nicht verordnet werden, sie muß sich entwickeln.

So sehr es uns mit Genugtuung erfüllen mag und auch erfüllen darf, daß es über das Ziel der deutsch-polnischen Verständigung keine Meinungsverschiedenheiten unter uns gibt, so sehr müssen wir alle uns bewußt sein, daß es hier nicht um etwas Abstraktes geht, daß Aussöhnung, nimmt man das Wort ernst, auch ein langwieriger, Geduld und stetige Anstrengung erfordernder Prozeß der Überwindung vorhandener Probleme ist. Es ist eben nicht nur eine Frage von moralischen Bekenntnissen, so aufrichtig sie gemeint sind. Hier geht es auch um konkretes politisches Handeln. Hier ist konkrete Gestaltung der Zukunft verlangt.

Die Feststellung allein, daß die Gegenwart auch uns bedrückt – ich denke hier an die bisher unerfüllten Hoffnungen der Deutschen in Polen –, diese Erkenntnis allein hilft nicht weit. Konkretes politisches Handeln heißt für uns: Wir müssen die Voraussetzungen dafür schaffen, daß unsere Beziehungen sich weiter verbessern, d. h., daß wir neue Möglichkeiten der Zusammenarbeit schaffen und alte Hindernisse beseitigen.

Damit haben wir begonnen, als wir 1970 den Warschauer Vertrag abgeschlossen haben. Er brachte die Wende, aber er konnte nicht alle Fragen lösen.

In den vorliegenden Vereinbarungen handelt es sich:

- um die Lage der Deutschen in Polen,
- um die zum Teil überaus komplizierten Fragen aus dem Bereich der Sozialversicherung mit Ansprüchen hinüber und herüber, und
- um den Wunsch nach einer noch stärkeren deutsch-polnischen Zusammenarbeit auf allen Gebieten.

Jahrelang ist zwischen der polnischen Regierung und der Bundesregierung über diese Fragen beharrlich und zäh verhandelt worden. Das Ergebnis der Vereinbarungen liegt Ihnen heute vor. Ein Kompromiß, gewiß, aber ich denke, ein Kompromiß von beiden Seiten.

Der Bundeskanzler und ich haben in jener Nacht in Helsinki, in der wir uns mit der polnischen Regierung endlich einigen konnten, redlich geprüft, ob unser Ja zu verantworten ist, und ich bekenne Ihnen hier als unsere Überzeugung: Es wurde in jener Nacht das jetzt Mögliche erreicht und für die Zukunft nichts verbaut, sondern im Gegenteil der Weg in die Zukunft und für die Lösung der noch offenen Fragen erleichtert.

Das Mehr, das wir alle wollen, bleibt möglich. Ich versichere Ihnen: Wir beide, der Bundeskanzler und ich, haben nicht den geringsten Zweifel am ernsthaften Willen unserer polnischen Partner, ihren Teil der Vereinbarungen zu erfüllen, so wie wir selbst auch dazu entschlossen sind. Das gilt auch für die Ernsthaftigkeit des Willens zur Erfüllung der sogenannten Offenhalteklausel. Deshalb werden wir bis zur letzten Minute um die Zustimmung der Gesetzgebungsorgane ringen, denn wir wollen alles tun, damit diese Zustimmung zustande kommt.

Täuschen wir uns nicht: In der Weltöffentlichkeit wird nicht die Frage diskutiert, ob die Volksrepublik Polen ihre Verpflichtungen erfüllen wird, sondern draußen in der Welt und wahrlich nicht nur in Polen wird im Blick auf diese Debatte und auf die Debatte im Bundesrat die Frage gestellt, ob wir – die Bundesrepublik Deutschland – mit der Zustimmung zu diesen Vereinbarungen unseren Beitrag zur deutsch-polnischen Aussöhnung leisten werden. Ich denke, jeder sollte sich dieser Tatsache bewußt sein. Wir sind in den Augen der Welt zum Handeln aufgefordert.

Dennoch ist in der Diskussion über die Verträge bei der Bewertung der Verbindlichkeit der polnischen Zusagen immer wieder die Frage nach dem Willen der Volksrepublik Polen, die übernommene Verpflichtungen einzuhalten, gestellt worden. Wer daran Zweifel aufwirft, stellt die Vertragsfähigkeit der Volksrepublik Polen grundsätzlich in Frage. Wer das tut, leugnet damit die Möglichkeit jeglicher Vereinbarungen mit Polen, der vorliegenden und auch anderer. Die Position der Bundesregierung ist das jedenfalls nicht.

Niemand wird den Kritikern der Vereinbarungen die Frage nach einer noch besseren Lösung, nach einem für uns günstigeren Kompromiß, verübeln. Diese Frage ist immer notwendig und berechtigt. Wir haben sie nach bestem Wissen und Gewissen beantwortet. Aber angesichts aller Erklärungen und Erläuterungen der Bundesregierung in den Ausschüssen und bei anderer Gelegenheit, die jedes übliche Maß weit übersteigen, muß auch die Frage erlaubt sein: Welches Zeugnis muß eigentlich noch dafür beigebracht werden, daß die Grenzen des jetzt Möglichen erreicht sind?

Keine Politik des Alles oder Nichts

Die Stellungnahme der Bundesregierung hat die Einwände des Bundesrats Punkt für Punkt beantwortet. Die Alternative zu den vorliegenden Vereinbarungen sind nicht andere, vielleicht sogar bessere Vereinbarungen; ich fürchte, die Alternative wäre ein schwerer Rückschlag in den deutsch-polnischen Beziehungen mit allen sich daraus ergebenden Konsequenzen. Deshalb ist die Ratifizierung des Abkommens ein unentbehrlicher Schritt auf dem Wege der Verständigung.

Am Dienstag hat die Opposition nun ihre Einwände auf drei Bereiche konzentriert:

- auf die Ausreisemöglichkeiten für Deutsche nach den vier Jahren,
- auf den Status der in Polen verbleibenden Deutschen und
- auf den finanziellen Teil der Vereinbarungen.

Dabei geht sie in der Frage der Ausreisemöglichkeiten in ihren Forderungen über die Position des Bundesrats hinaus.

Dazu ist festzustellen: Im Ausreiseprotokoll sichert die polnische Seite die Ausreise von 120 000 bis 125 000 Deutschen in einem Zeitraum von vier Jahren zu. Diese Zusicherung ist völkerrechtlich verbindlich. Ebenso verbindlich ist die Zusage, daß auch für Deutsche, die nach Ablauf dieser vier Jahre noch ausreisen wollen, die Kriterien der »Information« von 1970 gelten.

Wir alle sind daran interessiert, daß die dann noch verbleibenden Anträge zügig behandelt und entschieden werden. Die Bundesregierung ist überzeugt, daß auch die polnische Seite gewillt ist, dieses Kapitel durch Praktizierung der Offenhalteklausel zu beenden im Interesse der weiteren Gestaltung unserer Beziehungen.

Durch die Annahme aller Vereinbarungen können wir das am besten fördern. Die konkrete Zusicherung der 125 000 Ausreisen und die Vereinbarung der sogenannten Offenhalteklausel waren nur durch äußerstes Bemühen in den nächtlichen Verhandlungen in Helsinki mit der polnischen Führungsspitze zu erreichen. Die Tatsache, daß sich

146

dort die Verantwortlichen beider Staaten in dieser Weise um das Zustandekommen der Einigung bemüht haben, mag deutlich machen, welche Bedeutung beide Seiten diesem Fortschritt in unseren Beziehungen beimessen.

Helsinki, die dort möglich gewordene deutsch-polnische Begegnung, war Ausdruck des ernsthaften Willens, wiederum auf beiden Seiten, alle nur denkbaren Anstrengungen zu unternehmen, um das jetzt Mögliche auch wirklich möglich zu machen. Was erreicht wurde, liegt Ihnen vor. Die Bundesregierung präsentiert das Ergebnis in nüchterner Darstellung des Erreichten und des noch zu Erreichenden.

Wenn wir die Annahme empfehlen, so lassen wir uns von zwei Einsichten leiten:

Erstens: Die Politik des Alles oder Nichts mag stark erscheinen; aber sie ist in Wahrheit schwach, weil ihr die Kraft fehlt, das jetzt Mögliche im Interesse der Menschen zu tun, die darauf warten.

Zweitens: Was noch zu tun bleibt, werden wir nur dann erreichen, wenn wir durch Zustimmung zu den Vereinbarungen unseren Beitrag zur weiteren Verbesserung der deutsch-polnischen Beziehungen leisten. Nicht im Klima der Verbitterung, sondern im Geiste der gegenseitigen Verständigung wird auch nach Ablauf von vier Jahren für diejenigen, die noch ausreisen wollen, die zügige Erfüllung ihrer Wünsche erreicht werden können.

Es ist dann nach dem Schicksal der in Polen verbleibenden Deutschen gefragt worden. Die Situation der aus eigener Entscheidung in Polen zurückbleibenden Deutschen, vor allem die Frage ihrer sprachlichen und kulturellen Belange, steht für die Bundesregierung auf der Tagesordnung ihrer Gespräche mit der polnischen Regierung. Auch hier gilt, daß die Chance einer Verbesserung größer ist, wenn die jetzt zur Entscheidung anstehenden Vereinbarungen die weitere Verständigung mit Polen gefördert haben. Daß ein Rückschlag in den deutsch-polnischen Beziehungen uns auch in dieser Frage nicht weiterbringen würde, sollte für jeden offenbar sein.

Die Sorge schließlich der Opposition, die Vereinbarungen mit Polen könnten einen Berufungsfall für finanzielle Forderungen anderer Staaten schaffen, ist unbegründet.

Die Leistungen, die wir erbringen, sind klar und eindeutig aus den besonderen politischen und sachlichen Voraussetzungen der deutsch-polnischen Beziehungen heraus motiviert. Die Gefahr einer Präzedenzwirkung oder einer Durchbrechung des Londoner Schuldenabkommens bestünde nur dann, wenn die vereinbarten Leistungen Reparationen oder Wiedergutmachungsleistungen wären. Das ist nicht der Fall.

Beim Rentenabkommen geht es um die Lösung der sozialversicherungsrechtlichen Probleme auch im Sinne einer Besserstellung der Berechtigten. Wie in anderen vergleichbaren Fällen ist auch hier das Eingliederungsprinzip gewählt worden. Im Zusammenhang damit ist eine einmalige Zahlung von 1,3 Milliarden DM vereinbart, nämlich als pauschale Abgeltung aller gegenseitig erhobenen Ansprüche.

Ein Scheitern des Abkommens würde das Risiko wesentlich höherer Zahlungsverpflichtungen für unsere Versicherungsträger mit sich bringen, ohne daß dabei eine fühlbare Besserstellung der Berechtigten durch uns sichergestellt werden könnte.

Der Finanzkredit schließlich aus Mitteln der Kreditanstalt für Wiederaufbau, mit Zinszuschüssen aus dem Bundeshaushalt bereitgestellt, dient dem Zweck, intensivere wirtschaftliche Beziehungen unterhalten zu können. Beide

Länder werden ihren Nutzen davon haben, politisch und wirtschaftlich. Auch wenn für den Finanzkredit, bindenden internationalen Regeln folgend, eine ausdrückliche Lieferbindung nicht vorgesehen ist, wird der überwiegende Teil in Form von Aufträgen an uns zurückfließen.

Sowohl der Finanzkredit wie die Rentenpauschale sind eindeutig sachbezogene Leistungen. Deshalb sollten wir hier gemeinsam feststellen: Weder die Motive für das Zustandekommen dieser Vereinbarungen noch ihr Inhalt können sie zu einem Präzedenzfall für die Ansprüche anderer machen. Ich erkläre verbindlich für die Bundesregierung: Es wird sich niemand uns gegenüber mit Erfolg auf diese Vereinbarungen berufen können.

Heute ist im Bundestag jeder Abgeordnete und am 12. März 1976 ist im Bundesrat jedes Mitglied einer Landesregierung aufgerufen, sein Ja oder Nein zu wägen. Diese Entscheidung kann uns niemand abnehmen. Bei dieser Entscheidung ist nicht nur zu fragen: Was ist am Verhandlungsergebnis unbefriedigend? Es muß mit ebensolchem Ernst gefragt werden, welche Folgen hätte eine Ablehnung dieser Verträge? Auch heute gilt und am 12. März wird gelten: Jeder muß diese Entscheidung so treffen, als hingen von ihm allein die deutsch-polnischen Beziehungen ab. Dieser Verantwortung wird sich niemand entziehen können! Jeder wird sich entscheiden müssen, als hinge von ihm allein auch ab, ob die 125 000 Deutschen jetzt ausreisen können oder nicht.

Auch derjenige, der meint, es werde bei einem Scheitern der Vereinbarungen vielleicht nicht jetzt, so doch später, zu neuen Verhandlungen mit Polen kommen, muß sich wohl die Frage stellen, ob er wirklich die fest zugesagte Ausreise von 125 000 Menschen gefährden will, um die es hier und heute auch geht. Er wird sich fragen müssen, ob er wirklich mit der Hoffnung auf Mehr mit gutem Gewissen das Verschieben auf später verantworten kann, ob nicht etwa die Gefahr besteht, daß aus dem Später ein Noch-Später und für manchen der Betroffenen ein Zu-Spät werden kann.

Die Hoffnung vieler auf Ausreise ist seit dem Treffen von Helsinki eine feste Erwartung geworden; sie würde tief enttäuscht. Schon wird in den Briefen, in denen diese Menschen die bange Frage nach dem Zustandekommen der Verträge stellen, die Verzweiflung hörbar, die ein Scheitern auslösen würde.

Ich wiederhole: Wir alle haben weitergehende Hoffnungen und Wünsche, aber sie werden nur in einem Klima verbesserter deutsch-polnischer Beziehungen zu verwirklichen sein.

Dieses Klima schaffen wir gewiß nicht durch Ablehnung dieser Verträge, sondern allein durch ihre Annahme. Ein Scheitern der jetzt vorliegenden Vereinbarungen aber wäre ein schwerer Rückschlag für die deutsch-polnischen Beziehungen. Ein Scheitern – das hat Ministerpräsident Röder mit Recht festgestellt – könnte auch das internationale Ansehen unseres Landes gefährden. Ein Scheitern würde Zweifel säen, ob es uns mit unserem Willen zur Aussöhnung mit Polen ernst ist.

Täuschen wir uns nicht: Diese Zweifel kämen nicht nur in Polen auf, sondern auch bei vielen unserer Freunde und Verbündeten. Auch sie erwarten von uns, daß wir das unsere zur Versöhnung mit Polen tun.

Die Aussöhnung mit Polen und als Beitrag dazu die hier vorliegenden Vereinbarungen – das ist nicht allein Ost-, sondern ebenso Westpolitik der Bundesrepublik Deutschland.

Erlauben Sie mir zum Schluß eine persönliche Bemerkung: Ich habe um kaum eine Entscheidung so gerungen wie um diese. Deshalb kann ich heute mit gutem Gewissen vor Sie hintreten und Sie namens der Bundesregierung bitten: Geben Sie dem Vertrag Ihre Zustimmung.

Notwendigkeit und Möglichkeit
einer europäischen Außenpolitik

Rede vor der Jahresversammlung
der Deutschen Gesellschaft für Auswärtige Politik
am 1. Juli 1976

Es ist Mode geworden, in Tönen des Pessimismus über
Europa und die europäische Einigung zu sprechen. Heute
will ich Ihre Aufmerksamkeit auf einen Bereich der europäischen Einigung lenken, in dem eine vorwärtsweisende
Entwicklung von größter Tragweite zu verzeichnen war:
den Bereich der Außenpolitik. Denn die Jahre 1973–1975 –
Jahre weltweiter Inflation und Rezession, die die Europäische Gemeinschaft in ihren Plänen für den inneren Ausbau
zurückwarfen – brachten zugleich die ersten Ansätze zu
einer gemeinsamen europäischen Außenpolitik.

Von der wirtschaftlichen zur politischen
Gemeinschaft

Die Gründer der Europäischen Gemeinschaft konzen-
trierten sich auf das Wirtschaftliche: »Die Hohen Vertrags-
parteien«, so heißt es in Artikel 1 des EG-Vertrages,
»gründen untereinander eine Europäische Wirtschaftsgemeinschaft«. Die Erwartung war, daß fortschreitende wirtschaftliche Integration sozusagen automatisch die allmähli-
che politische Einigung nach sich ziehen würde.

Diese Hoffnung trog, und sie mußte trügen. Ein vereintes Europa kann niemals allein das Werk wirtschaftlicher
Sachzwänge sein, sondern nur das Resultat eines starken

151

und stetigen politischen Willens. Das rein wirtschaftliche Europa drohte, zu einem Europa der Technokraten zu erstarren.

Die Haager Gipfelkonferenz zog im Dezember 1969 daraus die Konsequenz und beschloß, die europäische Einigung nicht mehr nur vom Wirtschaftlichen her, sondern zugleich vom Politischen her voranzutreiben. Die Gemeinschaft sollte endlich auch eine politische Gemeinschaft werden, die in der Welt von heute und von morgen Verantwortung übernehmen und einen Beitrag leisten kann, der ihrer Tradition und ihren Wertvorstellungen entspricht. Diese Bemühung um eine europäische Identität in der Welt ist heute zu einer neuen Bewegkraft und zu einem neuen Beweggrund des europäischen Einigungsprozesses geworden.

Es kann dahinstehen, ob die Konsequenz so spät gezogen wurde, daß die Epoche ungestörten wirtschaftlichen Wachstums in den fünfziger und sechziger Jahren ungenutzt vorbeiging und wir jetzt den Übergang zur politischen Gemeinschaft unter so ungleich schwierigeren wirtschaftlichen, und das heißt ja auch innenpolitischen, Bedingungen vollziehen müssen.

Am Beginn der europäischen Außenpolitik stand der im Auftrag der Haager Gipfelkonferenz erstellte Bericht der Außenminister, der in Luxemburg am 27. Oktober 1970 unter Vorsitz des deutschen Außenministers verabschiedet wurde. Dieser Bericht legte den Grundstein zur EPZ, der »Europäischen Politischen Zusammenarbeit«.

Das Ziel der EPZ war im Luxemburger Bericht noch recht zurückhaltend formuliert: Sie sollte

● »durch regelmäßige Unterrichtung und Konsultationen eine bessere gegenseitige Verständigung über die großen Probleme der internationalen Politik gewährleisten;

• die Harmonisierung der Standpunkte, die Abstimmung der Haltung und, wo dies möglich und wünschenswert erscheint, ein gemeinsames Vorgehen begünstigen«.

Zu diesem Zweck sah der Bericht halbjährliche Zusammenkünfte der Außenminister vor, die durch das Politische Komitee, das Gremium der Politischen Direktoren der neun Außenministerien, vorbereitet werden sollten.

Von diesem bescheidenen Beginn hat sich die EPZ in den letzten Jahren kräftig entfaltet. Heute beraten die neuen Außenminister über EPZ-Themen nicht im Halbjahresabstand, sondern eher monatlich, ja oft wöchentlich; oder, plastischer ausgedrückt: Der deutsche Außenminister kommt heute mit seinen acht Kollegen weit häufiger zusammen als der F.D.P.-Vorsitzende mit den F.D.P.-Landesvorsitzenden. Die Politischen Direktoren treffen heute monatlich zu jeweils zweitägigen Sitzungen zusammen.

Zu diesen Sitzungen kommt eine Vielzahl von Arbeitsgruppen-Tagungen der Fachreferenten. Die neun Außenministerien stehen darüber hinaus heute über ein koordiniertes Fernschreibsystem in unmittelbarer täglicher Verbindung. Eingeschlossen in diesen ständigen Gedankenaustausch und die Bemühungen um abgestimmtes Verhalten sind ebenso die Botschaften der Neun in Drittländern und insbesondere die Vertretungen der Neun bei den internationalen Organisationen.

Bereiche der außenpolitischen Zusammenarbeit

In einem permanenten Konsultationsprozeß nähern sich so die außenpolitischen Denkweisen und Haltungen der neun Regierungen einander an, und es entsteht langsam ein außenpolitisches Denken in europäischer Dimension.

Schritt für Schritt, Bereich für Bereich, erarbeiteten die Neun gemeinsame außenpolitische Grundorientierungen, von deren Basis aus ein abgestimmtes und gemeinsames Handeln im konkreten Fall zunehmend möglich geworden ist.

Die beiden frühesten Bereiche dieser Zusammenarbeit waren die Konferenz für Sicherheit und Zusammenarbeit in Europa und der Nahost-Konflikt. Sie standen im Mittelpunkt des ersten EPZ-Außenminister-Treffens, das die damals sechs EG-Staaten im November 1970 unter deutscher Präsidentschaft in München abhielten.

Die KSZE wurde zur erfolgreichen Bewährungsprobe für ein gemeinsames Auftreten der Neun in der Welt. Dank ihrer Einheit konnten die Neun über weite Strecken der Konferenz die Initiative an sich bringen und durchsetzen, daß Entspannung nicht nur durch abstrakte Prinzipien definiert wurde, sondern auch konkrete Ziele erhielt, durch die sie für die einzelnen Menschen in Ost und West fühlbar werden soll.

Die KSZE bietet auch ein Musterbeispiel dafür, wie ein solches gemeinsames Auftreten der Neun nicht einmaliges Ereignis bleibt, sondern fortwirkt und zur Grundlage wird, auf der die Politik der Neun weiterbauen kann.

Verbunden damit ist die Schaffung eines organisatorischen Unterbaus. Dieser besteht in diesem Falle in der KSZE-Arbeitsgruppe, deren Aufgabe es ist, die Politik der Neun in ihrem Drängen nach Verwirklichung der Schlußakte zu koordinieren.

Der Nahost-Bereich ist ein Beispiel dafür, wie lange, scheinbar fruchtlose Bemühungen der Neun um eine gemeinsame Konzeption plötzlich in einem Moment der Krise fruchtbar werden: Die EPZ-Beratungen über den Nahen Osten führten über drei Jahre hin zu keinem Ergebnis. Als jedoch im Oktober 1973 die Nahost-Krise ausbrach, da erwies sich ihr Wert. Dank der vorbereiteten

Arbeit konnten sich die Neun auf die Grundsatzerklärung vom 6. November 1973 einigen, die die berechtigten Interessen sowohl der Araber als auch der Israelis in ausgewogener Weise berücksichtigt.

Diese Erklärung war in sich von höchster politischer Bedeutung. Sie verhinderte ein Auseinanderfallen der Neun, und sie ermöglichte es den Neun, den Pressionen der Konfliktparteien gemeinsam Widerstand zu leisten.

Die Erklärung hatte, ebenso wie die KSZE-Politik, zugleich auch Folgewirkungen. Aus ihr entwickelte sich der Euro-Arabische Dialog. Ausgangspunkt dieses Dialogs ist die Erkenntnis der gegenseitigen Abhängigkeit.

Sie wurde für die Europäer in der Ölkrise offenbar. Die arabischen Staaten andererseits können ohne eine stabile Partnerschaft mit dem Europa der Neun, die ihnen technische Hilfe, Investitionen und nicht zuletzt Marktzugang verbürgt, ihr Ziel der Entwicklung der eigenen Staaten nicht erreichen.

Auf die Herausforderung durch diese Interdependenz antworten beide Seiten, indem sie ihre Beziehungen bewußt auf Interdependenz gründen und ihre Zusammenarbeit auf eine sichere, langfristige Basis stellen.

Die gemeinsame Politik der Neun in der Nahost-Krise führte über eine kurze und, wie sich heute erfreulicherweise zeigt, reinigende Krise zur grundsätzlichen Klärung auch des europäisch-amerikanischen Verhältnisses.

Einmal eingeleitet, begann die gemeinsame Politik der Neun durch ihr eigenes Schwergewicht vorwärtsgetrieben zu werden. Die Amerikaner strebten, gerade angesichts der Nahost-Diplomatie der Neun, eine Verpflichtung der Neun an, die Vereinigten Staaten zu konsultieren, bevor sie sich auf endgültige Entscheidungen festlegten. Auf dem Höhepunkt der Krise warf Präsident Nixon im März 1974 den Neun vor, »sich gegen die Vereinigten Staaten zusammenzurotten«.

Der Ausgang der Krise ist bekannt. Im Gymnicher Gentleman's Agreement gelang es unter deutscher Präsidentschaft, die Konsultationsfrage pragmatisch zur beiderseitigen Zufriedenheit zu lösen; Präsidentschaft und Kommission führen heute im Namen der Neun und der Gemeinschaft mit der amerikanischen Regierung kontinuierliche Konsultationen, ohne daß dies in einer formellen Erklärung niedergelegt wäre.

Schon vorher aber hatten die Neun in ihre Kopenhagener Erklärung über die Europäische Identität als ein Grundelement dieser Identität die »bestehenden engen Bande« zu den Vereinigten Staaten aufgenommen. Die lähmende Grundsatzdebatte der sechziger Jahre zwischen den Atlantikern und den sogenannten »europäischen Europäern« war – wie auch die folgende Zeit bestätigte – ausgestanden, jedenfalls für die Zwecke der praktischen Politik überwunden.

Zu einer gemeinsamen Haltung wie im Nahost-Konflikt fanden die Neun auch in den anderen Krisen des Mittelmeerraums:

Sie führen in der Zypern-Frage eine ausgewogene gemeinsame Diplomatie gegenüber den drei mit der Europäischen Gemeinschaft assoziierten Staaten Griechenland, Türkei und Zypern.

Sie nahmen 1975 eine gemeinsame Haltung zu der werdenden portugiesischen Demokratie ein. Ihr Vertrauen in diese Demokratie und ihre politische und wirtschaftliche Solidarität mit den demokratischen Kräften Portugals trug wesentlich dazu bei, daß der Versuch einer Minderheit, dem Land erneut eine Diktatur aufzuzwingen, erfolgreich abgewehrt wurde.

Die solidarische Hilfe für Portugal weist auf einen größeren Zusammenhang hin: In den schweren Erschütterungen, die die weltweite wirtschaftliche Krise der letzten Jahre brachte, ist der Gemeinschaft der Neun eine neue, große Aufgabe zugewachsen: die Bewahrung und Stärkung der Demokratie in Europa.

Unter diesem Aspekt ist auch das Ja der Gemeinschaft zum Beitrittsantrag Griechenlands zu sehen. Dieses Ja ist eben nicht allein von seinen wirtschaftlichen Implikationen her zu beurteilen, sondern ist zu allererst als eminent politische Entscheidung zu sehen.

Vielleicht zeigt nichts deutlicher als diese Entscheidung, wie sehr das Europa der Neun über das Stadium der Wirtschaftsgemeinschaft hinausgewachsen, wie sehr es heute eine politische Gemeinschaft ist.

Als politische Gemeinschaft sieht das Europa der Neun seine Aufgabe darin, Kraftzentrum der Freiheit in Europa zu sein.

Die Solidarität der Neun macht nicht an den eigenen Grenzen halt, sondern umschließt alle freiheitlichen Demokratien Europas. Nur ein solidarisches Europa kann auf Dauer ein demokratisches Europa bleiben. In ihrer Entwicklung zur politischen Gemeinschaft wird für die Neun die Aufgabe immer wichtiger, die Zusammenarbeit mit den anderen europäischen Demokratien zu erhalten und zu verstärken.

Für diesen Zweck bietet sich insbesondere der Europarat als geeignetes Gremium an. Ihn gilt es wieder stärker zu aktivieren, ich habe deshalb häufigere Zusammenkünfte des Ministerkomitees vorgeschlagen.

Ich darf hier am Rande bemerken, daß ich es stets als unschön empfinde, daß bei den Sitzungen des Ministerkomitees die Kollegen der Länder außerhalb der Europäischen Gemeinschaft im allgemeinen vollständig anwesend sind, während aus der Gemeinschaft oft nur ein Minister teilnimmt und die anderen sich vertreten lassen.

Europäische Gemeinschaft und Europarat ergänzen einander. Die Gemeinschaft kann innerhalb des freien Europa ein Kristallisationskern sein. Sie kann die Meinungsbildung vorantreiben und damit dazu beitragen, daß die gemeinsamen Ideale und Interessen der europäischen Demokratien in der Welt wirksam zur Geltung kommen.

Von einer gemeinsamen Grundkonzeption aus gehen die Neun heute auch an die Probleme des südlichen Afrikas heran.

Auch hier war – wie in der Nahost-Politik – eine Krise, nämlich das Eingreifen ausländischer Truppen in den Bürgerkrieg in Angola, Anlaß, diese Konzeption in der Erklärung vom 23. Februar 1976 zu formulieren. Und auch hier hätte die deutsche Initiative zu dieser Erklärung nicht erfolgreich sein können ohne die jahrelangen vorbereitenden Diskussionen in den EPZ-Gremien.

Die Aufgabe einer gemeinsamen europäischen Politik stellt sich für die Neun schließlich vor allem auch im globalen Rahmen der Vereinten Nationen.

Nachdem schon das Jahr 1974 in diesem Ziel wesentliche Fortschritte gebracht hatte, intensivierten die Neun 1975 – auf unsere Initiative hin – ihre Bemühungen um gemeinsames Auftreten noch einmal.

Die Bemühungen gipfelten in der Erklärung des Europäischen Rates über die Vereinten Nationen vom 17. Juli 1975, die die Grundkonzeption einer europäischen VN-Politik enthält.

Der Wille der Neun zum gemeinsamen Auftreten in den Vereinten Nationen fand in New York selbst weithin sichtbar Ausdruck in den EPZ-Treffen der neun Außenminister sowohl zu Beginn der 7. Sonder-Generalversammlung wie zu Beginn der 30. Generalversammlung.

Ich darf hier hinzufügen: Es ist notwendig, im Abstimmungsverhalten der Neun die Kraft zu finden, mit »ja« oder »nein« abzustimmen, damit man nicht durch zu häufige Enthaltung sich aus dem Entscheidungsprozeß ausschließt.

Außenwirtschaftsbeziehungen der
EG und EPZ

In der gleichen Zeit, in der sich die außenpolitische Zusammenarbeit der Regierungen in der EPZ entfaltete, intensivierte auch die EG ihre Außenbeziehungen sehr stark. Sie drang dabei über den Bereich der Außenhandelspolitik immer mehr in Richtung auf eine umfassende Außenwirtschafts- und Entwicklungspolitik vor:

Ich erwähne hier die laufenden Verhandlungen der Gemeinschaft im Rahmen des GATT mit den Vereinigten Staaten und den anderen GATT-Mitgliedern, die eine weitere Liberalisierung des Welthandels zum Ziel haben.

Ich erwähne im europäischen Raum die Abkommen der Gemeinschaft mit den Nichtmitgliedern, die bis Anfang der achtziger Jahre für das freie Europa in seiner Gesamtheit einen großen Freihandelsraum schaffen sollen. Was die OECD in den fünfziger Jahren nicht erreichte, wird dann verwirklicht sein.

Ich erwähne weiter die Finanzhilfe der Gemeinschaft an Portugal.

Ich erwähne das Abkommen von Lomé, in dem die Gemeinschaft mit 46 Staaten Schwarzafrikas, der Karibik und des Pazifik ein zukunftsweisendes Modell ausgewogener Zusammenarbeit zwischen Industrie- und Entwicklungsländern schuf. Übrigens ist das Abkommen von Lomé für die europäische Meinungsbildung ein interessantes Beispiel: Vor seinem Abschluß wurde es heftig umkämpft, dann glaubte man, es verteidigen zu müssen, und heute wird es als Beweis der Außenpolitik der Neun gerühmt.

Ich erwähne das Globalkonzept der Gemeinschaft für die südlichen Anrainerländer des Mittelmeeres.

Ich erwähne schließlich die Rolle der Gemeinschaft im Dialog mit der Dritten Welt über die Neuordnung der Weltwirtschaft.

Diese Hinweise zeigen bereits, wie die Schwerpunkte der EG-Außenbeziehungen übereinstimmen mit den Schwerpunkten der EPZ-Außenpolitik.

Es ist deutlich: Die Erarbeitung gemeinsamer außenpolitischer Grundorientierungen in der EPZ hat die Entfaltung der Außenwirtschaftsbeziehungen der EG erleichtert und in diesem Umfang wohl überhaupt erst möglich gemacht.

Die Außenbeziehungen des Europa der Neun werden deshalb heute auf zwei Bahnen vorangetrieben: der Bahn der EPZ, der Europäischen Politischen Zusammenarbeit in der Hauptstadt der jeweiligen Präsidentschaft der Neun, und der Bahn der EG, der Gemeinschaft in Brüssel. Beide Bahnen sind unterschieden durch die Entscheidungsverfahren.

Das Entscheidungsverfahren der EPZ ist intergouvernemental. Es entsteht eine konzertierte Außenpolitik der neun Einzelstaaten. Diese ermöglicht es jedoch im konkreten Fall durchaus, daß die Neun gemeinsam auftreten, und das heißt, daß die Präsidentschaft im Namen aller spricht und auch handelt und verhandelt.

Das Entscheidungsverfahren der EG auf der anderen Seite ist in den EG-Verträgen geregelt. Die Verhandlungen mit Drittstaaten werden von der Kommission geführt, im Rahmen eines ihr vom Ministerrat erteilten Mandats.

Die Trennung der europäischen Außenbeziehungen in einen außenpolitischen Bereich der EPZ und einen außenwirtschaftlichen Bereich der EG ist der Sache nach unnatürlich. Die Trennung zu überwinden ist deshalb, wie der belgische Ministerpräsident, Leo Tindemans, in seinem Bericht über die Europäische Union zu Recht betont, ein wichtiges Ziel. Es ist ein Ziel, dem wir uns pragmatisch Schritt für Schritt annähern müssen. Für die Gegenwart und nähere Zukunft werden wir mit den beiden Verfahren leben müssen.

Zögern die Konsequenz daraus zu ziehen, daß sich an der Realität der Europäischen Gemeinschaft nicht mehr vorbeikommen läßt – auch dies ist nicht zuletzt ein Erfolg der Europäischen Politischen Zusammenarbeit.

Im Anfang liefen beide Entscheidungsverfahren streng getrennt nebeneinander her. Wir alle erinnern uns noch an die Absurdität, daß im September 1973 die Außenminister am Vormittag in Kopenhagen als EPZ-Rat tagten und am Nachmittag nach Brüssel umzogen, um dort als EG-Rat zusammenzutreten. Unter der deutschen Präsidentschaft im ersten Halbjahr 1974 gelang es zum ersten Mal, die Grenzen zwischen den beiden Bereichen durchlässig zu machen. Die Kommission wird seither zur Teilnahme an EPZ-Treffen eingeladen und ist heute »zehntes Mitglied«, das insbesondere für den bereits integrierten Bereich der Europäischen Gemeinschaft spricht.

Der Pariser Gipfel von 1974 schuf den Europäischen Rat der Regierungschefs und Außenminister, der gleichermaßen EG- wie EPZ-Fragen erörtert. Tindemans schlägt in seinem Bericht nun vor, auch für die Tagungen der Außenminister die Unterscheidung zwischen EG- und EPZ-Treffen aufzuheben. Dadurch soll ein einziges Entscheidungszentrum entstehen. Auf ihrem kürzlichen Treffen in Senningen haben die neun Außenminister diesem Vorschlag Tindemans zugestimmt.

Wichtig ist, darüber hinaus die Zusammenarbeit zwischen EPZ-Apparat und Kommission ständig enger zu gestalten. Modell für eine fruchtbare Zusammenarbeit ist gegenwärtig der Euro-Arabische Dialog, der durch die volle Mitwirkung der Kommission in allen Gremien zum gemeinsamen Unternehmen von EPZ und EG geworden ist.

Umgekehrt sollen auch die Organe der Gemeinschaft die speziellen außenpolitischen Erfahrungen und Möglichkeiten der EPZ noch wirksamer als bisher nutzen. Außenpolitik und Außenwirtschaftspolitik lassen sich eben nicht trennen.

Die europäische Außenpolitik in der Bewährung

Wir stehen am Beginn und nicht am Ziel einer gemeinsamen europäischen Außenpolitik. Wie weit wir von diesem Ziel noch entfernt sind, machten uns Rückschläge gerade in den letzten Monaten und Tagen schmerzlich bewußt: keine gemeinsame Anerkennung Angolas durch die Neun; Uneinigkeit der Gemeinschaft auf der IV. UNCTAD in Nairobi in der Frage des integrierten Rohstoffprogramms, und das heißt: in einer der zentralen Fragen des Dialogs über die Neuordnung der Weltwirtschaft; keine Vertretung der Gemeinschaft auf dem Wirtschaftsgipfel in Puerto Rico.

Aber diese Rückschläge, so ernst wir sie nehmen müssen, dürfen uns nicht den Blick trüben für das Erreichte: »enge Bande« zu den Vereinigten Staaten als ein von allen Neun anerkanntes Grundelement europäischer Identität, ein einheitliches Auftreten der Neun auf der Konferenz über Sicherheit und Zusammenarbeit in Europa, eine gemeinsame Grundkonzeption gegenüber den Problemen des Nahen Ostens, des südlichen Afrika, ein umfassendes und neuartiges Abkommen wie das von Lomé – all das sind letztlich doch Entwicklungen, von denen noch vor weniger als zehn Jahren die Gemeinschaft der Sechs allenfalls träumen konnte!

Die Welt sieht das Europa der Neun heute schon mehr und mehr als Einheit. Über 100 Botschafter sind in Brüssel bei der Gemeinschaft akkreditiert. China nahm im letzten Jahr die Beziehungen auf. Auch die Sowjetunion und die osteuropäischen Staaten sind nun dabei, nach langem

Zögern die Konsequenz daraus zu ziehen, daß sich an der Realität der Europäischen Gemeinschaft nicht mehr vorbeikommen läßt – auch dies ist nicht zuletzt ein Erfolg der Europäischen Politischen Zusammenarbeit.

Das Grundziel europäischer Außenpolitik ist es, eine Welt zu schaffen und zu bewahren, in der Europas Lebensform der freiheitlichen Demokratie und der marktwirtschaftlichen Ordnung überleben und gedeihen kann: Die Gemeinschaft der Neun setzt sich für Frieden, Freiheit, Gerechtigkeit und Verwirklichung der Menschenrechte in der Welt ein. Und sie stellt ihre wirtschaftliche Stärke in den Dienst eines stabilen Wachstums der Weltwirtschaft und der Bewahrung und Stärkung einer für Handel und Investitionen offenen Weltwirtschaftsordnung, die die Grundlage dieses Wachstums ist.

Diese Ziele lassen sich nur verwirklichen in enger Zusammenarbeit mit den Vereinigten Staaten und den anderen gleichgesinnten Demokratien in der Welt. Sie setzen insbesondere ein gefestigtes, starkes Atlantisches Bündnis voraus, durch das allein sich das militärische Gleichgewicht in der Welt aufrecht erhalten läßt. Die Ziele europäischer Außenpolitik setzen weiter ein Verhältnis stabiler Kooperation zur Dritten Welt voraus. Sie setzen schließlich voraus, daß es auch im Verhältnis zur Sowjetunion und den osteuropäischen Ländern gelingt, den eingeleiteten Prozeß realistischer Entspannung aufrecht zu erhalten und weiterzuentwickeln.

Ich bin zuversichtlich, daß die begonnene Entwicklung auf eine gemeinsame europäische Außenpolitik hin – wenn auch unter Rückschlägen und Krisen, die wir auch für die Zukunft einkalkulieren müssen – weitergehen wird. Denn diejenigen, die sie vorantreiben, folgen dem Zug der Geschichte.

Partnerschaftliche
Zusammenarbeit mit Asien

Rede zur Eröffnung der Südostasiatischen Kulturwoche
in Tübingen am 29. August 1977

I

Ich freue mich, bei dieser Eröffnung der Südostasiatischen Kulturwoche zu Ihnen zu sprechen. Und ich freue mich besonders auch darüber, daß außer mir noch ein zweiter Außenminister spricht: Außenminister Malik von Indonesien.

Wir begrüßen in ihm den Vertreter eines großen Landes, und wir begrüßen in ihm und den vielen anderen hervorragenden Persönlichkeiten aus den fünf ASEAN-Staaten zugleich die Vertreter einer Region, mit der wir uns durch enge und freundschaftliche Beziehungen verbunden fühlen.

Kulturaustausch als ein Fundament außenpolitischer Zusammenarbeit

Daß Außenminister zur Eröffnung einer Kulturwoche sprechen, hat seinen sehr guten Sinn. Unsere heutige Welt ist klein geworden. Sie wächst immer mehr und unausweichlich zu einer großen Einheit zusammen, in der alle Nationen gegenseitig voneinander abhängig sind. Die Nationen müssen *weltweit* miteinander zusammenarbeiten und aufeinander Rücksicht nehmen. Zusammenarbeit aber kann nur gedeihen in einem Klima des gegenseitigen Verstehens und der gegenseitigen Achtung.

Der kulturelle Austausch war in früheren Jahrhunderten wichtig vor allem für die eigene geistige Bereicherung und die eigene wissenschaftlich-technische Entwicklung. Heute hat er eine unentbehrliche Funktion auch für die Außenpolitik. Indem er Brücken des Verständnisses baut und Linien der Kommunikation zwischen den Völkern und Kulturen herstellt, schafft er das geistige Fundament für die politische und wirtschaftliche Zusammenarbeit der interdependenten Staaten unserer Welt.

Dies erklärt, warum heute die Auswärtige Kulturpolitik zur »Dritten Säule« unserer Außenpolitik geworden ist. Es macht zugleich deutlich, daß Auswärtige Kulturpolitik ihrem ganzen Wesen nach Gegenseitigkeit anstrebt. Ziel ist nicht, einseitig die eigene Kultur darzustellen, sondern Ziel ist, daß sich Kulturen und Völker gegenseitig kennenlernen und daß so auf allen Seiten Verständnis und Achtung für die geistige Eigenart des andern entsteht.

Die kulturellen Beziehungen zwischen Deutschland und Asien haben eine lange Tradition. Zwei Länder standen dabei im Vordergrund. Für die Aufklärung im 18. Jahrhundert wurde China zum großen Erlebnis. Für die deutsche Romantik im 19. Jahrhundert spielte dann Indien eine Rolle, die eigentlich nur vergleichbar ist mit der Rolle, die die griechisch-lateinische Antike für die deutsche Klassik hatte.

Die alten und reichen Kulturen Südostasiens kamen im allgemeinen nur innerhalb des übergreifenden Zusammenhangs der hinduistischen, buddhistischen, chinesischen, islamischen und christlich-asiatischen Kulturen in den Blick. Um so bedeutsamer ist es deshalb, daß sich bei dieser Kulturwoche nun die ASEAN-Region, die fünf Länder Indonesien, Malaysia, Singapur, Philippinen, Thailand, in ihrer Besonderheit und in ihrer Vielfalt vorstellen.

Es ist – soweit ich weiß – die erste Veranstaltung dieser Art in Europa. Ich bin glücklich, daß sie bei uns in der

Bundesrepublik Deutschland stattfindet. Und ich sehe darin einen Ausdruck der geistigen Verbundenheit zwischen der ASEAN-Region und der Bundesrepublik Deutschland.

Ich glaube auch, man hätte für diese Kulturwoche keinen besseren Rahmen finden können als die 500-Jahr-Feier der Universität Tübingen, einer unserer auch in der Asienforschung traditionsreichsten Universitäten.

II

Asien – ein Kraftzentrum der Weltpolitik

Die Deutschen suchten zuerst Asiens *geistige* Schätze. Ihre »Faktoreien« waren, wie Heinrich Heine sagte, die Universitäten. Die geistigen Beziehungen standen im Verhältnis Deutschland – Asien am Anfang. Erst spät im 19. Jahrhundert kamen zu ihnen die wirtschaftlichen und politischen Beziehungen. Mit dem Ende des Kolonialismus in Asien und mit dem machtvollen Eintritt der neuen Staaten Asiens in die Weltpolitik haben sich in unserer Zeit diese politischen und wirtschaftlichen Beziehungen ausgeweitet und intensiviert.

Diese Entwicklung wird weitergehen. Asien ist ein Kraftzentrum der Weltpolitik – oder genauer: es ist eine Konzentration einer ganzen Reihe eigenständiger Kraftzentren. Um nur die wichtigsten dieser Zentren zu vergegenwärtigen: Zu Asien gehört China, das schon heute ein entscheidender Faktor der Weltpolitik ist und das eine vitale Rolle für die Erhaltung des Weltfriedens spielt.

Hierher gehört Japan, dem als einer der größten Industriemächte der Welt eine besondere Verantwortung für Stabilität, Wachstum und Entwicklung der Weltwirtschaft zukommt.

Hierher gehören die fünf Länder der ASEAN-Region, einer Region, die über eine viertel Milliarde Menschen umfaßt, die ungeheuer reich ist an Ressourcen und die in schneller Expansion begriffen ist.

Hierher gehört Indien, das nicht nur das nach China volkreichste Land der Welt ist, sondern das dank einer großen Zahl gutausgebildeter Menschen und dank einer bereits weit fortgeschrittenen Investitionsgüterindustrie eine besondere Stellung innerhalb der Entwicklungsländer einnimmt.

Mit Asien schließlich sind beide Weltmächte in einer Weise verbunden, für die es eine Parallele nur in Europa gibt: Die Sowjetunion ist wie europäische, so auch *asiatische* Macht. Die Vereinigten Staaten andererseits haben als pazifische Macht ein dauerhaftes Interesse an Asien, das Außenminister Vance erst unlängst in seiner New Yorker Rede vom 29. Juni eindrucksvoll unterstrichen hat.

Ich glaube, diese wenigen Vergegenwärtigungen genügen, um ins Bewußtsein zu rufen, welch ungeheure Bedeutung Asien für die Erhaltung des Weltfriedens und für die Stabilität der Weltwirtschaft hat.

In Asien lebt mehr als die Hälfte aller Menschen der Erde. Wie Asien die Aufgabe eines friedlichen Zusammenlebens und einer beschleunigten und ausgewogenen wirtschaftlichen und sozialen Entwicklung löst, wie die asiatischen Länder ihrer großen Verantwortung für die Welt insgesamt gerecht werden – davon hängt für uns alle und gerade auch für uns Europäer Wesentliches ab.

Das erklärt den hohen Stellenwert, den Asien in der deutschen Außenpolitik hat.

Die Bundesrepublik Deutschland liegt in Europa an der Nahtstelle von Ost und West, sie ist als zweitgrößte Handelsmacht der Welt zugleich in umfassender Weise in die Weltwirtschaft integriert. Beides bedeutet, daß die Bundesrepublik in ganz besonders hohem Grade von Frieden und von stabiler Zusammenarbeit in der Welt abhängig ist. Sie hat damit ein unmittelbares und starkes Eigeninteresse an einem stabilen und prosperierenden Asien und sie hat ein unmittelbares und starkes Interesse an guten und engen Beziehungen zu Asien. Ich bin glücklich, daß dieses Interesse an guter und wachsender Zusammenarbeit von den asiatischen Ländern erwidert wird.

Ausdruck des Interesses der Bundesregierung an Asien ist auch, daß ich in diesem Jahr meine vierte Reise nach Asien plane.

III

Die ASEAN-Länder als Wirtschaftspartner

Innerhalb unserer Gesamtbeziehungen zu Asien nehmen die Beziehungen zu den fünf ASEAN-Ländern einen wichtigen Platz ein. Sie sind gerade in den letzten Jahren sowohl im wirtschaftlichen wie im politischen Bereich schnell und überproportional schnell gewachsen. Am augenfälligsten ist dies im wirtschaftlichen Bereich.

Hier sprechen die Zahlen für sich selbst: So stiegen in den letzten vier Jahren die deutschen Ausfuhren in die ASEAN-Länder um durchschnittlich 20 Prozent pro Jahr; die deutschen Einfuhren aus der Region stiegen sogar um 26 Prozent. 1976 erreichten Ausfuhren wie Einfuhren je knapp 3 Milliarden DM; der Handel war praktisch ausgeglichen. Jährliche Steigerungsraten von 20 und 26 Prozent, die über einen längeren Zeitraum durchgehalten werden, zeigen die starke und stete Dynamik der Handelsbeziehungen.

Bei den Einfuhren der Bundesrepublik scheint sich das Wachstum sogar noch zu beschleunigen. Im ersten Quartal 1977 liegen hier die Zunahmeraten zwischen 36 Prozent und 87 Prozent. Von dieser rapiden Einfuhrsteigerung werden günstige Impulse umgekehrt auf die deutschen Ausfuhren in die Region ausgehen.

Intensiv ist auch die finanzielle und technische Zusammenarbeit bei der Entwicklung der Region. Insgesamt sind den ASEAN-Ländern aus der Bundesrepublik bisher 1,8 Milliarden DM an bilateraler Kapitalhilfe und mehr als eine halbe Milliarde DM an bilateraler technischer Hilfe zugeflossen. Dazu kommt die multilaterale Zusammenarbeit, also insbesondere die Zusammenarbeit im Rahmen der Asiatischen Entwicklungsbank.

Beide Seiten, die Bundesrepublik Deutschland ebenso wie die ASEAN-Länder, sind bestrebt, die wirtschaftlichen Beziehungen weiter kräftig auszubauen. Die Voraussetzung für einen solchen weiteren Ausbau sind günstig. Die ASEAN-Region ist eine der an Ressourcen reichsten und eine der am schnellsten expandierenden Regionen der Dritten Welt.

Die Bundesrepublik Deutschland bietet – wie die steil steigenden Einfuhren beweisen – einen aufnahmefähigen großen Markt für die Erzeugnisse der Region. Umgekehrt bedeutet das schnelle wirtschaftliche Wachstum der ASEAN-Länder auch eine schnelle Ausdehnung der Absatzmärkte für die deutsche Industrie in dieser Region.

Noch besser als bisher sollten wir die Chancen für Investitionen deutscher Unternehmen in den ASEAN-Ländern nutzen. Privat-Investitionen übertragen nicht nur Kapital, sondern gleichzeitig Technologie und moderne Management-Techniken. Sie bringen – vor allem bei Investitionen von großen Unternehmen – zugleich den Anschluß an ein weltweites Verteilungsnetz mit sich. Solche Investitionen können also eine wichtige, ja geradezu eine unentbehrliche Rolle im Entwicklungsprozeß spielen.

Die Regierungen der ASEAN-Länder erkennen dies. Sie suchen deshalb Bedingungen zu schaffen, die einerseits die organische Einordnung solcher Investitionen in den Entwicklungsprozeß sicherstellen und die andererseits dem Investor Rechtssicherheit und einen fairen Anteil an dem Vorteil der Zusammenarbeit gewähren. Nur so können für beide Beteiligte Anreize zu Investitionen geschaffen und aufrechterhalten werden.

Die Bundesregierung ihrerseits fördert Investitionen in den Entwicklungsländern durch Steuererleichterungen und andere Maßnahmen.

IV

Gemeinsame außenpolitische Grundziele

Ständig enger sind in den letzten Jahren jedoch nicht nur die wirtschaftlichen Beziehungen, sondern auch die *politischen* Beziehungen zwischen der Bundesrepublik Deutschland und den ASEAN-Ländern geworden.

Meiner Reise nach Indonesien und Singapur im April wird noch in diesem Jahr eine Reise der Staatsministerin im Auswärtigen Amt nach Thailand, Malaysia und in die Philippinen folgen. In Kuala Lumpur wird in diesem Jahr eine Konferenz der deutschen Botschafter in Asien stattfinden.

Selbstbestimmung und Gleichberechtigung

Die starke Zunahme der Kontakte gilt jedoch in ganz besonderem Maße auch für die Gespräche im multilateralen Bereich, und insbesondere im VN-Bereich.

Die starke Intensivierung der politischen Zusammenarbeit erhält ihren Antrieb von einer großen Kraft: die fünf ASEAN-Länder und die Bundesrepublik Deutschland stimmen im Grundprinzip und im Grundziel ihrer Außenpolitik überein: Alle unsere Länder wollen beitragen zu einer Welt, in der die Nationen in *Gleichberechtigung* zusammenarbeiten.

Die Interdependenz unserer modernen Welt zwingt uns zu einer globalen Zusammenarbeit. Die große Aufgabe ist, diese Zusammenarbeit auf die feste Basis einer stabilen Ordnung zu stellen.

In der bisherigen Geschichte der Menschheit bedeutete Ordnung zwischen Staaten zumeist Unterordnung der kleineren und schwächeren Staaten unter Großmächte.

Es ist die Grundüberzeugung der deutschen Außenpolitik, daß die Zeit, in der die internationale Ordnung durch Vorherrschaft auf der einen, durch Unterwerfung auf der anderen Seite gesucht wurde, vorüber sein muß. Das gilt für Europa, wie für Asien, wie für den übrigen Teil der Welt. Wir wissen, die Idee der Hegemonie ist noch keineswegs überall tot. Aber sie läuft dem Trend der Weltgeschichte entgegen.

Die stärkste Kraft der Geschichte ist heute der Wille der Nationen zur Unabhängigkeit und Selbstbestimmung. Dies gilt gerade auch für die noch jungen Staaten der Dritten Welt. Die Großmacht-Politik alten Stils, die Politik der Vorherrschaft und der Errichtung von Einflußsphären, hat keine Zukunft mehr. Sie hat keine Zukunft mehr auch in der modernen subtileren Form, die Hegemonie durch ideologische Vorherrschaft zu begründen sucht – also durch ideologischen Kolonialismus.

Dauerhafte und fruchtbare Zusammenarbeit zwischen den Staaten läßt sich unter den Bedingungen der heutigen Welt nur mehr auf *einem* Weg sichern: nämlich durch eine Ordnung, die auf Gleichberechtigung und auf gerechtem Ausgleich der Interessen beruht. Und das heißt durch eine Ordnung, in die sich alle Beteiligten freiwillig einfügen, weil alle Beteiligten an ihr ein eigenes Interesse haben.

Aus dieser Erkenntnis heraus und aus dieser moralischen Überzeugung heraus hat die Bundesrepublik Deutschland die Achtung vor der Selbstbestimmung und Gleichberechtigung der Nationen von Anfang an zum Grundstein ihrer Außenpolitik gemacht:

Wir fordern die Selbstbestimmung für die deutsche Nation.

Wir wollen eine Europäische Gemeinschaft, in der jedes Mitglied gleichen Rang und gleiches Recht hat.

Wir sehen das Nordatlantische Bündnis als den Zusammenschluß gleichberechtigter Staaten.

Wir streben mit unserer Entspannungspolitik gleichberechtigte Zusammenarbeit mit den östlichen Ländern an.

Wir wollen gleichberechtigte Partnerschaft auch mit den Staaten der Dritten Welt.

Wir stellen uns deshalb voll hinter den Anspruch der Entwicklungsländer auf Unabhängigkeit und Selbstbestimmung.

Wir streben nicht nach Einflußsphären in der Dritten Welt, wir wollen keine Ideologien exportieren, wir wollen vielmehr eine Welt, in der die Nationen ihre politische, ihre wirtschaftliche und ihre kulturelle Lebensform selbst bestimmen und in der sie partnerschaftlich und gleichberechtigt zusammenarbeiten.

Mit diesem Ziel wissen wir uns in voller Übereinstimmung mit den ASEAN-Ländern. Diese Länder haben als Zweck ihres regionalen Zusammenschlusses die Zusammenarbeit im Geiste der Gleichheit und Partnerschaft proklamiert. Sie haben auf der Gipfelkonferenz in Kuala Lumpur zu Anfang dieses Monats erneut den gemeinsamen Willen bekräftigt, »ihr eigenes Geschick ohne Einmischung außerregionaler Mächte zu gestalten«.

Die Bundesrepublik Deutschland achtet diese Ziele und unterstützt sie voll.

Eine ausgewogene Handelsstruktur

Gleichberechtigung muß, wie für die politischen Beziehungen, so auch für die wirtschaftlichen Beziehungen gelten. Das Ziel der Gleichberechtigung erfordert hier, daß wir die aus der Kolonialzeit überkommene Arbeitsteilung überwinden, bei der die Entwicklungsländer vor allem Rohstoffe und die Industrieländer vor allem Fertigprodukte liefern.

Wir müssen von dieser vertikalen Arbeitsteilung zu einem mehr horizontalen Handelsaustausch kommen, wie wir ihn heute zwischen den entwickelten Ländern des Westens haben. Jede Veränderung von Strukturen, die über Jahrhunderte hin gewachsen sind, braucht Zeit und kann nur in einem allmählichen, aber kontinuierlichen Prozeß erreicht werden.

Sie erfordert, daß die entwickelten Länder den Entwicklungsländern Hilfe beim Aufbau weiterverarbeitender Industrien geben. Sie erfordert insbesondere den Transfer von Technologie: Die Bundesregierung hat in der Frage dieses Transfers stets den Standpunkt vertreten, daß es keine Diskriminierung geben darf, daß den Ländern der Dritten Welt vielmehr voller Anteil an der technologischen Entwicklung ermöglicht werden muß.

Die Überwindung der überkommenen Arbeitsteilung erfordert schließlich und vor allem, daß die Industrieländer den Halb- und Fertigwaren der Dritten Welt Zugang zu ihren Märkten geben, die Märkte offenhalten und weiter öffnen, daß sie – mit einem Wort – auch ihrerseits bereit sind zum Strukturwandel.

Dieser Strukturwandel liegt im beiderseitigen Interesse. Er liegt auch – ich betone dies – im eigenen Interesse der Industrieländer. Strukturwandel ist die Bedingung des Fortschritts. Nur so können die hochentwickelten Länder ihre Produktivität, und das heißt ihr hohes Lohnniveau und ihren hohen Lebensstandard, aufrechterhalten und weiter steigern.

In der kurzen Frist bedeutet Strukturwandel eine oft schmerzliche Anpassung der betroffenen Branchen. In der gegenwärtigen Situation bereits hoher und zum Teil strukturell bedingter Arbeitslosigkeit in den westlichen Ländern ist diese Anpassung besonders schwierig. Dies erklärt, warum heute der protektionistische Druck so ungleich stärker ist als jemals zuvor in den vergangenen dreißig Jahren.

Gerade in dieser Situation aber kommt es darauf an, daß wir dem Prinzip des freien Handels treu bleiben, dem Prinzip, dem die Weltwirtschaft ihr beispielloses Wachstum seit dem Ende des Zweiten Weltkrieges verdankt. Jede Regierung muß naturgemäß den Strukturwandel in geordneten Bahnen halten. Aber das zu sagen, heißt eben auch: sie muß diesen Wandel grundsätzlich zulassen, sie darf ihn nicht verhindern.

Die ASEAN-Länder haben auf ihrer Gipfelkonferenz in Kuala Lumpur mit allem Nachdruck davor gewarnt, den protektionistischen Tendenzen im Welthandel nachzugeben. Sie haben in der Bundesrepublik Deutschland einen entschlossenen Verbündeten.

Die Bedeutung des ASEAN-Zusammenschlusses

In dem Bestreben, ihre politische und kulturelle Unabhängigkeit gegen Einmischung von außen zu sichern und die wirtschaftliche Entwicklung zu beschleunigen, gehen die fünf ASEAN-Länder einen Weg, den vor ihnen schon die sechs und heute neun Staaten der Europäischen Gemeinschaft eingeschlagen haben: *den Weg des regionalen Zusammenschlusses.*

Die Europäische Gemeinschaft feierte in diesem Jahr ihren zwanzigsten Gründungstag. ASEAN feierte den zehnten. Die fünf ASEAN-Länder haben in den letzten Jahren auf dem Weg zur regionalen politischen und wirtschaftlichen Zusammenarbeit wichtige Fortschritte gemacht. Die beiden Gipfelkonferenzen von Bali im letzten und von Kuala Lumpur in diesem Jahr haben Marksteine gesetzt.

Die ASEAN-Länder sind bemüht, den gegenseitigen Handelsaustausch durch präferentielle Zollverminderungen zu beschleunigen, sie planen gemeinsame Industrieprojekte und sie arbeiten in den Rohstofffragen zusammen. Wirtschaftlich wie politisch treten sie nach außen hin immer stärker mit einer Stimme auf. Die ASEAN wird dadurch zunehmend zu einer Kraft in der Weltpolitik, und sie ist schon heute ein wesentlicher Faktor für das Macht-Gleichgewicht und die Stabilität in Asien. Die Gesamtregion Südostasien umfaßt mit den ASEAN-Ländern und den Ländern Indochinas Staaten mit unterschiedlichen Ideologien und unterschiedlichen politischen und wirtschaftlichen Ordnungen.

Wie den Staaten der Europäischen Gemeinschaft stellt sich damit auch den ASEAN-Staaten die Aufgabe, den Frieden der Gesamtregion zu sichern, indem sie über die ideologischen Grenzen hinweg Brücken der Verständigung und der Zusammenarbeit zu schlagen versuchen. Auf der Kuala-Lumpur-Konferenz haben die ASEAN-Staaten ihren Wunsch nach friedlichen Beziehungen und gegenseitig vorteilhafter Zusammenarbeit mit Vietnam, Kambodscha und Laos klar bekundet.

Große Bedeutung für das Macht-Gleichgewicht in der Region und in Asien insgesamt hat die diplomatische Annäherung und die wachsende Zusammenarbeit zwischen China und den ASEAN-Ländern. Dies wird von beiden Seiten klar erkannt.

Die Konferenz von Kuala Lumpur brachte einen zukunftsweisenden Ansatz für die engere Kooperation der ASEAN-Länder mit den benachbarten hochentwickelten Ländern Japan, Australien und Neuseeland. Vorbild für diese Initiative ist die Konvention von Lomé, in der die Europäische Gemeinschaft und heute 52 Staaten Schwarzafrikas, der Karibik und des Pazifik eine umfassende und ausgewogene Zusammenarbeit zwischen Industrie- und Entwicklungsländern organisierten.

V

Zusammenarbeit EG – ASEAN

Als Gruppe wollen die ASEAN-Länder auch ihre Zusammenarbeit mit den USA ausbauen und so den bilateralen Beziehungen zusätzliche Impulse geben.

Als Gruppe arbeiten die ASEAN-Länder seit längerem bereits mit den Ländern der Europäischen Gemeinschaft zusammen. Diese Zusammenarbeit ruht – wirtschaftlich wie politisch – auf einem starken Fundament gemeinsamer Interessen. Wirtschaftlich ergänzen sich beide Regionen in vielfältiger Weise. Politisch sieht jede Seite im regionalen Zusammenschluß ein Instrument zur Sicherung von Unabhängigkeit, Frieden und Fortschritt. Dies ist ein starkes Motiv für die Zusammenarbeit.

Die Länder der Europäischen Gemeinschaft sind an der Unabhängigkeit der ASEAN-Region vital interessiert, so wie die ASEAN-Länder vital interessiert sind an einem unabhängigen Europa. Beides ist für das Macht-Gleichgewicht und den Frieden in der Welt von größter Bedeutung. Die Europäische Gemeinschaft sucht daher, den Zusammenschluß der ASEAN-Länder durch Vermittlung ihrer eigenen Integrationserfahrungen zu unterstützen.

Sie ist sich zugleich mit den ASEAN-Ländern einig in dem Wunsch, die gegenseitigen wirtschaftlichen Beziehungen stetig weiter auszubauen. Zu diesem Zweck wurde im letzten Jahr eine gemeinsame Studiengruppe EG/ASEAN gegründet. Im April dieses Jahres fand in Brüssel eine erste Konferenz zwischen den ASEAN-Ministern und der EG-Kommission statt. Künftig soll in diesen Dialog auch der EG-Ministerrat einbezogen werden, um so den hohen politischen Rang, den auch die wirtschaftliche Zusammenarbeit zwischen den beiden Regionen hat, noch deutlicher zu machen.

Gleichzeitig intensiviert sich auch die *politische* Zusammenarbeit zwischen den beiden Regionen. Die Staaten der Europäischen Gemeinschaft und die ASEAN-Staaten sind natürliche Partner in dem Willen, ihre Selbständigkeit in der Gemeinschaft mit anderen zu sichern. Die ASEAN-Staaten haben in der Bundesrepublik Deutschland einen Anwalt der Partnerschaft zwischen beiden Staatengruppen.

Das Europa der Neun will insbesondere auch die Kontakte und Konsultationen im VN-Bereich, und das heißt, ebenso in New York wie auf den weltweiten VN-Konferenzen, enger gestalten.

Die *interregionale* Zusammenarbeit zwischen dem Europa der Neun und den ASEAN-Ländern ist schon heute ein Faktor der Stabilität und des Gleichgewichts in der Welt. Sie ist eine Kraft, die auf die friedliche Lösung der Konflikte in der Welt und auf einen gerechten Ausgleich der Interessen hinwirkt.

Sie kann und – davon bin ich zutiefst überzeugt – sie *wird* einen wesentlichen Beitrag leisten zu der großen Aufgabe unserer Generation, von deren Lösung die Zukunft der Menschheit abhängt: die Schaffung einer Welt des Friedens, in der Hunger und Not überwunden sind und in der alle Nationen in freier Selbstbestimmung und in Gleichberechtigung partnerschaftlich zusammenarbeiten.

Perspektiven deutscher Politik
in den Vereinten Nationen

Rede vor der Deutschen Gesellschaft
für die Vereinten Nationen
in Bonn am 24. Oktober 1978

I

Außenpolitik in einer Demokratie braucht das Verständnis und die Zustimmung der Bürger. Sie braucht diese besonders heute, wo sie vor neuartigen Herausforderungen steht und auf sie ungewohnte Antworten geben muß. Nirgend aber werden diese neuartigen Herausforderungen deutlicher als an und in den Vereinten Nationen.

Ich freue mich deshalb besonders, heute, am Gründungstag der Vereinten Nationen, vor Ihnen über die Politik der Bundesregierung in der Weltorganisation sprechen zu können. Und ich möchte gleich zu Anfang betonen, für wie wichtig ich die Aufgabe halte, die sich die Deutsche Gesellschaft für die Vereinten Nationen gestellt hat: die Aufgabe, Kenntnis über die Vereinten Nationen in unserem Volk zu verbreiten und für ihre Unterstützung zu werben.

Weltweite Interdependenz stellt Machtpolitik in Frage

Wir haben die Erfahrung einer geschichtlichen Periode, in der internationale Politik gleichbedeutend war mit der Politik der »Großen Mächte«. Inhalt der Außenpolitik was das Streben nach Gebietsgewinn und Einflußsphären, war das Streben nach Hegemonie und die Sorge, sich gegen das Hegemoniestreben anderer durch das Eingehen von Koalitionen und die Erhaltung des Kräftegleichgewichts zu sichern. Außenpolitik war *Machtpolitik*.

Es ist deutlich: Eine solche Beschreibung trifft auch heute noch Wesenszüge der internationalen Politik, aber sie trifft nicht mehr *alle* Wesenszüge. Die großen Mächte stehen weiterhin im Vordergrund, aber sie bestimmen den Gang der Weltpolitik nicht mehr alleine. Wir leben heute vielmehr in einer Welt von mehr als 150 souveränen Staaten, die in der internationalen Politik eigene Vorstellungen und Ansprüche geltend machen – und geltend machen können; denn die neue Situation der weltweiten Interdependenz gibt heute auch den Ansprüchen kleinerer Staaten Gewicht. Sie ist am augenfälligsten im Bereich der Wirtschaft: Die Gewährleistung von Wachstum und Entwicklung ist heute in allen Staaten die zentrale Aufgabe. An ihr vor allem werden die Regierungen von den Regierten gemessen. Keine Regierung aber kann mehr diese Aufgabe allein aus eigener Kraft erfüllen. Jede ist in starker und oft in entscheidender Weise davon abhängig, daß und wie andere Regierungen diese Ziele verwirklichen. Dies führt zu ganz neuartigen Forderungen in der internationalen Politik. Regierungen fordern z. B. voneinander, das Wachstum zu beschleunigen, oder beschuldigen einander, die Inflation nicht genügend zu dämpfen.

Die gegenseitige Abhängigkeit ist am stärksten ausgeprägt zwischen den industriellen Demokratien des Westens. Aber sie bezieht bereits heute die Entwicklungsländer ein, und sie hat begonnen, sich auch auf die kommunistischen Industrieländer auszudehnen. Vielleicht gibt es kein sprechenderes Beispiel für die neuartige Situation als die gemischten Gefühle, mit denen 1974/75 die sowjetische Presse die Rezession im Westen kommentierte. Man wußte nicht, sollte man über die »Krise des Kapitalismus«, die nun endlich anzubrechen schien, jubeln, oder sollte man klagen über die ungünstigen Auswirkungen, die diese Rezession auf die eigene Volkswirtschaft hatte.

Die neue Situation der Interdependenz erfordert nicht mehr und nicht weniger als eine Revolution des außenpolitischen Denkens und der außenpolitischen Doktrinen. Nach der traditionellen Logik der Machtpolitik ist der Gewinn des einen Staates der Verlust des anderen. Jetzt aber werden Situationen typisch, in denen entweder alle Staaten gewinnen oder keiner, in denen sich Ziele nur mehr gemeinsam verwirklichen lassen. Dies bedeutet nicht, daß es bei Interdependenz keine Interessenkonflikte mehr gäbe. Ja, da auch weit entfernte Staaten nun immer mehr zu »Nachbarn« werden, nehmen auch die Möglichkeiten zu Interessenunterschieden zu. Jedoch was sich ändert, ist die Natur dieser Konflikte. Sie werden zu Verteilungskonflikten. Auch derjenige, der seinen Anteil am gemeinsamen Gewinn vergrößern will, muß Sorge tragen, niemals so weit zu gehen, daß er das Entstehen dieses Gewinns gefährdet.

Aufbau einer stabilen Ordnung weltweiter Zusammenarbeit

Was bedeuten diese Überlegungen für unsere Außenpolitik? Ich hebe drei Punkte hervor:

1. Wir leben in einer geschichtlichen Periode des Übergangs, in der die alte Machtrivalität immer mehr überlagert wird durch die neue Realität der weltweiten Interdependenz. Die erste Aufgabe unserer Außenpolitik ist es zwar nach wie vor, den Frieden zu sichern, indem wir an der Seite der westlichen Demokratien das Unsere beitragen, um das Kräftegleichgewicht gegenüber dem Osten zu erhalten. Aber wir müssen von dieser Grundlage aus bei-

tragen, für die gegenseitige Abhängigkeit der Staaten eine stabile Ordnung der Zusammenarbeit zu entwickeln. Außenpolitik muß heute zu einem wesentlichen Teil Stabilitätspolitik im umfassenden Sinne des Wortes sein.

2. Zusammenarbeit läßt sich nicht durch militärische Macht erzwingen. Gewaltanwendung erzeugt in unserer modernen komplexen Welt nur eines – Chaos. Stabile Kooperation dagegen kann nur durch eine Ordnung gewährleistet werden, in die sich die Staaten freiwillig einfügen, weil sie sie als gerecht und im eigenen Interesse liegend anerkennen. Die Grundlagen einer solchen Ordnung sind: die Achtung vor der Selbstbestimmung aller Völker und der Gleichberechtigung aller Staaten, die Akzeptierung einer pluralistischen Staatenwelt, die Bereitschaft, Konflikte unter Verzicht auf Gewalt durch Verhandeln und Interessenausgleich zu lösen. Die Bundesregierung bekennt sich zu diesen Prinzipien.

3. Das Management der Interdependenz erfordert nicht nur, daß wir verläßliche Regeln der Zusammenarbeit entwickeln. Es erfordert darüber hinaus, daß wir die Institutionen und Organisationen für die internationale Zusammenarbeit stärken und ausbauen und sie zu Foren machen, in denen die Staaten in einem ständigen Verhandlungsprozeß ihre Interessen ausgleichen und ihre Politiken koordinieren.

Dies gilt im *regionalen* Bereich. Die Bundesregierung sieht es hier als ein vorrangiges Ziel ihrer Politik an, die europäische Einigung voranzutreiben. Wir arbeiten intensiv ebenso in der NATO und in der OECD mit. Wir suchen planmäßig auch die regionale Zusammenarbeit in der Dritten Welt zu fördern, und wir setzen uns ein für die interregionale Zusammenarbeit zwischen der Europäischen Gemeinschaft und anderen Regionen. So haben wir in jüngster Zeit die Initiative ergriffen, um eine engere Verbindung und insbesondere auch einen politischen Dialog zwischen der Europäischen Gemeinschaft und ASEAN herbeizuführen.

Das Ziel, die internationalen Organisationen zu stärken, gilt ebenso *weltweit*. Immer mehr Aufgaben sind zu globalen Aufgaben geworden, die nur durch eine weltweite Zusammenarbeit zu lösen sind. Ich weise hier nur auf die wirtschaftliche Entwicklung der Dritten Welt und die stete Verringerung des Abstands zwischen armen und reichen Staaten hin, auf die Versorgung der wachsenden Weltbevölkerung mit Nahrung, Energie, Rohstoffen, auf die Eindämmung des weltweiten Rüstens und die Nichtverbreitung von Atomwaffen, auf die wirksame Bekämpfung des internationalen Terrorismus, auf die Erhaltung des ökologischen Gleichgewichts auf unserem Planeten.

VN-Politik – ein Schwerpunkt deutscher Außenpolitik

Für die Lösung all dieser Probleme ist ein starkes und effizientes VN-System von vitaler Bedeutung. Die Bundesregierung handelt nach dieser Überzeugung.

Ich wende mich mit aller Entschiedenheit gegen die in Teilen der Weltöffentlichkeit modisch gewordene Skepsis gegenüber den Vereinten Nationen. Diese kann ihre Wurzel in übersteigerten Erwartungen haben. Sie kann ihre Wurzel aber auch haben in der Ablehnung eines Weltforums, das mehr und mehr zu einem Ort wird, wo sich weltpolitische Meinungen bilden und wo weltpolitische Entscheidungen fallen auf der Basis der Gleichberechtigung der Staaten. Was gegenüber einer solchen skeptischen Haltung, die die Vereinten Nationen unterschätzt oder mißachtet, not tut, ist die klare Einsicht in die Notwendigkeit dieser universalen Organisation und die klare Erkenntnis ihrer ständig wachsenden Bedeutung. Hier, in den Vereinten Nationen und in den VN-Sonderorganisationen, werden in einem ununterbrochenen, umfassenden Verhandlungsprozeß Schritt für Schritt die weltweiten Bedingungen geschaffen, die über die Lebens- und Entfaltungsmöglichkeiten auch unseres Landes mitentscheiden.

In diesen Verhandlungen konstruktiv und mit eigenen Initiativen mitzuarbeiten, in ihnen mit ganzem Gewicht unsere wohlverstandenen Interessen geltend zu machen: dies ist zu einer sehr wichtigen Aufgabe geworden. Daher ist VN-Politik heute einer der Schwerpunkte unserer Außenpolitik. Deshalb stelle ich fest: Die keineswegs unumstrittene Entscheidung der Bundesrepublik Deutschland für den Beitritt zu den Vereinten Nationen war richtig, und sie bleibt richtig. Alles andere wäre Verzicht auf wesentliche Möglichkeiten der Mitgestaltung der Weltpolitik. Die Bundesrepublik Deutschland darf sich weder im eigenen Interesse noch im Interesse der Welt ins weltpolitische Abseits begeben.

II

Lassen Sie mich nun in großen Zügen darstellen, wie sich unsere Politik in den Vereinten Nationen einfügt in die Ziele unserer Gesamtpolitik: die Sicherung des Friedens, die Schaffung weltweiter Partnerschaft, die Gewährleistung stabilen wirtschaftlichen Wachstums, die Verwirklichung der Menschenrechte und die Förderung der Einheit unseres eigenen Volkes.

Friedenssicherung

Zunächst zur Sicherung des Friedens. Das ursprüngliche Konzept der Vereinten Nationen, so wie es in der Charta niedergelegt ist, war, den Frieden notfalls durch die kollektive Aktion der Sicherheitsratsmächte, und das heißt insbesondere der Großmächte, zu erzwingen. Dieses Konzept scheiterte am Ost-West-Gegensatz.

Die Vereinten Nationen haben jedoch statt dessen eine Reihe von Methoden und Mitteln entwickelt, mit denen sie sich wirksam in die Bemühungen um die weltweite Friedenssicherung einschalten. Das entwickelte Instrumentarium ist vielfältig. Es reicht vom Appell des Sicherheitsrats auf Feuereinstellung und Aufnahme von Verhandlungen zu Vermittlungsaktionen des VN-Generalsekretärs und zur Entsendung von VN-Friedenstruppen. Dieses Instrumentarium ist heute aus der internationalen Politik zur Sicherung des Friedens und zur Eindämmung von Krisen nicht mehr wegzudenken. Ich erinnere nur an die Rolle der Vereinten Nationen im Nahost-Konflikt 1973. Die Vereinten Nationen stellten hier mit ihren Friedenstruppen ein schlechthin unentbehrliches Instrument bereit, um den Waffenstillstand durchzuführen und zu überwachen.

Die Bundesregierung unterstützt die friedenserhaltenden Aktionen der Vereinten Nationen, und sie sieht in dieser Unterstützung eine wesentliche Komponente ihrer eigenen Politik der Friedenssicherung. Wir tragen insbesondere in bedeutender Weise durch finanzielle wie durch logistische Hilfe bei, den Einsatz der VN-Friedenstruppen möglich zu machen.

Ich habe in meiner Rede vor der diesjährigen Generalversammlung eine Initiative der Staaten der Europäischen Gemeinschaft angekündigt, die darauf gerichtet ist, die Fähigkeit der Vereinten Nationen zu friedenserhaltenden Operationen zu stärken. Wir wollen durch eine Resolution der Generalversammlung die gemeinsame Verantwortung *aller* VN-Mitgliedstaaten für die Finanzierung dieser Operation unterstreichen. Wir wollen weiter das Instrument der Friedenstruppen durch Maßnahmen verbessern, wie die Schaffung von Ausbildungsstätten und die regelmäßige Unterrichtung des VN-Generalsekretärs über bereitstehende Einheiten und logistische Fazilitäten.

Notwendigen Wandel friedlich herbeiführen

Die zweite Säule der Friedensstrategie der Vereinten Nationen ist die vorbeugende Diplomatie, die Bemühung, Konflikte rechtzeitig zu entschärfen, bevor sie offen ausbrechen. Im weitesten Sinne gehört hierher die gesamte Politik der Vereinten Nationen, den Wandel der Welt in friedlichen Bahnen zu halten.

Die Bundesregierung unterstützt die Vereinten Nationen auch in diesen Bemühungen voll und ganz. Wir treten entschieden für den Verzicht auf die Anwendung oder Androhung von Gewalt ein.

Ein Schwerpunkt der Bemühungen der Vereinten Nationen, notwendigen Wandel *friedlich* herbeizuführen, ist heute das *südliche Afrika*. Im Vordergrund stehen die Bemühungen, Rhodesien und Namibia in einer international akzeptierten Form in die Unabhängigkeit zu führen und durch freie Wahlen, an denen alle Bevölkerungsgruppen teilnehmen, demokratische Regierungen zu errichten. Auch in der Republik Südafrika selbst muß die Rassendiskriminierung endlich überwunden werden. Wir haben ein elementares Interesse daran, daß der notwendige Wandel sich friedlich vollzieht, daß die drohende Gefahr von Rassenkrieg und Chaos im südlichen Afrika abgewendet wird. Wir nutzen unsere Mitgliedschaft in den Vereinten Nationen, unsere gegenwärtige Mitgliedschaft im Sicherheitsrat und ebenso unsere bilateralen Beziehungen zur Republik Südafrika, um auf friedlichen Wandel hinzuwirken.

Im Mittelpunkt ist gegenwärtig die Bemühung um eine Lösung für *Namibia*. Dort lebt eine große Zahl von Deutschen und Deutschstämmigen. Wir haben deshalb hier ein ganz besonderes Interesse und eine ganz besondere Verantwortung.

In der letzten Woche haben in Pretoria Gespräche der Außenminister der fünf westlichen Sicherheitsratsmitglieder mit der südafrikanischen Regierung stattgefunden. Bis es zu den Wahlen unter Aufsicht der Vereinten Nationen kommt, werden noch viele Schwierigkeiten zu überwinden sein. Das muß mit Nüchternheit und Realismus gesehen werden. Wenn es aber schließlich gelingen sollte, unter Aufsicht der Vereinten Nationen durch freie Wahlen ein freies Namibia zu schaffen, dann werden wir ihm mit allen Kräften bei seinem Aufbau helfen.

Eine friedliche Lösung für Namibia hätte Signalwirkung und würde es wesentlich erleichtern, auch die anderen Probleme im südlichen Afrika friedlich zu lösen. Eine friedliche Lösung würde auch die Gefahr abwenden, daß außerregionale Mächte militärisch eingreifen, so wie sie es an anderen Stellen in Afrika getan haben, und Zonen der Vorherrschaft errichten. Sie würde damit wesentlich beitragen zu unserem Ziel eines unabhängigen, einigen und sich erfolgreich entwickelnden Afrika, mit dem wir in gleichberechtigter Partnerschaft zusammenarbeiten wollen.

Es entspricht unserer Politik der Respektierung der Unabhängigkeit der Länder der Dritten Welt, daß wir nicht den Versuch unternehmen, unsere Staats-, Gesellschafts- und Wirtschaftsordnung zu exportieren oder gar anderen aufzuzwingen oder Entwicklungshilfeleistungen von ihrer Übernahme abhängig zu machen. Es ist Sache dieser Länder selbst zu entscheiden, ob sie unser Modell oder Teile davon ganz oder in abgewandelter Form unter den Bedingungen ihrer eigenen Lage und Probleme übernehmen können. Tun sie es nicht, so läßt das keineswegs den Schluß zu, sie stünden »dem Westen« ablehnend gegenüber und müßten auch in ihrer außenpolitischen Zielsetzung weltpolitisch einem anderen Lager zugerechnet werden.

Ich warne vor einem gedankenlosen Übertragen des Ost-West-Gegensatzes auf die Dritte Welt durch voreilige Etikettierung und willkürliche Zuordnung, die im Bewußtsein der Betroffenen und in ihren Zielen keine Rechtfertigung finden. Ich lehne es auch ab, Entwicklungsländern in »pro-westliche« und »prooöstliche« Länder einzuteilen.

Abrüstung

Einen wichtigen Beitrag zur Friedenssicherung leisten die Vereinten Nationen durch ihre Teilnahme an den Bemühungen um *Abrüstung und Rüstungsbegrenzung*. Diese Bemühungen haben in diesem Jahr – innerhalb wie außerhalb der Vereinten Nationen – stark zugenommen: Es steht zu hoffen, daß bei den amerikanisch-sowjetischen Verhandlungen über die Begrenzung strategischer Waffen bald weitere Fortschritte erzielt werden können. Die Wiener Verhandlungen über beiderseitige und ausgewogene Truppenverminderungen in Mitteleuropa haben durch die westliche Initiative vom April einen wichtigen Impuls bekommen.

Innerhalb der Vereinten Nationen hat die diesjährige Sondergeneralversammlung weltweit bewußt gemacht, daß heute alle Staaten ein vitales Interesse an Rüstungsbegrenzung und Abrüstung haben. Es ist dabei wichtig, daß die Dringlichkeit der Aufgabe nicht nur den Regierungen und den Experten bewußt ist, sondern auch von der Öffentlichkeit in allen Ländern verstanden wird. Die Bundesregierung hat deshalb den Entschluß der Sondergeneralversammlung begrüßt, die heute beginnende Woche zur Abrüstungswoche zu erklären.

Die Sondergeneralversammlung hat in die Bemühungen und in die Verantwortung für Abrüstung die Länder der Dritten Welt einbezogen und den Nord-Süd-Dialog so um ein wichtiges Thema erweitert. Es ist deutlich, daß eine gleichberechtigte Teilnahme der Länder der Dritten Welt an den weltweiten Abrüstungsbemühungen unentbehrlich ist. Wir brauchen nur an die Aufgabe zu denken, die Weiterverbreitung von Atomwaffen zu verhindern und dabei gleichzeitig eine nichtdiskriminierende friedliche Nutzung der Atomenergie sicherzustellen, oder an die immer dringlicher werdende Aufgabe, den steil angestiegenen Waffentransfer durch Einvernehmen zwischen Liefer- und Empfängerländern einzudämmen. Die Sondergeneralversammlung hat in ihrem Schlußdokument einen umfangreichen Orientierungsrahmen für die Zusammenarbeit in der Abrüstung geschaffen. Jetzt geht es darum, die erreichte Übereinstimmung weiterzuentwickeln und für konkrete Vereinbarungen zu nutzen.

Die globalen Ausgaben für Militärzwecke dürften inzwischen 400 Milliarden Dollar pro Jahr übersteigen. In einer Welt, in der es noch so viel Armut, ja Hunger gibt, ist das eine Herausforderung an die Vernunft und an unser moralisches Gewissen. Es gilt, durch Rüstungsbegrenzung und Abrüstung Mittel freizusetzen für die wirtschaftliche und soziale Entwicklung der Welt und insbesondere der armen Länder.

III

Nord-Süd-Dialog

Dies führt uns bereits hin zu der zweiten großen Aufgabe der heutigen Vereinten Nationen: nämlich die Bemühung darum, die wirtschaftliche Entwicklung der Dritten Welt zu beschleunigen und die Kluft zwischen Nord und Süd stetig zu verringern. Das VN-System ist das zentrale Forum für den Nord-Süd-Dialog über eine – wie es in VN-Terminologie heißt – »neue Weltwirtschaftsordnung«. Worum geht es hier?

Machen wir uns zunächst die Ausgangslage klar. In der Kolonialzeit ist zwischen den Industrieländern und den heutigen Entwicklungsländern ein wirtschaftlicher Verbund entstanden. In ihm lieferten die Entwicklungsländer Rohstoffe, die Industrieländer Fertigwaren. Diese asymmetrische Austauschstruktur ist bis heute vielfach unverändert. Sie bedeutet zunächst einmal, daß die Entwicklungsländer die weitere Wertschöpfung, die auf Grund ihrer Rohstoffe möglich ist, den Industrieländern überlassen. Doch dies ist nicht alles. Die fast ausschließliche Abhängigkeit der meisten Entwicklungsländer von Rohstoffausfuhren ist vielmehr in sich selbst mit schwerwiegenden Nachteilen verbunden:

- Zunächst einmal: die Weltnachfrage nach Rohstoffen steigt langsamer als die Nachfrage nach Industriegütern. Von den Ölländern abgesehen, ist der Anteil der Entwicklungsländer am Welthandel deshalb in den letzten 30 Jahren ständig zurückgegangen.
- Die Preise der Rohstoffe sind – wiederum im Unterschied zu den Industriegütern – starken Schwankungen ausgesetzt. Dazu kommt bei agrarischen Rohstoffen die stete Gefahr von Mißernten. Mit anderen Worten also: die Deviseneinnahmen aus den Rohstoffexporten sind unsicher.
- Und schließlich ein Drittes: Für eine Reihe von Rohstoffen haben sich in der Vergangenheit die Austauschverhältnisse verschlechtert. Tansania oder Sri Lanka mußten zum Beispiel für einen Traktor immer größere Mengen Sisal beziehungsweise Tee liefern.

Die bestehende Arbeitsteilung zwischen Industrie- und Entwicklungsländern bringt also für die Entwicklungsländer gravierende Nachteile mit sich. Sie gefährdet vor allem das Ziel, die Deviseneinnahmen in ausreichendem Maße zu steigern, und sie gefährdet damit das Entwicklungsziel. Denn beschleunigte Entwicklung setzt Beschleunigung der Importe voraus und damit auch Beschleunigung der Exporte, um die Importe bezahlen zu können.

Halten wir uns diese Lage vor Augen, so wird unmittelbar verständlich, warum die Entwicklungsländer die bestehende Ordnung der Wirtschaftsbeziehungen zu den Industrieländern als ungerecht ablehnen und eine »neue Weltwirtschaftsordnung« fordern. Und es ist auch klar: Soll der für beide Seiten unentbehrliche wirtschaftliche Verbund funktionsfähig und stabil bleiben, so müssen wir eine Ordnung der Zusammenarbeit aufbauen, die von beiden Seiten, auch den Entwicklungsländern, als gerecht angesehen wird.

In den Forderungen der Entwicklungsländer finden sich, vor allem in der ursprünglichen Form, in der sie auf der 6. Sondergeneralversammlung im April 1974 vorgetragen wurden, Elemente, die für uns unakzeptabel sind. Aber im Kern geht es um zweierlei:

● Die Entwicklungsländer fordern erstens: Öffnung der Märkte für ihre Ausfuhren von Verarbeitungsprodukten. Sie fordern also, daß die Industrieländer die liberale Weltwirtschaftsordnung konsequent anwenden, und das heißt, daß sie sie auch da anwenden, wo sie sich zur Zeit noch, zum Nachteil der Entwicklungsländer, nicht an sie halten.

● Die Entwicklungsländer fordern zweitens, daß wir sie bei ihrem Ziel, die wirtschaftliche Entwicklung zu beschleunigen, in ausreichender Weise unterstützen. Die Forderungen gehen auf Steigerung der öffentlichen

Entwicklungshilfe, auf stärkere Förderung des privaten Kapitaltransfers, auf Verbesserung des Technologietransfers, auf Ausgleich der Erlösschwankungen bei Rohstoffexporten durch Kompensationszahlungen und – wo dies technisch machbar ist – auf Dämpfung der Preisschwankungen der Rohstoffe durch Bufferstocks.

Ich betone nochmals: Im Nord-Süd-Dialog geht es für uns um eine *Reform* – eine marktkonforme Reform – der Weltwirtschaft. Ziel dieser Reform ist es, die weltwirtschaftlichen Bedingungen für eine Beschleunigung der Entwicklung zu verbessern und die Entwicklungsländer nicht nur formell gleichberechtigt, sondern mehr und mehr mit auch materieller Chancengleichheit in die Weltwirtschaft zu integrieren.

Der Nord-Süd-Dialog ist eine der entscheidenden außenpolitischen und außenwirtschaftspolitischen Aufgaben unserer Zeit. Wir müssen ihn mit vollem Ernst nutzen, eine Ordnung der Zusammenarbeit zwischen Industrie- und Entwicklungsländern aufzubauen, die gewährleistet, daß die Welt beide Ziele erreicht: das Ziel des stabilen Wachstums in den Industrieländern und das Ziel des beschleunigten, überproportionalen Wachstums in den Entwicklungsländern.

Um den Nord-Süd-Dialog zum Aufbau einer solchen Ordnung zu nutzen, müssen die beteiligten Gruppen ihre Haltung in drei Dingen ändern:

1. Die industriellen Demokratien des Westens haben im Nord-Süd-Dialog lange Zeit im wesentlichen nur auf den Forderungskatalog der Dritten Welt reagiert. Wir müssen endlich von unserer Seite aus auch *die* Fragen zu Verhandlungsthemen machen, bei denen Beiträge der Entwicklungsländer nötig sind, um die gemeinsamen Ziele des stabilen Wachstums und der beschleunigten Entwicklung zu erreichen.

Der Aufbau einer Ordnung setzt voraus, daß beide Seiten sowohl Rechte erhalten wie Pflichten übernehmen. Gegenforderungen an die Entwicklungsländer lassen sich freilich in die Verhandlungen nur dann mit Aussicht auf Erfolg einführen, wenn wir an Stelle einer reaktiven Strategie stückweiser Konzessionen unsererseits das Erforderliche im vollen Umfang tun.

2. Einige wichtige Aufgabenbereiche sind aus dem Nord-Süd-Dialog bisher ausgeklammert. Ich nenne die Aufgabe, die Welt mit Energie zu tragbaren Preisen zu versorgen, die Aufgabe, ausreichende Rohstoffinvestitionen in der Welt sicherzustellen, die Aufgabe, Rechtssicherheit für Auslandsinvestitionen zu gewährleisten.

Die OPEC-Länder und die Entwicklungsländer insgesamt müssen bereit sein, diese Themen in die Nord-Süd-Verhandlungen voll einzubeziehen. Ich möchte dabei betonen, daß die OPEC-Länder in der Ölpreisgestaltung der letzten Jahre Verantwortungsbewußtsein für die Weltwirtschaft als Ganzes bewiesen und zugleich einen erheblichen Anteil an den Hilfeleistungen für die Entwicklungsländer übernommen haben.

Noch entscheidender als von den äußeren Rahmenbedingungen hängt die Entwicklung von der internen Wirtschafts-, Sozial- und Bildungspolitik in den Entwicklungsländern ab. Nur wenn die interne Politik die richtigen Prioritäten setzt, können die Hilfe von außen und die Möglichkeiten, die eine Reform der Weltwirtschaft schafft, wirklich genutzt werden.

3. Die kommunistischen Industrieländer beteiligen sich am Nord-Süd-Dialog bisher rein passiv. Sie unterstützen die Forderungen der Entwicklungsländer verbal, entziehen sich aber selbst den notwendigen Leistungen. Sie öffnen ihre Märkte nicht für die Ausfuhren der Dritten Welt (während die westlichen Industrieländer 75 Prozent der Exporte der Entwicklungsländer aufnehmen, nehmen die

kommunistischen Industrieländer nicht einmal 4 Prozent auf). Sie beteiligen sich nicht am Schuldenerlaß für die ärmsten Länder. Sie tragen nicht bei zur Stabilisierung der Rohstoffexporterlöse der Entwicklungsländer.

Der gesamte Ostblock leistet nicht einmal die Hälfte dessen an Entwicklungshilfe, was alleine die Bundesrepublik Deutschland leistet. Um so stärker sind ihre Waffenexporte in die Dritte Welt, die niemanden satt machen, aber die friedliche Lösung von Problemen erschweren. Es gilt im Nord-Süd-Dialog deshalb zu erreichen, daß die kommunistischen Industrieländer endlich an der gemeinsamen Verantwortung aller Länder für die Entwicklung der Dritten Welt teilnehmen und daß sie einen ihrem Potential adäquaten Beitrag leisten.

Der Aufbau einer Ordnung, die die Entwicklung zur weltweiten Gemeinschaftsaufgabe macht, fordert von den Industrieländern Opfer. Wir sollten jedoch ebenso die Chance erkennen, die eine solche Ordnung bietet. Sie würde in der Weltwirtschaft wieder ein Klima der Rechtssicherheit und des Optimismus erzeugen, und sie würde durch die Beschleunigung der Entwicklung zugleich auch dem Wachstum in den Industrieländern wichtige neue Impulse geben.

IV

Menschenrechte

Lassen Sie mich nun auf den dritten großen Tätigkeitsbereich der Vereinten Nationen eingehen: die Förderung der Menschenrechte.

Die Gründung der Vereinten Nationen war mit einem entscheidenden Fortschritt für die Menschenrechte verbunden. Die Charta erklärte die Förderung der Menschenrechte zu einem der Grundziele der Weltorganisation. Damit aber entzog sie die Frage der Menschenrechte der rein nationalen Verfügungsgewalt und machte sie zu einer internationalen Frage. Es wurde legitim, andere Staaten aufzufordern, die Menschenrechte zu verwirklichen. Kein Staat kann Kritik an seinem Verhalten in diesem Bereich als Einmischung in die inneren Angelegenheiten zurückweisen. Die Allgemeine Erklärung der Menschenrechte von 1948 und die beiden Menschenrechtspakte, die 1976 in Kraft traten, sind auf diesem Weg weitergegangen.

Die Menschenrechte weltweit zu verwirklichen, dies ist heute eines der Themen, die im Vordergrund der Weltpolitik stehen. Im Dezember wird es 30 Jahre her sein, daß die Allgemeine Erklärung der Menschenrechte verabschiedet wurde. Wir sind uns alle schmerzlich bewußt, wie weit wir in vielen Teilen der Welt von einer Verwirklichung selbst der elementarsten Grundsätze dieser Erklärung noch entfernt sind. Und dennoch: wer sich nüchternen Blicks in der Welt umsieht, der erkennt: die treibende Kraft in der Weltgeschichte ist nicht das kommunistische Manifest, sondern die Forderung der Völker nach Verwirklichung ihres Rechts auf Selbstbestimmung und Gleichberechtigung und die Forderung der Menschen nach Verwirklichung ihrer Menschenwürde und nach Gewährleistung ihrer Menschenrechte.

Mit den beiden Pakten über bürgerliche und politische Rechte und über wirtschaftliche, soziale und kulturelle Rechte haben die Vereinten Nationen die Kodifizierung der Menschenrechte abgeschlossen. Die Aufgabe ist nun, die Bestimmungen der Pakte in der Praxis durchzuführen und wirksame weltweite Institutionen für den Schutz der Menschenrechte zu schaffen. Wir stehen hier noch ganz am Anfang. Die VN-Menschenrechtskommission hat ein Verfahren eingeführt, um »Regelbeispiele« schwerer Menschenrechtsverletzungen zu prüfen. Der Pakt über bürgerliche und politische Rechte hat einen Menschenrechtsausschuß eingesetzt; dieser hat im August 1977 seine Arbeit aufgenommen. Viel, sehr viel bleibt noch zu tun. Wir müssen die bestehenden Institutionen nutzen und ausbauen. Und wir müssen neue weltweite Institutionen entwickeln.

Für die Bundesrepublik Deutschland sind die Förderung und der Schutz der Menschenrechte ein Schwerpunkt der Politik in den Vereinten Nationen. Ich trete dafür ein, einen Hochkommissar für Menschenrechte zu ernennen und einen VN-Menschenrechtsgerichtshof nach dem Vorbild des Europäischen Menschenrechtsgerichtshofs zu schaffen.

Vor allem aber trete ich dafür ein, Menschenrechtsverletzungen nicht einäugig zu sehen. Wir dürfen nicht fragen, wer die Menschenrechte verletzt, ob er groß und mächtig ist, ob es modisch ist, im konkreten Fall zu protestieren oder nicht. Wir müssen vielmehr für alle Betroffenen eintreten, für alle Opfer – gleich welcher politischen Richtung die Diktatur ist, von der ihre elementaren Rechte mißachtet werden.

So erheben wir unsere Stimme unabhängig davon, ob es sich um Menschenrechtsverletzungen in kommunistischen oder anderen nicht-demokratischen Staaten handelt, oder ob im südlichen Afrika Menschen wegen ihrer Hautfarbe ihre Menschenrechte vorenthalten werden. Die Bundesregierung weiß, daß weltweite Fortschritte in der Verwirklichung der Menschenrechte nur langsam und in zäher, geduldiger Arbeit zu erreichen sind. Kriterium ihrer Menschenrechtspolitik, innerhalb und außerhalb der Vereinten Nationen, ist es, ob eine bestimmte Maßnahme oder ein bestimmter Vorschlag die Verwirklichung der Menschenrechte konkret weiterbringt.

Jede Menschenrechtspolitik in den Vereinten Nationen muß sich stets auch voll bewußt sein, daß Menschenrechte

nicht nur die politischen und bürgerlichen Freiheitsrechte
meinen, sondern auch die wirtschaftlichen und sozialen
Rechte: die Rechte auf materiell menschenwürdige
Lebensumstände. Die Freiheit von Not ist kein geringeres
Recht als die Freiheit von Angst. Nur wer dies klar erkennt
und anerkennt, kann vor dem Forum der Vereinten Nationen bei den Ländern der Dritten Welt auf Resonanz
hoffen.

Das Ziel der deutschen Einheit

Menschenrechte und das Recht der Völker auf Selbstbestimmung, das am Anfang beider Menschenrechtspakte
steht, sind universale Prinzipien. Sie gelten überall in der
Welt.

Die Bundesregierung tritt mit aller Entschiedenheit vor
den Vereinten Nationen dafür ein, die Menschenrechte
und die Selbstbestimmung auch im geteilten Deutschland
zu verwirklichen. Auch hier gilt es jedoch, nüchtern zu
erkennen, was wir in den Vereinten Nationen in der
Deutschlandfrage erreichen können und mit welcher Politik wir unser Ziel wirklich fördern. Wir nutzen das Forum
der Vereinten Nationen, um vor aller Welt deutlich zu
machen, daß die deutsche Frage ungelöst ist und daß wir an
der Einheit der Nation mit aller Entschiedenheit festhalten.

Ziel unserer Politik ist, unverändert auf einen Zustand
des Friedens in Europa hinzuwirken, in dem das deutsche
Volk in freier Selbstbestimmung seine Einheit wiederer-
langt. Dies ist das Ziel, das wir bei Abschluß des Moskauer
Vertrags und des Grundlagenvertrags mit der DDR im
Brief zur deutschen Einheit erklärt haben. Und dies ist das
Ziel, für das wir auch vor dem Weltforum der Vereinten
Nationen mit aller Deutlichkeit einstehen.

Der Wille zu Unabhängigkeit und Selbständigkeit, das Recht auf Selbstbestimmung sind für die Staaten der Dritten Welt das zentrale Thema ihrer Außenpolitik geworden. Dieser Zielsetzung gehört die Zukunft, und die Zukunft gehört ebenso dem Willen des deutschen Volkes zur Einheit.

Die Bundesrepublik Deutschland nimmt fünf Jahre nach ihrem Beitritt einen festen Platz in den Vereinten Nationen ein. Wir haben uns dort durch unsere Politik und nicht zuletzt auch durch unsere Politik im Sicherheitsrat Ansehen und Vertrauen erworben, und wir haben unser politisches Gewicht in der Welt erhöht. Auch unsere VN-Politik ruht auf der festen Basis, die uns die Einbettung in die Europäische Gemeinschaft und die feste Verbindung zu den anderen Demokratien des Westens und insbesondere den Vereinigten Staaten gibt. Wir sind stets darauf bedacht, den Zusammenhalt der westlichen Demokratien zu stärken, und wir haben wesentlich daran mitgewirkt, daß die Europäische Gemeinschaft in der Weltorganisation zunehmend mit einer Stimme spricht und zunehmend als einheitliche Kraft gesehen wird. Wir wollen in den Vereinten Nationen unseren Teil dazu beitragen, die großen weltweiten Aufgaben unserer Zeit zu lösen: die Erhaltung des Weltfriedens, die Überwindung von Hunger und Not überall in der Welt und die weltweite Verwirklichung des Selbstbestimmungsrechts und der Menschenrechte. Wir wollen beitragen zur Herausbildung einer Weltordnung, die vom Geist der Interdependenz geprägt ist und die die Völker zur Zusammenarbeit in gleichberechtigter Partnerschaft und gemeinsamer Verantwortung zusammenführt – einer Ordnung, die den Namen Friedensordnung wirklich verdient.

Geistige Grundlagen
einer Ordnung des Friedens
und gleichberechtigter Partnerschaft

Grundsatzerklärung vor der 20. Generalkonferenz der
Organisation der Vereinten Nationen für Bildung,
Wissenschaft und Kultur (UNESCO)
am 30. Oktober 1978 in Paris

Die Menschheit braucht die
Vielfalt gleichberechtigter Kulturen

Die Satzung gibt unserer Organisation das Ziel, durch Förderung der Zusammenarbeit in Erziehung, Wissenschaft und Kultur zur Wahrung des Friedens und der Sicherheit beizutragen. In unserer klein gewordenen Welt jedoch ist Frieden nicht mehr nur der Zustand des Nicht-Kriegs. Es geht nicht mehr nur darum, Kriege zu verhindern. Es geht vielmehr darüber hinaus um die Aufgabe, die Staaten der Welt zur Zusammenarbeit zusammenzuführen, um auf die Herausforderungen unserer Zeit gemeinsam zu antworten, weil wir auf sie nurmehr gemeinsam antworten können.

Die Aufgabe also lautet: Für eine Welt der globalen Interdependenz eine globale Ordnung der Zusammenarbeit zu entwickeln. Bei der Erfüllung dieser Aufgabe kommt unserer Organisation eine wichtige Rolle zu – ja, in gewisser Weise eine zentrale Rolle. Denn es ist hier, in der UNESCO, wo wir daran arbeiten, die geistigen Grundlagen für eine solche Ordnung zu legen.

»Kriege«, so heißt es in der Präambel unserer Satzung, »entstehen im Geiste der Menschen.« Nichts anderes gilt für die Zusammenarbeit. Es gibt keine technologischen

Zwangsläufigkeiten. Die Zukunft der Menschheit wird entschieden im Geiste der Menschen.

Es ist evident: In unserer komplexen Welt von mehr als 150 souveränen Staaten kann eine stabile Ordnung der Zusammenarbeit nicht durch Hegemonialstreben herbeigeführt werden. Vorherrschaftsstreben führt am Ende nur zu Gewaltanwendung. Friedliche und dauerhafte Zusammenarbeit dagegen entsteht allein auf der Basis der Selbstbestimmung und Gleichberechtigung der Nationen.

Was bedeuten diese Prinzipien für die Arbeit in dieser Organisation? Ich hebe zwei Aspekte hervor:

Erstens: Gleichberechtigung heißt auch: Gleichberechtigung der Kulturen. Sie erfordert, daß wir eine pluralistische Welt anerkennen und daß kein Staat danach streben darf, anderen Staaten seine Ideologie aufzuzwingen.

Lassen Sie mich für mein Land betonen: Wir treten ein für eine Welt, in der die Nationen ihre politischen, wirtschaftlichen und kulturellen Lebensformen in freier Selbstbestimmung gestalten. Wir wollen die eine Welt, aber wir wollen keine einförmige Welt. Die Menschheit braucht Vielfalt, wenn ihre schöpferischen Kräfte nicht versiegen sollen. Sie braucht den spezifischen Beitrag, den jede Kultur zur Lösung der gemeinsamen Aufgaben unserer Welt leisten kann.

Wir arbeiten deshalb in der UNESCO an der doppelten Aufgabe: Wir wollen die Kenntnis der Kulturen untereinander fördern und so zur Verständigung der Völker beitragen. Wir wollen aber gleichzeitig die kulturelle Identität der Nationen stärken und das Kulturerbe der Menschheit in seiner Mannigfaltigkeit bewahren.

Die gleichberechtigten Kulturen der Welt werden durch ein starkes geistiges Band zusammengehalten: durch das gemeinsame Bekenntnis zu den Menschenrechten und zur Selbstbestimmung. Es hat seinen tiefen Sinn, daß unsere Organisation, die den geistigen Austausch zwischen den

Kulturen fördern soll, zugleich als eine Grundaufgabe hat, in der ganzen Welt die Achtung vor den Menschenrechten zu stärken.

Zweitens: Gleichberechtigung ist nicht nur formelle Gleichberechtigung. Wir müssen vielmehr erreichen, daß alle Staaten auch tatsächlich in der Lage sind, an der Gestaltung der gemeinsamen Zukunft mitzuwirken.

Zentrale Aufgabe unserer Generation ist es, den Abstand, der heute reiche und arme Länder in der Welt trennt, stetig zu verringern. Wir neigen dazu, hierbei primär an den wirtschaftlichen Abstand zu denken. Die wichtigste Ursache des Wohlstandsgefälles jedoch ist der Unterschied im Ausbildungsstand der Menschen, in ihrem Wissensstand und in ihren technologischen Möglichkeiten.

Die UNESCO hat es zu einem Schwerpunkt ihrer Tätigkeit gemacht, diesen Unterschied zu überwinden. Sie arbeitet auch hier in einem zentralen Bereich an der großen Aufgabe mit, die wirtschaftliche und soziale Entwicklung in der Dritten Welt zu beschleunigen und Hunger und Not überall in der Welt zu besiegen.

Förderung der Menschenrechte und Erziehung zum Frieden

Der uns vorliegende Programm- und Haushaltsentwurf für die Jahre 1979/80 stellt eine Synthese der Wünsche dar, die über 140 Mitgliedstaaten an ihre Organisation stellen. Die Bundesregierung hält ihn für eine gute Synthese. Sie teilt nicht jeden Gedanken des Entwurfs, aber sie stimmt ihm in seinen großen Zügen zu. Ich möchte dem Generaldirektor und seinen Mitarbeitern die Anerkennung und den Dank der Bundesregierung für die geleistete Arbeit aussprechen.

An der Spitze der Ziele, die sich die UNESCO in dem laufenden mittelfristigen Plan 1977 bis 1982 gesetzt hat, steht die Gewährleistung der Menschenrechte. Politik dient dem Menschen – und wo gälte dies mehr als in unserer Organisation!

Ich möchte dabei für mein Land hier sehr deutlich sagen: Wir denken bei Menschenrechten nicht nur an die individuellen Freiheitsrechte. Wir denken ebenso an die wirtschaftlichen, sozialen und kulturellen Rechte. Die Freiheit von Angst, die Freiheit von Not und die Freiheit von Unwissenheit gehören zusammen. Nur wo alle diese Freiheiten verwirklicht sind, ist menschenwürdiges Leben gewährleistet.

Im Dezember begehen wir den 30. Jahrestag der Allgemeinen Erklärung der Menschenrechte. Wir sind uns bewußt, wie weit wir in vielen Teilen der Welt noch von einer Verwirklichung selbst der elementarsten Rechte dieser Erklärung entfernt sind. Und dennoch: Die treibende Kraft der Geschichte ist die Forderung der Menschen nach Verwirklichung ihrer Menschenrechte. Dieser Forderung gehört die Zukunft. Diejenigen, die die Menschenrechte verletzen, stellen sich gegen die Würde des Menschen, sie stellen sich damit auch gegen das Rad der Geschichte, das sie vielleicht in ihrem Machtbereich für eine Weile bremsen, aber das sie nicht aufhalten können. Sie stehen gegen den Fortschritt, sie sind die wahren Reaktionäre unserer Zeit.

Eine Zukunft mitzugestalten, in der alle Menschen – ohne Unterschied der Rasse, des Geschlechts, der Religion oder der politischen Überzeugung – ihre Forderung nach Verwirklichung der Menschenrechte erfüllt sehen: dazu ist die UNESCO in besonderer Weise berufen. Sie wirkt an diesem Ziel in doppelter Weise mit: durch die Erziehung zur Achtung der Menschenrechte und durch die Förderung und den Schutz derjenigen Menschenrechte, deren Verwirklichung in ihre Zuständigkeitsbereiche fällt.

Die Erziehung zu den Menschenrechten geht Hand in Hand mit der Erziehung zum Frieden. Beide Aufgaben sind in den Erziehungsprogrammen der UNESCO gemeinsam genannt. Beide Aufgaben sind ebenso in der Allgemeinen Erklärung der Menschenrechte zusammengesehen: »Erziehung«, so heißt es dort in Artikel 26, »dient dazu, die menschliche Persönlichkeit voll zu entwickeln und die Achtung vor den Menschenrechten und Grundfreiheiten zu stärken. Sie soll Verständigung, Toleranz und Freundschaft zwischen allen Nationen, rassischen oder religiösen Gruppen fördern und die Tätigkeit der Vereinten Nationen zur Erhaltung des Friedens unterstützen.« Erziehung zum Frieden – sie ist heute notwendiger denn je in einer Welt, die von vielen Konflikten und Konfliktmöglichkeiten bedroht ist.

In meinem Land ist die Erziehung zum Frieden oberstes Ziel. Die Konferenz der Kultusminister unserer Länder hat 1973 bekräftigt: »Die Schule soll friedliche Gesinnung im Geiste der Völkerverständigung wecken.« Jeder, der in unser Land kommt, wird feststellen, die Menschen wollen nur eines: in Frieden leben und für Freiheit, Fortschritt und soziale Gerechtigkeit arbeiten.

Hier gibt es keinen Unterschied in den Auffassungen der Parteien, die im Deutschen Bundestag vertreten sind, und das ist auch der Geist, in dem unsere Kinder aufwachsen: Achtung und Toleranz gegenüber dem Nächsten; Achtung und Toleranz gegenüber allen Völkern, ihren Kulturen, ihren Leistungen und ihren Eigenarten. Wir haben uns seit langer Zeit erfolgreich bemüht, die Schulbücher vom Geiste der Feindschaft zwischen den Völkern zu befreien. Mit zahlreichen Ländern wurden Empfehlungen zur Reform der Schulbücher vereinbart, nicht zuletzt mit ehemaligen Kriegsgegnern. Wir werden diese Arbeit fortsetzen.

Ich bin mir schmerzlich bewußt, daß es immer noch Länder gibt, die nicht zum Frieden erziehen, sondern die schon in den Herzen der Kinder »Haß« gegen alle säen, die die eigene Ideologie nicht teilen. Wer zum Haß gegen Andersdenkende oder zum Haß gegen diejenigen, die anders sind als er selbst, wer zum Haß gegen andere Völker aufruft und seine Jugend dazu erzieht, der trägt die Brandfackel des Krieges in seiner Hand.

Die UNESCO und ihre Nationalkommissionen haben an den internationalen Programmen zur Friedenserziehung führenden Anteil. Wir plädieren dafür, diesen Anteil in Zukunft noch weiter zu verstärken.

Ein wichtiges Tätigkeitsfeld unserer Organisation ist die Verwirklichung der Gleichberechtigung der Frauen.

In diesem Punkt können wohl alle Länder, auch mein Land, nicht mit sich zufrieden sein. Zwar, die Gleichberechtigung der Frauen ist eindeutig in den meisten Verfassungen festgelegt. Aber rechtliche Gleichstellung allein genügt eben nicht. Es gilt, sie auch praktisch in allen Lebensbereichen zu verwirklichen. Und hier fehlt es noch in so manchem Punkt. Dies gilt auch und nicht zuletzt für das Erziehungswesen: je höher die Qualifikation des Bildungsabschlusses, desto niedriger der Anteil der Frauen, die ihn erreichen. Dies muß anders werden. Alle Programme der UNESCO, die zum Abbau noch vorhandener praktischer Diskriminierungen der Frauen beitragen, werden deshalb unsere besondere Unterstützung finden. Wir haben angeboten, in den beiden kommenden Jahren Gastgeber für zwei internationale UNESCO-Konferenzen zu sein, die sich mit neuen Initiativen für eine verbesserte technische Ausbildung und Berufsausbildung von Mädchen und Frauen befassen. Die Bundesregierung unterstützt ebenso das Ziel der UNESCO, die Integration der Frau in die Entwicklung zu erreichen und setzt sich für entwicklungspolitische Maßnahmen zugunsten von Frauen ein.

Zu den Menschenrechtsverletzungen gehört auch die rassische Diskriminierung. Wir bejahen den Entwurf einer UNESCO-Deklaration gegen rassische Diskriminierung. Die Deklaration darf allerdings nicht mit Fragen belastet werden, die nicht zu ihrem Thema gehören.

Durch die Allgemeine Erklärung der Menschenrechte und die beiden Menschenrechtspakte ist es gelungen, die Menschenrechte mit universalem Anspruch zu kodifizieren.

Die Aufgabe, die nun vor uns liegt, ist, internationale Institutionen und Verfahren zum wirksamen Schutz der Menschenrechte zu schaffen. Ich begrüße in diesem Zusammenhang, daß die UNESCO innerhalb ihres Zuständigkeitsbereichs ein Verfahren entwickelt, das es Staaten, Gruppen und Einzelpersonen ermöglicht, Beschwerden gegen Menschenrechtsverletzungen vor die Organisation zu bringen.

Es darf keinen technologischen Kolonialismus geben

Der Haushalts- und Programmentwurf enthält eine Fülle operativer Programme in den Bereichen Erziehung, Naturwissenschaften, Sozialwissenschaften sowie Kultur und Kommunikation. Mein Land wirkt bei diesen Programmen tatkräftig mit. Denn wir wissen: Noch immer besteht in unserer Welt ein erschreckender Kontrast zwischen den wissenschaftlich-technischen Möglichkeiten einerseits und weit verbreiteter Armut und Unwissenheit andererseits. Die Möglichkeiten der UNESCO, dazu beizutragen, diese Kluft zu überbrücken, müssen voll genutzt werden.

Die Bundesrepublik Deutschland tritt multilateral wie bilateral für einen intensiven wissenschaftlichen Austausch ein. Wir sehen darin nicht zuletzt eine Bereicherung unserer eigenen Kultur und Wissenschaft. Mein Land steht deshalb dem Austausch von Studenten und Wissenschaftlern und dem Austausch von Erkenntnissen weit offen. An unseren Hochschulen studieren zur Zeit etwa 50 000 ausländische Studenten. Mehr als die Hälfte von ihnen kommt aus den Entwicklungsländern – darunter viele, deren Studium durch ein Stipendium gefördert wird.

Neben den Hochschulstudenten hält sich eine große Zahl von Praktikanten und Stipendiaten zur beruflichen Ausbildung an unseren Schulen und in unseren Unternehmen auf. In diesem Austausch gewinnt der Bereich der Naturwissenschaften zunehmend an Bedeutung. Dies stimmt damit überein, daß auch der UNESCO-Exekutivrat in diesem Frühjahr beschlossen hat, den naturwissenschaftlichen Sektor stärker in den Vordergrund der Arbeit zu rücken.

Unsere Mitwirkung beim internationalen naturwissenschaftlichen und technologischen Austausch wird von der Überzeugung bestimmt, daß die Errungenschaften auf diesen Gebieten allen Ländern ohne Diskriminierung zugänglich sein müssen. Es darf keinen technologischen Kolonialismus geben. Jedes Land aber muß darauf achten, daß es diejenigen Technologien wählt, die den eigenen Bedingungen und Bedürfnissen entsprechen. Wir unterstützen daher die Forderung des UNESCO-Programmentwurfs, angemessene Technologien zu entwickeln oder bereits existierende Technologien an die Bedürfnisse der Entwicklungsländer anzupassen.

Bewahrung des Kulturerbes

Die immer raschere Entwicklung der technisch-industriellen Zivilisation schafft nicht nur Nutzen, sie bringt auch Gefahren. Nicht die geringste dieser Gefahren ist der drohende Verlust unseres kulturellen Erbes. Dem wollen wir gemeinsam entgegentreten. Die sichtbaren Zeugnisse der Welt unserer Vorfahren zu erhalten und zu pflegen, ist eine wichtige Aufgabe der UNESCO.

Für Freiheit des Sportverkehrs

Eine wichtige Entscheidung, die auf dieser Konferenz ansteht, ist der Beschluß über eine Charta für Leibeserziehung und Sport. Mir liegt besonders daran, die Bedeutung der Tatsache zu würdigen, daß auf der Ebene der Vereinten Nationen zum ersten Mal der Versuch unternommen wird, gemeinsam Grundsätze für den notwendigen Dialog zwischen den Regierungen und autonomen Sportverbänden festzulegen.

Der aus diesem Dialog erwachsene Entwurf der Charta soll eine Grundlage sein für die künftige weltweite Zusammenarbeit im Bereich des Sports, um dazu beizutragen:

- diese Zusammenarbeit weiter zu stärken,
- bestehende Schwierigkeiten im internationalen Sportverkehr abzubauen und damit den freien Austausch über die Grenzen zu erleichtern,
- schließlich und nicht zuletzt auch, die Sportler aus der Dritten Welt zu unterstützen, damit sie vermehrt zum internationalen sportlichen Austausch beitragen können.

Ich weiß mich bei diesen Feststellungen einig mit den Sportverbänden meines Landes, die zum Staat ein unabhängiges und vom Geist der Partnerschaft getragenes Verhältnis haben. Wir sind uns mit den unabhängigen Sportorganisationen einig: Unsere Charta meint den von Amateuren betriebenen Sport, nicht den als Beruf gegen Entgelt betriebenen Sport. Dieser ist legitim, aber für ihn gelten natürlich die kommerziellen Interessen, von denen der Amateursport frei bleiben sollte.

206

Frei bleiben muß der Sport vor allem auch von staatlicher Reglementierung. Der Staat soll den Sport fördern, nicht ihn reglementieren.

Für Freiheit und Ausgewogenheit des Informationsaustausches

Ich komme nun zu dem Tagesordnungspunkt, der – wie schon vor zwei Jahren in Nairobi, so auch dieses Mal – in unseren Beratungen einen besonders wichtigen Platz einnimmt: dem Thema einer Deklaration über die Rolle der Informationsmedien in der Welt.

Der Generaldirektor hat uns für eine solche Deklaration einen Entwurf vorgelegt. Ich möchte hier zwei grundsätzliche Überlegungen darlegen, die meine Delegation bei den Verhandlungen über diesen Entwurf leiten werden:

Erstens: Der freie Informationsfluß zwischen den Völkern, den zu fördern eine zentrale Aufgabe unserer Organisation ist, soll reziprok sein, soll Austausch sein. Es darf hier keine Einbahnstraßen geben.

Diese Gegenseitigkeit ist noch nicht in ausreichender Weise erfüllt – weder zwischen Ost und West noch zwischen Nord und Süd. Das Problem ist jedoch in beiden Fällen verschieden gelagert.

Im *Ost-West-Verhältnis* gibt es auf beiden Seiten voll entwickelte Informationsorganisationen, die technisch und finanziell jede Möglichkeit haben, Nachrichten und Meinungen weltweit zu verbreiten. Hier erfordert die Verwirklichung der Gegenseitigkeit nur eines: nämlich die Freiheit des Informationsflusses und den Zugang für die Bürger. Das Problem besteht hier darin, daß es Staaten gibt, die diese Freiheit gravierend einschränken.

In meinem Land kann jeder Bürger jede ausländische Zeitung beziehen und jede ausländische Radiosendung ungestört empfangen. In der Schlußakte der Konferenz über Sicherheit und Zusammenarbeit in Europa haben sich die Unterzeichnerstaaten zum Ziel gesetzt, »die freiere und umfassendere Verbreitung von Informationen aller Art zu erleichtern«. Mein Land wird beharrlich darauf drängen, daß dieses Ziel von allen Unterzeichnerstaaten verwirklicht wird. Die freie Information wird sich durchsetzen. Und wir sind der festen Überzeugung: gegen die Wahrheit gibt es keine Mauer.

Im *Nord-Süd-Verhältnis* andererseits steht ein anderes Problem im Vordergrund: das Ungleichgewicht in der Fähigkeit, Informationen zu verbreiten. Der größte Teil der Informationen wird heute durch die Nachrichtenagenturen und andere Medien der westlichen und der östlichen Industrieländer übermittelt. Die Nachrichten und Meinungen also – auch die über die Entwicklungsländer –, die die Menschen in den Industrieländern lesen, hören und sehen, kommen vor allem von westlichen bzw. östlichen Medien. Ja, dies gilt vielfach selbst für die Nachrichten, die die Menschen in den Entwicklungsländern über andere Entwicklungsländer oder sogar über ihr eigenes Land erhalten.

Die Aufgabe also lautet hier, eine Teilung der Welt in Informationsgeber auf der einen Seite und Informationsempfänger auf der anderen Seite zu verhindern. Die Aufgabe lautet, leistungsfähige Nachrichtenagenturen und andere Informationsmedien der Entwicklungsländer aufzubauen, um so ihre Fähigkeit zu stärken, aktiv am weltweiten Informationsaustausch teilzunehmen. Zu diesem Ziel müssen die Industrieländer durch technische und finanzielle Hilfe beitragen.

Ich weise für mein Land darauf hin: Wir unterstützen die Länder der Dritten Welt sowohl bilateral wie durch Beiträge für die Medienprojekte der UNESCO beim Aufbau ihrer Infrastrukturen im Nachrichtenbereich. Seit der letzten Generalkonferenz in Nairobi hat die Bundesrepublik

Deutschland 64 Medienprojekte in 38 Staaten der Dritten Welt gefördert. Die Bundesregierung wird diese Unterstützung aufrechterhalten und noch verstärken.

Mein Land tritt entschieden ein für einen gleichgewichtigeren Informationsaustausch zwischen Industrie- und Entwicklungsländern. Wir haben daran ein eigenes Interesse. Wir wünschen, daß die Menschen in den Entwicklungsländern über unser Land auch durch eigene Nachrichtenmedien unterrichtet werden. Wir wollen andererseits vermehrt hören, was Journalisten der Dritten Welt über ihre Länder berichten, wir wollen mehr über die Entwicklungsländer wissen. Die Zusammenarbeit zwischen Nord und Süd mit dem Ziel, die Kluft zwischen armen und reichen Ländern stetig zu verringern, ist die entscheidende internationale Aufgabe unserer Zeit. Daß dies allen Menschen bewußt wird, dazu müssen die Nachrichtenmedien ihren unentbehrlichen Beitrag leisten.

Ich komme damit zu unserer *zweiten* grundsätzlichen Überlegung für die geplante Mediendeklaration: Ich habe zu Anfang gesagt, die große Aufgabe unserer Zeit sei der Aufbau einer Ordnung des Friedens und der gleichberechtigten Zusammenarbeit. Bei dieser Aufgabe kommt Presse, Rundfunk, Fernsehen und den anderen Informationsmedien eine wichtige Rolle zu. Aber diese Aufgabe können die Medien nur in Freiheit und Selbstverantwortung erfüllen. Unsere Presse und unsere anderen Informationsmedien sind frei. Der Staat soll und darf ihnen keine Anweisungen geben. Wir lehnen es ab, die Informationen und Meinungen, die die Medien in unserem Lande verbreiten, zu kontrollieren oder zu reglementieren. Wir lehnen die staatliche Einflußnahme auf die Medien ab. Die Freiheit der Presse ist einer der Grundpfeiler unserer Verfassung. Ohne eine freie Presse gibt es in Wahrheit keine Demokratie. Ohne eine freie Presse läßt sich das Recht des Bürgers auf freie Information nicht gewährleisten.

Das Recht jedes Menschen, seine Meinung frei zu äußern und Informationen frei zu empfangen, ist ein Grundrecht in unserer Verfassung. Es ist darüber hinaus jedoch auch nach internationalem Verständnis eines der fundamentalen Menschenrechte. Ja, die Erste Generalversammlung der Vereinten Nationen hat die Freiheit der Information zum »Prüfstein aller Freiheiten« erklärt.

Daraus wird deutlich: Mein Land würde jeden Entwurf für eine Mediendeklaration ablehnen, der die Forderung nach staatlicher Kontrolle der Informationsmedien oder nach sogenannter staatlicher Verantwortung für diese Medien enthält.

»Den freien Austausch von Ideen durch Wort und Bild zu erleichtern«, ist eine der fundamentalen Aufgaben, die der UNESCO in ihrer Satzung zugewiesen sind. Unsere Organisation würde sich in Widerspruch zu ihrer eigenen Satzung begeben, wenn sie jetzt in einer Mediendeklaration der staatlichen Überwachung und Reglementierung des Informationsflusses das Wort reden würde, auch wenn das unter dem Deckmantel staatlicher Verantwortung geschähe.

Wenn ich mit solcher Entschiedenheit für die Freiheit der Information eintrete, so verkenne ich keineswegs, daß jede Freiheit schlecht gebraucht oder sogar mißbraucht werden kann. Dies gilt auch für die Freiheit der Presse. Daraus ergibt sich für jeden einzelnen Journalisten eine große, schwere Verantwortung. Nachrichten können wahr oder irreführend sein, können der bloßen Sensation dienen oder der wirklichen Information, können dargeboten werden, um aufzuklären oder um zu verketzern.

Diesem Problem durch staatliche Kontrolle oder gar Zensur der Information begegnen zu wollen, wäre ein gänzlich ungeeigneter Weg. Dann droht eine ganz andere und sehr viel folgenschwerere Gefahr: die Gefahr nämlich der staatlichen Nachrichten- und Meinungsmanipulation.

Gegen verfälschte Information gibt es nur ein Mittel: die Pluralität der Informationen. Die Vielfalt der Informationen und die Vielfalt der Informationsmedien – dies ist der beste und der einzige Schutz gegen verfälschte Berichterstattung und manipulierte Meinungsmache. Nur Pluralität macht objektive Meinungsbildung möglich.

Die geplante Mediendeklaration betrifft eine zentrale Aufgabe unserer Organisation. Der Generaldirektor betonte mit Recht, daß eine solche Deklaration die breiteste Zustimmung voraussetzt. Eine Deklaration, die gegen das Votum einer Gruppe von Mitgliedstaaten zustande käme, würde die Zusammenarbeit in einem der wesentlichen Bereiche unserer Organisation gefährden. Wir müssen deshalb einen Konsensus erreichen – oder wir müssen auf die Deklaration verzichten.

Meine Delegation ist bereit, nach Kräften zu einem Konsensus beizutragen, aber wir sind nicht bereit, eine Deklaration zu unterstützen, die in irgendeiner Weise die Pressefreiheit einschränkt. Es gibt nicht zuviel Pressefreiheit auf dieser Welt, sondern zuwenig.

Unsere Welt ist eine pluralistische Welt. Sie ist eine Welt, der verschiedene Kulturen angehören. Aber wir müssen in einem übereinstimmen: in dem Willen, über alle Verschiedenheiten hinweg bei der Lösung der gemeinsamen Probleme unserer Welt gleichberechtigt zusammenzuarbeiten und in dem Bekenntnis zu einer humanen Welt, in der die Würde und die Rechte der Menschen geachtet, geschützt und verwirklicht werden.

Zu dieser Übereinstimmung beizutragen, für sie die geistigen Grundlagen zu legen, dies ist nach Auffassung der Bundesrepublik Deutschland die vornehmste Aufgabe unserer Organisation.

Vom geistigen Charakter
der Europäischen Gemeinschaft

Ansprache bei der Verleihung
des Internationalen Karlspreises
der Stadt Aachen
an den Präsidenten des Europäischen Parlaments,
Emilio Colombo, am 24. Mai 1979

Wir feiern heute einen bedeutenden Staatsmann Italiens und Europas: Wir ehren einen Mann, der am Aufbau des demokratischen Italiens nach dem Zweiten Weltkrieg maßgeblichen Anteil hatte – als Abgeordneter in der Verfassungsgebenden Versammlung, als Abgeordneter im Römischen Parlament, als langjähriger Finanzminister und als Ministerpräsident.

Wir ehren einen Mann, der Europa mitgestaltete und der dieses Europa immer zuerst als demokratische Gemeinschaft verstand, deren großes Ziel die Verwirklichung der Menschenrechte ist.

Wir ehren den Menschen Emilio Colombo: den aufrechten Demokraten, den Humanisten in der besten Tradition Italiens und Europas. Es hat seine tiefe Rechtfertigung, daß das Europäische Parlament Emilio Colombo zu seinem Präsidenten wählte und daß in seiner Amtszeit ein Fortschritt gelang, von dem wir hoffen, daß er als einer der entscheidenden Schritte in die Geschichte der europäischen Einigung eingehen wird: ich meine die Entscheidung für die direkte Wahl des Europäischen Parlaments.

Wir handeln im Sinne von Emilio Colombo, wenn wir diese Stunde der Ehrung für ihn nutzen, uns auf den geistigen Charakter Europas zu besinnen. Wir erweisen zugleich mit einer solchen Besinnung Italien unsere Reverenz, das zur Formung dieses europäischen Charakters so vieles beigetragen hat.

Die Idee Europas

Es ist die Idee vom Wert des Individuums, die Europa zu Europa gemacht hat. Diese Idee entfesselte die schöpferische Initiative des einzelnen mit allen Gefahren der Schrankenlosigkeit, der Hybris, die schon die Griechen der Antike als die eigentliche mit ihrer Kultur verbundene Bedrohung erkannten.

Von dieser Idee inspiriert verwandelten die Europäer die Welt, verwandelten sie durch Wissenschaft und Technik auch die materiellen Bedingungen menschlichen Daseins. Und von dieser Idee ausgehend schufen die Europäer eine neuartige politische Form für das Zusammenleben in Staat und Gesellschaft. Sie verneinten die Vorstellung, daß die Gesellschaft Vorrang vor dem einzelnen hat, daß der einzelne nichts als ein namenloses Rädchen ist. Sie brachen mit allen Vorstellungen, für die die Gesellschaft aus einer herrschenden Minderheit und der großen Masse rechtloser Untertanen besteht. Sie machten es vielmehr zur Aufgabe der politischen Gemeinschaft, eine Ordnung des Zusammenlebens herzustellen, in der der einzelne sich entsprechend seiner Neigungen und Begabungen entfalten kann.

Freiheit, Demokratie – aber Demokratie, in der der Mehrheitswille durch die Schranken der unveräußerlichen Menschenrechte gebunden ist –, Gleichheit als Rechtsgleichheit und Chancengleichheit, soziale Gerechtigkeit, Pluralität und Toleranz: das wurden die Grundbegriffe, die Europa konstituierten. Sie sind die gemeinsamen Werte, die die Europäische Gemeinschaft zur Gemeinschaft machen. Sie sind das Band zu den außerhalb der Gemeinschaft stehenden Demokratien Europas. Und sie sind auch das Band zu jenen Europäern, die heute unter einer fremden, aufgezwungenen Ideologie leben müssen.

Die offene europäische Gesellschaft – und wir können bei dieser Betrachtung der Grundwerte Amerika als Sproß vom Baume Europas ansehen –, die offene europäische Gesellschaft ist nach wie vor das Zentrum der Kreativität in der Welt. Sie ist die Gesellschaft, die sich dem Wandel am besten anpassen kann, die sich ihm friedlich, ohne Revolution, ohne Gewalt anpassen kann.

Für eine Weltordnung der Partnerschaft

Freiheit, Gleichberechtigung aller, Pluralität – diese die Europäische Gemeinschaft konstituierenden Prinzipien sind auch die Prinzipien, die Europas Verhältnis zu anderen Staaten leiten. Mit diesen Prinzipien tritt die Europäische Gemeinschaft ein für eine neue Weltordnung.

Die Ordnung der Vergangenheit war: Vorherrschaft der einen und Unterordnung der anderen. Die Ordnung der Zukunft dagegen muß gründen auf dem Selbstbestimmungsrecht der Nationen, auf Gleichberechtigung und partnerschaftlicher Zusammenarbeit. Nur eine solche Ordnung kann in unserer komplexen Welt von über 150 souveränen Staaten funktionsfähig sein.

Für eine Ordnung, die diese Prinzipien verwirklicht, gibt die Europäische Gemeinschaft selbst das Beispiel. Sie ist eine Gemeinschaft, in der alle Staaten, unabhängig von ihrer Größe, an der Gestaltung der gemeinsamen Zukunft gleichberechtigt mitwirken. Die Gemeinschaft lebt Partnerschaft vor. Sie gibt zugleich das erfolgreiche Beispiel, wie durch regionalen Zusammenschluß Frieden, innere und äußere Freiheit und wirtschaftliches Wachstum gesichert werden können.

Die Gemeinschaft ist ihrem Wesen nach ein Zusammenschluß europäischer Demokratien, sie steht allen Demokratien Europas offen. Die Gemeinschaft versteht sich aber nicht als Block gegen unsere östlichen europäischen Nachbarn. Wir suchen vielmehr die friedliche und enge Zusammenarbeit mit ihnen. Unser Streben, die Europäische Gemeinschaft zur Europäischen Union weiterzuentwickeln, und unser Streben nach Entspannung und Zusammenarbeit mit dem Osten stehen nicht im Widerspruch oder in Konkurrenz zueinander, sie ergänzen sich vielmehr. Beides gehört zu unserer europäischen Friedenspolitik. Europa ist für uns nicht nur Westeuropa. Warschau, Prag und Budapest – um nur diese zu nennen – sind europäische Städte, wie Magdeburg und Dresden deutsche Städte sind.

Wir sehen auch die Überwindung der deutschen Teilung nicht als ein europäisches Hindernis, sondern als eine europäische Aufgabe. Wir sind überzeugt, daß die Geschichte mit der bestehenden Trennung unseres Volkes nicht das letzte Wort gesprochen hat. »Auf einen Zustand des Friedens in Europa hinzuwirken, in dem das deutsche Volk in freier Selbstbestimmung seine Einheit wiedererlangt« – so haben wir unser Ziel im Brief zur deutschen Einheit formuliert. Wir haben damit diesem Ziel einen europäischen Rahmen und einen europäischen Charakter gegeben. Die deutsche Nation, gleichberechtigt und vereint in einer europäischen Friedensordnung, das meinen wir, wenn wir von Wiedervereinigung sprechen. Es gibt deshalb auch keinen Grund, auf dieses Wort in unserem Sprachgebrauch zu verzichten.

Frieden und partnerschaftliche Zusammenarbeit, dies sind auch die Ziele, die die Europäische Gemeinschaft in ihrer Politik gegenüber den Ländern der Dritten Welt leiten. Wir achten ihre Unabhängigkeit und ihr Recht auf Selbstbestimmung. Das Bekenntnis zur Pluralität, das die innere Ordnung der Mitgliedstaaten und das die Struktur der Gemeinschaft bestimmt, gilt auch für unser Verhältnis zu den Ländern der Dritten Welt. Wir wollen zur Entwicklung einer Weltordnung beitragen, in der alle Staaten ihre politischen, wirtschaftlichen und kulturellen Lebensformen in freier Selbstbestimmung gestalten und in der sie in gleichberechtigter Partnerschaft bei der Lösung der gemeinsamen Aufgaben zusammenarbeiten. Das Ansehen, das die Europäische Gemeinschaft in der Dritten Welt genießt, beruht auf der Glaubhaftigkeit dieses ihres Angebots partnerschaftlicher Zusammenarbeit und auf dem Vorbild, das sie selbst für eine solche Partnerschaft gibt.

Europas Einigung – keine technokratische Aufgabe

Europa ist zuallererst ein *geistiger* Begriff. Es wird nicht primär konstituiert durch die geographische Nachbarschaft oder durch die gemeinsamen Interessen. Vielmehr, was uns zu Europäern macht, was die Europäische Gemeinschaft zu einer Gemeinschaft macht – dies ist die geistige Gemeinsamkeit, die Gemeinsamkeit der Werte. Aus dem Bewußtsein dieser Gemeinschaft kam 1945 die Begeisterung des Aufbruchs zu Europa.

Wir müssen heute schmerzlich feststellen, daß vieles von dieser Begeisterung verlorenging. Der Hauptgrund ist wohl, daß das Bewußtsein unserer geistigen Einheit zurücktrat hinter eine Konzentration auf wirtschaftliche Fragen, daß der Eindruck entstand, die Einigung Europas sei eine ökonomische und eine *technokratische* Aufgabe. Ja, man glaubte dabei sogar, listig zu sein. Man erkannte, daß unter den Bedingungen der heutigen Welt der einzelne europäische Staat politisch wie wirtschaftlich zu klein ist, um seine Lebensinteressen wahren zu können. Man setzte

daher auf die Sachzwänge, um die Einigung voranzutreiben.

Die Analyse war richtig – die Schlußfolgerung falsch.
Sachzwänge, und seien sie noch so stark, können uns nicht
die Wertentscheidung für Europa abnehmen. In der Politik
geschehen Dinge nicht schon deshalb, weil sie notwendig
sind; wäre es so, wir könnten die Lenkung der Staaten dem
Computer überlassen. Politische Verantwortung ist, das
Notwendige möglich zu machen.

Die Sachzwänge spielen sicher eine wichtige Rolle. Aber
die entscheidende Kraft des Einigungsprozesses ist die
innere Kraft, die der Wille zur Freiheit verleiht. Sie ist die
allen europäischen Nationen gemeinsame Idee von dem,
was Europa seinem Wesen nach ist und sein will. Wer die
europäische Einigung versteht als Aufbau einer europäischen Technokratie zur Schaffung einer effizienten Groß-
raumwirtschaft und zur Sicherung des materiellen Wohlstands, der verschüttet die Quelle, aus der die eigentliche
Kraft für die europäische Einigung kommt: das Wissen um
die Schicksalsgemeinschaft von Staaten, die gemeinsam für
Freiheit und Würde der Menschen eintreten. Gestützt auf
dieses europäische Bewußtsein müssen die politisch Verantwortlichen die von ihnen für die Zukunft Europas als
notwendig erkannten Entscheidungen auch treffen und sie
durchsetzen.

Das freie Europa steht vor großen Herausforderungen.
Wir müssen angesichts einer wachsenden militärischen
Überlegenheit des Warschauer Pakts in Europa das Gleichgewicht und damit den Frieden sichern. Dies ist nur möglich zusammen mit den Demokratien Nordamerikas im
Rahmen des Nordatlantischen Bündnisses. Aber die europäischen Bündnispartner müssen zur gemeinsamen Verteidigung ihren vollen Beitrag leisten. Das ist auch die beste
Garantie, die sich die Europäer für das europäische Engagement der Vereinigten Staaten selbst geben können. Wer

verteidigt werden will, muß sich auch selbst verteidigen wollen. Sicherheit bekommt man nicht geschenkt, und man kann sie auch nicht kaufen.

Nicht geringer sind die Herausforderungen auf wirtschaftlichem Gebiet. Wirtschaftliche Stabilität und wirtschaftliches Wachstum erfordern eine ausreichende und sichere Energieversorgung. Auch hier kann sich niemand seiner Verantwortung entziehen; niemand kann sich auf den anderen und dessen Verantwortung herausreden.

Das Europäische Parlament

Die Aufgabe, die Dynamik der Europa-Idee zurückzugewinnen, zeigt die besondere Rolle des Europäischen Parlaments innerhalb der europäischen Institutionen. Deshalb ist die erste direkte Wahl des Europäischen Parlaments von so großer Bedeutung.

Zum ersten Mal wird das Europäische Parlament aus Abgeordneten bestehen, die europäischer und nicht nur nationaler Fragen wegen gewählt wurden. Bisher erlebten die Menschen die Europäische Gemeinschaft vor allem als Verhandlungsmaschinerie der Regierungen und als Bürokratie. Nun wird die Europa-Debatte wieder Debatte in einer breiten Öffentlichkeit.

Das direkt gewählte Parlament kann zu einem starken Motor der europäischen Entwicklung werden. Es wird die Frage gestellt: Wie soll das Europäische Parlament zum Motor der Einigung werden, wenn es keine wirklichen Kompetenzen hat? Jedoch niemand sollte den Einfluß unterschätzen, den das Europäische Parlament schon bisher auf die Entwicklung Europas hatte. Das Parlament kontrolliert die Europäische Kommission. Es nimmt Stellung zu allen wichtigen Vorschlägen der Kommission. Es kann die Kommission abberufen. Es hat darüber hinaus bedeutende Haushaltsbefugnisse gerade in den Ausgaben-bereichen, die, wie die Sozial-, die Regional- oder die Forschungspolitik, für den weiteren Ausbau der Gemeinschaft von besonderer Bedeutung sind.

Schon die Tatsache der direkten Wahl wird dem Europäischen Parlament größeres politisches Gewicht und größere Autorität geben. Es muß dieses größere Gewicht nutzen, die ihm durch die Römischen Verträge gegebenen Kompetenzen voll wahrzunehmen. Und es wird dieses Gewicht, dies liegt in der Natur der Sache, auch zu nutzen versuchen, neue Kompetenzen hinzuzuerwerben. Dazu ist erforderlich, daß jeder einzelne Mitgliedstaat der Gemeinschaft einer solchen Erweiterung der Kompetenzen, und das heißt einer Änderung der Römischen Verträge, zustimmt. Dies setzt voraus, daß in allen Mitgliedstaaten das europäische Bewußtsein dafür reif ist. Es liegt in der Hand des neuen Parlaments, durch seine Arbeit zu dieser Bewußtseinsbildung beizutragen.

Es wird Aufgabe des Parlaments sein, bei der Formulierung der konkreten Aufgaben Europas die Stimme der Bürger zu sein, ihre Sorgen und ihre Prioritäten zur Geltung zu bringen.

Es sollte Aufgabe des Parlaments sein, einen europäischen Grundrechtskatalog zu erarbeiten.

Es sollte Aufgabe des Parlaments sein, einen Verfassungsentwurf für die Europäische Union zu erarbeiten, einen Entwurf, der durch eine föderale Struktur der Vielfalt und dem Reichtum der europäischen Kultur und seinen Nationen gerecht wird.

Bundespräsident Scheel sagte vor zwei Jahren an dieser Stelle: »Die Europäische Union ist die politische Form, in der das Eigene, das Besondere jeden Volkes am besten zu sich selber kommt.« Und er fügte hinzu: »Denn der Nationalstaat isoliert das Besondere der eigenen Nation, er überbetont es, er setzt die Akzente falsch.«

Als im 19. Jahrhundert Deutschland und Italien sich zu Einheitsstaaten zusammenschlossen, stand das Thema der nationalen Einigung im Mittelpunkt nicht nur der politischen Diskussion, sondern des ganzen geistigen Lebens. Wir werden Europas Einigung nur erreichen, wenn es uns nun gelingt, die Einigung Europas zu einem Mittelpunkt unserer Debatten zu machen.

Europas Verantwortung für die Freiheit

Europa steht für die große geschichtliche Idee von der Freiheit und Würde des Menschen. Wir verwirklichen diese Idee bei uns selbst, und wir wollen sie in die Welt ausstrahlen.

Freiheit ist immer verbunden mit Risiko. Wir sind uns des Risikos bewußt, daß sich die Idee der Freiheit loslöst von der Idee der Verantwortung gegenüber dem Ganzen, daß sie zu schrankenlosem Egoismus der Einzelnen und der einzelnen Gruppen entarten kann. Wir sind uns auch bewußt, daß das Lebensziel der Selbstverwirklichung des Individuums sich geistig entleeren und zum Ziel bloßer Konsumsteigerung herabsinken kann.

Es ist unsere Verantwortung für Europa und für die Welt, daß wir uns auch unter den Bedingungen der modernen Massengesellschaft als fähig erweisen, einen harmonischen Ausgleich zwischen der Freiheit des einzelnen und den Erfordernissen der Gemeinschaft herzustellen. Europa muß zeigen, daß freie Gesellschaft und der freiheitlich-demokratische Staat nicht nur ein schönes Ideal sind, sondern daß sie auf Erden dauerhaft verwirklicht werden können. Die Träger des Karlspreises der Stadt Aachen sind Garanten eines solchen Europas. Emilio Colombo, dem ich die herzlichen Glückwünsche der Bundesregierung ausspreche, reiht sich würdig in ihren Kreis ein.

Deutsche Außenpolitik
für die achtziger Jahre

*Vortrag auf der Festveranstaltung zum 25. Jahrestag der
Gründung der Deutschen Gesellschaft für Auswärtige
Politik am 20. Mai 1980*

Ich spreche Ihnen in dieser festlichen Sitzung zur Feier
des 25jährigen Jubiläums der Deutschen Gesellschaft für
Auswärtige Politik die Glückwünsche der Bundesregierung
aus. Zugleich danke ich Ihnen dafür, daß Sie über 25 Jahre
unsere gemeinsame Sache – deutsche Außenpolitik als
Vertretung deutscher Interessen im Kreis der internationalen Gemeinschaft – als unabhängiges und überparteiliches
Gremium mit sachkundigem Rat und konstruktiver Kritik
begleitet haben.

Es ist mit Ihr Verdienst, Herr Präsident, daß sich das
nicht in kleinen Zirkeln Eingeweihter vollzog, sondern mit
dem Ziel, einen breiten nationalen Konsens über die
Grundfragen unserer Außenpolitik herzustellen – eine
Aufgabe, die in der heutigen Weltlage noch notwendiger
ist als je zuvor.

Die achtziger Jahre – eine neue Periode deutscher Außenpolitik

Ein Jubiläum wie dieses fordert zum Rückblick auf, um
durch den Vergleich die gegenwärtige Situation, die gegenwärtigen Herausforderungen klarer ins Bewußtsein zu
rufen:

1955, vor einem Vierteljahrhundert, erlangte die Bundesrepublik Deutschland ihre Souveränität wieder; sie
wurde in das Nordatlantische Verteidigungsbündnis aufge-

nommen. Sie gehörte bald danach schon zu den Gründern der Europäischen Gemeinschaft. Es war die erste Periode der deutschen Politik, die Periode des Aufbaus: des Aufbaus eines freiheitlichen demokratischen Staatswesens, des wirtschaftlichen Wiederaufbaus und der Eingliederung der Bundesrepublik Deutschland in die Gemeinschaft der westlichen Demokratien.

Ende der sechziger Jahre begann die zweite Periode der deutschen Politik: die Periode der Ostverträge, der Normalisierung der Beziehungen der Bundesrepublik Deutschland zu ihren östlichen Nachbarn, der Herstellung von Beziehungen zur DDR, der Stabilisierung der Lage Berlins, der Verbesserung der Kontakte zwischen den Menschen in West und Ost und zwischen den Deutschen auf beiden Seiten der Grenze, der Intensivierung der Bemühungen um Sicherheit und Zusammenarbeit in Europa, um Rüstungskontrolle und Abrüstung.

Wir stehen heute zu Beginn der achtziger Jahre am Anfang einer neuen Periode der Weltpolitik und damit auch unserer eigenen Außenpolitik. Das Neue wird deutlich, wenn wir uns die Situation noch zu Ende der sechziger Jahre vergegenwärtigen: Damals lebte unser Land in einem internationalen System, das praktisch allein von den Zielen und Bedürfnissen der westlichen Demokratien geprägt war. Zu ihm gehörten die ehemaligen Kolonien Europas. Sie waren zwar politisch unabhängig geworden. Aber an den wirtschaftlichen Beziehungen zu ihnen hatte sich dadurch Wesentliches nicht geändert. Sie fügten sich in die liberale Weltwirtschaftsordnung ein, lieferten weiterhin Öl und Rohstoffe und standen als Absatzmärkte für die Industriegüter des Westens offen. Außerhalb dieser Welt standen der Ostblock und China. Sie bildeten sozusagen eine Zweite Welt – autark, vom Westen durch »Eiserne Vorhänge« getrennt. Die westliche Politik gegenüber dieser zweiten, kommunistischen Welt reduzierte sich weitgehend

222

auf Sicherheits- und Eindämmungspolitik. Drei Entwicklungen haben in den siebziger Jahren diese zweigeteilte Welt fundamental verwandelt:

- Die erste Entwicklung war der Aufstieg der Sowjetunion von einer regionalen Großmacht zu einer globalen Supermacht, die in der interkontinentalen Nuklearrüstung mit den Vereinigten Staaten gleichzog und durch den Aufbau ihrer Lufttransportkapazitäten und ihrer Flotte die Fähigkeit zu weltweiter Machtentfaltung erwarb.
- Die zweite Entwicklung war der offene Ausbruch der Gegnerschaft zwischen der Volksrepublik China und der Sowjetunion. Verbunden damit waren das Heraustreten Chinas aus der Isolation und die Anknüpfung von Beziehungen zum Westen.
- Die dritte Entwicklung schließlich war der Eintritt der Staaten der Dritten Welt in die Weltpolitik. Sie hörten auf, passive Teilnehmer des bestehenden weltpolitischen und weltwirtschaftlichen Systems zu sein. Sie wurden vielmehr zu Akteuren der Weltpolitik, die eigene Vorstellungen, eigene Interessen, eigene Ansprüche durchsetzen wollen und die – kollektiv und einige von ihnen auch einzeln – eigenständige Macht besitzen.

Hinter diesen drei Entwicklungen steht letztlich ein und dieselbe Kraft: das durch die moderne Technik und die modernen Kommunikationsmöglichkeiten angetriebene Zusammenwachsen der Nationen zu der einen Welt der globalen Interdependenz. Die Staaten können heute ihre Ziele des Friedens und des wirtschaftliches Wohlergehens nur in weltumspannender Zusammenarbeit erreichen.

Im Verhältnis zwischen Industrie- und Entwicklungsländern ist die frühere einseitige Abhängigkeit einer gegenseitigen Abhängigkeit gewichen. Und nicht anders sehen sich auch Ost und West dazu gezwungen, über alle Gegensätze hinweg Dialog und Zusammenarbeit zu entwickeln, um den Frieden zu erhalten und die alle betreffenden Probleme der heutigen Welt zu lösen.

Formen und Instrumente weltweiter Konfliktbeherrschung und Konfliktlösung werden immer notwendiger, die Verwertung der Erkenntnisse der Friedens- und Konfliktforschung in der praktischen Politik immer dringlicher. Die in Belgrad und Wien – bei den dort möglichen Begegnungen – wieder in Gang gekommenen Gespräche zeigen den Willen, die Krise sich nicht selbst zu überlassen, sondern sie unter Kontrolle zu nehmen.

Eine Weltordnung gleichberechtigter Zusammenarbeit

Sollen die voneinander abhängigen Staaten nicht gemeinsam in Chaos und Krieg treiben, so müssen sie sich in weltweiter Zusammenarbeit zusammenfinden. Damit aber ist die entscheidende Herausforderung unserer Epoche: eine Weltordnung zu schaffen, die diese globale Zusammenarbeit möglich macht und sie in verläßlicher Weise organisiert.

In der Vergangenheit hieß Ordnung zwischen Staaten zumeist Über- und Unterordnung. »Pax Romana« – Vorherrschaft einer einzigen imperialen Macht – und »Europäisches Konzert« – Kondominium einiger weniger Vormächte –, dies waren typische Ordnungsformen der Geschichte.

Wir alle wissen, daß in unserer heutigen komplexen Welt von über 150 Staaten diese Ordnungsformen nicht mehr taugen. Vorherrschaftspolitik und militärische Gewaltanwendung können in einer solchen Welt in der Regel nur noch eines erzeugen: Chaos, wirtschaftlichen Rückschritt, Flüchtlingselend. Internationale Ordnung ist heute allein erreichbar durch freiwillige Einordnung, durch Zusammenarbeit auf der Basis der Gleichberechtigung, des gegenseitigen Vorteils und des fairen Interessenausgleichs. Elemente einer solchen Ordnung sind: Pluralismus und Nichteinmischung in die inneren Verhältnisse, partnerschaftliche Zusammenarbeit und gemeinsame Verantwortung für die Lösung der globalen Probleme, Konfliktregelung und Interessenausgleich in einem ständigen Verhandlungsprozeß.

Eine solche Weltordnung der Partnerschaft gilt es aufzubauen. Das Ziel ist klar. Aber der Weg dorthin ist schwierig und unübersichtlich und von Gefahren umdroht. Zeiten des Übergangs zu einer neuen Ordnung sind Zeiten der Instabilität.

Angesichts dieser neuen, weltweiten Herausforderungen sind auch auf die deutsche Außenpolitik neue Aufgaben zugekommen. Sie erhält notwendigerweise eine zusätzliche weltweite Dimension. Wir müssen, politisch wie wirtschaftlich, das Unsere dazu beitragen, eine Weltordnung gleichberechtigter, partnerschaftlicher Zusammenarbeit aufzubauen.

Das Fundament:
Europäische Gemeinschaft und
Nordatlantisches Bündnis

Die Bereitschaft, Verantwortung zu übernehmen, bedeutet für die Bundesrepublik Deutschland nicht Versuchung zu nationalen Alleingängen. Das Fundament deutscher Außenpolitik ist unsere Einbettung in die Europäische Gemeinschaft und in das Nordatlantische Bündnis. Nur innerhalb dieser beiden Gemeinschaften können wir das Überleben und Gedeihen unseres Landes in Frieden, Freiheit und wirtschaftlich-sozialer Stabilität sichern. Sie stark zu erhalten und weiterzuentwickeln, muß deshalb erste Priorität unserer Politik sein.

Unsere Zugehörigkeit zur Europäischen Gemeinschaft und zum Bündnis und unser Eintreten für Frieden, für Gleichberechtigung der Staaten, für partnerschaftliche internationale Zusammenarbeit und für die Verwirklichung der Menschenrechte sind die Grundkonstanten unserer Politik. Sie machen diese Politik für jedermann berechenbar. Europäische Gemeinschaft und Nordatlantisches Bündnis sind dabei nicht nur Zweckvereinigungen. Sie sind vielmehr an erster Stelle *Wertgemeinschaften:*

Die Europäische Gemeinschaft verstand sich von Anfang an als die Trägerin einer großen geschichtlichen Idee: der europäischen Idee von der Freiheit und Würde des Menschen. Es ist der Glaube an diese Idee, der Europa eint. Und wir müssen die emotionale Kraft dieses Glaubens wieder erwecken, wenn wir die derzeitigen schwierigen Probleme der Gemeinschaft überwinden wollen. Die heutige Weltlage braucht mehr denn je eine handlungsfähige, eine starke Gemeinschaft. Und umgekehrt: Europa kann seine Zukunft in Freiheit nur sichern, wenn es den Weg der Integration konsequent weitergeht.

Die Vereinigten Staaten sind nicht Gegner, sondern Befürworter der europäischen Einheit. Sie wissen, daß ein mit einer Stimme sprechendes Europa für die Vereinigten Staaten ein besserer Partner ist als ein in sich uneiniges Europa. Das feste Rückgrat der europäischen Zusammenarbeit und Einigung ist dabei das enge Verhältnis zwischen der Bundesrepublik Deutschland und Frankreich.

Nicht anders als die Europäische Gemeinschaft ist auch das Nordatlantische Bündnis eine Wertgemeinschaft, die auf die Gleichheit der Grundüberzeugung von der Würde und den Rechten des Menschen gegründet ist. Dies unterscheidet dieses Bündnis grundsätzlich von den austauschbaren Militär-Allianzen traditionellen Stils. Dies gibt ihm seine Vitalität und seine Kraft, innere Probleme zu überwinden und äußere Herausforderungen zu bestehen. Das Bewußtsein, eine Schicksalsgemeinschaft der Freiheit zu sein, macht jeden Versuch aussichtslos, Europäer und Amerikaner voneinander zu trennen.

Das Bündnis wird seine Aufgabe, auch in Zukunft den Frieden zu sichern, nur dann erfüllen können, wenn alle seine Partner ihre Beiträge zur gemeinsamen Sicherheit erbringen, wenn die Europäer das Bündnis nicht mit einer amerikanischen Wach- und Schließgesellschaft für Europa verwechseln. Nur der Selbstbehauptungswille der Demokratien in Europa und Nordamerika, nur ihr Wille zur Verteidigung können die Handlungsfähigkeit des Bündnisses erhalten.

Ost-West-Entspannung auf der Basis von Gleichberechtigung und Gleichgewicht

Auf der festen Grundlage des Bündnisses und der Gemeinschaft der Neun wird die Bundesregierung ihre *Entspannungspolitik* fortführen, deren Rahmen sie gemeinsam mit ihren westlichen Partnern in über zwei Jahrzehnten errichtet hat. Wenn man Sinn und Möglichkeiten der Entspannungspolitik realistisch einschätzt, kann man sie auch nach Afghanistan weder für gescheitert noch für künftig überflüssig erklären.

Es ist wichtig zu sehen, was Entspannungspolitik leisten kann und was nicht. Sie verspricht nicht, die fundamentalen Gegensätze in den Wertvorstellungen zwischen West und Ost aus der Welt zu schaffen. Entspannungspolitik verspricht keine heile Welt. Sie verspricht nicht einmal einen geradlinigen, von Rückschlägen freien Fortschritt. Sie ist kein Ersatz für den Willen zu eigener Verteidigung, sie setzt vielmehr diesen voraus.

Entspannungspolitik muß in erster Linie durch die Übereinstimmung gekennzeichnet sein, die Androhung und Anwendung von Gewalt als Mittel zur Lösung von Konflikten auszuschließen und durch gemeinsame Bemühungen Spannungsursachen zu beseitigen oder wenigstens so weit zu entschärfen, daß sie nicht zu gefährlichen Konflikten führen.

Entspannungspolitik setzt die Teilnahme beider Weltmächte voraus. Sie erfordert angesichts der machtpolitischen und ideologischen Konzeption der einen Seite eine Kombination von Anreizen und Warnungen. Sie muß die Sicherheitsinteressen der jeweils anderen Seite berücksichtigen und der Versuchung widerstehen, das Gleichgewicht zu eigenen Gunsten und auf Kosten der anderen Seite zu verschieben. Gleichgewicht ist eine unverzichtbare Voraussetzung jeder realistischen Entspannungspolitik.

Ein wesentliches Motiv der Sowjetunion, im Wege der Entspannung zu einem Arrangement mit den Vereinigten Staaten zu kommen, war das sowjetische Bestreben, als Weltmacht anerkannt zu werden. Die grundsätzliche Anerkennung hat die Sowjetunion von den USA 1972 erreicht. Entsprechend hat sich die Sowjetunion auch die militärischen Mittel zugelegt, die es ihr erlauben, als Weltmacht in der internationalen Arena zu agieren. Seit Ende der sechziger Jahre wurde ihre militärische Kapazität so verstärkt, daß sie heute imstande ist, den USA im Weltmaßstab ebenbürtig gegenüberzutreten.

Die Vereinigten Staaten jedoch haben aus einer Reihe von Gründen, zu denen auch der Vietnam-Krieg und Watergate zählen, ihre Rüstungsanstrengungen, ihre Möglichkeiten, amerikanische und westliche Interessen in der Welt notfalls mit militärischen Mitteln wahrzunehmen, eingeschränkt, da der Kongreß und die öffentliche Meinung nach den Erfahrungen von Vietnam dem Präsidenten und seiner Regierung die Hände banden. So konnte das Mißverständnis aufkommen, daß die Vereinigten Staaten einseitigen Positionsgewinnen der Sowjetunion keinen ernsthaften Widerstand entgegensetzten.

Die Sowjetunion, die Entspannung niemals als ein in ihrer Sprache so genanntes »Einfrieren der objektiven historischen Entwicklungsprozesse«, als »Schutzbrief für morsche Regime« (sowjetische Regierungserklärung vom 22. Mai 1976) aufgefaßt hatte, fühlte sich ermutigt, die Unruhen und Instabilitäten in der Dritten Welt für ihre Zwecke zu nutzen. Afghanistan hat dem Westen zum Bewußtsein gebracht, wohin dieser sowjetische Doppelstandard – die Respektierung der Entspannungsprinzipien in der Stabilität Europas, aber ihre Verletzung unter den labilen Bedingungen in anderen Teilen der Welt – führen kann.

In Amerika war die Antwort ein alarmiertes Erwachen. Die Regierung, unterstützt von Parlament und Öffentlichkeit, erklärte sich entschlossen, die Herausforderungen anzunehmen und die notwendigen Anstrengungen zu unternehmen, um weiteren Verschiebungen des Gleichgewichts in der Welt entgegenzutreten.

Das Schicksal der Menschheit wird in den achtziger Jahren wesentlich davon abhängen, ob es gelingt, so wie in Europa, auch im Weltmaßstab von der Konfrontation zum Interessenausgleich und zur Kooperation überzugehen. Die Amerikaner sind mit uns einig, daß die Krise nicht durch eine Übertragung des Ost-West-Gegensatzes auf die Dritte Welt zu lösen ist.

Ebenso wichtig wie die Sicherung militärischen Gleichgewichts ist die Stabilisierung labiler Gebiete durch die Bereitschaft zu wirtschaftlicher und politischer Zusammenarbeit mit den auf ihre Unabhängigkeit bedachten Staaten der betreffenden Regionen der Dritten Welt.

Der Grundsatz, daß Entspannung nur beim Verzicht auf Erlangung einseitiger Vorteile funktionieren kann, gilt auch für Afghanistan und auch dort für beide Seiten. Die Amerikaner und die Europäische Gemeinschaft, die am 19. Februar 1980 einen Vorschlag zur Lösung unterbreitet hat, stehen dazu.

Den Beziehungen der Bundesrepublik Deutschland zur Sowjetunion kommt für die Entspannungspolitik in Europa eine besondere Bedeutung zu. Ohne die Vertragspolitik der Bundesrepublik Deutschland wäre die Entspannung in Europa nicht möglich gewesen. Weder wäre das Viermächte-Abkommen zustande gekommen noch die Schlußakte von Helsinki, noch wäre es zu den Wiener MBFR-Verhandlungen gekommen. Sollte das Fundament, das in den Beziehungen der Bundesrepublik Deutschland zu ihren östlichen Nachbarn geschaffen worden ist, erschüttert werden, so würde der Entspannungsprozeß in Europa unterbrochen. Die feste Verankerung der deutschen Politik im westlichen Wirtschafts- und Bündnissystem ist dabei Geschäftsgrundlage. Sie liegt nicht nur in unserem Interesse. Nur durch die Verkoppelung mit der Entspannungspolitik zwischen den Supermächten kann die Entwicklung der deutsch-sowjetischen Beziehungen ihren Beitrag zur Stabilität in Europa leisten.

Die Bedeutung der Ostpolitik für die Deutschland-Frage liegt in der Möglichkeit, durch die Aufrechterhaltung und Verstärkung von Kontakten zwischen den Menschen das Zusammengehörigkeitsgefühl, den Zusammengehörigkeitswillen innerhalb der deutschen Nation zu wahren, der eine reale psychologische und geschichtlich wirksame Kraft ist. Es wird in den achtziger Jahren darauf ankommen, diese Entwicklung kontinuierlich weiterzuführen.

Es gilt, die Verkehrsabkommen, die 1978 und 1980 zwischen beiden deutschen Staaten geschlossen wurden und in besonderem Maße der Sicherung Berlins dienen, durch Vereinbarungen im Bereich der Kultur, der Wissenschaft und der Rechtshilfe zu ergänzen und Fortschritte im humanitären Bereich, besonders bei den Reiseerleichterungen, zu erzielen. Wir sind bereit, neue langfristige Vereinbarungen anzustreben, die in den achtziger und neunziger Jahren die Bedürfnisse unserer Nation und die Bedürfnisse auch Berlins absichern.

Rüstungskontrollpolitik – das Bemühen um Gleichgewicht auf möglichst niedrigem Niveau

Die *militärischen* Aspekte der Entspannung sind schon in den letzten Jahren in den Mittelpunkt der Ost-West-Diskussion gerückt. Es ist offenkundig, daß die achtziger Jahre die Entscheidung über Abrüstung oder Rüstungswettlauf bringen werden. Unser erfolgreiches Bemühen, in das Schlußdokument von Helsinki mit der Vereinbarung vertrauensbildender Maßnahmen auch sicherheitspolitische Aspekte aufzunehmen, hat sich als richtig erwiesen. Unser Ziel ist eindeutig:

1. Wir wollen Sicherheit auf der Grundlage des Gleichgewichts.
2. Wir wollen das Gleichgewicht auf einem möglichst niedrigen Niveau der Rüstungen.

Die Möglichkeit, die achtziger Jahre zu einem Jahrzehnt der Abrüstung zu machen, ist noch nicht vertan, auch wenn die Entwicklungen der letzten Monate die Aussichten dafür sicher nicht verbessert haben. Alle Bemühungen um Abrüstung sind nur dann aussichtsreich, wenn nicht einseitige Vorteile erstrebt, sondern auch die Interessen der jeweils anderen Seite in die eigenen Erwägungen einbezogen werden. Das muß gelten für die Fortsetzung des KSZE-Prozesses, für die Einsetzung und Arbeit einer europäischen Abrüstungskonferenz, für die MBFR-Verhandlungen und für die Verhandlungen über Mittelstrekkenwaffen.

Der SALT-Verhandlungsprozeß hat für die interkontinentalen strategischen Waffen das Prinzip des Gleichgewichts konstituiert. Das Ziel für die achtziger Jahre muß es sein, dieses Prinzip auch für die anderen Bereiche zu etablieren.

Der Doppelbeschluß des westlichen Verteidigungsbündnisses zur Frage der Mittelstreckenwaffen drückt die doppelte Zielsetzung in klassischer Weise aus:

1. Gleichgewicht, das heißt keine Hinnahme der Überlegenheit der anderen Seite,
2. Gleichgewicht auf einem möglichst niedrigen Niveau der Rüstungen.

An der Schwelle der achtziger Jahre wird das Thema Mittelstreckenwaffen zur Schlüsselfrage dafür, ob es gelingt, Gleichgewicht gleichsam nach unten, das heißt durch Abrüstung zu schaffen, oder ob wir zum Gleichgewicht nach oben, das heißt zum Rüstungswettlauf, gezwungen werden, oder ob Westeuropa durch Hinnahme von wachsender Überlegenheit der östlichen Seite den Weg der sicherheitspolitischen Abkoppelung von den Vereinigten Staaten beschreitet.

Die Entschlossenheit des Westens, den Brüsseler Beschluß uneingeschränkt durchzuführen – was auch heißt, ohne Vorbedingungen zu verhandeln –, zeigt unseren Willen, alles zu tun, was in unseren Kräften steht, um das Gleichgewicht zu sichern und einen neuen Rüstungswettlauf zu vermeiden. Jeder im Westen genährte Zweifel an unserer Entschlossenheit, das Gleichgewicht herzustellen, bedeutet deshalb keine Erleichterung der Abrüstungsbemühungen, sondern eine Erschwerung, weil er im Osten Hoffnungen stärkt, es könne zu einem Zustand akzeptierter Überlegenheit des Ostens kommen.

Vertrauensbildung

Wenn es richtig ist, daß verantwortliche Sicherheitspolitik die Fähigkeit einschließt, auch die Interessen, Sorgen, Hoffnungen der jeweils anderen Seite zu sehen, dann wird deutlich, daß der *Vertrauensbildung* eine wesentliche Rolle zukommt. Vertrauensbildende Maßnahmen werden deshalb ein wesentlicher Bestandteil west-östlicher Bemühungen sein müssen. Hier sind wir erst am Anfang der Entwicklung der gegebenen Möglichkeiten.

Eine quantitative und qualitative Ausdehnung der vertrauensbildenden Maßnahmen muß zu einem dynamischen Element europäischer Rüstungskontrollpolitik gemacht werden.

Quantitativ bedeutet dies, daß der regionale Anwendungsbereich der neu zu entwickelnden vertrauensbildenden Maßnahmen entsprechend dem französischen Vorschlag für eine europäische Abrüstungskonferenz sich auf ganz Europa erstrecken muß.

Qualitativ bedeutet es die höchstmögliche Transparenz aller die Sicherheit betreffenden Entscheidungen und Tatsachen. Rüstungsexporte in alle Welt zum Beispiel dürfen nicht länger Geheimsache sein, sie berühren auch die europäische Sicherheit. Rüstungspolitische Entscheidungen, bei denen die Entwicklung neuer Waffensysteme als Geheimsache behandelt wird, sind eine Ursache für Mißtrauen der anderen Seite; offen behandelt, bedeuten sie jedenfalls mehr Berechenbarkeit, und das ist eine Voraussetzung der Vertrauensbildung.

Es ist leicht einsehbar, daß diese Betrachtung der Vertrauensbildung dem Osten mehr abverlangt als dem Westen, weil dieser schon jetzt ein hohes Maß an Öffentlichkeit als Konsequenz unserer offenen Gesellschaft bietet. Aber gerade deshalb sollte man im Osten erkennen, daß es in der internationalen Sicherheitsdiskussion auch um die Herstellung des Gleichgewichts an Berechenbarkeit geht.

Die Diskussion um die TNF-Modernisierung, die vor allem im Jahre 1979 im Westen stattgefunden hat, ist ein Beispiel für das Maß an Berechenbarkeit und Voraussehbarkeit, das die westlichen Staaten aus ihrer offenen Struktur heraus dem Osten bieten.

Dieses Element der Sicherheit könnte durch entsprechendes Verhalten auf der anderen Seite vervielfacht werden. Es muß die Frage gestellt werden, welchen Verlauf wohl die Rüstungskontrollpolitik für die Mittelstreckenwaffen hätte nehmen können, wenn die SS-20-Vorrüstung im Osten in der gleichen Weise transparent vorbereitet worden wäre wie die TNF-Nachrüstung im Westen. Die positive Wirkung hätte noch verstärkt werden können, wenn die SS-20-Entscheidung mit einem Verhandlungsangebot des Ostens für die Mittelstreckenwaffen verbunden worden wäre.

Fortsetzung des KSZE-Prozesses

Europa ist in der Vergangenheit der Schauplatz schrecklicher Kriege gewesen, es war oft auch der Ausgangspunkt von Kriegen, die in andere Teile der Welt getragen wurden. Es muß heute unser Ziel sein, zu friedlicher Konfliktlösung in aller Welt beizutragen – das gilt für die Afghanistan-Krise, für die Iran-Krise, für den Nahen Osten, für das südliche Afrika und für andere Regionen. Wir müssen bei uns Modelle militärischer Sicherheit schaffen, die uns nicht nur hier Stabilität geben, sondern diese Stabilität auch in andere Teile der Welt wirken lassen.

Es geht darum, gerade in schwieriger Zeit an der Umsetzung der Ziele der Schlußakte von Helsinki zu arbeiten und die noch nicht genutzten Perspektiven zu erkennen, und zwar in allen drei Körben.

Der KSZE-Prozeß ist langfristig angelegt. Er muß durchgehalten werden, auch wenn im Ost-West-Verhältnis Klimaveränderungen vorkommen. In solchen Situationen muß sich seine stabilisierende Funktion bewähren, auch wenn sich naturgemäß die Gesamtlage förderlich oder nachteilig auf die jeweiligen Nachfolge-Konferenzen auswirken wird.

Gerade in schwierigen Zeiten sollte von der Möglichkeit Gebrauch gemacht werden, solche Konferenzen auf politischer Ebene abzuhalten. Die vorhandenen Konsultationen sollten benutzt werden, um für Madrid in einigen Körben konkrete Punkte herauszuarbeiten, die es ermöglichen, bei der im November 1980 beginnenden Konferenz Fortschritte zu erzielen.

Dies gilt in Korb II zum Beispiel für die Zusammenarbeit im Bereich der Energie und für die Verbesserung der wirtschaftspolitischen Information; in Korb III für die kontinuierliche Fortentwicklung der humanitären Regelungen: Familienzusammenführung, Reisemöglichkeiten. Von besonderer Bedeutung ist auch die Einhaltung der Bestimmungen über die Informationsfreiheit, die für die internationale Zusammenarbeit auch über den KSZE-Bereich hinaus bei der Entwicklung moderner Informationsmittel wichtig sind.

Nord-Süd-Zusammenarbeit in gleichberechtigter Partnerschaft

Entspannung auf der Basis von Gleichberechtigung und Gleichgewicht – dies ist der eine Pfeiler im Aufbau einer Weltordnung, in der die Staaten in gemeinsamer Verantwortung ihre Zukunft in Frieden und Wohlstand sichern.

Partnerschaftliche Kooperation zwischen Industrie- und Entwicklungsländern auf der anderen Seite – dies ist der zweite Pfeiler.

Unabhängigkeit und Selbstbestimmung der Dritten Welt

Die bestimmenden Kräfte in der Dritten Welt sind heute der Wille zu Unabhängigkeit und Selbstbestimmung, der Wunsch nach Verwirklichung der eigenen Identität, das Streben nach wirtschaftlicher Entwicklung. Nur eine Dritte-Welt-Politik, die im Bunde mit diesen Kräften ist, kann auf Dauer erfolgreich sein und zu fruchtbarer Kooperation führen.

Ausdruck des Willens der Dritten Welt zur Unabhängigkeit ist die Bewegung der Blockfreien. Die Blockfreien-Bewegung befindet sich derzeit im Übergang von ihrer antikolonialen Gründungsphase in die Phase der Behauptung und des Ausbaus der eben gewonnenen Unabhängigkeit und Selbständigkeit.

Die kommenden Jahre werden auch gekennzeichnet sein von der in Havanna auf dem Blockfreien-Gipfel offenbar gewordenen Auseinandersetzung, bei der es um die Alternative ging: politische Unabhängigkeit oder Anlehnung an die Sowjetunion, die von den Vertretern dieses Kurses als »natürlicher Verbündeter« der Blockfreien betrachtet wird.

Die geschichtliche Entwicklung, die eindeutig auf Verwirklichung der Selbstbestimmung gerichtet ist, spricht dafür, daß sich der Weg der Unabhängigkeit gegen den Weg der Anlehnung durchsetzen wird. Schon in Havanna hat sich die große Mehrheit gegen die Anlehnung an die Sowjetunion ausgesprochen. Die westlichen Demokraten sollten jedoch klar erkennen, daß sich dieses Votum nicht nur gegen Anlehnung an die Sowjetunion, sondern gegen jede Anlehnung, auch die Anlehnung an den Westen, richtete. Die Politik wirklicher Blockfreiheit stellt sich jeder Politik der Vorherrschaft und der Begründung von Einflußzonen entgegen.

Die sowjetische Intervention in Afghanistan wurde von einer überwältigenden Mehrheit der Dritten Welt verurteilt. Die Dritte Welt empfindet dabei diese Intervention als gegen sich gerichtet und nicht primär als Ost-West-Problem. Aber sie fordert in Übereinstimmung mit dem Westen die Lösung der Afghanistan-Krise durch den Rückzug der sowjetischen Truppen.

Die Reaktion der Dritten Welt auf Afghanistan zeigt, daß die Politik der Einflußzonen die Sowjetunion in einen zunehmenden Gegensatz zu den Staaten der Dritten Welt bringt. Wenn der Westen demgegenüber in überzeugender Weise für Selbstbestimmung und Gleichberechtigung der Länder der Dritten Welt eintritt, so kann er der Dritten Welt ein fairer Partner sein. Er würde diese Chance nur verlieren, wenn er spiegelbildlich zur sowjetischen Politik der Einflußzonen den Ost-West-Gegensatz von sich aus auf die Dritte Welt übertragen wollte. Er würde seine Chance auch verlieren, wenn er sich den legitimen Ansprüchen der Dritten Welt verweigerte, und das heißt beispielsweise, wenn er sich dem Selbstbestimmungsrecht des palästinensischen Volkes im Rahmen einer umfassenden und gerechten Friedenslösung verweigerte oder wenn er sich der Überwindung von Kolonialismus und Rassismus in Namibia und Südafrika entgegenstellte. Der Westen würde schließlich die Grundsätze einer fairen Partnerschaft mit den Staaten der Dritten Welt auch dort verletzen, wo er sich als Protektor überholter Strukturen mißbrauchen ließe. Die Entwicklung in Mittelamerika wird ein Testfall sein, ob der Westen diese Einsicht zu beherzigen weiß.

Das Konzept für eine westliche Dritte-Welt-Politik kann nur heißen: Unterstützung der Unabhängigkeit und Selbstbestimmung der Dritten Welt. Allein ein solches Konzept hat Zukunft, es allein kann den Frieden erhalten. Im Westen wie in der Dritten Welt muß hierfür Mißtrauen abgebaut werden. Das Mißtrauen der Blockfreien hat seine Ursachen in den Erfahrungen der Kolonialzeit; dabei wird verkannt, daß der Wille zur Partnerschaft heute überall im Westen vorhanden ist. Das Mißtrauen im Westen hat seine Wurzeln in dem engen Zusammengehen von blockfreien und kommunistischen Ländern in der antikolonialen Phase der Blockfreien-Bewegung; dabei wird übersehen, daß dieses Zusammengehen sehr oft von den Völkern der Dritten Welt weder gesucht noch gewollt war, ihnen aber durch Kurzsichtigkeit und Fortschrittsverweigerung westlicher Staaten aufgezwungen wurde.

Eine langfristig angelegte Politik des Westens bedeutet Verzicht auf den Versuch, unsere eigenen politischen, gesellschaftlichen und wirtschaftlichen Ordnungsvorstellungen zu exportieren. Sie bedeutet im Gegenteil Respektierung und Bejahung eines eigenständigen Weges der Dritten Welt. Neben der Sicherung und Entfaltung der äußeren Unabhängigkeit ist heute in der Dritten Welt die Identitätsbewahrung oder – vor allem in Afrika – die Identitätssuche die bestimmende Kraft.

Friedliche Konfliktlösung und Unterstützung regionaler Zusammenschlüsse

Stärkung der Unabhängigkeit der Dritten Welt heißt auch, einen Beitrag dazu zu leisten, daß die Konflikte in der Dritten Welt friedlich, durch Verhandlungen, gelöst werden. Am Beispiel Simbabwes hat sich in den letzten Monaten eindrucksvoll erwiesen, daß Konflikte in der Tat friedlich gelöst werden können und daß sie nur auf diese Weise ohne Chaos und Zerstörung gelöst werden können.

Das westliche Konzept der friedlichen Konfliktlösung hat durch den Erfolg in Simbabwe sowohl in Afrika als auch in der Dritten Welt insgesamt an Glaubwürdigkeit und Vertrauen gewonnen.

Stärkung der Unabhängigkeit der Dritten Welt heißt drittens, den Trend zu regionalen Zusammenschlüssen in der Dritten Welt zu unterstützen. Diese Zusammenschlüsse können wesentlich dazu beitragen, die Unabhängigkeit, politische Stabilität und wirtschaftliche Entwicklung ihrer Mitgliedstaaten zu fördern.

Für die Politik der Europäischen Gemeinschaft ergibt sich hier eine besondere Aufgabe. Denn sie ist als Beispiel eines erfolgreichen Zusammenschlusses gleichberechtigter Staaten vielfach Vorbild für die Dritte Welt. Eine interregionale Zusammenarbeit zwischen der EG und den Zusammenschlüssen in der Dritten Welt kann diesen Zusammenschlüssen gerade in ihrer Anfangsphase wichtige Impulse geben. Wir Deutsche haben uns deshalb in der EG zum Fürsprecher für den Aufbau solch interregionaler Zusammenarbeit gemacht. Das Kooperationsabkommen EG/ASEAN wurde von uns initiiert. Es ist Beispiel für die Bereitschaft Europas, seine Möglichkeiten und seine Verantwortung wahrzunehmen. Das gleiche gilt für den im letzten Monat begonnenen Dialog mit den Staaten des Anden-Paktes. Es gilt ebenso, den euro-arabischen Dialog zu aktivieren und politisch aufzuwerten. Und es gilt, den noch im Versuchsstadium stehenden Dialog mit den Golfstaaten energisch zu verfolgen.

In Afrika hat die erste Wirtschafts-Gipfelkonferenz in Lagos deutlich die Tendenz zu regionalen Zusammenschlüssen erkennen lassen. Auch hier gilt es für die EG, die Möglichkeiten zu nutzen, solche Zusammenschlüsse zu fördern. Wir tun dies bereits in dem Lomé-Abkommen, das beträchtliche Hilfsmittel für die Unterstützung regionaler Projekte vorsieht.

Stärkung der Unabhängigkeit der Dritten Welt heißt nicht zuletzt – es gilt dies nochmals klar zu betonen – Anerkennung und Förderung der stabilisierenden Rolle der Blockfreien-Bewegung. Es liegt mir daran, hier ausdrücklich zu begrüßen, daß Jugoslawien auch nach dem Tode von Präsident Tito in der Blockfreien-Bewegung weiter eine führende Rolle einnehmen will. Präsident Tito ist es zu verdanken, daß durch die Mitwirkung des europäischen Landes Jugoslawien der Blockfreien-Bewegung vom Tage ihrer Gründung an jeder antieuropäische Charakter fehlte.

Entwicklungshilfe – Politik zur Sicherung auch unserer eigenen Lebensinteressen

Eine künftige Weltordnung des Friedens und der gleichberechtigten Zusammenarbeit setzt voraus, daß wir die Entwicklung der Länder der Dritten Welt als Aufgabe begreifen, die auch uns angeht. Friede und Wohlergehen bei uns hängen mit davon ab, ob es gelingt, den Hunger in der Dritten Welt zu überwinden und *Entwicklung in Stabilität* zu erreichen. Der Bericht der Brandt-Kommission hat dies eindrucksvoll aufgezeigt. Entwicklungshilfe ist humanitäre Pflicht. Sie ist aber nicht weniger Handeln zum Schutz auch unserer eigenen Lebensinteressen.

Zwischen 1970 und 1978 haben die Entwicklungsländer – selbst wenn wir von den Ölexportländern mit Kapitalbilanzüberschuß absehen – ein Wachstum von 5,8 Prozent pro Jahr erreicht – ein Wachstum also, das nur wenig hinter dem Sechsprozent-Ziel der Zweiten Entwicklungsdekade zurückbleibt. Jedoch diese 5,8 Prozent sind eine Durchschnittszahl. Hinter ihr verbirgt sich eine Auseinanderentwicklung der Dritten Welt.

Ein Teil der Entwicklungsländer – die ölexportierenden Länder und die im Industrialisierungsprozeß fortgeschrittenen Länder – erreichten sehr hohe Wachstumsraten. Gerade die ärmeren Entwicklungsländer andererseits fielen weiter zurück; hier reichte bisweilen das Wachstum nicht einmal aus, um mit der Bevölkerungszunahme Schritt zu halten. Aber auch in den Entwicklungsländern mit schnellem Wachstum blieben häufig große Teile der Bevölkerung von der Entwicklung praktisch ausgeschlossen. Die Zahl der Armen und Hungernden wuchs auch hier in vielen Ländern.

In der kommenden Dritten Entwicklungsdekade gilt es also, zweierlei zu erreichen:

- Es muß gelingen, endlich auch in den armen Entwicklungsländern die Entwicklung zu beschleunigen und zufriedenstellende Wachstumsraten zu erreichen;
- und es muß gelingen, *alle* Bevölkerungsschichten in den Entwicklungsprozeß einzubeziehen und so die absolute Armut, die nackte Not, zu überwinden.

Im Jahr 2000 werden in den Entwicklungsländern, einschließlich China, 4,6 Milliarden Menschen leben, das heißt mehr als heute in der ganzen Welt. Dies erfordert enorme Anstrengungen, um auch nur eine Verschlechterung der Lage der Menschen in der Dritten Welt zu verhindern. Sie zu verbessern, kann allein gelingen mit der vereinten Kraft aller Länder: der Industrieländer in West und Ost ebenso wie der Entwicklungsländer selbst.

Prioritäten für die bevorstehenden globalen Nord-Süd-Verhandlungen

In New York wird im August dieses Jahres die 11. Sonder-Generalversammlung der Vereinten Nationen den Startschuß für den Beginn neuer globaler Verhandlungen zwischen Nord und Süd geben. Es gilt, diese Chance zu nutzen, um die Kräfte aller Länder in einer koordinierten Politik für das große Ziel der Überwindung von Hunger und Not zu mobilisieren. Zu den Prioritäten muß gehören:

Für die armen Entwicklungsländer gilt es insbesondere, die öffentliche *Entwicklungshilfe* zu steigern. Wir hoffen, daß an dieser Hilfe endlich auch die kommunistischen Industrieländer einen ihrem Potential adäquaten Anteil übernehmen. Die Ölpreiserhöhungen haben gerade auch die ölimportierenden Entwicklungsländer mit mittlerem Einkommen in große Zahlungsbilanzschwierigkeiten gebracht. Es wird darauf ankommen, auch ihnen durch die internationalen Institutionen, wie vor allem den Weltwährungsfonds, und durch die privaten Banken ausreichende Mittel zur Finanzierung der Defizite zur Verfügung zu stellen.

Wie für die ärmeren Entwicklungsländer die öffentliche Hilfe, so ist für die fortgeschrittenen Entwicklungsländer die *Öffnung der Märkte* der Industrieländer von zentraler Wichtigkeit. Im Jahre 1979 hatten die Industriegüter-Exporte der nicht zur OPEC gehörenden Entwicklungsländer fast den gleichen Wert wie die Rohstoffexporte, von Öl abgesehen. Dies heißt: das Monopol der Industrieländer im Industriegüterexport geht zu Ende. Ob wir zu dieser Entwicklung ja oder nein sagen, damit steht und fällt letztlich die Kooperation zwischen Nord und Süd. Unsere Märkte vor den Industriegüterausfuhren der Dritten Welt zu schließen und den Wandel der traditionellen Handelsstruktur, unter der die Entwicklungsländer Rohstoffe und die Industrieländer Fertigwaren lieferten, zu verweigern, hieße nichts anderes, als der Dritten Welt die Entwicklung zu verweigern. Das Offenhalten der Märkte stellt die Industrieländer zweifellos gerade in der gegenwärtigen schwierigen Lage der Weltwirtschaft vor große Probleme. Aber wir müssen diese Probleme, wir müssen den Strukturwandel bewältigen.

Die bevorstehenden globalen Nord-Süd-Verhandlungen sollen zum ersten Mal die *Energiefrage* einschließen, und damit die Schlüsselfrage für Industrieländer und Entwicklungsländer. Der Übergang vom Zeitalter des Öls in das Zeitalter anderer Energien wird größte innere Anstrengungen aller Länder bei der Energieeinsparung und bei den Investitionen für Kohle, Nuklearenergie und andere Energieformen erfordern. Der Übergang wird jedoch ohne Bruch nur zu bewältigen sein, wenn Ölproduzenten- und Ölverbraucher-Länder in gemeinsamer Verantwortung zusammenarbeiten.

Die Ölerzeuger-Länder wollen ihre Wirtschaft entwickeln für die Zeit nach dem Öl. Sie brauchen unter anderem Technologietransfer, sichere offene Märkte für ihre künftigen Industriegüterexporte, sichere und attraktive Anlagemöglichkeiten für ihre Devisenüberschüsse. Die Ölverbraucher-Länder andererseits sind angewiesen auf eine zuverlässige Versorgung mit Öl und auf den Schutz vor abrupten Preissteigerungen. Die ölimportierenden Entwicklungsländer brauchen zudem Hilfe zur Entwicklung ihrer eigenen Energieressourcen. Diese Interessen lassen sich nur durch Zusammenarbeit befriedigen, und es sollte in einem Energiedialog möglich sein, den Ausgleich der Interessen und eine fruchtbare Zusammenarbeit zu organisieren.

Lassen Sie mich noch einen letzten Punkt herausgreifen: die Frage der *Entwicklungsstrategie*. Es gibt nicht eine einzige, für jedes Land gültige Strategie, es gibt nur eine Vielfalt von Strategien, die jeweils auf der Grundlage der besonderen Ressourcen und Gegebenheiten in jedem Entwicklungsland gewählt werden müssen. Eines aber gilt für jede Strategie: Sie muß so angelegt sein, daß sie einen breiten Entwicklungsprozeß in Gang setzt, der die Massen der Armen mit einschließt. Es muß vermieden werden, daß sich Wirtschaft und Gesellschaft in den Entwicklungsländern in zwei Sektoren teilen: einen modernen Sektor, der das Wachstum trägt, und einen traditionellen Sektor, der stagniert und in dem für die Menschen alles beim alten bleibt, das heißt bei Hunger und Elend. Nur ein Entwicklungsprozeß, der die Massen der Armen beteiligt, kann auf die Dauer eine Entwicklung in Stabilität ermöglichen.

Ein zentraler Bestandteil einer solchen ausgewogenen Entwicklungsstrategie wird in den meisten Ländern die vorrangige Förderung der Landwirtschaft sein müssen: Förderung einer modernen Landwirtschaft, die jedoch nicht durch Maschinen, sondern durch arbeitsintensive Methoden hohe Produktivitätssteigerungen erzielt. Nur mit einer solchen entschiedenen Förderung der Landwirtschaft wird es zugleich möglich sein, die drohenden Ernährungsprobleme in vielen Entwicklungsländern zu lösen.

Aktive Mitarbeit in den Vereinten Nationen

Von wesentlicher Bedeutung für die Entwicklung der internationalen Lage in den achtziger Jahren wird die Entwicklung in den Vereinten Nationen sein.

In der westlichen Welt ist Begeisterung für die Vereinten Nationen in der ersten Dekade ihres Bestehens inzwischen von Resignation, Mißtrauen und Geringschätzung abgelöst worden. Eine nüchterne Betrachtung zeigt schnell, daß die positive Grundhaltung am Anfang nicht nur Vorschußlorbeeren waren, sondern auch das Ergebnis westlicher Dominanz in den Vereinten Nationen. Sowjetische Vetorekorde wurden als westliche Erfolge erlebt, und darüber wurde gänzlich übersehen, daß sich neue Mehrheitsverhältnisse anbahnten.

Geringschätzung für die Vereinten Nationen läßt außer acht, daß die Vereinten Nationen nicht die Ursache für die Weltprobleme sind. Wohl aber werden in den Vereinten

Nationen die Probleme der Welt reflektiert. Angesichts der Pluralität der internationalen Staatengemeinschaft geht von den Vereinten Nationen die Bildung einer Art Weltmeinung aus, die mit steigender Bedeutung der Ungebundenen ein immer stärker werdender politischer Faktor ist. Schon heute ist erkennbar, daß die politischen Entscheidungen in den einzelnen Staaten der Welt – wenn auch unterschiedlich – auf die in den Vereinten Nationen sich ausdrückende Weltmeinung Rücksicht nehmen.

Resignation oder gar Geringschätzung gegenüber den Vereinten Nationen bedeutet Verzicht auf Mitwirkung bei der Bildung dieser Weltmeinung. Gerade Länder wie die Bundesrepublik Deutschland sollten alles unternehmen, um ihre Auffassungen in diesen Prozeß weltweiter Meinungsbildung einzubringen. Positive Wirkungen der Aktivitäten der Vereinten Nationen – zum Beispiel bei friedenssichernden Aufgaben – sollten bei aller Begrenztheit nicht unterschätzt werden.

Das eigentliche Problem der Vereinten Nationen ist die Schwerfälligkeit ihrer Strukturen, die zur Abhaltung von Mammutkonferenzen über hochkomplizierte Themenbereiche zwingt. Dennoch haben sich in solchen Konferenzen auch Annäherungen in den Meinungen ergeben – vielfach allerdings recht spät.

Manche Fehlentwicklungen in der Meinungsbildung der Dritten Welt zu Fragen der Weltwirtschaft sind auch Konsequenzen der früheren Unterentwicklung des Problembewußtseins in den Industrieländern, was zu untauglichen Lösungsvorschlägen führte, wo realistische Vorschläge durchaus die Chance gehabt hätten, die Meinungsbildung in der Dritten Welt konstruktiv zu beeinflussen.

Es gilt für die Vereinten Nationen, was für alle Vereinigungen und Gremien gilt: Sie können nicht besser sein, als ihre Mitglieder es zulassen. Die Vereinten Nationen sind bei aller Unvollkommenheit längst unentbehrlich geworden. Wir, die Bundesrepublik Deutschland, sollten uns deshalb auch in Zukunft um ihre Aktivierung bemühen.

Leitgedanken deutscher Außenpolitik an der Schwelle der achtziger Jahre

So wissen wir an der Schwelle der achtziger Jahre, daß das neue Jahrzehnt wichtige Weichenstellungen bewirken wird. Jede von ihnen – auch diejenigen, die scheinbar nur von regionaler Bedeutung sind – hat Wirkungen über das Jahrzehnt hinaus. In jeder einzelnen Frage müssen wir durch eine klare Position unseren Beitrag leisten, um auf eine Entwicklung hinzuwirken, die der Welt Frieden und menschenwürdiges Dasein sichert.

Wir stellen energische Anstrengungen für eine Fortsetzung der Integrationspolitik in Europa gegen Desintegration zur Zollgemeinschaft.

Wir stellen die Besinnung auf die gemeinsamen Wertvorstellungen und die übereinstimmenden Sicherheitsinteressen Europas und Amerikas sowie die Entschlossenheit, nach dieser Einsicht zu handeln, gegen modischen Anti-Amerikanismus und Abkoppelung Europas.

Wir stellen Gleichgewicht als unverzichtbare Voraussetzung von Stabilität und Sicherheit gegen Übergewicht des Ostens mit der Gefahr von Instabilität, schließlich unausweichlicher Anpassung oder gar Unterwerfung.

Wir stellen das Bemühen um Gleichgewicht auf einem möglichst niedrigen Niveau der Rüstungen gegen die Gefahr eines neuen Rüstungswettlaufs.

Wir stellen die Zusammenarbeit zwischen Ost und West, die Fortsetzung der Entspannungspolitik auf der Grundlage eines handlungsfähigen Bündnisses gegen einen neuen Kalten Krieg mit seinen Gefahren für Frieden und Stabili-

tät und mit seinen Gefahren für die Interessen der in zwei
Staaten getrennt lebenden deutschen Nation.

Wir stellen eine europäische Politik, die zu friedlicher
Konfliktlösung überall in der Welt beitragen will, gegen die
Übertragung des Ost-West-Gegensatzes auf die Dritte
Welt, die Spannungsexport statt Friedenslösung bringen
würde.

Wir stellen die Unterstützung der Selbständigkeit und
Unabhängigkeit der Staaten der Dritten Welt gegen eine
Politik der Einfluß- und Vorherrschaftszonen, die die
Dritte Welt zum Ausgangspunkt weltweiter Spannungen
macht.

Wir stellen das Konzept einer West-Ost-Süd-Koopera-
tion in der Energiepolitik gegen die Gefahr eines weltweiten Energie-Verteilungskampfes.

Wir stellen unsere Entschlossenheit zur Überwindung
des Nord-Süd-Gegensatzes aus moralischer Verantwortung
und Verantwortung für den Weltfrieden gegen Vernachlässigung oder ökonomische Beherrschung der Dritten Welt
mit der darin liegenden Verneinung moralischer und politischer Verantwortung.

Wir stellen unseren Willen, durch Dialog und Verhandlung eine auf Gleichberechtigung und Partnerschaft
gegründete Weltordnung zu schaffen, gegen Handeln
aneinander vorbei oder gegeneinander, gegen Konservierung überkommener Überlegenheitsstrukturen und gegen
Schaffung neuer Strukturen der Beherrschung.

Die Außenpolitik der Bundesrepublik Deutschland ist in
allen diesen Fragen zu klarer Definition ihrer Ziele, zur
Beständigkeit in ihrer Verfolgung und zu Berechenbarkeit
in ihren Absichten gefordert. Wir werden unseren Weg nur
dann eindeutig gehen können, wenn wir uns stets bewußt
bleiben, daß Freiheit und Menschenrechte, Selbstbestimmung und Friedenssicherung die unveräußerlichen Kennzeichen deutscher Politik sind.

Entwicklungspolitik und
internationale Kooperation

Rede vor der
11. Sondergeneralversammlung der
Vereinten Nationen in New York
am 27. August 1980

Ich möchte als erstes meiner großen Freude Ausdruck geben, in unserer Mitte Simbabwe als neues Mitglied der Vereinten Nationen zu sehen.

Es ist Grundüberzeugung der deutschen Politik, daß Konflikte friedlich gelöst werden müssen – und heute auch nur mehr friedlich gelöst werden können; denn Gewalt kann in unserer Welt nur mehr eines erzeugen: Zerstörung, Chaos, menschliches Leid.

Daß diese Überzeugung richtig ist, daß die Hoffnung auf friedliche Konfliktlösung realistisch ist – dafür ist Simbabwe ein leuchtendes Beispiel.

Wir haben beigetragen, eine friedliche Lösung des Konflikts in Simbabwe zu fördern. Wir sind glücklich, daß dies gelungen ist. Wir richten unsere Augen nun auf die weitere Entwicklung Simbabwes, die – über Simbabwe hinaus – für die Zukunft des ganzen südlichen Afrika von größter Bedeutung ist.

Die Bundesregierung sieht mit Bewunderung die Politik des nationalen Ausgleichs und der Versöhnung, die Premierminister Mugabe verfolgt. Sie unterstützt Simbabwe durch finanzielle und technische Hilfe bei seinem wirtschaftlichen und sozialen Aufbau. Und sie ist der Ansicht, daß Simbabwe solche Unterstützung von der gesamten internationalen Gemeinschaft verdient.

I

Krise der Entwicklung

Wir stehen – am Anfang der Dritten Entwicklungsdekade – vor einer weltwirtschaftlichen und weltpolitischen Situation, in der die weitere Entwicklung der Entwicklungsländer und mit ihr die friedliche Entwicklung der Welt insgesamt bedroht sind.

Der Ölpreisschub belastet die ölimportierenden Entwicklungsländer in diesem Jahr gegenüber 1978 mit einer Summe, die fast das Doppelte der öffentlichen Entwicklungshilfe von OECD-Ländern, OPEC-Ländern und COMECON-Ländern zusammengenommen ausmacht. Es ist, als sei diese Hilfe gestrichen und darüber hinaus ein weiterer, fast gleich hoher Betrag zur Zahlung gefordert worden. Dazu kommen die Rückwirkungen der Rezession und der verschärften Inflation der Industrieländer auf die Dritte Welt: steigende Preise der importierten Industriegüter, fallende Nachfrage nach den eigenen Exporten und sinkende Preise der Rohstoffe.

Schon in der Zweiten Dekade hatte sich, im Gefolge des Ölpreisschocks von 1973, das Wachstum der ölimportierenden Entwicklungsländer verlangsamt – statt sich zu beschleunigen. Jetzt, in der Dritten Dekade, droht es weiter zurückzugehen. In den am wenigsten entwickelten Ländern droht das Pro-Kopf-Einkommen überhaupt zu stagnieren oder sogar absolut zu sinken.

Uns allen ist bewußt, was diese abstrakten Aussagen über Wachstumsraten in der Wirklichkeit, im Alltag vieler Menschen in der Dritten Welt, bedeuten: die Verschlimmerung einer schon jetzt unerträglichen, menschenunwürdigen Not und Armut. Und uns allen ist bewußt, welche Verantwortung hier, in dieser Sondergeneralversammlung, auf uns liegt. Es ist an uns, unser Bestes zu tun, diese Gefahr steigender Not zu wenden. Es ist an uns, dazu beizutragen, eine solidarische Zusammenarbeit aller Staaten herbeizuführen, um die weltwirtschaftlichen Schwierigkeiten zu überwinden und die Entwicklung der Entwicklungsländer und der Welt insgesamt voranzutreiben.

Angesichts der weltwirtschaftlichen Lage ist die Versuchung groß, daß jeder sich auf die eigenen Probleme konzentriert. Aber niemand sollte sich der Illusion hingeben, die Industrieländer – in West oder Ost – und die Ölländer könnten sich den Folgen eines Scheiterns der Entwicklungsanstrengungen der ölimportierenden Entwicklungsländer entziehen. In einem Meer der Verzweiflung könnten sie nicht Inseln friedlichen Wohlstands bleiben.

II

Zusammenarbeit aller Staaten zu gemeinsamem Gewinn

Wir sitzen alle in einem Boot. Ein schwerer Sturm ist aufgezogen. »Es geht ums Überleben.« So sagt es der Brandt-Bericht. In diesem Bewußtsein hat die Bundesregierung ihre entwicklungspolitischen Grundlinien unter Berücksichtigung der Empfehlungen des Brandt-Berichts neu gefaßt. Sie unterstützt auch den Vorschlag des Brandt-Berichts, gelegentliche Nord-Süd-Gipfeltreffen mit überschaubarer Teinehmerzahl einzuberufen. Wir erhoffen von solchen Treffen politische Anstöße, die uns helfen, im Rahmen der Vereinten Nationen Konsensus und Wandel voranzutreiben. Im Bewußtsein des Ernstes der Lage haben die Länder der Europäischen Gemeinschaft und die

OECD-Länder die Entwicklungsfrage zu einem zentralen Thema ihrer Beratungen gemacht. Außenminister Thorn hat gestern im Namen des Europa der Neun die europäischen Vorstellungen dargelegt und die Leistungen, die die Europäische Gemeinschaft als Ganzes für die Unterstützung der Entwicklung bringt, aufgezeigt.

Die Gründungsresolution für die geplanten globalen Verhandlungen gibt das Ziel, »zu einer stetigen globalen Wirtschaftsentwicklung und, insbesondere, zur Entwicklung der Entwicklungsländer beizutragen«. »Zu diesem Zweck«, heißt es weiter, »sollen die Verhandlungen Ausdruck dessen sein, daß es um gegenseitigen Vorteil, gemeinsames Interesse und um Verantwortung aller Teilnehmer gemäß ihren wirtschaftlichen Fähigkeiten geht.« In der Tat, nur so ist Erfolg möglich.

Die Entwicklung der Dritten Welt läßt sich dauerhaft nur beschleunigen innerhalb einer stetigen Entwicklung der Weltwirtschaft insgesamt. Bloße Umverteilung vorhandener Güter in einer stagnierenden Weltwirtschaft führt nicht weiter. Dies ist die erste Maxime. Aus ihr folgt, daß in den globalen Verhandlungen der »gegenseitige Vorteil« und das »gemeinsame Interesse« die Leitlinien sein müssen. Angesichts der heutigen weltweiten Interdependenz geht es darum, zu gemeinsamem Gewinn zusammenzuarbeiten. Es gibt dabei natürlicherweise zwischen Entwicklungs- und Industrieländern Interessenunterschiede in der Frage, wer welchen Beitrag leisten muß und wie der gemeinsame Gewinn verteilt werden soll. Aber wir dürfen in unseren Verhandlungen nicht übersehen, daß der gemeinsame Gewinn erst einmal entstehen muß.

Noch ein Drittes fordert die Gründungsresolution der globalen Verhandlungen: Zu der gemeinsamen Aufgabe der Entwicklung der Entwicklungsländer und der Entwicklung der Welt müssen alle Staaten und alle Staatengruppen das ihre beitragen. Das gilt für die OECD-Länder. Das gilt für die ölexportierenden Länder. Diese müssen die ihnen durch die Ölpreiserhöhung zufließenden Mittel auch dazu nutzen, ihre Hilfe an die ölimportierenden Entwicklungsländer kräftig zu steigern und sich direkt an der Rückschleusung der Ölgelder in diese Länder zu beteiligen. Dabei muß festgestellt werden, daß einige Ölländer bereits Erhebliches leisten.

Die Aufforderung, ihren Beitrag zu leisten, gilt schließlich auch für die kommunistischen Industrieländer, die sich an der Unterstützung der Entwicklungsländer endlich entsprechend ihrem großen wirtschaftlichen Potential beteiligen müssen.

III

Bereiche der Zusammenarbeit

Für die bevorstehenden Verhandlungen brauchen wir Realitätssinn, Flexibilität, Kompromißbereitschaft. Wir müssen uns entschlossen auf die Themen konzentrieren, die jetzt in dieser weltwirtschaftlichen Situation die drängendsten sind und bei denen wir zu baldigen konkreten Ergebnissen im gemeinsamen Interesse kommen können.

Umfassender Energiedialog

1. Ein Schlüsselproblem ist die *Energiefrage*. Wir stehen vor dem unerbittlichen Faktum, daß die konventionellen Ölreserven der Welt zu Ende gehen. Dies verlangt von jedem einzelnen Land äußerste Anstrengungen bei der Öleinsparung und bei den Investitionen für Kohle,

Nuklearenergie und neue Energieformen. Die marktwirtschaftlichen Industrieländer haben in der Europäischen
Gemeinschaft, in der Internationalen Energieagentur und
auf dem Gipfeltreffen von Venedig eine umfassende Ener-
giestrategie beschlossen, die ihre Ölnachfrage kontinuierlich senken soll. Wir erwarten, daß der Ölverbrauch im
Jahre 1990 die derzeitigen Werte beträchtlich unter-
schreitet.

Die Bundesrepublik Deutschland hat in der Öleinsparung bereits deutliche Erfolge erzielt. So lag der Ölverbrauch 1980 unter dem Stand von 1973 – und dies, obwohl
die Wirtschaft in den sechs Jahren seither um 15 Prozent
wuchs. Im ersten Halbjahr 1980 ging der Ölverbrauch um
8 Prozent zurück; sein Anteil am gesamten Energieverbrauch reduzierte sich damit auf 47,5 Prozent gegenüber
55 Prozent im Jahre 1973.

In den Entwicklungsländern stieg der Ölverbrauch in der
Vergangenheit schneller als in den Industrieländern. Ein
weiter steigender Ölverbrauch wird sich hier nicht vermeiden lassen. Dies um so mehr, da viele Entwicklungsländer
mit einer zusätzlichen Energiekrise konfrontiert sind: Bisher stammte rund die Hälfte der Energieerzeugung der
ölimportierenden Länder aus traditionellen Energiequellen
wie Holz und Dung. Die Brennholzreserven aber sind in
vielen Entwicklungsländern nahezu erschöpft, und Dung
wird dringend gebraucht, um die Fruchtbarkeit der Acker-
böden zu erhalten. Diese Energiequellen müssen also fort-
schreitend ersetzt werden. Auch in den Entwicklungsländern gibt es jedoch große Möglichkeiten, Öl einzusparen,
ohne das Wachstum zu hemmen. Und es gibt vor allem
große Möglichkeiten, eigene Energieressourcen zu
erschließen: Öl, Kohle, Wasserkraft und neue Energieformen wie Biomasse und Sonnenenergie. Dieses Potential
schnell zu erschließen, ist eine der dringendsten Entwick-
lungsaufgaben.

Mein Land hat seine bilaterale Hilfe für Energieprojekte steil erhöht. Wir haben uns ebenso dafür eingesetzt, daß die Weltbank ihre Hilfe im Energiebereich stark ausbaut, und wir begrüßen, daß die Bank, entsprechend der Anregung des Gipfeltreffens von Venedig, die Möglichkeit prüft, eine selbständige Energiebank innerhalb der Weltbankgruppe zu gründen. Wir erhoffen ferner richtungsweisende Ergebnisse von der 1981 stattfindenden internationalen Konferenz über neue und erneuerbare Energien.

Es ist zugleich deutlich: ein bruchloser Übergang aus dem Ölzeitalter in das Zeitalter anderer Energieformen läßt sich nur erreichen, wenn Ölexport- und Ölimportländer in gemeinsamer Verantwortung zusammenarbeiten: Die Ölimportländer – und ich füge hinzu: die Weltwirtschaft insgesamt – sind angewiesen auf voraussehbare Ölversorgung und Schutz vor jähen Preissteigerungen. Auch wenn steigende Preise für ein knapper werdendes Gut unvermeidlich sind, so müssen doch abrupte Preisschübe und ruckartige Anpassungsprobleme, die Konjunktureinbrüche zur Folge haben, vermieden werden.

Die ölexportierenden Entwicklungsländer andererseits sind bei ihrem Aufbau moderner, diversifizierter Volkswirtschaften auf industrielle und technologische Zusammenarbeit angewiesen, und sie brauchen offene Märkte für ihre wachsenden Fertigwarenexporte. Jene ölexportierenden Länder, die hohe Zahlungsbilanzüberschüsse haben, brauchen darüber hinaus attraktive Anlagemöglichkeiten für diese Überschüsse.

Ölimport- und Ölexportländer zusammen sind schließlich gemeinsam von einer gesunden Weltwirtschaft abhängig.

Alle diese Interessen lassen sich nur durch enge Zusammenarbeit befriedigen: Wir können einem Energiedialog nicht länger ausweichen! Wir müssen ihn – wie vorgesehen – in den globalen Verhandlungen in umfassender Weise aufnehmen, und wir müssen damit ein Beispiel geben, wie sich Interdependenz nutzen läßt zu gemeinsamem Gewinn.

Sicherung der Ernährung

2. Ein zweiter kritischer Bereich ist die *Ernährungssituation*. Zwischen 1950 und 1975 erhöhte sich die Erzeugung von Nahrungsmitteln in den Entwicklungsländern um jährlich 2,5 Prozent, die Nachfrage jedoch um über 3 Prozent. Dementsprechend stiegen die Getreideeinfuhren der Dritten Welt seit 1950 schnell und ohne Unterbrechung an. Nach dem derzeitigen Trend würde schon im Jahr 1990 ein Getreideeinfuhrbedarf erreicht, der – selbst wenn er finanzierbar wäre – von den Lieferländern nicht mehr gedeckt werden könnte. »Wenn nichts geschieht, wird die Not entsetzlich sein« – so stellt der Brandt-Bericht fest. Angesichts dieser Situation wird deutlich, welcher Rang in der Dritten Entwicklungsdekade dem Ziel zukommt, die Abhängigkeit der Entwicklungsländer von Nahrungsmitteleinfuhren abzubauen.

Die Bundesregierung hat die Unterstützung der Entwicklungsländer bei der Nahrungsmittelproduktion zu einem Schwerpunkt ihrer bilateralen Hilfe gemacht. Sie tritt für eine Wiederauffüllung des Internationalen Fonds für landwirtschaftliche Entwicklung (IFAD) ein, an der alle Geberländer sich in ausgewogener Weise beteiligen sollten. Sie unterstützt das Vorhaben, die Ernährungssicherheit der Entwicklungsländer dadurch zu verbessern, daß international koordinierte nationale Getreidereserven angelegt werden, und sie spricht sich in diesem Zusammenhang für den baldigen Abschluß eines neuen Weizenübereinkommens aus. Sie leistet einen erheblichen Beitrag zur Nahrungsmittelhilfe für die Entwicklungsländer, dabei setzt sie sich dafür ein, Nahrungsmittelhilfe in einer Form

zu geben, die die Motivation zu Eigenanstrengungen nicht
schwächt.

Steigerung des Kapitaltransfers

3. Die Lage der ölimportierenden Entwicklungsländer
macht eine Steigerung des öffentlichen und privaten *Kapitaltransfers* dringend. Auch hierbei sollten wir klar sehen,
daß die Aufrechterhaltung der Importfähigkeit der Entwicklungsländer und die Vermeidung von Verschuldungs-
krisen im gemeinsamen Interesse von Nord und Süd liegen.

Für die am wenigsten entwickelten Länder kommt es
darauf an, die öffentliche Hilfe wesentlich zu steigern. Die
Bundesregierung unterstützt den Beschluß von UNC-
TAD V, für diese Länder ein umfassendes internationales
Aktionsprogramm für die Dekade auszuarbeiten. Für die
fortgeschritteneren Entwicklungsländer wird der private
Kapitaltransfer die entscheidende Rolle spielen. Einen
wichtigen Beitrag können und müssen hierbei die Direktinvestitionen leisten. Viele Länder sind um solche Investitionen bemüht. Ihr Bemühen würde sehr erleichtert, wenn es
endlich gelänge, für den völkerrechtlichen Schutz von Pri-
vatinvestitionen wieder allgemeine Anerkennung zu erreichen.

In diesen Zusammenhang gehört auch die Arbeit an
einem Verhaltenskodex für transnationale Unternehmen.
Wir sollten diese Arbeit mit aller Dringlichkeit weiterführen, um Leitlinien zu schaffen, die beidem genügen: dem
Bedürfnis der Gastländer nach voller Kontrolle über ihre
Volkswirtschaften und dem Bedürfnis der Investoren nach
eindeutigen, verläßlichen Regeln.

Die Bundesrepublik Deutschland hat in den letzten beiden Jahren trotz ungünstiger Haushaltslage ihre öffentliche
Hilfe verdoppelt – von 3,2 auf 6,1 Milliarden DM. Dem

absoluten Hilfebetrag nach steht mein Land zusammen mit Frankreich an zweiter Stelle aller Geberländer. Der Anteil der Hilfe an unserem Bruttosozialprodukt übertrifft mit 0,44 Prozent den Durchschnitt der Industrieländer beträchtlich. Dazu kommt ein umfangreicher privater Kapitaltransfer. Wir haben in den letzten Jahren das Ein-Prozent-Ziel des Gesamtkapitaltransfers regelmäßig erreicht und überschritten. In den Jahren 1950 bis 1979 leistete die Bundesrepublik Deutschland an die Dritte Welt einen Nettokapitaltransfer von 151 Milliarden DM; davon waren 66 Milliarden DM öffentliche Hilfe und 85 Milliarden DM Leistungen der Privatwirtschaft.

Bei der Steigerung des Kapitaltransfers in die Dritte Welt müssen die internationalen Finanzinstitutionen einen wesentlichen Anteil übernehmen. Die Bundesregierung setzt sich dafür ein, die beschlossene Kapitalerhöhung bei der Weltbank und die Wiederauffüllung der Mittel der Internationalen Entwicklungsorganisation (IDA) ohne weiteren Verzug zu verwirklichen. Wir befürworten nachdrücklich das von der Weltbank neugeschaffene Instrument der Strukturanpassungsdarlehen. Diese Darlehen sind auf die gegenwärtigen Notwendigkeiten zugeschnitten und ermöglichen einen schnellen Abfluß der Mittel.

Eine besonders wichtige Rolle bei der Finanzierung der Zahlungsbilanzdefizite der achtziger Jahre wird der Weltwährungsfonds spielen müssen. Er muß dafür gestärkt werden. Gegenwärtig verfügt der Fonds über ausreichende Liquidität, die es zu nutzen gilt. Für die Zukunft werden jedoch seine Mittel vergrößert werden müssen. Die beschlossene Quotenerhöhung sollte bald in Kraft treten. Nach Maßgabe des Bedarfs an internationaler Liquidität sollte die Zuteilung von Sonderziehungsrechten fortgesetzt werden. Wir hoffen ferner, daß es dem Fonds gelingt, bei den Ölstaaten Kredite zu möglichst günstigen Bedingungen aufzunehmen.

Offenhalten der Märkte

4. Von Öl abgesehen, finanzieren die Entwicklungsländer rund 80 Prozent der Einfuhren durch ihre *Ausfuhren*. Dies zeigt, von welch zentraler Bedeutung insbesondere für die fortgeschritteneren Entwicklungsländer offene Weltmärkte sind. Die Tokyo-Runde des GATT hat eine Fülle von Maßnahmen beschlossen, die den Welthandel liberalisieren und nicht zuletzt auch den Entwicklungsländern neue Marktchancen öffnen. Dennoch ist nicht zu übersehen, daß unter dem Druck steigender Zahlungsbilanzdefizite und steigender Arbeitslosigkeit die Gefahr des Protektionismus heute erneut akut geworden ist. Dieser Gefahr gilt es, mit äußerster Entschlossenheit zu wehren – gerade auch im Nord-Süd-Handel.

1955 hatten die Industriegüterexporte der Entwicklungsländer einen Anteil von erst 10 Prozent an ihren Gesamtexporten – die Exporte von Energierohstoffen ausgeklammert. 1965 war dieser Anteil auf 20 Prozent, 1975 auf über 40 Prozent gestiegen; heute beträgt er 45 Prozent. Das Ziel also, die aus der Kolonialzeit überkommene Handelsstruktur, unter der die Entwicklungsländer Rohstoffe, die Industrieländer Fertigwaren exportieren, zu überwinden und durch einen gleichgewichtigen Austausch abzulösen – dieses Ziel rückt für immer mehr Entwicklungsländer näher. Die OECD-Länder haben sich stets zu diesem Ziel bekannt. Es gilt, weiter zu ihm zu stehen, und das heißt: die Märkte für die wachsenden Industriegüterexporte der Dritten Welt weiterhin offenzuhalten.

Wir wissen dabei: Bereitschaft zur Marktöffnung heißt Bereitschaft zum Strukturwandel. Diesen Strukturwandel unter sozial vertretbaren Bedingungen zu ermöglichen, darin sieht die Bundesregierung eine der zentralen Aufgaben der Entwicklungszusammenarbeit. Sie ist sich auch hier bewußt, daß von der Lösung dieser Aufgabe beide

Seiten gewinnen. Der Wettbewerb des freien Handels ist auch für die Industrieländer selbst unentbehrlich, um die Inflation zu bekämpfen und die Produktivität zu steigern, und das bedeutet: um Wachstum und Lebenskraft der eigenen Volkswirtschaften zu erhalten. Die Kosten eines Protektionismus wären für die Industrieländer selbst ungleich höher als die Kosten für umfassende positive Anpassungsmaßnahmen.

Die Bundesregierung wird sich innerhalb der Europäischen Gemeinschaft und der westlichen Länder mit ihrem ganzen Gewicht dafür einsetzen, die Politik der Marktöffnung gegenüber den Entwicklungsländern konsequent fortzusetzen. Dies sollte in Form eines internationalen Liberalisierungsplans erfolgen. Ein solcher Plan würde die Exportmöglichkeiten der Entwicklungsländer berücksichtigen und vorsehen, Zölle, mengenmäßige Einfuhrbeschränkungen, nicht-tarifäre Handelshemmnisse und Subventionen stufenweise abzubauen. Er würde dadurch auch den Bedarf an selektiven Schutzmaßnahmen verringern, weil die Unternehmer in den Industrieländern sich auf den Abbau von Handelshemmnissen rechtzeitig einstellen könnten.

Daß die Bundesregierung zu ihrem Bekenntnis der Marktöffnung für die Entwicklungsländer steht, zeigen die Einfuhrzahlen. Wir haben zwischen 1974 und 1979 unsere Einfuhren aus den nicht-ölexportierenden Entwicklungsländern von 16 Milliarden auf über 27 Milliarden DM gesteigert. Der Anteil der Halb- und Fertigwaren an diesen Einfuhren ist von 42 auf 52 Prozent angewachsen. Besonders gut schnitten die am wenigsten entwickelten Länder ab, wenn ihre Exporte auch absolut gesehen noch niedrig sind.

Im ersten Halbjahr 1980 betrug der Handelsüberschuß der nicht-ölexportierenden Entwicklungsländer gegenüber der Bundesrepublik Deutschland 2,6 Milliarden DM. Auch dies ist ein Beitrag zur Finanzierung der Einfuhren für die Entwicklung. Hieraus wird im übrigen deutlich, wie für die Beurteilung, welchen Beitrag zur Entwicklung ein Land leistet, die Entwicklungszusammenarbeit in ihrer ganzen Breite zu berücksichtigen ist: öffentliche Hilfe und privater Kapitaltransfer, Öffnung der Märkte und Bereitschaft zum Technologietransfer.

Ausgewogene Entwicklung

5. Entwicklungshilfe kann immer nur Hilfe zur Selbsthilfe sein. Sie kann nur dann wirksam werden, wenn sie auf erfolgversprechende *nationale Entwicklungsstrategien* trifft. Unterstützung von außen und nationale Entwicklungsstrategien zu verzahnen – dies muß zentrale Aufgabe in unseren Verhandlungen über eine internationale Strategie für die Dritte Entwicklungsdekade sein.

In den fünfziger und sechziger Jahren wurde Entwicklung oft mit bloßer Industrialisierung verwechselt. Heute setzt sich die Einsicht durch, daß einseitige Industrialisierung in eine Sackgasse führt. Was wir brauchen, sind breit angelegte, alle wirtschaftlichen und sozialen Bereiche umfassende nationale Entwicklungsstrategien. Im Zentrum solcher Strategien müssen in der Regel stehen: der vorrangige Aufbau einer arbeitsintensiven Landwirtschaft, eine in Wechselwirkung mit der Landwirtschaft stehende Industrialisierung und – Basis für beides – die Erschließung der eigenen Energieressourcen. Integrale Bestandteile sind weiter:

● eine Bevölkerungspolitik, die das Bevölkerungswachstum eindämmt;

● eine Umweltpolitik, die die natürlichen Ressourcen der Entwicklungsländer – wie Ackerland, Wald, Wasser – vor Zerstörung durch Raubbau schützt;

260

- eine Politik, die auf die »Entwicklung des Menschen« ausgerichtet ist – der diesjährige Weltentwicklungsbericht der Weltbank macht auf diesen mitentscheidenden Bereich jeder Entwicklungsstrategie aufmerksam;
- und schließlich eine Politik, die bestrebt ist, die eigenen Traditionen und Werte im Einklang mit den Erfordernissen der Modernisierung weiterzuentwickeln. Nur Völker und Staaten, die ihre eigene Identität verwirklichen, werden sich den Herausforderungen gewachsen zeigen. Gleichberechtigter Austausch in allen politischen, gesellschaftlichen und wirtschaftlichen Bereichen: Ja; aber keine künstliche Verpflanzung und keine Beeinträchtigung nationaler, kultureller und religiöser Identitäten!

Lassen Sie mich im Zusammenhang der nationalen Entwicklungsstrategien eine Gefahr offen ansprechen, die mir Sorge bereitet: Wir sind im Nord-Süd-Dialog in Gefahr, aneinander vorbeizureden: Die Entwicklungsländer sagen, alle unsere eigenen Entwicklungsanstrengungen nützen nichts, wenn nicht durch weltwirtschaftliche Strukturreformen die äußeren Bedingungen für Entwicklung geschaffen werden. Die Industrieländer ihrerseits sagen, alle äußeren Hilfen nützen nichts, wenn ihnen nicht in den Entwicklungsländern selbst Strategien gegenüberstehen, die sich auf Entwicklung und nicht nur auf industrielles Wachstum richten.

Wir werden einen fruchtbaren Dialog nur erreichen, wenn jede Seite anerkennt, daß beide Aussagen richtig sind: Entwicklung ist auf der einen Seite nur möglich, wenn durch eine Reform der Weltwirtschaftsordnung die äußeren Bedingungen so gestaltet werden, daß die Entwicklungsländer die für die Entwicklung notwendigen Einfuhren von Gütern und von technischem Wissen verwirklichen können. Entwicklung ist auf der anderen Seite nur möglich, wenn sie die Massen der Armen in den Entwicklungsprozeß einbezieht. Einseitige Industrialisierungsstrategien, die die große Mehrheit der Bevölkerung übergehen, müßten zu zunehmender wirtschaftlicher und sozialer Ungerechtigkeit und damit zu politischer Instabilität führen, die schließlich das Wachstum auch der Industrie zerstören würde.

Entwicklungszusammenarbeit kann so, von der Sache her, niemals eine Einbahnstraße sein. Jeder von uns weiß dies. Worauf es ankommt, ist, daß wir daraus offen die Konsequenzen für den Nord-Süd-Dialog ziehen. Wir müssen ihn, mehr als dies bisher gelungen ist, zu einem Dialog darüber machen, was jede der beiden Seiten zum Erfolg der Entwicklungszusammenarbeit beizutragen hat.

Ich möchte um Verständnis bei den Entwicklungsländern werben, wenn ich sage: die Bundesregierung kann den Bürgern Leistungen für die Entwicklungshilfe nur dann abfordern, wenn diese wissen, daß sie damit Armut und Not verringern. Je sichtbarer ist, daß Entwicklungshilfe allen Menschen in den Entwicklungsländern zugute kommt, um so mehr werden die Bürger meines Landes bereit sein, Leistungen für diese Hilfe zu bringen.

Eindämmung der Rüstungsausgaben

6. Ich spreche noch ein letztes Thema an: 1980 werden sich die weltweiten *Rüstungsausgaben* auf mehr als 500 Milliarden Dollar erhöhen – das sind etwa 6 Prozent des Nettosozialprodukts der Welt. Die Entwicklungsländer haben an diesen Ausgaben einen wesentlichen Anteil; ihre Militäraufwendungen wuchsen in der letzten Dekade um nicht weniger als 7 bis 8 Prozent pro Jahr.

Die zunehmenden Rüstungsbelastungen in Ost und West schwächen die Wirtschaftskraft der Industrieländer und damit ihre Fähigkeit, die Hilfe zu steigern. Die Aufrüstung in der Dritten Welt selbst entzieht der wirtschaftlichen Entwicklung unentbehrliche Ressourcen und verursacht zunehmende Instabilität und zunehmende Gefahr kriegerischer Auseinandersetzung. Der Erfolg der Entwicklung entscheidet sich damit immer mehr auch an der Frage, ob es gelingt, dem Rüstungswachstum Einhalt zu gebieten. Die Welt braucht nicht einen Rüstungswettlauf, sondern einen Wettlauf in der Hilfe für die Entwicklungsländer!

Die Industriestaaten in West und Ost müssen ihren Ehrgeiz darein setzen, für die Entwicklungsländer Werke des Friedens zu erbringen. Die Dritte Welt braucht Schulen und Krankenhäuser, sie braucht Traktoren und Fabriken, aber nicht Kanonen.

Mein Land bemüht sich mit Nachdruck um Abrüstung in Europa. Wir wollen das für unsere Sicherheit unverzichtbare Gleichgewicht der Kräfte auf einem möglichst niedrigen Niveau der Rüstungen. Wer wie wir Abrüstung in Europa fordert, muß ebenso unserer Forderung zustimmen: macht auch Schluß mit der Aufrüstung der Dritten Welt!

Bemühungen um Rüstungsbegrenzung und Abrüstung setzen ein Mindestmaß an gegenseitigem Vertrauen voraus. Vertrauen aber kann nur entstehen, wenn alle Beteiligten zu Transparenz und Offenheit in militärischen Fragen bereit sind. In dieser Erkenntnis setzt sich die Bundesregierung seit langem für vertrauensbildende Maßnahmen ein. Wir tun dies in Europa im Rahmen der KSZE und im Rahmen der Wiener Verhandlungen über ausgewogene Streitkräftereduzierungen. Wir tun dies in den Vereinten Nationen, wo wir dafür eintreten, daß auch in anderen Regionen und weltweit Versuche zur Schaffung vertrauensbildender Maßnahmen aufgenommen werden.

Hier, in den Vereinten Nationen, müssen wir auch dafür sorgen, daß die Militärhaushalte weltweit durchsichtiger und vergleichbarer werden.

Wir brauchen ein Register der Vereinten Nationen, das Auskunft gibt, wieviel jedes Industrieland pro Kopf der Bevölkerung für Rüstung und wieviel für Entwicklungshilfe ausgibt. Wir brauchen ein Register der Vereinten Nationen für Waffenexporte und -importe.

IV

Gegen Vorherrschaftspolitik – für Politik der Partnerschaft

Vor 200 Jahren, am Ausgang des 18. Jahrhunderts, öffneten die liberale und die industrielle Revolution in Europa und Amerika der Menschheit den Blick auf eine neuartige Zukunft. Bis dahin waren für die große Mehrheit der Menschen Unterdrückung und Armut unabänderliches Schicksal. Nun aber zeigte sich die Möglichkeit, daß eines Tages alle Menschen frei von Knechtschaft und frei von Not sein könnten.

Mit der Entkolonialisierung und der wirtschaftlichen Entwicklung der Dritten Welt hat sich in unserem Jahrhundert der Prozeß der Befreiung auf die gesamte Menschheit ausgedehnt. Auf diesem Weg stehen wir heute an einer kritischen Stelle:

Die Entwicklung der Dritten Welt ist gefährdet von der weltwirtschaftlichen Situation her. Sie ist jedoch nicht minder gefährdet auch von der weltpolitischen Situation her: Eine neue Vorherrschaftspolitik, ein neuer, ideologisch begründeter Kolonialismus droht die politische Emanzipation der Dritten Welt rückgängig zu machen. Er droht zugleich, die elementare Voraussetzung für wirtschaftliche Entwicklung zu zerstören: den Frieden. Afghanistan ist dafür das jüngste Beispiel. Die Verurteilung der Intervention in Afghanistan durch 104 Staaten der Vereinten Nationen beweist, wie hoch die Staatengemeinschaft die Gefahr einschätzt, die von dem neuen Vorherrschaftsstreben auf die Entwicklungsländer ausgeht.

Die Industriestaaten des Nordens müssen sich bewußt sein, daß die Überwindung des Ost-West-Gegensatzes von ganz entscheidender Bedeutung auch für die Dritte Welt ist. Mein Land ist an den Bemühungen um Ost-West-Entspannung mit in vorderster Linie beteiligt. Aber wir wissen: der Weg bis zur Überwindung der Gegensätze ist lang und mit Rückschlägen gepflastert. Schon jetzt aber darf der Ost-West-Gegensatz nicht auf die Dritte Welt übertragen, dürfen den Entwicklungsländern nicht ihnen fremde Gegensätze aufgezwungen werden.

Diese fremden Gegensätze sind oft Mitursache der Aufrüstung und der militärischen Auseinandersetzungen in der Dritten Welt. Sie sind oft auch die Ursache riesiger Flüchtlingsbewegungen. Die Flüchtlinge aus Afghanistan und aus Kambodscha zählen nach Hunderttausenden. Und es sind dies bei weitem nicht die einzigen Länder. Jeder einzelne Flüchtling ist eine Anklage. Hilfe für die Flüchtlinge allein ist keine Lösung; die Ursachen müssen beseitigt werden. Wir müssen auch an die Aufnahmeländer in der Dritten Welt denken: Wie sollen Entwicklungsländer in Asien oder Afrika ihre eigenen Probleme lösen, wenn ihnen von außen neue Lasten aufgeladen werden?

Nur die weltweite Achtung der Menschenrechte und des Selbstbestimmungsrechts der Völker wird uns weiterhelfen. Bis diese überall erreicht ist, appellieren wir an alle Verantwortlichen, nirgendwo in der Welt die internationalen Hilfsorganisationen am Zugang zu den Hilfsbedürftigen zu hindern.

Ich appelliere an die Verantwortlichen: Öffnen Sie endlich die Tore für die Lebensmitteltransporte und Medika-

mente der internationalen Hilfsorganisationen! Geben Sie
endlich ihre Zustimmung, daß Flugzeuge im Auftrag der
Vereinten Nationen Lebensmittel und Medikamente für
die Notleidenden abwerfen dürfen dort, wo diese auf dem
Landweg nur schwer oder gar nicht erreicht werden können! Jeder Tag, der ohne diese Hilfe vorübergeht, bedeutet
das Todesurteil für Tausende unschuldiger Menschen. Die
erschreckenden und erschütternden Bilder hungernder und
kranker Flüchtlingskinder sind eine Anklage gegen die
ganze Staatengemeinschaft.

Die Pluralität der Welt als Motor des Fortschritts der Menschheit

»Volle Achtung für die Unabhängigkeit jedes Landes« –
so heißt es in der Präambel der Internationalen Entwicklungsstrategie für die Dritte Dekade – »ist für den Erfolg
der Entwicklungsstrategie von entscheidender Bedeutung«. Man kann diese Wahrheit nicht genug betonen. Es
gilt, reaktionäres Vorherrschaftsdenken zu überwinden
und Abschied zu nehmen von der überholten Vorstellung,
die eigenen Interessen seien am besten gewahrt, wenn
möglichst viele andere Staaten in Abhängigkeit gebracht
werden. Kein Staat hat das Ausnahmerecht, anderen Völkern seine Ideologie aufzuzwingen, kein Staat hat das
Ausnahmerecht, fremdes Land zu besetzen. Es gilt die
Pluralität der Welt und die Selbstbestimmung der Nationen
als die unentbehrlichen Kraftquellen für den geistigen und
materiellen Fortschritt der Menschheit anzuerkennen. Es
gilt – mit einem Wort – wieder zurückzukehren zu der
Aufgabe, die sich die Welt mit der Charta der Vereinten
Nationen verpflichtend gestellt hat: dem Aufbau einer
Weltordnung der Partnerschaft, in der alle Nationen in
freier Selbstbestimmung friedlich zusammenleben und im

Bewußtsein ihrer Interdependenz solidarisch zusammenarbeiten.

Eine der starken weltpolitischen Kräfte, die für eine Ordnung der Gleichberechtigung aller Nationen kämpfen, sind die Blockfreien. Sie sollen wissen: die Bundesrepublik Deutschland steht auf ihrer Seite in ihrem Ringen um Sicherung der Unabhängigkeit und Selbständigkeit. Wir wollen Partnerschaft, nicht Über- und Unterordnung.

Der technologische Fortschritt gibt uns die Möglichkeit, die wirtschaftlichen und ökologischen Probleme zu lösen, vor denen unsere heutige Welt steht und stehen wird. Es ist an uns, die moralischen Kräfte aufzubringen, die über die Zukunft der Menschheit entscheiden: den Willen zur Toleranz, der das Selbstbestimmungsrecht des anderen respektiert, den Willen zum fairen Interessenausgleich, den Willen zur Solidarität und – mit einem Wort – den Willen zum Frieden.

Die achtziger Jahre werden ein entscheidendes Jahrzehnt sein. Noch ist es möglich, die Weichen zu stellen. Stellen wir sie auf eine Zukunft des Friedens und der weltweiten Entwicklung.

Kommt die Welt von ihrem Weg ab?

Rede vor der 35. Generalversammlung der Vereinten
Nationen in New York am 24. September 1980

Als erstes möchte ich Sie, Herr Präsident[1], auf das
herzlichste zu Ihrer Wahl in das höchste Amt der Vereinten
Nationen beglückwünschen und Ihnen zu Ihrer eindrucks-
vollen Antrittsrede gratulieren.

Wir sehen in Ihrer Wahl die Anerkennung für sechs
Jahre aktiver Arbeit als Ständiger Vertreter der Bundesrepublik Deutschland bei den Vereinten Nationen. Wir glauben zugleich, darin auch eine Anerkennung für die Mitarbeit der Bundesrepublik Deutschland in der Weltorganisation sehen zu dürfen. Diese Mitarbeit hat für unsere auf
den Frieden gerichtete Politik einen hohen Rang.

Ihrem Vorgänger, Botschafter Salim, einem der großen
Repräsentanten Afrikas, spreche ich unseren Dank aus.
Meine Freude möchte ich ferner ausdrücken, in Saint
Vincent und den Grenadinen ein neues Mitglied der Welt-
organisation begrüßen zu können.

I

Aufbruch und Gegenbewegung

Diese Generalversammlung am Beginn der achtziger
Jahre wird beherrscht von bangen Fragen über die Zukunft
unserer Welt. Wir gedenken des zwanzigsten Jahrestages
der Deklaration 1514 über die Gewährung der Unabhän-

---

[1]) Botschafter Rüdiger Freiherr von Wechmar, Leiter der Ständigen Vertretung der Bundesrepublik Deutschland bei den Vereinten Nationen in New York, Präsident der 35. Generalversammlung.

gigkeit an die Länder und Völker unter Kolonialherrschaft. Diese Erinnerung ruft jedoch auch den Unterschied zwischen damals und heute ins Bewußtsein. 1960 wurden siebzehn unabhängig gewordene afrikanische Staaten in die Vereinten Nationen aufgenommen. Gleichzeitig kam die wirtschaftliche Entwicklung der Dritten Welt als Aufgabe in Sicht, die der Staatengemeinschaft als Ganzer gestellt ist. Mit der Verkündung der Ersten Entwicklungsdekade nahmen auch hier die Vereinten Nationen einen mächtigen Anlauf. Die Menschheit war in vollem Aufbruch und das Tempo des Fortschreitens schien sich weiter zu beschleunigen:

- Die Entkolonialisierung wurde bis heute fast vollendet. Die Zahl der Mitglieder der Vereinten Nationen stieg von 100 im Jahre 1960 auf 154 in diesem Jahr.

- Eine Reihe von Ländern der Dritten Welt wurde zu neuen Industrieländern und Schwellenländern. Das Pro-Kopf-Einkommen der Entwicklungsländer wuchs mit einer jährlichen Rate von drei Prozent. Auch wenn die Durchschnittsrate die Unterschiede zwischen den einzelnen Ländern verdeckt, so war dies doch ein historisch beispielloses Wachstum, das zu Beginn der sechziger Jahre nur wenige für erreichbar gehalten hatten.

- 1966 verabschiedete die Generalversammlung die beiden Internationalen Menschenrechtspakte und machte die Menschenrechte durch konkrete Definierung zu Kräften, die – gegen alle Widerstände – die Wirklichkeit weltweit zu prägen begonnen haben.

- Ende der sechziger Jahre schließlich wich das Klima des Kalten Kriegs zwischen Ost und West der beginnenden Entspannung. Für viele schien schon die Zeit gekommen, in der in einer partnerschaftlichen Ordnung der Gleichberechtigung die Staaten der Welt sich auf die große Aufgabe unserer Zeit konzentrieren können: die Entwicklung der Dritten Welt.

Heute, am Beginn der achtziger Jahre, wird jedoch immer deutlicher, daß sich das Fortschreiten der Menschheit an zunehmenden Widerständen und Gegenbewegungen zu brechen droht:

- Das Streben nach machtpolitischen Vorteilen gefährdet die Entspannung.
- Ein neuer Rüstungswettlauf droht.
- Ungelöste Konflikte belasten die Dritte Welt, Machtstreben schafft neue Krisenherde.
- In der Mitte der siebziger Jahre kam es zum ersten Mal in der Nachkriegszeit zu einem weltwirtschaftlichen Einbruch. Die Dekade endete mit einer zweiten Ölpreisexplosion, die die sich erholende Weltwirtschaft erneut zurückwirft. Viele der ölimportierenden Entwicklungsländer sind in einer Krise der Entwicklung.

Endet so der Aufbruch zu einer universalen Gemeinschaft gleichberechtigter Staaten, der mit der Gründung der Vereinten Nationen 1945 begonnen und der 1960 so eindrucksvoll bekräftigt wurde? Hat die Dritte Welt ihre Unabhängigkeit erkämpft, um sie durch neue Herausforderungen zu verlieren? Kommt die Entwicklung in Teilen der Dritten Welt zum Stillstand, verewigt sich die Armut?

II

Die Aufgabe der Friedenssicherung

Angesichts dieser Herausforderungen ist uns unverändert die historische Aufgabe gestellt, eine Welt der gleichberechtigten Partnerschaft zu schaffen, die sich gründet auf das Selbstbestimmungsrecht der Völker und auf die Achtung der unveräußerlichen Rechte jedes einzelnen Menschen.

270

Grundlegende Aufgabe ist es, durch eine Politik der aktiven *Friedenssicherung* die politischen Voraussetzungen herzustellen, unter denen ein stetiges weltweites Fortschreiten der Menschheit wieder möglich wird.

Entspannung auf der Basis des Gleichgewichts

Als erste dieser Voraussetzungen nenne ich das unverminderte Bemühen um Abbau von Spannungen und um Zusammenarbeit zwischen Ost und West. Diese Politik, auf der Grundlage des Gleichgewichts, ist nicht nur für den Frieden zwischen Ost und West von zentraler Bedeutung, sondern für Frieden und friedliche wirtschaftliche Entwicklung in der Welt insgesamt.

Friedenssicherung ist ohne den Willen aller zur Entspannung und Zusammenarbeit nicht denkbar. Dieser Wille kann zwar den Grundkonflikt, der durch Gegensätze in den Wertvorstellungen und politischen Systemen gegeben ist, nicht aus der Welt schaffen. Er kann aber vermeidbare Konflikte vermeiden und unvermeidbare Konflikte durch Diplomatie unter Kontrolle halten. Und er kann über die Gräben der Gegensätze hinweg Brücken zu gegenseitig vorteilhafter Zusammenarbeit legen. Entspannung und Zusammenarbeit sind, so verstanden, realistische, langfristig angelegte Politik für den Frieden.

Eingebettet in die Europäische Gemeinschaft und das Nordatlantische Verteidigungsbündnis hat mein Land von Anfang an zur Entspannung in Europa mit an vorderster Stelle beigetragen. Diese beiden Gemeinschaften, die im Bewußtsein der gemeinsamen Überzeugungen von Freiheit und Menschenwürde handeln, sind längst zu unverzichtbaren Faktoren von Freiheit, Stabilität, Sicherheit und Frieden in der Welt geworden.

Wir halten an der Politik der Entspannung und der Zusammenarbeit fest – aus Verantwortung für den Frieden und im Bewußtsein, daß gerade die Deutschen, die getrennt in zwei Staaten leben müssen, von einem Rückfall in den Kalten Krieg am härtesten getroffen würden. Konstante unserer Politik ist es, auf einen Zustand des Friedens in Europa hinzuwirken, in dem das deutsche Volk in freier Selbstbestimmung seine Einheit wiedererlangt. Wir wissen: Die Geschichte ist mit uns.

Der Grundlagenvertrag mit der *DDR* hat die Voraussetzungen für eine Zusammenarbeit geschaffen, die der Verantwortung der Deutschen für den Frieden gerecht wird und die den Weg freimacht für menschliche Erleichterungen für alle Deutschen. Von den Zielen des Grundlagenvertrags lassen wir uns leiten bei unseren Bemühungen um den Ausbau der Zusammenarbeit mit der DDR, wo immer diese möglich ist.

Bundeskanzler Helmut Schmidt und der Staatsratsvorsitzende der DDR, Erich Honecker, haben übereinstimmend zum Ausdruck gebracht, daß von deutschem Boden nie wieder ein Krieg ausgehen soll. Wir wollen ebenso das Unsere beitragen, um die Lage in und um Berlin stabil und friedlich zu erhalten. Berlin ist der Gradmesser der Entspannung in Europa.

Vor zehn Jahren hat der Vertrag zwischen der Bundesrepublik Deutschland und der *Sowjetunion* den Grundstein für eine fruchtbare Weiterentwicklung der beiderseitigen Beziehungen gelegt. Der Besuch, den Bundeskanzler Schmidt und ich in Moskau am 30. Juni und 1. Juli 1980 abgestattet haben, war getragen von dem Willen, in schwieriger Zeit das unmittelbare Gespräch fortzuführen und alles zu tun, um für eine Politik, die wir als langfristig angelegt betrachten, den Weg freizuhalten. Das Signal, das von diesem Besuch nach monatelanger Stagnation für eine Aufnahme der Gespräche über Mittelstreckenwaffen ausging, betrachten wir als Ermutigung für die Fortführung unserer Bemühungen.

Wir werden ebenso bestrebt bleiben, die Zusammenarbeit mit der Volksrepublik *Polen* und den anderen osteuropäischen Staaten auszubauen.

Große Bedeutung messen wir dem multilateralen Entspannungsprozeß in Europa bei. Auf dem Folgetreffen der *KSZE* in Madrid werden wir die Durchführung der Schlußakte von Helsinki in allen ihren Teilen aufrichtig, ohne Beschönigung, erörtern und über das sprechen, was zu tun bleibt. Wir wollen in allen Bereichen gleichgewichtige Fortschritte erzielen. Madrid soll weder zum Tribunal noch zur Bühne für Sonntagsreden werden.

Im wirtschaftlichen Bereich befürworten wir eine Ost-West-Energiekonferenz. Im Bereich der menschlichen Beziehungen drängen wir auf Lösung humanitärer Probleme, auf vermehrte Begegnungen zwischen den Menschen in Ost und West und auf erweiterten Informationsaustausch. Wir hoffen angesichts der zukunftsweisenden Bedeutung des Madrider Treffens, daß alle Teilnehmerstaaten es durch ihre Politik möglich machen, Fortschritte zu erreichen.

Gleichgewicht auf möglichst niedrigem Niveau

Abrüstung und Rüstungsbegrenzung sind die große Aufgabe für die achtziger Jahre. Wir dürfen uns nicht entmutigen lassen, trotz aller Enttäuschungen und Rückschläge. Wir wissen dabei: Entspannung und Zusammenarbeit zwischen Ost und West können dauerhaft nur gedeihen auf der Grundlage des militärischen Gleichgewichts. Überlegenheit schafft Instabilität und damit Unsicherheit. Abrüstung kann deshalb nicht Konservierung der Überlegenheit bedeuten, sondern heißt erhöhte Verpflichtung zur Abrüstung für diejenigen, die Überlegenheit haben. Alle Staaten müssen sich bei Rüstung und Abrüstung allein an dem messen lassen, was sie tun.

Die Verteidigungsanstrengungen der NATO orientieren sich ausschließlich an dem zur eigenen Sicherheit Notwendigen. Weder die Bundesrepublik Deutschland, noch die anderen europäischen Mitglieder des westlichen Verteidigungsbündnisses, noch die Vereinigten Staaten von Amerika streben nach Überlegenheit. Uns beunruhigt die konventionelle Überlegenheit des Warschauer Pakts in Mitteleuropa, und uns beunruhigt vor allem der schnelle Aufbau der auf Westeuropa, aber nicht nur auf Westeuropa, gerichteten neuen nuklearen Mittelstreckenraketen SS-20 der Sowjetunion. Alle diese Rüstungsanstrengungen gehen über das für die Sicherheit der Sowjetunion Notwendige hinaus. Dies ist eine Tatsache, die niemand leugnen kann.

Weil wir es ernst meinen mit dem Ziel, Gleichgewicht auf einem möglichst niedrigen Niveau der Rüstungen zu erreichen, hat das westliche Verteidigungsbündnis im Dezember 1979 dem Warschauer Pakt ein umfassendes Paket von Rüstungskontroll- und Abrüstungsvorschlägen vorgelegt. Auch die Entscheidung über die nukleare Nachrüstung hat das westliche Bündnis mit dem Angebot gekoppelt, über die Begrenzung der landgestützten Mittelstreckenraketen auf beiden Seiten zu verhandeln. Es kommt jetzt darauf an, die Verhandlungen schnell in Gang zu setzen.

Ich begrüße, daß der amerikanische und der sowjetische Außenminister morgen in New York den Beginn der vorbereitenden Gespräche erörtern. Ich begrüße ebenso die erklärte Absicht des amerikanischen Präsidenten, die Ratifizierung des SALT II-Abkommens so schnell wie möglich voranzubringen.

Bei dem KSZE-Folgetreffen in Madrid soll eine Europäische Abrüstungskonferenz eingesetzt werden mit dem klaren Mandat, Vertrauensbildende Maßnahmen für *ganz* Europa – vom Atlantischen Ozean bis zum Ural – zu vereinbaren. Vertrauen ist nicht teilbar, auch nicht geographisch. Konkrete Ergebnisse bei den Wiener Verhandlungen über Truppenreduzierungen in Mitteleuropa können gleichfalls zur Stabilisierung der Lage in Europa beitragen.

Verifizierbare Rüstungsbegrenzung und Abrüstung sind ein vorrangiges Ziel der deutschen Außenpolitik. Wir setzen uns wie in Europa so auch *weltweit* für dieses Ziel ein. Erfolge bei Rüstungskontrollverhandlungen setzen Transparenz, setzen ausreichende Informationen über den Stand der Militärpotentiale in der Welt voraus. Wir treten deshalb für eine weltweite Offenlegung der Militärhaushalte ein. Die Vereinten Nationen haben in diesem Zusammenhang einen Raster ausgearbeitet, der Militärhaushalte vergleichbar machen soll. Die Bundesrepublik Deutschland und andere Länder des Westens und der Dritten Welt haben nach diesem Raster über ihre Militärhaushalte berichtet und seine praktische Anwendbarkeit bewiesen. Es kommt nun darauf an, die Bereitschaft *aller* Staaten zu gewinnen, nach diesem System ihre Militärhaushalte offenzulegen.

Wie in Europa, so brauchen wir weltweit Vertrauensbildende Maßnahmen. Mit auf unsere Anregung hin hat die Generalversammlung im letzten Jahr eine Studiengruppe eingesetzt, die die Möglichkeit Vertrauensbildender Maßnahmen in den verschiedenen Regionen untersucht.

Überwindung von Vorherrschaftspolitik

Eine entscheidende Aufgabe aktiver Friedenssicherung ist die weltweite Überwindung jeglicher *Vorherrschaftspolitik*. Vorherrschaftspolitik und – als Konsequenz davon – militärische Intervention zerstören das Recht der Völker auf Selbstbestimmung. Interventionismus ist in einer interdependenten Welt, zu deren Grundlagen das Recht auf Selbstbestimmung gehört, nicht eine Angelegenheit, die nur den Intervenierenden und sein Opfer angeht, sie ist eine Herausforderung für die ganze Staatengemeinschaft. Diese Erkenntnis liegt auch dem Grundsatz der Unteilbarkeit der Entspannung zugrunde. Die Unterzeichner der Schlußakte von Helsinki haben eindeutig ihren Willen erklärt, die Prinzipien der Schlußakte, zu denen der Gewaltverzicht und die Achtung der Gleichberechtigung und des Selbstbestimmungsrechts der Völker gehören, nicht nur den Beziehungen untereinander zugrunde zu legen, sondern in ihrem Geiste ebenso ihre Beziehungen zu allen anderen Staaten zu gestalten. In diesem Sinne haben die Bundesrepublik Deutschland und Frankreich in der Gemeinsamen Erklärung vom 5. Februar 1980 die sowjetische Militärintervention in Afghanistan als unannehmbar bezeichnet und klar ausgesprochen, daß die Entspannung einem neuen Schlag gleicher Art nicht standhalten würde.

Eine bedeutende Kraft in der internationalen Politik wird mehr und mehr die Bewegung der Blockfreien. Je stärker sich alle ihre Mitglieder dem Ziel wirklicher Blockfreiheit verbunden fühlen, um so stärker wird der Beitrag der Blockfreien zur Stabilität in der Welt sein können.

Die Krisenherde

Eine elementare Aufgabe aktiver Friedenssicherung ist es, die zunehmenden Konflikte in der Dritten Welt friedlich zu regeln.

In *Nahost* sind auf dem Weg zu einem umfassenden Frieden neue Hindernisse aufgetürmt worden. Die Haltung der betroffenen Parteien hat sich verhärtet, die Spannungen haben einen neuen, gefährlichen Grad erreicht.

Außenminister Thorn hat als Präsident der Europäischen Gemeinschaft die Haltung der Neun zum Nahost-Konflikt eingehend in allen Aspekten dargelegt. Wir werden zusammen mit unseren europäischen Partnern alles in unseren Kräften Stehende beitragen, um einen umfassenden, gerechten und dauerhaften Frieden im Nahen Osten herbeizuführen.

Das Recht des palästinensischen Volkes auf volle Ausübung seiner Selbstbestimmung muß genauso verwirklicht werden wie das Existenzrecht und das Recht auf Sicherheit aller Staaten der Region, einschließlich Israels. Wir sind überzeugt, daß das Nahost-Problem nur dann gelöst werden kann, wenn alle Parteien auf territoriale Ausschließlichkeitsansprüche verzichten. Es darf kein »Alles oder Nichts« geben. Zugleich darf in keiner der strittigen Fragen eine Seite die andere vor vollendete Tatsachen stellen. Dies gilt für Siedlungen in den besetzten Gebieten, dies gilt insbesondere auch für Jerusalem, dessen Bedeutung für die drei großen Religionen wir uns besonders bewußt sind.

Ein notwendiger Schritt auf dem Weg zu einem umfassenden Frieden ist der Verzicht aller Parteien auf Gewalt und Drohung mit Gewalt. Nur so kann das für eine Lösung unentbehrliche Klima des Vertrauens entstehen. Unsere Absicht, den euro-arabischen Dialog durch Einbeziehung der politischen Dimension zu beleben, ihn auf politischer Ebene abzuhalten, und die fortbestehende Bereitschaft der Europäer zur Beteiligung an internationalen Garantien zeigen unsere Entschlossenheit, Mitverantwortung für den Frieden in Nahost zu übernehmen.

Mit ernster Besorgnis sieht die Bundesregierung die in den letzten Tagen aufgeflammten bewaffneten Auseinandersetzungen zwischen Irak und Iran. Wir appellieren an die Beteiligten, den bestehenden Konflikten im Nahen und Mittleren Osten nicht einen weiteren hinzuzufügen, sondern sich an den Verhandlungstisch zu setzen. Und wir appellieren an alle Staaten, durch äußerste Zurückhaltung eine Ausweitung des Konflikts zu vermeiden. Die Vereinten Nationen müssen auch hier ihrer Verantwortung für den Frieden gerecht werden.

In *Afrika* hat das Jahr 1980 auf dem Wege zur Beseitigung des Restkolonialismus einen entscheidenden Schritt nach vorn gebracht:

Das Volk von Simbabwe hat in freien Wahlen unter internationaler Kontrolle sein Selbstbestimmungsrecht verwirklicht und seine Unabhängigkeit erlangt. Dies beweist, daß Verhandlungslösungen selbst in schwierigsten Fragen möglich sind.

In Namibia halten wir eine Lösung nur auf der Grundlage des Namibia-Plans der Vereinten Nationen für erreichbar. Versuche einer internen Regelung – das hat Simbabwe bestätigt – hätten keine Chance, dem Lande Frieden und Freiheit zu bringen. Die Resolution 435 des Sicherheitsrats muß unverzüglich durchgeführt werden.

Auf der Notstandssondertagung der Generalversammlung im Januar hat die Staatengemeinschaft mit überwältigender Mehrheit die bewaffnete Intervention in *Afghanistan* verurteilt und den sofortigen, bedingungslosen und vollständigen Abzug der ausländischen Truppen gefordert. Sie hat aufgerufen, das Volk Afghanistans in die Lage zu versetzen, seine Regierungsform selbst zu bestimmen und sein wirtschaftliches, politisches und gesellschaftliches System, frei von jeder Intervention, Subversion, Nötigung oder Beschränkung von außen, zu wählen. Diese Resolution gilt es zu verwirklichen. Wir begrüßen die Bemühungen islamischer und anderer Staaten der Dritten Welt um eine politische Lösung des Afghanistan-Problems.

Eine politische Lösung gilt es ebenso für die Krise in *Kambodscha* zu finden. Auch hier haben die Vereinten Nationen kategorisch den sofortigen Abzug aller ausländischen Truppen gefordert. Auch hier haben sie gefordert, es dem Volk von Kambodscha möglich zu machen, seine eigene Regierung demokratisch zu wählen – ohne Einmischung, Subversion oder Nötigung von außen. Ich warne zugleich, den Konflikt nun auch noch über die Grenzen Kambodschas hinauszutragen.

Die Menschen in meinem Land sind über das furchtbare Schicksal des kambodschanischen Volkes erschüttert. Die Bundesregierung und die privaten Hilfsorganisationen werden weiterhin nach Kräften humanitäre Hilfe leisten. Ich appelliere an alle Verantwortlichen: Geben Sie den Weg frei für die Hilfe an die hungernden Menschen überall in Kambodscha.

Den Ursachen des Weltflüchtlingsproblems entgegenwirken

Wir müssen das *Weltflüchtlingsproblem* an seinen Wurzeln anpacken. Es wird zu einer immer größeren Herausforderung unseres Gewissens, zu einer immer stärkeren Verleugnung der elementaren Menschenrechte und zu einer wachsenden Bedrohung der gutnachbarschaftlichen Beziehungen zwischen den Staaten und der internationalen Ordnung insgesamt.

Überall in der Welt gibt es heute Menschen auf der Flucht, Menschen in Notlagern. Ihre Zahl wird auf 15 Millionen geschätzt. Wer je ein Flüchtlingslager besucht hat, der weiß, wieviel Not und Elend sich hinter dieser Zahl verbirgt. Die Massenflucht aus Indochina, aus Afghanistan, aus Äthiopien hat das Flüchtlingsproblem weiter verschärft. In Somalia machen die Flüchtlinge nach Schätzung der Regierung bereits 30 Prozent der Bevölkerung aus. Unter dieser ungeheuren Bürde droht die Entwicklung des Landes zusammenzubrechen. In der thailändisch-kambodschanischen Grenzregion ist aus Flüchtlingsproblemen

eine akute Gefahr kriegerischer Auseinandersetzungen
entstanden.

Diese Beispiele machen bewußt: Die Flüchtlingsfrage ist
heute in vielen Teilen der Dritten Welt zu einer Bedrohung
des Friedens und zu einer Bedrohung der politischen Stabilität und der wirtschaftlichen Entwicklung der Aufnahmeländer geworden. Die Vereinten Nationen haben sich bisher vornehmlich auf die humanitäre Aufgabe konzentriert,
die Folgen von Flucht und Vertreibung zu lindern. Der
Hohe Flüchtlingskommissar hat dabei Großes geleistet.
Wir müssen die humanitäre Hilfe für die Flüchtlinge weiter
verstärken und wirksamer gestalten. Wir müssen uns aber
auch der politischen Aufgabe stellen, den Ursachen von
Flucht und Vertreibung entgegenzuwirken. Wir müssen
zusammenarbeiten, um dem Entstehen neuer Flüchtlingsströme vorzubeugen.

Wir müssen Regeln für das Verhalten von Staaten entwickeln. Wir müssen verhindern, daß rassisch oder ideologisch unerwünschte Minderheiten von ihren Regierungen
gewaltsam vertrieben oder durch unerträgliche Lebensbedingungen zur Flucht gezwungen werden. Auch dies gehört
heute zu einer umfassenden Politik der aktiven Friedenssicherung. Ich schlage deshalb vor, daß diese Generalversammlung in ihre Agenda einen neuen und dringlichen
Tagesordnungspunkt aufnimmt: »Internationale Zusammenarbeit zur Vermeidung neuer Flüchtlingsströme«.

III

Die Aufgabe der Entwicklungszusammenarbeit

Ohne *Entwicklung der Dritten Welt* gibt es keinen dauerhaft sicheren Frieden. Eine Welt, in der die Kluft zwischen
reichen und armen Ländern zunimmt, in der Hunger und

Elend in den Entwicklungsländern sich ausbreiten, kann den Frieden nicht bewahren. Wir brauchen Beschleunigung der wirtschaftlichen Entwicklung in der Dritten Welt und Wiedererlangung stabilen Wachstums in den Industrieländern. Entwicklungszusammenarbeit ist unentbehrlicher Teil einer partnerschaftlichen Ordnung der Welt.

Die eben zu Ende gegangene Sondergeneralversammlung – in der ich die Vorstellungen der Bundesregierung vorgetragen habe – hat unsere Erwartungen nur zum Teil erfüllt: Wir haben zwar Verständigung erreicht über die internationale Entwicklungsstrategie für die Dritte Dekade. Einigkeit bestand auch darüber, daß die Hilfe für die am wenigsten entwickelten Länder wesentlich verstärkt werden muß. Dieser Konsensus gibt der für 1981 angesetzten Konferenz über die am wenigsten entwickelten Länder eine gute Ausgangsbasis.

Globale Verhandlungen

Nicht erfüllen dagegen konnte die Sondergeneralversammlung den Auftrag, die Vorbereitung der Globalen Verhandlungen abzuschließen. Wir halten die Globalen Verhandlungen gerade angesichts der schwierigen weltwirtschaftlichen Lage für wichtig und dringend. Diese Generalversammlung muß deshalb in der Frage des Verfahrens der Verhandlungen und in der Frage der Tagesordnung einen tragfähigen Konsensus erreichen, damit die Verhandlungen wie vorgesehen im Januar 1981 beginnen können.

Die Brandt-Kommission hat ein bedeutsames Dokument zur Nord-Süd-Frage vorgelegt. Wir plädieren für ein Nord-Süd-Gipfeltreffen, wie es die Brandt-Kommission empfohlen hat. Ein solches Treffen kann den Verhandlungen in den Vereinten Nationen wichtige Impulse geben.

Die Gründungsresolution gab den Globalen Verhandlungen fünf große Themen: Rohstoffe, Energie, Handel, Entwicklung, Währung und Finanzen. Wir müssen bei all diesen Themen die gemeinsamen Interessen von Industrie- und Entwicklungsländern erkennen und verwirklichen:

● Wir müssen den freien Welthandel als einen Motor von Wachstum und Entwicklung erhalten.
● Wir müssen die Energie- und Rohstoffprobleme der Welt lösen und damit die Basis für wirtschaftliches Wachstum und Entwicklung sichern.
● Wir müssen die Stabilität des Weltwährungssystems und die Leistungsfähigkeit der Institutionen, die hierfür verantwortlich sind, gewährleisten.
● Wir müssen den Ressourcentransfer in die Dritte Welt steigern, um die Entwicklung zu beschleunigen und dadurch zugleich den Industrieländern wichtige Wachstumsimpulse zu geben und Arbeitsplätze zu schaffen.

Nicht durch Zerstörung der bestehenden Weltwirtschaftsordnung, sondern nur durch ihre Fortentwicklung werden wir die Neue Weltwirtschaftsordnung schaffen.

Die Bundesrepublik Deutschland hat trotz ungünstiger Haushaltslage zwischen 1977 und 1979, also innerhalb von nur zwei Jahren, ihre öffentliche Entwicklungshilfe von 3,2 auf 6,1 Milliarden DM verdoppelt. Sie steht damit dem absoluten Hilfebetrag nach zusammen mit Frankreich an zweiter Stelle aller Geberländer, und sie übertrifft mit einer öffentlichen Hilfe in Höhe von 0,44 Prozent ihres Bruttosozialprodukts den Durchschnitt der Industrieländer.

Unentbehrlicher Bestandteil der Globalen Verhandlungen ist ein umfassender Energiedialog zwischen den öl-importierenden und ölexportierenden Ländern. Die Energiefrage ist heute so zentral und wirkt in alle anderen

Wirtschaftsbereiche so stark hinein, daß ohne einen solchen Dialog die Aufgabe der Globalen Verhandlungen nicht lösbar wäre.

Eine erfolgreiche Entwicklungszusammenarbeit in der neuen Dekade hängt entscheidend auch davon ab, daß an ihr *alle* Länder entsprechend ihren Kräften teilnehmen. Die Unterstützung der Entwicklung der Dritten Welt kann nicht nur als Verantwortung der westlichen Industrieländer gesehen werden. Sie ist eine Verantwortung der Staatengemeinschaft insgesamt, und jeder hat seinen Teil dieser Verantwortung zu erfüllen. Ich appelliere hier insbesondere an die kommunistischen Industrieländer. Sie leisteten in den letzten Jahren Hilfe nur in Höhe von schätzungsweise 0,10 Prozent ihres Bruttosozialprodukts. Fast drei Viertel dieser Hilfe gingen an nur zwei Entwicklungsländer.

Dem Wettrüsten Einhalt gebieten

Die Welt wendet in diesem Jahr mehr als 500 Milliarden Dollar für die Rüstung auf. Die Rüstungsausgaben steigen überall – in Ost und West und nicht zuletzt auch in der Dritten Welt. Der Erfolg der Entwicklung entscheidet sich immer mehr auch an der Frage, ob es gelingt, dem weltweiten Wettrüsten Einhalt zu gebieten. Die Welt braucht nicht einen Rüstungswettlauf, sondern einen Wettlauf in der Hilfe für die Entwicklungsländer. Ich halte es für notwendig, in den Vereinten Nationen zwei Register einzurichten:

- Ein erstes Register sollte erfassen, wieviel jedes Industrieland pro Kopf der Bevölkerung für Rüstung und wieviel es für Entwicklungshilfe ausgibt.
- Ein zweites Register sollte die weltweiten Waffenexporte und -importe aufführen.

283

Wir dürfen nicht tatenlos zusehen, wenn Rüstungsausgaben steigen und Ausgaben für Entwicklungshilfe hinterherhinken oder gar stagnieren. Wir dürfen nicht zusehen, wenn Waffen in Entwicklungsländer gepumpt werden, die nicht Kanonen brauchen, sondern Schulen und Krankenhäuser, Traktoren und Drehbänke.

IV

Weltweite Verwirklichung der Menschenrechte

Eine Welt der Partnerschaft und eine Politik der aktiven Friedenssicherung verlangen die weltweite Verwirklichung der *Menschenrechte*. Wir wissen, wie weit wir noch von diesem großen Ziel entfernt sind. Vor unseren Augen steht eine Reihe schwerer Verletzungen der Menschenrechte gerade in den letzten Jahren. Die Vereinten Nationen haben Verfahren und Institutionen geschaffen, um die Verwirklichung der Menschenrechte weltweit voranzutreiben. Diese Verfahren sind noch relativ schwach. Aber ihre Wirksamkeit nimmt zu. Die Arbeit der Menschenrechtskommission zeigt das. Es gilt, die Instrumente der Vereinten Nationen zum Schutz der Menschenrechte weiterzuentwickeln. Ein Menschenrechtsgerichtshof der Vereinten Nationen muß dazugehören.

Eine Konvention gegen die Todesstrafe

Niemand kann den furchtbaren Mißbrauch übersehen, der in vielen Teilen der Welt mit der Todesstrafe getrieben wird. Generalsekretär Waldheim verurteilt in seinem Jahresbericht die summarischen Hinrichtungen von Menschen ohne ordnungsmäßiges Gerichtsverfahren.

Der Internationale Pakt über bürgerliche und politische Rechte hat in Artikel 6 die Todesstrafe eingegrenzt. Heute – 14 Jahre nach Unterzeichnung des Paktes – muß es um ihre Abschaffung gehen. Meine Regierung wird deshalb eine Konvention gegen die Todesstrafe vorschlagen. Sie könnte die Form eines zweiten Fakultativprotokolls zu dem Internationalen Pakt über bürgerliche und politische Rechte erhalten.

In der Verfassung meines Landes steht: „Die Todesstrafe ist abgeschafft". Diese bedeutsame Entscheidung ist auch das Ergebnis schmerzlicher Erfahrungen in der eigenen jüngsten Geschichte. Wir wissen, daß andere geschichtliche Entwicklungen, andere Rechtstraditionen und andere religiöse Überzeugungen in anderen Staaten auch zu einem anderen Verhältnis zur Todesstrafe führen. Aber dies darf niemanden daran hindern, den Mißbrauch zu sehen, der vielfach mit der Todesstrafe getrieben wird. Er kann wirksam nur durch gänzliche Abschaffung der Todesstrafe verhindert werden.

V

Leitgedanken einer globalen Ordnung

Unsere Welt ist im Übergang. Sie ist im Aufbruch zu einer neuen Ordnung – der ersten wirklich globalen Ordnung der Geschichte, zu einer Ordnung, die getragen sein soll vom Gedanken der gleichberechtigten Partnerschaft. Die Konturen dieser Neuordnung sind bereits erkennbar, wenn auch reaktionäre Gegenbewegungen das Bild verwirren.

Ich hebe zwei fundamentale Prinzipien der sich abzeichnenden neuen Ordnung heraus: die Selbstbestimmung aller Nationen und den regionalen Zusammenschluß gleichberechtigter Staaten zu größeren Gemeinschaften.

Verwirklichung der Identität der Nationen

Selbstbestimmung heißt volle Entfaltung der eigenen Kräfte, eigenständige politische, wirtschaftliche und kulturelle Entwicklung. Dieses Ziel gilt es heute gerade auch in der Dritten Welt zu verwirklichen. Es würde keine wahre und dauerhafte Entwicklung Afrikas, der arabischen Staaten, Asiens, Lateinamerikas geben, wenn diese großen Kulturregionen nur die westlichen oder östlichen Industrieländer zu kopieren suchten. Entwicklung muß auf der eigenen Kultur aufbauen und – mit der Leitvorstellung der universalen Menschenrechte vor Augen und unter Nutzung der modernen Wissenschaft und Technik – diese Kultur weiterentwickeln. Wer gegen solche eigenständige Entwicklung ist und der Dritten Welt fremde, vorgefertigte Konzepte aufzuzwingen versucht, handelt gegen die Interessen der Entwicklungsländer und der Welt insgesamt. Die nationale, die religiöse und die kulturelle Identität der Völker muß bewahrt bleiben. Die Menschheit braucht die Vielfalt der Kulturen, wenn ihre schöpferischen Kräfte nicht versiegen sollen. Die Ablehnung einer pluralen Welt, der Versuch, die Menschheit unter eine einzige Ideologie zu zwingen, würde den Fortschritt blockieren.

Regionaler Zusammenschluß

Vielfalt darf nicht zu Atomisierung führen. Der Zusammenschluß zu regionalen Gemeinschaften ist deshalb eine zentrale Aufgabe auf dem Weg zu voller Entwicklung. Nur so lassen sich überall in der Welt politische und wirtschaftliche Räume schaffen, die fremdes Vorherrschaftsstreben fernhalten und den Aufbau moderner Volkswirtschaften erlauben. Die Europäische Gemeinschaft hat das Vorbild gegeben für einen regionalen Zusammenschluß gleichberechtigter Staaten – einen Zusammenschluß ohne Vorherrschaft von innen und außen. Wir halten es für eine der wichtigsten Entwicklungen in der Weltpolitik, daß auch in Afrika, in Asien, in Lateinamerika regionale Staatengemeinschaften entstehen. Die Europäische Gemeinschaft fördert diese Entwicklung, wo immer sie kann. Sie hat schon mit den meisten dieser Zusammenschlüsse besondere Formen der Kooperation verwirklicht. In diesen Kooperationsformen zeigen sich zukunftsweisende Modelle für eine partnerschaftliche Zusammenarbeit zwischen Industrie- und Entwicklungsländern.

Die zunehmende regionale Zusammenarbeit in der Dritten Welt und der Zusammenschluß zu den umfassenden Gruppierungen der Blockfreien und der Gruppe der 77 – dies sind Entwicklungen, die von großer Bedeutung auch für unsere Arbeit in den *Vereinten Nationen* sind. Ohne diese Gruppierungen wäre die politische Meinungsbildung und die Einigung auf Lösungen in den Vereinten Nationen heute nicht mehr denkbar.

Es ist dabei klar: regionale und interregionale Zusammenarbeit ergänzt und erleichtert die globale Zusammenarbeit, sie ersetzt sie nicht. Im Zentrum einer neuen Weltordnung der gleichberechtigten Partnerschaft steht mehr denn je die weltumspannende Organisation der Vereinten Nationen. Sie zu stärken, sie wirksamer zu machen und, vor allem, sie im Interesse des Ganzen und nicht nur im Interesse partikularer Anliegen zu nutzen – dies ist unsere Aufgabe hier. An ihr wird mein Land mit aller Kraft mitarbeiten.

Verantwortung für die Sicherung des Friedens in der Welt

Vortrag vor dem Zweiten Weltkongreß für Sowjet- und Osteuropastudien in Garmisch-Partenkirchen am 30. September 1980

Das 20. Jahrhundert, auf dessen Problemen der Schwerpunkt des Kongresses liegt, umfaßt für uns Deutsche – und für die Osteuropaforschung – eine besonders dramatische Zeitspanne. In dieser Zeit hat die europäische Staatenwelt grundlegende und rasche Wandlungen durchgemacht. Drei Ergebnisse dieser Entwicklungen bestimmen heute in besonderem Maße unsere politische Situation:

- die Teilung Europas in zwei politisch, wirtschaftlich und militärisch getrennte Staatengruppen,
- der Aufstieg der Sowjetunion zur Weltmacht und
- die Auflösung der alten Kolonialreiche europäischer Mächte und damit der Eintritt der Dritten Welt in die Weltpolitik.

Die Teilung Deutschlands und Europas, politische, wirtschaftliche und ideologische Barrieren, haben die Nachbarschaft zwischen Ost und West schwieriger werden lassen. Daraus erwächst uns eine dreifache Aufgabe:

- die sich aus der Spaltung Europas ergebenden Gefahren einzudämmen und das Konfliktpotential zu verringern,
- die Möglichkeiten zu gegenseitig vorteilhafter Zusammenarbeit zu nutzen, um das Leben für die Menschen im geteilten Europa erträglicher zu machen
- und damit langfristig auf eine Überwindung der Spaltung Europas hinzuarbeiten.

Dabei erfüllt die Osteuropaforschung eine ganz wesentliche Funktion: Sie kann durch zuverlässige Information und realistische Bewertung die Handlungen und Motive der Politik berechenbarer machen und damit zum gegenseitigen besseren Verständnis beitragen.

Gleichgewicht und Entspannung

Wenn wir eines aus der Geschichte Europas gelernt haben, so doch dies: Wir brauchen Frieden und Zusammenarbeit, um die Zukunft Europas zu sichern. Die westeuropäischen Demokratien haben nach der Katastrophe des Zweiten Weltkrieges aus dieser Erkenntnis die praktischen Konsequenzen gezogen. Sie haben gezeigt, daß es möglich ist, einen jahrhundertalten Teufelskreis von Mißtrauen und Feindschaft, von Gewalt und Gegengewalt zu überwinden. Sie haben aus einer Vergangenheit blutiger, die Welt erschütternder Konflikte zu Stabilität und Solidarität gefunden. Aus der Notwendigkeit engerer wirtschaftlicher Zusammenarbeit in größeren Räumen und der Zusammenfassung der Verteidigungspotentiale zur Gewährleistung des Gleichgewichts der Kräfte entstanden die beiden großen westlichen Zusammenschlüsse: die Europäische Gemeinschaft und das Atlantische Bündnis. Sie sind das Fundament unserer wirtschaftlichen und politischen Sicherheit. Die deutsch-amerikanische und die europäisch-amerikanische Zusammenarbeit sind unverzichtbare Voraussetzungen der Sicherung von Freiheit und Frieden. Beide Bündnisse sind nicht Zweckgemeinschaften, sie sind Wertgemeinschaften. Ihre Kraft und Dauerhaftigkeit gewinnen sie aus der Gemeinsamkeit der demokratischen und freiheitlichen Grundwerte. Das Bewußtsein, eine solche Schicksalsgemeinschaft zu sein, bindet Europäer und Amerikaner dauerhaft aneinander! Es gibt ihnen die Kraft und Vitalität, innere Probleme zu meistern und äußere Herausforderungen zu bestehen. Dies hat in den letzten 30 Jahren zu einem außerordentlichen Maß an politischer, wirtschaftlicher und sozialer Stabilität in Westeuropa geführt und damit auch wesentlich dazu beigetragen, den Frieden zwischen Ost und West zu erhalten. Doch dies allein genügt nicht. Unsere Bemühungen um Sicherheit und Stabilität in Europa dürfen nicht an der Trennungslinie zwischen Ost und West haltmachen. Das heißt nicht, daß wir die Unterschiede der politischen und gesellschaftlichen Systeme verwischen wollen. Es gibt für uns keine ideologischen Kompromisse auf Kosten unserer Wertordnung. Wir müssen aber in Europa dafür sorgen, daß die bestehenden Unterschiede und Gegensätze nicht auf den Weg der gewaltsamen Auseinandersetzung führen. Dies würde nicht nur unsere Existenz, sondern den Weltfrieden insgesamt gefährden. Aus dieser Situation erwächst Europa – Ost und West – eine besondere Verantwortung für den Frieden.

Der Friede ruht auf zwei Pfeilern: dem Gleichgewicht der Kräfte und der Entspannung. Beides gehört zusammen. Überlegenheitsstreben schafft Unsicherheit, Mißtrauen und Furcht. Darauf läßt sich Entspannung nicht aufbauen.

In der deutsch-sowjetischen Deklaration anläßlich des Besuchs von Generalsekretär Breschnew in Bonn im Mai 1978 haben beide Seiten es als besonders wichtig erachtet, daß niemand militärische Überlegenheit anstrebt. Andererseits reicht Gleichgewicht allein nicht aus. Hinzukommen muß eine Politik der Konfliktsteuerung und Konflikteindämmung, die Bereitschaft, über bestehende Gegensätze hinweg gemeinsame Interessen zu definieren und Möglichkeiten der Zusammenarbeit zu eröffnen, wenn wir in Europa den Frieden dauerhaft sichern wollen. Der Harmel-Bericht, an dem wir maßgeblich mitgewirkt haben, hat im Jahre 1968 für die westliche Allianz eine Strategie von Verteidigung *und* Entspannung formuliert. Die Bundesrepublik Deutschland konnte auf dieser Grundlage daran gehen, das Verhältnis zu ihren osteuropäischen Nachbarn in Richtung auf friedlichen Interessenausgleich und gute Nachbarschaft zu verbessern.

Die Ergebnisse der Entspannungspolitik

Vor zehn Jahren wurde der Moskauer Vertrag geschlossen, an den sich die Verträge mit Polen und der CSSR, der Grundvertrag mit der DDR und das Viermächte-Abkommen über Berlin anschlossen. Wenn wir heute auf zehn Jahre Entspannungspolitik zurückblicken, so können wir feststellen: Die zwischen der Bundesrepublik Deutschland und ihren osteuropäischen Nachbarn abgeschlossenen Verträge haben wesentlich dazu beigetragen, die Barrieren des Mißtrauens abzubauen, die die Katastrophe des Zweiten Weltkrieges, die Teilung Europas und der kalte Krieg hinterlassen hatten; sie haben neue Perspektiven der Zusammenarbeit eröffnet.

Lassen Sie mich nur vier Punkte unterstreichen:

Erstens: Die Verträge haben zwar nicht die Teilung Europas beseitigen können. Sie haben aber für die Menschen die Folgen der Teilung Europas und Deutschlands gelindert. Sie haben viele Familien nach langer Trennung wieder vereint – von 1970 bis heute konnten mehr als 350 000 Deutsche aus Osteuropa in die Bundesrepublik Deutschland übersiedeln –, und sie haben mehr Kontakte und Austausch über die Grenzen zwischen Ost und West hinweg geschaffen. Über dreieinhalb Millionen Menschen aus der Bundesrepublik Deutschland fahren heute jährlich in die DDR, um dort Freunde und Verwandte zu besuchen, und fast eineinhalb Millionen Menschen kommen zu uns. Wer das Leid der vorausgegangenen Trennung von Familien und Freunden ermessen kann, der kann auch ermessen, was diese Zahlen für die betroffenen Menschen, für die Familien, für den Zusammenhalt der Nation bedeuten. Die vertraglichen Regelungen und die Politik der Zusammenarbeit mit der DDR mildern die Lasten, die durch die staatliche Teilung auf den Deutschen in Ost und West liegen.

Zweitens: Die Lage in und um Berlin ist wesentlich besser geworden. Die Zufahrtswege, die jährlich von über 18 Millionen Reisenden benutzt werden, sind heute dauerhaft gesichert. Vergessen wir nicht, daß es noch nicht so lange her ist, als die Ampeln an den Grenzübergängen tagelang auf Rot standen und sich kilometerlange Schlangen von wartenden Autos bildeten. Auch die Mauer in Berlin ist durchlässiger geworden. Mehr als dreimillionenmal jährlich machen die Berliner von den Möglichkeiten der Besuchsregelung Gebrauch und gehen in den anderen Teil der Stadt oder in die DDR zu Freunden und Verwandten. Berlin hat heute die Ruhe und Stabilität, die die Stadt für ihre Entwicklung, für eine gesicherte Zukunft braucht.

Drittens: Die Entspannungspolitik hat den Handlungsspielraum der Bundesrepublik Deutschland erweitert. Der Beitritt zu den Vereinten Nationen, der nach dem Abschluß des Grundvertrages im Jahre 1973 möglich wurde, hat der deutschen Außenpolitik eine neue weltpolitische Dimension eröffnet. Seither hat die Bundesrepublik Deutschland einen ihrer wirtschaftlichen und politischen Kraft entsprechenden Teil der Verantwortung in der internationalen Politik übernommen. Unsere Wahl in den Sicherheitsrat der Vereinten Nationen nur vier Jahre nach dem Beitritt und die Wahl eines deutschen Präsidenten für die 35. Generalversammlung dokumentieren das Vertrauen, das die Völkergemeinschaft in unsere Friedenspolitik setzt. Auch im Ost-West-Verhältnis sind die Gestaltungsmöglichkeiten deutscher Politik gewachsen. Die Gewaltverzichtsverträge haben unserer Friedenspolitik neue Möglichkeiten der Verwirklichung eröffnet und sie politisch abgesichert.

Viertens: Ebenso hat die rasche Entwicklung der Wirtschaftsbeziehungen zwischen Ost und West im letzten Jahrzehnt ihre Grundlage in der Entspannung. In dieser Zeit hat sich der deutsche Osthandel vervierfacht, und der deutsch-sowjetische Warenaustausch ist heute fünfmal größer als vor zehn Jahren.

Beide Seiten haben von dieser Entwicklung profitiert. Der Osthandel trägt zur Sicherung unserer Beschäftigung bei. Der Export westlicher Technologie, der die Modernisierung der östlichen Wirtschaft ermöglicht, schafft zugleich langfristig Bindungen der östlichen an die westlichen Volkswirtschaften; das trägt zu Stabilität und Kontinuität der Wirtschaftsbeziehungen bei. Die Wirtschaftsbeziehungen fördern menschliche Kontakte, mehr Informationsaustausch, mehr Transparenz; sie wirken damit auch in die politischen Beziehungen hinein.

Zu einer Einschränkung der politischen Handlungsfreiheit hat die wirtschaftliche Verflechtung jedoch weder im Osten noch im Westen geführt; dazu ist der Grad der gegenseitigen Abhängigkeit viel zu gering. Wirtschaftliche Interdependenz kann den ideologisch-politischen Gegensatz zwischen Ost und West nicht aufheben, sie steigert aber das Interesse an der Erhaltung der Zusammenarbeit; sie erhöht damit die Schwelle für Konfliktbereitschaft und trägt damit – im Interesse des gesamten Westens – zu Stabilität und Sicherheit in Europa bei. Ohne die Vertragspolitik der Bundesrepublik Deutschland hätte es weder die Schlußakte von Helsinki gegeben, noch wäre es zu den Wiener MBFR-Verhandlungen gekommen.

Die Bedeutung des KSZE-Prozesses

Die Fortsetzung des KSZE-Prozesses ist für Europa von großer Tragweite. Seit dem Wiener Kongreß von 1815 war die KSZE die erste große Konferenz aller europäischer Staaten. Dies und die Beteiligung der beiden Europa eng verbundenen nordamerikanischen Staaten USA und Kanada unterstreicht ihre historische Bedeutung.

Die Schlußakte von Helsinki ist eine Magna Charta für das friedliche Zusammenleben in Europa. Sie ist angelegt auf die schrittweise Entwicklung einer europäischen Friedensordnung. Der KSZE-Prozeß ist seiner Natur nach langfristig. Die Überbrückung des Grabens, der Europa durchzieht, durch Zusammenarbeit und Begegnungen zwischen den Menschen ist eine Aufgabe für Generationen. Sie muß durchgehalten werden, auch wenn Klimaveränderungen im Ost-West-Verhältnis sie erschweren. Das Konzept von Helsinki muß auch Rückschläge überdauern.

Alle Bereiche der Schlußakte sind gleichermaßen wichtig. Alle ihre Prinzipien und Bestimmungen müssen verwirklicht werden. Hierzu bedarf es immer wieder politischer Impulse. Ich rufe meine Amtskollegen in Ost und West erneut auf, die Leitung ihrer Delegationen auf der KSZE-Folgekonferenz in Madrid selbst zu übernehmen und damit die politische Bedeutung des Treffens gebührend zu unterstreichen.

Manches ist erreicht, viel bleibt zu tun: Noch werden die Menschenrechte nicht in allen Teilnehmerstaaten voll respektiert. Noch fehlt bei einigen die Einsicht, daß nur die weltweite Achtung der Prinzipien der Schlußakte ein gedeihliches und störungsfreies Zusammenleben der Völker auch in Europa gewährleisten kann. Noch sind die Möglichkeiten zu gegenseitig vorteilhafter wirtschaftlicher

Zusammenarbeit zwischen Ost und West nicht ausgeschöpft. Noch muß viel getan werden, um auch die einzelnen Menschen in Europa einander näherzubringen. Daher werden wir in Madrid auf die Lösung humanitärer Probleme drängen, auf vermehrte Begegnungen zwischen den Menschen in Ost und West und auf erweiterten Informationsaustausch.

Abrüstung und Rüstungskontrolle

Die militärischen Aspekte der Entspannung sind in den letzten Jahren in den Mittelpunkt der Ost-West-Diskussion gerückt. Wenn wir den Frieden in Europa dauerhaft sichern wollen, müssen wir einen gefährlichen Rüstungswettlauf vermeiden. Wir wollen die Sicherheit auf der Grundlage des Gleichgewichts, und wir wollen dieses Gleichgewicht auf einem möglichst niedrigen Niveau der Rüstungen. Ausdruck dieser Politik ist der Doppelbeschluß der NATO vom 12. Dezember 1979, der auf der einen Seite das durch die sowjetische Vorrüstung im Bereich der Mittelstreckenwaffen gestörte Gleichgewicht durch westliche Nachrüstung wiederherzustellen sucht, zugleich aber der Sowjetunion Verhandlungen über Rüstungsbegrenzung in diesem Bereich anbietet. Bundeskanzler Schmidt und ich haben darüber mit der Sowjetunion am 30. Juni und 1. Juli in Moskau intensive Gespräche geführt. Und es bestätigt den Wert des Dialogs auch in Krisenzeiten, daß die Sowjetunion bei diesem Besuch nach mehrmonatigem Zögern ihre Gesprächsbereitschaft mitgeteilt hat. Daß die Außenminister der beiden Weltmächte die Gespräche über dieses Thema in der vergangenen Woche in New York aufgenommen haben, ist eine Ermutigung für die Fortführung unserer Politik.

Wir halten nach wie vor die Ratifizierung von SALT II für wichtig. Der SALT-Verhandlungsprozeß hat für die interkontinentalen strategischen Waffen das Prinzip des Gleichgewichts konstituiert. Dieses Prinzip muß auch für die anderen Bereiche gelten. Zusammen mit unseren Partnern im Atlantischen Bündnis setzen wir uns für Lösungen ein, die sowohl unsere Sicherheitsinteressen als auch diejenigen der Gegenseite berücksichtigen. Das Bündnis hat am 14. Dezember 1979 ein umfassendes Paket von konkreten Vorschlägen über Rüstungskontrolle und Rüstungsbegrenzung vorgelegt. Das ist eine der bedeutendsten Abrüstungsinitiativen seit Kriegsende. Sie betrifft:

- den einseitigen Abzug von 1000 amerikanischen nuklearen Sprengköpfen aus Europa als Teil des Beschlusses vom 12. Dezember 1979,
- einen Vorschlag für ein erstes Interimsabkommen im Rahmen der Wiener Truppenreduzierungsgespräche, das den MBFR-Verhandlungen neue Impulse geben soll,
- einen Vorschlag für begleitende Maßnahmen zu MBFR, die die Einhaltung des Abkommens gewährleisten, militärische Aktivitäten transparenter machen und dadurch das gegenseitige Vertrauen stärken sollen,
- die Bereitschaft, zur Weiterentwicklung des KSZE-Prozesses Vorschläge über vertrauensbildende Maßnahmen und eine Konferenz über Abrüstung in Europa zu prüfen.

Vertrauen bilden

Von Madrid sollten Impulse für Fortschritte auch im militärischen Bereich ausgehen. Ich halte es für dringlich, daß sich die Teilnehmerstaaten auf die Einberufung einer Konferenz über Abrüstung in Europa einigen und ihr den konkreten Auftrag erteilen, militärisch bedeutsame vertrauensbildende Maßnahmen für ganz Europa, also unter Einschluß des europäischen Teils der Sowjetunion, zu vereinbaren. Vertrauen ist nicht teilbar, auch nicht geographisch. Es ist daher für uns essentiell, daß die vertrauensbildenden Maßnahmen auf den gesamten europäischen Kontinent Anwendung finden, für den auch die Schlußakte von Helsinki gilt. Gerade in einer Zeit krisenhafter Entwicklungen kommt der Weiterentwicklung vertrauensbildender Maßnahmen besondere Bedeutung zu. Zu solchen Maßnahmen gehören auch die Offenlegung und Vergleichbarkeit der Militärhaushalte auf einer verläßlichen Datenbasis. Wir unterstützen die Bemühungen der Vereinten Nationen in dieser Richtung. Ich habe in der vergangenen Woche der Generalversammlung die Einrichtung von zwei Registern vorgeschlagen: Ein Register sollte erfassen, wieviel jedes Industrieland in Ost und West pro Kopf der Bevölkerung für Rüstung und wieviel es für Entwicklungshilfe ausgibt. Ein zweites Register sollte die weltweiten Waffenexporte und -importe erfassen.

Mein Vorschlag hat ein doppeltes Ziel: Er soll weltweit zu größerer Transparenz und Vertrauensbildung und zugleich zu größerer Leistungsbereitschaft aller Staaten für die Hilfe an die Dritte Welt beitragen. Es würde auch der Bildung von gegenseitigem Vertrauen dienen, wenn die Militärdoktrinen beider Seiten zum Gegenstand der Ost-West-Diskussion gemacht würden. Denn die Kenntnis der Militärpolitik der jeweils anderen Seite macht diese berechenbarer und schafft dadurch Vertrauen. Dies ist auch ein wichtiges Thema für westliche Osteuropaforscher bei Diskussionen mit ihren östlichen Kollegen.

In einer Zeit, in der das durch die Entspannungspolitik

in Europa gewachsene Vertrauen durch die Okkupation Afghanistans erschüttert ist, müssen wir alle Anstrengungen unternehmen, um das in der Entspannung Erreichte zu bewahren und die Voraussetzungen für den weiteren Ausbau der Ost-West-Zusammenarbeit zu schaffen.

Die Entwicklung in Polen hat gezeigt, daß die Entspannungspolitik einen internationalen Rahmen schafft, der den Staaten größere Sicherheit gegen äußere Einmischung gibt und ihre Möglichkeiten innerer Gestaltung unter eigener Verantwortung verbessert.

Die Wirtschaftsbeziehungen zwischen West und Ost

Osteuropa wird sich genauso wie Westeuropa in den achtziger Jahren schweren wirtschaftlichen Herausforderungen gegenübersehen. Wenn wir durch Zusammenarbeit mit den osteuropäischen Staaten dazu beitragen können, diese Probleme zu überwinden, so hilft das nicht nur den Menschen in Osteuropa, sondern liegt zugleich auch im westlichen Interesse an einer gedeihlichen Weiterentwicklung der Zusammenarbeit. Dauerhafte und gegenseitig vorteilhafte Beziehungen lassen sich nur mit einem wirtschaftlich stabilen Partner erzielen. Der europäische Raum ist enger geworden. Viele Probleme lassen sich heute nur noch gemeinsam lösen. Luft- und Wasserverschmutzung machen auch an der Trennungslinie zwischen Ost und West nicht halt. Wir haben deshalb 1979 ein Abkommen hinsichtlich der grenzüberschreitenden Luftverschmutzung abgeschlossen und werden uns auch auf anderen Gebieten um Lösungen im gesamteuropäischen Rahmen bemühen.

In der »ECE«, der UNO-Wirtschaftskommission für Europa, setzen wir uns für eine gesamteuropäische Energiekonferenz ein. Gerade im Energiebereich liegen noch ungenutzte Möglichkeiten west-östlicher Zusammenarbeit. Wenn wir moderne westliche Technologie zur Erschließung neuer Energiequellen in Osteuropa liefern, so dient das auch der Sicherung unserer eigenen Energieversorgung. Angesichts der knapper werdenden Ölvorräte in der Welt liegt es in unserem eigenen Interesse, uns – wo immer möglich – an der Erschließung zusätzlicher Quellen zu beteiligen. Wir entlasten damit langfristig die internationalen Energiemärkte, auf die wir alle angewiesen sind. Ein unkontrollierter Wettlauf auf die knapper werdenden Energieressourcen enthielte ein schwer kalkulierbares und gefährliches Konfliktpotential. Einen solchen Wettlauf, der den Frieden nicht nur in Europa, sondern in der ganzen Welt gefährden könnte, wollen wir vermeiden, und zwar durch eine internationale Energiekooperation, die den Osten ebenso einschließt wie die Länder der Dritten Welt.

Das West-Ost-Verhältnis und die Dritte Welt

Wie stark heute Sicherheit und Zusammenarbeit in Europa durch Krisen in der Dritten Welt bedroht werden können, zeigt die sowjetische Besetzung des blockfreien Afghanistan, die an die Grundlagen der Entspannung auch in Europa rührt. Entspannung ist unteilbar. Wenn die Sowjetunion dort, wo sie das Risiko für gering erachtet, das internationale Kräftegleichgewicht zu ihren Gunsten zu verändern sucht, so gefährdet sie dadurch auch die Glaubwürdigkeit ihrer Entspannungspolitik in Europa. Sie verletzt damit selbst eingegangene internationale Verpflichtungen wie die amerikanisch-sowjetische Grundsatzerklärung vom 29. Mai 1972, in der die Sowjetunion anerkannt hat, daß es mit den Zielen friedlicher

Beziehungen nicht vereinbar ist, »direkt oder indirekt einen einseitigen Vorteil auf Kosten des anderen zu erreichen«.

Der Ost-West-Gegensatz darf nicht auf die Dritte Welt übertragen werden. Die Unterzeichner der Schlußakte von Helsinki haben eindeutig ihren Willen erklärt, die Prinzipien der Schlußakte, zu denen der Gewaltverzicht, die Achtung der Gleichberechtigung und das Selbstbestimmungsrecht der Völker gehören, nicht nur den Beziehungen untereinander zugrunde zu legen, sondern in ihrem Geiste ebenso ihre Beziehungen zu allen anderen Staaten zu gestalten. Eine politische Lösung des Afghanistan-Problems ist daher unerläßlich. Die Resolution der Sondergeneralversammlung der Vereinten Nationen vom Januar, die am 19. Februar 1980 in Rom unterbreiteten Vorschläge der Neun und die Vorschläge der Islamischen Konferenzen weisen den Weg. 104 Staaten haben in den Vereinten Nationen die Besetzung Afghanistans verurteilt und den Rückzug der sowjetischen Truppen gefordert. Die Länder der Dritten Welt haben damit klar gesagt: Wir wollen nicht Vorherrschaftspolitik, wir wollen unsere Freiheit und Unabhängigkeit bewahren.

Nicht wer der Dritten Welt sein gesellschaftliches und politisches Modell aufzuzwingen versucht, sondern nur, wer der Dritten Welt hilft, die ihren Bedürfnissen gemäße Ordnung zu entwickeln, kann letztlich erfolgreich sein. Es gilt, die Unabhängigkeit der Länder der Dritten Welt zu stärken. Dazu gehört insbesondere die Unterstützung der Blockfreien-Bewegung, die ein wichtiger Faktor der Stabilität in der internationalen Politik geworden ist.

Der Krieg zwischen Irak und Iran gefährdet die Stabilität der ohnehin unruhigen mittelöstlichen Region noch weiter. Wichtigstes Nahziel muß es hier sein, zu verhindern, daß der Konflikt sich ausweitet und in eine Ost-

West-Auseinandersetzung mit noch gefährlicheren Konsequenzen ausufert. Die in New York anläßlich der 35. Generalversammlung der Vereinten Nationen versammelten Minister aus Ost und West sowie der Dritten Welt haben sich intensiv und ernst sowohl mit der Frage der Eskalationskontrolle als auch mit den Möglichkeiten einer Beilegung des Konflikts befaßt. Bisher ist es gelungen, die Auseinandersetzung zu lokalisieren. Dabei hat nicht zuletzt das Interesse wichtiger Mächte an der Aufrechterhaltung des Entspannungsprozesses mitgespielt.

Mit ihren Partnern in der Europäischen Gemeinschaft tritt die Bundesregierung für die Aufrechterhaltung der für die gesamte Staatengemeinschaft lebenswichtigen Freiheit der Schiffahrt im Golf ein und ist bereit, jede internationale Initiative zu unterstützen, die geeignet ist, eine politische Lösung des Konflikts herbeizuführen. Eine dauerhafte Lösung muß sowohl den Grundsatz der Nichteinmischung in die inneren Angelegenheiten berücksichtigen, als auch die staatliche Integrität der am Konflikt Beteiligten wahren. Im Mittleren und Nahen Osten, in Indochina ebenso wie im südlichen Afrika setzen wir uns daher, auch im Interesse des Friedens in Europa, für eine Beseitigung der Konflikte durch Verhandlungen ein.

Die Welt ist aber nicht nur durch politische Krisen und Vorherrschaftspolitik bedroht. Hunger und Elend, wachsende wirtschaftliche und soziale Schwierigkeiten gefährden die Stabilität der Dritten Welt in noch größerem Maße. Die Westeuropäer, im Verein mit den anderen westlichen Industriestaaten, haben bisher den größten Teil der entwicklungspolitischen Bürde getragen in der Erkenntnis, daß in einer Welt globaler Interdependenz Stabilität und Frieden in der Dritten Welt untrennbar verbunden sind mit der Sicherung von Frieden, Freiheit und Wohlstand in Europa. Aber auch die Sowjetunion und ihre Verbündeten sind in zunehmendem Maße auf eine funktionierende Weltwirtschaftsordnung angewiesen.

Wenn die Dritte Welt in Unsicherheit und Chaos versinkt, so werden darunter nicht nur die westlichen, sondern auch die östlichen Industriestaaten leiden. Auch Osteuropa trägt daher Verantwortung für die Aufrechterhaltung und Weiterentwicklung der Weltwirtschaft und damit der langfristigen Sicherung des Weltfriedens. Bisher ist der Osten dieser Verantwortung nicht gerecht geworden. Einige wenige Zahlen verdeutlichen dies. Die östliche Nettohilfe betrug 1979 1,8 Milliarden Dollar oder 0,11 Prozent des Bruttosozialprodukts. Fast drei Viertel dieser Hilfe flossen an Vietnam und Kuba. Nur 500 Millionen Dollar oder 0,03 Prozent des Bruttosozialprodukts gingen an die übrigen Entwicklungsländer. Die westlichen Industriestaaten gaben demgegenüber 22 Milliarden Dollar oder 0,34 Prozent ihres Bruttosozialprodukts und damit mehr als das Zwölffache der Hilfe des Ostens. Die Bundesrepublik Deutschland allein leistete 1979 mit 3,4 Milliarden Dollar oder 0,44 Prozent ihres Bruttosozialprodukts fast doppelt soviel wie der gesamte Ostblock und – bezogen auf dessen Bruttosozialprodukt – sogar viermal soviel.

Es gilt in den achtziger Jahren deutlich zu machen, inwieweit die sich wandelnden Bedürfnisse der osteuropäischen Staaten und ihrer Volkswirtschaften und Gesellschaften auf die Ressourcen auch der Dritten Welt angewiesen sind. Es wird darauf ankommen aufzuzeigen, daß der Aufbau einer Weltordnung friedlicher und partnerschaftlicher Zusammenarbeit eine globale Aufgabe ist, zu der auch Osteuropa im eigenen Interesse, im Interesse des Weltfriedens einen angemessenen Beitrag leisten muß. Wir Europäer – in West und Ost – müssen begreifen, daß europäische Entspannung und globale Friedenssicherung zwei Seiten derselben Medaille sind. Nicht die

Austragung des Ost-West-Gegensatzes in der Dritten
Welt, nur die Zusammenarbeit zwischen Ost und West,
die die Lösung der Nord-Süd-Probleme als gemeinsame
Aufgabe einbezieht, kann Europa eine Zukunft in Frieden
und Wohlstand sichern. Hier Wege und Möglichkeiten
aufzuzeigen, interessiert Politik und Wissenschaft
gleichermaßen.

Eine Politik der Kontinuität und Berechenbarkeit

Uns stehen zu Beginn der achtziger Jahre Entwicklungen
in der Welt bevor, die große Gefahren für uns Europäer
in sich bergen. Hier steht uns nicht nur die Auseinandersetzung
zwischen Irak und Iran vor Augen. Ich
denke an die Konflikte in Afghanistan und Kambodscha
als Beispiele für die Nichtachtung des Selbständigkeitsstrebens
der Staaten der Dritten Welt, an die gespannte
Lage in Nahost, aber auch an die latenten Gefahren
eines Rüstungswettlaufs, an Verteilungskämpfe um knapper
werdende Rohstoffe, an das Gefälle zwischen Nord
und Süd.

Wir haben in den letzten zehn Jahren in drei Bereichen
die Grundlagen dafür geschaffen, die uns in die
Lage versetzen, mit einer aktiven Politik der Friedenssicherung
den Gefahren entgegenzutreten. Dazu gehört die
Festigung der Zusammenarbeit in der Europäischen
Gemeinschaft und im Bündnis, wofür der Doppelbeschluß
der NATO vom Dezember 1979 mit seiner politischen
Dimension ein besonders eindrucksvolles Beispiel
ist. Hinzu tritt die Zusammenarbeit der sieben Staaten
des Weltwirtschaftsgipfels, der sich zu einem Instrument
weltweiter Krisenbeherrschung auch im politischen Sinne
entwickelt hat. Der zweite Bereich ist der Entspannungs-

prozeß zwischen West und Ost, der nicht nur für die Menschen und die Völker in Europa greifbare Früchte gebracht, sondern zur Stabilität in Europa beigetragen hat und der auf dem festen Boden der abgeschlossenen Verträge trotz einzuberechnender Rückschläge einen unverzichtbaren Rahmen für die Bewältigung der Gefahren des Rüstungswettlaufs und für die globale Konfliktsteuerung bietet. Als dritter Bereich gehört dazu die von uns mit unseren Partnern in der Europäischen Gemeinschaft sorgfältig ausgebaute partnerschaftliche Zusammenarbeit mit den Staaten der Dritten Welt, in der die Wünsche dieser Staaten nach Unabhängigkeit und Eigenständigkeit berücksichtigt werden.

In diesen Strukturen vollzieht sich das gemeinsame Bemühen der politisch Verantwortlichen in Westeuropa und Nordamerika um die Sicherung des Friedens in der Welt. Unsere Partner müssen sich darauf verlassen können, daß die Kontinuität und Berechenbarkeit der Politik eines Staates wie der Bundesrepublik Deutschland in allen wichtigen Fragen der Zeit gesichert bleiben.

Die dringendsten Aufgaben der nächsten Zeit, in der eine Offensive der Vertrauensbildung zwischen West und Ost notwendig ist, sind folgende:

- Bei der KSZE-Nachfolgekonferenz in Madrid die Vereinbarung eines Mandats für eine Konferenz über Abrüstung in Europa, die vertrauensbildende Maßnahmen für ganz Europa ausarbeiten soll;
- die intensive Führung der Gespräche der beiden Großmächte über nukleare Mittelstreckenwaffen in Europa, die einen Schlüssel zu weiteren Fortschritten im Rüstungskontroll- und Abrüstungsbereich bilden;
- die von dem amerikanischen Präsidenten angekündigten verstärkten Anstrengungen der Administration nach den amerikanischen Wahlen um die Ratifizierung von SALT II im amerikanischen Senat;

- die aktive Bereitschaft der Sowjetunion, die Afghanistan-Krise einer politischen Lösung zuzuführen, für
welche die Vorschläge der Islamischen Konferenzen
aus westlicher Sicht eine vernünftige Grundlage
bieten;
- Ost und West müssen der Versuchung widerstehen,
den Ost-West-Gegensatz auf die Dritte Welt zu übertragen. Das weitere Verhalten von Ost und West im
irakisch-iranischen Konflikt wird eine Bewährungsprobe dafür sein.

Die Europäische Union – Antwort auf die Herausforderungen unserer Zeit

Auszug aus der Rede auf dem Dreikönigstreffen der Freien Demokraten in Stuttgart am 6. Januar 1981

I

Europa und Amerika gehören zusammen

Unsere Sicherheit gewinnen wir aus dem westlichen Bündnis und der Europäischen Gemeinschaft. Hier allein finden wir auch das Fundament für unsere Politik gegenüber dem Osten. Alle Fortschritte, die wir im West-Ost-Verhältnis und im deutsch-deutschen Verhältnis erreichen konnten, erreichten wir nicht trotz, sondern wegen unserer Mitgliedschaft in den beiden westlichen Gemeinschaften. Wer an dieser Bindung und Mitgliedschaft rütteln möchte, muß wissen, unser Gewicht – auch im West-Ost-Verhältnis – hängt ab von unserem Gewicht in den westlichen Gemeinschaften. Berechenbarkeit der deutschen Außen- und Sicherheitspolitik muß auch im Verhältnis zu unseren westlichen Partnern eine sichere Größe sein – das bestimmt übrigens auch unser Gewicht und unseren Wert als Entspannungspartner nach Osten.

Zu den großen Herausforderungen unserer Zeit gehört das Anwachsen des atomaren Vernichtungspotentials. Rüstungskontrolle und Abrüstung sind die unverzichtbaren Überlebensaufgaben der Menschheit. Wir begrüßen den Willen der neuen amerikanischen Führung, die Verhandlungen über die strategischen Atomwaffen fortzusetzen. Es war ein großer Erfolg unserer Politik, daß wir mit dem Doppelbeschluß für die Mittelstreckenwaffen die

Aufnahme von Verhandlungen über diese Waffen erreichen konnten. Alle diejenigen, die jetzt beginnen, am Doppelbeschluß oder doch wenigstens an einem Teil, nämlich dem Nachrüstungsteil zu deuten oder zu rütteln, mögen bedenken, daß sie damit den Verhandlungen über die Mittelstreckenwaffen die Grundlagen entziehen. Das Ergebnis eines solchen Verhaltens wäre dauerhafte sowjetische Überlegenheit, Instabilität und Unsicherheit anstatt Rüstungsbegrenzung, Abrüstung, Gleichgewicht und Stabilität. Es geht hier nicht um beliebig zur Diskussion zu stellende Einzelentscheidungen, sondern um die Substanz der gesamten westlichen Sicherheits- und Abrüstungspolitik. Sie darf nicht in Frage gestellt werden.

Wir wissen, auch die Sowjetunion hat ihr Sicherheitsbedürfnis. Wir erkennen das an, und wir erwarten das gleiche von der Sowjetunion uns gegenüber. Unverändert ist die Politik des Westens gegenüber dem Osten auf Zusammenarbeit und Interessenausgleich auf der Grundlage des Gleichgewichts gerichtet. Gleichgewicht wollen wir auf einem möglichst niedrigen Niveau der Rüstungen.

Diese Politik ist ein Angebot der Verantwortung: Für den Weltfrieden und für die Entwicklung der Dritten Welt. Ein neuer Rüstungswettlauf würde beides gefährden. Die hungernden Menschen in der Dritten Welt mahnen uns. Sie wollen durch gleichberechtigte Zusammenarbeit Überwindung von Hunger, Krankheit und Unwissenheit und nicht neue Bevormundung oder gar Unterdrückung. Afghanistan und die weltweite Reaktion darauf sollten für die Sowjetunion Anlaß zum Umdenken sein. Die Politik der Vorherrschaft hat keine Zukunft. Der Wille zur Selbstbestimmung ist weltweit stärker.

Die Führung der Sowjetunion, die auf dem in Februar 1981 stattfindenden Parteitag die Politik für die nächsten Jahre festlegt, sollte die Ernsthaftigkeit des westlichen Willens zur Zusammenarbeit und zur Abrüstung ebenso erkennen, wie die Vorteile, die diese Politik auch ihr bietet. Zusammenarbeit setzt aber auch voraus, daß alle Beteiligten alle Grundsätze der Schlußakte von Helsinki beachten. So ernsthaft wie der Wille zur Zusammenarbeit ist, ist der Selbstbehauptungswille des Westens. Östliche Überlegenheit wird der Westen im Interesse des Friedens und der eigenen Freiheit nicht hinnehmen. Unsere Politik der Verantwortung, unser Angebot der Zusammenarbeit an den Osten, setzt ein kraftvolles Europa, ein handlungsfähiges Bündnis und die enge Zusammenarbeit der Europäer mit den Vereinigten Staaten voraus.

Hier in diesem Raum hat am 6. September 1946 der amerikanische Außenminister Byrnes den Weg geöffnet für den wirtschaftlichen Wiederaufbau Deutschlands. Die Entscheidung, die zu der damaligen Rede Außenminister Byrnes' führte, war einer der unverzichtbaren Bausteine für ein wirtschaftlich, sozial und politisch stabiles Europa. An der Schwelle eines neuen Jahres und angesichts großer Herausforderungen für den Weltfrieden sollten wir uns in diesem Raum bewußt sein: Auch in Zukunft gehören Europa und Amerika zusammen. Nur wenn Deutsche und Amerikaner, nur wenn Europäer und Amerikaner im Bewußtsein ihrer gemeinsamen Verantwortung für Freiheit und Demokratie, für Selbstbestimmung und Menschenrechte handeln, werden wir den Frieden bewahren können. Nur ein Europa, das entschlossen alles für seine Sicherheit Notwendige tut, erfüllt seine Pflichten gegenüber sich selbst und für die gemeinsame transatlantische Sicherheit von Europäern und Amerikanern. Nicht überall in Europa wird das so deutlich gesehen wie z. B. in Frankreich. Europa darf sich nicht als Kostgänger amerikanischer Verteidigungsbereitschaft verstehen. Es muß zusammen mit den Vereinigten Staaten seinen Verteidigungswillen und seine Verteidigungsfähigkeit unter Beweis stellen, wenn es außenpolitisch handlungsfähig und im Ost-West-Dialog und Abrüstungsdialog zusammen mit den Vereinigten Staaten gestaltungsfähig sein will. Die Vereinigten Staaten sind keine Wach- und Schließgesellschaft für Europa, die man sich nach Möglichkeit noch kostenlos bestellen kann.

II

Das Ziel der »Europäischen Union«

Die Antworten auf die großen Herausforderungen unserer Zeit dürfen von den Europäern nicht nur in der unbestreitbar wichtigen Reform des Agrarmarktes, im Streit über Marktordnungen und auch nicht in den Auseinandersetzungen zwischen den Organen der Gemeinschaft gesucht werden. Ein Europa, das sich nur darin verstehen würde, beschritte mit der Stagnation den Weg des Zerfalls. Es meldete sich ab aus der internationalen Politik. Europa braucht einen neuen politischen Impuls. Es braucht einen sichtbaren Schritt in Richtung auf die Europäische Union.

Ich frage: Ist es nicht endlich Zeit für einen Vertrag über die Europäische Union

- um die schon vorhandene Verflechtung innerhalb der Europäischen Gemeinschaft und unter den 10 Mitgliedstaaten stärker in Richtung auf diese Union auszurichten,
- um den inneren Zusammenhalt der Gemeinschaft zu stärken, damit die Gemeinschaft in die Lage versetzt wird, auch psychologisch die 1981/82 anstehenden schwierigen internen Probleme zu lösen,
- um die Grundlagen für gemeinsames außenpolitisches Handeln zu festigen und damit das Gewicht der

Gemeinschaft als Partner der USA und mit den USA zusammen in der internationalen Politik zu verstärken. Ziele einer Europäischen Union müssen sein: die Entwicklung einer gemeinsamen europäischen Außenpolitik, der Ausbau der Gemeinschaftspolitiken entsprechend den Verträgen von Paris und Rom, die Abstimmung im Bereich der Sicherheitspolitik, die engere Zusammenarbeit im kulturellen Bereich und die Harmonisierung der Gesetzgebung. Diese Forderungen sind alle nicht neu, in vielen Dokumenten sind sie zu finden, aber die Zeit ist reif, sie in die Wirklichkeit umzusetzen.

III

Die Verantwortung der beiden deutschen Staaten

Wir Deutschen, hier im Herzen Europas, müssen uns immer wieder die Frage stellen: Was können wir tun, damit die Spannungen sich nicht verschärfen, was können wir tun, damit Spannungen abgebaut und Zusammenarbeit verbessert wird? Die Völker Europas wollen keine neue Konfrontation, sie wollen keine Verschärfung der Lage, sie wollen keine Abgrenzung, sie wollen in Frieden leben und arbeiten, sie wollen die Gräben zuschütten und sie nicht vertiefen. Das alles gilt für die Deutschen im geteilten Land in besonderem Maße. Besuche, Begegnungen, Kulturaustausch, Sportaustausch, Jugendaustausch – das ist es, was die Deutschen in Ost und West wollen und nicht Abgrenzung.

Frieden und Zusammenarbeit, das sind die Erwartungen, die die Menschen in Ost und West in das Jahr 1981 setzen. Da gibt es keinen Unterschied: In den Fabriken und Schulen, in den Wohnungen und Kirchen, bei uns und in der DDR, hier und dort werden Frieden und Zusammenarbeit erhofft, wird nach ihnen verlangt, wird für sie gebetet. Deshalb entsprach es zutiefst den Überzeugungen und Gefühlen der Deutschen in beiden Teilen unseres Landes, als Bundeskanzler Helmut Schmidt und der Staatsratsvorsitzende Erich Honecker im letzten Jahr erklärten, daß von deutschem Boden nie wieder ein Krieg ausgehen dürfe. Das ist die historische Verantwortung der Deutschen, es ist unsere Verpflichtung gegenüber den Völkern Europas und der Welt. Aber darin darf sich die Verpflichtung der Deutschen, darf sich die gemeinsame Verpflichtung der Bundesrepublik Deutschland und der DDR nicht erschöpfen.

Auch zusätzliche Spannungen und Belastungen für das Ost-West-Verhältnis dürfen nicht von deutschem Boden ausgehen. Frieden und Zusammenarbeit, das ist viel mehr als Nicht-Krieg. Wir sind Realisten, wir wissen, das deutsch-deutsche Verhältnis kann sich nicht isoliert entwickeln von der Großwetterlage im Ost-West-Verhältnis. Anzunehmen, das deutsch-deutsche Verhältnis könne herausgehalten werden aus einer Klimaverschlechterung zwischen Ost und West, wäre blanke Illusion mit gefährlichen Folgen für Zusammenhalt und Handlungsfähigkeit von Bündnis und Europäischer Gemeinschaft. Das aber darf nicht Anlaß sein zu Resignation und Untätigkeit und erst recht nicht zu einer Politik der zusätzlichen Belastung des Ost-West-Verhältnisses, zu einer Politik der Spannungserhöhung.

Die Menschen in Deutschland wollen nicht erhöhte Mindestumtauschsätze, sondern erleichterten Reiseverkehr. Sie wollen sich möglichst ungehindert von bürokratischen Hemmnissen besuchen können, wenn sie schon getrennt leben müssen. Sie wollen möglichst viel in West-Ost-Richtung reisen können, wenn es schon in Ost-West-Richtung nur für ältere allgemein und für alle anderen kaum möglich ist. Sie wollen, daß die Regierungen der beiden Staaten sich Gedanken darüber machen, wie die Zusammenarbeit verbessert werden kann, wie Menschen leichter und besser zueinander kommen können, und nicht, was noch an Trennendem geschaffen werden kann in einer Zeit, da alle Welt Überwindung von Gräben will. Die Bundesrepublik Deutschland und die DDR sind aufgefordert, aufbauend auf dem Grundlagenvertrag und seinen Geist erfüllend ein Beispiel des Willens zur Zusammenarbeit und der Verständigung zu geben:

- Vom Verhältnis Bundesrepublik Deutschland – DDR dürfen keine zusätzlichen Belastungen für das Ost-West-Verhältnis ausgehen. Das bedeutet: Keine Seite darf am Grundlagenvertrag und dem damit gefundenen modus vivendi rütteln. Dazu gehört auch unsere der DDR bei Abschluß des Grundlagenvertrags noch einmal bekanntgegebene und von diesem Vertrag auch nicht berührte Haltung zur Staatsbürgerfrage. Wir zwingen niemanden, die deutsche Staatsangehörigkeit in Anspruch zu nehmen, und wir nehmen auch niemanden gegen seinen Willen für uns in Anspruch. Aber wir lehnen es ab, Deutsche aus der DDR durch Gesetz oder in anderer Weise zu Ausländern zu machen. Die deutsche Staatsangehörigkeit im Sinne unseres Grundgesetzes und in unserer Gesetzgebung ist durch das Staatsbürgergesetz der DDR nicht berührt. Das hat der Bundeskanzler zu recht vor dem Deutschen Bundestag festgestellt.

- Die Bundesrepublik Deutschland und die DDR sollten auch im Verhältnis zueinander bei der Verwirklichung aller Teile der Schlußakte von Helsinki bemüht sein, das höchste Maß der Erfüllung zu erreichen. Das bedeutet: Es sollte der Ehrgeiz der beiden deutschen Staaten sein, daß sie in allen Fragen, die dem Wohl der Menschen dienen, bei den Reisemöglichkeiten, den Ausreisen und Familienzusammenführungen, der Lösung humanitärer Fragen und der wirtschaftlichen, kulturellen und sportlichen Zusammenarbeit und beim Jugendinformationsaustausch, die jeweils weitestgehenden Regelungen – mindestens im Ost-West-Verhältnis – anwenden.

● Die Bundesrepublik Deutschland und die DDR sollten überall Wege der Zusammenarbeit suchen und nicht Abgrenzung gegeneinander. Das bedeutet: Es sollte das gemeinsame Ziel der beiden deutschen Staaten sein, daß sie alles unterlassen, was die Menschen in Deutschland voneinander wegbringt, daß sie aber alle Möglichkeiten nutzen, die sich – ungeachtet der unterschiedlichen Staats- und Gesellschaftsordnungen und ungeachtet der Zugehörigkeit zu unterschiedlichen Paktsystemen – für die Zusammenarbeit ergeben.

Die Politik der Bundesrepublik Deutschland ist auf dieses Ziel gerichtet. Wir stellen Zusammenarbeit gegen Abgrenzung. Wir stellen Begegnungen der Menschen gegen ihre Trennung. Wir stellen den sachlichen Meinungsaustausch mit dem Ziel, zu sachlichen Ergebnissen zu kommen, gegen Polemik. Unsere Politik ist ein Programm der Nüchternheit und des Realismus. Unsere Politik ist ein Angebot der guten Nachbarschaft, des Spannungsabbaus, der Zusammenarbeit und des Dienstes an und für die Menschen.

Die Früchte einer solchen Politik können hüben und drüben geerntet werden, sie werden aber auch zum Nutzen für das Ost-West-Verhältnis insgesamt sein. Wir wissen, die Deutschen in Ost und West können es nicht grundlegend verändern, aber ihr Ziel sollte es doch zumindest sein, dieses Verhältnis positiv und nicht negativ zu beeinflussen. Wir beachten sehr wohl jene Erklärungen aus Ostberlin, die Anknüpfungspunkte für die von uns gewünschte Politik der Verantwortung bieten.

Mit Beharrlichkeit und Geduld werden wir jede sich dafür bietende Möglichkeit nutzen. Wir rufen die Führung der DDR auf, mit uns diese Politik der Verantwortung zu betreiben für Frieden und Zusammenarbeit in Europa.

Europas Rolle in der Weltpolitik

*Vortrag vor dem European Management Forum in Davos
am 29. Januar 1982*

Krisen, Zeiten der Entscheidung, sind immer auch Zeiten der Chance. Mit unserem Bewußtsein, in kritischer Zeit zu leben, ist denn auch die Erkenntnis verbunden, daß diese Zeit nicht nur Bewährungsprobe, sondern auch Chance für Europa ist.

Wenn wir von der Rolle Europas in der Weltpolitik sprechen, so meinen wir mit »Europa« vor allem die Demokratien Europas und insbesondere die Europäische Gemeinschaft der Zehn und bald der Zwölf. Dabei ist uns stets gegenwärtig, daß dies nicht das ganze Europa ist, daß Warschau, Prag und Budapest – um nur diese drei Namen zu nennen – europäische Städte sind, so wie Leipzig und Dresden deutsche Städte sind. Und gerade die jüngsten Ereignisse stellen der ganzen Welt vor Augen, wie sehr die Völker auf beiden Seiten des heute getrennten Europa sich als Europäer fühlen. Trennen kann man Europa, teilen kann man es nicht.

Die Identität der Europäischen Gemeinschaft

Nach der Rolle des demokratischen Europa und insbesondere der Europäischen Gemeinschaft in der Weltpolitik zu fragen, heißt zu fragen: Was ist die Identität dieses Europa? Was kann und will es der Welt geben?

Erstens: Europas heutige Identität in der Welt ist geprägt durch die Gründung der Europäischen Gemeinschaft: Noch in der ersten Hälfte des 20. Jahrhunderts war Europa Ausgangspunkt zweier Weltkriege. Heute ist die Europäische Gemeinschaft eine Kraft für den Frieden – nicht nur für Europa insgesamt, sondern für die Welt.

Zweitens: Die europäischen Demokratien sind die am stärksten in die Weltwirtschaft integrierte Region. Europa ist von seiner Natur aus und muß dies bleiben: eine Kraft für ein offenes Weltwirtschaftssystem und für eine partnerschaftliche Zusammenarbeit mit den Entwicklungsländern.

Drittens: Die Idee, die Europa zu Europa gemacht hat, ist die Idee der Freiheit. Sie entfesselte die schöpferischen Kräfte des Menschen und machte Europa zur Geburtsstätte der modernen Welt.

In der Idee der Freiheit verbinden sich mit der Achtung der Würde und der Rechte jedes einzelnen Menschen die Bejahung der Toleranz und des Rechtes der Völker auf Selbstbestimmung. Europa ist durch diese Wertvorstellungen eine Kraft für die Evolution einer Weltordnung der Partnerschaft – einer Ordnung, die die Menschenrechte und die Pluralität der Kulturen bejaht und auf dieser Grundlage die Völker zu gleichberechtigter Zusammenarbeit zusammenführt.

Das europäisch-amerikanische Bündnis als Garant des Friedens

Die historische Aufgabe Europas in der gegenwärtigen Epoche ist aktive Friedenspolitik – für den eigenen Kontinent und für die Welt. Dabei sind für uns Frieden und Freiheit untrennbar miteinander verbunden.

Die europäischen Demokratien können diese ihre Friedensaufgabe nur erfüllen im Bündnis mit den Demokratien Nordamerikas. Denn allein dieses Bündnis kann das für den Frieden notwendige Gleichgewicht in Europa und in der Welt aufrechterhalten. Ein Europa, das seinen Standort wertfrei in Äquidistanz zwischen den Vereinigten Staaten und der Sowjetunion suchen wollte, würde im Ergebnis sein Gewicht in der internationalen Politik und gerade auch gegenüber dem Osten verlieren und damit die Basis für eine wirkungsvolle Friedenspolitik. Es würde zum Objekt und Spielball der weltpolitischen Entwicklung. Es wäre deshalb gefährlicher sicherheitspolitischer Größenwahn, zu glauben, daß die Vereinigten Staaten als Faktor der Sicherheit in Europa ganz oder teilweise ersetzbar wären.

Umgekehrt gilt aber auch, daß die weltpolitische Rolle und Bedeutung der USA, daß die Sicherheit der USA nicht unabhängig von dem Verhältnis USA–Europa gesehen werden können. Das Atlantische Bündnis ist eben keine Einbahnstraße. Wir sitzen alle in einem Boot, die Demokratien Nordamerikas und Europas. Wir in Europa sitzen vielleicht mehr am Rand, aber wenn das Boot untergeht, sind wir alle weg. Das Wort von der Schicksalsgemeinschaft der Freiheit, in der die Demokratien Nordamerikas und Europas miteinander verbunden sind, ist kein leeres Wort – ich betone dies gegenüber den Abkopplern diesseits und jenseits des Atlantik.

Das europäisch-amerikanische Bündnis ist – noch vor aller Gleichheit der vitalen Interessen – zuerst eine Gemeinschaft der Werte, eine Gemeinschaft des Willens zu Freiheit, Menschenwürde und Selbstbestimmung. Diese Wertgemeinschaft erklärt die Vitalität des Bündnisses, sie unterscheidet es von den Militärallianzen alten Stils.

Das Bündnis ist ferner seinem Wesen nach ein Zusammenschluß gleichberechtigter Staaten. Aber gleichberechtigt ist nicht automatisch schon gleichgewichtig. Gleichgewichtigkeit Europas im Bündnis, und das heißt stärkere Mitgestaltung des Bündnisses, kann vielmehr nur durch ein einiges Europa erreicht werden. Präsident Kennedys Plan eines Bündnisses, das auf zwei Pfeilern – Nordamerika und Europa – ruht, muß auch heute unser Ziel sein.

Nicht die Vereinigten Staaten verweigern Europa die Gleichgewichtigkeit im Bündnis, sondern die Europäer sich selbst: durch mangelnde Einigungsfähigkeit, durch nationale Egoismen, durch unvollständige Beiträge zur gemeinsamen Sicherheit. Wer in Europa über Abhängigkeit von Amerika klagt, der klagt in Wirklichkeit über unzureichende Fortschritte in der europäischen Einigung. Er müßte fordern, daß die Europäer stärker als bisher die Fähigkeit entwickeln, ihre Interessen gemeinsam zu definieren, sie im Bündnis zu vertreten und die eigenen Verteidigungsanstrengungen an diesen Interessen auszurichten. Man kann nicht die Vereinigten Staaten wie eine Art Wach- und Schließgesellschaft für Europa betrachten und selbst für die eigene Sicherheit möglichst wenig tun. Gleichgewichtigkeit kann man nicht von anderen zuerkannt erhalten, man muß sie durch eigene Leistung erwerben.

Europäische Friedenspolitik nach Osten

Seit nunmehr zehn Jahren befindet sich die Weltwirtschaft in einer tiefgreifenden Strukturkrise: Inflation, Wachstumsschwäche und Arbeitslosigkeit in den Industriestaaten; und in vielen Ländern der Dritten Welt Stillstand, ja Rückgang der Pro-Kopf-Einkommen, Krise der Entwicklung. Gleichzeitig wächst die Bevölkerung in der Dritten Welt rapide weiter. Gleichzeitig ist das ökologische Gleichgewicht auf unserem Planeten zunehmend gefährdet.

Diese globalen Aufgaben, von deren Bewältigung das Überleben der Menschheit abhängt, würden unlösbar, wenn Ost und West ihre Kräfte gegeneinander kehren, wenn es zu zunehmender Konfrontation und Wettrüsten kommt und wenn der Ost-West-Konflikt immer mehr in die Konflikte und Probleme der Dritten Welt hineingetragen wird.

Die überragende Friedensaufgabe für Europa und für die Welt besteht also heute wie gestern darin, durch eine realistische Entspannungspolitik mit den Mitteln des Dialogs, der Rüstungskontrolle und der Zusammenarbeit auf möglichst konstruktive Beziehungen im Ost-West-Verhältnis hinzuarbeiten. Hier geht es um die Erhaltung des Weltfriedens. Und hier geht es auch um die Lösbarkeit der großen globalen Aufgaben, vor denen die Menschheit steht.

Die Politik der Entspannung, die Ende der sechziger Jahre mit großen Hoffnungen begonnen wurde, hat in den letzten Jahren schwere Rückschläge erlitten: Die sowjetische Intervention in Afghanistan und der Druck der Sowjetunion auf die polnische Führung, das Kriegsrecht zu verhängen und die Erneuerungsbewegung des polnischen Volkes abzuwürgen, sprechen eine deutliche Sprache. Die sowjetische Aufrüstung in den siebziger Jahren, die über das zu eigener Verteidigungsfähigkeit Notwendige hinausgeht, ist Anlaß zu großer Sorge.

Die Antwort jedoch auf diese Rückschläge kann nicht sein, zu resignieren und die Welt in einen neuen Kalten Krieg zurückgleiten zu lassen. Dies wäre Verzicht auf Politik, wäre Nicht-Politik. Die Antwort liegt vielmehr in einer gemeinsamen Politik des Westens gegenüber der Sowjetunion, in der sich die Entschlossenheit zur Aufrechterhaltung des Gleichgewichts und die Forderung an die Sowjetunion nach Mäßigung verbinden mit der Bereitschaft zu Dialog und Zusammenarbeit, zu Rüstungskontrolle und Abrüstung.

Ende der sechziger Jahre entwarf die Allianz im Harmel-Bericht eine solche politische Gesamtstrategie gegenüber dem Osten. Diese Strategie ist nach wie vor richtig und gültig. Sie ruht auf drei Elementen:

Basis ist die Verteidigungspolitik, deren Aufgabe es ist, das militärische Gleichgewicht zu gewährleisten.

Mit ihr verbunden als zweites Element ist eine Politik der Rüstungskontrolle, die es ermöglichen soll, das unentbehrliche Gleichgewicht durch Abrüstungsvereinbarungen auf möglichst niedrigem Niveau herzustellen.

Anläßlich des Besuchs in Washington haben Bundeskanzler Schmidt und Präsident Reagan in einer gemeinsamen Erklärung diese Bedeutung der Rüstungskontrolle als unverzichtbares Element der Sicherheitspolitik erneut unterstrichen und ihre Entschlossenheit bekräftigt, die Bemühungen um wirksame Rüstungskontrolle fortzusetzen. Die Verbindung von Verteidigungs- und Rüstungskontroll-Politik zu einer geschlossenen Sicherheitspolitik prägte auch die Rede von Präsident Reagan vom 18. November 1981, die Initiativen für eine umfassende Rüstungskontroll-Politik enthält.

Ausdruck dieser Politik ist der NATO-Doppelbeschluß vom Dezember 1979. Er macht auf der einen Seite die Entschlossenheit des Bündnisses deutlich, das durch die Aufstellung der sowjetischen SS-20-Mittelstreckenraketen gefährdete Gleichgewicht durch Nachrüstung wiederherzustellen. Das Angebot an die Sowjetunion zu Rüstungskontroll-Verhandlungen unterstreicht aber andererseits den Willen des Westens, dieses Gleichgewicht auf einem möglichst niedrigen Niveau der Rüstungen zu schaffen, das heißt kein neues Wettrüsten einzuleiten.

Verhandlungen über Mittelstreckenraketen sind zwischen den Vereinigten Staaten und der Sowjetunion in Genf aufgenommen worden. Ziel des Bündnisses ist eine Null-Lösung, bei der das Bündnis auf eine Nachrüstung mit Mittelstreckenraketen vollständig verzichtet, wenn ihrerseits die Sowjetunion ihre Mittelstreckenraketen vollständig beseitigt. Die Verhandlungen der Vereinigten Staaten und der Sowjetunion in Genf werden aber nur dann zum Erfolg führen, wenn die Sowjetunion keinen Zweifel hat, daß bei Ausbleiben einer Abrüstungsvereinbarung bis Ende 1983 westliche Mittelstreckenwaffen aufgestellt werden. Wer im Westen für den Verzicht westlicher Nachrüstung eintritt oder auch nur ein Moratorium fordert, weckt sowjetische Illusionen und unterminiert damit die Genfer Abrüstungsverhandlungen.

Drittes Element der Gesamtstrategie gegenüber dem Osten ist die Entspannungspolitik.

Ihr erstes Ziel ist es, durch einen kontinuierlichen politischen Dialog den Ost-West-Gegensatz unter Kontrolle zu halten, zu dämpfen und zu vermindern. Entspannungspolitik soll auf diese Weise der Gleichgewichtspolitik, die zentral bleibt, ein zusätzliches Element der Friedenssicherung hinzufügen.

Entspannungspolitik bedeutet nicht, daß ein entspannter Zustand zwischen Ost und West bereits erreicht sei. Der Begriff weist vielmehr darauf hin, daß Spannungen aufgrund der unterschiedlichen Wertvorstellungen und Ziele gegeben sind und daß man sich darum bemühen muß, diese Spannungen zu kontrollieren, abzubauen und soweit wie möglich zu überwinden.

Mit dem Ziel des Konfliktabbaus verbindet Entspannungspolitik als zweites das Ziel, Zusammenarbeit zwischen Ost und West, wo immer sie zu beiderseitigem Vorteil möglich ist, zu entfalten und die Begegnung zwischen den Menschen und den Austausch von Informationen zu fördern und zu vermehren.

Der wirtschaftlichen Kooperation kommt in diesem Konzept auch eine politische Aufgabe zu: Sie soll ein Geflecht von gegenseitigen Interessen schaffen und dadurch Anreize für eine Politik der gegenseitigen Mäßigung geben. Sie soll so die Stabilität der Beziehungen fördern.

Das Interessengeflecht würde jedoch seinen Zweck verfehlen, wenn sich daraus unausgewogene Abhängigkeiten des Westens ergäben, die ihm die Vertretung seiner vitalen Interessen und Ziele erschwerten oder unmöglich machten. Die Bundesregierung hat diesem Gesichtspunkt stets ihre Aufmerksamkeit gewidmet.

Das Ziel, das getrennte Europa durch ein Netz von vielfältigen Kontakten zwischen den Menschen und durch vielfältige Zusammenarbeit zu verbinden, hat für die getrennte deutsche Nation und für die getrennte Gemeinschaft der europäischen Nationen grundlegende Bedeutung. Das hier in den letzten zwölf Jahren Erreichte darf jedenfalls von uns aus nicht aufs Spiel gesetzt werden.

Über Entspannungspolitik in Europa zu reden, heißt heute, von Polen zu reden.

Wir sollten uns dabei der historischen Dimension der Reform- und Erneuerungsbewegung in Polen bewußt sein. In dieser Bewegung drückt sich eine Kraft aus, die nicht auf Polen beschränkt ist: der Wille zu nationaler Identität und zu europäischer Identität. Wie immer die Entwicklung in Polen weiter verläuft, sie hat schon heute die Bewußtseinslage in Europa, und zwar im Osten wie im Westen, verändert.

Die Belastungen, die sich in Folge der Geschehnisse in Polen für das Ost-West-Verhältnis ergeben, haben ihre Ursache nicht in den Reaktionen des Westens, wie die sowjetische Propaganda glauben machen möchte, sondern im Verhalten der polnischen Militärregierung und der Sowjetunion selbst.

Der Westen weist zu Recht auf die schwere Verantwortung der Sowjetunion hin. Allerdings wird diese Verantwortung der Sowjetunion diesseits wie jenseits des Atlantiks häufig eher vordergründig gesehen. Man denkt an die aktuellen und öffentlich ausgeübten Pressionen auf die polnische Führung. Das ist unbestreitbar richtig.

Es ist jedoch nur die Spitze des Eisbergs. Das Grundproblem ist die bisher mangelnde Fähigkeit und Bereitschaft der Sowjetunion, dem Willen der Völker zur Selbstbestimmung und nationalen Identität Rechnung zu tragen. Dieses Grundproblem muß der Westen klar erkennen, wenn nicht kurzatmiger Aktionismus an die Stelle politischer Strategie treten soll.

In und an der polnischen Krise wird die fundamentale Krise des kommunistischen Herrschaftssystems im Osten deutlich offenbar. Der Kommunismus sowjetischer Prägung ist zu einem System geworden, »das keine wirkliche demokratische Beteiligung erlaubt, weder im Bereich der Produktion noch im Bereich der Politik, und das so nicht nur die Freiheit und die schöpferischen Energien abtötet, sondern zugleich die ökonomische Dynamik, die Technologie und die Kultur bremst«. Das sind nicht meine Worte, sondern die der Kommunistischen Partei Italiens. Der offen ausgebrochene Konflikt mit der Kommunistischen Partei Italiens zeigt die tiefgreifende Krise der kommunistischen Ideologie, die über den sowjetischen Herrschaftsbereich hinausgeht. Die Grundfrage ist die Frage nach der Reformierbarkeit des kommunistischen Systems. Es gehört keine Prophetengabe dazu, vorauszusagen, daß die Sowjetunion stabile Beziehungen zu ihren osteuropäischen Bündnispartnern nur gewinnen kann, wenn sie auf das Verlangen der osteuropäischen Völker nach Reform und Verwirklichung ihrer europäischen Identität konstruktiv antwortet. Stabilität in einer dynamischen Welt läßt sich nicht erreichen, indem man überholte Strukturen, einen überholten orthodoxen Kommunismus, mit Zwangsmaßnahmen zu zementieren versucht. Die anhaltende Unfähigkeit, auf den Wunsch nach Erneuerung einzugehen, müßte zunehmend zu Instabilität in Osteuropa führen, die wiederum die Ost-West-Beziehungen in ungünstiger Weise beeinflussen müßte.

Den Weg zur Lösung zeigt die Schlußakte von Helsinki. Das, was hier gefordert wird, beeinträchtigt niemandes Sicherheitsinteressen. Im Gegenteil! Die Erfüllung der Schlußakte durch alle Unterzeichnerstaaten könnte ganz Europa mehr Stabilität, mehr Sicherheit geben.

Eine Abkehr des Westens von der Schlußakte von Helsinki, eine Abkehr von der KSZE-Politik, wäre deshalb ein schwerer Fehler des Westens. Als energischer Anwalt der Schlußakte von Helsinki aufzutreten, muß gerade jetzt zentrales Anliegen der westlichen Politik sein. Hier sind Geschlossenheit und Festigkeit des Westens unverzichtbar. Wir dürfen die Sowjetunion nicht aus ihrer Verantwortung für die Durchführung der Schlußakte von Helsinki entlassen.

Die Verletzung der Schlußakte von Helsinki ist die Herausforderung, der wir uns gegenübersehen. Wir werden sie bestehen in unserem Willen zu Frieden, Freiheit und Zusammenarbeit, wenn wir, der Westen, gemeinsam handeln. Die Außenministertagung der NATO am 11. Januar 1982 in Brüssel hat diesen Willen zur Gemeinsamkeit bewiesen; sie darf nicht zerredet werden.

Die Schlußakte von Helsinki verlangt von niemandem mehr, als er durch seine Unterschrift als Verpflichtung übernommen hat, aber sie eröffnet allen die größere Perspektive eines Europa, das den Weg zu einer dauerhaften Friedensordnung beschritten hat. Diese Friedensordnung soll sich nach unseren Vorstellungen auszeichnen durch politische, wirtschaftliche und sicherheitspolitische Vereinbarungen, die durch Ausgewogenheit dauerhaft und beständig sind. Wir appellieren an die Sowjetunion, für eine solche Politik, die die Völker Europas in Ost und West wollen, den Weg freizugeben.

Weltweite Friedenspolitik

Friedenspolitik ist in unserem Zeitalter der globalen Interdependenz eine weltweite Aufgabe.

Europäische Friedenspolitik erfordert deshalb auch, daß Europa einen aktiven Beitrag dazu leistet, Konflikte in der Dritten Welt friedlich zu regeln, und sie erfordert, den Ost-West-Gegensatz nicht in diese Konflikte hineinzutragen und sie dadurch zu Dauerkonflikten zu machen. Vor diesem Hintergrund ist die europäische Unterstützung der Blockfreiheit der Staaten der Dritten Welt zu sehen. Wir betrachten echte Blockfreiheit als einen Faktor für Stabilität und Frieden sowohl in der Dritten Welt selbst wie für die Ost-West-Beziehungen.

Friedenssicherung ist darüber hinaus mehr denn je auch eine wirtschaftliche Aufgabe. Die entscheidenden wirtschaftlichen Fragen, vor denen unsere Welt heute steht, lauten:

- Wird es gelingen, das nach dem Krieg aufgebaute offene Weltwirtschaftssystem aufrechtzuerhalten und weiterzuentwickeln? Oder werden angesichts steigender Arbeitslosigkeit in den industriellen Demokratien die Kräfte des neuerwachten Protektionismus die Überhand gewinnen? Die Erinnerung an die dreißiger Jahre, in denen sich die Industriestaaten durch eine Politik der Alleingänge und des Rette-sich-wer-kann in eine Dauerrezession und Dauerarbeitslosigkeit gegenseitig hineintrieben, macht bewußt, was hier auf dem Spiele steht.

- Und weiter: ˉWird es gelingen, die Krise der Entwicklung, von der heute viele Länder der Dritten Welt erfaßt sind, zu überwinden und die Dritte Welt insgesamt auf die Bahn stabilen Wachstums zurückzulenken? Auf längere Sicht wird sich vielleicht an keiner Aufgabe die Frage der Friedenserhaltung mehr entscheiden als an dieser. Denn es ist evident: Eine Welt, in der der Abstand zwischen reichen und armen Ländern ständig weiter zunehmen und die Zahl der Hungernden in den Entwicklungsländern ständig weiter wachsen würde – eine solche Welt könnte keine friedliche Zukunft haben.

Die Europäische Gemeinschaft ist der größte Wirtschaftsraum im industriellen Dreieck USA–Europa–Japan. Sie ist der größte Handelspartner der Dritten Welt, und sie ist die größte Quelle für die Entwicklungshilfe an die Dritte Welt. Dies zeigt die Rolle und die Verantwortung, die Europa für den weiteren Weg der Weltwirtschaft zukommt. Europa muß dieser Rolle aus ureigenem Interesse gerecht werden, denn keine Region ist von einer stabilen, prosperierenden Weltwirtschaft stärker abhängig. Mit großer Sorge sehe ich deshalb den Druck für protektionistische Maßnahmen in der Europäischen Gemeinschaft. Die Bundesregierung wird sich gegen diesen Druck mit aller Kraft stemmen.

Als Drittes schließlich stellt sich für eine weltweite Friedenspolitik die Aufgabe, für eine globale gegenseitig abhängig gewordene Staatengemeinschaft eine globale Ordnung stabiler Zusammenarbeit zu schaffen.

Internationale Ordnung hieß in der Vergangenheit oft: Vorherrschaft der einen und Unterordnung der anderen. Die Ordnung der Zukunft dagegen muß und kann nur auf der Gleichberechtigung und dem Selbstbestimmungsrecht der Staaten und Völker gründen.

Alle Staaten sind heute angewiesen auf verläßlichen Zugang zum Markt des anderen, zur Technologie des anderen, zu den Rohstoffen des anderen. Sie brauchen Wachstumsimpulse durch das Wachstum des anderen, sie brauchen Zusammenarbeit zum Schutz des bedrohten ökologischen Gleichgewichts. All dies läßt sich nicht durch Machtpolitik erreichen. Gewalt kann heute nur mehr eines erzeugen: Chaos. Stabile Kooperation dagegen entsteht allein durch eine Ordnung, in der sich alle Staaten freiwillig einfügen, weil alle Staaten sie als gerecht anerkennen und zu ihrer Bewahrung aus eigenem Interesse beitragen.

Es ist auch hier deutlich, welchen politischen wie geistigen Beitrag Europa zur Herausbildung einer solchen Weltordnung der Partnerschaft leisten kann. Die europäische Kultur trägt die Möglichkeit in sich, aus ihrer Ausschließlichkeit herauszutreten, sich in die Betrachtungsweisen anderer Kulturen zu versetzen und umgekehrt sich selbst mit den Augen anderer Kulturen zu sehen, kurz: sich selbst zu relativieren. Diese früh angelegte Fähigkeit – ich verweise auf die altgriechische Aufklärung im 5. Jahrhundert vor Christus – ist heute zur Reife entwickelt. Europäisch denken und handeln heißt: Absage an jeden Fanatismus der Ausschließlichkeit, an jedes ideologische Vorherrschaftsstreben, an jede totalitäre Vereinheitlichung der Welt.

Wir Europäer glauben nicht, daß die Menschheit auf dem Weg zu einer europäischen Weltzivilisation ist oder daß sich moderne Wissenschaft und Technik nur dadurch aneignen lassen, daß die großen außereuropäischen Kulturen absterben und die Menschheit in ihrer Gesamtheit europäisch wird. In der Tat, die neokonfuzianischen Kulturen des Fernen Ostens sind Beweis, wie erfolgreich auch nichteuropäische Kulturen eine moderne Industriegesellschaft aufbauen können.

Wir Europäer wollen die *eine* Welt, aber wir wollen keine einförmige Welt. Wir glauben, daß die Welt auch künftig Pluralität der Kulturen braucht, sollen ihre schöpferischen Kräfte nicht versiegen. Wohl aber sind wir überzeugt, daß drei Grundwerte Europas universal verwirklicht werden müssen: Menschenrechte, Selbstbestimmung und Toleranz. Denn nur auf ihnen läßt sich jene friedliche Welt gleichberechtigter Kulturen aufbauen, von deren Evolution die Zukunft der Menschheit abhängt.

Wir alle sind uns bewußt, wie weit unsere heutige Welt von einer solchen Welt der Partnerschaft entfernt ist. Aber wir sollten die Ansätze, die in eine solche Zukunft weisen, nicht übersehen.

Wir bemerken überall in Asien, Afrika und Lateinamerika den Trend, nach dem Vorbild der Europäischen Gemeinschaft regionale Zusammenschlüsse gleichberechtigter Staaten zu bilden. Am weitesten fortgeschritten ist ASEAN, der Zusammenschluß von Thailand, Singapur, Indonesien, Malaysia und den Philippinen. Aber wir haben regionale Zusammenschlüsse oder entstehende Zusammenschlüsse auch in Afrika, im arabischen Raum, in Lateinamerika.

Durch solche Zusammenschlüsse stärken die Länder der Dritten Welt ihre politische Unabhängigkeit. Durch Schaffung ausreichend großer Wirtschaftsräume machen sie zugleich eigenständige Entwicklung möglich.

Die Europäische Gemeinschaft sieht deshalb in diesen Zusammenschlüssen einen wichtigen Faktor der Stabilität in der Weltpolitik und sucht sie nach Kräften zu unterstützen. Sie hat mit dem ASEAN einen Kooperationsvertrag geschlossen, sie ist mit über 60 Staaten Afrikas, der Karibik und des Pazifik durch die Konvention von Lome verbunden, und sie hat eine Zusammenarbeit angebahnt auch mit den Staaten der Arabischen Liga und den Staaten des Anden-Paktes. Diese Formen interregionaler Zusammenarbeit zwischen Industrie- und Entwicklungsländern sind zukunftweisende Wege für den Aufbau gleichberechtigter, partnerschaftlicher Beziehungen zwischen den Staaten.

328

Die Europäische Union als Ziel des Einigungsprozesses

Europa kann seine Aufgabe für Frieden und Freiheit nur erfüllen, wenn es auf dem Weg der Einigung entschlossen weitergeht.

Die Gründung der Sechser-Gemeinschaft 1958 war im vollen Sinne des Wortes ein welthistorisches Ereignis. Sie hat den europäischen Demokratien eine völlig neue Rolle in der Welt gegeben.

Wir sind seitdem fortgeschritten von der Gemeinschaft der Sechs zu der Gemeinschaft der Neun und der Zehn, und ich hoffe, bald der Zwölf.

Wir sind von der Grundlage der Wirtschaftsgemeinschaft weitergegangen zum Aufbau einer politischen Gemeinschaft: einer Europäischen Union. Wir haben mit der Einführung der Direktwahl des Europäischen Parlaments einen entscheidenden Schritt auf dem Wege zu einer demokratisch verfaßten Gemeinschaft, zu einem Europa der Bürger, getan. Wir haben weiter in den siebziger Jahren in der Entwicklung einer gemeinsamen europäischen Außenpolitik Fortschritte erreicht, die noch am Ende der sechziger Jahre kaum jemand für möglich gehalten hätte.

Wir sind uns jedoch bewußt, daß all dieses Erreichte heute gefährdet ist durch die tiefe wirtschaftliche Strukturkrise in der Gemeinschaft. Zehn Millionen Arbeitslose, Wachstumsschwäche und Inflation, zu viele veraltete Industrieanlagen, Gefahr des Verlustes der Wettbewerbsfähigkeit gegenüber den Spitzenindustrien der Vereinigten Staaten und Japans, hohe Handels- und Leistungsbilanzdefizite: dies ist heute die wirtschaftliche Realität in der Gemeinschaft. Die Gemeinschaft droht die wirtschaftliche Basis für eine kraftvolle Politik nach innen und außen zu verlieren.

Ein großer Teil der Arbeitslosen ist unter 25 Jahren alt. Müssen wir uns da wirklich wundern, warum sich heute in der Jugend Angst und Pessimismus, Aussteigertum und Rückzug aus der Verantwortung ausbreiten?

Die Länder der Gemeinschaft können die schwere wirtschaftliche Herausforderung nur gemeinsam bestehen. Sie können sie nur bestehen, wenn sie das im Aufbau des Gemeinsamen Marktes Erreichte bewahren und weiterentwickeln, denn nur der Europäische Markt hat die nötige Größe, um einer europäischen Spitzenindustrie die Basis zu geben, von der aus sie wettbewerbsfähig sein kann auf den Weltmärkten. Und sie können sie nur bestehen, wenn sie den Strukturwandel gemeinsam bewältigen durch eine europäische Strategie für Wachstum, für Überwindung von Arbeitslosigkeit und Inflation.

Angesichts dieser Herausforderung ist es ein Trauerspiel, wenn bei dem Treffen der EG-Außenminister am 25. Januar 1982 zum dritten Mal ein Anlauf gescheitert ist, das Mandat des Europäischen Rates vom November 1980 für die Finanz- und Agrarreform zu erfüllen. Bleibt Europa mitten im Einigungsprozeß stecken?

So entscheidend es für die Zukunft Europas ist, die wirtschaftlichen Fragen zu lösen, so müssen wir uns jedoch zugleich bewußt sein: Die Kraft zur Lösung dieser Fragen werden wir nur finden, wenn vor unser aller Augen wieder das Leitbild der politischen Einigung Europas steht. Wie in der nationalen Politik, so kann auch in der europäischen Politik die Kraft zum Konsens und Interessensausgleich nur aus dem Bewußtsein kommen, daß man zusammengehört, daß man eine Schicksalsgemeinschaft ist.

Am Anfang der Europäischen Wirtschaftsgemeinschaft stand die Begeisterung für ein politisch vereintes Europa. Es war ein schweres Versagen, daß wir alle in Europa diesen politischen Elan der Anfangszeit versickern ließen

330

und uns, in guten Zeiten bequem geworden, auf die Theorie verließen, die wirtschaftlichen Sachzwänge würden automatisch auch die politische Einigung bringen.

Wir erkennen heute, in einer Zeit wirtschaftlicher Schwierigkeiten, diese Fehleinschätzung nur allzu deutlich. Die wirtschaftlichen Sachzwänge sind stärker als je zuvor. Aber sie einen nicht, sie versuchen uns eher auseinanderzutreiben, uns in die Sackgasse kurzsichtiger nationaler Egoismen zu führen. Und über den endlosen Debatten um Agrarpreise und -überschüsse, über Nettosalden, um Wettbewerbsverzerrungen und nationale Subventionen usw. ist die Europäische Gemeinschaft in die Gefahr geraten, die Zustimmung ihrer Bürger zu verspielen.

All das bedeutet: Wir müssen dem Europa-Gedanken, der Idee der europäischen Einigung, wieder neues Leben geben.

Die Identität Europas, die Rolle Europas in der Welt als Kraft für den Frieden, für Freiheit und für den Fortschritt der Menschheit – dies ist ein Europa, das gerade der Jugend etwas zu sagen hat, für das es sich einzusetzen lohnt. Es ist unsere Schuld, wenn wir statt dessen der Jugend ein Europa zeigen, das vor allem aus endlosem, fruchtlosem Streit um kleinliche nationale Interessen zu bestehen scheint – kleinliche Interessen jedenfalls, wenn man die Größe der wirklichen Herausforderung vor sich sieht.

Es ist das Ziel der deutsch-italienischen Initiative für eine Europäische Akte, der Idee der politischen Einigung Europas wieder neues Leben zu geben. Diese Akte soll das in allen Bereichen des europäischen Einigungsprozesses bisher Erreichte in einem hochrangigen politischen Dokument zusammenfassen. Sie soll zugleich neue Bereiche in die Europäische Zusammenarbeit einbeziehen. Vor allem aber soll sie alles europäische Handeln und

Verhandeln wieder klar auf das große Ziel der politischen Einigung, der Europäischen Union, ausrichten.

Die Welt braucht die politische, wirtschaftliche und geistige Ausstrahlung einer starken Europäischen Gemeinschaft. Die Gemeinschaft umgekehrt braucht Handlungs- und Entscheidungsfähigkeit, um in Europa und in der Welt die Lebensbedingungen zu erhalten und zu entwickeln, in denen sie selbst in Freiheit überleben und gedeihen kann.

Europa steht vor der Alternative, den Wandel in unserer Welt des Übergangs mitzugestalten oder ihn zu erdulden.

Mitgestalten aber heißt zu allererst: Europa zu einen, damit es handeln kann für Menschenwürde und für Selbstbestimmung, für Frieden und für Freiheit.

Die Unzerstörbarkeit der deutschen Nation

Auszüge aus der Rede anläßlich des 153. Stiftungsfestes der »Eiswette zu Bremen« am 15. Januar 1983

Wir beobachten in der DDR ein ansteigendes Interesse an der Geschichte, gefördert von der Regierung. Die DDR sucht ihren Staat als die Fortsetzung der guten Traditionen der deutschen Geschichte zu verstehen und darzustellen: die DDR als derjenige Staat, in dem das gute Deutschland fortlebt. Es ist eine Art Alleinvertretungsanspruch auf die besseren Epochen der deutschen Geschichte; deutsche Geschichte als Mittel der Abgrenzung, als Mittel zur Deklarierung einer DDR-Nation.

Manche bei uns in der Bundesrepublik Deutschland sind darüber besorgt, jedoch, davon bin ich überzeugt, zu unrecht. Die deutsche Geschichte taugt nicht als Abgrenzungs-Werkzeug. Sie taugt dazu noch weniger als die sozialistische Ideologie, bei der die SED sehr schnell erkennen mußte, daß ihr Versuch, eine »sozialistische Nation« zu kreieren, von den Deutschen in der DDR nicht akzeptiert wird, und der deshalb sang- und klanglos fallengelassen wurde. Nicht Sorge über dieses neuerwachte Geschichtsbewußtsein in der DDR ist die richtige Antwort. Wir sollten uns vielmehr darüber freuen. Anstatt kleinmütig besorgt zu sein, sollten wir lieber dieses Interesse an deutscher Geschichte auch bei uns selbst stärken!

In den Schulen und in den Familien muß es beginnen. Die Eltern, die darin wetteifern, ihre Kinder nach Spanien, nach Frankreich, nach Italien und Jugoslawien mitzunehmen, sollten nicht gerügt werden. Aber könnte man nicht auch einmal die Wartburg und das Goethe-Haus in Weimar besuchen? Dresden und Rostock, Greifswald und Halle, das ist auch Deutschland, so wie Warschau, Prag und Budapest auch Europa sind. Ein Volk kann nicht auf Dauer leben ohne das Bewußtsein seiner gemeinsamen Geschichte und seiner gemeinsamen Zukunft.

Die unzerstörbare Einheit der deutschen Nation wird uns gerade in diesem Jahr 1983 bewußt, in dem die Deutschen in Ost und West den 500. Geburtstag Martin Luthers feiern. Eisleben, Wittenberg, die Wartburg – aber eben auch Heidelberg, Augsburg, Worms: so heißen die großen historischen Stationen von Luthers Leben. Luther hat in ganz Deutschland gelebt und er hat für ganz Deutschland gelebt. »Für meine Deutschen bin ich geboren, und ihnen diene ich auch!« So sagte er immer wieder. Und wenn wir auch Luther zu allererst von seinem religiösen Antrieb her begreifen müssen – der Theologe Luther ist nicht der ganze Luther. Er ist auch der Mann, der das politische Bewußtsein der Deutschen und ihren Willen zur Freiheit wachrüttelte und damit ihrem Zusammengehörigkeitsgefühl neue Formen und Ziele gab. Die Luther-Bibel wurde zum deutschen Hausbuch. Als Luther lebte, gab es auf deutschem Boden unzählige größere und kleinere Territorien. Doch Luther fühlte sich nicht als Mansfelder, er fühlte sich als Deutscher.

Die deutsche Geschichte ist gekennzeichnet durch die Sehnsucht nach Einheit. Für die längste Zeit unserer Geschichte war die deutsche Einheit nur ein heiß begehrtes Ziel. Auch heute ist die deutsche Nation wieder getrennt. Aber sie ist nicht geteilt. Zu den geschichtlichen Wahrheiten gehört eben auch: Völker können getrennt werden; aber sie sind von außen her unteilbar, solange sie sich nicht selbst als Volk aufgeben. Das haben die Polen in ihrer wechselvollen Geschichte bewiesen.

Die deutsche Nation lebt weiter in der Einheit ihrer Geschichte und ihrer Kultur und im Zusammengehörigkeitsgefühl der Menschen. Wenn wir diese historische Herausforderung vergessen, dann könnten wir eines Tages aufwachen und zu spät merken, daß sich andere der offenen deutschen Frage angenommen haben. Die Art und Weise, wie wir die deutsche Frage beantworten, geht ganz Europa an wie alles, was in Deutschland geschah und geschieht. Deutschland im Herzen Europas war immer Europas Schicksal, so wie Europa immer unser Schicksal war.

Wir haben beim Abschuß des Moskauer Vertrages im Brief zur deutschen Einheit als Ziel unserer Deutschlandpolitik definiert, »in Europa auf einen Zustand des Friedens hinzuwirken, in dem das deutsche Volk in freier Selbstbestimmung seine Einheit wiedererlangt«. Deutschlandpolitik ist also europäische Friedenspolitik. Sie ist Politik für eine Friedensordnung für ganz Europa.

Eine solche europäische Friedensordnung läßt sich nur unter der Bedingung des Gleichgewichts zwischen Ost und West entwickeln. Und das heißt: nur im Bündnis der europäischen Demokratien mit Nordamerika. Allein auf sich gestellt könnte das demokratische Europa Gleichgewicht und damit Unabhängigkeit und Gleichberechtigung gegenüber der Weltmacht Sowjetunion nicht behaupten.

Ich warne vor der Vorstellung eines neutralisierten Europa zwischen den beiden Weltmächten und in gleicher Distanz zu ihnen. Und ich warne vor allem vor der Vorstellung einer neutralisierten Bundesrepublik. Ich warne vor der Vorstellung, die Bundesrepublik Deutschland könne im Alleingang an Gewicht gewinnen und damit auch an Spielraum für die Lösung unserer nationalen Probleme. Das Gegenteil ist richtig.

Die Qualität unserer Beziehungen zu den Mitgliedstaaten in der Europäischen Gemeinschaft und zu den USA bestimmt unser internationales Gewicht, bestimmt vor allem auch unser Gewicht im Gespräch mit der Sowjetunion. Unser Platz ist im Westen mit den europäischen Demokratien an der Seite Amerikas.

Was Europa mit den Vereinigten Staaten von Amerika verbindet, das ist nicht nur die Gemeinsamkeit der Sicherheit. Es ist zugleich und zuerst die Gemeinsamkeit der Werte, der gemeinsamen Ideale von Freiheit und Demokratie, von Wert und Würde des Menschen. Amerikanische Soldaten stehen auch deshalb bei uns, damit es hier freie Gewerkschaften geben kann, und sowjetische Divisionen stehen auch deshalb in Polen, damit es dort keine freien Gewerkschaften geben kann. Das ist der Unterschied.

Deutsche und europäische Politik muß sich immer bewußt sein, daß das fundamentale Interesse Europas und Amerikas und der Bundesrepublik und Amerikas das gleiche ist: das Interesse nämlich, den Frieden in Freiheit zu sichern. Und wir müssen weiter wissen, daß sich deutsche Interessen in der Welt überhaupt erst von der Basis des Bündnisses aus vertreten lassen, von der Sicherheit aus, die es uns gibt.

Es werden sich in Europa noch auf lange Zeit zwei Bündnisse gegenüberstehen. Aber was sich ändern muß und kann, ist, daß sich diese Bündnisse waffenstarrend gegenüberstehen. Es gilt, das Gleichgewicht durch beharrliche und intensive Abrüstungsverhandlungen als ein Gleichgewicht auf möglichst niedrigem Niveau der Rüstungen herzustellen und auf Dauer zu stabilisieren. Ein solches Gleichgewicht ist die unverzichtbare Voraussetzung und das zentrale Element einer europäischen Friedensordnung. Nur so kann sich immer mehr Vertrauen zwischen Ost und West entwickeln und umfassende, fruchtbare Zusammenarbeit zu gegenseitigem Vorteil. Es ist dabei evident, daß von der Herausbildung einer europäischen Friedensordnung niemand mehr gewinnen würde als die Deutschen, denn die Grenze durch Europa ist die Grenze durch Deutschland.

Gewiß, wir haben politisch viele große und dringliche Aufgaben zu erfüllen. Aber als einer, der am Ende des Zweiten Weltkrieges 18 Jahre alt war, bin ich der festen Überzeugung, daß unsere Generation vor eine wirklich historische Aufgabe gestellt ist, dafür zu sorgen, unseren Kindern und Enkeln die Schrecken zu ersparen, die wir in der eigenen Jugend zu erleben hatten. Von deutschem Boden darf nie wieder ein Krieg ausgehen, weder ein heißer noch ein kalter. Von deutschem Boden müssen vielmehr Initiativen des Friedens ausgehen. Deshalb müssen sich beide deutsche Staaten zu diesem Ziel bekennen und ihre Beziehungen so entwickeln, daß diese einen Beitrag zur internationalen Stabilität leisten. Deutschlandpolitik ist europäische Friedenspolitik.

Der Historiker Rudolph von Thadden hat unlängst vor dem innerdeutschen Ausschuß des Bundestages von einer »Verantwortungsgemeinschaft der Deutschen« gesprochen. Er meinte damit, daß alle Deutschen, die Deutschen in der Bundesrepublik und die Deutschen in der DDR, eine gemeinsame Verantwortung haben für die Hinterlassenschaft einer gemeinsamen Geschichte, aber auch für die zukünftige Gestaltung Europas. Niemand wurde von verschärften Spannungen in Europa unmittelbarer betroffen als die Deutschen. Aus ureigenem Interesse müssen beide deutschen Staaten deshalb eine aktive Politik für den Frieden in Europa führen.

Aber umgekehrt gilt ebenso, und hier schließt sich der Kreis: Europäische Friedenspolitik ist auch Deutschlandpolitik. Nur in einer wirklichen Friedensordnung in Europa kann unsere Nation ihre Trennung überwinden. Wir alle sind uns bewußt: dies ist ein langer Weg. Aber er ist auch der einzige.

Wer heute ungeduldig aus der harten Realität des Ost-West-Gegensatzes aussteigen will, wer der Illusion eines aus der Weltpolitik herausgelösten neutralisierten Deutschlands nachjagt, der trägt nicht zu einer Friedensordnung bei, sondern zu einer Rivalitäts-»Ordnung« – zu einem friedensgefährdenden Zustand permanenter Rivalität zwischen Ost und West um Deutschland. Deshalb ist unsere Mitgliedschaft in der Europäischen Gemeinschaft eine Garantie für Frieden und Stabilität in Europa. Deutschland darf nicht zum Wanderer zwischen den Welten werden. Die Zukunft muß innerhalb einer europäischen Friedensordnung ein Deutschland zeigen, dessen Existenz den Interessen seiner Nachbarn nicht widerspricht, sondern sie fördert.

Arnold Duckwitz, einer der großen Bremer Bürgermeister des 19. Jahrhunderts, schreibt in den »Denkwürdigkeiten aus meinem öffentlichen Leben«: »Ein kleiner Staat wie Bremen ... darf nie als ein Hindernis des Wohlergehens der Gesamtheit der Nation erscheinen, vielmehr soll er seine Stellung in solcher Weise nehmen, daß seine Selbständigkeit als ein Glück für das Ganze, seine Existenz als eine Notwendigkeit angesehen wird. Darin liegt die sicherste Bürgschaft seines Bestehens.« Ich werde dieses Wort nicht mehr vergessen, so weise und so großartig ist es.

Was wäre uns Deutschen, was wäre Europa erspart geblieben, wenn das über die Jahrhunderte deutsche Staatsraison gewesen wäre: Ein Staat wie Deutschland, im Herzen Europas, darf nie als ein Hindernis für das Wohlergehen der Gesamtheit der europäischen Staaten erscheinen, vielmehr soll er seine Stellung in solcher Weise nehmen, daß seine Selbständigkeit als ein Glück für das Ganze, seine Existenz als eine Notwendigkeit angesehen wird. Darin liegt die sicherste Bürgschaft seines Bestehens.

Die freie und die friedliche Zukunft unserer Völker: Europa

*Erklärung vor dem Europäischen Parlament in Straßburg
am 29. Juni 1983*

Ich bin dem Parlament dankbar, daß es diese Sondertagung angesetzt hat, denn die Bilanz konnte nicht schon in der Ordentlichen Tagung am 7. Juni vorgetragen werden. Damals stand nicht nur der Europäische Rat, sondern standen auch zehn zum Teil entscheidende Ratstagungen noch aus.

Zu Beginn des Jahres habe ich dem Europäischen Parlament vier vorrangige Aufgaben genannt, die die Gemeinschaft bewältigen muß:

- den Kampf gegen die Arbeitslosigkeit
- die Aufrechterhaltung und den Ausbau des Gemeinsamen Binnenmarktes
- die Notwendigkeit entschlossenen Handelns im Haushaltsbereich und
- die Süderweiterung der Gemeinschaft.

Inzwischen liegt ein bewegtes und oft dramatisches Halbjahr hinter uns. Mit den Beschlüssen von Stuttgart wurde in schwieriger Zeit der Weg gewiesen für einen Neuanfang in der Gemeinschaft. Wichtige Stationen im ersten Halbjahr waren: die Einigung über die gemeinsame Fischereipolitik, die Verabschiedung des Nachtragshaushalts 1983 mit der Entlastung für Großbritannien für 1982, der Europäische Rat in Brüssel und die gleichzeitige Wechselkursanpassung im EWS, die Agrarpreisbeschlüsse, der Wirtschaftsgipfel von Williamsburg, die Reform des Europäischen Sozialfonds und der Europäische Rat in Stuttgart, über den Bundeskanzler Dr. Kohl Ihnen morgen berichten wird.

Der Kampf gegen die Arbeitslosigkeit

Die Anstrengungen der Gemeinschaft mußten und müssen sich nach wie vor vorrangig auf die Bekämpfung der Arbeitslosigkeit richten. Erste Ergebnisse können festgestellt werden. Der konjunkturelle Erholungsprozeß ist in Gang gekommen. Die Inflation hat mit 6,4 Prozent im Gemeinschaftsdurchschnitt im Juni dieses Jahres gegenüber 10,2 Prozent im Juni des vergangenen Jahres ihren niedrigsten Wert seit Jahren erreicht. Die Zahlungsbilanz der Gemeinschaft zeigt eine deutliche Konsolidierung. Die zu Jahresbeginn geforderte Politik für Wachstum und Stabilität macht Fortschritte, doch bleiben die Divergenzen innerhalb der Gemeinschaft erheblich.

Unverändert dramatisch ist die Beschäftigungslage geblieben. 12 Millionen Arbeitslose in der Europäischen Gemeinschaft, davon über 40 Prozent Jugendliche unter 25 Jahren, zeigen das Ausmaß der uns gestellten Aufgaben. Die Gemeinschaft muß diesen Aufgaben gerecht werden, auch wenn die Hauptlast der Beschäftigungspolitik nach wie vor bei den Mitgliedstaaten liegt.

In den Sitzungen der Arbeitsminister am 2. Juni und im Gemeinsamen Rat der Arbeits- und Bildungsminister am 3. Juni wurde die Reform des Sozialfonds beschlossen, der Fonds wurde an die veränderten Gegebenheiten des Arbeitsmarktes angepaßt.

In Zukunft werden mindestens 75 Prozent der gesamten verfügbaren Fondsmittel für Maßnahmen zugunsten von Jugendlichen unter 25 Jahren, vor allem für ihre berufliche Bildung ausgegeben. 1983 sind 1,7 Mrd. ECU, das sind 40 Prozent der Fondsmittel, für Maßnahmen zugunsten der Beschäftigung in besonders strukturschwachen Gebieten bestimmt.

Die hohe Quote für Jugendliche wird dazu führen, daß gerade in den strukturschwachen Gebieten mit Vorrang

Maßnahmen gefördert werden, die Jugendlichen zugute-
kommen. Der Rat hat damit auch wesentlichen Forderungen dieses Parlaments entsprochen.

Eine wichtige Ergänzung der Reform des Sozialfonds
ist die Entschließung der Arbeits- und Bildungsminister
zur Berufspolitik, die gleichfalls während der Tagungen
von Anfang Juni gefaßt worden ist. Auch hier stehen
Sondermaßnahmen für Jugendliche im Mittelpunkt. Die
Mitgliedstaaten sind im Rat die politische Selbstverpflich-
tung eingegangen, im Laufe der nächsten fünf Jahre im
Anschluß an die Schulpflicht allen Jugendlichen für die
Dauer eines Jahres die Teilnahme an einem Vollzeitpro-
gramm zu sichern, das eine Grundausbildung und/oder
die Gelegenheit zum Erwerb erster Berufserfahrungen
umfaßt. Außerdem haben sich die Mitgliedstaaten verpflichtet, ihre Bemühungen fortzusetzen, damit auch
ältere Jugendliche ohne ausreichende berufliche Qualifikation angemessene Berufsbildungsmöglichkeiten erhalten.

Mit der Entschließung über die Berufsbildungspolitik
und mit der Sonderaktion für Jugendliche hat der Rat
einen Auftrag des Europäischen Rats von Kopenhagen
und von Brüssel erfüllt. Die geplanten Maßnahmen werden zur Verbesserung der Beschäftigungsaussichten von
Jugendlichen in der Gemeinschaft beitragen.

Eine gute Wirtschaftspolitik bleibt die beste Beschäftigungspolitik. Die Gemeinschaft hat sich auf wirtschafts-
politische Orientierungen geeinigt, die der Wirtschaftsgipfel in Williamsburg sich praktisch zu eigen gemacht
hat. Diese Orientierungen stellen eine solide Grundlage
für eine dauerhafte und ausgewogene Entwicklung der
Wirtschaftätigkeit dar. Dabei sind wir uns bewußt, daß
die Entwicklung des Dollars und die Höhe der Zinsen
nach wie vor ein schwieriges Problem darstellen. Die
Gemeinschaft wird sich deshalb gegenüber ihren Partnern

des Wirtschaftsgipfels dafür einsetzen, daß die Schlußfolgerungen von Williamsburg über Zinshöhe und Wechselkurse eingehalten werden. Wir müssen uns auch bewußt sein, daß keine Gemeinschaftspolitik die unverzichtbaren Anstrengungen der Mitgliedstaaten ersetzen kann.

Innerhalb der Gemeinschaft hat sich das Europäische Währungssystem erneut als ein Element des wirtschaftlichen und monetären Zusammenhalts erwiesen. Die Leitkursanpassung vom 21. März 1983 hat dazu beigetragen, außenwirtschaftliche Ungleichgewichte abzubauen, die für den Zusammenhalt der Gemeinschaft ein gefährliches Ausmaß angenommen hatten. Im Zusammenhang hiermit ist auch die Gemeinschaftsanleihe von 4 Mrd. ECU zu erwähnen, die Frankreich am 16. Mai 1983 im Interesse der Stützung seiner Zahlungsbilanz gewährt wurde. Dieser Beschluß ist ein überzeugender Beweis gemeinschaftlicher Solidarität.

Für produktive Investitionen in der Gemeinschaft wurden mit Ratsbeschluß vom 19. April 1983 die Anleihekapazitäten des neuen Gemeinschaftsinstruments auf das Dreifache, nämlich 3 Mrd. ECU, erhöht. Investitionsvorhaben im Energie- und Technologiebereich, vor allem aber auch solche kleinerer und mittlerer Unternehmen, können so finanziert werden.

Der Ausbau der Gemeinschaft

Wirtschaftliches Wachstum in der Europäischen Gemeinschaft – und damit die Sicherung der Arbeitsplätze – kann ohne freien Handel innerhalb der Gemeinschaft nicht erreicht werden. Bei einem Anteil von nahezu 50 Prozent, den der Handel zwischen den Mitgliedstaaten an deren gesamtem Handelsvolumen ausmacht, blieb der Ausbau des EG-Binnenmarktes ein vorrangiges Ziel. Mehrere Tagungen des Rates haben sich ausschließlich mit dieser Frage befaßt. Im ersten Halbjahr 1983 wurden eine Verordnung und dreizehn Richtlinien verabschiedet, darunter auch solche, die für den einzelnen Bürger unmittelbare Erleichterungen mit sich bringen. Ich nenne als Beispiel die Richtlinie über die Steuerbefreiung bei der Einfuhr von persönlichem Umzugsgut.

Europa muß für seine Bürger auch sichtbar werden an seinen Grenzen. Ich hatte hierüber ein ausführliches Gespräch mit einer Delegation dieses Hohen Hauses. Die Arbeiten an dem Aktionsprogramm »Abbau der Grenzkontrollen« sind noch nicht abgeschlossen, sie müssen fortgesetzt werden. Dabei wird auch die in der Feierlichen Erklärung zur Europäischen Union vereinbarte neue Zusammenarbeit zur Bekämpfung der grenzüberschreitenden Kriminalität einen nützlichen Beitrag leisten. Der bestehende Zustand der Grenzkontrollen kann von den Bürgern nicht als befriedigend empfunden werden. Ich appelliere an die Verantwortlichen, sich der Tatsache bewußt zu sein, daß gerade hier die Glaubwürdigkeit europäischen Handelns auf dem Spiele steht.

Die Aufforderung des Parlaments an den Rat, der gegenseitigen Anerkennung von Diplomen erneut Nachdruck zu geben, ist vom Europäischen Rat in Brüssel aufgenommen worden. Der Rat der Bildungsminister hat am 2. Juni die Mittel und Wege aufgezeigt, wie Lösungen erreicht werden können. Leitender Grundsatz soll sein, daß die verantwortlichen Stellen möglichst großzügig und flexibel vorgehen.

Auch wenn wir in all diesen Bereichen Fortschritte registrieren können, dürfen wir in unseren gemeinsamen Anstrengungen nicht nachlassen, um in den zentralen Fragen des europäischen Binnenmarktes voranzukommen, die bisher noch nicht gelöst werden konnten. Das gilt insbesondere für die sogenannten Drittlandsrichtlinien, deren Verabschiedung den Weg für mehr als 20 weitere EG-Richtlinien zum Abbau technischer Handelshemmnisse freimachen würde. Deshalb werden wir uns auch nach unserer Präsidentschaft mit aller Kraft für eine Lösung dieses schwierigen Problemkreises einsetzen. In enger sachlicher Verknüpfung hiermit ist der Vorschlag zur Stärkung des Instrumentariums der gemeinsamen Außenhandelspolitik zu sehen. Es geht dabei um eine Regelung, die – in Übereinstimmung mit unseren Verpflichtungen aus den GATT – auf den Schutz der Gemeinschaft vor unlauteren Handelspraktiken dritter Staaten abzielt. Die Verhandlungen dauern an. Kernpunkt ist zur Zeit, ob bei Entscheidungen über Maßnahmen gegenüber dritten Ländern der Rat oder die Kommission das letzte Wort hat. Eine Annäherung ist erfolgt, die Grundlage für Lösungen ist geschaffen.

Freier Handel bringt nur dem Vorteil, der wettbewerbsfähig ist. Wettbewerbsfähigkeit ist nicht nur eine Sache der natürlichen Standortvorteile und der Arbeitsleistung, sondern auch des technischen Fortschritts. Darum ist es wichtig, die Tätigkeit der Gemeinschaft im Bereich der Forschung und der Innovation weiter zu entwickeln und effizienter zu gestalten. Der Rat hat am 10. März Leitlinien für Mehrjahresprogramme der gemeinsamen Forschungsstelle ab 1984 gebilligt. Damit wurden der jahrelange Streit um das Großprojekt Supersara beigelegt und die Weichen für ein zukunftsträchtiges Programm der gemeinsamen Forschungsstelle gestellt.

Zu begrüßen ist auch die Verabschiedung des Rahmenprogramms für Forschung und Technologie am 28. Juni. Der Europäische Rat hat sich dafür ausgesprochen, daß das Forschungs- und Entwicklungsprogramm auf dem Gebiet der Informationstechnologie, ESPRIT baldmöglichst verabschiedet wird. Entsprechende Programme für

Telekommunikation und für Biotechnologie sollen folgen.

Besondere Sorge bereitet uns unverändert die Lage auf dem Stahlmarkt. Beim Stahlrat am 21. Juni des Jahres bestand grundsätzliche Einigkeit aller Mitgliedstaaten über die Notwendigkeit, die Produktionsquotenregelung nach Artikel 58 des EGKS-Vertrags zu verlängern. Wegen der fehlenden Einigung der europäischen Stahlindustrie über die Quotenaufteilung wurde beschlossen, die am 30. Juni auslaufende Quotenregelung bis zum 31. Juli zu verlängern und erst im Stahlrat am 25. Juli endgültig über die Neuaufteilung der Quoten zu entscheiden. Die Kommission bleibt nach der Rechtslage verpflichtet, bis zum 30. Juni 1983 über die Umstrukturierung der Stahlindustrie zu entscheiden. Die Präsidentschaft hofft, daß wirtschaftliche Vernunft die europäische Stahlindustrie zu einer Einigung über die Aufteilung der Quoten bringen wird. Auch hier liegt der einzig denkbare Weg in einem Kompromiß.

Besonderes Augenmerk hat die Gemeinschaft in diesen Monaten auf die Umweltfrage gerichtet. Die Bedeutung des Umweltschutzes als Gemeinschaftsaufgabe ist durch die Folgen der Katastrophe von Seveso und das europäische Waldsterben mit aller Schärfe in das Bewußtsein der Öffentlichkeit unserer Länder gedrungen. Der Umweltrat hat auf seiner Tagung vom 16. Juni wichtige Entscheidungen getroffen für die Bekämpfung der Luftverunreinigung durch Industrieanlagen, für die Senkung der Abgaswerte und des Bleigehalts im Benzin, für die Gewässerreinhaltung und den grenzüberschreitenden Verkehr gefährlicher Abfälle. Gemeinschaftspolitik im Umweltschutz ist im Begriff, Realität zu werden. In Stuttgart wurde ihr hohe Priorität eingeräumt.

Ich möchte hier auf einen Ratsbeschluß hinweisen, der belegt, daß unsere Länder zu solidarischem Handeln fähig sind. In der Unterstützung der Sanierung der städtischen Infrastruktur von Belfast mit 100 Mio. ECU sehen wir in einer Zeit leerer Kassen eine besonders bemerkenswerte Maßnahme. Sie geht auf eine Initiative dieses Parlaments zurück und ist ein Akt europäischer Hilfe und Sympathie mit der von den Auseinandersetzungen in Nordirland schwer getroffenen Bevölkerung beider Konfessionen.

Unmittelbar berührt werden unsere Bürger vom Beschluß über die zweite Direktwahl im kommenden Jahr. Der Rat hat sich auf den Termin geeinigt, den das Parlament ihm nach Abwägung des Für und Wider aller möglichen Termine vorgeschlagen hatte. In der Frage des Wahlverfahrens ist der Durchbruch zu dem von diesem Parlament vorgeschlagenen einheitlichen System leider nicht gelungen. Zu tief verwurzelt erwiesen sich die Traditionen des Wahlrechts auf dem Festland, der Persönlichkeitswahl im Vereinigten Königreich und der übertragbaren Stimme in Irland. Hierzu kam die ausgeprägte Trennlinie zwischen Staatsangehörigkeitsprinzip auf der einen Seite, Wohnsitzprinzip auf der anderen. Der Rat bedauert, wie das Parlament, daß nicht alle EG-Bürger, die in anderen EG-Ländern wohnen, das Wahlrecht zum EP haben werden. Er war bemüht, diese Zahl soweit wie möglich zu verringern. Der Auftrag der Verträge, ein einheitliches Wahlverfahren einzuführen, gilt weiter.

Entschlossenes Handeln im Haushaltsbereich

Auf dem Stuttgarter Gipfel sind – nach einer Reihe intensiver vorbereitender Ratstagungen der Außenminister – entscheidende Weichenstellungen vorgenommen worden. Bundeskanzler Dr. Kohl wird im Parlament darüber morgen früh ausführlich berichten. In Stuttgart wurde der Weg freigemacht für strukturelle Reformen im Finanz- und Haushaltssystem der Gemeinschaft.

Eine weitere vorrangige Aufgabe dieses Europäischen Rates war es, einen Problemstau zu überwinden. Wir haben uns auf Weg und Rahmen verständigt, die Lösung der Probleme im Zusammenhang mit der künftigen Finanzierung der Gemeinschaft, der Entwicklung der Gemeinschaftspolitiken, der mit der Erweiterung zusammenhängenden Fragen, besonderer Probleme einiger Mitgliedstaaten im Haushaltsbereich und in anderen Bereichen und der Notwendigkeit einer strengeren Haushaltsdisziplin herbeizuführen. Über alle diese Fragen wird am Ende gemeinsam beschlossen. Dieses Paket stärkt das Interesse aller Mitgliedstaaten an einem konstruktiven Ergebnis im Dezember in Athen. Dies gilt insbesondere auch für die Agrarpolitik der Gemeinschaft. In Stuttgart wurden Leitlinien verabschiedet. Die EG-Kommission wird zum 1. August 1983 Vorschläge vorlegen. Sonderräte werden dafür Sorge tragen, daß die erforderlichen Beratungsergebnisse zur Ausführung der Aufträge des Europäischen Rats bis zum 6. Dezember 1983 vorliegen.

Mit Befriedigung blicke ich zurück auf die Zusammenarbeit mit diesem Hohen Haus. Die Präsidentschaft ist in jeder Sitzungswoche an zwei Tagen im Parlament präsent gewesen. Der Rat ist in einem halben Jahr zweimal mit einer Delegation des Parlaments zusammengetroffen, um Fragen der Parlamentsbefugnisse und der nächsten Europawahl zu erörtern. Der Präsident des Parlaments hat mit dem Vorsitzenden des Europäischen Rates Bundeskanzler Dr. Kohl zwei Tage vor dem Stuttgarter Treffen die zentralen Fragen der Gemeinschaft erörtert.

Die Feierliche Erklärung zur Europäischen Union

Besonders intensiv schließlich war der Dialog zwischen dem Parlament und der Präsidentschaft über die Feierliche Erklärung zur Europäischen Union. Die Verabschiedung der deutsch-italienischen Initiative für eine Europäische Akte habe ich in meiner Programmrede vor diesem Hause am 11. Januar dieses Jahres als eines der Ziele der deutschen Präsidentschaft genannt. Mit der Unterzeichnung der Feierlichen Deklaration zur Europäischen Union auf dem Europäischen Rat in Stuttgart haben wir dieses Ziel erreicht.

Bei den Abschlußberatungen habe ich mir die sogenannten »essentials« des Präsidenten des Parlaments zu eigen gemacht und sie gegenüber meinen Kollegen mit Nachdruck vertreten. Die »essentials« zum Konzertierungsverfahren und zum Abschluß von Außenverträgen der Gemeinschaft sowie bei Beitritten wurden durchgesetzt. Der Forderung des Europäischen Parlaments, vor Ernennung des Kommissionspräsidenten statt der Stellungnahme des erweiterten Präsidiums die des Plenums einzuholen, konnten jedoch einige Partner nicht zustimmen.

Anderen Forderungen des Europäischen Parlaments wurde entsprochen: Im Schlußkapitel einigten sich die Partner auf eine Revisionsklausel, die eine Überprüfung der Feierlichen Deklaration dann erlaubt, wenn die erreichten Fortschritte auf dem Wege zur Europäischen Einigung dies rechtfertigen, spätestens jedoch nach fünf Jahren. Zu dieser Revisionsklausel hat die dänische Regierung einen Vorbehalt eingelegt. Die anderen Aussagen des Kapitels über das Europäische Parlament haben sich seit meinen Ausführungen in der Debatte über den Croux-Bericht am 12. April dieses Jahres nicht geändert.

Zur Beschlußfassung im Rat möchte ich anfügen: Der vorliegende Text unterstreicht die entscheidende Bedeutung der vertraglichen Bestimmungen für die Beschlußfassung. Durch häufigere Abstimmungen im Rat soll die Handlungsfähigkeit der Gemeinschaft verbessert werden; darüber sind sich die Zehn einig. Dabei soll häufiger von der Stimmenthaltung Gebrauch gemacht werden. Diese Klausel hat schon Anwendung gefunden. Zum Text der Beschlußfassung haben Frankreich, Großbritannien, Dänemark, Irland und Griechenland Erklärungen zu Protokoll gegeben, wonach bei Fragen von wichtigen nationalen Interessen die Abstimmung verschoben bzw. die Erörterung bis zur Erzielung eines Konsenses fortgesetzt werden soll. Demgegenüber gaben Belgien, die Bundesrepublik Deutschland, Luxemburg, Italien und die Niederlande zu Protokoll, daß die Präsidentschaft in den Fällen abstimmen lassen muß, in denen die Verträge dies vorsehen. Damit ist der vom Parlament mehrheitlich vertretene Standpunkt auch von diesen fünf Gründungsmitgliedern noch einmal bekräftigt worden.

Über diese das Parlament besonders interessierenden Fragen hinaus möchte ich noch auf die wichtigsten anderen Fortschritte hinweisen, die in der Feierlichen Deklaration enthalten sind. Die kulturelle und rechtliche Zusammenarbeit wird in die Zehner-Kooperation einbezogen. Beide Bereiche sind notwendige Ergänzungen der Zusammenarbeit der Zehn. Eine Europäische Union ohne diese Elemente bliebe ein Torso. Wichtig für Europa ist auch die Stärkung der sicherheitspolitischen Zusammenarbeit, die sich auf politische und wirtschaftliche Aspekte erstrecken wird.

Durch mehr Geschlossenheit und verstärkte Zusammenarbeit in der Sicherheitspolitik wird Europa größeres Gewicht erlangen. Das Kapitel über die Europäische Gemeinschaft legt die wichtigsten Zielsetzungen für die

Gemeinschaftspolitik der nächsten Jahre dar. Ich stelle fest: Abstriche im institutionellen Teil, die im Interesse einer Einigung gemacht werden mußten, wurden ausgeglichen durch Festlegungen zur Substanz der Gemeinschaftspolitik, zur außenpolitischen Zusammenarbeit, zur kulturellen Zusammenarbeit und zu dem schwierigen Feld der Rechtsangleichung. Denen, die beklagen, daß die Feierliche Deklaration im institutionellen Teil nicht weit genug geht, stimme ich zu. Wenn Wünsche Maßstab des deutsch-italienischen Vorschlages gewesen wären, hätten die Initiatoren höher gezielt. Aber wir hatten vor, uns auf das zu konzentrieren, was heute möglich ist.

Die Zukunft der Gemeinschaft wird davon abhängen, ob von den Möglichkeiten zur Fortentwicklung der Feierlichen Erklärung Gebrauch gemacht wird. Sie wird davon abhängen, daß die einschränkenden Vorbehalte fallen. Sie wird davon abhängen, daß wir zu Mehrheitsentscheidungen im Rahmen der Verträge kommen. In einem künftigen Europa der Zwölf müßte ein Festhalten bestimmter Mitgliedstaaten an dem sogenannten Luxemburger Dissens zur Selbstblockade der Gemeinschaft führen. Kraftanstrengungen wie in Stuttgart sind nicht beliebig wiederholbar. Problemstaus, wie wir sie jetzt zu bewältigen haben, sind auf die Dauer für die Gemeinschaft unerträglich. Man kann nicht zur gleichen Zeit Mitglied der Gemeinschaft und Bremse an ihrer Fortentwicklung sein. Wer der Direktwahl für das Europäische Parlament zugestimmt hat, muß auch bereit sein, diesem Parlament die unverzichtbaren Rechte einzuräumen.

Die Europäische Politische Zusammenarbeit

Die Europäische Politische Zusammenarbeit ist für die Zehn zum wichtigsten Instrument ihrer Außenpolitik geworden. Nur gemeinsam handelnd können die Europäer in weltpolitischen Fragen Gehör finden. Handeln sie vereint, so sind sie stark genug, den Interessen Europas Geltung zu verschaffen. Die auf Stabilität und friedlichen Ausgleich bedachte Rolle der Zehn findet wachsende Beachtung bei anderen Staaten und in den großen internationalen Organisationen. Diese Einsicht scheint draußen oft größer als in Europa selbst.

Die steigende Bedeutung der Europäischen Politischen Zusammenarbeit ist eine positive und für die Zukunft Europas – nach innen und nach außen – besonders wichtige Entwicklung. Nur durch intensive Konsultationen und Abstimmung war es uns möglich, den zunehmenden Spannungen und Unsicherheiten in der Welt zu begegnen und unseren Anteil an Verantwortung für die Lösung internationaler Krisen und bei der Erhaltung von Frieden und Stabilität überall in der Welt zu tragen. Grundlage dieser Zusammenarbeit war, neben früheren Dokumenten, der am 13. Oktober 1981 in London verabschiedete Bericht der Außenminister über die Europäische Politische Zusammenarbeit (Londoner Bericht).

Die Bestimmungen des Londoner Berichts über die Straffung und Intensivierung der EPZ haben sich bewährt. Eine Reihe von Verbesserungen wurde verwirklicht. In Fortführung einer britischen Initiative wurde Einvernehmen über Ziele und Verfahren einer verstärkten Zusammenarbeit der Auslandsvertretungen in Drittstaaten erzielt. Die operative Ausführung dieses Vorhabens ist eingeleitet. Eine Planungsgruppe wurde geschaffen, die ihre mittel- und langfristige Planungskapazität verbessern wird. Für die Beantwortung von Anfragen des Europäischen Parlaments wurde ein Verfahren beschlossen, das der Präsidentschaft größere Verantwortung und mehr Flexibilität für die Beantwortung der Fragen der Abgeordneten einräumt.

Unter den weltpolitischen Themen, mit denen sich die EPZ befaßte, nahm die Entwicklung der West-Ost-Beziehungen auch in der Zeit der deutschen Präsidentschaft eine herausgehobene Rolle ein. Dieses Verhältnis war und ist weiterhin belastet von den ersten Rückschlägen, die es durch das Verhalten der Sowjetunion gegenüber Afghanistan und Polen erlitten hat. Die Haltung der Zehn gegenüber der Sowjetunion bleibt bestimmt von Festigkeit und Geschlossenheit bei der Wahrung der eigenen Interessen und Grundsätze und vom Willen zur Zusammenarbeit und Entspannung. Wir wollen den Dialog mit dem Osten fortsetzen, wo immer dies zum beiderseitigen Nutzen möglich ist. Schauplatz dieses Dialogs ist nicht zuletzt das KSZE-Folgetreffen in Madrid. Die KSZE ist seit den frühen siebziger Jahren Gegenstand einer besonders intensiven EPZ-Abstimmung, so auch jetzt in Madrid.

Der Vermittlungsvorschlag der Neutralen und Ungebundenen vom März 1983 wurde von den Zehn begrüßt, da er vieles von dem enthält, was wir erarbeitet und vorgeschlagen hatten. Die Zehn haben zusammen mit anderen westlichen Ländern wenige, maßvolle Ergänzungsvorschläge gemacht.

Der Europäische Rat hat am 19. Juni in Stuttgart unter Hinweis auf die Initiative des spanischen Ministerpräsidenten den Standpunkt bekräftigt, daß die Annahme eines substantiellen und ausgewogenen Schlußdokuments in Madrid Fortschritte für die Menschen bringen, den Weg für eine Konferenz über Abrüstung in Europa eröffnen, dem KSZE-Prozeß neue Impulse geben und einen nützlichen Beitrag zur Verbesserung der West-Ost-Beziehungen insgesamt leisten würde. Damit soll das Treffen wenige Schritte vor dem Ziel aus einer gefährlichen Sackgasse herausgeführt werden.

Wir sind bereit, dem spanischen Vermittlungsvorschlag

unter der Voraussetzung zuzustimmen, daß alle Teilnehmer das gleiche tun. Wir dürfen nicht den Augenblick verpassen, der über den Erfolg dieser für das Netzwerk des Entspannungsprozesses so wichtigen Konferenz entscheidet. Zu Polen hat der Europäische Rat an die starken Bande der Solidarität unserer Völker mit diesem Land erinnert. Nach Auffassung der Zehn kann nur eine nationale Aussöhnung, welche die Wünsche und Hoffnungen des polnischen Volkes in vollem Umfang berücksichtigt, dieses Land im Herzen Europas aus seiner tiefgreifenden Krise herausführen.

Die Lage im Nahen Osten nahm in der Europäischen Politischen Zusammenarbeit auch in der Zeit der deutschen Präsidentschaft eine wichtige Rolle ein. Sowohl der Europäische Rat in Brüssel im März als auch der Europäische Rat in Stuttgart im Juni dieses Jahres haben sich in ihren Schlußfolgerungen zum Nahen Osten geäußert. Beide Erklärungen setzen Schwerpunkte bei der Entwicklung der Lage in und um den Libanon. Die Lösung des Libanon-Problems ist eine Voraussetzung für eine umfassende Lösung des Nahost-Konflikts. Als amtierender Ratspräsident habe ich gegenüber dem libanesischen Außenminister Salem am 21. Mai in Bonn die Haltung der Zehn bekräftigt und die Zusage einer Unterstützung der libanesischen Regierung durch die Zehn erneuert. In Stuttgart haben die Zehn ihre volle Unterstützung des libanesischen Präsidenten Gemayel und seiner Regierung bekräftigt und sich für den Rückzug der fremden Streitkräfte vom libanesischen Hoheitsgebiet eingesetzt. Die Unterzeichnung des libanesisch-israelischen Abkommens ist für die Zehn ein Schritt, dem weitere von den Verantwortlichen im Libanon gewünschte Schritte folgen müssen.

Zu den Voraussetzungen für einen gerechten, dauerhaften und umfassenden Frieden im Nahen Osten verwiesen die Zehn in Stuttgart auf die Prinzipien, die sie in der Vergangenheit, darunter in Venedig 1980, wiederholt zum Ausdruck gebracht haben. Beim Europäischen Rat in Brüssel wurde eine gerechte und ehrenvolle Lösung zur Beendigung des Konflikts zwischen dem Irak und dem Iran gefordert. In der Debatte des Europäischen Parlaments über die Lage im südlichen Afrika am 8. Februar 1983 habe ich zur Haltung der Zehn zu Namibia ausgeführt, daß nur freie Wahlen, an denen alle politischen Kräfte im Vertrauen auf volle Gleichbehandlung teilnehmen können und die daher von der internationalen Staatengemeinschaft als Ausdruck des namibischen Selbstbestimmungsrechts anerkannt werden, diesem Land den Weg in eine gedeihliche Zukunft als souveräner Staat eröffnen können. Deshalb gibt es zum Lösungsplan der Vereinten Nationen gemäß Res. 435 keine realistische Alternative.

Zur Lage in Südafrika habe ich darauf hingewiesen, daß das System der gesetzlich verordneten Rassentrennung und der Ausschluß der schwarzen Bevölkerungsmehrheit von politischer Mitsprache und Mitverantwortung eine Quelle der Spannungen in der gesamten Region sind. Nur in einem offenen Dialog der Regierung mit authentischen Sprechern der Bevölkerungsmehrheit sehen die Zehn eine Grundlage für eine sichere Zukunft Südafrikas.

Die Zehn haben sich wiederholt mit der Entwicklung in Argentinien wegen der Menschenrechtslage und der Klärung des Schicksals der Verschwundenen befaßt. Mehrfach haben sie die argentinische Regierung aufgefordert, für eine zufriedenstellende Klärung des Schicksals der Verschwundenen, insbesondere auch der verschwundenen europäischen Staatsangehörigen zu sorgen. An dieser Forderung halten die Zehn fest.

Zu Mittelamerika haben die Zehn ihre Unterstützung

für die Contadora-Initiative ausgesprochen, mit der Mexiko, Kolumbien, Panama und Venezuela auf regionaler Grundlage Frieden und Stabilität dieser Region zu festigen bemüht sind. Einen besonders positiven Verlauf nahm auch in der Zeit der deutschen Präsidentschaft die Entwicklung der Beziehungen der in der EPZ zusammenarbeitenden Zehn zu dritten Staaten und Organisationen. Hierzu zählen die Vertiefung des Gesprächs der Zehn mit den Vereinigten Staaten zu wichtigen weltpolitischen Themen wie den KSZE-Verhandlungen und den Nahen Osten und die Fortsetzung des Dialogs mit den beiden Beitrittsländern Spanien und Portugal und der assoziierten Türkei. Ferner wurden erstmalig politische Konsultationen der Zehn mit den nicht der Gemeinschaft angehörenden Mitgliedstaaten des Europarats vereinbart und durchgeführt. Die Kontakte der Präsidentschaft mit anderen befreundeten Ländern, wie zum Beispiel Norwegen, verliefen gleichermaßen erfreulich und für beide Seiten nützlich.

Die gute Zusammenarbeit der Zehn mit den Staaten der südostasiatischen ASEAN-Gruppe wurde fortgesetzt. Auf einem Außenministertreffen Ende März dieses Jahres in Bangkok konnte sie weiter gefestigt werden. Zusammen mit meinem dänischen und griechischen Kollegen komme ich heute von dem sogenannten Dialogtreffen der Außenminister der ASEAN-Staaten mit den Außenministern Australiens, Japans, Kanadas, Neuseelands und der USA vom 27. bis 28. Juni in Bangkok zurück. Erneut hat sich bestätigt, daß die beiden erfolgreichsten regionalen Staatengruppen der Welt, die EG und ASEAN, in vorbildlicher Weise enge und vertrauensvolle Beziehungen zueinander unterhalten. Als Troika haben wir am 9. Mai am Rande der OECD-Ministertagung auch zum ersten Mal mit Japan auf der Ebene der Außenminister politische Konsultationen geführt. Mit

China gab es erstmals EPZ-Konsultationen auf der Ebene Hoher Beamter in Bonn.

Auch diese Gespräche unterstreichen das weltpolitische Gewicht, das die Zehn erworben haben. Die Troika-Formel hat sich bewährt. Mit ihr wird die Kontinuität der EPZ-Arbeit sichergestellt. Außenpolitische Zusammenarbeit und Außenbeziehungen der Gemeinschaft müssen dabei immer in ihrem Gesamtzusammenhang gesehen werden. Die Außenbeziehungen der Gemeinschaft umspannen die Welt. Dem entsprach die Intensität, mit der Beziehungen zu dritten Ländern den Rat befaßt haben.

Die Süderweiterung der Gemeinschaft

Im Vordergrund stand die Süderweiterung. Sie gehörte zu den Prioritäten der Präsidentschaft. Der Europäische Rat von Stuttgart hat durch seine Entscheidung, die Beitrittsverträge zur Ratifizierung zusammen mit dem Ergebnis der Verhandlung über die künftige Finanzierung der Gemeinschaft vorzulegen, eine Verknüpfung hergestellt, die das Erreichen beider Ziele beschleunigen wird. Ich habe dieses Vorgehen unmittelbar nach Beendigung des Europäischen Rates meinem spanischen und portugiesischen Außenministerkollegen erläutert. Wir waren uns einig, daß die Beitrittsverhandlungen jetzt entschlossen weitergeführt werden müssen.

Das Verhältnis der Gemeinschaft zur Welt

Den Assoziationen mit Malta und Zypern galt weiter das besondere Interesse der Gemeinschaft. Eine Einigung über ein Verhandlungsmandat mit Malta ist in greifbare Nähe gerückt. Das Verhandlungsmandat an die Kommission zur Erneuerung des Finanzprotokolls mit Zypern wurde beschlossen.

Über die Beziehungen der Gemeinschaft zu Israel hat der Rat mehrfach eingehend beraten. Er hat festgestellt, daß das Abkommen zwischen Israel und dem Libanon über die Beendigung des Kriegszustandes und den Truppenrückzug eine neue Lage geschaffen hat. Dies hat es dem Europäischen Rat auf der Stuttgarter Tagung erlaubt, seinen Beschluß vom Juni 1982 aufzuheben. Inzwischen konnte das zweite Finanzprotokoll EG – Israel am 24. Juni unterzeichnet werden. Damit ist auch der Entschließung dieses Hauses vom 9. Juni entsprochen worden. Es ist die mehrfach geäußerte Absicht der Gemeinschaft, zum Wiederaufbau des Libanon beizutragen, wie auch in diesem Hause wiederholt gefordert. Am 14. März beschloß der Rat, dem Libanon eine außerordentliche Gemeinschaftshilfe von 20 Mio. ECU für die Wasserversorgung der Stadt Beirut zu gewähren.

Die Zusammenarbeit mit den Industriestaaten war beherrscht vom Wirtschaftsgipfel in Williamsburg. Präsident Thorn hat Ihnen über den Verlauf des Gipfels und die Vertretung der Gemeinschaft berichtet. Der Rat hat Grund, Williamsburg als ermutigend zu werten, aber auch auf die Implementierung der dort gefaßten Beschlüsse zu achten.

Das Verhältnis zu den USA ist nicht frei von Sorgen über handelshemmende und protektionistische Tendenzen. Es geht hier um die Novellierung des USA-Export-Administration-Act, um Spezialstahlexporte in die USA und um den Agrarhandel, sowohl bilateral als auf dritten Märkten. Die Gemeinschaft hat immer wieder das Gespräch mit den USA hierüber gesucht. Es hat zu besserem Verständnis und nüchterner Betrachtung geführt, jedoch noch nicht zu einer dauerhaften Entschärfung der Probleme.

Das Verhältnis zu Japan bleibt gekennzeichnet durch die Bemühung um ausgeglichene Handelsbeziehungen, sowohl durch stärkere Öffnung des japanischen Marktes als durch japanische Exportmäßigung in empfindlichen Bereichen. Japan hat inzwischen wichtige Schritte in Richtung stärkerer Marktöffnung ergriffen. Ich begrüße dies ausdrücklich und erwarte, daß es bald zu greifbaren praktischen Resultaten führt. In diesem Zusammenhang sieht der Rat auch die Konsultation mit Japan im GATT.

Die Assoziation mit den dreiundsechzig Staaten Afrikas, der Karibik und des Pazifik hatte zwei Schwerpunkte: die Zusammenarbeit im Rahmen der laufenden Konvention und die Vorbereitung der künftigen Konvention. Die Tagung des AKP-EWG-Ministerrats am 20. Mai in Brüssel hat uns bewußtgemacht, vor welchen Schwierigkeiten die AKP-Staaten wegen der schwachen Weltkonjunktur stehen. Schwerpunkt des Sonderrats über das Stabex-System am 19. Mai war demzufolge die Mittelausstattung des Fonds für die Anwendungsjahre 1980 und 1981. Es war der Gemeinschaft nicht möglich, den AKP-Staaten einen vollen Ausgleich für ihre Erlösausfälle zu gewähren. Es ist aber zu erwarten, daß der Stabex-Fonds für das Anwendungsjahr 1982 wieder ausreichend sein wird, um die Anforderungen zu befriedigen.

Bei den Vorarbeiten für Lomé III hat sich der Rat bereits für die Fortsetzung der engen und beispielhaften Beziehungen mit den AKP-Staaten ausgesprochen. Bezüglich der Ausgestaltung neigt die Mehrheit der Mitgliedsländer dazu, den Vertrag auf der bewährten Basis von Lomé II, allerdings mit neuen Akzenten, fortzusetzen, die den Dialog verstärken und die Entwicklungsbereiche konzentrieren. Die Gemeinschaft ist davon überzeugt, daß das Nord-Süd-Verhältnis als ein wesentliches Element im Rahmen der Wiederbelebung der Weltwirtschaft anzusehen ist. Es ist weitgehend der Initiative der Gemeinschaft zu danken, daß dieses Problem im Kommuniqué von Williamsburg besonders betont wurde. Uns geht es dabei um die Öffnung der Märkte, die Entwicklungshilfe, die Verschuldungsproblematik und den Einstieg in einen Dialog, der eine Antwort auf die Botschaft der Blockfreien-Konferenz von Neu Delhi und das Treffen der 77 in Buenos Aires darstellt. In diesem Zusammenhang leistet die Gemeinschaft ihren Beitrag, damit UNCTAD VI zu positiven und ausgewogenen Ergebnissen kommt. In diesem Geist nimmt die Gemeinschaft an den Verhandlungen in Belgrad teil. Diese Konferenz befindet sich zur Stunde in ihrer entscheidenden Phase. Gemeinsam mit den ASEAN-Staaten wollen wir zu ihrem Erfolg beitragen. Über die Durchführung des Nahrungsmittelhilfeprogramms der Gemeinschaft hat der Rat am 21. Juni mit qualifizierter Mehrheit beschlossen. Ich habe das Parlament erneut um seine dringliche Stellungnahme gebeten, damit die Verordnungen in Kraft treten können.

Ich habe versucht, einen nüchternen Überblick über die Schwerpunkte der Gemeinschaftätigkeit und der außenpolitischen Zusammenarbeit aus der Sicht der Präsidentschaft zu geben. Natürlich kann dieses Bild nicht vollständig sein. Um das Bild abzurunden, habe ich einen schriftlichen Bericht über die Bilanz der deutschen Präsidentschaft vorgelegt.

Übermorgen werden wir die Präsidentschaft an Griechenland weitergeben. Die Bemühungen um die Lösung der Probleme, mit denen die Gemeinschaft konfrontiert ist, werden weitergehen. Mit großen Erwartungen blicken wir jetzt auf den Europäischen Rat in Athen. Ich wünsche unseren griechischen Freunden auch vor diesem Hohen Haus Glück und Erfolg für ihre Aufgabe. Die Gemeinschaft braucht diese Erfolge.

Die Bewältigung der in Stuttgart gestellten Aufgaben ist eine Bewährungsprobe für unsere Gemeinschaft. Skepsis und Pessimismus sind ebenso schlechte Ratgeber wie nationaler Egoismus. Sie lassen übersehen, daß die Europäische Einigung die umwälzendste und positivste Idee in der europäischen und internationalen Nachkriegsgeschichte ist. Egoismus, Skepsis und Pessimismus lassen vergessen, daß die Europäische Gemeinschaft und die Europäische Zusammenarbeit für uns alle großen wirtschaftlichen und politischen Fortschritt gebracht haben.

Die Politik der Europäischen Einigung ist Friedenspolitik, Europa zu stärken, Europa auszubauen, liegt im Interesse aller und ist kein Geschenk des einen an die anderen – und schon gar nicht eine Vorleistung. In Abänderung eines Wortes von J. F. Kennedy muß über unserer Arbeit stehen: Frage nicht, was Europa für dich leisten kann, sondern frage, was du für Europa leisten kannst.

Wir alle müssen wissen: Der Ausbau Europas bedeutet für uns alle die Investition in eine freie und friedliche Zukunft unserer Völker. Es ist unser Beitrag zum Frieden in der Welt.

Eine Bündnispolitik für Frieden und Freiheit

Vortrag vor dem Institute for East-West-Security Studies in New York am 27. September 1983

I

Für ein Gleichgewicht der Kräfte in Europa

Die Entwicklung der internationalen Lage ist in dieser Zeit durch gegensätzliche Tendenzen geprägt. Mit Beunruhigung sehen wir die krisenhafte Entwicklung in einigen Teilen der Welt und die Zuspitzung im West-Ost-Verhältnis. Gleichzeitig aber bieten sich an verschiedenen Verhandlungstischen, an denen heute in früher nicht gekanntem Ausmaß über die Fragen der Rüstungskontrolle und Abrüstung gesprochen wird, Möglichkeiten, aus dem Teufelskreis ständig anwachsender Rüstungspotentiale auszubrechen und damit den Weg für eine Entschärfung des West-Ost-Verhältnisses freizumachen. Die Entwicklung der nächsten Monate wird für die Zukunft der Beziehungen zwischen West und Ost von großer Bedeutung sein.

Europa ist nicht der Mittelpunkt der Welt. Aber die Fragen, die sich jetzt für die Sicherheit und Zusammenarbeit in Europa stellen, berühren nicht nur das Schicksal des alten Kontinents, sondern auch das Verhältnis zwischen den beiden Weltmächten und damit das globale Gleichgewicht und die weltweite Stabilität. Die Lebensinteressen der europäischen Bündnispartner und die Sicherheitsinteressen der Vereinigten Staaten von Amerika sind fest miteinander verbunden: Einerseits ist unsere Freiheit und Unabhängigkeit Teil der Weltmachtstellung Amerikas. In Europa wird auch die Sicherheit der USA verteidigt. Andererseits brauchen wir Europäer zur Wahrung unserer Freiheit das Gewicht der amerikanischen Weltmacht; dabei sind wir uns stets bewußt, daß wir im gemeinsamen Boot näher am gefährlichen Rand sitzen; bei einer Gefährdung der Stabilität steht unsere Unabhängigkeit, ja unsere Existenz unmittelbarer auf dem Spiel als die der USA.

Seit Ende des Zweiten Weltkriegs wird die Sicherheit in Europa durch ein System gekennzeichnet, in dem die USA den Gegenpol zur Landmacht der Sowjetunion bilden, deren Übergewicht die Demokratien Westeuropas aus eigener Kraft nicht aufwiegen können. Bis vor wenigen Jahren war die Struktur des in Europa existierenden Sicherheitssystems dadurch bestimmt, daß die Überlegenheit der amerikanischen strategischen Nuklearstreitkräfte die Überlegenheit der konventionellen Landmacht der Sowjetunion ausglich und dadurch ein Gleichgewicht gewährleistete. Die Herstellung der nuklearstrategischen Parität der Sowjetunion mit den Vereinigten Staaten bedeutete für die europäische Sicherheit einen Einschnitt von epochaler Bedeutung. Für die Sicherheit Westeuropas ist mit dem Wegfall der strategischen Überlegenheit der USA der Abbau der regionalen Disparität – zwischen den beiden Weltmächten in Europa – unabdingbar geworden. Tatsächlich hat sich die Sowjetunion jedoch nicht mit der Parität zufrieden gegeben, sie hat die neu entstandene Situation dazu benutzt, sich auch mit der SS-20-Rüstung ein entscheidendes Instrument hegemonialer Machtausübung zu geben.

Wenn der Westen dies hingenommen hätte, hätte die Sowjetunion ohne Verletzung der strategischen Parität mit den USA sich so den militärischen Rückhalt für eine politische Vorherrschaft in Europa, aber auch gegenüber den vorder- und ostasiatischen Nachbarn der Sowjetunion schaffen können. Die Sowjetunion hat also ihren Einkreisungskomplex zu lösen versucht, indem sie sich unter dem Schirm globaler Parität die militärische Überlegenheit und damit ein politisches Erpressungsmittel gegenüber allen ihren Nachbarn aufbaute.

Ich bin überzeugt, daß dieser Versuch einer der fundamentalen politischen Fehler der Sowjetunion seit dem zweiten Weltkrieg war. Die entschiedene Reaktion des westlichen Bündnisses hat die sowjetische Politik durchkreuzt. Mit der Erklärung von Williamsburg hat auch Japan der Sowjetunion gezeigt, daß es nicht bereit ist, die Bedrohung hinzunehmen. Die ASEAN-Staaten sind beunruhigt; auch China meldet sich zunehmend zu Wort. Die Sowjetunion muß erkennen, daß sie fördert, was sie bannen wollte: eine einheitliche Haltung der Festigkeit gegenüber der sowjetischen Bedrohung.

In Europa geht es bei der Ausführung des Doppelbeschlusses, mit dem das westliche Bündnis die sowjetischen Herausforderungen beantwortet hat, nicht nur um die Herstellung des militärischen Gleichgewichts. Es geht um die amerikanische Verantwortung in Europa; es geht um die Grundlagen und den Rahmen für die europäische Sicherheit und für das politische Grundverhältnis zwischen der Sowjetunion und Westeuropa.

In den nächsten Monaten werden die Weichen gestellt werden für die langfristige Entwicklung der politischen Lage in Europa. Ich übersehe nicht, daß sich dabei für die Sowjetunion grundsätzliche und weitreichende Fragen stellen. Moskau muß erkennen, daß Westeuropa nicht bereit ist, der östlichen Großmacht Vorherrschaftsrechte in Europa zuzugestehen und sich selbst mit einem zweitrangigen Sicherheitsstatus zu begnügen. Moskau muß sich fragen, ob es sich lohnt, die Entwicklung einer übermäßigen Rüstung fortzusetzen in der Hoffnung, das Kräfteverhältnis einseitig immer weiter zu eigenen Gunsten verändern zu können, oder ob den eigenen Interessen besser damit gedient ist, die Staaten Westeuropas als gleichberechtigte Partner einer langfristigen ausgewogenen Zusammenarbeit anzuerkennen. Die Sowjetunion muß begreifen, daß die USA sich nicht aus Europa herausdrängen, sich nicht von ihren europäischen Verbündeten abkoppeln lassen.

Wir leugnen die sowjetischen Sicherheitsbedürfnisse nicht, und wir sehen, daß sie vielfältige, auch historische Wurzeln haben. Aber tragfähige, dauerhafte politische Beziehungen sind nur möglich, wenn sie sich auf die gegenseitige Anerkennung gleichberechtigter Sicherheitsbedürfnisse gründen.

II

Die deutsche Lage und die deutsche Haltung

Die Bevölkerung in der Bundesrepublik Deutschland und in den anderen Staaten Westeuropas nimmt an den Fragen der Sicherheit und Abrüstung, die mit dem Doppelbeschluß verbunden sind, lebhaften Anteil. Von ferne gesehen ist diese Diskussion vielleicht nicht immer leicht zu verstehen. Es gibt zwei Punkte, über die ein breiter nationaler Konsens besteht: die Sehnsucht nach Frieden, Abrüstung und Verständigung und die Ablehnung einer Politik der Unterwerfung. Die Diskussion geht im Grunde um die Frage, wie der Selbstbehauptungswille und der Wunsch, Frieden zu schaffen mit immer weniger Waffen, miteinander vereinbart werden können. Die Bundesregierung wird in dieser Frage, getragen von einer breiten Mehrheit, nach ihrem Mandat, ihrer Überzeugung und ihren internationalen Verpflichtungen handeln.

Eine breite Mehrheit ist ihr dabei sicher, weil sie die Erwartung der Bevölkerung erfüllt, Verteidigungsbereitschaft mit Verständigungswillen zu verbinden, weil sie sich einsetzt für das Ausschöpfen aller Verhandlungsmöglichkeiten und für konstruktive Beziehungen zu unseren östlichen Nachbarn.

Zum Verständnis der Lage in Europa ist es wichtig zu sehen, daß zwischen Standfestigkeit und Verständigungswunsch in den West-Ost-Beziehungen kein Widerspruch besteht, sondern daß beide zusammengehören.

An Entschlossenheit und Solidarität hat es die Bundesrepublik Deutschland in allen Härteproben seit Bestehen des Bündnisses nie fehlen lassen. Die heutige Diskussion um die Mittelstreckenraketen ist nicht die erste große Belastungsprobe um die in der Bundesrepublik Deutschland durchzuführenden verteidigungspolitischen Entscheidungen des Bündnisses. Wir haben ähnlichen massiven sowjetischen Druck in den fünfziger Jahren bei der Diskussion um den Verteidigungsbeitrag der Bundesrepublik Deutschland und später bei der erstmaligen Einführung nuklearer Waffen auf unserem Territorium erlebt. Niemand hat Anlaß und niemand ist berechtigt, unsere Entschlossenheit, gemeinsam mit unseren Verbündeten zu handeln, in Frage zu stellen. Gemeinsam heißt für uns, gemeinsam beraten, gemeinsam entscheiden, gemeinsam handeln.

Wir haben auch in den letzten Jahren, als es um die Reaktion der Bündnispartner auf außenpolitische Herausforderungen ging, nicht in der letzten Reihe gestanden. Die amerikanische Regierung kennt und würdigt die deutsche Rolle im Bündnis ebenso, wie wir die amerikanische Schutzfunktion für unsere Sicherheit anerkennen und würdigen. Es ist wichtig, daß dieses Verständnis in Amerika eine breite Grundlage hat. Die Europäer, die in vorderster Reihe stehen, verdienen es nicht, daß ihre

Festigkeit in Zweifel gezogen wird, wenn sie zu Maß und Ausgleich raten. Wir sind stets zuverlässige Partner gewesen. Dabei wird es bleiben.

Der Blick, mit dem wir Westeuropäer auf Osteuropa schauen, ist von der langen Geschichte vielfältiger Bindungen und gemeinsamer Erfahrungen, im Guten wie im Bösen, beeinflußt. Das Bewußtsein der gemeinsamen Geschichte, in der auch die dunklen Kapitel weniger trennend als verbindend wirken, ist in West und Ost trotz aller Systemunterschiede stark ausgeprägt. Ebenso ausgeprägt ist das Bewußtsein, aufgrund der geographischen Nachbarschaft langfristig unentrinnbar das gleiche Schicksal zu teilen. Es gibt keine feindseligen Gefühle in unserem Land gegenüber irgendeinem Volk in Osteuropa, auch nicht gegenüber den Völkern der Sowjetunion.

Bei uns Deutschen spielt auch das Bewußtsein mit, daß die Spaltung Europas, daß das Schicksal der osteuropäischen Völker die Folge einer Entwicklung ist, die mit einem dunklen Kapitel in der deutschen Geschichte zusammenhängt, sowie mit Entwicklungen, die am Ende des im deutschen Namen geführten Krieges ausgelöst wurden.

Die Schlußakte von Helsinki hat diese Gegebenheiten nicht beseitigen können; sie hat sie aber entgegen allen östlichen Propagandathesen und westlichen Befürchtungen auch nicht befestigt. Sie hat im Gegenteil einen Rahmen für eine praktische Politik zur Überwindung der Spaltung Europas geschaffen. Je besser und vielfältiger unsere Beziehungen zu den Staaten Osteuropas sind, desto besser können sich die Kontakte zwischen den Menschen, der Kulturaustausch, die Zusammenarbeit im Bereich der Wissenschaft und Wirtschaft entwickeln. In diesem Zusammenhang kommt für uns dem Verhältnis zur DDR eine besondere Bedeutung zu.

Die Vertragspolitik der siebziger Jahre hat in Deutschland beachtliche Ergebnisse hervorgebracht. Sie hat zu einer Stabilisierung der Lage Berlins geführt und vielfältige Kontakte zwischen beiden deutschen Staaten ermöglicht. Die fortschreitende Vertiefung des Grabens quer durch die Nation ist mindestens gestoppt worden. Auch die Regierung der DDR hat die Vorteile einer Politik der Verbesserung der Beziehungen zwischen beiden deutschen Staaten gegenüber einer Politik der Abschottung erkannt. Die DDR bekennt sich heute wie wir zu der Verantwortung beider deutscher Staaten, ihre Beziehungen so zu entwickeln, daß nicht Spannungen, sondern Impulse der Stabilität von ihnen auf die Lage in Europa ausstrahlen. Die Deutschen in der DDR und bei uns erwarten von uns die Fortführung der Politik der Entspannung und Zusammenarbeit. Sie verbinden damit ihre Hoffnungen für die Zukunft. Wir sehen in dieser Politik sowohl eine nationale wie eine europäische Aufgabe. Deutschland-Politik ist für uns europäische Friedenspolitik.

Unsere Deutschland-Politik ist eingebettet in unsere Solidarität im Atlantischen Bündnis. Nur die drei Mächte konnten – in enger Zusammenarbeit mit uns – das Berlin-Abkommen mit der Sowjetunion aushandeln; nur auf der Grundlage unserer festen Verankerung im Bündnis konnten wir die Ost-Verträge der Bundesrepublik Deutschland abschließen. Auch umgekehrt gilt, daß uns das Bündnis nicht in unserer Deutschlandpolitik behindert. Im Gegenteil: Wir stützen uns in unserer Deutschlandpolitik auf die drei Mächte und die übrigen Bündnispartner ab.

Wir haben kein Interesse an wirtschaftlichen Krisen im Osten Europas. Nicht nur die Völker Osteuropas, nicht nur unsere eigenen Landsleute in der DDR würden darunter leiden; wir selbst würden nachteilig von solchen

Entwicklungen berührt. Das Bewußtsein wächst, daß Wohlstand auf der einen Seite auch den Wohlstand auf der anderen Seite fördert. In diesem Bereich stehen auch die Interessen der Sowjetunion und die Westeuropas nicht im Widerspruch, sie ergänzen sich. Wir messen dem Ausbau der wirtschaftlichen Zusammenarbeit, selbstverständlich unter Berücksichtigung wirtschaftlicher Vernunft und unserer eigenen strategischen Interessen, eine wichtige stabilisierende Bedeutung für das politische Verhältnis zwischen West und Ost bei.

Das Denken in Kategorien eines Handelskrieges ist kontraproduzent, es verrät im übrigen Unkenntnis gemachter Erfahrungen. Die Außenwirtschaftspolitik darf nicht zum Instrument einer außenpolitischen Disziplinierungspolitik gemacht werden. Wer das West-Ost-Verhältnis stabilisieren will, muß zu breiter wirtschaftlicher Zusammenarbeit bereit sein. Es ist ein erfreuliches Zeichen für die Kraft des Zusammenhalts im Bündnis, daß die Streitfragen über diesen Bereich befriedigend beigelegt werden konnten.

Auch die immer dringlicher werdenden Umweltprobleme, die vor Systemgrenzen keinen Halt machen, bieten ein breites Feld der Zusammenarbeit zwischen West und Ost. Die Fragen grenzüberschreitender Luftverschmutzung, die die Wälder in ganz Europa bedroht, können nur gemeinsam gelöst werden. Wir wollen der Sowjetunion deutlich machen, daß sie ihren eigenen Interessen besser dient, wenn sie ihren Ehrgeiz auf die Zusammenarbeit statt auf Bedrohung und Einschüchterung ihrer Nachbarn richtet. Die Stagnation der wirtschaftlichen Entwicklung in der Sowjetunion und in den osteuropäischen Staaten muß für Moskau ein Warnsignal sein.

Vom Westen geht ein zweites Signal aus, ein Signal der Standhaftigkeit: Der Versuch der Durchsetzung einer sowjetischen Hegemonie in Europa wird sich nicht lohnen.

III

Die Strategie: Entspannung auf der Grundlage des Gleichgewichts der Kräfte

Wichtig ist, daß wir ein weiteres Signal hinzusetzen: Wir sind bereit zum Ausgleich und zur Zusammenarbeit auf der Grundlage gleichberechtigter Beziehungen.

Aus europäischer Sicht ist die Bilanz der Entwicklung der West-Ost-Beziehungen, seit das Bündnis 1967 den Harmel-Bericht mit seinen zwei Säulen der Verteidigung und der Entspannungspolitik verabschiedet hat, für den Westen gar nicht so schlecht, wie sie manchmal dargestellt wird. Die Kraft unserer demokratisch verfaßten Gesellschaften, unsere wirtschaftliche Leistungsfähigkeit, unsere freiheitliche Wertordnung, vor allem aber die Überzeugungskraft unserer gemeinsamen Ideale von Menschenwürde und Selbstbestimmungsrecht stehen auf unserer Guthabenseite. Die Gewichte zwischen West und Ost werden nicht nur durch Raketen und Panzer bestimmt. Soziale Stabilität ist ein wichtiger Faktor unserer Verteidigungsfähigkeit.

Die Wirtschaftsgipfel der 7 Industriestaaten sollen durch gemeinsames Handeln diese soziale Stabilität überall fördern. Die Wirtschafts-, Finanz- und Währungspolitik der westlichen Staaten muß durch gegenseitige Rücksichtnahme bestimmt sein. Die atlantische Allianz hat sich bewährt. Sie hat ein neues Mitglied. Ihre Leistungen können sich sehen lassen. Ihre politische Stärke beruht nicht zuletzt auf der Kontinuität einer gemeinsamen Grundlinie für die West-Ost-Beziehungen, die gemeinsam fortentwickelt wird. Diese Kontinuität ist eine wichtige Voraussetzung für eine langfristig angelegte und deshalb für die Gegenseite berechenbare und ernstzunehmende Politik in den West-Ost-Beziehungen. In Europa hat die Vertragspolitik der siebziger Jahre Millionen von Menschen Erleichterungen gebracht und Hoffnungen für die Zukunft geweckt.

Wir sind mit den Ergebnissen bei weitem nicht zufrieden, aber die Entwicklung geht in die richtige Richtung. Die Probleme, die für das globale Gleichgewicht in den letzten Jahren entstanden sind, sind keine Folge der geschlossenen Verträge. Sie beruhen nicht darauf, daß die Entspannungspolitik zu weit getrieben worden wäre, sondern darauf, daß die Verteidigungsaufgaben zuweilen nicht ernst genug genommen worden sind. Wir Europäer – vor allem wir Deutschen – haben dabei, wenn man die Bilanz unserer Verteidigungsausgaben betrachtet, ein gutes Gewissen.

Die Sowjetunion hat in den siebziger Jahren einige falsche Signale erhalten, die sie für Schwächezeichen ihres weltpolitischen Gegenparts gehalten hat. Der Rückgang der amerikanischen Verteidigungsausgaben in den siebziger Jahren gehört zu diesen falschen Signalen. Die Sowjetunion hat eine Zeitlang geglaubt, sich ohne Gegenreaktion Über-Rüstung und globale Expansion leisten zu können. Hier waren Korrekturen nötig, und sie sind inzwischen in Angriff genommen worden. Dieser Nachholbedarf darf aber nicht durch ein Weniger an Entspannungspolitik kompensiert werden.

IV

Respekt vor der Unabhängigkeit der Dritten Welt

Auch den sowjetischen Bemühungen um Destabilisierung und Expansion in der Dritten Welt muß mit den geeigneten Mitteln entgegengetreten werden. Auch wenn wegen der Rohstoffversorgung und der Verbindungslinien Entwicklungen in der Dritten Welt westliche Interessen mitberühren, so dürfen wir den sowjetischen Mangel an Respekt für das Unabhängigkeitsbedürfnis der Länder dieser Region keinesfalls kopieren. Wir dürfen uns nicht auf eine Konkurrenz um Einflußzonen und eine Übertragung des West-Ost-Gegensatzes auf die Dritte Welt einlassen. Deshalb begrüßen wir, daß Präsident Reagan gestern in seiner Rede vor den Vereinten Nationen ausdrücklich eine Politik unterstützt hat, die darauf abzielt, daß die führenden Mächte sich aus Konflikten in der Dritten Welt heraushalten.

Militärische Mittel sind nicht immer das geeignete Instrument, um sowjetischer Subversionspolitik zu begegnen. In der Bewegung der Blockfreien gibt es verantwortliche Kräfte, die sich gegen die Ausdehnung sowjetischen Einflusses zur Wehr setzen. Diese Kräfte sollten wir ermutigen. Wir sollten ihnen echte Partnerschaft, nicht die Wahl zwischen Ost oder West, anbieten. Wir sollten alle Bemühungen um echte Blockfreiheit und regionale Zusammenarbeit zur Förderung der Stabilität und Unabhängigkeit der beteiligten Staaten unterstützen. Und wir sollten uns bemühen, einen Beitrag zur Lösung sozialer und wirtschaftlicher Probleme zu leisten, wo diese Probleme die Ursache von Instabilitäten sind, die der Sowjetunion Anreize bieten, im Trüben zu fischen. Die Europäische Gemeinschaft, der nicht der Verdacht von Großmachtambitionen anhaftet, und die als Gemeinschaft – im Unterschied zu einigen ihrer Mitglieder – vom Makel kolonialer Vergangenheit frei ist, kann hier eine nützliche Rolle spielen.

V

Der KSZE-Prozeß – Programm für eine Politik des Möglichen

Eines der wichtigsten Ergebnisse unserer Politik in den siebziger Jahren ist die Schlußakte von Helsinki. Damit haben wir einen Weg gefunden, eine Entwicklung in Europa zu fördern, die auf den Abbau der Spannungen und die Überwindung der Gräben hinzielt und als Katalysator für evolutionäre Entwicklungen im östlichen Europa wirkt.

Für uns Europäer ist von großer Bedeutung, daß die Verantwortung der Vereinigten Staaten und Kanadas für diesen Prozeß für Sicherheit und Zusammenarbeit in Europa durch ihre Teilnahme bestätigt wird und damit die Zustimmung aller anderen Teilnehmer gefunden hat. Der KSZE-Prozeß ist kein Wundermittel, kein Kraftarm zum Aushebeln bestehender Machtstrukturen, er bietet jedoch ein Programm für eine Politik des Möglichen. Durch Verbindung der Menschenrechte und der menschlichen Kontakte sowie der wirtschaftlichen Interessen mit der Entspannung ist dieser Prozeß eine Angelegenheit nicht nur der Staaten, sondern der Völker in West und Ost geworden. Die Bundesregierung hat sich unermüdlich dafür eingesetzt, daß die KSZE-Folgekonferenz von Madrid trotz schwerer Belastungen und Rückschläge nicht abgebrochen und zum erfolgreichen Abschluß geführt wurde. Wir sehen uns durch das Ergebnis der

Konferenz bestätigt. Es hat gezeigt, daß es auch in schwierigen Zeiten möglich ist, sich über wichtige politische und sicherheitspolitische Fragen zwischen West und Ost zu verständigen und Vereinbarungen zu schließen.

Ein wichtiges Ergebnis der Madrider Konferenz ist die Einsetzung einer Europäischen Abrüstungskonferenz. Diese Konferenz wird erstmals ganz Europa, vom Atlantik bis zum Ural, für die Erarbeitung von Maßnahmen der Vertrauensbildung und der Rüstungskontrolle öffnen. Sie ergänzt damit in sinnvoller Weise die MBFR-Verhandlungen, deren Geltungsbereich sich auf Zentraleuropa beschränkt. In der weiteren Entwicklung der Konferenz wird es darum gehen, auch die Fragen des konventionellen Kräfteverhältnisses in ganz Europa rüstungskontrollpolitisch in den Griff zu bekommen.

VI

Der Dialog muß weitergehen

Die erfolgreiche Schlußphase in Madrid fiel zusammen mit Hoffnungszeichen einer vorsichtigen Belebung der West-Ost-Beziehungen auch zwischen den beiden Großmächten. Der brutale Abschuß der koreanischen Verkehrsmaschine am 1. September, bei dem 269 unschuldige Menschen den Tod fanden, hat zu einem jähen Rückschlag geführt. Die Reaktion des Westens und der Welt haben der Sowjetunion deutlich gemacht, daß ihre Mißachtung von Grundnormen des Zusammenlebens gesitteter Staaten nicht hingenommen und der Widerspruch zwischen Worten und Taten Moskaus nicht ignoriert wird.

Gleichzeitig hat der Westen die Tür nicht zugeschlagen; er hat insbesondere die Bereitschaft bekräftigt, die für die Sicherung des Friedens essentiell wichtigen Verhandlungen intensiv fortzuführen. Dies ist ein Beweis politischen Verantwortungsbewußtseins. Jetzt müssen alle Anstrengungen unternommen werden, um in den laufenden Verhandlungen Fortschritte zu erreichen. Dazu ist auch der politische Dialog mit dem Osten weiter nötig, trotz der bitteren Erfahrungen. Isoliert können Abrüstungsverhandlungen nicht gedeihen, sie brauchen das Umfeld vielfältiger Beziehungen und umfassender Zusammenarbeit.

Ich bedaure, daß der sowjetische Außenminister seine Reise nach New York abgesagt hat. Gerade jetzt ist es wichtig, das politische Gespräch zwischen den Großmächten nicht abreißen zu lassen. Ein Gipfeltreffen zwischen Präsident Reagan und Generalsekretär Andropow könnte für den West-Ost-Dialog, besonders aber für die laufenden Rüstungskontrollverhandlungen, entscheidende Impulse geben. Der Dialog muß weitergehen.

Präsident Reagan hat gestern auch ein eindrucksvolles und überzeugendes Bekenntnis zu einer Politik des Friedens, der Verständigung und der Abrüstung abgelegt. Die neuen amerikanischen Vorschläge für die Mittelstreckenwaffenverhandlungen in Genf, an deren Vorbereitung wir intensiv mitgearbeitet haben, sind ein wichtiger und zeitgerechter Schritt. Sie bestätigten den Willen, alles zu unternehmen, um rechtzeitig zu konkreten Verhandlungsergebnissen zu kommen. Wir hoffen, daß sich die Sowjetunion über vorschnelle Reaktionen hinaus ihre Antwort zur Sache gut überlegen wird. Diese Antwort wird zeigen, wie ernst der sowjetische Wille zu Verhandlungsergebnissen einzuschätzen ist.

Die Bundesregierung wird sich weiter unbeirrt dafür einsetzen, jede Verhandlungsmöglichkeit auszunutzen. Ebenso unbeirrt sind wir entschlossen, die Nachrüstung nach dem vorgesehenen Zeitplan zu beginnen, falls in

Genf nicht rechtzeitig Ergebnisse erzielt werden, welche die Stationierung überflüssig machen. Dabei geht es um mehr als um eine waffentechnische Entscheidung, es geht um den Selbstbehauptungswillen des Bündnisses, es geht um unsere Fähigkeit, einmal getroffene Entscheidungen auch politisch durchzusetzen. Entscheidend bleibt für uns, daß der Sowjetunion kein Raketenmonopol in dem für die Sicherheit in Europa zentralen Mittelstreckenwaffen-Bereich eingeräumt wird.

Wir müssen der Sowjetunion unseren Willen zur Verteidigung und gleichzeitig unseren Willen zur Zusammenarbeit klar zu verstehen geben. Wir müssen durch Klarheit und Konsistenz unserer Politik berechenbar bleiben. Die Sowjetunion wird bei allen inneren Schwierigkeiten auch in Zukunft eine Weltmacht sein. Wir werden sie, ohne sie zu dämonisieren, als Machtfaktor und machtpolitischen Widerpart, als Konkurrent, als wiederkehrende Herausforderung, aber genauso als Vertrags- und Verhandlungspartner zu betrachten haben. Vernunft und Verantwortung, nicht Emotionen, müssen deshalb unser Verhältnis zur Sowjetunion bestimmen.

Uns ist die Aufgabe ständiger Wachsamkeit, sicherheitspolitischer Entschlossenheit und unermüdlicher Bereitschaft zur Zusammenarbeit, zum Ausgleich und zur Verständigung gestellt. Mit einer immer breiteren Zusammenarbeit auf immer mehr Gebieten müssen Stabilität, Sicherheit und Abrüstung möglich gemacht werden. Das ist eine Aufgabe, die von der politischen Führung in einer Demokratie ein Höchstmaß an gedanklicher Geschlossenheit, Klarheit und Beharrlichkeit fordert. Wir müssen unsere Bürger immer wieder davon überzeugen, daß der Erfolg dieser Doppelstrategie davon abhängt, daß beide Elemente – Verteidigungs- und Zusammenarbeitsbereitschaft – mit stets gleicher Intensität verfolgt werden. Dafür brauchen wir weiter ein starkes und einiges Bündnis. Dafür brauchen wir vor allem langen Atem. Wir brauchen weiter Selbstvertrauen und Zuversicht. Dazu haben wir guten Grund: Die Kräfte der Geschichte sind auf unserer Seite. Der Wille zur Selbstbestimmung und Unabhängigkeit, die Ideale der Freiheit und Demokratie werden sich durchsetzen, wenn wir ihnen dies zutrauen und uns zu ihnen bekennen.

Prinzipien und Elemente einer europäischen Friedensordnung

Vortrag vor der Paasikivi-Gesellschaft in Helsinki am
2. November 1983

In Helsinki hat am 26. Oktober dieses Jahres das Vorbereitungstreffen für die Konferenz über Vertrauens- und Sicherheitsbildende Maßnahmen und Abrüstung in Europa seine Arbeit aufgenommen, die am 17. Januar 1984 in Stockholm beginnen soll.

Wir teilen mit den Staaten Nordeuropas die Wertvorstellungen von Freiheit, Demokratie und Rechtsstaatlichkeit. Wir respektieren die Grundprinzipen der finnischen Außenpolitik. Ihre Neutralitätspolitik entspricht der besonderen geographischen Lage und den historischen Erfahrungen Finnlands. Die Bewahrung der Unabhängigkeit Finnlands ist dabei für die Aufrechterhaltung des nordischen Gleichgewichts und für die Fortsetzung des europäischen Entspannungsprozesses von entscheidender Bedeutung. Sie ist mithin für alle Europäer wichtig. Die Position Finnlands im europäischen Staatensystem ist jedoch einzigartig und nicht als Modell auf andere europäische Staaten übertragbar. Präsident Koivisto hat dies erst kürzlich wieder hervorgehoben. »Wir haben eine einzigartige Position, wir haben eine einzigartige Geschichte mit Rußland.«

Das deutsche Engagement für eine europäische Friedensordnung

Wir selbst haben einen anderen Weg gewählt, um der Herausforderung dieser Zeit, der Wahrung des Friedens in Freiheit, gerecht zu werden: die Mitgliedschaft in der Europäischen Gemeinschaft und im Atlantischen Bündnis. Unsere Mitgliedschaft in der Europäischen Gemeinschaft und im westlichen Bündnis und unsere Freundschaft zu den Vereinigten Staaten sind keine taktischen, wertfreien Entscheidungen, sie sind Grundentscheidungen für Freiheit, Menschenrechte und Selbstbestimmungsrecht. Von dieser Grundposition unserer Politik aus bemühen wir uns um den Aufbau einer dauerhaften europäischen Friedensordnung.

Es gibt wichtige Gründe, warum sich gerade die Deutschen so viele Gedanken über eine europäische Friedensordnung machen: Einmal wird das deutsche Volk, das durch die Spaltung Europas auseinandergerissen worden ist, von jeder Verschlechterung des Klimas in Europa, von jeder Zunahme der Spannungen stärkstens betroffen. Gerade deshalb haben wir auch das stärkste Interesse daran, durch Dialog und Zusammenarbeit zu einer stetigen Verbesserung des West-Ost-Verhältnisses beizutragen.

Natürlich hat die staatliche Trennung der Deutschen unser Bewußtsein für die Spaltung Europas besonders tief werden lassen. Für uns ist keine politische Entscheidung denkbar, ohne in Betracht zu ziehen, daß auf der anderen Seite auch Deutsche leben. Wir machen Politik, ohne jemals zu vergessen, daß Europa nicht an Elbe und Werra aufhört.

Zum zweiten hat die Entwicklung nach 1945 gezeigt, daß die deutsche Frage nur im europäischen Rahmen zu lösen ist. Deshalb ist Deutschlandpolitik für uns europäische Friedenspolitik. Die Auswirkungen der Spaltung Europas zu mildern und diese Spaltung schließlich ganz zu überwinden, bedeutet das gleiche auch für die Trennung der Deutschen. Jeder Fortschritt für ganz Europa bedeutet auch Fortschritt für die Deutschen.

Diese Einsicht unterstreicht, daß wir unsere nationale Frage verbinden mit dem Schicksal Europas. Unser Volk stand in der Vergangenheit oft im Gegensatz zu den Interessen seiner Nachbarn, unsere Lage im Herzen Europas hat aus solchen Gegensätzen immer wieder Auswirkungen für ganz Europa entstehen lassen. Diese geographische Lage Deutschlands bedeutete immer auch eine besondere Anteilnahme der anderen Europäer an unserem Land, und oft auch ihre Einwirkung auf die deutschen Belange.

Die Verbindung unseres eigenen nationalen Schicksals mit dem europäischen Schicksal schuf die europäische Dimension der deutschen Politik, sie ist ein Beitrag zur Stabilität in Europa. Jeder Versuch, aus dieser europäischen Dimension die Flucht in einen nationalen Alleingang anzutreten, auch in Form der Neutralisierung, würde uns national zum Spielball anderer machen und in Europa die Stabilität gefährden. Vor uns und vor unseren Nachbarn wollen und können wir es nicht verantworten, zum Gegenstand der Rivalität zwischen West und Ost zu werden.

Die Verknüpfung unserer nationalen Interessen mit dem Schicksal Europas macht uns zum Motor des Einigungsprozesses in der Europäischen Gemeinschaft und zu engagierten Verfechtern des West-Ost-Dialogs und der West-Ost-Zusammenarbeit.

Wir Deutschen – in beiden Teilen unseres Landes – sind uns unserer historischen Verantwortung für den Frieden bewußt: Von deutschem Boden darf nie wieder ein Krieg ausgehen. Von Deutschland müssen vielmehr

Initiativen des Friedens und der Zusammenarbeit kommen. Die Regierungen beider Staaten in Deutschland müssen deshalb ihre Beziehungen so gestalten, daß an die Stelle von Spannungen ein vertrauensvolles Zusammenwirken zum Nutzen der Menschen in beiden Teilen Deutschlands und für den Frieden in Europa tritt.

Das ist die »Verantwortungsgemeinschaft«, die mehr umfaßt als die gemeinsame Geschichte, die gemeinsame Sprache und die gemeinsame Kultur. Sie bestimmt Gegenwart und Zukunft des deutschen Volkes. Auch diese Verantwortungsgemeinschaft der Deutschen ist Ausdruck unserer nationalen Identität, in deren vollem Bewußtsein wir in der Bundesrepublik Deutschland und der Deutschen Demokratischen Republik von der Verantwortung des deutschen Volkes sprechen. Das Lutherjahr 1983 hat das Bewußtsein gemeinsamer Verantwortung für Geschichte und Zukunft der Deutschen gestärkt und vertieft.

Das Gleichgewicht der Kräfte

Wer eine Friedensordnung in Europa aufbauen will, muß sich bewußt sein: Frieden und Zusammenarbeit in Europa können nur auf der Basis eines Gleichgewichts der militärischen Kräfte – auf möglichst niedrigem Niveau – gedeihen und sich weiterentwickeln.

Wer Vertrauen und Zusammenarbeit in Europa will, muß auch Gleichgewicht wollen. Dies ist der Grundgedanke der Harmel-Strategie des westlichen Bündnisses. Wille und Fähigkeit zur Verteidigung des Westens sind mit dem Streben nach Entspannung, Zusammenarbeit und Abrüstung zu einer umfassenden Politik der aktiven Friedenssicherung verbunden.

Gleichgewicht der Kräfte in Europa – auch das gilt es

realistisch zu sehen – ist angesichts der militärischen Überlegenheit der Sowjetunion gegenüber Westeuropa nur durch das Bündnis Westeuropas mit Nordamerika zu gewährleisten. Die Bedeutung der USA und Kanadas für Sicherheit und Zusammenarbeit in Europa kommt, von allen Seiten anerkannt, auch in ihrer Teilnahme am KSZE-Prozeß zum Ausdruck.

Gleichgewicht ist unentbehrlich für Entspannung und Zusammenarbeit. Wir wollen dieses Gleichgewicht nicht durch gegenseitige Aufrüstung, sondern durch Rüstungskontrolle und Abrüstung auf einem möglichst niedrigen Niveau sichern. Wille und Fähigkeit zur Abrüstung verlangen die Bereitschaft, die Sicherheitsinteressen auch der jeweils anderen Seite zu erkennen und anzuerkennen. Wir sind uns als Deutsche dabei bewußt, daß das oft übersteigerte Sicherheitsbedürfnis der Sowjetunion auch durch das dunkelste Kapitel unserer eigenen Geschichte beeinflußt ist.

Abrüstung und Rüstungskontrolle

Unser Willen und unsere Entschlossenheit, das für unsere Sicherheit Erforderliche zu tun, kann bei den Verhandlungen nicht zur Disposition stehen, aber wir sind bereit, bei gleichgewichtiger Abrüstung so weit nach unten zu gehen, wie die Sowjetunion bereit ist mitzugehen; dies sind die Grundelemente unserer Sicherheits- und Abrüstungspolitik. Eine zentrale Rolle im Aufbau einer europäischen Friedensordnung nimmt deshalb der Abrüstungsdialog ein. Dies ist uns allen gerade in der gegenwärtigen Zeit bewußt, wo sich die Augen auf die Genfer INF-Verhandlungen richten.

Es geht bei diesen Verhandlungen darum, das Gleichgewicht auch bei den nuklearen Mittelstreckenwaffen wiederherzustellen, das durch die sowjetische Vorrüstung schwer gestört wurde. Dort geht es um mehr als Vergleiche nuklearer Potentiale, es geht um die Grundfrage des Verhältnisses von Nuklearmächten zu solchen Staaten, die – wie wir – nicht über atomare Waffen verfügen.

Es geht letztlich um die Frage gleicher Sicherheit. Die Bundesrepublik Deutschland hat vertraglich auf eigene Atomwaffen verzichtet, sie hat damit den Anspruch erworben, von anderen Staaten nicht mit Atomwaffen bedroht zu werden: das aber geschieht durch die sowjetischen atomaren Mittelstreckenraketen. Deshalb richtet sich für uns die zentrale westliche Forderung nach einem gänzlichen Verzicht auf sowjetische und natürlich auch amerikanische Mittelstreckenraketen auf die Verwirklichung dieses grundsätzlichen Anspruchs. Ist er nicht oder nicht sofort für die Sowjetunion akzeptabel, so bedürfen wir des Schutzes der USA. Aber auch in diesem Fall wollen wir die westliche Nachrüstung so niedrig wie möglich halten, und deshalb haben die USA im Namen auch der übrigen Bündnismitglieder ein Zwischenabkommen vorgeschlagen, das die landgestützten Mittelstreckenwaffen beider Seiten auf eine möglichst geringe Zahl begrenzt.

Der letzte Vorschlag von Präsident Reagan und auch manche positive Elemente in dem jüngsten Interview von Generalsekretär Andropow lassen ein konkretes Verhandlungsergebnis noch immer im Bereich des Möglichen erscheinen, wenn die Sowjetunion erkennt, daß ein Monopol der Sowjetunion bei diesen Waffen weder dem Erfordernis des Gleichgewichts noch der gleichen Sicherheit entspricht und deshalb von uns auch nicht akzeptiert werden kann.

Es ist jetzt erforderlich, daß die Sowjetunion ihre Vorstellungen umfassend am Verhandlungstisch in Genf präsentiert und auch erläutert, damit die Zeit bis zum Stationierungstermin im November noch für intensive Verhandlungen genutzt werden kann. Beim Ausbleiben von konkreten Verhandlungsergebnissen wird die Stationierung zum vorgesehenen Zeitpunkt und in dem 1979 entschiedenen Umfang beginnen. Wir bekräftigen dabei, daß wir auch nach dem Beginn der Stationierung die Verhandlungen fortsetzen wollen, so wie wir auch bei fortschreitender sowjetischer Vorrüstung weiter verhandelt haben. Auch die Stationierung schafft keine unabänderlichen Tatsachen, auch ein späteres konkretes Verhandlungsergebnis kann, wenn es zustande kommt, Berücksichtigung finden.

Ein ausgewogenes Kräfteverhältnis auf möglichst niedrigem Niveau herzustellen, ist jedoch auch im Bereich der konventionellen Streitkräfte in Europa erforderlich. In Wien verhandeln Mitglieder beider Bündnisse über gegenseitige und ausgewogene Truppenverminderungen in Mitteleuropa. Beide Seiten haben sich hier aufeinander zu bewegt. Echte Fortschritte erscheinen jetzt möglich, wenn die östliche Seite in den beiden noch offenen Fragenkomplexen – den Streitkräftedaten und der Nachprüfbarkeit von Reduzierungsvereinbarungen – den Weg für ein Ergebnis freimacht. Ein Erfolg in den Wiener MBFR-Verhandlungen wäre ein wichtiger Beitrag zu Sicherheit und Vertrauen in Europa.

Sicherheit für ganz Europa

Um jedoch zu einer wirklichen Stabilität des konventionellen Kräfteverhältnisses in Europa zu kommen, brauchen wir eine Ausweitung des Abrüstungsdialogs über den engen Raum von Mitteleuropa hinaus auf ganz Europa: den Raum vom Atlantik bis zum Ural. Diese Ausweitung ist auf dem Madrider KSZE-Folgetreffen gelungen mit der Einsetzung einer Konferenz über Vertrauens- und Sicherheitsbildende Maßnahmen und Abrüstung in Europa.

Die KAE ist für die sicherheitspolitischen Voraussetzungen einer europäischen Friedensordnung von herausragender Bedeutung. Auf dieser Konferenz wollen wir über die Sicherheit in ganz Europa und die Sicherheit aller europäischen Völker verhandeln. Dabei kann es keinen Unterschied zwischen Supermächten, mittleren und kleineren Staaten geben. Das Mandat geht ausdrücklich von der Gleichheit der Rechte für alle Teilnehmer und gleicher Respektierung der Sicherheitsinteressen aller Teilnehmerstaaten aus.

Wir begrüßen dankbar, daß Finnland das Vorbereitungstreffen für diese Konferenz in Helsinki ausrichtet und damit einen neuen Beitrag zur Festigung der Sicherheit in Europa leistet; die KAE ist auch ein Teil des KSZE-Prozesses, den wir den »Helsinki-Prozeß« nennen. Bei dem großen Unternehmen der KSZE war es von Anfang an klar, daß die politischen, menschenrechtlichen, wirtschaftlichen und kulturellen Fragen der Zusammenarbeit in Europa untrennbar mit den sicherheitspolitischen Fragen zusammenhängen. Die KSZE-Schlußakte enthielt deshalb auch Bestimmungen über militärische Aspekte der Sicherheit. Doch diese Bestimmungen sind nur Ansätze. Mit der KAE werden wir nun den sicherheitspolitischen Elementen des KSZE-Prozesses die notwendige Beachtung geben. Es entspricht der Bedeutung, die wir diesen Fragen zumessen, daß wir für eine Eröffnung der Konferenz auf der Ebene der Außenminister eintreten. Das KSZE-Ziel der Sicherheit und Zusammenarbeit in Europa kann nur stufenweise und langfristig erreicht werden. Dieses gilt gerade auch für das Ziel der Abrüstung in Europa. Das der KAE in Madrid gegebene Mandat sieht deshalb ausdrücklich ein stufenweises Vorgehen vor.

Aufgabe der ersten Phase der KAE ist es, Maßnahmen zu vereinbaren, die Vertrauen in Europa wachsen lassen. Dies läßt sich nur durch konkrete Maßnahmen erreichen, die militärisch bedeutsam, politisch verbindlich und verifizierbar sind. Wir wollen mehr Berechenbarkeit für beide Seiten schaffen. Wir sind uns dabei bewußt, daß unsere offenen demokratischen Systeme mit der Transparenz ihrer Entscheidungsprozesse, aber auch ihrer Absichten und Potentiale, aus ihrem Selbstverständnis heraus eine Vorleistung an Sicherheit und Berechenbarkeit erbringen.

Es geht um mehr Vertrauen und Sicherheit in Europa durch mehr Offenheit und Transparenz – auf beiden Seiten. Wenn es gelingt, dieses Ziel der Vertrauensbildung durch Vereinbarung wirksamer Maßnahmen zu erreichen, wäre ein erster, wichtiger Schritt auf eine Stabilisierung der militärischen Lage in Europa hin getan. Von da aus könnten wir in einer weiteren Phase weitergehen zu Abrüstungsverhandlungen im eigentlichen Sinn. Dabei muß es an erster Stelle um Abbau der offensiven Kapazitäten auf beiden Seiten gehen.

Die langfristige Perspektive ist, Waffen und Truppen in ganz Europa auf ein möglichst niedriges Niveau zu bringen. Wir wollen den Frieden stärken durch weniger Waffen. Der Zustand des »Nicht-Krieges« durch Abschreckung muß in einem allmählichen, stetigen Prozeß überwunden und ersetzt werden durch eine auf Vertrauen und Zusammenarbeit gegründete europäische Friedensordnung.

Wir wissen, wie weit und wie schwierig der Weg dorthin ist. Wir werden mit zäher Beharrlichkeit uns bemühen, auf diesem Weg voranzukommen. Uns muß dabei immer bewußt sein, daß die militärischen Elemente allein nicht ausreichen können, um in Europa einen Zustand zu schaffen, der den Namen Friedensordnung verdient.

385

Die politischen Elemente einer europäischen Friedensordnung

Lassen Sie mich deshalb von den militärischen nun zu den politischen Prinzipien und Elementen einer europäischen Friedensordnung kommen.

Gewaltverzicht

Grundlage für Frieden und Zusammenarbeit in Europa ist der Gewaltverzicht. Das bedeutet die strikte Einhaltung des völkerrechtlichen Verbots jeglicher Anwendung und Androhung von Gewalt. Das gilt für die Anwendung von oder die Drohung mit atomaren Waffen genauso wie mit konventionellen Waffen, der Verzicht auf Gewalt ist unteilbar.

Gewaltverzicht heißt aber auch, die Bereitschaft zur Gewaltanwendung aus den Köpfen der Menschen zu verbannen. Gewaltverzicht heißt auch eine Erziehung der Jugend, die Friedenserziehung ist, die Feindbilder ab- und nicht aufbaut. Dämonisierung der jeweils anderen Seite widerspricht dem Geist des Gewaltverzichtes.

Die Bundesrepublik Deutschland hat in den Ostverträgen den Gewaltverzicht zum Herzstück ihrer auf schrittweise Überwindung der Teilung Europas gerichteten Friedenspolitik gemacht.

Der Verzicht auf Gewaltanwendung und Gewaltandrohung muß sich nicht nur im Verhalten des einen Bündnisses gegenüber dem anderen bewähren. Er muß ebenso im Inneren der Bündnisse befolgt werden. Und er muß seinen Niederschlag in einer weltweiten Politik der Mäßigung und Zurückhaltung finden, das gilt auch für die offenen und die versteckten Aktivitäten, für die offene und die subversive Aggression.

Der Ost-West-Gegensatz darf nicht auf die Dritte Welt übertragen werden. Bundeskanzler Helmut Kohl hat am 4. Juli 1983 in Moskau erklärt: »Eine erneute, verbindliche Bekräftigung des Gewaltverbots kann zur Verbesserung der internationalen Lage beitragen, wenn dadurch Gewaltandrohung konkret verhindert wird, Gewaltanwendung dort, wo sie andauert, beendet wird«.

In diesem Sinne kann der Dialog über Fragen des Gewaltverzichts zu mehr Stabilität und Berechenbarkeit beitragen.

Der politische Dialog

Für den Aufbau einer europäischen Friedensordnung ist die Stetigkeit des politischen Dialogs, des bilateralen und multilateralen Gesprächs zwischen West und Ost unverzichtbar. Dieser Dialog darf auch in Zeiten erhöhter Spannung, erhöhten Mißtrauens nicht abreißen. Ja, gerade dann ist er besonders nötig.

Diese Überzeugung leitet die Bundesregierung, wenn sie für einen Dialog auch zwischen den USA und der Sowjetunion auf hoher politischer Ebene plädiert. Das amerikanisch-sowjetische Verhältnis ist für den Frieden in der Welt von zentraler Bedeutung. Entscheidend ist ebenso der europäische West-Ost-Dialog, aber er kann den amerikanisch-sowjetischen Dialog nicht ersetzen.

Für das deutsch-sowjetische Verhältnis hat meine Begegnung mit dem sowjetischen Außenminister in Wien – es war die vierte Zusammenkunft in diesem Jahr – erneut bestätigt, daß beide Seiten die Politik, die mit dem Vertrag von Moskau vor mehr als zehn Jahren eingeleitet wurde, entschlossen weiterführen wollen. Wir werden den Dialog noch intensivieren und die Zusammenarbeit verbreitern. Diese Politik ist auf lange Frist angelegt.

Zusammenarbeit in allen Bereichen

Ein unentbehrliches Element für die Stabilität des West-Ost-Verhältnisses und für die Entwicklung einer europäischen Friedensordnung ist die Zusammenarbeit im weitesten Sinne. Korb II der Schlußakte von Helsinki ist überschrieben: »Zusammenarbeit in den Bereichen der Wirtschaft, der Wissenschaft und der Technik sowie der Umwelt.«

Diese Zusammenarbeit soll nicht auf Europa beschränkt sein, sie soll vielmehr nach dem Inhalt der Schlußakte »die großen Probleme der Weltwirtschaft wie der Ernährungs-, Energie-, Rohstoff-, Währungs- und Finanzprobleme« umfassen. Es ist offenkundig, daß wir in diesem Bereich noch am Anfang stehen, die hier aufgezeigten Möglichkeiten sind offensichtlich noch nicht überall voll erkannt.

Eine andere Dimension muß gesehen und beachtet werden: die Interdependenz der verschiedenen Bereiche der West-Ost-Beziehungen. Fortschritte bei der Rüstungskontrolle sind bei Stillstand im übrigen nicht zu erwarten. Das gleiche gilt für Fortschritte bei der Verwirklichung der Menschenrechte und bei den humanitären Fragen.

Auch die Zusammenarbeit muß dem beiderseitigen Nutzen dienen, es kann nicht um die Gewährung einseitiger Vorteile gehen. Aber es ist offenkundig, daß der Westen in den von Korb II umfaßten Bereichen der Sowjetunion und ihren Verbündeten auf Grund seiner fortgeschrittenen Entwicklung große Perspektiven eröffnen und weitreichende Kooperation bieten kann, die Fortschritte bei der Rüstungskontrolle und bei den die Menschen unmittelbar berührenden Fragen erleichtern können. In jedem Fall ist Zusammenarbeit ein unverzichtbarer Bestandteil einer langfristig angelegten Friedenspolitik. Deshalb leisten die Wirtschaftsbeziehungen einen wichtigen Beitrag auch zur Stetigkeit und Stabilität des politischen Verhältnisses zwischen West und Ost. Jedes Denken in den Kategorien eines Handelskrieges weisen wir als unvereinbar mit dem Ziel von Entspannung und Zusammenarbeit zwischen West und Ost zurück.

Die Perspektiven der wirtschaftlichen Zusammenarbeit sind groß, man muß sie entschlossen nutzen. Auch damit kann Vertrauen geschaffen werden, können gemeinsame Interessen besser erkannt und neue geweckt werden. Wirtschaftliche Entwicklung der einen Seite fördert auch die Interessen der anderen. Umweltschutz der einen Seite kommt der Umwelt auch der anderen Seite zugute. Die Interessen der osteuropäischen Staaten einschließlich der Sowjetunion und die Interessen der westlichen Demokratien ergänzen sich in vielfältiger Weise und erfordern Zusammenarbeit.

Das Angebot der Bundesrepublik Deutschland zur Zusammenarbeit mit dem Osten ist aufrichtig. Wir sind der Überzeugung, daß wir unsere Kräfte verbinden müssen, um gemeinsam für das Wohlergehen der heutigen und der künftigen Generation Sorge zu tragen. Dazu gehört auch, daß wir bei der Bewahrung unserer natürlichen Lebensgrundlagen zusammenarbeiten und übergreifende Regelungen für den Umweltschutz erarbeiten. Das Sterben der Wälder, die Verschmutzung der Nord- und Ostsee zeigen dramatisch, daß die Herausforderungen nicht an der Trennlinie zwischen Ost und West haltmachen.

Die Menschenrechte

Eine Friedensordnung in Europa kann nicht außer acht lassen, was den geistigen Kern Europas ausmacht. Die Herrschaft des Rechts und besonders die Menschenrechte. Fortschritte auf dem Weg zu einer Friedensordnung erfordern deshalb Fortschritte in der Achtung der Rechte jedes einzelnen Menschen und in der Achtung des Selbstbestimmungsrechts der Völker überall in Europa.

Mit gutem Grund ist das Bekenntnis zu den Menschenrechten und zum Selbstbestimmungsrecht ein integraler Bestandteil der KSZE-Schlußakte. Die gemeinsame Erklärung auf dem Folgetreffen in Madrid hat dies erneut bestätigt. Was wir erwarten, ist nicht weniger und nicht mehr als die konsequente Verwirklichung der im KSZE-Prozeß übernommenen Verpflichtungen. Wir erwarten deshalb, daß alle Teilnehmerstaaten an dem Expertentreffen über die Menschenrechte und Grundfreiheiten, das für Mai 1985 in Ottawa vereinbart ist, konstruktiv mitwirken.

Frieden und Zusammenarbeit in Europa – auch dies ist ein leitender Gedanke der KSZE-Schlußakte – sind nicht nur eine Angelegenheit der Staaten und Regierungen. Sie müssen ganz konkret den Menschen in Europa zugute kommen. Der einzelne muß die Früchte der Entspannung für sich selbst sehen können. Deshalb sind die in Helsinki und in Madrid übernommenen Verpflichtungen, das Leid der Teilung Europas für die Menschen zu mildern, so wichtig. Nur wenn die Menschen in ihrem Alltag die Wirkung des von ihren Regierungen Vereinbarten erfahren können, wird der KSZE-Prozeß glaubwürdig bleiben.

Der Kulturaustausch

Eine wesentliche Rolle im Aufbau einer europäischen Friedensordnung – auch dies drückt sich in der Schlußakte aus – spielen die kulturellen Beziehungen.

West und Ost in Europa sind heute getrennt durch den Gegensatz der politischen Systeme. Aber dieser Gegensatz darf und kann nicht die gemeinsamen Wurzeln europäischer Kultur in Vergessenheit geraten lassen. Zu ihr haben alle europäischen Nationen Bleibendes beigetragen, und alle Nationen in ganz Europa prägen sie weiter. Die großen Geister, die uns alle europäischen Völker geschenkt haben, die großen Werke der Künste und der Wissenschaften, begründen in uns den Respekt und die Achtung vor allen Völkern, die auf unserem Kontinent vereint sind, die wie wir Deutschen nicht anders als in Frieden leben wollen.

In der Schlußakte von Helsinki heißt es: Die 35 Unterzeichnerstaaten verpflichten sich, »ihren Völkern eine umfassendere und vollständigere gegenseitige Kenntnis ihrer Leistungen auf den verschiedenen Gebieten der Kultur zu vermitteln und einen umfassenderen gegenseitigen Zugang aller zu diesen Leistungen zu fördern«. Auch das sind wichtige Bausteine einer europäischen Friedensordnung. Denn ohne Kenntnis und Achtung der großen kulturellen Leistungen des anderen ist ein wirklicher Abbau von Mißtrauen, Gegensätzen und Furcht schwer vorstellbar.

Deutsche Außenpolitik ist europäische Friedenspolitik

In einer Welt, die durch zahlreiche Konflikte aufgewühlt ist, in der eine weltweite Hochrüstung – die mehr und mehr auch die Dritte Welt umfaßt – die Menschen tief beunruhigt, in der die natürlichen Lebensgrundlagen gefährdet sind, in der es in vielen Teilen Unfreiheit gibt, in der viele Menschen in Hunger und Not leben müssen, sind wir aufgerufen, alle unsere Kräfte auf den Bau einer Friedensordnung für Europa zu richten.

Europa wurde in der Vergangenheit immer wieder von Kriegen heimgesucht, es war oft der Ausgangspunkt von Kriegen, die andere Teile der Welt ergriffen. Dieses Europa muß heute ein Beispiel des Willens zur Zusammenarbeit über die ideologischen Grenzen hinweg geben, es muß Ausgangspunkt von weltweiten Initiativen des Friedens und der Hilfe und Solidarität mit den Staaten der Dritten Welt sein. Wir kennen als Realisten die großen Hindernisse, die auf dem Weg zu einer europäischen Friedensordnung zu überwinden sind. Wir wissen aber auch, daß wir die Hände nicht in den Schoß legen und darauf warten dürfen, daß in der Sowjetunion die Demokratie verwirklicht wird.

Unser Wille zur Zusammenarbeit ist aufrichtig und keine politische Taktik, sondern eine langfristige Strategie der aktiven Friedenssicherung. Unsere Entscheidung für Demokratie und Freiheit ist ebenso endgültig, wie unsere Entschlossenheit, die eigene Freiheit und Sicherheit zu verteidigen, unbezweifelbar ist. Aber ebenso unbezweifelbar ist der Wille, am Aufbau einer Friedensordnung in Europa mitzuwirken, in der alle europäischen Völker frei von Furcht leben können. Die Sowjetunion möge gerade in diesen entscheidenden Wochen die großen Perspektiven sehen, die Zusammenarbeit und Entspannung, Dialog und Abrüstung auch ihr eröffnen.

Wir dürfen das West-Ost-Verhältnis nicht auf die Raketenfrage reduzieren, wohl aber müssen wir auch dieses Problem durch Verhandlungen und durch breiteste Zusammenarbeit überwinden. Wir Deutschen als ein

Volk in Europas Mitte werden mit aller Kraft für eine solche Ordnung des Friedens arbeiten. Deshalb ist für uns deutsche Außenpolitik europäische Friedenspolitik.

Konsequente Fortsetzung der Friedens- und Entspannungspolitik

Erklärung, veröffentlicht im Bulletin der Bundesregierung vom 6. Dezember 1983, Nr. 133, S. 1205

Die politische Bedeutung der Nachrüstung

Die Stationierung der neuen amerikanischen Mittelstreckenraketen, mit denen der Sowjetunion die Möglichkeit genommen wird, durch die SS-20-Rüstung ein Instrument zur politischen Vorherrschaft in Europa oder zur Abkoppelung Europas von den USA zu gewinnen, stellt einen Einschnitt in der Entwicklung der europäischen Sicherheit und der West-Ost-Beziehungen in Europa dar.

Die Durchführung des Doppelbeschlusses in seinen beiden Teilen – unter großen inneren und äußeren Belastungen – ist eine Bestätigung der Handlungsfähigkeit des westlichen Bündnisses:

- Das Bündnis ist durch die Konsultationen, in denen die europäischen Partner der USA in vorher nie gekanntem Ausmaße an der Entwicklung der Verhandlungspositionen beteiligt waren, zusammengerückt.

- Frankreich ist ein fester Pfeiler der Bündnispolitik auch im Rahmen des Doppelbeschlusses, es ist sicherheitspolitisch mit der Bundesrepublik Deutschland enger zusammengewachsen.

- Das sowjetische Konzept der »militärischen Entspannung«, das den Europäern nahelegt, ohne ausreichende eigene Verteidigungsanstrengungen ihre Sicherheit vornehmlich durch Entspannung als gewährleistet anzusehen, diese gefährliche Alternative zu einer realistischen Entspannungspolitik, hat sich nicht durchsetzen können.

- Zwischen den westeuropäischen und den fernöstlichen Nachbarn der Sowjetunion ist ein gemeinsames Bewußtsein der Bedrohung und damit ein gemeinsames Sicherheitsbewußtsein gewachsen.

Dies alles darf besonders im nuklearen Zeitalter kein Grund für Selbstzufriedenheit oder gar Kraftgebärden sein, es begründet vielmehr die Pflicht zu verantwortlichem Handeln unter Berücksichtigung der Interessen aller. Die Sowjetunion wird auf Grund der veränderten Bedingungen ihre Lage neu einschätzen und Schlußfolgerungen für ihre künftige West-Politik ziehen. Auch wir müssen überdenken, was sich aus der neuen Situation für die künftigen West-Ost-Beziehungen ergibt.

Konstruktive Neugestaltung der West-Ost-Verhältnisse

Nach der Debatte über Raketen muß jetzt das West-Ost-Verhältnis in seiner ganzen Breite wieder in den Vordergrund rücken. Die westlichen Regierungen werden zeigen, daß entgegen der Behauptung vieler Nachrüstungs-Kritiker die Raketen eben kein Instrument für eine »neue Politik der Stärke« sein werden, daß sie nicht als ein Instrument für eine Konfrontationsstrategie auf europäischem Boden gegen die Sowjetunion gedacht sind, sondern daß wir festhalten an Entspannung und Zusammenarbeit. Die Sicherheit Westeuropas vor sowjetischer Bedrohung nimmt zu, aber die Sicherheit der Sowjetunion wird deshalb nicht gefährdet.

Die Stationierung der neuen amerikanischen Mittelstreckensysteme in unserem Land, welche die Sowjetunion erreichen können, so wie die sowjetischen SS 20 uns längst erreichen können, verstärkt unsere Verantwortung und unseren Anspruch, im Bündnis auf eine Politik der Mäßigung und Verständigung zwischen West und Ost hinzuwirken.

Der Westen wird weder sowjetische Überlegenheit akzeptieren, noch wird er auf den Zerfall der Sowjetunion setzen. Umgekehrt wird die Sowjetunion erkennen müssen, daß die Hoffnung auf Abkoppelung Westeuropas von den USA sich nicht erfüllen wird. Beide Seiten – West und Ost – können nur gewinnen, wenn sie sich, gestützt auf die vielfältigen Verbindungen und Erfahrungen einer gemeinsamen Vergangenheit, auf die Chancen der Zusammenarbeit für eine gemeinsame Zukunft besinnen.

Die Zeit ist reif für einen neuen Versuch, eine breit angelegte, langfristige tragfähige Entspannungsregelung mit der Sowjetunion auf der Grundlage des Gleichgewichts und der Gleichberechtigung zustande zu bringen. Dabei sind die Erfahrungen der siebziger Jahre zu berücksichtigen, in denen durch die Entspannungsbemühungen beträchtliche Ergebnisse, jedenfalls in Europa, jedoch keine tragfähige allgemeine Entspannungsregelung erreicht wurde.

Die Sowjetunion hat in den siebziger Jahren von den USA die Anerkennung und Gleichberechtigung als Weltmacht erreicht. In der amerikanisch-sowjetischen Erklärung über die Grundsätze der Beziehungen vom 29. Mai 1972 hat die Sowjetunion jedoch gleichzeitig Zurückhaltung, den Verzicht auf das Anstreben einseitiger Vorteile auf Kosten des anderen und Anerkennung der Sicherheitsinteressen des anderen versprochen. In dem zurückhaltenden Kurs der amerikanischen Regierung nach Vietnam und Watergate in der Rüstungspolitik und in der Dritten Welt hat die Sowjetunion zu Unrecht ein Zeichen der Schwäche gesehen. Sie hat zu Unrecht daraus geschlossen, daß sie vom Prinzip der Zurückhaltung abgehen könne, ohne das 1972 begründete Weltmachtverhältnis aufs Spiel zu setzen.

Vorstöße der Sowjetunion in der Dritten Welt müssen in diesem Zusammenhang gesehen werden. Vor allem glaubte die Sowjetunion offenbar, die strategische Parität mit den USA nutzen zu können, um durch einseitigen Aufbau des SS-20-Potentials in Europa langfristig durch militärische Überlegenheit politischen Einfluß und strategische Abkoppelung durchzusetzen.

Die Ergebnisse der Entspannungspolitik der siebziger Jahre mußten damit Teilerfolg bleiben. Einerseits haben die in Europa geschlossenen Verträge und die auf dieser Grundlage entwickelte Zusammenarbeit in vielen Bereichen beiden Seiten Vorteile gebracht. Die Berlin-Regelung und die zusätzliche Verankerung der Rolle der USA in Europa durch das Vier-Mächte-Abkommen und durch die KSZE-Schlußakte haben wesentliche Sicherheitsbedürfnisse des Westens befriedigt. Mit den Ost-Verträgen hat die Bundesrepublik Deutschland einen Beitrag zur Stabilität in Europa erbracht, der auch sowjetische Sicherheitsbedürfnisse berücksichtigt. Der Helsinki-Prozeß hat die Anliegen der Menschen mit der Entspannung und mit dem wirtschaftlichen Austausch verbunden, er hat vor allem die Zusammenarbeit als Element der Stabilität gefördert. Mit anderen Worten:

In Europa wurde der Weg der Entspannung beschritten, und das wirkt fort. Doch die Beeinträchtigung vitaler Sicherheitsinteressen der Westeuropäer durch die sowjetische Rüstungs- und Abkoppelungspolitik hat die Entspannung belastet. Die Sowjetunion muß davon ausgehen, daß Entspannung langfristig nur verwirklicht werden kann, wenn beide Seiten das gleiche wollen und nicht eine Seite das Entspannungskonzept auch als ein Instrument sieht, um einen sicherheitspolitischen Zugewinn zu Lasten der anderen zu erlangen.

Die Interessen der Sowjetunion

Die sowjetische Führung wird jetzt einschätzen, welche Option den eigenen längerfristigen Interessen am besten entspricht:

- Eine Rückkehr zu verschärfter Konfrontation, da die Entspannungspolitik die Hoffnungen auf Vorherrschaft nicht erfüllt hat und weiter nicht zu erfüllen verspricht,
- oder die Fortsetzung selektiver Entspannungspolitik in den Bereichen, die sich für die Sowjetunion besonders lohnen, vor allem wirtschaftliche Zusammenarbeit,
- oder die Bereitschaft zu umfassender Zusammenarbeit auf gleichberechtigter und langfristiger Grundlage.

Es kann kein Zweifel bestehen, daß die dritte Option dem wohlerwogenen langfristigen Interesse auch der Sowjetunion am besten gerecht wird. Ob und wann sich die Sowjetunion zu einer solchen Einschätzung durchzuringen vermag, bleibt abzuwarten. Die Entscheidungs- und Handlungsfähigkeit der politischen Führung in Moskau sollte jedoch nicht bezweifelt werden.

Der Stationierungsbeginn im Westen ändert nichts daran, daß Moskau ein substantielles Interesse an konkreten Ergebnissen in Abrüstungsverhandlungen, insbesondere auch bei den Mittelstreckenwaffen, hat. Von der Rückkehr Moskaus zu Verhandlungen über sowjetische und amerikanische Mittelstreckensysteme sollten wir ausgehen können.

Ein substantielles Interesse der Sowjetunion kann auch an der Bewahrung stabiler Beziehungen und am politischen Dialog mit der Bundesrepublik Deutschland, an der Fortführung der auf der Grundlage der geschlossenen Verträge entwickelten Zusammenarbeit in der Wirtschaft und anderen Bereichen unterstellt werden. Meine Begegnung mit Außenminister Gromyko in Wien und die Gespräche des Bundeswirtschaftsministers in Moskau haben ebenso wie schon der Besuch, den der Bundeskanzler und ich im Juli Moskau abgestattet haben, das beiderseitige Interesse an langfristigen guten Beziehungen unterstrichen.

Die Sowjetunion sollte erkennen, daß in einer Politik immer stärkerer Zusammenarbeit auch ihre Sicherheitsinteressen besser aufgehoben sind als in einem Hegemonialsystem auf Kosten der Nachbarn.

Das amerikanisch-sowjetische Verhältnis

An konstruktiven Beziehungen zu den USA muß die Sowjetunion trotz der schweren Belastungen ein zentrales Interesse haben. Ein Mindestmaß an Stabilität und Stetigkeit im Verhältnis der beiden Großmächte ist eine wichtige Voraussetzung für eine stabile Entwicklung der West-Ost-Beziehungen in Europa. Eine umfassendere Entspannungsregelung ist ohne eine Regulierung und Verbesserung der amerikanisch-sowjetischen Beziehungen kaum denkbar.

Die USA und die UdSSR haben objektiv betrachtet wesentliche gemeinsame Interessen: an der Vermeidung bewaffneter Konflikte, die zu einer nuklearen Eskalation führen könnten, an konkreten Ergebnissen in den Abrüstungsverhandlungen, an wirtschaftlicher und landwirtschaftlicher Zusammenarbeit zum gegenseitigen Vorteil.

Auch der politische Dialog muß sich wieder verstärken. Das wichtigste sowjetische Interesse besteht darin, die amerikanische Anerkennung als gleichberechtigter Weltmacht-Partner wiederherzustellen, die Moskau – gewiß zu Unrecht – verloren zu haben glaubt. In dieser Frage wird man in Moskau über den Zusammenhang nachdenken müssen, der im Nixon-Breschnew-Kommuniqué anläßlich der Unterzeichnung von SALT I 1972 zwischen der Anerkennung der Weltmachtparität und der Vereinbarung von Zurückhaltung und Mäßigung hergestellt wurde. Die Sowjetunion hat die Möglichkeit, durch eine kluge Politik der Mäßigung die Entwicklung der amerikanischen Haltung zu beeinflussen. Das gilt für die Abrüstungsverhandlungen, die Regionalkonflikte und die Menschenrechtsfragen.

Für Wiederherstellung des außenpolitischen Konsenses in der Bundesrepublik und in Europa

Alles sollte für die Sowjetunion dafür sprechen, bei näherer Analyse der eigenen Interessen die Vorteile einer breiteren, stabileren und langfristigen Gestaltung der Beziehungen zum Westen zu sehen. In dem sowjetischen Meinungsbildungsprozeß darüber werden zwei Fragen eine entscheidende Rolle spielen:

● die Frage der künftigen Einigkeit des Westens – in den Stationierungsländern, unter den Europäern und zwischen Europäern und Amerikanern,

● die Erwartung des längerfristigen Kurses, den das westliche Bündnis insgesamt auf der Grundlage der neuen sicherheitspolitischen Situation in Europa gegenüber der Sowjetunion einschlägt.

Diese Fragen haben eine Nah- und eine Fernperspektive. Vordringlich sind in dieser Situation für uns folgende Aufgaben: Wir müssen alles tun, um in der Bundesrepublik Deutschland den außenpolitischen Konsens soweit wie möglich wiederherzustellen, in Europa die politische Perspektive der Einigung wieder deutlicher zu machen und im Bündnis die politische Dimension, vor allem durch verstärkte transatlantische Kooperation, zu stärken.

In der Bundesrepublik Deutschland wird es jetzt darauf ankommen, daß sich alle politischen Kräfte, die sich für die Wahrung der Interessen des Landes verantwortlich fühlen, nach der leidenschaftlichen Debatte um das Für und Wider der Stationierung auf die vor uns liegenden neuen Aufgaben besinnen. Dafür ist bedeutsam, daß die SPD nach der Kehrtwendung in der Frage des Doppelbeschlusses jetzt nicht auch beginnt, sich vom Bündnis abzuwenden. Es ist wichtig für unser Land, daß sich alle bemühen, nicht zu vergrößern, was uns trennt, sondern deutlich zu machen, was uns eint. Dies würde im Westen das Vertrauen festigen und im Osten das Bewußtsein unserer Berechenbarkeit stärken.

Auf der Tagesordnung von morgen steht nicht die Frage von Krieg oder Frieden, auch nicht die Frage einer Rückkehr zum Kalten Kriege, sondern auf der Tagesordnung steht die Aufgabe, wie die bestehenden Verhandlungsmöglichkeiten aufs beste genutzt und wie neue Wege und Methoden gefunden werden können, um schrittweise ein stabileres System der Sicherheit und des Friedens in Europa aufzubauen.

Regierung und Opposition müssen gemeinsam Befürchtungen im Ausland entgegentreten, die Stimmung in unserem Lande bewege sich weg von den Verpflichtungen im Bündnis zu neuen Ufern, getragen von Träumen über neutralistische Alleingänge.

Je einiger wir in diesem Lande sowohl in der Frage der Sicherheit wie in der Frage nach der Zukunft der Entspannung sind, desto größer sind die Chancen, im Osten einen Partner zu finden, der sich auf Dauer darauf einstellt, uns als gleichberechtigt und unabhängig zu achten und uns als Partner langfristiger Zusammenarbeit zu vertrauen und zu suchen.

Unsere Freunde in der Europäischen Gemeinschaft müssen sich stets bewußt sein, welche Bedeutung die europäische Perspektive für unser geteiltes Land hat, das mit der Entscheidung für den Westen der Freiheit den Vorrang vor der Einheit gegeben hat. Die deutsche Teilung ist auch die Teilung Europas, und mit der Hoffnung Europas auf die Überwindung des Grabens durch Europa verbinden sich auch unsere nationalen Hoffnungen.

Manche zeigten sich in letzter Zeit überrascht, wie lebendig die nationale Gemeinsamkeit sich in beiden deutschen Staaten äußert. Es wäre jedoch unnatürlich, wenn dies nicht so wäre. Uns liegt daran, daß sich der nationale Gedanke und die europäische Idee nicht auseinanderleben. Auch unsere Nachbarn sollten daran interessiert sein, daß die Hoffnung auf Europa in unserem Volke, gerade bei der Jugend, lebendig bleibt.

Investitionen in Europa sind für alle ein Beitrag zu einer friedlichen Zukunft. Dies ist langfristig entscheidender als noch so wichtige Einzelprobleme bei Marktordnungen oder in Haushaltsfragen. Unsere Partner in der Europäischen Gemeinschaft sollten unser europäisches Engagement auch in dieser historischen Perspektive sehen – aber auch *ihre* Verantwortung für Europa.

Wer bei uns über mangelnden Einfluß der Europäer im Bündnis klagt, muß sich dafür einsetzen, daß die europäische Stimme durch entschlossenes Vorantreiben der Einigung Europas gestärkt wird. Wir müssen konsequent auf die politische Union hinarbeiten. Aber niemand sollte die Stärkung der Rolle Europas als gegen die USA gerichtet oder gar als Instrument zur Abkoppelung von Amerika betreiben. Dies würde den Gewinn an Stabilität und Sicherheit, den die Einigung Europas verspricht, doppelt untergraben.

Auch die Sowjetunion wird sich ihre längerfristige Einstellung zu der zusammenwachsenden Europäischen Gemeinschaft gut überlegen müssen. Dabei darf gegenüber Moskau kein Zweifel gelassen werden, daß die Gemeinschaft auf der Grundlage gemeinsamer Wertvorstellungen und im Interesse des Gleichgewichtes in Europa in engster Partnerschaft mit den USA bleiben wird.

Die Herbsttagung der Außenminister des Bündnisses am 8. und 9. Dezember in Brüssel ist die Gelegenheit, der Öffentlichkeit und auch dem Osten zu sagen, wie es jetzt weitergeht, was »nach den Raketen kommt«. Der Westen muß in dieser Zeit die politische Initiative in die Hand nehmen. Die Bündnispartner müssen ihre Festigkeit bekräftigen und Signale der Einigkeit und der Verteidigungsbereitschaft setzen. Dazu gehört auch die Einhaltung des Stationierungsfahrplans. Spekulationen über technische oder politische Unterbrechungen sind abträglich. Der Verhandlungstisch ist der Ort, um vereinbarte Lösungen zu finden. Hier kann auch vereinbart werden, daß alle aufgestellten Raketen wieder beseitigt werden.

Einheit im Bündnis heißt vor allem Schulterabschluß zwischen Europäern und Amerikanern. Wer der Wahrheit zuwider den Eindruck erweckt, als sei uns die Nachrüstung von den Amerikanern aufgedrängt worden, der leistet böswilligen Unterstellungen über angebliche politische Absichten Amerikas mit Hilfe der neuen Systeme auf europäischem Boden Vorschub. Wichtiger ist, die militärische Koppelung in eine feste politische Koppelung umzusetzen. Die transatlantische Konzentration muß verstärkt, sie sollte institutionalisiert werden.

Die Europäer haben gute Erfahrungen mit den regelmäßigen informellen Treffen des sogenannten Gymnich-Typs gemacht, bei dem die Außenminister ohne Mitarbeiter und Presseerklärungen einen persönlichen Meinungsaustausch über politische Fragen und Entwicklungen halten. Warum sollten nicht auch die Bündnispartner dieses Modell endgültig akzeptieren?

Ich halte ein solches Treffen zu Beginn des Jahres 1984 für dringend notwendig. Ein wichtiges Thema solcher

Treffen muß die Entwicklung der längerfristigen Perspektiven der West-Ost-Beziehungen sein. Hier ist größere konzeptionelle Klarheit erforderlich. Genauso wichtig ist es, die Bündnislinie als gemeinsames Gut der Allianz festzuhalten, das nicht bei jedem Regierungswechsel in Frage gestellt wird. Auch die längerfristigen strategischen Konzeptionen, auch solche, die den Weltraum betreffen, sind Themen, die gemeinsame Sicherheitsinteressen aller berühren, die von der Einheit des Bündnisgebietes ausgehen.

Unser Angebot: Entspannung und Zusammenarbeit

Dem Osten muß das Bündnis signalisieren, daß wir die Bereitschaft zu Entspannung und Zusammenarbeit ebenso ernst meinen wie die Gewährleistung unserer Sicherheit. Die ausgewogene Konzeption des Harmel-Berichts von 1967 – militärische Sicherheit und Entspannung – sollte ausdrücklich bestätigt werden. Hierfür muß immer wieder in allen Mitgliedsstaaten der Konsens der Bürger in der Sicherheitspolitik gesucht und gefunden werden.

Die Festigung unserer eigenen Sicherheit schafft ja gerade die solide Grundlage, um der Sowjetunion eine langfristig angelegte Zusammenarbeit in allen Bereichen auf der Grundlage des Gleichgewichts, der Gleichberechtigung und des beiderseitigen Vorteils anzubieten.

Die sowjetische Führung muß gerade jetzt wissen, daß zwar die Option eines schwachen und unterwerfungsbereiten Westens ausgeschlossen ist, daß wir aber die Option einer aufrichtigen fairen, langfristigen Zusammenarbeit anbieten, die sowohl mit den sowjetischen Sicherheitsinteressen in Einklang steht als auch dem

Anliegen der Mehrung des Wohlstandes der Völker der Sowjetunion und ihrer wirtschaftlichen Stabilität entspricht.

Alle, die mit der Sowjetunion zu tun haben, müssen sich klarmachen, daß die Sowjetunion ihre Politik nur dann im Sinne größerer Zurückhaltung ändern wird, wenn ihr eine solche geänderte Politik größere Vorteile oder weniger Nachteile verspricht. Es wäre ein Fehler zu glauben, die Androhung von Nachteilen könne dabei mehr bewirken als das Angebot von Vorteilen.

Es ist wichtig, dem Osten und auch unserer eigenen Öffentlichkeit zu erklären, was zur Verteidigungsstrategie der Allianz gehört und was nicht. Klar muß sein, daß Thesen wie die eines begrenzten Krieges oder bewußter Eskalation in Europa als Reaktion auf Regionalkrisen anderswo keine Konzepte der Allianz sind.

Die Verhandlungen über Rüstungskontrolle und Abrüstung werden die West-Ost-Beziehungen maßgeblich beeinflussen. Ein klares Bekenntnis zur westlichen Sicherheitspolitik sollte verbunden werden mit neuen Initiativen für die Abrüstungsverhandlungen. Die Sowjetunion ist aufgerufen, zu Verhandlungen über Mittelstreckenwaffen wieder bereit zu sein. Die Wiener MBFR-Verhandlungen sollten neue Impulse erhalten. Die Konferenz für Vertrauensbildung und Abrüstung in Europa (KVAE) in Stockholm sollte von vornherein benutzt werden, um die Möglichkeit von Fortschritten, auch in ihrer politischen Dimension, für das West-Ost-Verhältnis voll auszuschöpfen. Dazu gehört auch, daß die Eröffnung durch die Außenminister stattfindet.

Die wirtschaftliche Zusammenarbeit mit dem Osten ist ein wichtiger Teil der Gesamtstrategie. So wie die Rüstungskontrolle ein integraler Bestandteil unserer Sicherheitspolitik ist, so ist die wirtschaftliche Zusammenarbeit im Rahmen unserer Sicherheitsinteressen ein integraler Bestandteil der Entspannungspolitik.

Wir alle sind daran interessiert, daß Krisen auf Randschauplätzen für die schwierige Aufgabe der Friedensgestaltung in Europa nicht zusätzliche Belastungen schaffen. Hier sind beide Weltmächte zum Dialog aufgefordert.

Moskau wird überlegen müssen, ob die Bereitschaft, zur politischen Lösung regionaler Krisen beizutragen, statt nach Schwachstellen zu suchen, nicht das bessere Mittel ist, der Sowjetunion Anerkennung als verantwortliche, gleichberechtigte Weltmacht zu verschaffen.

Der Westen muß das Augenmerk noch stärker auf die sozialen und wirtschaftlichen Wurzeln regionaler Krisen richten und nicht nur auf die Rivalität auswärtiger Mächte, die sich durch die Spannungen angezogen fühlen.

Die Ordnung des Friedens in Europa

Es ist kein Zufall, daß die Sicherheitsdiskussion den Blick wieder stärker auf die fernere Zukunft gerichtet hat. Für jede Seite ist wichtig zu wissen, wie sich die andere Seite eine zukünftige Ordnung des Friedens in Europa vorstellt.

Hier werden drei Fragen eine besondere Rolle spielen:
● Die Sicherheitsfrage im engeren Sinne, besonders die nukleare Konfrontation,
● die Deutschlandfrage,
● das Schicksal Osteuropas.

Es ist sicher heute nicht möglich, die Elemente einer gerechten und dauerhaften Ordnung des Friedens in Europa abschließend zu definieren. Ich habe am 2. November 1983 in Helsinki Elemente einer europäischen Friedensordnung näher erläutert, in der die Menschen frei von Furcht und die Völker frei von Einmischung und Bevormundung leben können. Unzweifelhaft ist, daß auf dem Wege zu einer solchen Friedensordnung nur Fortschritte erzielt werden können, wenn das Gleichgewicht gesichert und Überlegenheitsstreben ausgeschaltet wird.

Die Vertrauensbildung im weitesten Sinne wird in immer weitergehenden Varianten ein wichtiges Gestaltungsmittel sein. Gestützt auf Gleichgewicht und verbunden mit Vertrauensbildung kann eine Konkretisierung und gemeinsame Bekräftigung des Gewaltverzichtsprinzips in Wort und Tat von Nutzen sein. Dagegen sind Konzepte hinderlich, die nur scheinbar neue Sicherheit schaffen, in Wirklichkeit aber den Überlegenen begünstigen, wie nuklearfreie Zonen in Europa oder selektive Waffeneinsatzverzichte. Friedenspolitik verlangt, daß auf den Einsatz aller Waffen, der nuklearen und der konventionellen, verzichtet wird. Friedenspolitik verbietet unterschiedliche Grade von Sicherheit.

In der Deutschlandfrage geht es darum, den Ausbau des heute Möglichen voranzutreiben und dabei immer die europäische Perspektive der Deutschen Frage im Auge zu behalten. Das bedeutet: nicht Renationalisierung, sondern Europäisierung der Deutschen Frage, die unsere nationalen Interessen in Übereinstimmung mit den europäischen Interessen hält. Das Bekenntnis der Deutschen in West und Ost zu einer Verantwortungsgemeinschaft für Stabilität und Frieden in Europa ist eine wichtige Grundlage, die den Bemühungen um den Ausbau der Beziehungen die besondere Qualität europäischer Friedenspolitik gibt.

Die DDR ist unser Partner in der Zusammenarbeit, die nach unseren Vorstellungen langfristig zur Überwindung des Grabens in Europa führen wird. Welche Ideen es sein werden, die eines Tages an die Tür des anderen deutschen Staates klopfen werden, wird die Geschichte weisen. Daß die DDR sagt, es werden Ideen des Sozialismus sein (und wohl meint: des Kommunismus), und daß wir überzeugt sind: es wird die Idee der Freiheit sein, dieser Meinungsunterschied sollte auch nach den Aussagen der DDR die staatliche Zusammenarbeit auf der vereinbarten Grundlage nicht behindern.

Der Rahmen, in dem sich die von uns für wünschenswert und notwendig gehaltenen Veränderungen in Mittel- und Ost-Europa vollziehen werden, und gleichzeitig der Motor, der sie antreibt, ist der KSZE-Prozeß. Die besondere Eigenschaft des KSZE-Prozesses beruht darin, daß er ein Klima der Öffnung fördert, indem dort, wo bisher beharrende Kräfte vorherrschen, die geschichtliche Notwendigkeit von Erneuerung und Veränderung sichtbar wird. Wir sollten auch deshalb in jedem einzelnen der Mitglieder des Warschauer Pakts auch den einzelnen Gesprächs- und Verhandlungspartner sehen. Dies erfordert auch Respekt, auch vor der nationalen Würde des anderen, seinen kulturellen und wissenschaftlichen Leistungen und seinen Beiträgen für den Fortschritt in der Welt.

Wir wollen den konsequenten und dichten Dialog und die möglichst breite Zusammenarbeit mit der Sowjetunion und allen Staaten des Warschauer Paktes im Bewußtsein der gemeinsamen Geschichte und des gemeinsamen Schicksals: Ohne Dialog und Zusammenarbeit kann eine europäische Friedensordnung nicht geschaffen werden. Eine besondere Rolle kommt dabei dem Versöhnungsprozeß mit Polen zu; wir werden deshalb weiter um den Ausbau der deutsch-polnischen Beziehungen bemüht bleiben. Es ist wichtig, die Diskussion über den Aufbau einer europäischen Friedensordnung mit weitem Blick und politischer Phantasie zu führen, ohne jedoch zu vergessen, daß der lange Weg nur erfolgreich zurückgelegt werden kann, wenn er richtig begonnen wird.

Die technologische Herausforderung

Vortrag vor dem Bundesverband der Deutschen Arbeitgeberverbände (BDA) in Bonn am 13. Dezember 1983

Bei aller Bedeutung der Außenpolitik haben Politik und Wirtschaft die Aufgabe, die Aufmerksamkeit der Öffentlichkeit wieder stärker auf die wirtschaftlich und technisch gestellten Zukunftsaufgaben zu richten.

1983 hat sich die öffentliche Diskussion konzentriert auf eine Frage, die abgekürzt als »Raketenfrage« bezeichnet wurde. In Wahrheit ging es bei dieser Frage um die Entscheidung, ob unser Land sich weiterhin als fähig erweisen würde, eine realistische Entspannungspolitik nach Osten auf der Basis des Gleichgewichts durchzuhalten, oder abgleiten würde in eine Politik der Anpassung und des Wohlverhaltens auf der Basis der Unterlegenheit.

Es war die Entscheidung, ob die Bundesrepublik weiterhin die innere Kraft hat, ihren Teil an der gemeinsamen Sicherheitspolitik des westlichen Bündnisses zu übernehmen, oder ob sie auf die schiefe Bahn der Unberechenbarkeit und des Neutralismus gerät, die zur Isolierung im Bündnis und in Europa führen würde. Was ein solcher Kurs auch für unsere Volkswirtschaft bedeutet hätte, brauche ich vor diesem Gremium nicht auszuführen.

Wir haben die Bewährungsprobe bestanden. Aber die Herausforderung bleibt. Es gilt innenpolitisch den Konsensus über unsere Sicherheitspolitik wiederherzustellen; und es gilt außenpolitisch, nach Sicherung von Abschreckungsfähigkeit und Gleichgewicht, durch aktive Politik Dialog und Zusammenarbeit zu fördern.

Aber gleichzeitig müssen wir uns auch der zweiten großen Herausforderung voll stellen: der wirtschaftlich-tech-
nologischen Herausforderung. Sie ist nicht weniger
zukunftsentscheidend: Auch hier geht es letztlich um die
Zukunft unserer freiheitlichen Demokratie.

I

Die wirtschaftliche Herausforderung

Um diese Herausforderung bestehen zu können, muß
zunächst einmal eine Grundvoraussetzung gegeben sein:
Unsere Volkswirtschaft muß die Kraft zum Investieren
und zu Wachstum haben.

Die Wende, zu der ich 1981 aufrief, für die 1982 durch
den Regierungswechsel und 1983 durch die Bundestags-
wahl Voraussetzungen geschaffen wurden, beginnt sich
durchzusetzen; aber sie ist längst nicht vollendet. Es wird
entscheidend darauf ankommen, daß es gelingt, die Konsolidierung der öffentlichen Haushalte fortzusetzen, die
Lohn- und Lohnnebenkosten in vernünftigen Grenzen zu
halten und den Arbeitsfrieden zu bewahren. Auf die
Tarifparteien kommt hier eine große Verantwortung zu.
Wer Tarifautonomie will, der muß wissen, daß die Verantwortung für die Beschäftigung nicht allein beim Staat
liegt.

Sorgen macht die Forderung einiger Gewerkschaften
nach der 35-Stunden-Arbeitswoche bei vollem Lohnausgleich. Die gewerkschaftlichen Unternehmen lehnen es
ab, die 35-Stunden-Woche für sich selbst einzuführen. Ihr
Argument, man würde dann wettbewerbsunfähig gegenüber den Privatunternehmen, ist richtig. Aber dasselbe
Argument gilt für unsere Volkswirtschaft insgesamt, die
um Wiedergewinnung anhaltenden Wachstums kämpft.

410

Wer sie mit den Kosten der 35-Stunden-Woche bei vollem Lohnausgleich belastet, der macht unsere Wirtschaft im internationalen Konkurrenzkampf genauso wettbewerbsunfähig, wie es die gewerkschaftseigenen Unternehmen wären, wenn sie allein die 35-Stunden-Woche einführen.

Eine allgemeinverbindliche Verkürzung der Wochenarbeitszeit, die auch bei der auf uns zukommenden Veränderung der Alterspyramide nicht mehr rücknehmbar ist, ist keine angemessene Antwort auf die Lage auf dem Arbeitsmarkt. Sie schafft nicht neue Arbeitsplätze, sondern gefährdet vorhandene. Anderes gilt für die Anpassung der Betriebe an die individuellen Erfordernisse, freiwillige Verkürzungen der Lebensarbeitszeit, Teilzeitarbeit, Job-Sharing. Aber auch das ist unter den gegebenen Voraussetzungen nur vertretbar, wenn damit nicht neue Kostenbelastungen entstehen.

II

Die technologische Herausforderung: USA und Japan

Unsere Volkswirtschaft ist dabei, ihre Kraft zum Wachstum, zum Investieren und zur Schaffung neuer Arbeitsplätze wiederzugewinnen. In normalen Zeiten könnten wir uns mit dieser Aussicht beruhigen. Aber wir haben keine normalen Zeiten.

Die Weltwirtschaft ist vielmehr in einem umfassenden Strukturwandel begriffen:

- Auf der einen Seite wird die Welt heute in einem gigantischen Wettlauf zweier Länder, der USA und Japans, in ein neues Zeitalter vorangetragen: das Zeitalter der hochtechnologischen Informationsgesellschaft;

- und auf der anderen Seite dringen die in der Dritten Welt neu entstehenden Industrieländer auf den Märkten der traditionellen Industriegüter vor;
- schließlich stellen die Sicherung der Energieversorgung und der Schutz der natürlichen Umwelt neue weltweit zu lösende Aufgaben.

Unser Land und Westeuropa im Ganzen können ihren Wohlstand nur halten und vermehren, wenn sie den Anschluß an die von den USA und Japan ausgehende »dritte industrielle Revolution« gewinnen.

Zwei Spitzentechnologien stehen hier im Zentrum: die Mikroelektronik/Optoelektronik und die Biotechnik. Die Mikroelektronik ist schon heute die Industrie mit den bei weitem höchsten Wachstumsraten in der Welt. Und die Biotechnik wird in den neunziger Jahren zu einer zweiten großen Wachstumsindustrie werden. Doch noch mehr: Die beiden neuen Technologien revolutionieren über die ganze Breite der Volkswirtschaft die Produktionsverfahren der Industrie und – die Mikroelektronik – auch die Dienstleistungstätigkeiten. Wer hier nicht mithalten kann, gerät in die Gefahr, auf die Dauer nirgends mehr mithalten zu können.

Wir leisten in den traditionellen Technologien, aber auch in vielen neuen Bereichen weiterhin Hervorragendes. Aber wir liegen zurück in den beiden neuen Zentraltechnologien. Wie der Rückstand in der Mikroelektronik auf andere Wirtschaftsbereiche durchschlägt, zeigt der Werkzeugmaschinenbau: Bis 1979 dominierten wir noch die Weltproduktion, heute sind wir hinter Japan und die USA zurückgefallen.

In Europa begann die erste industrielle Revolution, es war beteiligt an der zweiten – verpaßt es jetzt den Einstieg in die dritte Revolution? Befindet sich Europa auf dem Weg in die Unterentwicklung? – so fragt der französische frühere Plankommissar Michel Albert.

Dies ist die Herausforderung. Und sie ist umfassend; sie kann nicht gelöst werden von Wirtschaft und Wirtschaftspolitik allein, sie muß vielmehr von den Bürgern in ihrer Gesamtheit angenommen werden. Sie erfordert, daß Staat und Gesellschaft, Unternehmer und Gewerkschaften, Schulen, Universitäten und Medien zusammenwirken. Und sie erfordert vor allem ein kooperatives Verhältnis zwischen Unternehmen und Arbeitnehmern. Mit Klassenkampfmentalität könnten wir die japanische Herausforderung nicht bestehen.

Es ist kein Zweifel: Noch haben wir Deutsche, noch hat Europa die Ressourcen, um wieder zur Spitze aufzuholen. Es ist in Wahrheit nicht die Frage, ob wir die Herausforderung bestehen können, sondern ob wir sie bestehen wollen. Als ich am 20. August 1981 zu einer Wende im Denken und Handeln aufrief, wollte ich außer einem veränderten staatlichen Handeln auch eine geistige Wende in unserer Gesellschaft. Darum geht es jetzt!

III

Die neuen Technologien: Chancen und Risiken

Wer heute Japan besucht, der findet ein Land, in dem Staat und Gesellschaft mit voller Kraft der Zukunft entgegenstreben. Wer die USA besucht, der trifft eine Stimmung des Aufbruchs an. Das Lebensgefühl ist weithin bestimmt von Zuversicht und Optimismus, von der Vision einer hochtechnologischen Gesellschaft, die menschlicher Freiheit und Selbstverwirklichung ungeahnte Möglichkeiten öffnet. Wer dann nach Hause zurückkehrt, der ist betroffen von dem lamentierenden Kulturpessimismus, der in unserem Lande verbreitet wird. Grüne Ideologen und ihre Geistesverwandten predigen Lebensangst, Angst vor Technik und Angst vor der Zukunft. Und während die amerikanische Jugend fasziniert nach vorne ins 21. Jahrhundert blickt, sind Teile unserer Jugend rückwärtsgewandt in die angebliche Idylle einer vortechnischen Vergangenheit. Entgegen unserer humanistischen und christlichen Tradition versucht man uns einzureden, die neue Kardinaltugend sei die Angst.

Wenn wir die Herausforderung des Informationszeitalters bestehen wollen, dann muß die erste Forderung sein: zur Tugend des Muts zurückzukehren, zum Mut, unsere Vernunft zu gebrauchen, zum Mut, uns der Zukunft zu stellen. Ohne eine solche geistige Wende geht es nicht. Die Angst vor der Technik ist zu einem guten Teil Unkenntnis, Angst vor dem Unbekannten und dem Unverstandenen. Um die Angst vor den neuen Technologien zu überwinden, ist deshalb eine breite öffentliche Information und Diskussion darüber nötig, was diese Technologien für unser Leben, unsere Zukunft bedeuten.

Es ist richtig, daß sie, wie alles Neue, Risiken mit sich bringen. Wer ja zum Fortschritt sagt, ist keinesfalls so töricht, nicht auch die Risiken zu sehen. Aber er sieht auch die Chancen, und er ist entschlossen, diese Chancen zu nutzen und die Risiken zu kontrollieren und auszuschalten. Technische Entwicklungen sind weder gut noch böse an sich. Entscheidend ist, daß sie richtig benutzt, daß sie beherrscht werden. Dann wird aus neuer Technik Fortschritt.

Zwei Angstvorstellungen sind es vor allem, die bei uns viele Menschen zu einer Ablehnung des technischen Fortschritts bewegen: die Angst vor einer vermeintlich umweltzerstörenden Technik und die Angst vor einer vermeintlich arbeitsplatzzerstörenden Technik. Es ist kein Zweifel, daß die erste industrielle Revolution der Dampfmaschine und die zweite industrielle Revolution der Kraftwerke, der Automobile, der Chemie die Gefahr

414

heraufbeschworen haben, daß der Mensch durch die Technik seine Umwelt und damit seine natürlichen Lebensgrundlagen selbst vernichtet. Schutz der Umwelt ist zur Überlebensfrage geworden. Aber die dritte industrielle Revolution zeigt einen Ausweg aus der Umweltzerstörung der ersten und zweiten industriellen Revolution.

Die neuen Technologien sind umweltschonend, ja umweltfördernd. Dies gilt bereits für die Mikroelektronik und Optoelektronik, die in großem Umfang Rohstoffe und Energie sparen helfen. Und dies wird vor allem für die Biotechnologie gelten, die alte umweltbelastende Produktionsverfahren durch »natürliche«, umweltverträgliche Verfahren ablösen wird. Wer die neuen Techniken vorantreibt, kann also auch den Umweltschutz vorantreiben.

Eine zweite Quelle, aus der sich die Ablehnung des technischen Fortschritts speist, ist die Sorge um den Arbeitsplatz. Die neuen Technologien gelten – dies war in der Geschichte der Industrialisierung niemals anders – als »Jobkiller«, die den Menschen die Arbeitsplätze wegnehmen. Diese Sorge müssen wir in einer Zeit hoher Arbeitslosigkeit besonders ernst nehmen. Deshalb ist es so wichtig, daß alle Menschen verstehen, was bei der gefürchteten Automatisierung von Produktionsverfahren vor sich geht. Gewiß fallen zunächst einmal Arbeitsplätze weg; und das ist es, was man unmittelbar sieht. Auf der anderen Seite jedoch entstehen neue Arbeitsplätze: für die Überwachung, Wartung und Reparatur der neuen technischen Entwicklungen, für die Erhöhung der Produktion, wenn diese dank der neuen Techniken wächst, für den Verkauf der größeren Produktion, usw. Ein lehrreiches Beispiel ist die Druckindustrie: 1970 gab es dort 170 000 Arbeitsplätze, heute, nachdem gegen große Widerstände das moderne Lichtsatzverfahren weithin eingeführt ist, sind es 200 000 Arbeitsplätze.

Rationalisierung hat die Wettbewerbsfähigkeit der Industrie erhöht und eine arbeitsplatzschaffende Steigerung der Produktion mit sich gebracht. Neue Arbeitsplätze entstehen aber vor allem in großer Zahl in den Industrien, die die neuen Produkte: die Roboter, die Computer usw., herstellen.

Eine Verschärfung der Arbeitslosigkeit müßten wir von den neuen Technologien also allein dann befürchten, wenn unsere Volkswirtschaft in Forschung und Innovation nicht mithalten würde und wenn wir so bei den neuen Produkten zu Nettoimporteuren würden. Wenn wir aber mithalten und mitwachsen, dann werden die neuen Technologien im Gegenteil die strukturellen Probleme unserer Wirtschaft überwinden helfen. Bahnbrechende Innovationen haben in der Geschichte immer wieder Perioden eines anhaltenden Wirtschaftswachstums heraufgeführt. Dies aber bedeutet für die Arbeitnehmer zweierlei: Es bedeutet mehr Arbeitsplätze, und es bedeutet höherwertige und oft auch interessantere Arbeitsplätze. Sie sind der Lohn für die Mühe der Umschulung und Umstellung.

Die Vereinigten Staaten, die uns in der Anwendung der neuen Technologien voraus sind, haben in den letzten Jahren fast fünfzehn Millionen zusätzliche Arbeitsplätze geschaffen, wir haben heute über eine Million weniger Arbeitsplätze als 1970.

Lassen Sie mich noch auf einen weiteren Aspekt eingehen: den Strukturwandel. Es ist natürlich, daß Menschen Angst haben vor einer Veränderung ihrer Lebens- und Arbeitsgewohnheiten, vor einer Veränderung vielleicht auch ihres Wohnortes. Aber den Strukturwandel kann uns niemand ersparen. Ein Land wie die Bundesrepublik Deutschland, das auf kleiner Fläche fast zweiundsechzig Millionen Menschen zu ernähren hat, das für ein Drittel seines Sozialprodukts vom Außenhandel mit Waren und

Dienstleistungen abhängig ist, das einen Großteil seiner Energie und Rohstoffe einführen muß – ein solches Land kann nicht aus dem internationalen Wettbewerb ausscheren.

Wir können vorwärts oder rückwärts. Was wir nicht können, ist: den Status quo erhalten. Und wir sollten dies auch gar nicht wünschen. Die Zukunft kann besser sein und sie wird besser sein, wenn wir die neuen Technologien richtig verwenden.

IV

Für eine umfassende nationale Anstrengung

Grundvoraussetzung dafür, daß wir die technologische Herausforderung bestehen, ist: daß wir sie bestehen wollen. Grundvoraussetzung ist: ein Ja zum Fortschritt und zur Technik, ein Ja freilich, das verbunden ist mit der Entschlossenheit, Umweltschutz zu gewährleisten und die Risiken der neuen Technologien unter Kontrolle zu halten und zum Beispiel die Gefahr eines Orwellschen Überwachungsstaates oder einer Überwachungsgesellschaft durch einen wirksamen Datenschutz erst gar nicht aufkommen zu lassen.

Auf diesem Ja zum Fortschritt können wir jene umfassende nationale Anstrengung aufbauen, die nötig ist, um die Herausforderung der neuen Technologien und den Übergang zum Informationszeitalter erfolgreich zu bewältigen. Die Hauptverantwortung für die Anwendung der neuen Technologien liegt und muß liegen bei den Forschern und den Unternehmern. Denn welche neuen Produkte zu produzieren, welche neuen Produktionsverfahren einzuführen sind, das können nur der Erfindungsgeist der Forscher und der Innovationswille der Unternehmer herausfinden, das kann nur der Markt entscheiden. Der Versuch, die dritte industrielle Revolution durch staatliche Bürokratien zu steuern, wäre von vornherein zum Scheitern verurteilt. Aber der Staat muß alles tun, um die Rahmenbedingungen für Forschung und Innovation so günstig wie nur möglich zu gestalten. Er muß Hemmnisse für Kreativität und Innovation aus dem Wege räumen, er muß zukunftsträchtige Entwicklungen unterstützen und er muß den Strukturwandel fördern, und, wo nötig, sozial abfedern.

Aber auch die Gewerkschaften tragen Mitverantwortung. Sie können einen erheblichen Beitrag dafür leisten, daß die neuen Technologien von den Arbeitnehmern als Entwicklungen in ihrem eigenen Interesse erkannt und technischer Fortschritt als Grundlage zur Sicherung der Arbeitsplätze in der Volkswirtschaft akzeptiert werden. Wer sich wirtschaftlicher Zukunft verweigert, verstellt auch den Weg für die Sicherung des sozialen Netzes. Und es muß auch klar sein, daß Maßnahmen wie die Einführung einer Maschinensteuer den technischen Fortschritt nicht fördern, sondern hemmen würden. Hoch auf der Prioritätenliste der Regierung für die nächsten Jahre stehen deshalb:

Erstens: die Entbürokratisierung, die Lichtung des Dschungels einer Unzahl von Gesetzen, Verordnungen und Vorschriften, die unternehmerische Initiative und Innovation einengen. Es muß lohnender sein, Energien auf die Entwicklung und Vermarktung neuer Produkte zu konzentrieren als auf das Studium von Steuerlücken.

Zweitens: Die überfällige Steuertarifreform muß, sobald die Konsolidierung der öffentlichen Haushalte dies erlaubt, verwirklicht werden. Die Steuer- und Abgabenlast hat für den einzelnen heute eine Höhe erreicht, die lähmend wirkt auf die Bereitschaft zur Leistung. Ob es uns gefällt oder nicht, die Höhe der Steuer- und

Abgabenlast und der Umfang der Schwarzarbeit sind nicht voneinander zu trennen.

Drittens: ein entschlossener Kampf gegen eine Subventionspolitik, die Überholtes künstlich am Leben erhält. Erhaltungssubventionen erschöpfen die Mittel, die für eine zukunftsweisende Forschungs- und Technologiepolitik gebraucht werden. Der Ressourcentransfer zu Lasten der Wachstumsbranchen und zugunsten einer Politik der Erhaltungssubvention erstickt den Wettbewerb und Strukturwandel. Er engt die Innovationskraft der Wirtschaft ein. Wenn dieser Ressourcentransfer sich auch noch von Mittel- und Kleinbetrieben in Richtung Großbetriebe bewegt, schafft er gesellschaftspolitische Gefahren, die niemand verantworten kann.

Viertens: eine effiziente Politik der Forschungsförderung. Sie muß die technologischen Schlüsselbereiche erkennen und sie muß der indirekten Forschungsförderung eine stärkere Rolle einräumen.

Drei Felder staatlichen Handelns sind für die technologische Revolution besonders wichtig:

- die öffentliche Beschaffungspolitik, die gezielt dazu verwendet werden kann und sollte, Innovation in der Gesamtwirtschaft voranzutreiben;
- die Förderung innovativer Klein- und Mittelunternehmen und, insbesondere, die Förderung technologieorientierter Unternehmensneugründungen;
- die Bildungs- und Forschungspolitik.

1. Der Staat übt durch seine öffentliche Beschaffungspolitik erheblichen Einfluß auf die Nachfrage gerade für spitzentechnologische Güter aus: Dieses Nachfragepotential kann in einer gezielten Strategie insbesondere eingesetzt werden, die Elektronikindustrie in unserem Lande voranzutreiben. Schrittmacher-Dienste kann vor allem die Post leisten. Liegt es nicht nahe, den Ausbau unserer Kommunikationsstruktur so schnell wie möglich voranzu-

treiben und ihn auch unter dem Ziel zu sehen, auf unsere informationstechnische Industrie einen Forschungs-, Entwicklungs- und Innovationssog auszuüben? Ein modernes Telekommunikationsnetz ist überdies für die Wettbewerbsfähigkeit der Gesamtwirtschaft von großer Bedeutung. Auch von daher ist ein schneller Ausbau wünschenswert.

Wichtige Impulse auf die eigene Elektronikindustrie gehen ferner von der Beschaffungspolitik der Bundeswehr aus. Gegenwärtig bezieht die Bundeswehr vierzig Prozent der elektronischen Systeme und Komponenten von ausländischen NATO-Partnern, vor allem den USA. Das darf keine Einbahnstraße bleiben.

2. Zur Innovationskraft der Klein- und Mittelunternehmen: Ein Blick auf die USA zeigt: Dort sind die Klein- und Mittelunternehmen nicht nur die Hauptträger des Beschäftigungswachstums. Sie sind vielmehr auch Hauptträger der neuen technologischen Revolution. Drei Bedingungen kommen dabei in den USA zusammen:

● die Existenz von Elite-Universitäten, die zum Mittelpunkt für die Ansiedlung technologie-orientierter Unternehmen werden;

● die Existenz von *venture-capital funds,* also von Risikokapital-Unternehmen, die bereit sind, neue Ideen zu finanzieren, ja die aktiv nach Forschern und Unternehmern mit Ideen suchen. Und schließlich das Wichtigste: Menschen, die bereit sind zum Risiko, bereit zum Sprung in die Gründung einer selbständigen Existenz.

Ein Musterbeispiel, wie diese drei Bedingungen zusammenkommen und geradezu eine Explosion innovativen Unternehmertums auslösen, ist die Vielzahl von jungen mikroelektronischen Unternehmen im Silicon Valley, die sich um die Stanford-Universität gruppieren.

Aus den USA nun zurück in unser Land: Wie steht es hier um diese drei Bedingungen?

420

Es gibt keine Universitäten, die Mittelpunkt technologie-orientierter Unternehmensgründungen sind. Die
Gründung privater Elite-Hochschulen könnte hier Abhilfe schaffen.

Es gibt bei uns – bis auf wenige Ausnahmen – keine
Risikokapital-Unternehmen. Mancher junge Unterneh-
mer, der eine Idee verwirklichen wollte, wanderte in die
USA ab. Denn er konnte hierzulande keinen Kredit
erhalten: Für Kreditgewährung sind nicht Ideen, sondern
Sicherheiten gefragt. Risikokapital-Unternehmen zu
gründen, ist naturgemäß Sache der Wirtschaft und der
Banken.

Aber der Staat kann entscheidende Anstöße für die
Gründung von Risikokapital-Unternehmen geben, indem
er die richtigen gesetzlichen und steuerlichen Rahmenbedingungen schafft. Risikokapital ist jedenfalls auch bei
uns vorhanden. Nur, die Risikokapital-Geber legen in
unserem Lande ihr Geld in Bauherren-Modellen an oder
in texanischen Ölbohrlöchern. Das Investitionsvolumen
der Abschreibungsgesellschaften beläuft sich inzwischen
auf über 12,5 Milliarden DM.

Es wäre auch zu prüfen, ob nicht die Auflagen für
Kapitalsammelstellen gelockert werden, durch die jetzt
Risikokapitalbeteiligungen unmöglich gemacht oder eng
begrenzt werden. Hier ist der Steuergesetzgeber gefordert.

Am schwierigsten zu lösen ist die dritte Frage: Finden
sich auch bei uns genügend Menschen, die die Chance
und das Risiko einer selbständigen Existenz der Nest-
wärme des Beamten- und Angestellten-Daseins vorziehen?

Die amerikanische Gesellschaft hat immer noch etwas
von einer Pionier-Gesellschaft, einer Gesellschaft in stän-
digem Aufbruch, immer bereit zum Neuanfang, räumlich
und sozial mobil. Aber es ist doch sicherlich nicht so,

daß wir in Europa eine Gesellschaft von Zurückgebliebenen wären, die nur aus Kleinmut nicht ausgewandert sind!

Auch bei uns gibt es genügend Talente, die sich im Wagnis einer eigenen Existenzgründung bewähren wollen. Auch bei uns gibt es junge Menschen, die den Drang nach Unabhängigkeit und Selbstverwirklichung haben, den Willen, ihre Kräfte im Risiko zu erproben. Die Stimmung der Malaise, der manche unserer Jugendlichen verfallen sind, liegt doch gerade daran, daß eine in übertriebenem Sicherheitsdenken erstarrte Gesellschaft dem Drang der Jugend nach Selbstbewährung zu wenig Spielraum anbietet.

Bei der Förderung der Existenzgründung müssen wir daran denken, wie wir die Risikoschwelle senken und dann den Sprung in die Ungewißheit einer eigenen Existenzgründung erleichtern können. Das Eigenkapital-Hilfsprogramm der Bundesregierung hat schon den Entschluß bei den zahlreichen Unternehmensneugründungen in diesem Jahr leichter gemacht. Bleibt die Nachfrage nach den Mitteln dieses Programms so, wie sie jetzt ist, können wir bis Ende 1986 mit etwa 32000 Existenzgründungen rechnen. Dies bedeutete rund 160000 neue Arbeitsplätze. Man könnte ferner daran denken, jüngeren Wissenschaftlern an Universitäten und staatlichen Forschungseinrichtungen, die eine eigene Firma gründen wollen, die Möglichkeit zu geben, sich für einige Jahre beurlauben zu lassen.

Mit einem Wort: Die drei Bedingungen, die sich in den USA so erfolgreich bei der Gründung technologie-orientierter Unternehmen vereinen, sollten auch bei uns herzustellen sein. Wenn wir nur das Richtige tun, sind auch bei uns Silicon Valleys möglich.

Zur geistigen Wende in unserem Lande gehört auch der Aufbruch von der Anspruchsgesellschaft zur Verantwortungsgesellschaft. Die beachtlichen, oft auch bitteren Eingriffe auch in soziale Leistungsgesetze sind mehr als nur haushälterische Sparmaßnahmen zur Konsolidierung der öffentlichen Finanzen, sie sind Ausdruck einer gesellschafts-politischen Konzeption, die Selbstverantwortung stärker zum Tragen bringen will.

3. Eine Volkswirtschaft kann spitzentechnologische Güter nur produzieren, wenn sie die Menschen dafür hat. Ein leistungsfähiges, auf die Zukunft orientiertes Bildungs- und Forschungssystem ist damit Grundvorausstzung für Erfolg in den Spitzentechnologien. Wir brauchen deshalb eine Schul- und Berufsschulpolitik, die Vertrautheit mit der Technik zu einem Ziel der Allgemeinbildung macht. Und wir brauchen eine Universitäts- und Forschungspolitik, die naturwissen-schaftliche Spitzenleistungen nachhaltig fördert.

Die Wende muß in den Schulen beginnen. Die Schule soll erziehen zu Toleranz, zur Leistungs- und Verantwortungsbe-reitschaft und zum sozialen Engagement. Kulturelles Inter-esse und Geschichtsbewußtsein müssen geweckt werden. Junge Menschen müssen darauf vorbereitet werden, daß sie als Erwachsene verantwortliche Entscheidungen treffen können. Aber die Schule ist nicht der ideologische Ausbil-dungsplatz für politische Veränderungen. Vor allem müssen die Schulen lebensnaher werden. Die noch immer starke Isolierung von der Arbeitswelt schafft oft für junge Men-schen Berufsängste, die bei vielen zu Lebensängsten werden. Die Abschottung der Schulen von der technischen Entwick-lung ist eine der Ursachen für irrationale Technologiefeind-lichkeit. Die neugestaltete gymnasiale Oberstufe sieht die Aufnahme zusätzlicher berufsbezogener Fächer, wie etwa Technologie, vor, aber es gibt noch längst kein flächendek-kendes Angebot. Wenn nicht bald ein umfassendes Angebot an Informatik und technischen Fächern gemacht wird, wird so etwas wie ein modernes Analphabetentum entstehen.

Eine umfassende Allgemeinbildung hat heute andere und

zusätzliche Inhalte als vor zwanzig Jahren. Auch das Gymnasium muß – wie die berufliche Bildung – Kreativität und Intelligenz auf technischem Gebiet herausfordern und auch weiter fördern. Im technologischen Zeitalter müssen sich technologischer Wandel und sich daraus ergebender sozialer Wandel auch im Inhalt der Lehrangebote und der Qualitätsanforderungen widerspiegeln.

Junge Menschen auch auf ihre Berufswelt vorzubereiten, ist die große Aufgabe der Pädagogen und natürlich auch des Elternhauses. Aber wie sollen Lehrer diese Aufgabe erfüllen, wenn ihr eigener Bildungsweg sie fernhält von der Arbeitswelt und der technologischen Entwicklung. Man kann nicht über die Mängel unseres Bildungssystems sprechen, ohne die Mängel in der Lehrerbildung aufzudecken. Die Lehrer werden selbst gebeutelt durch bildungspolitische Bocksprünge, durch bürokratische Überforderung und durch eine oft in das Kollegium hineingetragene ideologische Konfrontation. Die letzten Monate haben im Streit um den NATO-Doppelbeschluß wieder einen schlimmen Anschauungsunterricht geboten.

Wir sehen in allen Bereichen der Gesellschaft in der privaten Initiative den entscheidenden Fortschrittsimpuls, warum nicht auch im Bildungsbereich?

Die strenge Durchsetzung des staatlichen Bildungsmonopols hat sich nicht bewährt. Die Förderung privater Universitäten und privater Schulen ist ein Gebot der Stunde. Wir brauchen die Konkurrenz zwischen privaten und öffentlichen Hochschulen. Das wird auch den staatlichen Bildungseinrichtungen neue Impulse geben. Wenn wir wirkliche Konkurrenz zwischen privaten und staatlichen Universitäten und Schulen wollen, müssen wir den staatlichen Einrichtungen auch mehr Flexibilität zugestehen. Bei den staatlichen Hochschulen sollte es einen Leistungswettbewerb geben, durch den Universitäten durch die besseren Forschungsergebnisse auch ihre finanzielle

Ausstattung verbessern können. Mancher in der Forschung Tätige kann ein Lied singen von Vorschriftenüberflutungen und Rechtfertigungszwang, die immer mehr Kraft und Arbeitszeit der eigentlichen Forschungsarbeit entziehen.

Für die privaten Universitäten und Schulen müssen die Rahmenbedingungen auch durch eine Reform des Stiftungs- und des Stiftungssteuerrechts verbessert werden. Wir können hier vom Rechtssystem der Vereinigten Staaten lernen. Natürlich müssen auch die privaten Schulen jungen Menschen aus allen Schichten materiell die gleichen Zugangsmöglichkeiten bieten. Für die dafür notwendige Förderung sollten die Mittel nicht fehlen. Wir müssen den Mut haben, die uneingeschränkte Lehr- und Lernmittelfreiheit für jedermann in Frage zu stellen, damit genügend öffentliche Mittel vorhanden sind, um die jungen Menschen angemessen zu fördern, denen es an den materiellen Voraussetzungen fehlt.

In der Bundesrepublik geben Staat und Wirtschaft 2,5 Prozent des Bruttosozialproduktes für Forschung und Entwicklung aus. Wir liegen damit zusammen mit den USA an der Spitze aller Industrieländer. Am Geld kann es also nicht liegen, wenn es in der Bundesrepublik Deutschland zu wenig Spitzenforschung gibt. Dieser unbefriedigende Zustand ist vielmehr so gut wie ausschließlich durch das Austrocknen eines forschungsfördernden Klimas verursacht. Vergleichen wir unsere Situation mit der in den USA: Dort wird die Spitzenforschung von Elite-Universitäten getragen: Stanford, Berkeley, MIT, Harvard usw. An diese Institute werden die besten Professoren berufen, und sie können sich die begabtesten Studenten auswählen. Für deutsche Universitäten dagegen gilt – auch nach der explosiven Vermehrung der Professorenstellen und der Studenten – das Prinzip der Gleichrangigkeit. Aber Reimar Lüst, der Präsident der

Max-Planck-Gesellschaft, hat Recht, wenn er sagt: »Wenn wir versuchen, alle Hochschulen gleichmäßig gut zu machen, heißt das doch nur, daß sie am Ende alle gleich mittelmäßig sind.«

Dieses Resultat haben wir in der Tat leider erreicht. Die Expansion der Hochschulen hat mehr Qualität, aber eben auch Nivellierung geschaffen. Dabei wirkt sich die Umgebung der Mittelmäßigkeit lähmend auch auf die begabten Forscher aus. Ich stimme Professor Wolfgang Wild, dem Präsidenten der Technischen Universität München, zu, wenn er feststellt: »Jene geistigen Funken, die in der stimulierenden Atmosphäre von Harvard und MIT, von Tokyo und Kyoto, von Oxford und Cambridge zündend sprühen, verlöschen bei uns in der Asche überhandnehmender Mittelmäßigkeit. Forscher, die Außerordentliches leisten, wenn sie an einer ausländischen Spitzenuniversität tätig sind, leisten bei Rückkehr an die deutschen Universitäten nur mehr Ordentliches.« Mit anderen Worten: Wir werden zu Spitzenleistungen in der Forschung nur wieder in ausreichendem Maße gelangen, wenn wir Elite-Universitäten schaffen, wie sie die USA, Japan, Großbritannien, Frankreich ganz selbstverständlich haben.

Bei der Aufgabe, Spitzenforschung möglich zu machen und Hochbegabte in den Universitäten ebenso wie in den Schulen zu fördern, kommt der privaten Initiative, kommt privaten Schulen und Universitäten eine unentbehrliche Rolle zu. Ich begrüße die Gründung der privaten medizinischen Hochschule in Witten/Herdecke und die Gründung einer zweiten privaten Hochschule in Ingolstadt. Aus Ihren Kreisen kommt der Vorschlag für eine Stiftung zur Hochbegabten-Förderung schon im Schulalter. Dies ist zweifellos eine gute und wichtige Sache.

Wir brauchen einen entschlossenen Anfang bei der

Förderung von Spitzenforschung und -ausbildung in den beiden zentralen neuen Technologien. Warum sollten wir nicht zwei private naturwissenschaftliche Elite-Institute schaffen – das erste konzentriert auf Mikroelektronik/ Optoelektronik und ihre Anwendungsbereiche, das zweite konzentriert auf Biotechnik und ihre Anwendungsbereiche. Vorbild für diese Institute könnte das California Institute of Technology mit seinen rund 1800 Studenten sein. Essentiell sind zwei Dinge:

- Die Institute müssen die Möglichkeit haben, die besten Professoren zu berufen, die sie im In- und Ausland erhalten können.
- Und die Institute müssen das Recht haben, die begabtesten Studienbewerber auszuwählen. Für Bewerber, die die Studiengebühren nicht oder nur zum Teil bezahlen können, müssen Stipendien vorhanden sein.

Bewährt sich das, wird es sicher auch bahnbrechend für den staatlichen Bildungsbereich wirken.

Ich bin mir sehr wohl bewußt, auf welche Vorurteile der Gedanke von Elite-Universitäten und Hochbegabten-Förderung stößt. Aber sowenig Geld- und Standeseliten einer aufgeklärten demokratischen Gesellschaft entsprechen, so sehr braucht jedes Volk eine Leistungs- und Verantwortungselite. Wer in dem Leistungsprinzip einen Motor des gesellschaftlichen Fortschritts sieht, wird für Leistungseliten eintreten.

Das Grundgesetz gibt jedem einzelnen das Recht »auf die freie Entfaltung seiner Persönlichkeit«. Dieses Grundrecht fordert, daß der Staat bei der Gestaltung seines Bildungswesens ebenso Sorge trägt, die Hochbegabten zu fördern, wie er Sorge tragen muß, den Benachteiligten zu helfen. Ich warne vor der Illusion, daß die Hochbegabten keine Förderung brauchen. In einer Atmosphäre, die keine Anreize zur Leistung gibt, verkümmern die Begabung und der Wille zur Höchstleistung nur allzu leicht.

Vieles von dem, was hier für den Schul- und Universitätsbereich zur Diskussion gestellt wird, wird nicht nur den Widerstand derer herausfordern, die das Heil in einem staatlichen Bildungsmonopol sehen oder die Chancengleichheit mit Gleichmacherei verwechseln, es wird sich auch stoßen an der Unbeweglichkeit der Entscheidungsprozesse in der Kultusministerkonferenz. Ich bin kein Zentralist, weil ich die gewaltenteilende Funktion unseres föderalistischen Systems ebenso bejahe wie die Chance der Vielfalt der Initiativen, die in diesem System liegen.

Und doch muß die Frage erlaubt sein, ob nicht der Zeitpunkt gekommen ist, um in der Bildungspolitik die gesamtstaatliche Verantwortung des Bundes zu stärken, wenn es um die Zukunft unserer Jugend, um die Zukunft unseres Landes geht.

V

Die europäische Technologiepolitik

So entscheidend die richtigen nationalen Anstrengungen sind, so müssen wir uns zugleich bewußt sein: Unser Land kann den technologischen Wettbewerb mit den USA und Japan nicht allein auf sich gestellt bestehen. Wir haben dazu weder die Forschungs- und Industriekapazität, noch die Größe des Marktes. Für beides brauchen wir Europa. Und wir brauchen Europa noch aus einem dritten Grund: Rund die Hälfte unserer Exporte gehen in die Europäische Gemeinschaft, über zwei Drittel gehen nach Westeuropa. Unsere Handelsbilanzüberschüsse verdanken wir Europa. Wir sind also vital auf Wachstum und Prosperität unserer europäischen Partner angewiesen.

Die Europäische Gemeinschaft hätte die für einen

erfolgreichen Wettbewerb mit den USA und Japan nötige Marktgröße und nötige Forschungs- und Industriekapazität. Ich sagte: »Hätte.« Denn wie sieht die Realität aus?

- Wir haben in den strategischen Bereichen der Mikroelektronik, der Biotechnik und der neuen Materialien keine gemeinsame Forschung. Unsere Forschung ist zersplittert, vergeudet ihre Kräfte in Doppel- und Dreifacharbeit.
- Seit zwei Jahrzehnten steht auf dem Programm der EG das Rechtsinstrument der »Europäischen Gesellschaft«. Wir haben es noch immer nicht.
- Wir haben vor allem keinen gemeinsamen Markt für Spitzentechnologien. Ein gemeinsamer Markt – aber welcher! – existiert für Agrarprodukte. Ungefähr gemeinsam ist der Markt für einfachere Industrieerzeugnisse. Je komplizierter jedoch die Produkte werden, um so weniger gemeinsam wird der Markt – schuld daran sind vor allem die unterschiedlichen nationalen Normen. Und kommt man zur Spitzentechnologie, dann hört der Gemeinsame Markt vielfach gänzlich auf; denn hier gibt es nicht nur die unterschiedlichen Normen, sondern vor allem die öffentlichen Beschaffungspolitiken: Jedes Mitglied kauft nach Möglichkeit nur von der eigenen Industrie.

Das erfordert:

- Erstens: Wir müssen in den strategischen Bereichen der dritten industriellen Revolution zu gemeinsamen Forschungsanstrengungen kommen. Ein Anfang ist mit ESPRIT gemacht, einem gemeinsamen Forschungsprogramm in der Informationstechnologie, mit dem die Gemeinschaft in ausgewählten Bereichen wieder an die Spitze in der Welt kommen will.
- Zweitens: Wir müssen unsere Anstrengungen verstärken, bestehende nationale Normen zu harmonisieren.

Und wir müssen bei den hochtechnologischen Produkten, die neu entwickelt werden, von vornherein zu europäischen Normen kommen. Es ist bezeichnend, daß der Präsident des Europäischen Parlaments in seinem Wagen zwei Autotelefone einbauen lassen mußte – eines, das für Belgien funktioniert, und ein anderes, das den Normen der Nachbarländer entspricht.

- Drittens: Wir müssen gerade in der Spitzentechnologie schrittweise zu gemeinsamer öffentlicher Beschaffung kommen. Gegenwärtig verfolgen die europäischen Postverwaltungen getrennte technische und industrielle Politiken, sie setzen voneinander verschiedene Normen fest und führen die neuen Netze zu unterschiedlichen Zeiten ein.

Wie wirtschaftlich widersinnig das ist, zeigt eine Berechnung, die die Europäische Kommission anstellte: Die Kosten für die Entwicklung einer neuen Generation digitaler Vermittlungsstellen betragen für die einzelnen Hersteller zwischen 700 Millionen und 1,3 Milliarden US-Dollar. Um eine Milliarde Dollar Entwicklungskosten zu amortisieren, ist ein Umsatz in einer Größenordnung von 14 Milliarden Dollar nötig. Eine solche Nachfrage jedoch kann keines der einzelnen EG-Länder bieten.

Wen wundert es da, daß die europäische Kommunikationsindustrie an den Weltmärkten an Boden verliert? 1975 war die Handelsbilanz in der Kommunikationstechnik noch ausgeglichen, 1981 betrug das Defizit 5 Milliarden Dollar, 1982 schon fast 10 Milliarden Dollar. Und wen wundert es bei einer solchen Abschottung der europäischen Märkte, daß die Unternehmen wenig Anreiz sehen, sich mit anderen europäischen Partnern zusammenzutun? Daß sie es vielmehr oft vorziehen, mit amerikanischen oder japanischen Firmen Gemeinschaftsproduktionen aufzuziehen. Einen richtigen Weg dagegen zeigt jetzt die deutsch-französische Vereinbarung, nach der die Industrien beider Länder bei Entwicklung und Verkauf des mobilen Telefons zusammenwirken.

Wo Europa gemeinsam forscht, wie in der Hochenergie-Physik oder der Kernfusion, da ist es mit an der Spitze. Und wo Europa gemeinsam produziert, wie beim AIRBUS, der ARIANE, beim Spacelab, einigen hochtechnologischen Waffensystemen, da kann es mithalten.

Was national gilt, gilt mehr noch für Europa: Noch haben wir die Ressourcen, um in den Spitzentechnologien zu den USA und Japan aufzuschließen. Pessimismus, die Vorstellung eines unausweichlichen Abstiegs wären völlig verfehlt. Worauf es ankommt, ist, daß wir uns der Herausforderung bewußt werden und daß wir sie bestehen wollen.

Vertrauen, Sicherheit, Zusammenarbeit – eine Politik der Vernunft für Europa

*Rede bei der Eröffnung der Konferenz über Vertrauens-
und Sicherheitsbildende Maßnahmen und Abrüstung in
Europa (KVAE) in Stockholm am 19. Januar 1984*

I

Die Konfrontation überwinden

Auf Stockholm richten sich heute die Friedenshoffnungen der Menschen, deren Regierungen hier vertreten sind. Das KSZE-Folgetreffen in Madrid hat gezeigt, daß das Bewußtsein gemeinsamer Interessen und der feste Wille zur Verständigung auch schwere internationale Spannungen bestehen können. Wir alle haben die Pflicht, die Erfahrungen von Madrid zu nutzen, um auch die Konferenz von Stockholm zu konkreten Ergebnissen zu führen.

Die internationale Lage gibt Anlaß zur Sorge. Wir dürfen die Entwicklung nicht außer Kontrolle geraten lassen. Nur wenn alle nach dieser Einsicht handeln, besteht die Chance zu einem neuen Anfang in den West-Ost-Beziehungen. Die Zeit dafür ist reif.

Nicht Resignation, nicht Panikmache, nicht rechthaberische Schuldzuweisung dürfen diese Konferenz beherrschen. Wir werden uns nicht dazu hergeben, Stockholm zu einem Ort der Konfrontation zu machen. Wir halten weder etwas von der Politik der Konfrontation noch von der Sprache der Konfrontation. Und wir werden Worte und Taten vergleichen. Wir werden entschlossen, nüchtern und verantwortlich für den Frieden handeln. Der

Dialog muß fortgeführt und, wo er abgerissen ist, wieder-aufgenommen werden. Das gemeinsam Erreichte in der Zusammenarbeit muß ausgebaut, neue Wege zur Überwindung bestehender Hindernisse müssen gefunden werden. Wir können aus Erfolgen wie aus Fehlschlägen der Vergangenheit lernen, niemand sollte sich dabei über eine selbstkritische Betrachtung erhaben fühlen.

Verantwortlich handeln heißt auch, die Interessen der anderen Seite zu berücksichtigen; unverantwortlich handelt, wer versucht, Vorteile auf Kosten der anderen zu erlangen. In den Fragen der Sicherheit und Zusammenarbeit werden wir am Ende nur gemeinsam gewinnen oder gemeinsam verlieren.

Die Anwesenheit der Außenminister hier in Stockholm zeigt die Bedeutung, die alle Teilnehmerstaaten dieser Konferenz zumessen. Wir sollten unseren Delegierten in dieser Woche die Richtung für ihre praktische Arbeit weisen. Ich wiederhole: Die Zeit ist reif für einen neuen Versuch, eine breitangelegte, langfristig tragfähige Zusammenarbeit auf der Grundlage des Gleichgewichts und der Gleichberechtigung zu schaffen. Jede Regierung wird daran gemessen werden, welche Beiträge sie dazu leistet.

Wir begrüßen ausdrücklich, daß die von uns vorgeschlagene Teilnahme der Außenminister an dieser Konferenz zur Fortsetzung des Dialogs auch zwischen den Vereinigten Staaten und der Sowjetunion genutzt wird. Wir werden uns auch in Zukunft nachhaltig für die Fortsetzung des Dialogs zwischen den beiden Großmächten auf hoher und höchster Ebene einsetzen.

Mein Land, im Herzen Europas an der Nahtstelle zwischen West und Ost, ist von den Gefahren der Instabilität und der Konfrontation besonders betroffen. Das deutsche Volk empfindet die Teilung Europas am schmerzlichsten, denn sie bedeutet auch die Trennung Deutscher von Deutschen.

Wir haben immer durch eine berechenbare und konstruktive Politik zu Stabilität und Entspannung beigetragen. Auf unsere Mitgliedschaft in der Europäischen Gemeinschaft und im Nordatlantischen Bündnis gründet sich unsere Friedenspolitik, zu der auch unsere aktive Teilnahme am KSZE-Prozeß und die mit unseren östlichen Nachbarn geschlossenen Verträge gehören. Diese Verträge sind und bleiben die Grundlage unserer langfristig angelegten Politik gegenüber diesen Staaten.

Die Mitglieder des Atlantischen Bündnisses, mit denen uns wie mit den Partnern der Europäischen Gemeinschaft nicht nur gemeinsame Interessen, sondern auch gemeinsame Wertvorstellungen verbinden, haben am 9. Dezember 1983 in Brüssel der Sowjetunion und den übrigen Staaten des Warschauer Pakts angeboten, mit ihnen zusammenzuarbeiten, um ein langfristiges, konstruktives und realistisches Verhältnis herzustellen, das auf Gleichgewicht, Mäßigung und Gegenseitigkeit beruht. Wir wollen einen offenen und umfassenden politischen Dialog, wir wollen Zusammenarbeit, wir wollen wirkliche Entspannung, und wir wollen Abrüstung und Rüstungskontrolle.

Die Rede von Präsident Reagan vom 16. Januar, in der er zu Recht an die gemeinsamen Interessen und die gemeinsame Verantwortung der USA und der Sowjetunion erinnert, bekräftigt diese Politik. Für die Zukunft aller unserer Völker wird viel davon abhängen, ob die ausgestreckte Hand des Westens ergriffen wird. Manches, was in den letzten Tagen dazu gesagt wurde, darf nicht das letzte Wort sein.

II

Das Mandat der KVAE

Wir wollen Mißtrauen abbauen und Vertrauen in Europa wachsen lassen. Das verlangt konkrete Maßnahmen, die – entsprechend dem vereinbarten Konferenzmandat – militärisch bedeutsam, politisch verbindlich, angemessen verifizierbar sind und die in ganz Europa angewandt werden.

Wer die Offenheit in den Fragen der Sicherheit verweigert, wer sich der verläßlichen Nachprüfung von Vereinbarungen über Rüstungskontrolle und Abrüstung entzieht, setzt sich dem Verdacht aus, er wolle etwas verheimlichen. Ohne mehr Transparenz lassen sich Mißtrauen und Bedrohungsgefühle nicht beseitigen. Wir wollen die Gefahr von Überraschungsangriffen und die Sorge vor Einschüchterungsversuchen mindern.

Das Mandat für unsere Konferenz ist präzise. Sie wird in der ersten Phase der Verhandlung und Annahme eines Satzes einander ergänzender vertrauens- und sicherheitsbildender Maßnahmen gewidmet sein, die darauf gerichtet sind, die Gefahr einer militärischen Konfrontation in Europa herabzusetzen. Unsere Vorschläge dafür umfassen Maßnahmen der Information, der Beobachtung und Verifikation sowie Schritte, die die militärische Stabilität in Europa festigen.

Die Teilnehmerstaaten sollen regelmäßig Informationen über ihre militärischen Verbände austauschen. Das würde nicht nur stabilisierend wirken, sondern auch die Grundlage für weitere Vereinbarungen bilden können. Jeder soll mit jedem eine jährliche Vorausschau über wichtige militärische Aktivitäten austauschen.

Jeder soll beurteilen können, ob eine Übung tatsächlich lange vorausgeplant war, oder ob sie in einer bestimmten Situation zur Drohung oder gar zur politischen Erpressung genutzt werden soll. In Weiterentwicklung der in Helsinki beschlossenen Maßnahmen sollen alle militärischen Aktivitäten in Europa von einer bestimmten Struktur oder von einem bestimmten Umfang genau und im voraus bekanntgemacht werden.

Zu solchen Aktivitäten sollen Beobachter entsandt werden können, die sich selbst vor Ort informieren. Rechte und Pflichten dieser Beobachter müssen es ihnen ermöglichen, ihre Aufgaben auch effektiv zu erfüllen. Alle Teilnehmerstaaten müssen die Gewißheit haben, daß getroffene Vereinbarungen von allen uneingeschränkt eingehalten werden. Es müssen Kommunikationswege geschaffen werden, damit Mißverständnisse, die trotz dieser Vereinbarungen entstehen, aufgeklärt werden können.

Natürlich kann das alles die West-Ost-Beziehungen nicht über Nacht verändern, aber es ist unverzichtbar, wenn wir Vertrauen stärken wollen. Vertrauen schafft eine bessere Grundlage für ernsthafte Bemühungen in allen Rüstungskontrollbereichen. Eine wichtige Voraussetzung für den Erfolg von Stockholm ist die gegenseitige Anerkennung legitimer Sicherheitsinteressen. Das westliche Bündnis hat sich in der Politischen Erklärung von Brüssel ausdrücklich dazu bereit erklärt.

Wir wissen aus historischer Erfahrung, daß machtpolitisches Übergewicht eine Gefahr für den Frieden darstellt. Streben nach Überlegenheit und nach Vorherrschaft ist immer eine Gefahr für die Stabilität. Dauerhafte Friedenssicherung für Europa verlangt eine Sicherheitsordnung, die auf Gleichgewicht beruht und in der beide Großmächte Verantwortung tragen. Es entspricht der Schlußakte von Helsinki, zu deren Unterzeichnern die Vereinigten Staaten und Kanada gehören, daß diese europäische Sicherheitsordnung nur mit Amerika und

nicht durch die politische und militärische Abtrennung
Amerikas von Europa geschaffen werden kann.

III

Abrüstung und Rüstungskontrolle

Die Fragen der nuklearen Abrüstung sind nicht Gegenstand dieser Konferenz, und wir sollten uns hüten,
unsere Konferenz zum Gefangenen der an anderer Stelle
zu verhandelnden Probleme zu machen, so wichtig und
so dringlich die Verhandlungen über die strategischen
und die Mittelstreckenraketen sind. Polemik allerdings
hilft auch in der Raketenfrage nicht weiter.

Wir sind nicht raketensüchtig. Die Bundesrepublik
Deutschland hat auf den Besitz nuklearer Waffen verzichtet, aber wir haben nicht auf den Anspruch verzichtet, frei von nuklearer Bedrohung zu leben.

Die sowjetischen SS-20-Raketen sind eine solche
Bedrohung. Ihre Existenz erzwingt die Nachrüstung, ihre
Beseitigung würde uns von der Notwendigkeit der Nachrüstung und alle Völker Europas von einer großen
Gefahr und einer großen Sorge befreien. Darüber muß
verhandelt werden. Es bleibt dabei: Der Westen verläßt
keinen Verhandlungstisch, und er verweigert keine Verhandlung.

Unsere Völker – alle Völker dieser Welt – wünschen
nichts sehnlicher als die Ächtung der grausamen chemischen Waffen. Der von den Vereinigten Staaten ange-
kündigte Entwurf eines Abkommens über ein weltweites,
vollständiges und nachprüfbares Verbot aller chemischen
Waffen will diese Ächtung. Dem darf sich niemand ver-
schließen. Das Problem der Verhandlungen über die chemischen Waffen ist doch nicht die Frage, ob man sie

weltweit oder nur für Europa ächtet. Nein, das Hindernis liegt in der bisherigen Weigerung der Sowjetunion, die Nachprüfbarkeit befriedigend zu lösen. Ändert sich diese sowjetische Haltung zum Positiven, dann ist der Weg frei für die Ächtung der chemischen Waffen – weltweit. Warum soll ein solches Abkommen auf Europa beschränkt werden? Haben nicht alle Völker der Welt das gleiche Recht, von dieser Geißel der Menschheit befreit zu werden?

Bei Abrüstung und Rüstungskontrolle dürfen wir nicht nur die nuklearen Waffen sehen, die seit Ende des Zweiten Weltkriegs auf westlicher Seite dem Ausgleich konventioneller Unterlegenheit dienen. Je wirksamer die östliche Überlegenheit im konventionellen Bereich abgebaut wird, um so mehr verringert sich unsere Abhängigkeit von nuklearen Waffen.

Das konventionelle Kräfteverhältnis wird ein Hauptgegenstand der zweiten Konferenzphase sein. Auch ein allein mit konventionellen Waffen geführter Krieg in Europa wäre tausendmal schrecklicher als der Zweite Weltkrieg. Das westliche Bündnis hat mit seiner Bonner Erklärung vom 10. Juni 1982 feierlich klargestellt, daß keine unserer Waffen – gemeint sind die atomaren wie die konventionellen – jemals eingesetzt wird, es sei denn als Antwort auf einen Angriff.

Es würde der Vertrauensbildung dienen, wenn alle KSZE-Teilnehmerstaaten zu einem so umfassenden Verzicht bereit wären. Ziel der künftigen Phasen dieser Konferenz muß es sein, konventionelle Waffen und Truppen in ganz Europa auf ein möglichst niedriges und gleichgewichtiges Niveau zu bringen. Diese Bemühungen nehmen nichts von der Bedeutung der MBFR-Verhandlungen in Wien, deren Fortsetzung wir dringlich fordern und zu deren Erfolg wir auch in Zukunft konstruktive Beiträge leisten werden. So wichtig die Sicherheitsfragen sind, das West-Ost-Verhältnis reicht weit darüber hinaus.

IV

Das politische Umfeld

Auch die Chancen von Stockholm werden von dem gesamten politischen Umfeld abhängen, dessen Entwicklung die Teilnehmerstaaten durch ihre Politik mitbestimmen. Der KSZE-Prozeß in seiner Gesamtheit und die Erfüllung der mit der Schlußakte von Helsinki übernommenen Verpflichtungen sind dafür ein wichtiges Instrument. Die bilateralen Beziehungen mit allen unseren östlichen Nachbarn wollen wir in allen Bereichen auf der Grundlage der geschlossenen Verträge weiter ausbauen.

Wir Deutsche – in beiden deutschen Staaten – sind uns unserer Verantwortung für den Frieden bewußt. Unser Bemühen um die Entwicklung und die Verbesserung unserer Beziehungen zur DDR ist europäische Friedenspolitik. Wir werden den Weg des Dialogs und der langfristig angelegten Zusammenarbeit fortsetzen, in Verantwortung vor dem deutschen Volk und vor unseren europäischen Nachbarn.

Wir Deutsche haben in der Geschichte oft im Gegensatz zu unseren Nachbarn gestanden. Heute sind unsere nationalen Interessen eingebettet in die Interessen Europas. Dies macht uns zum engagierten Verfechter des Einigungsprozesses der in der Europäischen Gemeinschaft zusammengeschlossenen Demokratien und zum Motor der West-Ost-Zusammenarbeit. Handel und wirtschaftliche Zusammenarbeit auf gleichberechtigter und langfristiger Grundlage können einen konstruktiven Beitrag zur politischen Stabilität der Beziehungen zwischen West und Ost leisten.

Der zweite Korb der Schlußakte von Helsinki ist in seinen Möglichkeiten noch längst nicht ausgeschöpft. Die Volkswirtschaften in West und Ost sind komplementär.

Auch die Vertiefung der Zusammenarbeit in den Bereichen der Wissenschaft, Technik und Umwelt liegt im all-
seitigen Interesse.

Als Land in der Mitte Europas, das der grenzüberschreitenden Umweltgefährdung besonders ausgesetzt ist,
werden wir alles daransetzen, daß unsere natürlichen
Lebensgrundlagen durch gemeinsame Anstrengungen
gesichert werden. Das sind wir nicht nur uns selbst, sondern auch künftigen Generationen schuldig. Deshalb
wird die Bundesregierung noch in diesem Jahr zu einer
Konferenz einladen, auf der über den Schutz unserer
Wälder, unserer Flüsse, Seen und Meere verhandelt werden soll.

V

Europa muß ein Beispiel geben

Die 35 Staaten haben im Madrider Schlußdokument
das Ziel gesetzt, »der Pflicht der Staaten, sich der
Androhung oder Anwendung von Gewalt in ihren gegenseitigen Beziehungen zu enthalten, Wirkung und Ausdruck zu verleihen...«. Sie haben sich vorgenommen, zu
diesem Zweck »neue wirksame und konkrete Schritte zu
unternehmen, die darauf gerichtet sind, Fortschritte bei
der Festigung des Vertrauens und der Sicherheit und bei
der Verwirklichung der Abrüstung zu erzielen«.

Damit sind Ziel und Weg klar beschrieben. Der in der
Charta der Vereinten Nationen verankerte und in der
Schlußakte von Helsinki noch einmal feierlich bekräftigte
Gewaltverzicht muß durch konkrete, militärisch bedeut-
same vertrauensbildende Maßnahmen gestärkt werden.

Es kann nicht darum gehen, Taten durch die Wiederholung von Worten zu ersetzen. Es geht darum, die

Worte glaubwürdiger zu machen und das Verhalten in Übereinstimmung mit den Worten zu bringen, und das muß überall in der Welt gelten. Mit Recht hat Präsident Reagan die Verminderung und die schließliche Beseitigung der Androhung und Anwendung von Gewalt bei der Lösung internationaler Streitfragen als erstrangige Aufgabe bei der Verbesserung der internationalen Lage bezeichnet.

Bundeskanzler Helmut Kohl hat im Juli 1983 in Moskau erklärt: »Eine erneute, verbindliche Bekräftigung des Gewaltverbotes kann zur Verbesserung der internationalen Lage beitragen, wenn dadurch Gewaltandrohung konkret verhindert wird, Gewaltanwendung dort, wo sie andauert, beendet wird.« Damit ist auch die fortdauernde Gewaltanwendung in Afghanistan gemeint.

Friedenssicherung, Zusammenarbeit, Entspannung, Selbstbestimmung und Menschenrechte gehören zusammen. Das ist durch die Schlußakte von Helsinki und das Schlußdokument von Madrid bekräftigt. In diesem Schlußdokument wurde nicht nur die KVAE eingesetzt, es wurden auch Expertentreffen über Menschenrechte und menschliche Kontakte beschlossen. Auf den Erfolg dieser Konferenzen und Treffen richten sich die Hoffnungen der Menschen in Europa. Wir wollen unseren Beitrag dazu leisten, daß sich diese Hoffnungen erfüllen. Wir arbeiten mit in Achtung und mit Respekt vor allen an dieser Konferenz beteiligten Völkern, vor ihren Rechten, vor ihrer Würde, vor ihren Beiträgen zur Kultur, zum wissenschaftlichen und technischen Fortschritt.

Wir wollen auch auf dieser Konferenz mit allen Staaten konstruktiv und vertrauensvoll zusammenarbeiten. Wir werden alle hier gemachten Vorschläge aufmerksam und ernsthaft prüfen. Wir hoffen, daß die neutralen und nicht gebundenen Staaten wie in Madrid, so auch in Stockholm, ihre verantwortliche Rolle erfüllen werden

bei der Suche nach Ergebnissen, die für alle akzeptabel
sind.

Wir selbst werden keine Mühe scheuen, unsere Politik
der Vernunft und Verantwortung fortzusetzen. Wir wollen einer europäischen Friedensordnung den Weg ebnen,
die auf Vertrauen und gleiches Recht auf Sicherheit, die
auf Dialog, auf Zusammenarbeit, auf Mäßigung und
Zurückhaltung gegründet ist, einer Friedensordnung, in
der die Menschenrechte und das Selbstbestimmungsrecht
der Völker geachtet werden, so wie das die Schlußakte
von Helsinki vorsieht. Nur so werden wir den Frieden
dauerhaft sichern können. Europa, in dem in der Vergangenheit so oft schreckliche Kriege ausgetragen wurden, von dem aus so oft der Krieg in andere Teile der
Welt getragen wurde, dieses Europa muß der Welt jetzt
ein Beispiel der Friedenssicherung geben, von ihm müssen Initiativen des Friedens ausgehen.

Wir alle müssen anstelle eines Rüstungswettlaufs in
einen Wettlauf der Hilfe für die Völker der Dritten Welt
bei der Überwindung von Hunger, Not und Krankheit
und beim Schutz der natürlichen Lebensgrundlagen eintreten. Das ist unsere Friedensaufgabe und unsere Frie-
densverantwortung gegenüber der ganzen Welt.

Unser Land braucht wieder Eliteuniversitäten

Rede bei der Jahresveranstaltung der Industrie- und Handelskammer in Kiel am 21. Februar 1984

I

Die Zeichen der Zeit erkennen

1983 war das Jahr der wirtschaftlichen Trendwende. Wir überwanden eine lange, gefährliche Rezession, wir haben wieder ein erstes bescheidenes Wachstum erzielt. Für das nun begonnene Jahr 1984 sind die Aussichten positiv. Selbst vorsichtige Schätzungen lassen ein wirtschaftliches Wachstum von über 2,5 Prozent erwarten; die Arbeitslosigkeit hat ihren Höhepunkt überschritten.

Hochtechnologie und Arbeitsmarkt

Die Aufgabe, die nun vor uns liegt, ist: die konjunkturelle Aufwärtsentwicklung in einen anhaltenden strukturellen Wachstumsprozeß überzuführen. Nur so können wir die Arbeitslosigkeit stetig abbauen. Für einen anhaltenden Wachstumsprozeß ist es erforderlich, die neue technologische Revolution, die von den USA und Japan ausgeht, auch bei uns erfolgreich voranzutreiben. Diese technologische Revolution erfordert eine durchgreifende Erneuerung des Produktionsapparates und des Dienstleistungsapparates unserer Volkswirtschaft. Nur wenn wir die neuen Investitionsgüter und die neuen Verbraucherprodukte selbst herstellen, werden wir die technologische Herausforderung bestehen. Andernfalls werden wir zu technologischen Netto-Importeuren aus den USA und Japan werden.

Wir müssen der Vorstellung entgegentreten, daß die neuen Technologien »Jobkiller« sind, daß sie also in ihrem Gesamtergebnis Arbeitsplätze vernichten. So hat erst jüngst das Deutsche Institut für Wirtschaftsforschung in Berlin 60 Branchen mit dieser Fragestellung untersucht. Und das Ergebnis: Arbeitsplätze gingen nicht da verloren, wo modernisiert wurde, sondern dort, wo zu wenig modernisiert wurde und infolgedessen die Arbeitsproduktivität zu wenig anstieg. Von diesem Ergebnis wurde das Institut selbst überrascht. Die Vorstellung, daß die technische Entwicklung das Tempo der Freisetzung von Arbeitskräften beschleunige, habe sich »nicht bestätigt«, wie der Präsident des DIW, Prof. Hans-Jürgen Krupp, sagte. Und er fügte hinzu, dies zwinge, manche bisherigen Urteile »zu revidieren«.

Zu revidieren ist vor allem die Analyse, auf die die Gewerkschaften ihre Forderung nach der 35-Stunden-Woche stützen. Ohne Zweifel wird die technologische Revolution uns vor schwerwiegende Anpassungsprobleme auf den Arbeitsmärkten stellen. Wir werden viele Arbeitskräfte umschulen müssen, und wir werden das Problem haben, daß manche von ihnen sich auf die Anforderungen einer neuen Arbeitswelt nicht mehr einstellen können. Damit ist die Frage der beruflichen und der regionalen Mobilität gestellt.

Es gilt also ernsthafte Übergangsprobleme zu überwinden. Gerade deshalb ist es erforderlich, daß die Tarifpartner diesen Aufschwung nicht gefährden durch einen Arbeitskampf um ein falsches Ziel. Wer ausgerechnet jetzt unserer Wirtschaft die Kosten einer 35-Stunden-Woche bei vollem Lohnausgleich aufbürden würde, der schüfe keine Arbeitsplätze, sondern er würde Arbeitsplätze vernichten. Und er gäbe die falsche Signale nach außen.

Den technischen Fortschritt bejahen und entschlossen mitgestalten

Das Signal, das wir brauchen, ist der Beweis unserer Entschlossenheit, uns der technologischen Herausforderung zu stellen, und nicht ein Signal, daß die Deutschen kleinmütig vor dieser Herausforderung verzagen. An dieser Frage entscheidet sich unsere Zukunft – daran entscheidet sich, ob wir für unsere Jugend genügend Arbeitsplätze schaffen können, ob wir unseren Wohlstand halten und vermehren können, ob wir unsere soziale und letztlich die politische Stabilität unserer Demokratie bewahren können. Hier geht es – man kann dies nicht genug betonen – um eine Lebensfrage unseres Landes.

Es geht auch um die Unabhängigkeit unseres Landes und Westeuropas. Eine Europäische Gemeinschaft, die technologisch zurückfiele, könnte mehr und mehr auf den Export in die Staatshandelsländer angewiesen sein – eine Abhängigkeit, die wir bisher in unseren wirtschaftlichen Beziehungen mit dem Osten vermieden haben.

Wir haben sowohl die menschlichen wie die wirtschaftlichen Ressourcen, um die Herausforderung der neuen technologischen Revolution bewältigen zu können. Wir müssen sie nur bestehen wollen. In den USA und Japan ist die technologische Revolution Thema der öffentlichen Diskussion. Sie muß es endlich auch bei uns werden. In Zeiten des Umbruchs ist es für ein Volk gefährlich, nur an die Gegenwart zu denken und sich mit Tagesfragen zu beschäftigen statt mit den zukunftsentscheidenden Aufgaben.

Die öffentliche Aufmerksamkeit auf die Zukunftsaufgaben hinzulenken: dies war die Absicht, die ich mit meiner Rede vor der Bundesvereinigung der Deutschen Arbeitgeberverbände am Jahresende 1983 verfolgte. Das Echo in den Medien, die Briefe, die ich erhalte, zeigen mir, wie viele Menschen die lebensentscheidende technologische Herausforderung erkannt haben. Auch die Kritiker mußten sich der Diskussion stellen. In der Tat: man kann und muß über die Wege in die Zukunft diskutieren; aber man kann nicht darüber diskutieren, daß wir diesen Weg entschlossen gehen müssen, daß wir bewußt und selbstbewußt unsere Zukunft gestalten müssen.

Erfolg oder Mißerfolg beim Übergang in das hochtechnologische Zeitalter hängen davon ab, daß die Gesellschaft als Ganzes den technischen Fortschritt bejaht und aktiv mitträgt und mitgestaltet. Wir müssen deshalb einem vielfach geradezu liebevoll gehätschelten Kulturpessimismus entgegentreten. In den beiden Ländern, die heute die Welt ins hochtechnologische Zeitalter führen – in den USA und in Japan – finden wir eine Stimmung von Aufbruch und Zuversicht. Staat und Gesellschaft streben der Zukunft entgegen.

Professor Speiser, der Forschungsdirektor von Brown Boveri, hat das Klima in Japan sehr eindrucksvoll beschrieben. Er sagt: »Ein wesentliches Element in der hochtechnologischen Entwicklung ist die Wertung der Technik durch die Allgemeinheit. Der Ingenieur genießt innerhalb der akademischen Berufe ein hohes Sozialprestige. Gemessen an der Bevölkerungszahl werden mindestens doppelt so viele Ingenieure ausgebildet wie im Westen. Mikroprozessoren und Roboter genießen öffentliche Sympathien, sie werden nicht als ›Jobkiller‹, sondern im Gegenteil als Partner in der Verbesserung der Lebensverhältnisse betrachtet.«

Chancen und Risiken der Hochtechnologie

Ich plädiere nicht für eine blinde Gläubigkeit in den technischen Fortschritt. Wir alle wissen, daß die Technik Gefahren mit sich bringt, daß sie falsch gebraucht und mißbraucht werden kann. Umweltschutz, Datenschutz, Schutz gegen die Manipulation menschlicher Gene – dies sind heute und für die Zukunft unerläßliche Aufgaben. Es sind Aufgaben für den freiheitlichen Rechtsstaat, in dessen Mittelpunkt der Mensch in seiner Würde und seinen unveräußerlichen Rechten steht.

Aber was wir gerade bei den neuen Schlüsseltechnologien, der Mikroelektronik und der Biotechnik erkennen müssen, sind die großen Chancen, die sie in unsere Hand legen. Da ist die große Chance für den Schutz der natürlichen Umwelt: Die zweite industrielle Revolution öffnet geradezu den Ausweg aus der Umweltkrise, die durch die erste verursacht wurde. Sie stellt in Aussicht, daß wir Ökonomie und Ökologie miteinander versöhnen können. So macht die Mikroelektronik eine Miniaturisierung vieler Geräte und eine genaue Steuerung der Produktionsprozesse möglich. Beides aber bedeutet, daß Rohstoffe und Energie in großem Umfang eingespart werden. Die Biotechnik andererseits wird viele umweltbelastende chemische Produktionsprozesse durch biologische und das heißt »natürliche« Verfahren ersetzen. »Maßgeschneiderte« Bakterien werden überdies kostengünstig Abfälle abbauen und Ölverschmutzung beseitigen. Die Biotechnik senkt also nicht nur die Umweltbelastung, sie kann auch Schäden heilen.

Doch noch weit darüber hinaus: die neuen Technologien eröffnen uns die Chance zu einer umfassenden Erhöhung der Lebensqualität. Die Biotechnik verspricht neue Durchbrüche in der Medizin. Die durch die Mikroelektronik möglich gemachte Automatisierung vieler Produktionsprozesse und Dienstleistungstätigkeiten kann zur Humanisierung der Arbeitswelt beitragen. Die neuen Kommunikationstechniken werden die Möglichkeiten, sich zu informieren und zu lernen, in heute noch kaum vorstellbarer Weise erweitern. Zugleich nähern sich die Bildungsmöglichkeiten in den Dörfern und Kleinstädten denen in den Großstädten an. Die Chancen des Einzelnen, sich selbst zu entfalten, wachsen weiter. Freizeitgestaltung, kulturelle Kreativität und soziales Engagement erhalten zusätzliche Möglichkeiten.

Wenn wir den Übergang in das Informationszeitalter bewußt vollziehen und gestalten und wenn wir die jungen Menschen durch Erziehung auf die neuen Möglichkeiten und Anforderungen dieses Zeitalters vorbereiten, dann – aber auch nur dann – können uns die neuen Technologien auf eine neue, höhere Entwicklungsstufe führen.

Die Rahmenbedingungen einer hochtechnologischen Volkswirtschaft

Der Aufbau einer hochtechnologischen Volkswirtschaft ist zunächst einmal Aufgabe der Forscher, der Ingenieure, der Unternehmer. Welche neuen Produkte zu produzieren, welche neuen Produktionsverfahren einzuführen sind, das können nur sie herauszufinden suchen. Und über den Erfolg kann nur der Markt entscheiden. Jeder Versuch, die zweite industrielle Revolution durch staatliche Bürokratien zu steuern, wäre von vornherein zum Scheitern verurteilt.

Aber die Unternehmer können die hochtechnologische Volkswirtschaft nicht in einem Vakuum aufbauen, sie brauchen dazu die notwendigen gesellschaftlichen und staatlichen Rahmenbedingungen. Wir müssen die soziale Marktwirtschaft unter den Bedingungen der zweiten industriellen Revolution neu verwirklichen.

Hoch auf der Prioritätenliste müssen für die nächsten Jahre stehen:

- Erstens: Die Stärkung der Bereitschaft zu Leistung, Eigenverantwortung und unternehmerischem Risiko in Wirtschaft und Gesellschaft. Notwendig in diesem Zusammenhang ist vor allem auch, die Steuertarifreform zu verwirklichen.

- Zweitens: Die Verstetigung der Konsolidierung der öffentlichen Finanzen und die Wiederherstellung der finanzpolitischen Handlungsfähigkeit des Staates.

- Drittens: Die Entbürokratisierung, die Lichtung des Dschungels einer Unzahl von Gesetzen, Verordnungen und Vorschriften, die unternehmerische Initiative und Innovation einengen.

- Viertens: Die stufenweise Verminderung und der Abbau von Subventionen, mit denen wettbewerbsunfähige Bereiche künstlich am Leben gehalten werden. Erhaltungssubventionen gehen auf Kosten des Aufbaus zukunftsträchtiger Industrien. Und außerdem – auch das muß einmal klar gesagt werden – kommen sie zumeist Großunternehmen zugute und verzerren so den Wettbewerb zu Lasten der mittelständischen Wirtschaft.

Wo tausend Arbeitsplätze bedroht sind, da wird die Öffentlichkeit mobilisiert. Wo es um hundert Arbeitsplätze geht, findet man die Nachricht darüber nur im Lokalteil der örtlichen Zeitung. Wettbewerb und marktwirtschaftliches Risiko dürfen nicht nur für die kleinen und mittleren Unternehmen gelten. Es entspricht den Prinzipien unseres sozialen Rechtsstaates, daß der Staat den unumgänglichen Strukturwandel in unserer Wirtschaft für die Einzelnen sozial abfedern muß, so gut er dies nur immer kann. Aber das heißt eben, daß der Strukturwandel vorangeht, und nicht, daß man ihn mit Milliarden Subventionen aufhält.

II

Wege in die Zukunft

Lassen Sie mich im folgenden auf drei Politikbereiche etwas näher eingehen, die für den Aufbau einer hochtechnologischen Volkswirtschaft und Gesellschaft von herausragender Bedeutung sind:

- Erstens: Wir brauchen die Menschen, die Hochtechnologie entwickeln und sie zu international wettbewerbsfähigen Preisen produzieren können. Ein zukunftsorientiertes, leistungsfähiges Bildungs- und Ausbildungssystem hat damit für den Übergang in das hochtechnologische Zeitalter eine Schlüsselbedeutung.
- Zweitens: Es genügt nicht, innovative Ingenieure und Unternehmer zu haben. Sie müssen bei uns auch die Voraussetzungen vorfinden, unter denen sie ihre Ideen verwirklichen können. Dies macht eine Existenzgründungsstelle für mittelständische Unternehmer und insbesondere den Aufbau eines leistungsfähigen Systems der Risikokapitalfinanzierung zu einer weiteren wichtigen Aufgabe.
- Drittens: Die Bedingungen für den Aufbau einer hochtechnologischen Wirtschaft schließlich übersteigen den nationalen Rahmen. Wir brauchen die Zusammenarbeit innerhalb Europas – Zusammenarbeit in Forschung, Entwicklung und Produktion und Schaffung eines homogenen europaweiten Marktes für Hochtechnologien. Wir brauchen für den Erfolg Europa.

Die Bildungspolitik

Niemals in der Geschichte waren Erziehung und Lernen wichtiger als heute. Die heraufkommende Informationsgesellschaft ist ihrem Wesen nach Wissensgesellschaft. Der Wettbewerb der Nationen ist damit letztlich Wettbewerb ihrer Schulen, ihrer Universitäten, ihrer Forschungseinrichtungen.

Es ist daher eine Aufgabe allerersten Ranges, ein Bildungs- und Ausbildungssystem zu haben, das die jungen Menschen auf das Leben in der Informationsgesellschaft und auf die Arbeit in einer hochtechnologischen Wirtschaft vorbereitet.

Diese Aufgabe fängt an in den Schulen. Die Schulen müssen die Schüler vertraut machen mit dem Umgang mit dem Computer und mit der Nutzung der neuen Informationsmöglichkeiten. Und sie müssen vor allem jene Fähigkeiten und Haltungen vermitteln, die in dem neuen Zeitalter entscheidend sein werden: Leistungswille, Verantwortungsbereitschaft, Toleranz und soziales Engagement, und nicht zuletzt Fähigkeit und Bereitschaft zu autonomem, lebenslangen Lernen.

Unsere Schulen können diese Aufgaben nur erfüllen, wenn sie entsprechend ausgebildete und motivierte Lehrer haben. Eine an der Zukunft orientierte Reform der Bildung und Ausbildung an unseren Schulen muß also anfangen mit einer Reform der Lehrerbildung und mit der Weiterbildung derer, die jetzt schon Lehrer sind.

Die Bildungsaufgabe setzt sich fort an den Universitäten. Sie wissen, daß meine Äußerungen zu den Universitäten und insbesondere meine Forderung nach Elite-Universitäten eine lebhafte Diskussion in unserer Öffentlichkeit ausgelöst haben. Diese Diskussion war dringend notwendig. Und als besonders erfreulich empfinde ich, daß diese Diskussion endlich das Tabu um den Begriff der Elite gebrochen hat. Mit »Eliten« meine ich: Leistungs- und Verantwortungseliten, Menschen also, die sich durch herausragende Leistungen für Staat und Gesellschaft auszeichnen und nicht durch Herkunft von reichen oder priviligierten Eltern.

Wir leben in einer demokratischen Gesellschaft, die unter die Verfassungsnorm des sozialen Rechtsstaates gestellt ist. Wir leben nicht in einer Privilegiengesellschaft. Weil wir für das Bürgerrecht auf Bildung eintreten, muß unsere Bildungspolitik Nachteile und Barrieren auch finanzieller und sozialer Art überwinden. Das ist Chancengleichheit. Aber zu dieser Chancengleichheit gehört, daß die bessere Leistung ermöglicht und gefördert wird. Oder, um es noch deutlicher zu sagen: Gleiche Chancen schaffen nicht den gleichen Menschen, sondern sie ermöglichen die Entfaltung seiner individuellen Begabungen und Fähigkeiten.

Es ist grotesk, wie die Propagandisten der Gleichmacherei auf meine Forderung nach verstärkter Bildung von Leistungseliten reagieren. Das zeigt, wie schwer es manchen fällt, die Prinzipien einer Leistungs- und Verantwortungsgesellschaft zu akzeptieren. Da wird tief in die Kiste der Klassenkampfparolen gegriffen und sogar eine Gefahr für die Verfassung ausgemacht.

Mich schreckt jedoch die Kritik derjenigen nicht, die meinen, es müßte alles so bleiben, wie es ist. Ich bleibe dabei: Jedes Volk braucht Leistungseliten – oder sagen wir es anders: Jedes Volk ist darauf angewiesen, daß der Weg nach »oben« durch besondere Leistung und soziales Verantwortungsbewußtsein für jeden geöffnet wird. Wer seinem Volk Leistungseliten verweigert, der verweigert seiner Jugend die Zukunft und seinen alten Menschen den gesicherten Lebensabend.

Die Diskussion kann deshalb sinnvollerweise nur darum gehen, auf welche Weise sich solche Eliten bilden und wie sie optimal gefördert werden können.

Ein Blick auf unser gegenwärtiges Hochschulsystem ist erforderlich: An unseren Hochschulen studieren heute über 1,2 Millionen Studenten. Seit 1960 hat sich damit die Zahl der Studenten mehr als vervierfacht, und mehr als vervierfacht hat sich auch die Zahl der Lehrenden. Durch diesen beispiellosen Ausbau haben wir die Universitäten für alle Schichten unseres Volkes geöffnet. Das war dringend notwendig.

Aber es ist auf der anderen Seite auch deutlich: Mit dem schnellen quantitativen Ausbau hat die Erfüllung der qualitativen Aufgaben nicht Schritt halten können. Das gilt auch für die Förderung der Hochbegabten, der potentiellen Eliten.

Begabten- und Hochbegabtenförderung ist zur Verwirklichung des Bürgerrechts auf Bildung ebenso unerläßlich wie die Breitenförderung. Der wissenschaftlich besonders befähigte Nachwuchs bedarf intensiver Förderung. Hochbegabte müssen Gelegenheit erhalten, ihre besondere Begabung voll zu entfalten. Dazu ist die Schaffung besonderer Studienangebote, insbesondere der systematische Aufbau von postgraduierten Studien, erforderlich. Öffentliche wie private Hochschulen müssen die Möglichkeit haben, in bestimmten Schwerpunktfächern, in denen sie sich der Förderung der Hochbegabten besonders annehmen wollen, über die Zulassung der Studenten selbst zu entscheiden. Gerade in dieser Aufgabe können Stiftungslehrstühle oder Stiftungsinstitute innerhalb bestehender Universitäten einen besonderen Beitrag leisten.

Der Präsident der Harvard-Universität hat vor kurzem darauf hingewiesen, daß die Stärke des amerikanischen Hochschulsystems in seiner Vielfalt und Differenzierung liege, in seiner Spannbreite, die von den lokalen Community Colleges bis zu dem guten Dutzend weltberühmter Spitzenuniversitäten reicht: wie Harvard, Stanford, MIT, Berkeley. Durch diese Vielfalt kann das amerikanische Hochschulsystem den verschiedenen Bedürfnissen, Interessen, Begabungen der Studenten gerecht werden.

Niemand wird daran denken, das amerikanische

System, das durchaus seine Mängel hat, auf unser historisch anders gewachsenes Hochschulsystem übertragen zu wollen. Aber wir dürfen nicht übersehen, daß für uns bei der Expansion unseres Hochschulsystems nach dem Grundsatz der Gleichwertigkeit und der Gleichbehandlung aller Universitäten gehandelt wurde. Dazu kam, daß allzu viele in unserem Land die urliberale Forderung der Chancengleichheit verwechselten mit der »Gleichheit der Ergebnisse«. Das führte zu der Idee, daß jeder jedes Ausbildungsziel erreichen könne, wenn er nur gefördert und notfalls eben kompensatorisch gefördert werde.

Professor Turner, der langjährige Präsident der Westdeutschen Rektorenkonferenz, beschreibt das Ergebnis dieser Gleichmacherei: »Die große Zahl der Studierenden schließt es aus, vertiefte Diskussionen auf einem fachlich anspruchsvollen Niveau zu führen und Studenten mit besonderer Begabung zu erkennen ... und sie frühzeitig und adäquat zu betreuen. Und auf der anderen Seite bildet man auch jene Studenten nicht effizient aus, die weder die Neigung noch die Begabung haben, Forscher und Gelehrte zu werden. Eine Erziehung, die am Ziel des Wissenschaftlers ausgerichtet ist, überfordert diese, statt sie zu fördern.«

Die Forschungspolitik

Unser Land gibt 2,5 Prozent des Bruttosozialprodukts für Forschung und Entwicklung aus. Wir liegen damit zusammen mit den USA an der Spitze aller Industrieländer. Unsere Universitäten, unsere staatlichen Großforschungsinstitute und die Labors der Wirtschaft sind in der Regel hervorragend ausgestattet – so hervorragend, daß uns Amerikaner manchmal beneiden. Wenn wir dennoch in der Spitzenforschung im internationalen Vergleich nicht überall die gewünschten Spitzenpositionen haben, so kann dies also nicht am Geldmangel liegen.

Es muß jetzt darum gehen, neben der Breitenförderung Gewicht auf gezieltere Förderung der Hochbegabten und auf die Förderung der Spitzenforschung zu legen.

Gegen alle Gleichwertigkeitsideologie gibt es natürlich auch schon jetzt Unterschiede in der Leistungsfähigkeit und im Ansehen zwischen den einzelnen Universitäten und zwischen den einzelnen Fachbereichen an den Universitäten.

Diesen natürlichen Trend zur Differenzierung gilt es bewußt zu fördern. Es gilt, den Wettbewerb zwischen unseren Universitäten zu verstärken – den Wettbewerb um wissenschaftliche Anerkennung und den Wettbewerb um die Qualität der Forschung und Lehre, den Wettbewerb um die Finanzmittel, den Wettbewerb um die besten Professoren und – zumindest mittelfristig – den Wettbewerb um die begabtesten Studenten.

Wer Wettbewerb zwischen den staatlichen Universitäten will, der muß diese Universitäten zu diesem Wettbewerb fähig machen, und das heißt: Er muß ihnen die notwendige Selbständigkeit geben und sie von bürokratischer Bevormundung und Reglementierung befreien. Er muß ihnen größere Eigenverantwortung bei der Verwendung der finanziellen Mittel geben. Er muß die Einwerbung von Forschungsaufträgen aus der Industrie, die sogenannte Drittmittelforschung, von dem bisherigen Argwohn befreien, ja, er muß die Inanspruchnahme der Drittmittel fördern und erleichtern. Das MIT zum Beispiel finanziert fast die Hälfte seines Jahresetats durch solche Drittmittelforschung. Der Qualität der Ausbildung und der Forschung kommt dies offensichtlich nur zugute.

Wer den Wettbewerb zwischen den staatlichen Universitäten will, der muß weiter dafür sorgen, daß die Professoren wieder den Großteil ihrer Zeit auf Forschung und

Lehre verwenden können und nicht auf das Ausfüllen von Anträgen, auf das Verfassen von Rechtfertigungsberichten über Mittelausgaben und auf die Teilnahme an endlosen Verwaltungs- und Gremiensitzungen.

Und wer den Wettbewerb zwischen den staatlichen Universitäten will und die Herausbildung von Spitzenergebnissen in der Forschung durch den Wettbewerb, der muß wirksame Anreize schaffen, und das heißt vor allem auch: die staatliche Hochschulfinanzierung so ausrichten, daß sie Leistung und Spitzenergebnisse belohnt und gezielt fördert. Entbürokratisierung und mehr Eigenverantwortung unserer Universitäten, Wettbewerb und Differenzierung – dies müssen die Ordnungsprinzipien unserer Hochschulpolitik sein.

Diese Aufgabe wird wesentlich erleichtert, wenn die öffentlichen Universitäten diesen Wettbewerb nicht nur untereinander austragen, sondern wenn dieser Wettbewerb auch von außen herangetragen wird – herangetragen von privaten Universitäten. Private Universitäten können »Stachel im Fleisch« der öffentlichen Universitäten sein. Sie können zugleich in vielfältiger Weise konkrete Vorbilder geben, wie man Dinge anders, effizienter machen kann. So wie sich inzwischen überall herumgesprochen hat, daß es im Rundfunk und Fernsehen die Konkurrenz von öffentlich-rechtlichen und privaten Programmen geben muß, so ist zu hoffen, daß auch bei den Hochschulen die Forderung nach privaten Universitäten niemandem mehr Schrecken einjagen wird in naher Zukunft.

Das Nebeneinander von privater und öffentlicher Gestaltung ist im übrigen in den anderen Bildungsbereichen selbstverständliche Wirklichkeit. Ich erinnere an die Privatschulen, an denen immerhin jeder 20. Schüler und jeder 10. Gymnasiast unterrichtet werden. Damit verglichen besteht also bei den Hochschulen ein ausgesprochener Nachholbedarf. Und ich begrüße es deshalb, daß in letzter Zeit private Initiatoren und Stifter begonnen haben, von der im Hochschulrahmengesetz und in mehreren Länderverfassungen ausdrücklich eingeräumten Möglichkeit Gebrauch zu machen, private Hochschulen zu gründen.

Im Zusammenhang mit der Forderung nach privaten Universitäten habe ich den Gedanken zur Diskussion gestellt, zwei private Technische Hochschulen zu gründen:

- die eine mit Schwerpunktbildung bei der Mikroelektronik und ihren Anwendungsgebieten,
- die andere mit Schwerpunktbildung bei der Biotechnik und ihren Anwendungsgebieten.

Beide Hochschulen sollen dabei von vornherein Schulen mit einem sehr hohen Leistungsanspruch und Leistungsstandard sein. Sie sollen auch den Wettbewerb mit den und zwischen den staatlichen Hochschulen beleben. Dieser Wettbewerb soll Spitzenleistungen im öffentlichen und im privaten Bereich fördern, denn niemand wird private Universitäten automatisch mit Spitzenuniversitäten gleichsetzen – und es kann auch nicht darum gehen, den öffentlichen Universitäten die Breitenausbildung zu überlassen und für die Eliteausbildung private Universitäten aufzubauen. Die Spitzenuniversitäten, die unser Land braucht, müssen und können in Zukunft überwiegend aus dem bestehenden staatlichen System heraus entstehen.

Bei meinem Vorschlag geht es um die Gründung zweier relativ kleiner privater Hochschulen mit Schwerpunktbildung auf den Technologien, die für die Zukunft unserer Volkswirtschaft von überragender Bedeutung sind. Wir brauchen in beiden Bereichen, in der Mikroelektronik und in der Biotechnik, dringend zusätzliche und hervorragende Ausbildungskapazitäten. Das Fach

Informatik ist an unseren bestehenden Universitäten schon jetzt überfüllt.

Die notwendigen zusätzlichen Ausbildungskapazitäten durch private Gründung zu schaffen, hätte mehrere Vorteile: Wir könnten auf diese Weise zusätzliche finanzielle Mittel mobilisieren. Und wir könnten die Möglichkeit schaffen, aus dem Ausland und aus der Wirtschaft hochqualifizierte Professoren zu gewinnen, die einer Berufung an eine öffentliche Hochschule entweder nicht folgen würden oder die dafür aus besoldungsrechtlichen Gründen nicht in Betracht kämen. Auf diese Weise würden wir also ein entscheidendes Hemmnis für den Ausbau der Ausbildungskapazitäten in der Informatik und der Molekularbiologie überwinden – den akuten Mangel an Wissenschaftlern, die man als Professoren berufen könnte.

Die Forderung nach einem hohen Leistungsanspruch und hohem Leistungsstandard für diese beiden privaten Hochschulen bedeutet auch, daß nicht an eine technologische Schmalspurausbildung gedacht wird. Eliten kann man nicht an »Brothochschulen« heranziehen. Ein Blick in das Lehrangebot des MIT zum Beispiel zeigt, daß hier auch Philosophen und Sprachwissenschaftler, Historiker und Ökonomen von Weltruf lehren.

Die Vermittlung einer abgerundeten Bildung setzt andererseits nicht notwendigerweise eine voll ausgebaute technische Universität voraus. Dieses Ziel kann vielmehr auch erreicht werden durch Zusammenarbeit mit anderen, am Ort bereits bestehenden Universitäten.

Die beiden zur Diskussion gestellten privaten Technischen Hochschulen könnten für unsere Industrie und für die Ansiedlung neuer technologie-orientierter Unternehmen von allergrößtem Nutzen sein. Ich mache mir dennoch keine Illusionen darüber, wie schwierig es ist, die beträchtlichen Mittel aufzubringen, die für die Errichtung und den jährlichen Etat dieser Hochschulen nötig sind.

Mit ungleich geringerem Aufwand ließen sich private Stiftungsinstitute und Stiftungslehrstühle an bestehenden öffentlichen Technischen Universitäten finanzieren. Auch solche Pläne sollten daher aktiv verfolgt werden.

Es ergibt sich in diesem Zusammenhang auch die dringende Aufgabe, das Stiftungsrecht und das Stiftungssteuerrecht so zu reformieren, daß die Finanzierung privater Hochschulen erleichtert wird.

Die Förderung der Technologie in kleinen und mittleren Unternehmen

Eine weitere prioritäre Aufgabe, die sich für eine staatliche Politik zur Beschleunigung der technologischen Revolution stellt, ist die Förderung der kleinen und mittleren Unternehmen und die Förderung insbesondere technologie-orientierter Neugründungen.

Wenn Marx mit vielen seiner Voraussagen Unrecht hatte, so gerade auch mit seiner Prophezeiung, daß in einem unaufhaltsamen Konzentrationsprozeß die kleinen und mittleren Unternehmen aufgesogen würden. Das Gegenteil ist eingetreten: Das mittelständische Unternehmertum ist bei uns wie in anderen Industriestaaten weiterhin das Rückgrat der Volkswirtschaft, und es ist ein Hauptträger des technischen Fortschritts. Die Mehrzahl aller Basisinnovationen wurde und wird in kleinen und mittleren Betrieben gemacht. Die Innovationszentren auch der amerikanischen Wirtschaft sind nicht so sehr die Mammutunternehmen, sondern die jungen Unternehmen im Silicon Valley oder an Bostons Route 128, die sich um Spitzenuniversitäten als ihre technologischen Mittelpunkte scharen.

Wer die technologische Revolution fördern will, der also muß vor allem auch die mittelständischen Unternehmen fördern. Und er muß die Gründung neuer junger Unternehmen mit allen verfügbaren Mitteln erleichtern. Konkret bedeutet dies insbesondere, daß wir die Schwäche unseres Systems der Risikokapitalfinanzierung überwinden. Im letzten Jahr ist hier von der privaten Wirtschaft bereits Wichtiges getan worden. Banken und Sparkassen gründen – zum Teil in Gemeinschaft mit Industrieunternehmen – Risikokapitalfonds für die Finanzierung neuer Unternehmen.

Es liegt jetzt am Staat, die Rahmenbedingungen bei den Steuervorschriften, an der Börse und an den Kapitalmärkten so zu ändern, daß Anreize für Risikokapitalgeber entstehen und die Anfangsentwicklung innovativer Unternehmen erleichtert wird. Diese Aufgabe ist erkannt: Die Fraktion der F.D.P. hat zusammen mit der Fraktion der CDU/CSU im Bundestag ein 14-Punkte-Programm zur Diskussion eingebracht, das die Bedingungen für die Risikokapitalfinanzierung und die Neugründung von Unternehmen wirksam verbessern soll. Ich hoffe, daß wir mit der Formulierung der entsprechenden Gesetzesentwürfe und ihrer Verabschiedung schnell vorankommen.

Risikokapital ist auch bei uns genügend vorhanden, wie die großen Summen demonstrieren, die Jahr für Jahr in die Abschreibungsgesellschaften fließen. Es kommt nun darauf an, diese Gelder freizusetzen für zukunftsorientierte Investitionen in neuen Technologien und sie für die Neugründung von Unternehmen zu nutzen statt für die Finanzierung texanischer Ölbohrlöcher oder für die Fehlleitung in Abschreibungsmodelle.

Eine wichtige Aufgabe ist weiter, den Transfer von Forschungsergebnissen in die kleinen und mittleren Unternehmen zu fördern. Dazu gehört die Intensivierung der Zusammenarbeit zwischen Universitäten und den kleinen und mittleren Unternehmen. Eine wirksame

Hilfe könnte auch der Aufbau von Datenbanken für Patente sein und der Anschluß der kleinen und mittleren Unternehmen an diese Datenbanken.

Die Dinge sind bei uns in Bewegung gekommen. Der unternehmerische Mittelstand regt sich wie seit Jahren nicht mehr. Und nichts macht den Stimmungswechsel in unserem Lande deutlicher als die Welle der Existenzgründungen, die wir gegenwärtig erleben.

Eine europäische Technologiepolitik

Eine Politik zur Bewältigung der technologischen Herausforderung ist notwendigerweise auch: eine Politik für Europa. Denn diese Herausforderung übersteigt die nationale Dimension. Mit den USA und Japan kann nicht der einzelne europäische Staat mithalten, sondern nur die europäische Gemeinschaft und Westeuropa als Ganzes. Nur Europa als Ganzes hat die erforderlichen Forschungs- und Industriekapazitäten. Und nur Europa als Ganzes bietet einer hochtechnologischen Industrie einen Heimmarkt, der die erforderliche Größe hat.

Doch wie sieht es bei der Hochtechnologie in Europa aus? Unsere Märkte sind bei vielen Hochtechnologien in nationale Märkte aufgesplittert – durch unterschiedliche Normen und durch eine öffentliche Beschaffungspolitik, die möglichst nur von der eigenen nationalen Industrie kauft. Aufgesplittert ist ebenso unsere Forschung. Europa vergeudet seine Kräfte in Doppel- und Dreifacharbeit. Lassen Sie mich ein konkretes Beispiel geben: Ein für die Entwicklung der Elektronikindustrie zentraler Bereich ist der Aufbau einer modernen Kommunikationsinfrastruktur in Europa. Für den Aufbau dieser Fernmelde-Infrastruktur werden die Mitgliedstaaten der EG in den nächsten 10 Jahren über 150 Milliarden Dollar ausgeben. Von dieser Summe wird ein beträchtlicher Teil auf die digitalen Vermittlungseinrichtungen entfallen. Doch was geschieht hier? Die USA mit ihrem ungleich größeren Markt entwickeln vier Digitalvermittlungssysteme, Japan drei, Europa aber neun. Die nationalen Märkte in Europa aber sind zu klein, um die hohen Entwicklungskosten für diese Systeme wieder einbringen und in Produktionsgrößen vorstoßen zu können, mit denen man auf dem Weltmarkt zu wettbewerbsfähigen Preisen verkaufen kann. Es ist diese Marktaufsplitterung und es ist diese Vergeudung unserer Forschungs- und Entwicklungsressourcen durch Neunfacharbeit, die wir endlich durch eine konsequente Politik für die technologische Zusammenarbeit in Europa überwinden müssen. Auch hier kommen glücklicherweise die Dinge in Bewegung.

Was national gilt, gilt mehr noch für Europa: Noch haben wir die Ressourcen, um in den neuen Spitzentechnologien mit den USA und Japan mithalten und, wo dies nötig, zu ihnen aufschließen zu können. Worauf es ankommt, ist, daß wir uns der umfassenden technologischen Herausforderung voll bewußt werden. Dieser Wille ist in unserem Lande im Erstarken. Wir sind im Begriff, den lähmenden Kulturpessimismus zu überwinden. Wir können auch die technologische Herausforderung bestehen; wir müssen es nur wollen. Ich bin ganz sicher: Die geistige Wende beginnt zu greifen.

Die Luft- und Raumfahrtindustrie dient der Zukunft Europas

Rede zur Eröffnung der Internationalen
Luftfahrtausstellung in Hannover am 19. Mai 1984

Die technologische Bedeutung von Luft- und Raumfahrt

Luft- und Raumfahrt – darauf hat Ludwig Bölkow vor kurzem hingewiesen – sind zwar nur ein Teil der gesamten Technik, aber sie sind vielleicht der Teil, der in den letzten fünfzig Jahren am meisten zu ihrer Fortentwicklung beigetragen hat.

Die Luft- und Raumfahrtindustrie ist zunächst einmal eine Spitzenindustrie par excellence. Forschung und Entwicklung haben hier einen Anteil am Umsatz, der siebenmal so hoch ist wie in der übrigen Industrie. Von den hier Beschäftigten hat jeder Fünfte einen Hochschul- oder Fachhochschulabschluß, und zwei Drittel eine Fachausbildung. Darüber hinaus aber gingen und gehen von der Luft- und Raumfahrt stärkste Innovationsanstöße für die technische Entwicklung insgesamt aus. Der Zwang zur Miniaturisierung zum Beispiel war ein entscheidender Impuls für die Entwicklung des Transistors und des integrierten Schaltkreises, der Basis-Innovation der gesamten neuen Informationstechnologien.

Die Vorstellung, Raumfahrt sei nur ein Prestige-Unternehmen im Wolkenkuckucksheim, und es wäre besser, das viele Geld für die Lösung irdischer Probleme auszugeben, war immer falsch. Heute aber, wo – nach noch nicht einmal dreißigjähriger Entwicklung – die Raumfahrt in das kommerzielle Stadium eingetreten ist, ist für jeden unmittelbar einsehbar, daß die Raumfahrt zur Lösung der Aufgaben auf der Erde dient, ja daß sie dafür unentbehrlich ist: Kommunikationssatelliten haben den internationalen Fernsprechverkehr revolutioniert und sind z. B. gerade auch für den Aufbau einer Kommunikationsinfrastruktur in der Dritten Welt und damit für die wirtschaftliche Entwicklung der Dritten Welt von großer Bedeutung. Rundfunk- und Fernsehsatelliten stellen weltweite Direktsendungen in Aussicht, auch dies ist gerade für die Dritte Welt von großer Bedeutung. Wettersatelliten sind in der Landwirtschaft, aber auch zum Beispiel aus unserer Urlaubsplanung nicht mehr wegzudenken. Erdbeobachtungssatelliten werden bei der Exploration von Rohstoffen wie bei der Erkennung von Umweltschäden Wesentliches leisten können. Spacelab schließlich machte uns die großen Möglichkeiten bewußt, die Forschungslabors im Weltraum für die Entwicklung neuer Werkstoffe und neuer Pharmazeutika haben können.

Luft- und Raumfahrt sind das sichtbarste Symbol der technologischen Herausforderung. Sie sind zugleich ein Symbol dafür, daß wir diese Herausforderung nur in der Gemeinschaft Europas bestehen können. Nur in Zusammenarbeit konnten die Europäer das europäische Großraumflugzeug, den Airbus, konnten sie die europäische Trägerrakete, die Ariane, bauen.

Nur in Partnerschaft haben die europäischen Länder die technologische Kraft und die finanziellen Mittel, um mit Amerika mithalten zu können. Was für Airbus und Ariane gilt, gilt jedoch ganz allgemein für die neuen Hochtechnologien. Der notwendige Aufwand für Forschung und Entwicklung ist hier in der Regel so hoch, daß erst die Europäische Gemeinschaft oder wenigstens eine Gruppe europäischer Länder die kritische Masse erreichen, bei der die Finanzmittel, die Forschungskapazitäten und der Heimmarkt ausreichen, um den Erfolg zu ermöglichen.

Die technologische Revolution

An Luft- und Raumfahrt wird auf diese Weise exemplarisch ebenso die technologische Herausforderung wie die europäische Herausforderung deutlich. Mikroelektronik, Biotechnik, neue Materialien, Raumfahrt – dies sind nicht nur einige neue Technologien, die zum Bestand der Volkswirtschaft hinzukommen und zusätzliche Produkte ermöglichen. Diese neuen Technologien werden vielmehr unsere Wirtschaft als Ganzes verwandeln und tiefgreifenden Einfluß auf unser Leben ausüben:

- Die Mikroelektronik und die auf ihr basierenden neuen Informationstechnologien sind bereits in vollem Vordringen. Sie führen die Fabrik der Zukunft und sie führen das Büro der Zukunft herauf.
- Die neuen Biotechnologien, die auf der Basisinnovation der Spaltung und Neukombination von Genen aufbauen, sind zwar noch im Entwicklungsstadium, aber sie versprechen für Landwirtschaft, Medizin, Chemie und Energieerzeugung nicht weniger umwälzende Auswirkungen als sie die Informationstechnologien für Industrie und Dienstleistungen bringen.

Mit einem Wort: Wir stehen mitten in einer technologischen Revolution – einer Revolution, die in ihren Auswirkungen nur vergleichbar ist mit dem Übergang von der Agrargesellschaft in die Industriegesellschaft. Wir leben in der Zeit eines großen Strukturwandels, in einer Zeit des Umbruchs.

Die Schwierigkeiten in einigen unserer großen alten Industrien und die hohe Arbeitslosigkeit sind Anzeichen, daß wir den Strukturwandel bis jetzt nicht adäquat bewältigen, daß wir – zu sehr noch der Vergangenheit verhaftet – mit überholten Rezepten arbeiten.

Japan gibt uns ein Beispiel zukunftsorientierter Bejahung des Strukturwandels. Staat, Wirtschaft und Gesell-

465

schaft haben dort das Ziel und die Vision einer hochtechnologischen Zukunft. Sie gehen auf diese Zukunft entschlossen zu, sie desinvestieren konsequent bei den alten Industrien und sie investieren konsequent bei den neuen Industrien.

Nicht anders ist es in den Technologiezentren wie Silicon Valley, den Technologiekonzernen, den Spitzenuniversitäten in Amerika. Auch hier eine klare Erkenntnis des technologischen Umbruchs und ein entschlossenes Hineinsteuern in die hochtechnologische Zukunft. Unserer eigenen Gesellschaft jedoch fehlt noch dieses Bewußtsein eines Umbruchs, fehlt noch diese entschlossene Zukunftsorientierung.

Die USA haben in den letzten zehn Jahren fast 15 Millionen zusätzliche Arbeitsplätze geschaffen. Wir dagegen hielten an der Wunschvorstellung fest, möglichst jedermann seinen Arbeitsplatz an der gewohnten Stelle im Betrieb und am gleichen Wohnort zu erhalten. Und das Ergebnis: Wir haben eine Million weniger Arbeitsplätze als vor zehn Jahren, und in der Europäischen Gemeinschaft insgesamt sind es 3 Millionen weniger.

Das vielfach beklagte Zurückfallen Europas gegenüber den USA und Japan in wichtigen Schlüsseltechnologien und das ungelöste Arbeitsproblem in Europa hängen zusammen. Die Arbeitslosigkeit ist Ausdruck des zu langsamen Strukturwandels, ist Ausdruck der zu großen Starrheit unserer industriellen Strukturen und der zu geringen Mobilität unserer Arbeitnehmer.

Das Verhaftetsein in alten Vorstellungen kommt uns gerade in diesen Tagen schmerzlich zu Bewußtsein. Da gefährden Streiks den mühsam gewonnenen Aufschwung.

Was ist das Ziel der Streiks? Man will die Arbeitswoche auf 35 Stunden verkürzen – nicht weil die Arbeitnehmer weniger arbeiten wollen, sondern weil man glaubt, damit zusätzliche Arbeitsplätze zu schaffen. Aber das

Ergebnis der Streiks droht eher zu sein, daß der Aufschwung gebremst wird und Arbeitsplätze verlorengehen. Unsere Wirtschaft ist in sich viel zu differenziert – Großbetriebe stehen neben Kleinbetrieben, Altes steht neben Neuem –, als daß man alles über einen Kamm scheren könnte.

Was wir brauchen, ist nicht noch größere Starrheit der Arbeitsmarktregelungen, sondern Lockerung, Flexibilität, Mobilität, Anpassung an regionale Besonderheiten, an besondere Probleme der Branche, an betriebliche Bedürfnisse und an Wünsche der einzelnen Arbeitnehmer.

Hier eröffnen sich neue Möglichkeiten auch für Eigenverantwortung und Selbstbestimmung der Arbeitnehmer. In diese Richtung muß der gesellschaftspolitische Fortschritt gehen. Aber der Arbeitskampf für die 35-Stunden-Woche bei vollem Lohnausgleich ist ein Arbeitskampf für die Erhöhung der Arbeitskosten; das verschlechtert unsere Wettbewerbsfähigkeit zu einem Zeitpunkt, in dem ihre Verbesserung auch von der Kostenseite dringend geboten wäre.

Arbeitskampf jetzt, das bedeutet Wachstumsverlust, das heißt Verlust von Arbeitsplätzen. Es ist ein Arbeitskampf gegen die Arbeitsplätze. Aber noch ist es nicht zu spät. Noch ist Zeit für IG-Metall und IG-Druck und Papier zur Umkehr. Und die Arbeitgeberseite sollte diese Umkehr durch Flexibilität, abseits der 35-Stunden-Woche, erleichtern.

Anstelle von Konfrontation sollte jetzt Bereitschaft beider Seiten, auf Vermittlung einzugehen, gezeigt werden. Der mit so viel Entbehrungen erreichte Aufschwung darf jetzt nicht aufs Spiel gesetzt werden. Wir dürfen uns jetzt nicht selbst um die Früchte unserer gemeinsamen Anstrengungen bringen.

Die Zukunftsorientierung zurückgewinnen

Fragt man danach, warum wir in den neuen Technologien in den letzten Jahren gegenüber den USA und Japan zurückgefallen sind, so werden eine Fülle von Einzelursachen genannt: Zuwenig Eigenkapital der Firmen, Fehlen eines Systems der Risikokapitalfinanzierung, zuwenig Zusammenarbeit zwischen Hochschulforschung und Wirtschaft, usw.

Aber seien wir uns klar darüber: Alle diese Einzelursachen gehen letztlich auf eine einzige große Ursache zurück: Die unkritische Technik- und Fortschrittsgläubigkeit der fünfziger und frühen sechziger Jahre schlug um in das andere Extrem: irrationale Technikfeindlichkeit und Ablehnung des Fortschritts. 1980 erwarteten nur mehr 30 Prozent der Bürger vom technischen Fortschritt Positives.

Hand in Hand mit der Ablehnung der Technik ging die geringere Einschätzung der Leistung. An die Stelle einer klaren Zukunftsorientierung trat der idyllische Tagtraum einer bedürfnislosen Gesellschaft und ein diffuser Zielwirrwarr. Statt Kräfte zu konzentrieren auf die große Aufgabe des Aufbaus einer hochtechnologischen, demokratischen und humanen Gesellschaft der Zukunft, verhedderte und verzettelte man sich in häufig auch noch aufgebauschten Nebenthemen. Das Hauptthema kam nicht in den Blick.

Wir haben heute das Schlimmste wieder überwunden. Seit Beginn der achtziger Jahre schwingt das Pendel wieder zurück. Die Erkenntnis wächst, daß uns gerade die neuen Technologien große Chancen bieten für die Verbesserung und Steigerung unseres Lebens. Wir müssen die Chancen, die uns die Technik bietet, entschlossen nutzen. Wir müssen gleichzeitig Gefahren und Risiken, die in technischen Entwicklungen liegen, von Anfang an erkennen und abwehren. Es gilt, zwischen den Extremen der blinden Technologie-Gläubigkeit und der irrationalen Technologie-Feindschaft nunmehr zu einer vernünftigen, und das heißt einer positiven und zugleich kritischen Haltung zur Technik zu kommen.

Wir müssen, wenn wir als Industriegesellschaft überleben wollen, die Datentechnik in unserer Wirtschaft nutzen. Aber wir müssen auch, wenn wir als freiheitliches Staatswesen überleben wollen, den Mißbrauch der Datentechnik ausschalten. Wir brauchen die Gentechnologie für die Landwirtschaft, für die Medizin, für die Chemie und Energie-Erzeugung. Aber wir müssen von Anfang an dafür Sorge tragen, daß es niemals zu einer Manipulation menschlicher Erbanlagen kommen kann.

Wir sind uns heute der Umweltschäden bewußt, die mit dem industriellen Wachstum verbunden waren. Der Schutz der Umwelt hat für uns zu Recht eine sehr hohe Priorität. Aber die Erhaltung und Verbesserung der Umwelt ist nicht durch Verzicht auf Technik und wirtschaftliches Wachstum zu erreichen, sondern nur mit Hilfe von Technik und Wachstum. Wir können die Luft nicht dadurch verbessern, daß wir Autos und Elektrizitätswerke abschaffen, sondern nur dadurch, daß wir bessere Autos und bessere Elektrizitätswerke bauen. Das aber erfordert große Mittel, und das heißt Wachstum; und das erfordert technischen Fortschritt. Gerade die neuen Technologien können uns helfen, die Umweltprobleme zu lösen. So ermöglicht die Mikroelektronik die Miniaturisierung vieler Geräte und die exaktere Steuerung der Produktionsprozesse, und das heißt in unserem Zusammenhang: Sie ermöglicht es, Rohstoff- und Energieverbrauch zu verringern.

Die Biotechnik stellt in Aussicht, chemische Produktionsverfahren, die die Umwelt belasten, durch biologische, »natürliche« Verfahren zu ersetzen, die die Umwelt

schonen. Sie wird uns zugleich neue und kostengünstige
Methoden an die Hand geben, entstandene Umweltschäden wiedergutzumachen. Die Raumfahrttechnik schließlich gibt uns mit Erdbeobachtungssatelliten neue Instrumente, um Umweltveränderungen rechtzeitig zu erkennen und Gefahren abzuwenden. Mit einem Wort: Die
neuen Technologien können Ökonomie und Ökologie,
wirtschaftliches Wachstum und Umweltschutz versöhnen.

Wer den Leistungswillen lähmt, lähmt den Fortschritt

Die hochtechnologische Wirtschaft der Zukunft aufzubauen, ist primär Aufgabe der Forscher, Ingenieure und
Unternehmer. Aber diese können die Aufgabe nicht isoliert in einem gesellschaftlichen Vakuum erfüllen. Die
hochtechnologische Wirtschaft läßt sich vielmehr nur entwickeln innerhalb eines Gesamtprozesses, durch den
Gesellschaft und Staat als Ganzes den Übergang in das
Informationszeitalter bewältigen.

Die zentrale Voraussetzung für den Erfolg ist dabei die
Bejahung eines technisch-humanen Fortschritts durch die
Gesellschaft, eine positive, wenn auch zugleich kritische
Haltung zur Technik. Dazu kommen muß die Bejahung
und die Anerkennung der Leistung. Es müssen vor allem
wieder Bedingungen geschaffen werden, unter denen Leistung sich lohnt. Die heimliche Steuererhöhung der letzten 20 Jahre, bei der auf Grund der Inflation immer
mehr Bürger in die Steuerprogression hineingerieten, hat
dazu geführt, daß immer mehr Menschen das Interesse
an besonderer Anstrengung, an beruflichem Fortkom-
men, am Eingehen von Risiken verlieren: »Es wird ja
doch alles weggesteuert.« Eine Reform des Steuertarifs
ist deshalb eine der dringendsten Aufgaben, die die

Regierung zu erfüllen hat. Es geht hier nicht nur um Gerechtigkeit denen gegenüber, die etwas leisten, es geht auch um die unentbehrliche Bedingung für die Beschleunigung von Wachstum und Fortschritt. Wer den Leistungswillen lähmt, lähmt den Fortschritt.

Leistung, vor allem überragende Leistung, ist jedoch nicht nur eine Frage des Geldes, sie ist eine Frage auch der gesellschaftlichen Anerkennung. Der Forscher, der Neues entdeckt, der Ingenieur, der Neues entwickelt, der Unternehmer, der Neues produziert und damit neue Arbeitsplätze schafft – sie müssen die allgemeine Anerkennung erhalten, die sie verdienen.

Der Aufbau einer hochtechnologischen, demokratischen und humanen Gesellschaft – dies ist ein großes Ziel, und es sollte möglich sein, unsere Jugend zu überzeugen, daß es sich lohnt, für dieses Ziel zu arbeiten. Die Stimmung der Malaise, die wir bei Teilen der Jugend finden, rührt nicht davon her, daß die jungen Menschen überfordert werden, sondern davon, daß wir sie unterfordern, und daß wir den Aposteln der Zukunftsangst und der Miesmacherei nicht energisch und überzeugend genug widersprochen haben.

Die entscheidende Aufgabe heißt: die Zukunftsorientierung unserer Gesellschaft zurückzugewinnen und mit ihr die Zukunft zu gewinnen.

Die technologische Revolution als Herausforderung Europas

Die Zukunftsorientierung wiedergewinnen heißt zugleich: die Europa-Orientierung wiedergewinnen. Der technologischen Herausforderung ist keine der europäischen Demokratien, auf sich allein gestellt, gewachsen; sie kann nur von einem Europa bestanden werden, das gemeinsam und solidarisch handelt.

In wenigen Wochen finden die Wahlen zum Europäischen Parlament statt. Das Europa von heute kann die Wähler nicht begeistern. Es ist ein Europa des nicht endenwollenden Streits um Agrarprobleme, um Netto-Beiträge, die der eine in die gemeinsame Kasse zahlt, und um Netto-Zuflüsse, die der andere aus dieser Kasse bekommt. Es ist ein Europa sozusagen vorgestellt als Null-Summen-Spiel, bei dem jeder nur das gewinnt, was ein anderer verliert.

Aber wir müssen an das Europa von morgen denken und für dieses Europa an die Wahlurnen gehen. Wir können es uns nicht leisten, aus Enttäuschung gerade jetzt in dieser entscheidenden Zeit Europa zu schwächen. Gerade wir Deutsche brauchen Europa. Wir brauchen es politisch. Wir brauchen es aber auch wirtschaftlich. Unsere bisherigen wirtschaftlichen Erfolge und die relative Stärke und Größe unserer Volkswirtschaft setzen uns der Versuchung aus, zu glauben, wir könnten die technologische Herausforderung alleine bestehen. Doch ein kurzer vergleichender Blick auf die USA und Japan sollte genügen, um diesen Glauben als Illusion zu enthüllen: Der Forschungs- und Entwicklungsaufwand der amerikanischen Industrie ist sechsmal so hoch, der der japanischen Industrie doppelt so hoch wie der Aufwand der deutschen Industrie.

Wo gibt es bei uns Forschungslabors, die vergleichbar sind mit den Bell-Laboratorien der AT und T mit 17000 Mitarbeitern, oder mit den IBM-Labors? Wo gibt es bei uns jene Vielfalt kleiner, hoch-innovativer Labors junger Technologie-Firmen, wie wir sie im Silicon Valley oder an der Route 128 in Boston finden?

Professor Queisser, der Direktor des Max-Planck-Instituts für Festkörper-Forschung in Stuttgart, stellte kürzlich bei einer Bundestags-Anhörung zum Stand der Informationstechnologien die Lage eindringlich dar. Er sprach

472

von einer »erdrückenden Übermacht« der Amerikaner in Forschung und Entwicklung. Und er sagte (ich zitiere wörtlich):

»Neben dem völligen Fehlen von Aktivität auf bestimmten Feldern sind einmal die geringe Zahl der deutschen Firmen und Laboratorien und zweitens der im internationalen Maßstab häufig lächerlich geringe personelle und finanzielle FuE-Aufwand pro Gebiet in der Breite dieser Technik auffallend. Selbst unsere größeren Firmen können oft nur ein oder zwei Fachleute auf Bereichen einsetzen, wo in Japan ganze Institutionen arbeiten; somit wird oft nur eine Beobachter-Funktion abgedeckt.«

Angesichts dieser Lage sollte jedermann klar sein: Wir brauchen die Bündelung der europäischen Kapazitäten für Forschung und Entwicklung. Erst auf der Ebene der Europäischen Gemeinschaft erreichen die Forschungs- und Entwicklungsausgaben die amerikanische Größenordnung. Das von der EG organisierte Strategische Forschungsprogramm in den Informationstechnologien, ESPRIT, ist ein Durchbruch und ein hoffnungsvoller Anfang. Dieses Programm gilt es zu einem Erfolg zu machen.

Spitzentechnologien sind Weltmarkt-Technologien. Wer aber am Weltmarkt gegenüber Amerika und Japan mithalten will, der braucht einen großen Heimmarkt als Basis, um bei der Produktion zu großen Stückzahlen und niedrigen Stückkosten kommen zu können. Einen solchen großen Heimmarkt aber kann nur Europa bieten.

Die Frage liegt nahe: Aber wir haben in der Europäischen Gemeinschaft doch bereits einen Gemeinsamen Markt und in Westeuropa insgesamt jedenfalls einen zollfreien Markt?

Nun, so steht es in der Tat in den Verträgen. Aber die Wirklichkeit sieht leider in einigen wichtigen Bereichen gerade der Hochtechnologien anders aus. Der europäische Markt ist weiterhin national aufgesplittert: auf Grund unterschiedlicher Normen, auf Grund einer öffentlichen Auftragsvergabe, bei der jedes Land die eigenen Firmen bevorzugt, auf Grund von Zulassungsbestimmungen der nationalen Postverwaltungen für Endgeräte, usw. Und auf diese Weise bleiben in wichtigen Bereichen die entscheidenden Vorteile, die ein offener und homogener europäischer Heimmarkt der europäischen Industrie bieten könnte, ungenutzt.

Und nicht anders ist es – sehen wir von der Luft- und Raumfahrt ab – bei Zusammenarbeit und Arbeitsteilung in Forschung und Entwicklung und Produktion. Europa vergeudet seine Ressourcen in Vielfach-Entwicklungen. Nicht weniger als 11 Firmen in der EG haben digitale Systeme für die öffentliche Telefonvermittlung entwickelt oder zu entwickeln versucht. In ganz Nordamerika, also in den USA und Kanada, einem ungleich größeren Markt, gibt es demgegenüber nur vier solche Systeme, in Japan zwei. Die Folge ist: Die Europäer haben fast 7 Milliarden Dollar ausgegeben, das sind beim gegenwärtigen Umrechnungskurs 19 Milliarden DM. Ihr Entwicklungsaufwand ist damit doppelt so hoch wie derjenige Nordamerikas und viermal so hoch wie derjenige Japans.

Es bedarf keiner hellseherischen Gabe, um vorauszusagen, daß die große Mehrzahl, wenn nicht alle europäischen Firmen ihren Entwicklungsaufwand nicht hereinholen können. Nicht Gewinne also, sondern Verluste, die die Investitions- und Innovationsfähigkeit der europäischen Firmen in anderen Bereichen der Informationstechnologien schwächen!

Das Beispiel der öffentlichen digitalen Vermittlungssysteme ist ein krasses Beispiel, aber es steht nicht allein. Es scheint, als versprächen wir uns in Europa individuelle Vorteile, wenn wir auf Kooperation verzichten und die Märkte gegeneinander abschotten.

Aber das wirkliche Ergebnis einer solchen Politik könnte auf Dauer sein, daß wir unsere einzelnen nationalen Märkte den amerikanischen und japanischen Firmen überlassen. Schon jetzt beherrschen amerikanische Firmen und ihre Tochtergesellschaften zwei Drittel des deutschen Computer-Markts. Acht von zehn personal computers, die in Europa verkauft werden, kommen aus Amerika. Neun von zehn Video-Recordern sind japanisch. An der Weltproduktion der Basis-Technologie der integrierten Schaltkreise erreichte Westeuropa 1982 nach den Zahlen des amerikanischen Office of Technology Assessment einen Anteil von nur 4,4 Prozent; die Amerikaner hatten einen Anteil von knapp 70 Prozent, die Japaner von rund 25 Prozent. Und schließlich noch eine letzte Zahl: Am on-line-Informationsmarkt hatten die amerikanischen Datenbanken bei den wissenschaftlich-technischen Informationsdiensten einen Anteil von 95 Prozent, und bei den wirtschaftlichen Informationsdiensten einen Anteil von über 85 Prozent; die deutschen Anteile sind hier 0,5 Prozent und 1,1 Prozent.

Wird es soweit kommen, daß wir uns in Zukunft über unsere eigenen Erfindungen und unsere eigenen Wirtschaftsdaten über amerikanische Datenbanken informieren? Wann begreifen wir, daß die Devise für die Europäer nur heißen kann: Zusammenarbeit und nochmals Zusammenarbeit!

Ich bin mir sehr wohl bewußt, daß ein solcher Aufruf zu europäischer Zusammenarbeit bei vielen europäischen und gerade auch bei deutschen Unternehmen eine lange Liste von Schwierigkeiten ins Gedächtnis ruft, die der Zusammenarbeit entgegenstehen: unterschiedliche Normen, fehlende Harmonisierung des Gesellschaftsrechts, des Steuerrechts, unterschiedliche Mentalitäten und so weiter. Ein Aufruf zur Zusammenarbeit in Europa weckt auch Erinnerungen an frühere Enttäuschung bei Versuchen zur Zusammenarbeit.

Aber machen wir uns klar: Wenn wir die Hoffnung und die Entschlossenheit aufgeben, die Schwierigkeiten einer europäischen Zusammenarbeit in den Hochtechnologien zu überwinden, dann geben wir die Hoffnung auf, mit den USA und Japan technologisch mithalten zu können.

Wir brauchen aktive europäische Kooperationsstrategien in den Hochtechnologien. Die EG-Kommission und die Regierungen müssen hierfür die Rahmenbedingungen schaffen. Aber ich möchte zugleich die Unternehmer auffordern, nicht zu warten, bis ihnen die Regierungen ein Europa mit harmonisiertem Recht, gemeinsamen Normen, Steuervorteilen und so weiter in den Schoß legen. Die Regierungen können nicht allein Europa bauen. Die Unternehmer müssen mitbauen, müssen eigene Initiativen zur Zusammenarbeit entfalten. Der starken deutschen Industrie kommt hier eine besondere Verantwortung zu.

Die europäische Zusammenarbeit in Luft- und Raumfahrt

Vieles läßt sich auch unter den jetzigen Bedingungen schon an europäischer Zusammenarbeit erreichen. Der Beweis ist die Luft- und Raumfahrtindustrie: Hier haben wir europäische Zusammenarbeit, hier haben wir feste, auf Dauer angelegte Firmen-Allianzen und, dadurch ermöglicht, europäische Arbeitsteilung.

Gewiß, es gibt in der Luft- und Raumfahrt Sonderbedingungen, die sich nicht auf andere Industrien übertragen lassen. Gewiß muß auch hier die Zusammenarbeit, insbesondere was die Kosten-Effizienz betrifft, noch verbessert werden. Gleichwohl können Luft- und Raumfahrt ein Beispiel geben für den Aufbau der Zusammenarbeit auch in den anderen Hochtechnologien.

An Luft- und Raumfahrt wird deutlich, wie europäische Zusammenarbeit konkret aussieht. Es gibt Zusammenarbeit aller westeuropäischen Staaten innerhalb der Weltraumorganisation ESA; und es gibt Zusammenarbeit europäischer Gruppen, bilaterale Zusammenarbeit und insbesondere deutsch-französische Zusammenarbeit. Die deutsch-französische Zusammenarbeit bildet den Kern der europäischen Kooperation. Ihr Anteil am Airbus macht drei Viertel, ihr Anteil an den europäischen Raumfahrtaktivitäten zwei Drittel der Gesamtaufwendungen aus.

Frankreich und die Bundesrepublik Deutschland haben in der Luft- und Raumfahrt eine Schrittmacher-Funktion, sie sollten, mit jedem, der sich daran beteiligen will, diese Funktion auch in den anderen Hochtechnologien übernehmen.

Was die Raumfahrt selbst betrifft, so steht Europa nach den Erfolgen der Trägerrakete Ariane und des Spacelab vor zwei großen Aufgaben:

- Zum einen bietet Amerika Europa eine Beteiligung an der NASA-Raumstation an. Die Bundesregierung begrüßt dieses Angebot, wir sehen in ihm eine Anerkennung der mit dem Spacelab erbrachten Leistung. Unter der Projekt-Bezeichnung »Columbus« hat unser Land zusammen mit Italien bereits Vorstellungen für eine europäische Beteiligung an der bemannten amerikanischen Raumstation entwickelt.
  Der europäische Beitrag zur Raumstation müßte als solcher identifizierbar sein, und er müßte sich für spätere eigene Raumfahrt-Projekte Europas unmittelbar nutzen lassen. Wir hoffen darüber hinaus auf einen gegenseitigen Austausch von Elementen und Subsystemen der Weltraum-Technologie.

- Die zweite große Aufgabe, vor der Europa steht, ist die Weiterentwicklung der europäischen Trägerkapazitäten; wir müssen hier in die neunziger Jahre vorausplanen und sicherstellen, daß Europa wettbewerbsfähig bleibt.

Nur beide Vorhaben zusammen – die Beteiligung an der amerikanischen Raumstation auf der einen Seite und die Sicherstellung einer eigenständigen europäischen Trägerkapazität auf der anderen Seite – ergeben ein ausgewogenes Raumfahrtkonzept für Europa.

Europa kann jedoch beide Vorhaben nur verwirklichen, wenn es seine Ausgaben für die Raumfahrt erhöht. Unser Land ist hier aufgerufen, eine Rolle in der europäischen Raumfahrt zu übernehmen, die unserem politischen, wirtschaftlichen und wissenschaftlichen Gewicht in Europa entspricht. Wie die Haushalte anderer europäischer Länder, so steht auch der Haushalt der Bundesrepublik unter dem Zwang zum Sparen.

Aber wir dürfen nicht da sparen, wo es um die Investitionen für unsere Zukunft geht. Japan, dessen Haushaltsprobleme nicht geringer sind als die unseren, hat im Februar dieses Jahres ein umfassendes Weltraumprogramm mit der Begründung beschlossen, daß die Raumfahrt von vitaler Bedeutung für die gesamte Volkswirtschaft ist. Bisher liegen unsere finanziellen Leistungen deutlich unter denen Frankreichs. Frankreich gibt für die Raumfahrt etwa eineinhalbmal soviel aus wie wir.

Nur wenn wir unseren finanziellen Einsatz allmählich auf das französische Niveau steigern, können wir gleichberechtigte Partnerschaft mit Frankreich in der europäischen Raumfahrt anstreben. Unter gleichberechtigter Partnerschaft mit Frankreich verstehe ich dabei auch hier eine ausgewogene technologische Arbeitsteilung. Es muß gelten: gleiche finanzielle Beteiligung – gleiche technologische Teilhabe. Airbus, Ariane, Spacelab zeigen, wo die Europäer ihre Kräfte bündeln, da sind sie erfolgreich, da sind sie in der Welt mit an der Spitze. Luft- und Raumfahrt zeigen aber auch: Enge europäische Zusammenarbeit schließt in keiner Weise Zusammenarbeit mit den USA und Japan und mit anderen Ländern aus. Im Gegenteil, da Europa dank seiner Zusammenarbeit mehr zu bieten hat, wird es zu einem interessanten Partner.

Wenn ich so dringend zur Europäischen Zusammenarbeit über den ganzen Bereich der Hochtechnologien hin aufrufe, so ist denn auch das Ziel nicht etwa ein technologisch autarkes Europa. Dies wäre ebenso unrealistisch, wie es im Widerspruch stünde zu dem entschiedenen Ja, das Europa zu weltweiter Zusammenarbeit sagt. Aber so wie wir uns zu gleichberechtigter Zusammenarbeit im Geiste der Interdependenz bekennen, so wollen wir einseitige Abhängigkeit verhindern.

Konkret heißt dies: Wir wollen eine Kooperation in den Spitzentechnologien mit Amerika und Japan, aber dies soll eine Kooperation sein, in der Europa ein wirklicher Partner ist, in der man gemeinsam forscht und entwickelt und produziert. Es soll nicht eine Zusammenarbeit sein, in der die Europäer – wie es jetzt allzuoft der Fall ist – nur um Nachbaulizenzen bitten oder zu Vertriebsstellen werden, die Produkte japanischer Firmen unter europäischen Etiketten verkaufen.

Wir sollten klar und nüchtern sehen: Gleichberechtigte und gleichgewichtige Partnerschaft innerhalb des Industrie-Dreiecks Amerika–Europa–Japan läßt sich für Europa nur erreichen, wenn es seine Kräfte bündelt. Nur dann kann Europa den Übergang der industriellen Demokratien in das hochtechnologische Informationszeitalter mitgestalten und kann es Partner der Dritten Welt auf diesem Wege sein.

Nur ein Europa, das solidarisch zusammenarbeitet, kann eine europäische Identität schaffen und in der Welt behaupten. Nur ein einiges Europa kann Herr seines Schicksals sein.

Intensivierung der Zusammenarbeit mit den Ländern Afrikas

Rede anläßlich des 21. Gründungstages der Organisation der Afrikanischen Einheit (OAE) in Bad Godesberg am 25. Mai 1984

Mein Glückwunsch gilt der Organisation der Afrikanischen Einheit, an deren 21. Gründungstag wir uns heute erinnern. Die 19. OAE-Gipfelkonferenz vom Juni 1983 ist zu Recht als Zeichen politischer Kompromißfähigkeit gewürdigt worden. Diese Konferenz hat die Entschlossenheit der afrikanischen Staats- und Regierungschefs bewiesen, ihrer hohen Verantwortung für die politische Stabilität ihres Kontinents und damit auch für den Frieden in der Welt gerecht zu werden.

Die Konferenz von Addis Abeba hat mit Recht der Funktionsfähigkeit der Organisation der Afrikanischen Einheit Vorrang vor Einzelfragen eingeräumt. Dieses Forum des friedlichen Dialogs, das Sie sich vor 21 Jahren geschaffen haben, ist ein kostbares Gut.

Schwierige Aufgaben liegen vor unseren afrikanischen Partnern. Mit Sorge verfolgt die Bundesregierung die fortbestehenden Entwicklungsprobleme Afrikas. Die Produktion an Nahrungsmitteln hält mit dem Wachstum der Bevölkerung nicht Schritt. Die Schere zwischen Bedarf und Angebot an Grundnahrungsmitteln öffnet sich immer weiter. Der Kontinent ist zudem der härtesten Dürrekatastrophe in diesem Jahrhundert ausgesetzt. Nach den Feststellungen der Welternährungsorganisation wird fast die Hälfte ihrer Länder von Hungersnot bedroht. Hinzu kommen die verheerenden Folgen ungelöster politischer Konflikte.

Wir werden auch künftig helfen. Die Bundesrepublik Deutschland hat im vergangenen Jahr über ihre bilaterale Finanzielle und Technische Hilfe hinaus an die 24 am härtesten betroffenen Länder Afrikas bilateral rund 114 000 Tonnen Nahrungsmittelhilfe geleistet und wird auch künftig nach Kräften zur Linderung der Hungersnot beitragen. Gerade in diesen Wochen bemühen sich die Kirchen, Rundfunk und Fernsehen durch Aufrufe zu Sonderspenden, den afrikanischen Menschen zu helfen.

Nahrungsmittel- und humanitäre Hilfe allein können die Probleme nicht lösen. Langfristig muß die Fähigkeit der afrikanischen Länder zur Selbstversorgung gestärkt werden. Die Europäische Gemeinschaft hat daher das »Sonderprogramm zur Bekämpfung des Hungers in der Welt« entwickelt. Es sieht die Förderung von Ernährungsstrategien mit den Partnerländern vor. Die Versuchsphase ist in Kenia, Mali, Ruanda und Sambia angelaufen.

Es gilt, das gesamte Entwicklungspotential des afrikanischen Kontinents zu nutzen, auch im Bereich der Wirtschaftsverflechtung. Die Bundesregierung begrüßt afrikanische Bemühungen um Projekte regionaler Zusammenarbeit. Sie sind wichtige Zwischenschritte auf dem Weg zur Gesamtintegration Afrikas auf der Grundlage des Aktionsplans von Lagos.

Die erneuerte Zusammenarbeit zwischen den Ländern der ehemaligen Ostafrikanischen Gemeinschaft folgt der Einsicht, daß komplementäre Wirtschafts- und Verkehrsstrukturen über die Grenzen hinweg genutzt werden müssen.

Partnerschaft zwischen Europa und Afrika

Mit Genugtuung stellte ich fest, daß sich die Beziehungen zwischen dem Europa der Zehn und Afrika weiter positiv entwickelt haben. Gegenwärtig wird intensiv über ein Lome-III-Abkommen verhandelt. Ich freue mich, daß Mosambik und Angola daran teilnehmen. Die jüngste Ministerkonferenz auf den Fidschi-Inseln brachte weitere Verhandlungsfortschritte.

Ich bin überzeugt, daß die Europäische Gemeinschaft im Rahmen ihrer Abkommen mit den AKP-Staaten wie auch mit den Mittelmeerländern ihre partnerschaftliche Zusammenarbeit mit den Ländern Afrikas fruchtbar ausbauen wird.

Alle Industriestaaten – in West und Ost – müssen zur wirtschaftlichen und sozialen Entwicklung der Dritten Welt beitragen. Der Verkauf von Waffen lindert keine Not. Er fördert keine Entwicklung. Er verschärft das Konfliktpotential.

Vor der 38. Generalversammlung der Vereinten Nationen habe ich an das Nord-Süd-Gipfeltreffen von Cancun erinnert. Wir müssen prüfen, ob die Zeit für ein zweites derartiges Treffen reif ist – unter Beteiligung des Ostens –, um dem Nord-Süd-Dialog neue »Impulse von höchster politischer Ebene her« zu geben. Die Nord-Süd-Zusammenarbeit wird auch bei dem bevorstehenden Weltwirtschaftsgipfel in London intensiv erörtert werden.

Für Frieden und Stabilität in der Region

Neben den bedrängenden wirtschaftlichen Problemen sind es die ungelösten politischen Konflikte, unter denen die Völker Afrikas leiden. Die Bundesregierung hofft im Interesse der Menschen, daß die Westsahara-Frage, die

Krise um den Tschad und die Spannungen am Horn bald friedlich und einvernehmlich gelöst werden können.

Die Krisen im südlichen Afrika dauern an. Aber die Entwicklungen der letzten Monate berechtigen zu der Hoffnung, daß der Teufelskreis von Gewalt und Gegengewalt durchbrochen werden kann. Mit dem Abkommen von Lusaka und N'Komati sind wichtige Schritte zum Abbau der Spannungen in der Region getan. Die Bundesregierung hat beide Vereinbarungen begrüßt.

Auf meinen Vorschlag haben die Außenminister der Europäischen Gemeinschaft am 27. Februar 1984 in einer Gemeinsamen Erklärung das Abkommen von Lusaka als einen Beitrag zu verstärkter Sicherheit und Stabilität gewürdigt. Zugleich haben sie die Erwartung geäußert, daß es zu einem Klima gegenseitigen Vertrauens führen möge, das die Durchführung der Resolution 435 des Sicherheitsrates der Vereinten Nationen über Namibia erleichtern wird.

Der Bundeskanzler hat am 16. März 1984 an Präsident Machel und Ministerpräsident Botha geschrieben:

»Die Unterzeichnung des Vertrages zwischen der Republik Südafrika und der Volksrepublik Mosambik vom 16. März 1984 stärkt die Hoffnung aller, die gegen Gewalt und für den Frieden im südlichen Afrika und die Lösung von Konflikten im Verhandlungswege eintreten...

Die Bundesregierung wünscht, daß diese Vereinbarung eine dauerhafte Grundlage für gute Beziehungen zwischen den beteiligten Staaten legt und darüber hinaus zur friedlichen Überwindung der Ursachen der in der Region bestehenden Spannungen beiträgt.«

Die Abkommen von Lusaka und N'Komati mit ihren begrüßenswerten unmittelbaren Auswirkungen sind eine wichtige Etappe auf dem Weg zu einer umfassenden Entspannung im südlichen Afrika. Dazu gehört die baldige

Durchführung des Friedensplans der Vereinten Nationen für Namibia. Die Bundesregierung wirkt mit ihren Partnern in der westlichen Kontaktgruppe beharrlich auf die Implementierung von Sicherheitsrats-Resolution 435 hin. Die Entwicklung der vergangenen Monate bestärkt mich in der Erwartung, daß wir dem Ziel näher kommen.

Eine umfassende Entspannung in der Region kann es ohne friedliche Überwindung der Apartheid nicht geben. Die Bundesregierung und alle politisch verantwortlichen Gruppen in unserem Lande sind sich mit Ihnen einig in der entschiedenen Verurteilung dieses Systems. Es widerspricht elementaren Menschenrechten und Kenntnissen.

Ich wiederhole, was ich hierzu am 10. Februar vor dem Deutschen Bundestag gesagt habe: »In der Republik Südafrika wollen wir zu einem gewaltfreien Wandel, zu einer gerechten Gesellschafts- und Verfassungsordnung, der alle Südafrikaner zustimmen können, beitragen.« Der Besuch des südafrikanischen Ministerpräsidenten Botha in wenigen Tagen wird der Bundesregierung Gelegenheit geben, diesen Standpunkt zu bekräftigen.

Lassen Sie mich die Worte in Erinnerung rufen, mit denen Staatspräsident Moi am 11. Juni 1983 vor den afrikanischen Staats- und Regierungschefs in Addis Abeba das verantwortungsvolle Amt des OAE-Vorsitzes an seinen Nachfolger übergab. Präsident Moi richtete seinen Appell an die Organisation der Afrikanischen Einheit. Aber seine Worte können uns allen Richtschnur sein:

»Wo der gute Wille stark ist, wächst auch die Fähigkeit zum Handeln. Wo die Fähigkeit zum Handeln wächst, nimmt auch die Einigkeit zu. Und wo die Einigkeit herrscht, wird Solidarität auch zur politischen Wirklichkeit.«

Grundsätze einer europäischen Friedensordnung

Erklärung, veröffentlicht im Bulletin der Bundesregierung vom 9. August 1984, Nr. 92, S. 817

Die Bundesrepublik Deutschland trägt aus Gründen der geschichtlichen Vergangenheit und ihrer geographischen Lage eine besondere Verantwortung für die Erhaltung und Festigung des Friedens in Europa. Sie hat durch ihren Beitritt zum Nordatlantischen Verteidigungsbündnis und zur Europäischen Gemeinschaft ihren Standort im Kreise der westlichen Demokratien bestimmt und damit, sowie mit den bilateralen Ost-Verträgen, die den Weg zur KSZE freimachten, einen bedeutenden Beitrag zur Sicherheit und Stabilität in Europa geleistet.

Die Politik der Bundesregierung, die im Sinne des Harmel-Berichtes für einen ausgewogenen, auf Sicherheit und Entspannung gerichteten Kurs eintritt, ist langfristig angelegt, für alle Nachbarn berechenbar und damit gerade in schwierigen Zeiten ein Element der Zuverlässigkeit und Stabilität. Das unbeirrte Festhalten an diesem Kurs durch unser Land im Zentrum Europas liegt im Interesse unserer westlichen Partner wie unserer östlichen Nachbarn. Ein berechenbares Verhalten der Bundesrepublik Deutschland ist besonders nötig in einer Phase, in der angesichts internationaler Fehlentwicklungen, zeitweilig heftiger Pendel-Ausschläge und schriller Geräusche das Bedürfnis nach geordneten Formen des internationalen Zusammenlebens besonders deutlich wird. Der Versuch der Sowjetunion, West-Europa ein militärisches Entspannungskonzept ohne gleiches Recht auf Sicherheit aufzunötigen, ist gescheitert.

Umgekehrt wäre es auch falsch, wenn der Westen die notwendige Festigung seiner militärischen Sicherheit als ausreichendes Mittel zur Lösung der West-Ost-Probleme betrachten würde. Das West-Ost-Verhältnis darf nicht auf den Vergleich der Militärpotentiale verkürzt werden.

Die Bundesregierung hat sich gerade im Zusammenhang mit der für die westliche Sicherheit erforderlichen Antwort auf die sowjetische SS-20-Rüstung dafür eingesetzt, daß der Westen nicht zu einer »Politik der Stärke« übergeht, sondern daß er dem Osten einen umfassenden Dialog und eine langfristige Zusammenarbeit anbietet und jede Chance für eine Verbesserung des West-Ost-Verhältnisses nutzt. Diese Linie hat in den Grundsatzerklärungen des Bündnisses von Brüssel im Dezember 1983 und Washington im Mai 1984, wie auch in praktischen Schritten, so dem erfolgreichen Abschluß der Madrider KSZE-Folgekonferenz und der Eröffnung der Stockholmer Konferenz für Vertrauensbildende Maßnahmen und Abrüstung in Europa auf Außenminister-Ebene, ihren Ausdruck gefunden. Je früher die Sowjetunion die Vorteile erkennt, die auch für sie in langfristiger Zusammenarbeit liegen, um so besser. Zu dieser Einsicht muß sie selbst kommen. Westlicher Vorschlagsaktionismus wirkt da eher hemmend. Verhandlungen haben nur dann Aussicht auf Erfolg, wenn alle Beteiligten den Weg dorthin aus eigenem Interesse finden.

Ich bleibe bei der Auffassung, daß die Zeit – damit meine ich nicht Tage oder Wochen – reif ist für einen neuen Versuch, eine breitangelegte, langfristig tragfähige Entspannungsregelung zwischen West und Ost auf der Grundlage des Gleichgewichts und der Gleichberechtigung zustande zu bringen, wobei auf den Erfahrungen der siebziger Jahre aufgebaut werden muß, in denen beträchtliche Ergebnisse, jedenfalls in Europa, erzielt wurden. Bei den Bemühungen um die Entwicklung einer stabilen Ordnung des Friedens in Europa wird zu berücksichtigen sein:

Bewahrung des Erreichten

Das bei den Entspannungsbemühungen in Europa Erreichte muß bewahrt, ausgebaut und mit Leben erfüllt werden. Die Bundesregierung steht ohne jede Einschränkung und ohne jeden Hintergedanken zu den Verträgen mit der Sowjetunion, der Volksrepublik Polen und der CSSR und zum Grundlagenvertrag mit der DDR. Diese Verträge sind das Ergebnis bedeutender, verantwortungsvoller Anstrengungen aller Beteiligten. Diese Vertragspolitik gereicht allen Vertragspartnern zum Vorteil. Sie hat die Lage in Europa verbessert. Mit ihren Ergebnissen muß von allen behutsam umgegangen werden.

Es bleibt dabei: Die Bundesrepublik Deutschland geht von der in Europa bestehenden wirklichen Lage aus. Sie achtet die territoriale Integrität aller Staaten in Europa in ihren heutigen Grenzen. Sie hat keine Gebietsansprüche gegen irgend jemanden und wird solche auch in Zukunft nicht erheben. Sie betrachtet heute und künftig die Grenzen aller Staaten in Europa als unverletzlich.

Zum Verhältnis zur Volksrepublik Polen insbesondere habe ich am 7. Juni 1984 vor dem Deutschen Bundestag für die Bundesregierung Stellung genommen. Wir wissen, daß sich in dem Wunsch nach dauerhaften gesicherten Grenzen alle politischen Kräfte in Polen einig sind.

Es ist das historische Verdienst des Warschauer Vertrages, daß er den Teufelskreis von Unrecht und Gegen-Unrecht gebrochen hat. Was sich daraus für das Verhältnis zwischen Deutschen und Polen ergeben hat, gehört zu den kostbarsten Ergebnissen europäischer Nachkriegspolitik. Hüben und drüben sollte man der Versuchung widerstehen, die deutsch-polnische Aussöhnung politisch und moralisch durch den Blick zurück zu verspielen.

Bei uns wollen alle in Frieden leben. Die Vertriebenen haben ihre Bewährungsprobe als Anwälte des Friedens schon verstanden, als das Wort Entspannung noch nicht in aller Munde war. In unseren Schulen und in unseren Kasernen wird zum Frieden und nicht zum Haß erzogen. Wir wünschten, das wäre überall so.

Die gemeinsamen Interessen von West und Ost

Auf der Grundlage des Erreichten müssen neue Möglichkeiten zur Förderung der Sicherheit, Zusammenarbeit und Stabilität in Europa gesucht werden. Der Westen kann seiner Verantwortung besonders gerecht werden, wenn überall eine Politik der ruhigen Hand frei von innenpolitischen Schwankungen betrieben wird. Es führt auch nicht weiter, wenn beide Seiten sich gegenseitig die Schuld an der Verschlechterung der Lage zuschieben und eine Änderung des Verhaltens der anderen Seite als Voraussetzung für einen eigenen Beitrag verlangen. Verantwortliches Handeln mit Blick in die Zukunft ist nötig. Das West-Ost-Verhältnis darf nicht auf die Raketenfrage verkürzt werden, vielmehr muß jede Möglichkeit zu Fortschritten in den bilateralen Beziehungen und in den multilateralen Verhandlungen genutzt werden. Die Existenz von Streitfragen sollte Anlaß zu verstärkten Bemühungen um die Verbesserung des Klimas sein. Versuche zur Durchsetzung des eigenen Standpunktes durch Verhandlungsverweigerung haben keine Perspektive.

Der richtige Ansatz, um einen Ausweg aus der schwierigen Situation zu finden, ist die Suche nach gemeinsamen Interessen und gemeinsam akzeptierten Prinzipien. Beide Seiten wünschen, unter allen Umständen einen bewaffneten Konflikt – mit welchen Waffen auch immer – zu vermeiden. Sie müssen an der Minderung der Rüstungslasten interessiert sein. Keine Seite wird militärische Überlegenheit der anderen Seite akzeptieren, beide Seiten können durch Dialog und Zusammenarbeit nur gewinnen. Dabei kommt der wirtschaftlichen Zusammenarbeit nicht nur – wegen der komplementären Strukturen in West und Ost – große und weit in die Zukunft reichende ökonomische Bedeutung, sondern auch eine zentrale politische Bedeutung zu.

Der Gewaltverzicht

Die KSZE-Schlußakte enthält bereits wesentliche Elemente einer europäischen Friedensordnung. Der erfolgreiche Abschluß des Madrider Folgetreffens mit der Einsetzung der Stockholmer KVAE hat bewiesen, daß West und Ost bei allen bestehenden Streitfragen ein großes Interesse an der Fortsetzung des KSZE-Prozesses haben. In allen operativen Teilen der Schlußakte, besonders auch in Korb II, der die Zusammenarbeit im wirtschaftlichen Bereiche, bei Wissenschaft und Technik und beim Umweltschutz betrifft, ruhen noch große ungenutzte Möglichkeiten. Die menschliche Dimension muß stets den ihr gebührenden Rang behalten.

Wenn auch alle Teile der Schlußakte und alle Prinzipien untereinander gleichen Rang besitzen, kommt doch dem Prinzip des Gewaltverzichtes für die Gestaltung einer stabilen und dauerhaften Ordnung des Friedens in Europa eine besondere Rolle zu. Die Bestätigung des bereits in der VN-Charta verankerten Gewaltverzichts-Prinzips im Rahmen der bilateralen Ost-Verträge der Bundesrepublik Deutschland und der KSZE-Schlußakte hat schon bei den Entspannungsbemühungen der siebziger Jahre eine wichtige Rolle gespielt. Einer Konkretisierung des Gewaltverzichts kann auch bei den Bemühungen um eine Überwindung der gegenwärtigen Belastungen des West-Ost-Verhältnisses eine wichtige Funktion zukommen. Gewaltverzicht bedeutet keinen Verzicht auf Überzeugungen, Wertvorstellungen und Standpunkte in streitigen Fragen. Er betrifft die Form und die Mittel, mit denen die Staaten bei der Austragung ihrer unterschiedlichen und oft gegensätzlichen Interessen miteinander umgehen. Der Gewaltverzicht muß das grundlegende Ordnungsprinzip für das Zusammenleben der Staaten in Europa werden. Er verlangt, daß die Beziehungen zwischen den Mitgliedern der europäischen Staatengemeinschaft – und zwar aller Mitglieder ohne Ausnahme – sich auf Dialog, Zusammenarbeit und Interessenausgleich, nicht auf Druck oder Überlegenheit, auf Vorherrschaftsansprüche oder Sicherheitsprivilegien stützen. Jeder Fortschritt bei der Verwirklichung der KSZE-Schlußakte und des Abschluß-Dokumentes von Madrid ist ein Schritt zur europäischen Friedensordnung. Eine solche Ordnung muß etappenweise in konkreten wirksamen Schritten aufgebaut werden, die das gegenseitige Vertrauen der Staaten wachsen lassen und für das Streben nach militärischer Überlegenheit wie die Furcht vor solchem keinen Raum mehr lassen. Ein wichtiger Schritt könnte eine multilaterale Grundsatzerklärung sein, die für Europa die grundlegenden Prinzipien des Gewaltverzichts und der Gleichberechtigung fixiert.

Am Ende dieser Entwicklung muß eine Friedensordnung in Europa stehen, in der Staaten unterschiedlicher Gesellschaftsordnung friedlich ohne Angst und im Vertrauen zueinander unter strikter Beachtung der Verpflichtungen aus der Schlußakte von Helsinki miteinander leben.

Das amerikanisch-sowjetische Verhältnis

Für den Aufbau einer europäischen Friedensordnung ist die Mitwirkung beider Großmächte und eine entsprechende Gestaltung des Verhältnisses zwischen ihnen unerläßlich. Trotz der Klima-Verschlechterung zwischen Moskau und Washington sind Anzeichen unübersehbar, daß beide Großmächte an einer Verbesserung ihres gegenseitigen Verhältnisses arbeiten. Man kann nur hoffen, daß der Beginn der für September in Wien in Aussicht genommenen amerikanisch-sowjetischen Gespräche nicht an Vorbedingungen einer Seite scheitert, sondern zu einem neuen Anfang in den Beziehungen zwischen den beiden Großmächten führt.

Die Bekräftigung der amerikanisch-sowjetischen Grundsatzerklärung von 1972 wäre ein bedeutsamer Beitrag zur langfristigen Stabilisierung des Verhältnisses zwischen den USA und der Sowjetunion. Aus europäischer Sicht ist wichtig, daß die Gleichberechtigung zwischen den Großmächten nicht so verstanden wird, daß daraus Ungleichheit im Verhältnis zu anderen Staaten, wie zu West-Europa, abgeleitet wird. Die Bedeutung Europas setzt weiterhin voraus, daß auf dem alten Kontinent nicht eine Macht für sich eine Vormachtrolle anstrebt.

Die Rolle der kleinen und mittleren Staaten

Entspannung und Frieden sind nicht nur Aufgaben für die Großmächte. Die mittleren und kleineren Staaten, die die große Mehrheit der Völkergemeinschaft bilden, können durch gemeinsame Anstrengungen dazu beitragen, daß die Rivalität zwischen den Großmächten nicht das System der internationalen Beziehungen aus den Fugen bringt. Im Rahmen der KSZE hat diese Staatengruppe großes Interesse an der Aufrechterhaltung von Dialog und Zusammenarbeit und der Begrenzung des Schadens einer getrübten Großwetterlage nicht ohne Erfolg zur Geltung gebracht.

In diesem Zusammenhang sind auch die vielfältigen Kontakte der Bundesrepublik Deutschland mit ihren östlichen Nachbarn zu sehen. Diese Beziehungen dienen der Stabilität; sie sind gegen niemand gerichtet. Sie berühren nicht das Verhältnis der betreffenden Staaten zum östlichen Paktsystem oder zu anderen Bündnispartnern in diesem System. Unser Angebot zu Dialog und Zusammenarbeit schließt alle ein, die selbst als souveräne Staaten und KSZE-Partner daran interessiert sind. Sie gründen sich auf das gemeinsame kulturelle Erbe aller Europäer und das Bewußtsein eines gemeinsamen Schicksals auch in der Zukunft. Auch die Sowjetunion ist in dieses historisch gewachsene Bewußtsein eingeschlossen.

Die Verantwortungsgemeinschaft der beiden deutschen Staaten

Im Zentrum Europas teilen die beiden deutschen Staaten in besonderem Maße die Pflicht, zur Förderung von Frieden und Entspannung zusammenzuwirken. Ein konstruktives Verhältnis zwischen ihnen liegt im Interesse aller Nachbarn. In den Zeiten des Kalten Krieges war das Klima in ganz Europa von den deutsch-deutschen Gegensätzen schwer belastet. Es ist europäische Friedenspolitik, wenn beide deutsche Staaten heute aus einer Verantwortungsgemeinschaft heraus für den Frieden in Europa handeln.

Die Bundesregierung steht dabei voll zum Grundlagenvertrag von 1972: zu dem, was geregelt wurde, zu ihren Zielen, über die kein Einvernehmen erreicht wurde, und zu dem, was noch verbessert werden soll.

Die Aufgabe, die beide deutsche Staaten als Verantwortungsgemeinschaft für die Stabilität im Zentrum Europas zu erfüllen haben, verlangt, daß sie selbst stabil sind. Eine gesunde Wirtschaft ist eine wesentliche Grundlage der Stabilität, und Kredite sind geeignet, die wirtschaftliche Entwicklung zu fördern. Die politischen Zinsen, die sich daraus ergeben, sind ebenso ein Guthaben für die Entspannung in Europa und für den KSZE-Friedensprozeß, wie Fortschritte, die unabhängig davon in menschlichen Fragen erzielt werden. Das Verhältnis zwischen beiden deutschen Staaten verlangt Weitsicht, Besonnenheit, die Fähigkeit, das Machbare einzuschätzen, und vor allem Behutsamkeit bei der öffentlichen Behandlung durch die politisch Verantwortlichen. Geschwätzigkeit, Aufgeregtheiten und Wichtigtuereien schaden.

Die DDR hat sich bei der Erteilung von Zusagen als gewiß schwierig, aber bei der Einhaltung konkreter und verbindlicher Zusagen als verläßlich erwiesen. Zweifel an dieser Verläßlichkeit sind nicht angebracht.

Das Verständnis der deutsch-deutschen Beziehungen als europäische Friedenspolitik wird durch ihre Einbettung in die Bemühungen um die Verbesserung des West-Ost-Verhältnisses mit dem Ziel einer europäischen Friedensordnung unterstrichen. Die deutsch-deutschen Beziehungen wirken zugunsten aller und nicht zu Lasten Dritter. Ihre Perspektive ist ein Europa des Friedens und der Zusammenarbeit. Eine gemeinsame Anstrengung der Bundesrepublik Deutschland und der DDR für eine Bekräftigung und Konkretisierung des Gewaltverzichts liegt in dieser Perspektive.

Die Bundesrepublik Deutschland und die DDR, die sich an vorderster Stelle beider Bündnissysteme in einem Raum höchster Konzentration von Waffen und Streitkräften gegenüberstehen, haben ein besonderes Interesse daran, daß die Beziehungen zwischen West und Ost in Europa von einer auf Gewaltverzicht und friedliche Beziehungen gegründeten Ordnung bestimmt werden.

Deshalb sollten sie eine multilaterale Verständigung über eine Bekräftigung und Konkretisierung des Gewaltverzichts durch neue konkrete und wirksame Schritte gemeinsam fördern.

Traditionelle Freundschaft mit dem Nahen und Mittleren Osten

Rede anläßlich des 50jährigen Jubiläums des Nah- und Mittelostvereins in Hamburg am 6. September 1984

Traditionsreiche enge Beziehungen

Die heutige Veranstaltung steht im Zeichen unserer traditionellen freundschaftlichen Verbundenheit mit den Ländern des Nahen und Mittleren Ostens. Diese Verbundenheit ist – trotz mancher politischer und wirtschaftlicher Veränderungen – eine Konstante der beiderseitigen Beziehungen geblieben.

Diese Beziehungen sind auf die Erkenntnis gegründet, daß die Länder des Nahen und Mittleren Ostens und Europas einander brauchen und ergänzen, politisch, wirtschaftlich und kulturell. Der jahrhundertealte geistige und kulturelle Austausch zwischen Europa und dem Orient legt davon Zeugnis ab. Wir fühlen uns dieser reichen Tradition verpflichtet und wollen sie bewußt weiter pflegen.

Zwischen den beiden Regionen haben sich im Laufe der letzten Jahrzehnte die Handelsströme vervielfacht; ein dichtes Netz wirtschaftlicher Beziehungen hat unsere Interessen miteinander verknüpft. Gerade auf dem Gebiet des Handels und der Wirtschaft hat der Nah- und Mittelostverein von Anfang an seine besondere Aufgabe gesehen. Er hat in dem geographisch ausgedehnten Raum zwischen Türkei, Pakistan und Ägypten die Kontakte zwischen unseren und den dortigen Wirtschaftskreisen wirksam gefördert, er hat aber stets auch die Stärkung der kulturellen Verbindungen mit im Auge gehabt.

Ich möchte heute dem Vorstand und allen Mitgliedern des Vereins für ihre jahrzehntelange verdienstvolle Arbeit und ihr großes Engagement herzlich danken. Die Bundesrepublik Deutschland, deren wirtschaftliche Leistungsfähigkeit und soziale Stabilität entscheidend von den außenwirtschaftlichen Verflechtungen abhängen, kann ohne ein solches tatkräftiges Engagement nicht auskommen.

Der nah- und mittelöstliche Raum ist ein Schwerpunkt außenpolitischer und wirtschaftlicher Interessen der Bundesrepublik Deutschland. Eine Vielzahl unterschiedlich strukturierter Staaten sind hier unsere Partner. Zu allen unterhalten wir gute, zu den meisten freundschaftliche Beziehungen. Wir arbeiten mit ihnen auf zahlreichen Gebieten eng zusammen.

Gerade weil wir Freunde und Nachbarn sind, bleiben wir besorgt über die großen Spannungen und Konflikte, die das Bild der Region bestimmen: seit dreieinhalb Jahrzehnten beherrscht der arabisch-israelische Konflikt die politischen Entwicklungen im Nahen Osten; Kämpfe und Krisen kennzeichnen nun schon 9 Jahre lang das Schicksal des Libanon; seit September 1980 stehen Iran und Irak im Krieg miteinander, und seit über 4½ Jahren kämpft das afghanische Volk gegen die sowjetische Okkupation. Wir begrüßen daher den Aufruf König Fahds vom 1. September an die islamische Welt, alle Feindseligkeiten einzustellen und sich von der Vernunft leiten zu lassen.

Deutsche und europäische Nahostpolitik

Die Außenpolitik der Bundesrepublik Deutschland ist Friedenspolitik. Dies gilt auch gegenüber dem Nahen und Mittleren Osten. Die Wahrung und Festigung des

Friedens in dieser Region ist von größter Bedeutung für Europa.

Die Staats- und Regierungschefs der Europäischen Gemeinschaft haben schon im Dezember 1969 beschlossen, die Politik gegenüber dem Nahen Osten zu einem zentralen Thema der Europäischen Politischen Zusammenarbeit zu machen. Seitdem ist die Gemeinsamkeit der politischen Interessen der Europäer im nahöstlichen Raum immer deutlicher sichtbar geworden.

Die deutsche Nahost-Politik steht fest auf dem Boden von gemeinsam mit unseren europäischen Partnern erarbeiteten Positionen, denen eine gemeinsame Einschätzung der Probleme und der gemeinsame Wille zu ihrer Lösung beizutragen, zugrunde liegen.

Diese europäische Nahost-Politik kann nicht statisch sein. Sie bedarf klarer Prinzipien, aber ebenso auch der Fortentwicklung und der Anpassung an Veränderungen der Lage. Nur dann kann sie den Interessen aller Beteiligten gerecht werden.

Die Bundesregierung hat diese Politik wesentlich beeinflußt und mitgestaltet. Ihr Ziel ist die Herbeiführung eines umfassenden, gerechten und dauerhaften Friedens in der Region im Wege von Verhandlungslösungen.

In der Erklärung von Venedig vom Juni 1980 haben die Mitgliedstaaten der Gemeinschaft die Grundsätze ihrer Nahost-Politik zusammenfassend formuliert. Sie haben dies in Fortschreibung von Venedig erneut in den Verlautbarungen des Europäischen Rates vom März 1983 und März 1984 getan.

Es geht darum – dies ist der Kern der Erklärungen –, auf friedlichem Wege, durch Verhandlungen das Recht Israels auf Existenz in anerkannten und gesicherten Grenzen und das Selbstbestimmungsrecht des palästinensischen Volkes miteinander in Einklang zu bringen.

Wir wollen zu Frieden und Stabilität beitragen, wir

suchen weder Einflußzonen noch Vorherrschaft. Einer Politik der Gewalt haben wir Europäer eine klare Absage erteilt. Gewaltverzicht muß weltweit, auch im Nahen Osten, gelten. Nur wenn gegenseitiges Vertrauen eine Chance erhält, können aussichtsreiche Verhandlungen in Gang kommen, können Lösungen heranreifen. Denn nicht von außen, sondern nur durch die unmittelbar Beteiligten selbst können Verständigung und Frieden herbeigeführt werden.

Unsere Aufgabe muß es sein, den Weg zu diesem Ziel wo irgend möglich zu erleichtern. Der Zeitpunkt für eine neue Bemühung rückt näher. Dabei sind wir uns unserer historischen Verantwortung gegenüber dem jüdischen Volk ebenso bewußt wie des Rechts des palästinensischen Volkes auf Unabhängigkeit und Selbstbestimmung.

Die Beschlüsse der arabischen Gipfelkonferenz in Fes haben vor zwei Jahren neue Ansatzpunkte für aktive Friedensbemühungen geschaffen. Seit Fes gibt es ein arabisches Friedenskonzept, das nicht den bewaffneten Kampf, sondern den Frieden in den Mittelpunkt rückt. Es kommt jetzt darauf an, vorhandene Pläne einander anzunähern und sie in praktische Politik umzusetzen. Eine ernsthafte Diskussion, wie dies geschehen kann, ist überfällig. Hier müssen auch die Staaten der Europäischen Gemeinschaft ihre Verantwortung erkennen.

Wir unterstützen jeden Schritt im Libanon, um das schwer geprüfte Land zu befrieden und neu zu einen. Wir wünschen diesen Bemühungen Erfolg. Mit unseren europäischen Partnern treten wir nachdrücklich für die Wiederherstellung der Souveränität, Einheit und territorialen Integrität des Libanon ein. Das bedeutet, daß es keine Einmischung Dritter geben darf. Das bedeutet vor allem den Abzug aller fremden Truppen, die nicht auf ausdrücklichen Wunsch der libanesischen Regierung im Lande sind. Ein geeinter, die tragischen Ereignisse der vergangenen Jahre überwindender Libanon wird politisch und wirtschaftlich wieder den Platz in der Region einnehmen können, der ihm gebührt. Die Bundesregierung bemüht sich durch humanitäre Hilfe das Leid der Bevölkerung zu lindern.

Lage in der Golfregion

Mit großer Sorge sieht die Bundesregierung, sehen wir alle, daß die bisherigen Bemühungen zur Beendigung des nun schon vier Jahre währenden Krieges zwischen Iran und Irak erfolglos geblieben sind. Wir haben gemeinsam mit unseren europäischen Partnern alle Vermittlungsversuche der Vereinten Nationen, der Islamischen Konferenz und der Blockfreienbewegung unterstützt und vor einer Ausweitung des Krieges gewarnt. Angesichts der hohen Opfer an Menschenleben auf beiden Seiten, zunehmender Zerstörungen und des wachsenden Leidens der betroffenen Zivilbevölkerung wird eine Kriegsbeendigung jeden Tag dringlicher.

Wir haben deshalb die vor wenigen Monaten auf Initiative des VN-Generalsekretärs zwischen beiden Konfliktseiten erreichte Vereinbarung, zivile Ziele nicht anzugreifen, als positiven Schritt begrüßt. Diese Vereinbarung kann den Weg zu weitergehenden Übereinkünften erleichtern. Die Gefahr einer Eskalation des Krieges in das weitere Gebiet des Golfs hinein muß unverändert ernstgenommen werden. Die Folgen einer Unterbrechung der für viele Staaten der Welt lebenswichtigen Ölversorgung aus dem Golfgebiet liegen auf der Hand. Wir hoffen deshalb, daß es bald gelingt, durch Beendigung des Krieges diese Gefahr ein für allemal zu bannen und die Stabilität der Golfregion zu bewahren.

Wir selbst bemühen uns, im Rahmen strikter Neutralität zu allen Staaten der Region gute Beziehungen zu pflegen. Wir versuchen diese Beziehungen aktiv auszubauen: Meine kürzliche Reise nach Teheran und der Besuch des irakischen Außenministers in der Bundesrepublik Deutschland sind deutliche Zeichen für unser Engagement.

Die Gespräche, die ich in Teheran geführt habe, zeigten die große Bedeutung des Dialogs mit diesem politisch und wirtschaftlich wichtigen Partner. Eine Verbesserung der Beziehungen Irans zum Westen liegt im beiderseitigen Interesse. In Teheran wie in meinen Gesprächen mit dem irakischen Außenminister in Bonn habe ich die Haltung der Bundesregierung und unserer europäischen Partner zum iranisch/irakischen Konflikt erneut dargelegt und an die Kompromiß- und Verständigungsbereitschaft beider Regierungen appelliert.

Nach Auffassung der Bundesregierung ist echte Blockfreiheit, verbunden mit politischer und wirtschaftlicher Offenheit, geeignet, Frieden und nationale Unabhängigkeit zu wahren und zu stärken. Zugleich habe ich unseren Willen unterstrichen, die fruchtbare Zusammenarbeit mit diesen beiden bedeutenden Staaten der Region fortzusetzen und weiter zu vertiefen.

Zur Stabilisierung der Golfregion leisten die im Golf-Kooperationsrat zusammenwirkenden Staaten einen wesentlichen Beitrag. Die vom iranisch-irakischen Konflikt ausgehenden Gefährdungen haben die Notwendigkeit dieser Zusammenarbeit noch stärker bewußt gemacht.

Die Staaten des Kooperationsrates haben einen Anteil von etwa 20 Prozent an der Welterdölförderung; sie verfügen über 55 Prozent der nachgewiesenen Ölreserven. Schon diese zwei Zahlen erhellen die bedeutende Rolle, die Saudi-Arabien zusammen mit den fünf anderen Mitgliedern des Kooperationsrats auch künftig spielen wird.

Die Bundesregierung begrüßt regionale Zusammenschlüsse wie den Golf-Kooperationsrat; sie sieht in ihnen willkommene Partner bei dem gemeinsamen Bemühen um wirtschaftlichen und sozialen Fortschritt und politische Stabilität.

Die Möglichkeiten engerer politischer und wirtschaftlicher Zusammenarbeit zwischen der Europäischen Gemeinschaft und dem Golf-Kooperationsrat sind noch keineswegs voll genutzt. Ich halte eine Intensivierung dieser Zusammenarbeit für geboten. Sie liegt im beiderseitigen Interesse.

Die Zusammenarbeit der Europäischen Gemeinschaft mit den ASEAN-Staaten ist beispielhaft für die Kooperationsmöglichkeiten regionaler Staatengruppen. Wir werden hierzu unseren Partnern in Kürze konkrete Vorschläge unterbreiten.

Ich weiß, daß auch der Nah- und Mittelostverein eine wichtige Aufgabe in dem weiteren Ausbau der Handels- und Wirtschaftsverbindungen mit den Staaten des Golf-Kooperationsrates sieht.

Das Schicksal Afghanistans

Niemand, der sich mit dem Mittleren Osten befaßt, kann und darf das Schicksal Afghanistans aus den Augen verlieren. Hier kämpft seit 4¾ Jahren ein mutiges Volk gegen eine überlegene sowjetische Invasionsarmee um seine Freiheit. Tausende sind in diesem Freiheitskampf umgekommen. Millionen Afghanen mußten in Pakistan und im Iran Zuflucht suchen.

Schon fünfmal hat die internationale Staatengemeinschaft mit überwältigender Mehrheit in den Vollversammlungen der Vereinten Nationen den Rückzug der sowjetischen Truppen und die Wiederherstellung der

Souveränität und Blockfreiheit von Afghanistan gefordert. Es geht um die Wahrung grundlegender Normen des Zusammenlebens der Völker und der Staaten, es geht um die Respektierung des Gewaltverbots der Charta der Vereinten Nationen.

Die Blockfreien und unter ihnen namentlich die islamischen Staaten fühlen eine besondere Verantwortung gegenüber Afghanistan. Ihre Bemühungen um eine politische Lösung unterstützt die Bundesregierung nachhaltig.

Hochachtung verdient die humanitäre Haltung der Nachbarstaaten Afghanistans, die der größten Flüchtlingswelle unserer Zeit großzügig ihre Grenzen geöffnet haben. In diesem Zusammenhang möchte ich die großen Leistungen Pakistans bei der Aufnahme und Versorgung von drei Millionen afghanischer Flüchtlinge besonders hervorheben. Wir haben zur Erleichterung dieser Lasten bisher im Rahmen unserer Möglichkeiten mit beigetragen und werden das auch künftig tun.

Islamische Welt und Europa

Die Probleme und Spannungen im Nahen und Mittleren Osten dürfen nicht den Blick auf zentrale Entwicklungsimpulse verstellen, die in der gesamten Region wirksam sind. Wir sehen seit einigen Jahren eine zunehmend intensive Besinnung der islamischen Völker auf ihre Wurzeln, ihre Geschichte und Identität. Der Islam gewinnt in zahlreichen Ländern neue religiöse und politische Kraft; wir sind Zeuge einer Suche nach dem richtigen Verhältnis zwischen moderner Entwicklung und islamischer Tradition. Wir hoffen, daß diese Suche zu Ergebnissen führt, die den Herausforderungen unserer Zeit gerecht werden.

Neue geistige Energien schaffen zugleich auch neue

Notwendigkeiten für eine Verständigung und Zusammenarbeit sowohl innerhalb des nah- und mittelöstlichen Raums selbst als auch gegenüber dem benachbarten Europa. Die kulturellen Verbindungen zwischen Europa und der islamischen Welt haben einen bedeutenden Anteil an unserer geistesgeschichtlichen Entwicklung.

Okzident und Orient sind oft Rivalen gewesen. Heute kennzeichnet das stete Bemühen um gleichberechtigte Partnerschaft unser Verhältnis. Wir wollen gemeinsam dafür sorgen, daß dieser Prozeß sich kulturell und politisch in die Gegenwart und Zukunft hinein fortsetzt. Der Europäisch-Arabische Dialog, 1973 begonnen, bietet dazu Möglichkeiten. Ich darf in diesem Zusammenhang an das Symposium erinnern, das im April 1983 hier in Hamburg im Rahmen des Europäisch-Arabischen Dialogs stattfand. Es trug den Titel »Die Begegnung zweier Kulturen«. Diese Begegnung wollen wir weiter vertiefen.

Mit dem Europäisch-Arabischen Dialog besitzen Europäer und Araber ein gemeinsames Instrument zu umfassenden multilateralen Konsultationen. Es liegt im beiderseitigen Interesse, dieses Instrument gut zu nutzen. Damit würde den Grundgedanken des Memorandums Rechnung getragen, das 1975 in Kairo von allen Beteiligten formuliert wurde und in dem es wörtlich heißt: »Der Europäisch-Arabische Dialog ist das Ergebnis eines gemeinsamen politischen Willens, der die Herstellung besonderer Beziehungen zwischen den beiden Gruppen anstrebt.«

Auch gegenüber Staaten im Nahen und Mittleren Osten, die dem Europäisch-Arabischen Dialog nicht angehören, verfolgt die Bundesregierung eine Politik des stetigen Ausbaus der Beziehungen. Das gute bilaterale Verhältnis bietet hierfür eine solide Grundlage.

Bedeutung der wirtschaftlichen Beziehungen

Gerade in dem Kreis der hier Anwesenden besteht über den hohen Rang der wirtschaftlichen Dimension unserer Beziehungen gewiß kein Zweifel. Die Staaten dieses Raumes gehören zu unseren wichtigsten Wirtschaftspartnern. Von allen außereuropäischen Regionen ist dies unser bedeutendster Exportmarkt, der zum Beispiel mehr Waren aufnimmt als Nordamerika. Zugleich sind wir wichtige Kunden, so von Rohöl, aber auch von anderen Gütern.

Doch innerhalb dieses positiven Gesamtbildes gibt es Probleme. Ich denke hier besonders an die mit einer Reihe von Partnern bestehenden Handelsungleichgewichte. Ich denke auch daran, daß zum Beispiel die Einnahmesituation der meisten Partner sich in letzter Zeit verschlechtert hat. In manchen Ländern ist der ersten großen Aufbauwelle nun eine ruhigere Entwicklung gefolgt. Wir werden deshalb im allgemeinen nicht mehr die hohen Zuwachsraten vergangener Jahre im Handelsverkehr erwarten können. Aber eine nüchterne Einschätzung der Lage zeigt, daß die Staaten des Nahen und Mittleren Ostens und die Bundesrepublik Deutschland auch in Zukunft füreinander herausragende Partner sein werden. Die Exportmöglichkeiten der Region, insbesondere im Rohstoff- und Energiebereich, und unsere eigene industrielle und technologische Leistungsfähigkeit für eine Zusammenarbeit schaffen dafür die besten Voraussetzungen.

Langfristig wird sich das gegenwärtige Grundmuster des Warenaustauschs Rohstoffe und Energie gegen Industrieerzeugnisse ändern. Deshalb wird der Schaffung von Handelspräferenzen und der Öffnung des europäischen Marktes für Industrieprodukte der Region erhöhte Bedeutung zu kommen.

Auch über Möglichkeiten der Zusammenarbeit zwischen der Bundesrepublik Deutschland und kapitalreichen Ländern des Nahen und Mittleren Ostens bei Entwicklungsprojekten in Drittländern sollte vermehrt nachgedacht werden.

Die Interdependenz Europas und des Nahen und Mittleren Ostens gibt uns Zuversicht, sie bleibt uns aber auch als Aufgabe täglich neu gestellt. Unsere Regionen sind als Nachbarn in vielfältiger Hinsicht aufeinander angewiesen. Wir bieten einander große Möglichkeiten des wirtschaftlichen und kulturellen Austauschs.

Vor allem aber gilt: Mehr Friede und Sicherheit für den einen bedeutet auch mehr Friede und Sicherheit für den anderen. Hierin liegt die entscheidende politische Herausforderung, die wir gemeinsam mit Realismus und Tatkraft meistern können. Als Partner müssen wir gemeinsam unsere Zukunft gestalten. Der Nah- und Mittelostverein kann hierzu wie bisher auch künftig einen wichtigen Beitrag leisten. Ich wünsche dem Verein viele weitere Jahrzehnte erfolgreichen Wirkens.

Mißtrauen abbauen und Vertrauen schaffen

Rede vor der 39. Generalversammlung der Vereinten Nationen in New York am 26. September 1984

Der Generalsekretär der Vereinten Nationen hat in seinem nachdenklichen Bericht an die großen historischen Leistungen der Vereinten Nationen erinnert. Wir unterstützen einen Aufruf, das große Potential der Weltorganisation zur Konfliktverhinderung und Konfliktlösung zu nutzen und zu stärken.

Wir brauchen eine »Weltinnenpolitik«

Die Welt wird heute geprägt von dem Verhältnis der Industriestaaten des Nordens zu den Entwicklungsstaaten des Südens und von dem Verhältnis der demokratischen Industrieländer des Westens zu den kommunistischen Industrieländern des Ostens.

West und Ost – das ist der größte Teil des Nordens. Der Norden ist in sich gespalten. Aber auch der Süden ist zerrissen in Spannungen und Gegensätze. Wir brauchen den Dialog zwischen Norden und Süden. Spannungen innerhalb des Nordens und innerhalb des Südens durchkreuzen und verlangsamen diesen Dialog.

Der Norden und der Süden haben deshalb die Pflicht, ihre internen Spannungen abzubauen und in einer gemeinsamen Anstrengung ihre geistigen und materiellen Kräfte der Entwicklung einer Weltordnung zu widmen, die auf Gleichberechtigung, Interessenausgleich und Zusammenarbeit beruht. Einer Weltordnung, in der

jeder seine Chance hat, in der die Menschen ihre Kräfte,
ihre Fähigkeiten entfalten können, eine Weltordnung, in
der die Menschenrechte geachtet werden und in der
soziale Gerechtigkeit für alle gilt. Dies erfordert eine
»Weltinnenpolitik«, die vom Bewußtsein der Interdependenz bestimmt ist. Eine Politik, die von der Überzeugung
ausgeht, daß die Zukunft des eigenen Landes nur gesichert werden kann, wenn die Zukunft aller Länder gesichert ist.

Die Verschuldungskrise vieler
Entwicklungsländer

Das drängendste Nord-Süd-Problem ist die Verschul-
dungskrise vieler Entwicklungsländer, insbesondere in
Lateinamerika. Die Staatspräsidenten von Argentinien
und Venezuela haben hierauf eindrucksvoll hingewiesen.
Die Auswirkungen der Verschuldungskrise treffen den
Süden und den Norden.

Zur wirtschaftlichen Genesung der Schuldnerländer
sind energische Anpassungsmaßnahmen erforderlich. Solche Maßnahmen haben politische und soziale Folgen.
Jacques de Larosière hat unlängst gesagt: »Man muß ein-
sehen, daß es soziale und politische Grenzen der wirtschaftlichen Anpassung gibt. Die Vorteile, die ein Land
erfährt, wenn es seine Schulden bedient und Anpassungs-
politik betreibt, müssen die Kosten, die menschliche Not
dieser Anpassung aufwiegen.« Nur in diesem Geist ist
das Problem zu lösen.

Auch dem Norden macht die Krise zu schaffen: Die
notwendigen Importdrosselungen der Schuldnerländer
sind Exportminderungen der Industrieländer. Das internationale Bankensystem ist schweren Belastungen ausgesetzt. Die Lösung der Krise ist nur in einer gemeinsamen

Anstrengung von Nord und Süd möglich. Die Schulden-
dienstverpflichtungen der Entwicklungsländer und ihre
Fähigkeit, sie zu erfüllen, müssen wieder in Einklang
gebracht werden.

Wir brauchen längerfristige Umschuldungsstrategien zur
Unterstützung wirksamer Anpassungsanstrengungen der
Schuldner. Mexiko liefert den Beweis, daß erfolgreiche
Anpassung möglich ist.

Wir haben Grund zur Hoffnung, daß auch die anderen
Länder nach einer schmerzhaften ersten Phase der Anpas-
sung den Übergang zur zweiten Phase schaffen, in der
Anpassung und Wachstum wieder verbunden sind.

Wir werden die Schuldenkrise nur durch intensiven Dialog
und solidarische Zusammenarbeit überwinden. Wir begrüßen es deshalb, daß es zu einem umfassenden Dialog im
kommenden Frühjahr in IWF und Weltbank kommen wird.

Maßnahmen zur wirtschaftlichen Gesundung der Dritten Welt

Für die wirtschaftliche Gesundung und die Entwicklung der Dritten Welt ist ein Bündel abgestimmter Maßnahmen erforderlich:

- Die Industrieländer müssen für stabiles Wachstum bei
  sich selbst sorgen.
- Der Protektionismus muß bekämpft werden. Für die
  Exporte der Dritten Welt müssen die Märkte offen-
  bleiben und sich weiter öffnen. Den vielen Worten für
  die Handelsliberalisierung müssen die Taten entsprechen.
- Das viel zu hohe internationale Zinsniveau muß sinken. Wie soll ein dauerhaftes Wachstum in den Entwicklungsländern bei dem heutigen Realzinsniveau
  möglich sein?

● Die Entwicklungsländer brauchen mehr Direktinvestitionen aus dem Ausland. Die Industrieländer müssen deshalb ihre Investitionsförderungspolitik fortsetzen. Die Entwicklungsländer ihrerseits müssen ein günstiges Klima für Auslandsinvestitionen schaffen.

Direktinvestitionen transferieren nicht nur Kapital, sie transferieren vielmehr gleichzeitig Technologie und Managementerfahrungen, und sie erleichtern den Zugang zum Weltmarkt. Der Technologietransfer in die Dritte Welt muß mit aller Kraft gefördert werden. Eine Einigung über ausgewogene Kodices für transnationale Unternehmen und Technologietransfer würde die Investitionsneigung fördern.

Unsere besondere Aufmerksamkeit und Hilfe muß den ärmsten Ländern der Welt gelten. Seit 1971 hat sich die Zahl der am wenigsten entwickelten Länder von 25 auf 36 erhöht. Ihr Wirtschaftswachstum und insbesondere ihre Nahrungsmittelproduktion halten mit dem Bevölkerungswachstum nicht Schritt. Ihre Schuldenlast ist bedrückend. Sie brauchen steigende öffentliche Entwicklungshilfe. Die Bundesrepublik hat diese Länder deshalb in ihrer Entwicklungszusammenarbeit immer besonders berücksichtigt. Seit Jahren gibt sie ihnen nur noch nichtrückzahlbare Zuschüsse. Den meisten von ihnen hat sie die öffentlichen Schulden erlassen. Besonders dramatisch ist die Lage in vielen Ländern Afrikas. Afrika bedarf der internationalen Solidarität und der koordinierten Anstrengungen der Weltgemeinschaft.

Im Mittelpunkt muß die Ernährungssicherheit stehen. Die akute Not muß bekämpft, die Fähigkeit zur Eigenversorgung muß gestärkt werden. Afrika ist deshalb Schwerpunkt unserer entwicklungspolitischen Zusammenarbeit: Deutlich über 40 Prozent unserer gesamten Hilfe fließen dorthin.

Wir haben, dem Appell des Generalsekretärs folgend,

für eine Sonderaktion 1984 zur Ernährungssicherung zusätzlich 50 Mio. DM zur Verfügung gestellt. Der Subsahara-Bericht der Weltbank bestärkt uns in der Absicht, auch 1985 weitere zusätzliche Mittel für Afrika vorzusehen.

Ich möchte an dieser Stelle an die industrialisierten Staatshandelsländer appellieren, ihre Entwicklungshilfe in ein vertretbares Verhältnis zu ihrer Wirtschaftskraft und zu ihren Rüstungsausgaben zu bringen. Auch sie sollten ihre Tore für die Exporte der Entwicklungsländer weiter öffnen. Sie nehmen nur fünf Prozent der Exporte der Entwicklungsländer auf, während mehr als zwei Drittel dieser Exporte in die westlichen Industriestaaten gehen.

Die Bevölkerungsexplosion

Nach den Schätzungen der Weltbevölkerungskonferenz in Mexiko wird sich die Zahl der Menschen in den nächsten 40 Jahren nahezu verdoppeln, trotz aller Anstrengungen, das Bevölkerungswachstum zu bremsen. Damit wird sich die Zahl und die Schwere der Menschheitsprobleme vervielfachen.

Wir, die heute Lebenden, tragen die Verantwortung dafür, daß unsere Kinder und Enkel eine Welt vorfinden, die ihnen ein Leben in menschlicher Würde ermöglicht. Die Gefahr wächst, daß das »Raumschiff Erde« die Menschheit nicht mehr tragen kann. Die Universalität dieser Zukunftsgefahr zwingt die Völkergemeinschaft, ihre Kräfte zu bündeln. Mehr Menschen brauchen mehr Nahrung, Trinkwasser, Kleidung, Wohnung, Schulen, Arbeitsplätze, Krankenhäuser, Erholungsmöglichkeiten. Schon der Mehrzahl der Lebenden steht all das nicht in ausreichendem Maße zur Verfügung. Und dennoch müssen wir es für mehr als 8 Milliarden Menschen schaffen.

Der internationale Umweltschutz

Und wir haben nur wenig Zeit. Mehr Menschen werden aber auch die Umwelt stärker belasten. Schon heute stellen wir fest: Die Wüsten dehnen sich aus, wertvolle Böden versalzen und erodieren, die Vegetation in den Industrieländern wird durch sauren Regen bedroht. Jahr für Jahr verschwinden unwiederbringlich zahlreiche Tier- und Pflanzenarten. Meere und Binnengewässer verschmutzen. Die Verbrennung von Kohlenwasserstoffen gefährdet das Weltklima. Industriemüll, Abfälle und Abwässer stellen der Weltgemeinschaft gewaltige technische und finanzielle Aufgaben.

Das Umweltprogramm der Vereinten Nationen (UNEP) muß zum Motor einer weltweiten Umweltpolitik werden. Aber alle internationale Zusammenarbeit ist auf Sand gebaut, wenn der Umweltschutz nicht im eigenen Land – wenn er nicht zu Hause – praktiziert wird. Vergiftete Luft, vergiftetes Wasser machen nicht an den Grenzen halt.

Wir sprechen und verhandeln deshalb mit allen unseren Nachbarn in West und Ost über eine gemeinsame Bekämpfung der Umweltgefahren. Die Umweltkonferenz in München hat wichtige Anstöße für eine grenzüberschreitende Umweltpolitik gegeben.

Im Interesse der Bekämpfung von Umweltbelastungen an der Quelle muß bei der öffentlichen und privaten wirtschaftlichen Zusammenarbeit mit der Dritten Welt mehr als bisher dem Schutz der natürlichen Lebensgrundlagen Rechnung getragen werden.

In der dichtbesiedelten und hochindustrialisierten Bundesrepublik Deutschland traten Umweltprobleme früher als anderswo in Erscheinung. Wir haben deshalb vielfältige Erfahrungen in der Erkennung, Messung und der Bekämpfung von Umweltschäden sammeln können. Wir sind bereit, diese Erfahrungen jedem interessierten Partner zur Verfügung zu stellen.

Die Chancen der Gentechnologie

Die großen Aufgaben des wirtschaftlichen Wachstums und des Umweltschutzes, der Entwicklung und der Welternährung sind nicht zu lösen ohne die Möglichkeiten, die uns die neuen Hochtechnologien eröffnen.

Neue technologische Entwicklungen sollen allen Menschen dienen, sie dürfen nicht als Herrschaftsinstrument mißbraucht werden. So wird die Gentechnologie der Dritten Welt neue und große Möglichkeiten für die Landwirtschaft und die Lösung des Ernährungsproblems bieten. Es erscheint möglich, künftig mit gentechnologischen Methoden Pflanzen zu entwickeln, die auch unter schwierigen Boden- und Klimabedingungen noch ertragsfähig sind. Es erscheint möglich, den Ernteertrag deutlich zu steigern und den Verbrauch an chemischen Düngemitteln drastisch zu verringern.

Die internationalen Agrarforschungsprogramme zur Förderung der Landwirtschaft der Entwicklungsländer müssen die Möglichkeiten, die die Gentechnologie in Aussicht stellt, voll nutzen. Aber gerade die Gentechnologie macht uns bewußt, daß die neuen Hochtechnologien nicht nur Chancen bringen, die wir nutzen können, sondern auch Gefahren, die wir von Anfang an kontrollieren müssen.

Der Respekt vor der Schöpfung muß uns bei der Nutzung der Gentechnologie leiten, und er muß uns wachsam machen gegen jeden Mißbrauch zur Manipulation menschlicher Erbanlagen. Die Menschenwürde verlangt, daß solche Manipulationen von vornherein geächtet und unmöglich gemacht werden. Das ist ein Thema auch für die Vereinten Nationen.

Menschenrechtspolitik ist Friedenspolitik

Mit der Zusammenarbeit von Nord und Süd soll das Wohlstandsgefälle verringert, sollen Hunger und Not, Krankheit und Unwissenheit überwunden, sollen die elementaren Menschenrechte gesichert werden. Die internationalen Pakte über bürgerliche und politische Rechte und über wirtschaftliche, soziale und kulturelle Rechte müssen im Zentrum der Arbeit der Vereinten Nationen stehen. Frieden und Menschenrechte gehören zusammen. Wer die Menschenrechte mißachtet, verletzt damit Verpflichtungen, die er auf Grund der Charta der Vereinten Nationen, der Allgemeinen Erklärung der Menschenrechte und der internationalen Menschenrechtspakte übernommen hat – er verletzt Völkerrecht.

Für die Bundesrepublik Deutschland ist eine aktive Menschenrechtspolitik ein Pfeiler ihrer Friedenspolitik. Der Generalversammlung liegt der Entwurf einer VN-Konvention gegen Folter vor, dem wir zustimmen und dem wir große Bedeutung beimessen.

Wir appellieren an alle Mitgliedstaaten, die Konvention mit den vorgesehenen Kontrollverfahren anzunehmen und wirksam werden zu lassen. Die Folter, eine der schlimmsten Geißeln der Menschheit, muß weltweit geächtet werden. Niemand darf den Folterknechten ausgeliefert werden, kein Folterknecht darf seiner gerechten Strafe entgehen.

Wir begrüßen es, daß unser Vorschlag eines Fakultativprotokolls zur Ächtung der Todesstrafe positiv aufgenommen wurde. Ich bitte weiter um konstruktive Mitarbeit, ich bitte darum auch die Staaten, die noch nicht auf die Todesstrafe verzichten wollen. Rassismus, insbesondere die Apartheid in Südafrika, ist eine fundamentale Verletzung der Menschenwürde. Wir appellieren an die Republik Südafrika, den Weg frei zu machen für die

Verwirklichung der elementaren Menschenrechte für alle ihre Bürger.

Die Vereinten Nationen brauchen Institutionen, die einen besseren Schutz der Menschenrechte ermöglichen. Die Forderungen nach Einsetzung eines Hochkommissars für Menschenrechte und nach Errichtung eines Menschenrechtsgerichtshofes zeigen den Weg dazu.

Die Stärkung der Vereinten Nationen

Die Charta der Vereinten Nationen ist der großartige Versuch, die überkommenen, auf Machtbesitz und Machtausdehnung errichteten Strukturen zu überwinden und neue Strukturen zu schaffen. Aber die Vereinten Nationen haben die Nationen noch nicht vereinigt. Noch ist die Welt geprägt durch die Rivalitäten von Nationen und Machtblöcken, denen Mißtrauen zugrunde liegt. Das ist das Ergebnis bitterer historischer Erfahrungen. Die Weltgeschichte hat die Völker gelehrt, sich auf die Gefahr der Gewalt von außen einzurichten.

Noch immer wird Gewalt angewendet. Das afghanische Volk wartet darauf, daß es seine Unabhängigkeit, sein Selbstbestimmungsrecht, den Glauben seiner Väter in Frieden bewahren kann. Laos und Kambodscha kämpfen um ihre Unabhängigkeit. Im Golfkrieg sterben immer noch Menschen einen sinnlosen Tod. Zentralamerika wird von inneren und äußeren Spannungen erschüttert. Namibia wird seine Unabhängigkeit noch immer vorenthalten. In Südafrika werden Menschen wegen ihrer Hautfarbe diskriminiert. Der Nahe Osten kommt nicht zur Ruhe, solange Gewalt angewendet und nicht verhandelt wird.

Ohne Gewaltverzicht, ohne die Verwirklichung des Selbstbestimmungsrechts des palästinensischen Volkes, ohne die Anerkennung des Existenzrechts aller Staaten einschließlich Israels wird es keinen dauerhaften und gerechten Frieden im Nahen Osten geben.

Wir müssen den friedensfördernden Einfluß der Vereinten Nationen stärken. Der Generalsekretär mahnt zu Recht, weniger von der Ineffizienz der Vereinten Nationen und mehr von der mangelnden Bereitschaft der Staaten zu sprechen, deren Möglichkeiten zu nutzen. Dazu muß das Prinzip der Universalität unversehrt bleiben. Trotz aller Gegensätze müssen wir den Dialog stets so führen, daß seine Fortsetzung allen Beteiligten als sinnvoll erscheint.

Wir alle wissen, wie schwer es ist, ausgebrochene Konflikte zu lösen oder auch nur einzudämmen. Deshalb müssen Konflikte schon in der Phase ihrer Entstehung entschärft werden. Dazu brauchen wir einen funktionierenden Frühwarnmechanismus, der dem Sicherheitsrat und dem Generalsekretär schnelles Handeln ermöglicht. Wir unterstützen die Vorschläge, die der Generalsekretär hierzu gemacht hat.

Zusammen mit anderen Delegationen hat die Bundesrepublik Deutschland im Charta-Ausschuß Vorschläge zur »Prävention internationaler Konflikte« vorgelegt. Auch unsere Flüchtlingsinitiative, die die erschreckenden Flüchtlingsströme durch politische Zusammenarbeit eindämmen soll, dient dem Ziel, aufkommenden Konfliktstoff zu beseitigen.

Gewaltverzicht

Die Beachtung des Gewaltverbots ist der erste Schritt, der getan werden muß. Gewaltverzicht bedeutet keinen Verzicht auf Überzeugungen, Wertvorstellungen und Interessen. Er betrifft die Form und die Mittel, mit denen die Staaten ihre Gegensätze austragen. Der Gewaltverzicht ist eines der grundlegenden und unverzichtbaren Ordnungsprinzipien für das friedliche Zusammenleben der Staaten.

Die Politik der Bundesrepublik Deutschland ist Friedenspolitik, sie beruht auf dem Verzicht auf Gewalt. Das Nordatlantische Bündnis, dem wir angehören, steht auf diesem Fundament. In der Erklärung von Bonn vom Juni 1982 stellen die Bündnispartner fest:

»Unser Ziel ist es, Krieg zu verhindern und unter Wahrung der Demokratie die Grundlagen für dauerhaften Frieden zu schaffen. Keine unserer Waffen wird jemals eingesetzt werden, es sei denn als Antwort auf einen Angriff.«

Abrüstung und Rüstungskontrolle

Wir wissen dabei, daß militärische Stärke allein eine friedliche Zukunft nicht garantieren kann. Abrüstung und Rüstungskontrolle sind deshalb integrale Bestandteile unserer Sicherheitspolitik.

In Europa stehen sich Ost und West hochgerüstet gegenüber; weltweit werden ungeheure Mittel für Rüstung ausgegeben, die für die Gestaltung der Zukunft fehlen – bei uns und in den Entwicklungsländern. Das Maß des Mißtrauens ist am Barometer der Welt-Rüstungsausgaben ablesbar.

Vertrauensbildung und Abrüstung sind eine Forderung an die ganze Weltgemeinschaft, an Ost und West, an Nord und Süd. Keine Region dieser Welt kann heute noch Frieden und Sicherheit für sich allein finden. Rüstungskontrolle in Europa fördert Frieden und Stabilität in der Welt.

Der weltweite und regionale Dialog über Abrüstung

und Rüstungskontrolle ist nicht abgebrochen. Nicht Pessimismus und Resignation dürfen unsere Bemühungen bestimmen. Sie müssen von dem Willen getragen sein, die verfügbaren Instrumente für eine aktive Politik zu nutzen.

Das heißt vor allem: Es muß verhandelt werden. Das muß überall und für alle Waffen gelten. Kein Waffensystem darf ausgenommen bleiben. Niemand darf nur seine eigenen Sicherheitsinteressen sehen. Er muß auch die legitimen Interessen der anderen erkennen. Keiner darf Sicherheit auf Kosten anderer suchen.

Wir begrüßen es, daß Präsident Reagan von dieser Stelle aus der Sowjetunion einen umfassenden Abrüstungsdialog vorgeschlagen hat. Dieser Dialog liegt im Interesse aller Völker. Die Vereinigten Staaten von Amerika und die Sowjetunion tragen wegen ihres nuklearen Potentials und wegen ihrer Verpflichtung aus dem NV-Vertrag eine besondere Verantwortung.

Wir treten mit dem amerikanischen Präsidenten dafür ein, daß die Verhandlungen über nukleare Waffen zwischen den Vereinigten Staaten und der Sowjetunion ohne Vorbedingungen wieder aufgenommen werden. Wir unterstützen den amerikanischen Wunsch nach drastischen Reduzierungen bei den interkontinental-strategischen Waffen.

Wir wollen unverändert den weltweiten Verzicht der Vereinigten Staaten und der Sowjetunion auf landgestützte Mittelstreckenflugkörper. Jede ausgewogene Vereinbarung auf dem Wege dahin unterstützen wir.

Wir fordern Rüstungskontrolle für den Weltraum. Noch ist es Zeit.

Wir wollen bei den Wiener MBFR-Verhandlungen durch beiderseitige Truppenreduzierungen ein paritätisches Kräfteverhältnis bei den konventionellen Streitkräften in Mitteleuropa herstellen.

Wir rufen die Teilnehmer an der Stockholmer Konferenz auf, konkreten, militärisch bedeutsamen und verifizierbaren Maßnahmen zur Sicherheit und Vertrauensbildung zuzustimmen. Diese Maßnahmen müssen in ganz Europa gelten.

Wir treten ein für die Konkretisierung und Bekräftigung des Gewaltverzichts im Rahmen des Mandats der Stockholmer Konferenz. Er muß für jeden gegenüber jedem gelten, innerhalb der Paktsysteme genauso wie im Verhalten der Teilnehmerstaaten überall in der Welt.

Wir fordern einen neuen Impuls für den KSZE-Prozeß. Der finnische Vorschlag, den 10. Jahrestag der Unterzeichnung der Schlußakte von Helsinki durch eine Konferenz auf politischer Ebene zu würdigen, verdient Unterstützung.

Wir appellieren an alle Mitglieder der Vereinten Nationen, den Prozeß der Vertrauensbildung in allen Teilen der Welt konkret und ernsthaft in Angriff zu nehmen und damit die Voraussetzungen für Abrüstung und Rüstungskontrolle weltweit zu verbessern. Es bleibt wichtig, angesichts der überall steigenden Ausgaben für militärische Zwecke die Militärhaushalte offenzulegen und miteinander vergleichbar zu machen.

Wir treten dafür ein, bei den Vereinten Nationen ein Register zu führen, das Auskunft über die weltweiten Waffenexporte und Waffenimporte gibt.

Wir wollen ein weltweites, umfassendes und verifizierbares Verbot der chemischen Waffen. Es reicht nicht aus, die chemischen Waffen nur für Europa zu ächten und damit die Möglichkeit offenzulassen, daß sie in anderen Teilen der Welt angewendet werden.

Die in Abrüstungsverhandlungen eingegangenen Verpflichtungen müssen überprüft werden können. Die Bundesrepublik Deutschland wird ihren Beitrag zum Erfolg der Abrüstungsverhandlungen leisten.

Europäische Friedenspolitik

Europa hat die Schrecken zweier Weltkriege erlebt.
Die Europäische Gemeinschaft ist aus diesen Erfahrungen geboren. Wir wollen die Europäische Union. Die in dieser Union zusammengeschlossenen Völker werden ihre Kräfte und ihre Möglichkeiten so entfalten, daß Europa den Platz in der Welt einnimmt, der ihm gebührt.

Die deutsch-französische Freundschaft ist ein Beispiel dafür, wie die Lektionen der Geschichte beherzigt werden können. Das gemeinsame Gedenken des Bundeskanzlers und des französischen Präsidenten an den Soldatengräbern von Verdun ist Symbol für Versöhnung und Freundschaft.

Die Staaten der Europäischen Gemeinschaft wollen die Zukunft gemeinsam meistern. Aber Europa ist mehr als die zehn, demnächst zwölf Staaten der Europäischen Gemeinschaft. Wir suchen die Zusammenarbeit mit allen Staaten Europas. Wir Deutschen sind uns der Verantwortung bewußt, die sich aus der Geschichte unseres Landes und aus unserer Lage im Herzen Europas ergibt.

Die Bundesrepublik Deutschland hat ihr Schicksal fest in das Schicksal Europas eingebettet. Unsere Politik ist europäische Friedenspolitik.

Wir wollen mit den anderen Teilnehmern der KSZE auf der Grundlage der Schlußakte eine Friedensordnung in Europa schaffen, in der sich die Zusammenarbeit der Staaten, ungeachtet der Verschiedenheit ihrer Systeme, frei entfalten kann.

Wir wollen eine Friedensordnung, in der die Völker, wie die Schlußakte von Helsinki es vorsieht, ihr Schicksal selbst bestimmen, in der sie frei von Angst vor Gewalt, Drohung und Bevormundung leben können, in der die Menschen in den Genuß der ihnen zustehenden Rechte und der Früchte des friedlichen internationalen Austausches kommen.

Es ist europäische Friedenspolitik, wenn in dem »Brief zur deutschen Einheit« gesagt wird, daß es unser politisches Ziel ist, auf einen Zustand des Friedens in Europa hinzuarbeiten, in dem das deutsche Volk in freier Selbstbestimmung seine Einheit wiedererlangt.

Unser Verhältnis zu den östlichen Nachbarn

Mein Land hat mit den in den siebziger Jahren geschlossenen Verträgen mit unseren östlichen Nachbarn den Weg zur KSZE freigemacht. Wir stehen ohne Abstriche zu diesen Verträgen.

Die Bundesrepublik Deutschland achtet die territoriale Integrität aller Staaten in ihren heutigen Grenzen. Sie geht von der bestehenden Lage in Europa aus. Sie erhebt keine Gebietsansprüche gegen irgend jemanden und wird solche auch in Zukunft nicht erheben. Sie betrachtet heute und künftig die Grenzen aller Staaten als unverletzlich.

Wir appellieren an alle Staaten, ihre Jugend zum Frieden und zur Achtung vor anderen Völkern und vor anderen Auffassungen zu erziehen. Erziehung zum Haß gefährdet den Frieden. Polemik gegen die friedlichen Absichten anderer Völker vergiftet das politische Klima.

Die Bundesrepublik Deutschland hat den Wunsch, die mit ihren östlichen Nachbarn geschlossenen Verträge mit Leben zu erfüllen. Wir wollen, daß die Schlußakte von Helsinki in allen ihren Teilen verwirklicht wird. Wir wollen den KSZE-Prozeß fortsetzen. Dieser Prozeß hat die Lage in Europa zum Besseren gewendet. Er hat schweren Belastungen des internationalen Klimas standgehalten. Der Beitrag aller KSZE-Teilnehmerstaaten – der großen wie der kleinen – wird für die Sicherheit und Zusammenarbeit in Europa unverzichtbar bleiben.

Wir wollen Zusammenarbeit mit allen Staaten des Warschauer Pakts. Wir wollen Zusammenarbeit, politisch, wirtschaftlich, technologisch, wir wollen sie beim Schutz der Umwelt. Wir wollen einen engen kulturellen Austausch.

Wir werden unseren auf Ausgleich und Verständigung gerichteten Kurs beharrlich und geduldig fortsetzen. Wir werden uns nicht entmutigen und nicht beirren lassen. Wir werden den auch in schwierigen Zeiten nie unterbrochenen Dialog und die Zusammenarbeit mit der Sowjetunion auf der Grundlage des Moskauer Vertrages konsequent fortsetzen. Dieser Vertrag eröffnet ebenso wie das langfristige Wirtschaftsabkommen große Perspektiven, die es zu nutzen gilt.

Der Wille zur deutsch-polnischen Verständigung und Versöhnung bestimmt unser Denken und Handeln gegenüber dem polnischen Volk. Der Warschauer Vertrag vom 7. Dezember 1970 hat den Teufelskreis von Unrecht und Gegenunrecht ein für allemal durchbrochen. Das gehört zu den bedeutsamsten Ergebnissen deutscher und europäischer Nachkriegspolitik.

Unsere Zusammenarbeit mit der DDR

Unsere Zusammenarbeit mit der DDR auch in einer Zeit der Spannungen zwischen West und Ost ist Ausdruck der historisch begründeten Verantwortung beider deutscher Staaten für den Frieden in Europa. Diese Verantwortung muß sich auch in der gemeinsamen Regelung menschlicher und sachlicher Probleme bewähren. Die Menschen müssen die positiven Ergebnisse der Entspannungspolitik unmittelbar erfahren können. Wir haben dabei Fortschritte gemacht.

Wir wollen, daß beide deutsche Staaten auf dem durch den Grundlagenvertrag und durch die Schlußakte von Helsinki vorgezeichneten Weg voranschreiten, wir wollen, daß sie ein Beispiel geben bei der Verwirklichung der in der Schlußakte übernommenen Verpflichtungen. So werden wir dem Anspruch gerecht, der in dem Bekenntnis zur Verantwortungsgemeinschaft seinen Ausdruck findet.

Das Verhältnis USA – Sowjetunion

Von entscheidender Bedeutung für das West-Ost-Verhältnis und für den Frieden in der Welt ist die Verbesserung der Beziehungen zwischen den Vereinigten Staaten und der Sowjetunion. Eine Rückbesinnung auf die Prinzipien der Gleichheit und der gegenseitigen Rücksichtnahme, die in der amerikanisch-sowjetischen Erklärung von 1972 verankert sind, könnte den Weg dazu ebnen. Präsident Reagan hat vor den Vereinten Nationen die Entschlossenheit seines Landes zum Ausdruck gebracht, mit der Sowjetunion zur Sicherung des Weltfriedens zusammenzuarbeiten. Das sollte eine positive Antwort der Sowjetunion finden.

Wir können den Dialog zwischen den USA und der Sowjetunion nicht ersetzen, aber wir leisten – wie andere mittlere und kleinere Staaten auch – unseren Beitrag zur Verbesserung der West-Ost-Beziehungen, und dieser Beitrag ist nicht gering.

Europa und die Dritte Welt

Europa, das so oft von Kriegen heimgesucht wurde, von dem aus viele Kriege in andere Teile der Welt getragen wurden, muß heute Ausgangspunkt von Initiativen des Friedens und der Zusammenarbeit für alle Teile der Welt sein. Deshalb setzt die Bundesrepublik Deutschland als Mitglied der Europäischen Gemeinschaft auch im Verhältnis zur Dritten Welt auf eine Politik, die darauf zielt, »auf der Grundlage völliger Gleichberechtigung zwischen Partnern und in ihrem gegenseitigen Interesse eine enge und andauernde Zusammenarbeit im Geiste internationaler Solidarität herzustellen«, wie es der Vertrag von Lome II formuliert.

Wir wollen Freundschaft und gleichberechtigte Partnerschaft mit den Staaten des Südens. Wir unterstützen den Gedanken echter Blockfreiheit, weil er Unabhängigkeit bewahrt und fremdes Vorherrschaftsstreben abwehrt. Die Blockfreienbewegung wird immer mehr zu einem stabilisierenden Faktor der Weltpolitik.

Große Bedeutung für die Stabilität in der Welt hat das volkreichste Land der Erde, die Volksrepublik China. Wir sehen mit Befriedigung, wie sich China auch über Asien hinaus öffnet und seine Mitverantwortung für Frieden und Zusammenarbeit in der Welt wahrnimmt.

Regionale Zusammenschlüsse bieten kleinen und mittleren Staaten die Möglichkeit, ihre Kräfte zu bündeln und ihre Unabhängigkeit gemeinsam zu behaupten. Die Europäische Gemeinschaft arbeitet mit den ASEAN-Staaten und den Anden-Pakt-Staaten im Rahmen von Kooperationsverträgen eng zusammen.

Wir treten für eine engere Zusammenarbeit der Staaten der Europäischen Gemeinschaft mit den Staaten des Golf-Kooperationsrates ein. Wir tragen das Unsere dazu bei, damit der europäisch-arabische Dialog wieder intensiviert wird. In wenigen Tagen werden die Außenminister der EG-Staaten, Spaniens und Portugals in San José mit ihren Kollegen aus den Ländern Zentralamerikas und der Contadora-Gruppe zusammentreffen, um einen politischen Dialog zu beginnen und die Grundlagen für eine wirtschaftliche Kooperation zwischen der Europäischen Gemeinschaft und Zentralamerika zu schaffen.

Der Kulturaustausch zwischen Nord und Süd

Nord und Süd müssen miteinander sprechen, miteinander verhandeln, gemeinsame Lösungen für die Menschheitsprobleme der Gegenwart und der Zukunft finden. Der Nord-Süd-Dialog wird aber nur Erfolg haben, wenn er im Bewußtsein der gleichen Würde aller Kulturen dieser Welt geführt wird.

Der Kulturaustausch zwischen Nord und Süd darf nicht am Rande, er muß im Zentrum des Nord-Süd-Gesprächs stehen. Unsere Welt ist voll von kulturellen Vorurteilen, die oft auf Unwissenheit beruhen. Wir alle haben noch voneinander zu lernen. Der Norden ist zwar reicher als der Süden, aber er ist deshalb nicht klüger, menschlicher, kultivierter. Die Kulturen des Nordens und des Südens müssen sich wechselseitig in ihrer kulturellen Eigenwürde als gleichwertig anerkennen.

Es kommt auf die innere Haltung an, mit der wir anderen Völkern begegnen. Wie oft hat Überheblichkeit gegenüber anderen Völkern mit der Mißachtung ihrer kulturellen Identität und ihrer kulturellen Leistung begonnen. Um ein Land zu verstehen, muß man seine Kultur verstehen. Die Erfahrung der Gleichwertigkeit der Kulturen kommt den Völkern nicht von selbst. Das erfordert einen intensiven Kulturaustausch. Wir sind bereit, zu geben – und zu nehmen. Der Kulturaustausch trägt bei zu dem Aufbau einer friedlichen Weltordnung.

Die Völker warten auf ein Zeichen der Hoffnung

Die Völker schauen in diesen Tagen in Sorge und Hoffnung nach New York. Sie sind beunruhigt. Nicht allein, daß es Spannungen gibt, macht sie besorgt, sondern daß die Spannungen zu wachsen scheinen. Und sie fragen sich, was geschehen wird, wenn die Spannungen immer weiter wachsen.

Die Probleme, vor denen wir stehen, sind ernst und schwer. Niemand erwartet von uns, daß wir in diesen Tagen eine Zauberformel finden, die alles mit einem Schlag löst. Aber eines erwarten die Völker mit Recht: daß wir Zeichen der Hoffnung setzen. Zeichen, daß die Regierungen der Welt die Gefahr erkannt haben, Zeichen dafür, daß sie in der Lage sind, dem Anwachsen der Spannungen Einhalt zu gebieten.

Die Völker wollen nicht die Wiederholung längst bekannter unversöhnlicher Standpunkte oder Schuldzuweisungen hören. Sie wollen wissen, was wir konkret zu tun gedenken, um dem gemeinsamen Interesse des Friedens zu dienen. Wir dürfen sie nicht enttäuschen.

Ich habe Ihnen dargelegt, wie mein Land seine Verantwortung wahrnimmt. Die Bundesrepublik Deutschland stellt sich den Herausforderungen der Zukunft mit der Zuversicht eines Landes, dessen Bürger sich frei entfalten und in Freiheit zum Aufbau einer humanen und gerechten Welt beitragen können.

Das große Ziel einer humanen und gerechten Welt sollte uns leiten, wenn wir 1985 den vierzigsten Geburtstag unserer Organisation feiern und 1986 das »Internationale Jahr des Friedens« begehen.

Europa und Lateinamerika – eine neue Dimension freundschaftlicher Zusammenarbeit

Rede beim »Ibero-Amerika-Tag« in Hamburg am 12. Oktober 1984

Wenn ein Jahr in unserer Geschichte das Jahr Lateinamerikas war, so war es dieses Jahr 1984. Der Bundeskanzler und ich haben Argentinien besucht. Vor zehn Tagen bin ich aus San José zurückgekehrt vom Treffen der Außenminister der Europäischen Gemeinschaft, Spaniens, Portugals und der EG-Kommission mit den Außenministern Zentralamerikas und der Contadora-Staaten.

Vor beiden Häusern des argentinischen Kongresses hat Bundeskanzler Kohl gesagt, daß die Bundesregierung es als ihre besondere Verpflichtung ansieht, die Interessen der Länder Lateinamerikas bilateral, in den internationalen Gremien und vor allem im Kreise der Europäischen Gemeinschaft aktiv zu vertreten.

1984 haben wir die Staatspräsidenten von Costa Rica und von El Salvador bei uns begrüßt. In diesem Jahr haben wir aber auch in unserer Bundeshauptstadt ein Denkmal des Staatsmannes und Befreiers Simon Bolivar einweihen können.

Gemeinsame kulturelle Wurzeln

Die Begegnung Deutschlands mit Octávio Paz hat uns in den letzten Tagen erneut vor Augen geführt, welche Vielfalt, welche Lebendigkeit und welcher Reichtum das geistige und künstlerische Leben des lateinamerikanischen Kontinents auszeichnen. Dem mexikanischen Dichter, Philosophen und Essayisten wurde der Friedenspreis des Deutschen Buchhandels verliehen, weil sein mutiges Eintreten für die Demokratie und die Freiheit des Einzelnen wie der Völker in Wort und Schrift beispielhaft ist. Der Bundespräsident hat Paz als den großen Vertreter des freiheitlichen lateinamerikanischen Geistes gewürdigt, der er ist. Paz hat in seiner Dankesrede die folgenden beherzigenswerten Worte gefunden:

»Die Freiheit gibt es nicht vor dem Frieden, aber auch nicht nach ihm: Frieden und Freiheit sind unauflöslich miteinander verbunden. Sie voneinander trennen heißt, der Erpressung des Totalitarismus erliegen und am Ende das eine wie das andere verlieren.«

Diese Worte erinnern an die gemeinsamen Werte und Grundüberzeugungen Europas und Lateinamerikas. Sie erinnern zugleich daran, daß gerade Deutschland weit in frühere Jahrhunderte zurückreichende enge Verbindungen zu Lateinamerika hat. Viele Deutsche haben den Kontinent mit erforscht und mit erschlossen. Viele Deutsche haben sich um das Verständnis der einheimischen Kulturen bemüht oder die Vermittlung der Literaturen zum Ziel gesetzt. Neben Alexander von Humboldt verdienen Hans Staden und Eduard Poeppig, Burmeister und Prinz zu Wied genannt zu werden. Der Maler Rugendas hat in meisterhaften Aquarellen und Skizzen seine Eindrücke aus der Andenregion festgehalten. Diese Namen stehen für viele andere. Auf das Werk dieser Männer gründen sich unsere Beziehungen zu Lateinamerika.

Lateinamerika hat ihnen Anregung zu ihren Arbeiten gegeben. Umgekehrt hat uns Lateinamerika durch seine größten Geister bereichert. Hierfür stehen Namen wie Gabriela Mistral und Pablo Neruda, Gabriel Garcia und Mario Vargas Llosa, Jorge Amado und Jorge Luis Borges, Miguel Angel Asturias und eben Octávio Paz. Auch in Zukunft wird der Kulturaustausch mit Lateinamerika für beide Seiten ein unverzichtbarer Bestandteil ihrer Beziehungen sein.

Lateinamerika befindet sich in einer der schwierigsten Perioden seiner Geschichte. Waren die Länder einstmals angetreten, um ihren Freiheitsanspruch gegenüber den Mutterländern in Europa durchzusetzen, so geht es heute um die wirtschaftliche Entwicklung und um soziale Gerechtigkeit auch als Voraussetzung politischer Stabilität. In vieler Hinsicht überdauerten koloniale Verhältnisse die Zeiten. Die Wirtschaft produzierte entweder für die Alte Welt oder sie erschöpfte sich in Subsistenzökonomie.

Dies alles wurde nach dem Ende des Zweiten Weltkrieges augenfällig: Retardierende und progressive Elemente stießen aufeinander. Autoritäre Regime versuchten, die verkrusteten Strukturen zu erhalten. Diese Phase, eine Phase des Übergangs, geht jetzt ihrem Ende entgegen. Lateinamerika versucht heute nach Kräften, in kurzer Zeit wirtschaftlich aufzuholen, und es geht um den Weg in eine demokratische Zukunft nach den Prinzipien von Pluralismus, persönlicher Freiheit und Respektierung der Menschenrechte.

Mit großer Zustimmung und Sympathie haben wir den Übergang zur Demokratie in einer Reihe bedeutender Länder Lateinamerikas begrüßt. Diesem Beispiel werden andere folgen. An uns, den Deutschen und Europäern, liegt es,

- für die Wahrung der Menschenrechte einzutreten,
- Geduld zu üben, wo Eile ins Verderben führen kann,
- anzuerkennen, daß es auch noch andere als die von uns entwickelten Modelle gibt,
- zu helfen, wo immer dies von uns gewünscht wird,
- zu verstehen, statt zu belehren.

528

Wirtschaftliche Zusammenarbeit

Die politische Zusammenarbeit mit Lateinamerika kann nicht bestehen ohne die wirtschaftliche Zusammenarbeit. Wir alle wissen, welche Bedeutung Lateinamerika für unsere Wirtschaft und welche Bedeutung wir für die Wirtschaft Lateinamerikas haben. Die Bundesrepublik Deutschland ist einer der wichtigsten Außenwirtschaftspartner der lateinamerikanischen Staaten. Etwa die Hälfte aller deutschen Direktinvestitionen in der Dritten Welt geht nach Lateinamerika.

Trotz des Auf und Ab der Weltwirtschaft, trotz der Verschuldungskrise vieler Staaten werden die wirtschaftlichen Aussichten für Lateinamerika mittel- bis langfristig positiv beurteilt. Unsere Wirtschaften sind komplementär. Es gibt feste Grundlagen für ein stetiges Wachstum auf mittlere und lange Sicht: der große Reichtum natürlicher und geistiger Ressourcen; der hohe Entwicklungsstand einer ganzen Reihe von Staaten; die Entwicklungsfähigkeit anderer Staaten; die Größe der Binnenmärkte und die regionalen und subregionalen Integrationsbemühungen.

Daher haben sich auch die Handelsbeziehungen zwischen Deutschland und der Europäischen Gemeinschaft einerseits und Lateinamerika auf der anderen Seite lange Zeit hervorragend entwickelt: So stieg das Handelsvolumen zwischen beiden Regionen in der Dekade von 1972 bis 1981 von 11 Milliarden US-Dollar auf 35 Milliarden US-Dollar an. Dabei ist wichtig: Die Exporte Lateinamerikas in die Europäische Gemeinschaft haben sich überproportional erhöht und bereits 1976 die Ausfuhren der Europäischen Gemeinschaft nach Lateinamerika übertroffen. Das zeigt, daß sich Europa an die Regeln des freien Welthandels hält und eben nicht in protektionistischem Ungeist den Staaten, die sich auf dem Wege der wirtschaftlichen Entwicklung befinden, die Exportmöglichkeiten versagt.

EG-Kommissar Pisani hat auf der Konferenz von San José zurecht gesagt, daß nicht die Bestimmungen der Europäischen Gemeinschaft handelshemmend wirken, sondern daß viele Länder in Lateinamerika eben nicht marktkonforn produzieren. Es fehlt oft an den notwendigen Produktions- und Marktanalysen; es fehlt am Exportmanagement.

Niemand kann sich einen Weltmarkt erzwingen. Weltmarkt erfordert Anpassung, Flexibilität, Qualität – kurz alles das, was man heute unter dem Begriff »Marketing« versteht. Hier liegt der entscheidende Ansatz zur Beeinflussung und Verbesserung der Handesströme.

Auch wir müssen uns täglich diesem Gebot von neuem stellen. Die Europäische Gemeinschaft bemüht sich seit Jahren um eine Verstärkung ihrer Handelsbeziehungen mit Lateinamerika. Mit einer Reihe von Staaten wurden Kooperationsabkommen abgeschlossen: 1975 mit Mexiko, 1982 mit Brasilien und im Dezember 1983 mit dem Andenpakt. Sie sehen die Meistbegünstigung, Zusammenarbeit in Handel, Wirtschaft und Entwicklungspolitik und das jährliche Zusammentreten gemischter Ausschüsse vor.

Der Zusammenarbeit mit dem Andenpakt wollen wir besondere Aufmerksamkeit zuwenden. Von diesem regionalen Zusammenschluß erwarten wir – das sagt uns unsere europäische Erfahrung – Impulse für die weitere Entwicklung in der Region.

Von erheblicher Bedeutung für die Zunahme der lateinamerikanischen Exporte war und ist das von der Europäischen Gemeinschaft 1971 eingeführte und seitdem ständig weiterentwickelte System der Allgemeinen Zollpräferenzen für Entwicklungsländer. Es umfaßt heute alle gewerblichen Produkte und einen Großteil der landwirtschaftlichen und tropischen Verarbeitungsprodukte. Nahezu 85 Prozent der Einfuhren aus Lateinamerika kommen heute entweder zollfrei in die Europäische Gemeinschaft oder unterliegen einem Zoll von maximal 5 Prozent.

Allerdings haben sich die Handelsbeziehungen zwischen den beiden Regionen in den letzten drei Jahren nicht so weiterentwickelt, wie wir es wünschten. Die Einfuhren der Europäischen Gemeinschaft aus Lateinamerika nahmen zwischen 1980 und 1983 geringfügig um 5 Prozent ab, die Ausfuhren der Europäischen Gemeinschaft nach Lateinamerika verminderten sich aber um 40 Prozent. Betrachtet man die Bundesrepublik Deutschland gesondert, so nahmen die Einfuhren aus Lateinamerika von 1981 bis 1983 zwar noch um 33 Prozent zu, die Ausfuhren verminderten sich jedoch um etwa 27 Prozent.

Verschuldung und Entwicklung
in Lateinamerika

Wir kennen die Gründe für diese bedauerliche Entwicklung. Sie liegen in der Verschuldung Lateinamerikas und der aus ihr folgenden restriktiven Einfuhrpolitik der meisten lateinamerikanischen Staaten. Diese Verschuldung wird uns leider auch in den nächsten Jahren noch große Sorge machen.

Es ist erfreulich und ermutigend, daß der IWF sich mit den wichtigsten Schuldnern grundsätzlich hat einigen können. Ich freue mich besonders, daß nun auch der Abschluß einer Vereinbarung mit Argentinien zu gelingen scheint. Doch es bleibt bedrückend zu wissen, daß die Zinsendienstquote in Lateinamerika mit etwa 35 Prozent die bei weitem höchste auf der Welt ist.

Die Bedeutung der Zinshöhe wird schlagartig deutlich, wenn wir uns vor Augen halten, daß jede Zinssenkung um 1 Prozent die Rückzahlungen um etwa 3,5 Milliarden vermindern und die Zinsendienstquote der Hauptproblemländer damit um 4 bis 5 Prozent herabsetzen würde. Ich habe dieses Thema wegen seiner außerordentlichen Bedeutung daher auch an den Anfang meiner Ansprache vor der diesjährigen Generalversammlung der Vereinten Nationen gestellt. Dabei muß uns immer bewußt sein:

Die Staaten Lateinamerikas tragen für die geschaffene Lage nicht allein die Verantwortung. Nach einer teilweise exzessiven, weil billigen Kreditaufnahme in den siebziger Jahren folgte eine weltweite Rezession und ein Verfall der »terms of trade«. Der Anstieg des internationalen Zinsniveaus verschärfte die Lage weiter und führte schließlich dazu, daß Lateinamerika zum Nettokapitalexporteur wurde.

Die Überwindung der schweren aktuellen Wirtschaftskrise Lateinamerikas ist nur mittel- bis langfristig möglich. Wir haben die Erklärung und den Aktionsplan der Wirtschaftskonferenz von Quito vom Januar dieses Jahres aufmerksam zur Kenntnis genommen, ebenso die Erklärung der elf Schuldnerstaaten von Cartagena im Juni und von Mar del Plata im September dieses Jahres.

Die Sorgen der lateinamerikanischen Schuldnerländer nehmen wir sehr ernst. Wir werden, wo immer dies möglich ist, im Internationalen Währungsfonds, in der Weltbank, im Rahmen des Pariser Clubs der Gläubigerstaaten, einen aktiven und konstruktiven Beitrag zu den Umschuldungsverhandlungen mit Lateinamerika leisten. Die auf dem Weltwirtschaftsgipfel in London erzielte Einigung kommt den lateinamerikanischen Forderungen entgegen: Bei erfolgreichen Eigenanstrengungen der Schuldnerländer soll künftig durch langfristige Umschuldungsmaßnahmen ein Spielraum für wirtschaftliche Anpassungsmaßnahmen geschaffen werden.

Ein ständiger, vertrauensvoller Dialog zwischen Gläubiger- und Schuldnerstaaten ist notwendig. Dabei ist zu beachten:

1. Schuldnerdienst-Verpflichtungen können letztlich nur mit ersparten oder verdienten Devisen erfüllt werden. Daß die Schuldnerländer die Einsparung von Devisen ernst nehmen, zeigt der zuvor bedauerte Rückgang der EG-Ausfuhren nach Lateinamerika. Das aktive Verdienen von zusätzlichen Devisen ist wesentlich schwieriger. Hier wird es einer generellen Eindämmung noch vorhandener Handelshemmnisse bedürfen.

2. Das hohe internationale Realzinsniveau belastet nicht nur die Schuldnerländer in hohem Maße, sondern es beeinflußt mittel- und langfristig auch das Finanz- und Wirtschaftsgefüge zwischen den Industrieländern in einer Weise, die der Weltkonjunktur und dem Welthandel schaden. Hier sind Maßnahmen notwendig, die das internationale Zinsniveau auf ein wirtschaftlich und finanziell vernünftiges Maß zurückführen.

Die Verschuldungsprobleme Lateinamerikas sind leider auch der Hauptgrund dafür, daß die Bundesregierung das Instrument der Bürgschaften für Ausfuhrgeschäfte derzeit nicht voll nutzen kann. Der Bundeshaushalt hat schon hohe Entschädigungen leisten müssen. Ähnliche Verpflichtungen ergeben sich aus den Umschuldungsabkommen für staatlich verbürgte Handelsforderungen. Bei der Entscheidung über neue Bürgschaftsanträge können wir deshalb die Haushaltsrisiken nicht außer acht lassen. Es ist schwierig, neue Projekte zu decken, wenn sich bereits heute abzeichnet, daß Forderungen daraus in künftige Umschuldungen einbezogen werden müssen.

Im Interesse der Erhaltung unserer Märkte in Lateinamerika ist die Bundesregierung schon bis an die äußerste Grenze des Vertretbaren gegangen. Sie hat deshalb von dem früher häufiger angewendeten Mittel der völligen Sperre nur dort Gebrauch gemacht, wo es wegen der hohen Zahlungsrisiken unvermeidbar war. Dagegen sind in zahlreichen Ländern, die sich in schweren Zahlungsbilanzkrisen befanden oder noch befinden, begrenzte Deckungsmöglichkeiten für das laufende Exportgeschäft beibehalten worden.

Unsere Deckungspolitik wird ständig überprüft. Wo immer der Abbau von Beschränkungen vertretbar ist, handeln wir entsprechend. Wir alle sind daran interessiert, die Wirtschaftsbeziehungen zwischen Europa und Lateinamerika aus ihrer gegenwärtigen Stagnation herauszuführen und wieder zu intensivieren. Ich möchte deshalb auch an Sie den Appell richten, bei dieser Aufgabe aktiv und konstruktiv mitzuwirken. Dies gilt für die Banken, die ich bitte, bei den bevorstehenden Umschuldungsverhandlungen auf tragbare und langfristige Lösungen hinzuarbeiten. Es gilt aber auch für die Unternehmer, die ich bitte, weiter in Lateinamerika zu investieren. Je mehr investiert wird, desto schneller wird die Krise überwunden.

Natürlich müssen unsere lateinamerikanischen Partner das Ihre dazu beitragen. Sie müssen das erforderliche Investitionsklima schaffen und für die Bedingungen sorgen, die europäischen Firmen ein Engagement vertretbar erscheinen lassen. Sicher paßt es dazu nicht, wenn durch Verordnungen und Gesetze einer Marktabschottung Vorschub geleistet wird, wie wir das z. B. in Brasilien bei der Elektronik und Informatik feststellen müssen. Auch andere Branchen, wie die Pharma- und die chemische Industrie, haben ihre Sorgen. Ich hoffe sehr, daß unsere Partner das letzte Wort hierzu noch nicht gesprochen haben.

Es wäre völlig falsch, auch in einer schwierigen Lage, sich von dem Grundsatz des freien Warenflusses loszusagen. Wir werden weiterhin unsere lateinamerikanischen

Freunde davon zu überzeugen suchen, daß einfuhrhemmende Maßnahmen keine Schule machen dürfen. Hier sehe ich auch eine sehr eigene Aufgabe für Spanien und Portugal als künftige Mitglieder der EG. Ihre besonderen Beziehungen zu Lateinamerika legen es nahe, daß sie schon jetzt in dem von mir gemeinten Sinne ihre Rolle spielen.

Lateinamerika hat große wirtschaftliche Probleme – wer könnte das übersehen –, doch aufgrund seines Reichtums an Bodenschätzen, natürlichen und menschlichen Kräften auch große Chancen. Und auf sie wollen wir gemeinsam setzen.

Eine europäische Initiative für Zentralamerika

Ich habe in der Region, deren wirtschaftliche und politische Probleme derzeit am schärfsten hervortreten – in Zentralamerika – eine Europäische Initiative eingeleitet. Sie hat ihren ersten Höhepunkt in der soeben beendeten Konferenz von San José gefunden. Diese Konferenz ist ohne Beispiel in der europäisch-lateinamerikanischen Geschichte. Die zwölf Außenminister der Europäischen Gemeinschaft und der Beitrittskandidaten Spanien und Portugal und EG-Kommissar Pisani sind in die krisengeschüttelte Region Zentralamerika gefahren. Sie hatten das eine Ziel, dieser Region auf der Suche nach Frieden, Verständigung, Demokratie und nach wirtschaftlicher und sozialer Entwicklung ihren Beistand anzubieten. Dieses Angebot gilt allen Ländern, die auf der Grundlage demokratischer Grundwerte, pluralistischer Gesellschaftsordnung, Achtung der Menschenrechte und blockfreier Politik mit uns zusammenarbeiten wollen.

Mit großer Befriedigung kann ich feststellen, daß die Konferenz für beide Seiten ein Erfolg war; für die Europäische Gemeinschaft, die in gemeinsamer Initiative mit gemeinsamem Ziel zu dieser Konferenz anreiste, mit einer Stimme sprach und ein Gemeinschaftskonzept präsentierte; für die Staaten Zentralamerikas, die gemeinsam am Tisch saßen und gemeinsam die Fragen darstellten, die sie alle angingen und bewegten. Was haben wir erreicht?

- Wir haben den Ländern Zentralamerikas – aber nicht nur ihnen – durch unser Beispiel gezeigt, daß eine Region wie unser Europa der Demokratien aus jahrhundertelanger kriegerischer Auseinandersetzung in Gemeinsamkeit, Kooperation und einvernehmlicher Politik zusammenwachsen kann;
- wir haben den Ländern Zentralamerikas angeboten, ihnen auf dem Wege zur Integration zur Seite zu stehen, wo immer sie dies wünschen;
- wir haben den Ländern Zentralamerikas eine Kooperation von Region zu Region angeboten, die ihnen den Integrationsprozeß erleichtern soll;
- wir wollen den Dialog fortsetzen, und wir wollen durch systematische Überprüfung unserer Möglichkeiten jeweils pragmatisch feststellen, wo Kooperation verbessert werden kann.

Die Außenministerkonferenz in San José hat ihren positiven Einfluß auf die Ereignisse in Zentralamerika nicht verfehlt. Mit Befriedigung haben wir die Einladung des honduranischen Außenministers Paz Barnica an seine vier zentralamerikanischen Kollegen zur Kenntnis genommen, am 19. Oktober 1984 in Tegucigalpa über die letzte Fassung der von der Contadora-Gruppe ausgearbeiteten »Akte für Frieden und Zusammenarbeit in Zentralamerika« zu beraten. Die Bundesregierung hofft, daß sich die fünf Staaten Zentralamerikas auf einen endgültigen Text dieses wichtigen Dokuments einigen werden. In diesem Sinne habe ich am Rande der Konferenz in San José mit allen betroffenen Außenministern gesprochen.

Schließlich möchte ich noch mit Befriedigung auf die mutige Initiative Präsident Duartes verweisen, am 15. Oktober 1984 in der Ortschaft La Palma im Osten El Salvadors mit Vertretern der bewaffneten Opposition zusammenzutreffen. Ich hatte in San José Gelegenheit, sowohl mit meinem salvadorianischen Kollegen als auch mit einem der führenden Vertreter der Opposition zu sprechen. Ich hoffe zutiefst, daß das Treffen eine Entwicklung einleitet, die dem hart geprüften Volk El Salvadors eine Zukunft in Frieden und Freiheit ermöglicht.

Durch diese hoffnungsvolle Entwicklung fühle ich mich ermutigt, auch in der Zukunft deutsche Initiativen für diese Region zu wagen. Dies gilt für den politischen und wirtschaftlichen Bereich. Es gilt aber auch für den kulturellen Bereich.

Zu dem von der Bundesregierung vorgesehenen Hochschulförderungsprogramm gehören:
- die Entsendung deutscher Dozenten,
- die Einladung von Wissenschaftlern der Region zu Weiterbildung und Forschung nach Deutschland,
- Stipendienförderung, vor allem durch Drittland-Stipendien, zum Beispiel in Costa Rica, mit dem schon seit langem eine erfolgreiche Zusammenarbeit in der Geologie besteht.

Wir haben dies getan, weil wir Deutsche und wir Europäer davon überzeugt sind, daß eine Region, die in kleine Staaten zersplittert ist, nur durch Integration die geistige, politische und wirtschaftliche Kraft erlangen kann, die sie für den Weg ins dritte Jahrtausend benötigt. Deswegen begrüße ich es auch besonders, daß Spanien und Portugal an dieser Konferenz in ihrer doppelten Rolle als lateinamerikanische Mutterländer und künftige EG-Mitglieder intensiv mitgewirkt haben. Diese Initiative wurde im Jahre des 200. Geburtstags von Simon Bolivar ergriffen – jenes Mannes, der schon vor rund 160 Jahren die Vision eines vereinten mittelamerikanischen Staates in sich trug und dessen Tragik es war, daß seine Zeit für diese Idee noch nicht reif war.

Warum spreche ich darüber? Ich bin überzeugt, daß mit dieser Initiative ein neues Blatt in der Geschichte Europas und Lateinamerikas aufgeschlagen worden ist. Es ist an uns, dieses Blatt zu füllen und damit den europäisch-lateinamerikanischen Beziehungen die gewollte neue Dimension zu geben.

Ich möchte an dieser Stelle allen beteiligten Regierungen Zentralamerikas und den Präsidenten und Außenministern der Contadora-Staaten meinen besonderen Dank für ihre freundschaftliche Offenheit, die fruchtbaren Diskussionsbeiträge und ihre Kooperationsbereitschaft sagen. Die Contadora-Staaten Mexiko, Kolumbien, Venezuela und Panama haben den Grundstein zu einer aus der Region kommenden Lösung der Probleme gelegt. Costa Rica, seinem Präsidenten Monge und Außenminister Gutierrez gebührt besonderer Dank für die Tatkraft, mit der sie die Idee zum Dialog und zur Kooperation durch die Konferenz von San José in die Tat umgesetzt haben.

Bei dieser Zentralamerika geltenden Initiative hat die Bundesrepublik Deutschland eine besondere Rolle übernommen. Das entspricht den traditionellen engen Beziehungen zu Lateinamerika. Denn auch Lateinamerika hat immer seine große Verbundenheit mit Deutschland bewiesen. Seine deutschstämmigen Bürger und die dort lebenden Deutschen haben dabei seit langem eine von beiden Seiten geschätzte Mittlerfunktion. Lassen Sie uns alle die Chancen nutzen, die Sympathie für unser Land zu mehren und eine dauerhafte Zusammenarbeit zu sichern.

Das Thema »Lateinamerika: Partner Deutschlands und Europas« ist zum Thema des Jahres 1984 geworden. Es

538

wird, so hoffe ich, immer eines unserer wichtigen Themen bleiben. Alter und Neuer Kontinent haben sich im Zeichen der Partnerschaft und Kooperation zusammengefunden. Das kann uns alle mit Zuversicht erfüllen.

Aspekte der Partnerschaft zwischen Europa und den USA

Rede vor der Amerikanischen Handelskammer in Deutschland in Stuttgart am 25. Oktober 1984

Der Begriff »Partnerschaft mit den USA« charakterisiert in eher nüchtern-sachlicher Weise ein Verhältnis, das für uns nicht nur Verstandes-, sondern auch Herzenssache ist. Das zutreffende Wort dafür heißt Freundschaft. Diese Freundschaft ist im Laufe einer mehrhundertjährigen Geschichte gewachsen.

Der Beitrag der USA zur Bewältigung der Not nach dem Zweiten Weltkrieg und beim Aufbau unseres Staates ist im Gedächtnis unseres Volkes fest verankert. Aber mir geht es heute nicht um historische Betrachtungen. Meine Bemerkungen gelten der Gegenwart und der Zukunft.

Feste Fundamente der Partnerschaft

Sie gehen von der Gewißheit aus, daß die europäisch-amerikanische Partnerschaft auch in Zukunft von zentraler Bedeutung für beide Seiten bleibt. Freiheit, Demokratie und Menschenrechte bilden ihr solides und dauerhaftes Fundament. Wir wissen auf beiden Seiten des Atlantiks, daß wir diese Ideale nur gemeinsam fördern und bewahren können.

Unsere Partnerschaft beruht darüber hinaus auf starken gemeinsamen Interessen. Die Präsenz amerikanischer Truppen in Europa und die Nukleargarantie der Vereinigten Staaten sind und bleiben für die Sicherung von Frieden und Stabilität in Europa unverzichtbar. Zugleich liegen sie aber auch im wohlverstandenen Interesse der Vereinigten Staaten.

In der Nordatlantischen Allianz findet diese Gemeinsamkeit der Werke und Interessen ihren konkreten Ausdruck. Die Partner auf beiden Seiten des Atlantiks sind von unterschiedlicher Natur: dort eine Weltmacht unter einheitlicher Führung, hier ein lockerer Verbund selbständiger Staaten. Den USA steht ein Europa gegenüber, das erst dabei ist, in einem mühevollen Prozeß sich selbst zu finden. Das macht es für beide Seiten nicht immer einfach, richtig miteinander umzugehen.

Doch Europa ist ein Partner, auf den die Vereinigten Staaten sich verlassen können, so wie wir Europäer uns umgekehrt auf die Vereinigten Staaten verlassen. Gelegentliche Auffassungsunterschiede über den besten Weg, gemeinsame Interessen wahrzunehmen, ändern daran nichts.

Europa arbeitet an seiner Einheit, aber es schaut nicht nur auf sich selbst; es trägt seinen Teil an weltpolitischer Mitverantwortung. Die enge Zusammenarbeit der Europäischen Gemeinschaft mit den ASEAN-Staaten, die Verträge von Lomé, die als vorbildlich für die Zusammenarbeit zwischen Industrieländern und Entwicklungsländern angesehen werden, und der vor einem Monat in San José aufgenommene Dialog mit Zentralamerika sind dafür Beispiele.

Es scheint mir wichtig, diese Grundtatsachen der europäisch-amerikanischen Partnerschaft an den Anfang zu stellen, wenn die in meinem heutigen Thema eingeschlossene Frage: Einbahn- oder Zweibahnstraße, die richtigen Proportionen erhalten soll. Es gab in der frühen Nachkriegsgeschichte gewiß Abschnitte, in denen die Beziehungen der Vereinigten Staaten zu Europa eher einer Einbahnstraße glichen. Längst aber ist die europäisch-

amerikanische Partnerschaft eine solche der Mitverantwortung und der Lastenteilung, wirtschaftlich, politisch
und sicherheitspolitisch.

Daß es innerhalb dieses Rahmens unterschiedliche
Möglichkeiten beider Seiten in einzelnen Bereichen gibt,
ist nur natürlich. Es bleibt Aufgabe der Regierungen,
dafür zu sorgen, daß aus solchen Unterschiedlichkeiten
keine Störungen des Gesamtverhältnisses entstehen.

Unter diesem Gesichtspunkt möchte ich vor dem Hintergrund der Fragestellung Einbahn- oder Zweibahnstraße einige aktuelle Entwicklungen im europäisch-amerikanischen Verhältnis näher betrachten. Dabei kann
zugleich deutlich werden, daß auch so tief wurzelnde
freundschaftliche Beziehungen nicht als etwas Selbstver-
ständliches gelten dürfen. Denn die Partnerschaft zwischen Europa und den Vereinigten Staaten ist nicht
etwas Statisches. Sie wird durch die Veränderungen mitgestaltet, die das Leben der Völker im Lauf der Jahre
bestimmen. Sie bedarf bewußter Pflege und stetiger krea-
tiver Erneuerung. Sie bedarf des aufmerksamen Blicks
für neue Herausforderungen: der Aufmerksamkeit auf
beiden Seiten des Atlantiks. Denn nur dann kann eine
solche Partnerschaft auch Schritt halten mit den Hoffnungen und Bestrebungen der Generation, die nicht mehr
durch das Erlebnis der Nachkriegszeit geprägt ist, sondern die ihre innere Beziehung zum jeweils anderen Ufer
des Atlantiks auf ihre eigene Weise finden muß.

An persönlichen Kontakten fehlt es nicht. Es fehlt
auch nicht an Feldern intensiver sachlicher Berührung.
Beides sind weder in der einen noch in der anderen
Richtung Einbahnstraßen. So kann neue Vertrautheit
miteinander entstehen, auch wenn sie von anderer Art
sein wird als vor 30 Jahren, vielleicht nüchterner, aber
nicht weniger verläßlich.

Freiheit des Handels

Breite und Intensität der transatlantischen Beziehungen im wirtschaftlichen Bereich bieten in diesem Zusammenhang besonders viele Ansatzpunkte. Zugleich sind es gerade die wirtschaftlichen Beziehungen, die sorgsamer Handhabung bedürfen.

Die Vereinigten Staaten und Europa sind sich einig in dem Ziel, die Freiheit des Handels zu wahren und zu schützen. In einer Vielzahl gemeinsamer Erklärungen, insbesondere in den Kommuniqués der Weltwirtschaftsgipfel ist immer wieder die Erkenntnis zum Ausdruck gekommen, daß wir die von uns gemeinsam geschaffene und gestärkte Weltwirtschaftsordnung unterminieren würden, wenn wir der Ausbreitung des Protektionismus untätig gegenüberstünden.

Wir halten es für sehr bedeutsam, daß die amerikanische Regierung sich – auch in Wahlzeiten – entsprechend ihrem Bekenntnis zum freien Welthandel entschlossen allen Versuchen und Forderungen entgegenstellt, den protektionistischen Tendenzen, die auch im Kongreß Befürworter haben, nachzugeben. Wir müssen uns aber darüber im klaren sein, daß unsere Praxis zu beiden Seiten des Atlantiks von diesen Erkenntnissen abweicht und damit unsere Glaubwürdigkeit in Frage stellt.

Es ist hohe Zeit, mit der Verwirklichung der von uns allen als dringlich erkannten Zielsetzung ernst zu machen: durch Verzicht auf die Einführung neuer handelsbeschränkender Maßnahmen, durch Abbau bestehender Handelshemmnisse und durch ein entschlossenes Zusammenwirken bei der Vorbereitung und Durchführung einer neuen, umfassenden GATT-Runde.

Die technologische Herausforderung

Lassen Sie mich hier nur einen Bereich ansprechen, dessen explosionsartig wachsende politische, wirtschaftliche und sicherheitspolitische Bedeutung erst allmählich ins Bewußtsein der Öffentlichkeit dringt: ich meine den Bereich der Hochtechnologie.

Die rasante Entwicklung, die sich insbesondere in den USA und Japan in der Mikroelektronik, in der Telekommunikation, in der Weltraum- und in der Gen-Technologie vollzieht, beginnt, die gesellschaftlichen, wirtschaftlichen und militärischen Gegebenheiten in den führenden Industrienationen von Grund auf umzugestalten.

Die Auswirkungen sind im einzelnen noch nicht abzusehen. Doch über eines kann es schon heute keinen Zweifel geben: das europäisch-amerikanische Verhältnis wird durch diese Entwicklungen wesentlich berührt. Es geht um die Rolle Europas im technologischen Umbruch unserer Zeit; und es geht damit zugleich um die Rolle Europas in der Partnerschaft mit den USA.

Die Antwort auf die Frage nach unserer Rolle geben wir Europäer selbst; sie fällt uns allerdings, wenn sie überzeugend sein soll, nicht von selbst in den Schoß. Doch Europa besitzt alle Voraussetzungen für eine klare und kraftvolle Antwort: Seine Leistungen, seine wirtschaftlichen und seine technologischen Fähigkeiten brauchen keinen Vergleich zu scheuen. Dies gilt für die Bundesrepublik Deutschland ebenso wie für die Partner in der Europäischen Gemeinschaft.

Die deutsche Industrie nimmt, was die Breite der Produktionspalette und die Qualität betrifft, eine führende Stellung in der Welt ein. Nach Berechnungen des IFO-Instituts liegt die Bundesrepublik bei Industriegütern im Welthandel mit einem Anteil von 15,4 Prozent noch vor Japan und nur knapp hinter den USA. Unsere Wettbewerbsfähigkeit innerhalb des klassischen, technisch anspruchsvollen Spektrums ist unbestritten.

Bei einigen wichtigen Feldern der Spitzentechnologie ist Europa gegenüber den USA und Japan heute im Rückstand: Bei den integrierten Schaltkreisen, der Basistechnologie für die gesamte Elektronik, erreichte 1982 ganz Westeuropa einen Anteil von lediglich 4,4 Prozent an der Weltproduktion. Die Vergleichszahlen für USA und Japan lauten 70 bzw. 25 Prozent. Für die deutsche Industrie ermittelte HWWA von Anfang der siebziger bis Anfang der achtziger Jahre bei den Hochtechnologien einen Rückgang des Weltmarktanteils von 12,3 Prozent auf 7,1 Prozent. Die Bundesbank stellte für diesen Zeitraum bei ausgewählten Produkten der Hochtechnologie in einem Vergleich mit sechs wichtigen Industrieländern einen Rückgang des deutschen Marktanteils von 26,3 Prozent auf 17 Prozent fest. Solche Zahlen sollten nicht dramatisiert werden; doch wir müssen sie ernst nehmen. Die Ergebnisse jüngster Untersuchungen lassen sich in der Formel zusammenfassen: Die Situation ist gut, die Dynamik ist aber differenzierter zu beurteilen.

Die Bedeutung des Handels von hochtechnologischen Gütern wird weiter rapide zunehmen. Es gilt, unsere Chancen auf diesem Markt mit dem größten Wachstumspotential für die Zukunft zu sichern.

In den Vereinigten Staaten wird die Entwicklung bei uns aufmerksam registriert. Sie führt dort vielfach zu der Auffassung, daß Europa im technologischen Wettbewerb nicht mehr mithalten könne. Es ist bezeichnend, daß vor kurzem Newsweek einem Artikel zu dem Thema den Titel gab: »The decline of Europe«. Die Bedeutung Europas als technologischer Konkurrent bzw. Partner wird – insbesondere im Vergleich zu Japan – spürbar geringer eingeschätzt. Diese Auffassung wirkt sich auf das politische Urteil der Amerikaner über Europa aus.

545

Sie trägt neben anderen gewichtigen Gründen dazu bei, daß in den USA das Interesse an der dynamischen pazifischen Region in den letzten Jahren sprunghaft zunimmt.

Dies alles unterstreicht die Bedeutung der technologischen Herausforderung, auf die ich in letzter Zeit wiederholt hingewiesen habe. Wir können und dürfen ihr nicht ausweichen.

Ich stelle aber heute auch mit Genugtuung fest: Das Bewußtsein für die neuen Aufgaben wächst. Es wächst in der Öffentlichkeit, die zu begreifen beginnt, daß die neuen Technologien dabei sind, unsere Lebensverhältnisse umzuwandeln, und daß wir diese Umwandlung nur dann beeinflussen und mitgestalten können, wenn wir selbst in der Spitzentechnologie innovativ und leistungsfähig sind. Die Erkenntnis nimmt zu, daß nicht Technologiefeindlichkeit, sondern Offenheit und Kreativität gefordert sind, um die großen Chancen moderner Technologie in der richtigen Weise zu nutzen.

Das Bewußtsein wächst, daß die technologische Lücke, wo sie gegenüber den USA und Japan besteht, nicht nur nicht größer werden darf, sondern wieder geschlossen werden muß. Die erfolgreiche Bewältigung des notwendigen technologischen Strukturwandels führt zu gesteigerter Wettbewerbsfähigkeit und neuem Wachstum.

Das Bewußtsein wächst auch in dem Bereich, der die Rahmenbedingungen für die technologischen Anstrengungen der Wirtschaft zu setzen hat: bei Parlament, Regierung und innerhalb der Institutionen der Europäischen Gemeinschaft.

Hier geht es darum, marktwirtschaftliche Dynamik wirksam werden zu lassen und durch wirtschafts- und steuerpolitische Anreize die Bereitschaft zu Innovation und unternehmerischem Risiko zu stärken. Zugleich müssen die arbeits- und sozialpolitischen Konsequenzen des Strukturwandels abgefedert werden.

546

Aufgabe für Europa

Das Beispiel der USA zeigt, daß sich spitzentechnologische Leistungsfähigkeit nur unter den Bedingungen eines großen Marktes optimal entfalten kann. Die Schlußfolgerung, die wir in Europa hieraus zu ziehen haben, ist klar: Wir müssen die Möglichkeiten eines einheitlichen europäischen Marktes von 260 Millionen Menschen voll ausschöpfen. Nicht nationale Enge und Fragmentierung, sondern Zusammenarbeit von Unternehmen über die innereuropäischen Grenzen hinweg ist das Gebot der Stunde. Wozu Europa fähig ist, wenn es seine Kräfte bündelt, hat es zum Beispiel beim Airbus und in der Weltraumtechnik eindrucksvoll bewiesen.

Ich glaube, daß eine breite deutsch-französische Zusammenarbeit im Bereich der Forschung und Entwicklung, aber auch der Fertigung, entscheidende Impulse für weitere Integrationsfortschritte geben kann. Alle Mitgliedstaaten der EG sind eingeladen, dabei mitzuwirken.

Der Weg für die Bundesrepublik Deutschland und ihre Partner in der Europäischen Gemeinschaft ist eindeutig vorgezeichnet: Der Eintritt in das Zeitalter der Hochtechnologie, das Schließen von Lücken gegenüber den Vereinigten Staaten und Japan, stellt Aufgaben, die nur in gemeinsamer Anstrengung mit einem Höchstmaß an Zusammenarbeit innerhalb Europas gelöst werden können.

Was bedeutet dies für das europäisch-amerikanische Verhältnis? Und was für den Westen insgesamt? Es bedeutet, Europa muß handeln, es darf nicht hinter den USA – und Japan – eine nachgeordnete Rolle in einem Bereich spielen, der die Zukunft entscheidend bestimmt. Es bedeutet, daß Europa bei wachsender Leistungsfähigkeit verstärkt als Partner für technologische Kooperation – und natürlich auch als Konkurrent im weltweiten hochtechnologischen Wettbewerb – hervortreten wird. Dies heißt politisch: Das Bild Europas in der amerikanischen Öffentlichkeit wird neue kraftvollere Konturen gewinnen. Das Gewicht Europas wird zunehmen – zum Vorteil des gesamten Spektrums der europäisch-amerikanischen Beziehungen.

Ein Europa, das in der Spitzentechnologie aufschließt, festigt seine Stellung im Dreieck Europa – USA – Japan. Je gleichgewichtiger die einzelnen Seiten dieses Dreiecks, desto breiter und intensiver kann sich die Zusammenarbeit zwischen den großen industriellen Demokratien des Westens entfalten. Und desto wirksamer kann der Westen Werte und Ziele, die er teilt, in der Welt vertreten. Japans Erkenntnis, daß die Sicherheit der westlichen Industriestaaten in der Welt von heute nicht teilbar ist, hat für alle Seiten in diesem Dreieck größte Bedeutung. Und auch dies sollten wir nicht vergessen: Europa, USA und Japan brauchen einander als Märkte. Wer technologisch in Rückstand gerät, verliert auch als Markt für Produkte der Hochtechnologie an Bedeutung.

Bedeutung des Technologietransfers

Lassen Sie mich vor diesem Hintergrund einen Aspekt aufgreifen, der besondere Aufmerksamkeit verdient: den Technologietransfer.

Die Bundesregierung vertritt wie die Regierung der Vereinigten Staaten die Auffassung, daß militärisch relevante Güter und Technologie in die Staaten des Warschauer Pakts nicht exportiert werden dürfen. Dies wird durch den Koordinierungsausschuß für West-Ost-Handelspolitik, COCOM, dem auch Japan angehört, sichergestellt.

In engen Konsultationen zwischen allen beteiligten

westlichen Industrienationen werden die COCOM-Listen den neuen technologischen Entwicklungen angepaßt. Unsere Exportwirtschaft ist auf die Verwendung fortgeschrittener Technologien zunehmend angewiesen. Es kommt deshalb darauf an, auch die Auswirkungen dieses laufenden Anpassungsprozesses auf die bestehenden Exportstrukturen zu berücksichtigen. Dieses COCOM-Verfahren ist in der Praxis eingespielt.

Wir sind weiter mit den USA der Meinung, daß ein freier Technologietransfer innerhalb des Westens gemeinsame Maßstäbe für Exportkontrollen und industrielle Sicherheit voraussetzt, damit ein Abfluß militärisch bedeutsamer Technologie nach Osten wirksam verhindert wird. Über das Ausmaß der notwendigen Kontrolle des Technologietransfers zwischen den USA und Europa sind wir mit der amerikanischen Regierung im Gespräch. Dabei geht es auch darum, nicht über das gemeinsam verfolgte Ziel hinauszuschießen.

Hier gibt es wachsende Sorgen der deutschen Wirtschaft und der Wirtschaft anderer Mitgliedstaaten der EG. Sie betreffen zum Beispiel die extraterritoriale Wirkung von Maßnahmen, wie sie in der geplanten Novellierung der Export Administration Act vorgesehen sind. Diese Sorgen betreffen beschränkende Regelungen im amerikanischen Auftrags- und Geheimschutzwesen. Und sie betreffen zum Beispiel auch Beschränkungen der Mitarbeit ausländischer Forscher und der Veröffentlichung von Forschungsergebnissen bei Aufträgen, die von Regierungsseite an Universitäten vergeben werden.

Diese Bedenken der EG und ihrer Mitgliedstaaten wurden der amerikanischen Regierung und dem Kongreß nachdrücklich nahegebracht, und wir hoffen, daß sie gehört werden.

Es ist ein Ausdruck dieser Sorgen, daß der Vizepräsident der EG, Graf Davignon, vor kurzem im Rahmen des Rats der Industrie- und Wirtschaftsminister in Luxemburg vor den

Folgen gewarnt hat, die eine Erschwerung des Technologietransfers, die Begrenzung des Flusses von technologischem Know-how innerhalb des Westens, haben müßte. Die Industrie- und Wirtschaftsminister und die Kommission wollen sich dieses Themas künftig mit besonderer Sorgfalt annehmen.

Wie der Technologietransfer gehandhabt wird, ist auch für die Verteidigungsanstrengungen des Bündnisses von Bedeutung.

Militärische und zivile Forschung und Entwicklung

Im amerikanischen Verteidigungshaushalt für das Haushaltsjahr 1985 in Höhe von rund 293 Milliarden Dollar sind für Forschung, Entwicklung und Erprobung rund 34 Milliarden Dollar eingeplant. Die gesamten staatlichen und privaten Mittel für Forschung und Entwicklung werden sich in diesem Jahr auf rund 100 Milliarden Dollar belaufen. Dies sind gewaltige Größenordnungen.

Von allen in den USA staatlich finanzierten Forschungs- und Entwicklungsvorhaben fallen rund 70 Prozent in den militärischen Bereich. Nach Schätzungen tragen die im Verteidigungshaushalt enthaltenen Forschungs- und Entwicklungsmittel zugleich zu 40 Prozent des industriellen »spin off« der Hochtechnologie bei. Diese Zahlen machen zweierlei deutlich:

- Der amerikanische Vorsprung in verschiedenen Sektoren der Spitzentechnologie ist vor allem auch das Ergebnis eines massierten und gezielten Einsatzes von öffentlichen Mitteln, der uns und unseren europäischen Bündnispartnern in vergleichbarem Umfang nicht möglich ist.

- Da die staatlichen für Forschung und Entwicklung eingesetzten Mittel in der Folge zu einem erheblichen Teil auch dem zivilen Sektor zugute kommen, erhöhen sie dessen Leistungs- und Wettbewerbsfähigkeit.

Hiermit ist die Frage eines ausgeglichenen Verhältnisses zwischen europäischen Rüstungsbeschaffungen in den USA und amerikanischen Beschaffungen in Europa eng verknüpft. Die bisherige Situation – ein Verhältnis von 7:1 – ist aus europäischer Sicht außerordentlich unbefriedigend. Hier streben wir eine Verbesserung an. Wir wollen, daß auch die Rüstungszusammenarbeit stärker zu einer Zweibahnstraße wird.

Auch im Verhältnis zu Japan steht Europa vor der Tatsache, daß nicht zuletzt wegen der viel geringeren japanischen Verteidigungsaufwendungen staatliche Mittel für Forschung und Entwicklung vermehrt zur Verfügung stehen.

Uns muß daran gelegen sein, die für uns daraus entstehenden Nachteile zu überwinden und eine Wettbewerbsstruktur in der Hochtechnologie anzustreben, die nicht nur die USA und Japan, sondern auch Europa in vollem Umfang mitumfaßt.

Wir müssen klar erkennen: Eine möglichst reibungslose Zusammenarbeit der westlichen Industrienationen in der Hochtechnologie liegt im Interesse aller Beteiligten; sie ist nicht nur wirtschaftlich, sondern auch politisch von großer Bedeutung.

Der freie Fluß von technologischem Know-how, der Austausch von Wissenschaftlern und Forschern, die gemeinsame Arbeit an wichtigen langfristigen Forschungs- und Entwicklungsprojekten sind unentbehrlich, wenn der Westen seinen umfassenden Zukunftsaufgaben gerecht werden will.

Unser Verteidigungsbeitrag

Zu den Fragen, die im transatlantischen Verhältnis immer wieder zu Diskussionen und falscher Optik führen, gehört der europäische Verteidigungsbeitrag.

Seitdem der amerikanische Verteidigungshaushalt, nicht zuletzt um die Versäumnisse der siebziger Jahre aufzuholen, hohe jährliche Zuwachsraten aufweist, kommen aus den USA häufig Stimmen, die die Verteidigungsaufwendungen der Europäer als unzureichend kritisieren. In der amerikanischen Öffentlichkeit entsteht das Bild eines Europas, das sicherheitspolitisch nicht Partner, sondern Kostgänger der USA ist.

Es ist ein ernstzunehmender Ausdruck dieser Stimmung, wenn im politisch-parlamentarischen Raum in den USA, wie vereinzelt geschehen, die Forderung nach einer Verringerung der amerikanischen Truppen in Europa erhoben wird.

Wir können uns mit unseren Leistungen im Bündnis sehen lassen: Von 1970 bis 1984 stieg der deutsche Verteidigungshaushalt von 23 auf 58 Milliarden DM, also um weit mehr als das Doppelte. Unsere gut ausgebildete und modern ausgerüstete Wehrpflichtarmee ist das Rückgrat der konventionellen Verteidigungskräfte in Europa. Diese Wehrpflichtarmee verfügt über eine große Zahl gut ausgebildeter Reservisten, der Berufsarmee der USA fehlt das.

Die Entscheidung der Bundesregierung für die Verlängerung des Wehrdienstes auf 18 Monate ab 1989 unterstreicht unsere Entschlossenheit. Wir haben uns diese Entscheidung nicht leichtgemacht. Wir wissen, daß wir unseren Wehrpflichtigen damit ein zusätzliches Opfer abverlangen. Wir haben uns zur Verlängerung des Wehrdienstes entschlossen, nachdem das nach Ausschöpfung aller anderen Möglichkeiten als unausweichlich erkannt wurde. Damit erhalten und sichern wir die konventionelle Verteidigungskraft. Nur so kann unsere Sicherheit gewährleistet werden. Nur so kann verhindert werden, daß die Atomschwelle sinkt. Die Maßnahmen zur Herstellung von mehr Wehrgerechtigkeit werden die Verlängerung des Wehrdienstes für die Betroffenen zumutbarer machen. Wir erwarten, daß dieser deutsche Beitrag zur gemeinsamen Sicherheit überall erkannt und richtig eingeschätzt wird. Mit dem War Time Host Nation Support-Abkommen, dem hohen Anteil am NATO-Infrastrukturprogramm und der Verteidigungshilfe an die Türkei, Griechenland und Portugal erbringen wir weitere bedeutende Leistungen.

Ich könnte noch zahlreiche Punkte hinzufügen. Worauf es mir ankommt, ist der Hinweis auf die schädliche Wirkung, die angesichts solcher Anstrengungen eine einseitige Kritik in der Öffentlichkeit haben kann. Zwar sind Kritik und Meinungsunterschiede im Bündnis nichts Ungewöhnliches. Sie wurden immer offen ausdiskutiert; die innere Stärke der Allianz hat sich dabei stets aufs neue erwiesen. Doch bei aller notwendigen Offenheit der Diskussion bedarf es dabei auch der Berücksichtigung der politisch-psychologischen Dimension durch alle Partner.

Die Allianz wird, wie Meinungsumfragen beweisen, bis heute von der großen Mehrheit der Bürger bejaht. Welche zentrale Bedeutung dieser Tatsache zukommt, hat sich bei der Ende 1983 notwendig gewordenen Dislozierung von Mittelstreckenraketen durch das Bündnis beispielhaft gezeigt. Es ist deshalb ein gemeinsames Anliegen der Allianzpartner, daß das Bündnis auch künftig in der Öffentlichkeit unserer Länder fest verankert bleibt.

Der europäische Pfeiler der Allianz

Europa und Amerika bilden die beiden Pfeiler der Atlantischen Brücke, sie ergänzen einander; Amerika braucht ein Europa, das handlungsfähig und selbstbewußt ist. Deshalb müssen beide Pfeiler stark und tragfähig sein. Diesseits und jenseits des Atlantiks gab es immer wieder Klagen über ein Ungleichgewicht im Bündnis. Daß diese Klagen aufkamen, lag wesentlich an Europa selbst. Denn nicht die USA haben Europa ein größeres Gewicht im Bündnis verweigert. Es sind die häufige Uneinigkeit und Entscheidungsschwäche der Europäer, die ihre Rolle im Bündnis beeinträchtigen. Wir wollen deshalb den europäischen Pfeiler der Allianz stärken. Dazu ist nötig, daß Europa bei seiner Verteidigung noch näher zusammenrückt, daß es immer mehr mit einer Stimme spricht.

Diesem Zweck soll die Wiederbelebung der seit 1954 bestehenden Westeuropäischen Union dienen. Ihr gehören Großbritannien, Frankreich und die Beneluxstaaten, die Bundesrepublik Deutschland und Italien an. In wenigen Tagen werden anläßlich des 30. Jahrestages der WEU die Außen- und Verteidigungsminister der Mitgliedstaaten in Rom zusammenkommen, um über konkrete Schritte zu beraten.

Es geht dabei um die vermehrte Nutzung der WEU als Forum zur Abstimmung aller der Themen, bei denen sich eine gemeinsame europäische Haltung in der Allianz empfiehlt. Es geht darum, Verantwortung und Gewicht der sieben WEU-Mitglieder für die gemeinsame Verteidigung verstärkt wirksam werden zu lassen.

Wir wollen die wirtschaftliche Einheit, die politische Einheit und die Verteidigungseinheit Europa. Europa muß sein Eigengewicht in der westlichen Allianz stärken. WEU und NATO sind vertraglich eng miteinander verknüpft. Eine Wiederbelebung der WEU dient dem Bündnis als Ganzem. Sie trägt dazu bei, den transatlantischen Dialog intensiver und ausgewogener zu gestalten. Um im Bild unseres Themas zu bleiben: Auch in der Allianz ist die europäisch-amerikanische Partnerschaft eine Zweibahnstraße.

In die Zukunft gerichtete Freundschaft

Aus der Breite und Vielfalt des amerikanisch-europäischen Beziehungsgeflechts habe ich einige wenige Aspekte herausgegriffen. Wer ein auch nur annähernd vollständiges Bild dieser Beziehungen zu geben versuchte, käme kaum an ein Ende. Doch keinesfalls sollten wir ihre Vielfalt über zeitweilig im Vordergrund stehenden Einzelproblemen vergessen.

Auf die Frage unseres Themas ist klar zu antworten: Die Partnerschaft zwischen den Vereinigten Staaten und Europa ist keine Einbahnstraße. Sie ist ein Verhältnis der Freiheit und der Gleichberechtigung, gemeinsamer Interessen und Überzeugungen, der umfassenden Kooperation und des fruchtbaren Austausches.

Viel bleibt zu tun. Europa und Amerika müssen zusammenwirken bei der Bewältigung der sachlichen und menschlichen Herausforderungen, die sich aus den technologischen Umwälzungen unserer Zeit ergeben. Sie müssen fortfahren bei der Stärkung der äußeren und inneren Voraussetzungen unserer gemeinsamen Sicherheit. Für Europa liegt darin die nachdrückliche Aufforderung, endlich mit einer Stimme zu sprechen und zu geschlossenem Handeln zu finden. Wenn uns Europäern dies gelingt, bin ich gewiß, daß auch in Zukunft die europäisch-amerikanische Partnerschaft stets eine Zweibahnstraße sein wird. Es geht nicht an, mit dem Finger auf die USA zu zeigen, aber selbst in Europa nicht in der Lage zu sein, das Notwendige zu tun. Wir Europäer bestimmen unser Gewicht im Bündnis selbst.

Die deutsch-polnische Versöhnung – eine historische und moralische Aufgabe

Namensartikel zum 14. Jahrestag des Warschauer Vertrages am 6. Dezember 1984

Am 7. Dezember begehen wir den 14. Jahrestag der Unterzeichnung des Warschauer Vertrages. Er fällt in eine Zeit, in der auch andere Jahrestage uns Anlaß geben, über die Geschichte und das Schicksal unseres Volkes und unserer Nachbarvölker in Vergangenheit und Zukunft nachzudenken.

Am 1. September war es 45 Jahre her, daß der Zweite Weltkrieg ausbrach; er begann mit dem Angriff auf Polen. Am 8. Mai 1985 wird es 40 Jahre her sein, daß der Zweite Weltkrieg in Europa sein Ende fand. Wir müssen diese Ereignisse in einem geschichtlichen Zusammenhang sehen.

Das deutsche Verhältnis zu Polen hat über das normale Nachbarschaftsverhältnis hinaus eine historische und moralische Dimension. Wir werden das Unrecht, das dem polnischen Volke und anderen Völkern im Zweiten Weltkrieg zugefügt wurde, nicht aus dem Gedächtnis streichen. Die Leiden und Opfer, die dieser schreckliche Krieg verursacht hat, haben tiefe Wunden geschlagen. Zu diesen Opfern gehören auch die Menschen, die ihre Heimat verloren haben. Wir alle müssen aus der Geschichte lernen. Das verlangt Behutsamkeit im Umgang miteinander.

In der Bundesrepublik Deutschland ist nach Kriegsende eine parlamentarische Demokratie entstanden, deren oberste Werte Frieden, Freiheit, Menschenwürde und Menschenrechte sind. Zum Aufbau dieses freiheitlichen Rechtsstaates haben die Vertriebenen und Flüchtlinge einen bedeutsamen Beitrag geleistet. Niemand hat deshalb Anlaß, ihren Friedenswillen zu bestreiten.

Als sich am 22. September 1984 der Bundeskanzler und der französische Präsident über den Gräbern von Verdun die Hand reichten – ein Bild, das um die Welt ging –, setzten sie ein Symbol, wie man die Lehren der Geschichte beherzigen kann. Das Gedenken an die Gefallenen des Krieges, der Nachbarvölker zerrissen hat, ist ein Ausdruck des Willens zur Versöhnung.

Dem Werke der Versöhnung diente auch der Abschluß des Warschauer Vertrages, eines der kostbarsten Ergebnisse europäischer Nachkriegspolitik. Dieser Vertrag ist die Grundlage für ein friedliches Zusammenleben und für die Entwicklung gutnachbarlicher Beziehungen zwischen Deutschen und Polen. Er hat zwischen unseren beiden Staaten den Prozeß der Normalisierung, der Entwicklung gutnachbarlicher Beziehungen und des besseren gegenseitigen Verständnisses eingeleitet. Beide Seiten sind gefordert, wenn es darum geht, den Warschauer Vertrag auch für die Zukunft zu nutzen. Wir können Ministerpräsident Jaruzelski zustimmen, wenn er am 4. Dezember 1984 in Kattowitz erklärte: »Es ist die Zeit gekommen, in die Zukunft zu schauen, gemeinsam die Perspektive der gegenseitigen Beziehungen und die für beide Seiten nutzbringende Zusammenarbeit zu bestimmen.«

Die Qualität der Beziehungen zwischen den Staaten mißt sich letztlich an dem Verhältnis zwischen den Menschen. Deshalb sind die menschlichen Kontakte durch Reisen und Besuche so bedeutsam. Der Anstieg des Reiseverkehrs zwischen beiden Ländern in diesem Jahre ist ein gutes Zeichen. Begegnungen zwischen Deutschen und Polen im Rahmen der bestehenden Städtepartnerschaften haben den Charakter des Alltäglichen angenommen. Wir begrüßen das.

Besorgt stimmt uns der starke Rückgang genehmigter Ausreisen, obwohl uns nach wie vor eine große Anzahl Ausreisewilliger namentlich bekannt ist. Wir messen der Durchführung der in ihrer Anwendung unbefristeten Ausreiseprotokolle große Bedeutung für die weitere Entwicklung unserer bilateralen Beziehungen bei. Wir hoffen deshalb, daß die Ausreisemöglichkeiten wieder großzügiger gewährt werden.

Unsere Bürger verfolgen die schwierige Entwicklung in Polen mit großer Anteilnahme. Die Gefühle der Solidarität und Sympathie für das polnische Volk sind bei unseren Bürgern stark. Die Situation ist für Polen nicht einfach. An Verständnis dafür mangelt es uns nicht, aber wir hüten uns davor, selbstgerechte Ratgeber oder gar Lehrmeister sein zu wollen. Wir sind der Meinung, daß die Polen ihre Probleme selbst, ohne Einmischung von außen, lösen müssen. Wir mischen uns nicht ein, wenn uns berührt, was in unserem Nachbarvolk in Mitteleuropa vorgeht. Wir wünschen uns, daß Polen durch Dialog und nationale Versöhnung einen Weg aus seinen Schwierigkeiten heraus findet.

Wir werden uns weiter dafür einsetzen, daß Polen seinen ihm zukommenden Platz in der Staatengemeinschaft voll ausfüllen kann und daß es nicht isoliert wird.

Die Zeit ist reif, den Blick nach vorn zu richten. Das vor uns liegende Jahr 1985 wird ein wichtiges, ein chancenreiches Jahr für die West-Ost-Beziehungen sein. Dazu müssen alle Beteiligten nach Kräften beitragen. Den deutsch-polnischen Beziehungen kommt dafür eine wichtige Rolle zu.

Unser Volk stand in der Vergangenheit oft im Gegensatz zu den Interessen seiner Nachbarn. Unsere Lage im Herzen Europas hat unser Land durch Jahrhunderte in Konflikte zwischen anderen europäischen Staaten verstrickt. Dies hat zu einer wechselvollen Entwicklung deutschen Einwirkens auf seine Nachbarn und fremder Einwirkung auf die deutschen Belange geführt. Daraus sind immer wieder Störungen und Konflikte entstanden, die sich auf ganz Europa ausgewirkt haben.

Polen hat mit uns stets – und oft im Gegeneinander – das Schicksal der Mittellage geteilt. Heute ist unser nationales Schicksal fest mit dem Schicksal Europas verbunden. Das hat unserer Politik eine beständige europäische Dimension gegeben. Sie ist unser Beitrag zur Stabilität auf unserem Kontinent. Ein Kernelement dieses Beitrages muß die deutsch-polnische Versöhnung sein. Wir bleiben im Spannungsfeld Mitteleuropa aufeinander angewiesen. Aus der geschichtlichen Verstrickung des Gegeneinander muß ein Miteinander als gemeinsamer Beitrag zu einem dauerhaften europäischen Frieden werden.

Wir Deutschen sind uns der Verantwortung für den Frieden bewußt, die uns die Geschichte und unsere geographische Lage auferlegen. Wir wollen, daß von deutschem Boden heute und in Zukunft nur Initiativen des Friedens und der Zusammenarbeit ausgehen. Das ist der Sinn der Verantwortungsgemeinschaft beider deutscher Staaten. Dazu gehört ein vertrauensvolles Zusammenwirken der Bundesrepublik Deutschland und der DDR zum Nutzen der Menschen und für den Frieden in Europa anstelle von Spannung und Rivalität. Dies liegt im Interesse aller Nachbarn Deutschlands. Diese Verantwortungsgemeinschaft ist gegen niemanden gerichtet. Sie kann ihre Aufgabe für Stabilität und Entspannung in Europa nur dann voll entfalten, wenn sie ergänzt wird duch gute Beziehungen mit allen Staaten in Europa. Das gilt für die Beziehungen der Bundesrepublik Deutschland genauso wie für die Beziehungen der DDR.

Unsere nationalen Interessen sind fest mit dem europäischen Anliegen der Entspannung und Zusammenarbeit verbunden. Wir haben aus historischer, nationaler und europäischer Verantwortung den Wunsch, durch Dialog und Zusammenarbeit zu einer stetigen Verbesserung des West-Ost-Verhältnisses beizutragen. Dabei ist uns stets bewußt, daß Europa mehr ist als das Gebiet vom Atlantik bis zur Elbe und Werra. Wir haben in unserem politischen Denken und Handels stets die volle Dimension Europas vor Augen, die unsere mitteleuropäischen Nachbarn, aber auch die Sowjetunion einschließt. Wir sind uns der sowjetischen Rolle für die Entwicklung des West-Ost-Verhältnisses und für den Aufbau eines dauerhaften Friedens in Europa voll bewußt und sehen auch hier den historischen Bezug. Dies hat dem Moskauer Vertrag vom 12. August 1970 seine Schlüsselfunktion in unserer Vertragspolitik gegeben, und dies verleiht den deutsch-sowjetischen Beziehungen eine fortdauernde Bedeutung für Frieden, Entspannung und Stabilität in Europa.

Wir sollten uns von den Gegensätzen, die zeitweilig die West-Ost-Diskussion beherrschen, nicht den Blick für das Positive verstellen lassen, das wir gemeinsam seit mehr als einem Jahrzehnt in Europa und für Europa geschaffen haben. Dazu gehört das vielfältige Netz der Kontakte und Zusammenarbeit, das auf der Grundlage der Verträge in jahrelanger Praxis geknüpft worden ist und beiden Seiten zum Vorteil gereicht. Dazu gehören enge Beziehungen mit der CSSR, deren zentraler Rolle wir in Mitteleuropa große Bedeutung beimessen und mit der wir mit Bedacht die Beziehungen pflegen. Dazu gehört auch der die Gesamtheit der West-Ost-Beziehungen umfassende KSZE-Prozeß. Die ermutigenden Ergebnisse dieses langjährigen Prozesses dürfen nicht aufs Spiel gesetzt werden durch Kampagnen der bösen Worte, die das Klima vergiften und in den Gefühlen der Menschen zu bitteren Reaktionen führen können.

Die Vereinbarung der USA und der Sowjetunion, am 7. Januar 1985 in Genf auf Außenministerebene Verhandlungen über einen breiten Fächer von Fragen der Rüstungskontrolle und Abrüstung aufzunehmen, leitet eine neue Phase in den West-Ost-Beziehungen ein. Die Großmächte müssen jetzt ihrer Verantwortung gemäß durch die Entwicklung konstruktiver Beziehungen untereinander einen stabilen Rahmen für die Entwicklung des West-Ost-Verhältnisses setzen. Die mit uns verbündeten und befreundeten Vereinigten Staaten haben für ihre ernsthaften Bemühungen unsere volle Unterstützung. Wir begrüßen, daß die Sowjetunion auf diese Bemühungen mit einem konkreten Verhandlungsvorschlag eingegangen ist.

Mittlere Staaten – wie die Volksrepublik Polen und die Bundesrepublik Deutschland – und auch die kleineren müssen zu Dialog und Zusammenarbeit zwischen West und Ost einen verantwortlichen Beitrag leisten. Der erfolgreiche Verlauf des Madrider KSZE-Folgetreffens zeigte – trotz schwieriger politischer Umweltbedingungen – unsere Möglichkeiten. Das West-Ost-Verhältnis darf nicht auf Raketen- und andere Sicherheitsfragen verkürzt werden. Uns Europäern ist die Bedeutung psychologischer Faktoren für politische Entwicklungen wohl bewußt. Die Möglichkeiten der kulturellen und der wirtschaftlichen Zusammenarbeit, der wissenschaftlich-technologischen Kooperation, der Bekämpfung der Gefahren, die unserer Umwelt drohen, sind bei weitem noch nicht ausgeschöpft. Nur durch die Verbindung der Kräfte und Talente Europas, gestützt auf unser reiches gemeinsames kulturelles Erbe, können wir die Probleme der Zukunft meistern und neue Entwicklungen für bessere Lebensbedingungen überall nutzen. Es ist höchste Zeit, in Europa die Grundlagen für eine neue Zukunft in einem neuen Zeitalter zu legen. Von uns hängt es ab, ob

Europa im Zentrum des Fortschritts bleibt, ob wir künftigen Generationen ein friedliches und prosperierendes Europa übergeben können.

Die Schlußakte von Helsinki ist das Programm, das wir uns in West und Ost, in den neutralen und nichtgebundenen Staaten gemeinsam für den Aufbau einer friedlichen Zukunft Europas gegeben haben. Das abschließende Dokument von Madrid hat dieses Programm ergänzt und konkretisiert. Der KSZE-Prozeß ist keine Anleitung für den Export von Gesellschaftssystemen oder für die Anregung von Destabilisierung anderswo, sondern ein Programm für die Menschen und für den gemeinsamen Fortschritt durch Verbindung von Interessen und Anliegen. Wir treten für die Verwirklichung dieser beiden Dokumente mit all ihren Bestimmungen ein. Dazu gehört die Zusammenarbeit auf allen Gebieten, dazu gehört die Achtung der Menschenrechte und dazu gehören die humanitären Fragen.

Mit dem Blick nach vorn müssen jetzt die nächsten Schritte vorbereitet werden. Wir begrüßen, daß die Außenminister des Warschauer Paktes in ihrem Kommuniqué vom 4. Dezember die Bereitschaft zur Fortsetzung des KSZE-Prozesses, des Dialoges und der Zusammenarbeit in Europa betont und die Rolle unterstrichen haben, die allen europäischen Staaten bei der Festigung des Friedens zukommt.

Die Bundesrepublik Deutschland wird auch weiter ihren Beitrag für die Sicherheit und Zusammenarbeit in Europa leisten. Wir hoffen, daß auch die Volksrepublik Polen mit ihrem traditionsreichen Engagement für Fragen der Rüstungskontroll-Politik eine aktive Rolle dabei spielt.

Die Weichen müssen auch für die weitere Zukunft gestellt werden. Im nächsten Jahre jährt sich zum zehnten Male die Unterzeichnung der Schlußakte von Helsinki. Wir unterstützen den finnischen Vorschlag, das Treffen der KSZE-Teilnehmerstaaten in Helsinki auf hoher politischer Ebene abzuhalten. Dies könnte dem KSZE-Prozeß und den West-Ost-Beziehungen wichtige positive Impulse geben. Die Volksrepublik Polen ist ein unverzichtbarer Pfeiler im System der Sicherheit und Zusammenarbeit in Europa. Wir wünschen uns ein stabiles, wirtschaftlich gesundes Polen, das Maßstäbe in der Verwirklichung der Schlußakte setzt und das den ihm zukommenden Platz im KSZE-Prozeß voll auszufüllen vermag.

Den Beziehungen zwischen der Bundesrepublik Deutschland und der Volksrepublik Polen kommt für die Entwicklung dieses Prozesses eine wichtige Rolle zu. Ohne die Versöhnung mit unserem großen polnischen Nachbarvolk kann ein dauerhafter Frieden in Europa nicht gebaut werden. Wir wollen unseren Beitrag dazu leisten. Die Bundesrepublik hält an dem Angebote fest, in den deutsch-polnischen Beziehungen weiter voranzugehen.

Zukunftssicherung durch aktive Bejahung des Strukturwandels

Rede auf der öffentlichen Vollversammlung der Industrie- und Handelskammer des Ruhrgebietes in Dortmund am 22. Januar 1985, »Westfalenhalle«

Zukunftssicherung durch aktive Bejahung des Strukturwandels

Diese Tagung gilt einer Frage, die nicht nur für das Ruhrgebiet selbst und für Nordrhein-Westfalen, sondern für unser ganzes Land von größter Bedeutung ist. Es ist die Frage, wie die Zukunft gesichert werden kann. Die Antwort kann nur lauten: Zukunftssicherung durch aktive Bejahung des Strukturwandels!

Lassen Sie mich versuchen, dieses Thema des Strukturwandels in einen weltweiten Zusammenhang zu stellen. Ich gehe aus von meinen Erfahrungen als Außenminister. Wer heute auf Amerikaner und Japaner trifft, der trifft auf Menschen, die aus einem Lebensgefühl heraus sprechen und handeln, das bestimmt ist von dem Bewußtsein einer neuen, hochtechnologischen Zukunft, von der Vision der Informationsgesellschaft. Und beide, Amerikaner und Japaner, sind entschlossen, ihrem Land bei diesem Übergang in ein neues Zeitalter die Führerschaft zu sichern. Sie sehen sich in einem gigantischen Wettlauf miteinander.

Bleibt Europa zurück?

Wir Europäer, wir Deutsche fragen uns: »Und wo bleiben wir?« Die Antwort ist oft nicht schmeichelhaft: Kalifornier geben achselzuckend zu erkennen: »Ihr Europäer seid nicht im Rennen, die Zukunft liegt im Pazifik.« Amerikaner der Ostküste andererseits, die traditionell nach Europa blicken, machen sich Sorge über einen »industriellen Niedergang Europas« und über die Auswirkungen, die ein solcher Niedergang auf die Zukunft des amerikanisch-europäischen Bündnisses haben müßte.

Und in der Tat, entspräche die Vorstellung über ein technisches Zurückbleiben Europas der Realität, dann wäre für das Bündnis Alarmstufe gegeben. Denn wie sollte das Bündnis auf die Dauer seinen inneren Zusammenhalt wahren, wenn auf der einen Seite, in Amerika, Wirtschaft und Gesellschaft in ein neues Zeitalter übergehen, und die andere Seite, Europa, bei diesem Übergang nicht mitkommt.

Mit solchen Ansichten konfrontiert, schütteln wir Deutsche verwundert und ärgerlich den Kopf – mit Recht.

Wir denken an unsere Exportüberschüsse. Eben hat das vergangene Jahr mit über 50 Milliarden DM einen neuen Rekordüberschuß gebracht, und einen Rekordüberschuß auch im Handel mit den Vereinigten Staaten. Wir denken daran, daß wir nach wie vor der größte Exporteur von Industriegütern in der Welt sind – mit einem Welthandelsanteil von 17 Prozent. Unser Exportüberschuß bei Fertigwaren belief sich 1983 auf nicht weniger als 146 Milliarden DM.

Wir sind uns weiter bewußt, daß die Europäer und insbesondere auch wir Deutsche in einer Reihe ausgesprochener Spitzentechnologien Hervorragendes leisten: Der europäische Airbus, die europäische Weltraumrakete Ariane, das europäische Weltraumlabor Spacelab, deutsche und französische Kernreaktoren, deutsche Pharmaerzeugnisse und deutsche Medizintechnik – dies sind Beispiele für Bereiche, wo die Europäer und wir Deutsche mit an führender Stelle in der Welt und vor Japan stehen. Mit einem Wort, das Bild der deutschen Industrie ist ganz offensichtlich nicht das Bild einer Industrie, die in der Welt nicht mehr mitkommt.

Das amerikanische Meinungspendel ist eben wieder einmal von einem Extrem in das andere geschwungen: Noch Mitte der siebziger Jahre bedrängten uns die Amerikaner, die Rolle einer Lokomotive für den weltwirtschaftlichen Aufschwung zu übernehmen. Ein bekannter Ökonom, der in der Carter-Zeit Staatssekretär im Finanzministerium war, sprach sogar von einer amerikanisch-deutschen Doppelhegemonie in der Weltwirtschaft.

Damals überschätzten uns die Amerikaner, und wir wehrten uns gegen diese Überschätzung. Heute neigen manche Amerikaner im Vollgefühl ihrer wiedergewonnenen Stärke dazu, uns zu unterschätzen. Wir sollten das mit Gelassenheit sehen. Das Pendel wird in die Mitte zurückschwingen. Es gibt dafür schon Anzeichen.

Die Amerikaner haben sich ihr Urteil gebildet an dem Zustand unserer Wirtschaft und Gesellschaft in den Jahren 1979 bis 1981, die unter anderem Jahre der ersten großen Leistungsdefizite in der Geschichte der Bundesrepublik Deutschland waren. Seither hat sich bei uns viel geändert. Wir haben heute wieder Leistungsbilanzüberschüsse, wir haben wieder wirtschaftliches Wachstum und Preisstabilität, wir haben große Fortschritte gemacht in der Konsolidierung des Bundeshaushalts und vor allem: Wir haben in unserem Volk wieder die Stimmung, daß es aufwärts geht.

Unser Optimismus ist berechtigt

Auch in unserem Land haben die Optimisten wieder eindeutig die Oberhand, so sehr uns die berufsmäßigen

Kassandras das Gegenteil weismachen wollen: Bei einer Allensbach-Umfrage zum Jahresende erklärten 55 Prozent der Befragten, daß sie mit Hoffnung ins neue Jahr blickten. Der Stimmungsumschwung ist deutlich gerade auch bei unserer Jugend. Für vier von fünf Jugendlichen zwischen 14 und 21 Jahren gehören heute wieder »Leistung und Erfolg zum Leben dazu«.

Dieser Stimmungsumschwung, der Staat und Gesellschaft erfaßt hat, wird mehr und mehr auch im Ausland erkannt. Die Meinung über uns Deutsche ändert sich wieder ins Positive. Wie eine erste Schwalbe erschien in den letzten Tagen auf der ersten Seite der Londoner Financial Times ein Artikel, in dem der Autor fragte, ob die Bundesrepublik Deutschland vor einem neuen Wirtschaftswunder stehe. Der Optimismus, der heute wieder unser Land erfüllt, ist berechtigt.

Aber: Bewußtsein der Technologischen Herausforderung ist nötig

Aber ebenso entschieden, wie ich dies sage, warne ich auf der anderen Seite davor, daß wir uns auf den Lorbeeren unserer Exportüberschüsse ausruhen.

Unser Optimismus muß vielmehr verbunden sein mit der Einsicht in die Größe der technologischen Herausforderung und muß verbunden sein mit der Entschlossenheit, diese Herausforderung mit ganzer Kraft anzugehen. Unser berechtigtes Selbstbewußtsein darf uns nicht zu Selbstgefälligkeit verführen. Wir müssen mit aller Klarheit erkennen und anerkennen, daß wir in zentralen Feldern der neuen Informationstechnik zurückliegen.

Bei den *integrierten Schaltkreisen* etwa, der Schlüsseltechnologie, haben europäische Firmen einen Anteil von lediglich 5 Prozent. 95 Prozent der Schaltkreise werden von amerikanischen und japanischen Firmen hergestellt, neu am Markt erscheint mit eigenen Entwicklungen Südkorea.

Die Produktionsstatistiken sagen dabei noch nicht alles. Europa liegt auch technologisch zurück. Bei den Speicher-Chips sind die Europäer erst bei der Generation der 64-Kilobit-Speicher, während Japaner und Amerikaner bereits seit Ende 1982 256-Kilobit-Speicher herstellen, die die vierfache Kapazität haben.

Mikroprozessoren andererseits stellen europäische Firmen überhaupt nur unter amerikanischen Lizenzen her. Und nicht zuletzt: die Produktionsausrüstungen der europäischen Chip-Hersteller sind zum großen Teil amerikanisch.

Nicht besser ist die Lage bei der zweiten Basistechnologie, den *Computern*: Nur jeder 4. Computer, der 1983 auf unserem Markt verkauft wurde, stammt von einem deutschen Unternehmen. Die Bundesrepublik ist der größte Computer-Importeur der Welt. Der Marktanteil der deutschen Firmen außerhalb der Bundesrepublik beträgt dagegen nur 0,9 Prozent.

Zu alledem kommt: bei den von uns hergestellten Computern sind wir für wichtige Teile auf ausländische Zulieferungen angewiesen.

Noch ein dritter Bereich, den der *Datenbanken*. Hier ist die Situation wie folgt: Auf den Online-Informationsmärkten der westlichen Welt werden 95 Prozent der wissenschaftlich-technischen Informationen und 85 Prozent der Wirtschaftsinformationen von amerikanischen Datenbanken verkauft. Die deutschen Anteile an diesen beiden Märkten sind: 0,6 Prozent und 1,4 Prozent.

Die einzige Bastion in den Informationstechnologien, die den Europäern und insbesondere uns Deutschen verblieben ist, ist die *Telekommunikation*. Wir können diese Bastion nutzen, um von hier aus wieder Fuß zu fassen in den Chip- und Computermärkten. Die Verschmelzung von Kommunikation und Computern und der Vorsprung der Japaner in wichtigen Feldern der Optoelektronik läßt andererseits diese Bastion nicht ungefährdet erscheinen.

Und noch eine zweite deutsche Stärke: Wir sind gut im Systemdenken, also im Ausarbeiten von Software-Programmen, mit denen spezifische Aufgaben gelöst werden.

Wir dürfen den Rückstand in wichtigen Bereichen der Informationstechnik nicht mit der manchmal bei uns zu findenden Formel beschönigen: hier handele es sich um einige Schwachstellen, aber keine Industrie könne schließlich überall an der Spitze sein. Wir müssen uns vielmehr klar der Gefahr für die Zukunft unserer Wirtschaft bewußt sein, die von diesen Rückständen ausgeht.

Wir haben es auch nicht nötig, die Lage zu beschönigen. Wir sind stark genug, aufzuholen. Voraussetzung allerdings ist, daß wir unsere Kräfte mobilisieren. Dies aber wiederum kann nur gelingen, wenn es in unserem Lande ein breites Bewußtsein gibt, worum es geht. Es geht bei der Informationstechnik eben nicht nur um eine einzelne Industrie. Es geht vielmehr um die zentrale Industrie, von der aus die große Transformation unserer Wirtschaft, unserer Gesellschaft, unserer Kultur ausgeht. Es geht um die Industrie, mit der das neue Informationszeitalter heraufzieht.

Und hinter dem Vordringen der Informationstechnik bereitet sich bereits ein neuer Technologieschub vor: die *Biotechnik*. Sie ist jetzt noch fast gänzlich im Laborstadium. Aber bereits in den neunziger Jahren dürfte sie eine zweite technologische Kraft sein, die Medizin und Pharmaherstellung, Landwirtschaft und die Produktionsverfahren in der chemischen Industrie tiefgreifend umformt.

Hochtechnologiepolitik ist zugleich Umweltpolitik

Noch etwas weiteres gilt es zu erkennen: Die Informationstechnik hat nicht nur einen geringen Materialbedarf und ist selbst weitgehend frei von Umweltbelastung, sondern sie macht es möglich, durch präzise Steuerungsprozesse auch bei anderen Produkten Rohstoffe und Energie in großem Umfang einzusparen und die Umweltbelastung zu verringern.

Die auf der Gentechnologie aufbauende neue Biotechnik andererseits wird uns neue Methoden zur Verfügung stellen, um Schadstoffe aus Industrieabfällen abzubauen. Sie stellt darüber hinaus in Aussicht, daß wir eine Reihe chemischer Grundstoffe künftig auf »natürliche«, biologische Weise, und das heißt: ohne Umweltbelastung, erzeugen können.

Die neue Materialtechnik schließlich bringt neuartige Werkstoffe: Kunststoffe für Autokarosserien, Keramik für Automotoren, Glasfaserkabel anstelle von Kupferkabeln. Die Metallvorräte der Erde werden geschont. Der Energieverbrauch und die Umweltbelastung bei der Metallerzeugung gehen zurück. Die neuen Hochtechnologien also weisen uns einen Weg, den Zielkonflikt zwischen wirtschaftlichem Wachstum und Schutz der Umwelt, wie er für das Industriezeitalter charakteristisch war, aufzulösen.

Informationstechnik, Biotechnik, neue Materialtechnik stellen also nicht weniger in Aussicht als eine Versöhnung von Ökonomie und Ökologie. Hochtechnologiepolitik ist zugleich auch Umweltpolitik. Dies zeigt im übrigen, wie unsinnig, ja wie gefährlich die Ablehnung der neuen Technologien durch die Grünen ist. Und dies zeigt auch, wie irrig die Voraussagen des Club of Rome über die Grenzen des Wachstums waren.

Der Irrtum beruhte darauf, daß der Club of Rome das Wirtschaftswachstum des Industriezeitalters in die Zukunft verlängerte, ohne zu ahnen, daß die Welt zum Zeitpunkt seiner Voraussage bereits im Übergang zu einem Wachstum neuer Art war.

Aufbau einer humanen Welt

Dies alles bedeutet nicht, daß die neuen Technologien allein Chancen bringen, und nicht auch Risiken. Wie jede Technik können auch sie falsch gebraucht und mißbraucht werden.

Zentrale Großcomputer und Computernetze können zum Beispiel aufgrund ihrer ungeheuren Kapazität zur Speicherung und schnellen Verfügbarmachung von Informationen, dazu mißbraucht werden, den einzelnen immer totaler zu überwachen. Die Orwell'sche Vision ist unter einem totalitären System durchaus ernst zu nehmen. Aber auch in einer Demokratie können Supercomputer die Macht von Großorganisationen über den einzelnen, die Macht der Regierenden und Verwaltenden in einem Maße steigern, wie wir dies nicht zulassen dürfen.

Eine politische Vision für eine faszinierende Zukunft

Die neue Gentechnologie andererseits könnte dereinst die Möglichkeit eröffnen, menschliche Keimzellen zu manipulieren. Hier taucht Huxleys Schreckens-Utopie einer »Brave New World« auf, mit ihren standardisierten Alpha- bis Epsilonmenschen. Die großen Chancen der neuen Technologien zu ergreifen, heißt also zugleich, sie gezielt für den Aufbau einer humanen Welt zu nutzen, in der die Qualität des Lebens, die Würde des Menschen und die Freiheitschancen des einzelnen auf die durchaus mögliche neue und höhere Stufe gehoben werden.

Aus dem bisher Gesagten ist unmittelbar einsichtig, daß die neuen Technologien nicht nur eine Angelegenheit unserer Industrie sind, sondern daß sie eine umfassende Herausforderung für unsere Gesellschaft und unseren demokratischen Staat in ihrer Gänze sind.

Es kommt deshalb darauf an, daß wir über die ganze Breite unserer Gesellschaft hin das Bewußtsein dafür gewinnen, was auf uns zukommt. Aus diesem Bewußtsein heraus müssen wir Konzeptionen für die Gestaltung unserer Zukunft entwickeln.

Wir brauchen nicht, wie sie uns heute so oft angeboten werden, nostalgische Vorschläge für ein Zurück in die gute alte Zeit, die nur deshalb so gut erscheint, weil sie völlig wirklichkeitsfremd vorgestellt wird. Wir brauchen vielmehr eine positive politische Vision für eine faszinierende Zukunft.

Worin uns andere Nationen voraus sind, Amerikaner und Japaner, aber auch Franzosen und Engländer, dies ist diese positive Vision der Zukunft. Ich sehe es deshalb als die wichtigste Aufgabe der heutigen Politik an, Konzeptionen und Strategien für die hochtechnologische Zukunft zu entwickeln. Aus einer positiven Vision der Zukunft können wir dann die Kraft und den Mut schöpfen zum Wandel.

Der bekannte Soziologe Mancour Olson analysiert in seinem Buch über »Aufstieg und Niedergang der Nationen« die Gründe dafür, daß eine Gesellschaft durch eine lange Periode der Stabilität in Gefahr gerät zu erstarren. Es entstehen immer mehr große und kleine Interessengruppen, die sich Veränderungen entgegenstellen und am Ende Wachstum und Weiterentwicklung der Gesellschaft unmöglich machen. Die ebenso entscheidende wie schwierige Aufgabe, vor der eine zukunftsorientierte Politik heute steht, ist also: die vielfachen Erstarrungen in unserer Gesellschaft und Wirtschaft aufzubrechen und die notwendigen Freiheitsräume zu schaffen, um so die Wege zu bahnen für einen erfolgreichen Übergang in das neue Zeitalter der Information.

Eine neue liberale Epoche hat begonnen

Eine Epoche ist zu Ende gegangen, die Ralf Dahrendorf treffend die »sozialdemokratische Epoche« nannte. Die Epoche, die nun begonnen hat, ist eine *neue liberale Epoche,* muß eine neue liberale Epoche sein, wenn unsere Demokratie eine Zukunft haben will.

Die Leistung der sozialdemokratischen Epoche war es, den Sozialstaat zu verwirklichen. Die soziale Aufgabe bleibt zwar weiter bestehen, aber es geht offensichtlich nicht mehr darum, den Sozialstaat weiter zu expandieren und die Sozialausgaben weiter zu vermehren. Es geht vielmehr darum, die Sozialausgaben auf die wirklich Bedürftigen umzuschichten und insbesondere, den Strukturwandel sozial abzufedern.

Die neue kennzeichnende Aufgabe unserer Zeit aber ist, die für einen erfolgreichen Strukturwandel notwendigen Freiheitsräume zu schaffen.

Lassen Sie mich im folgenden einige der Felder angeben, in denen wir das neue Freiheitsdenken durchsetzen müssen.

Erstens: Notwendig ist eine neue Unternehmerstruktur

Die neuen Hochtechnologien können nur gedeihen, wenn sie eingebettet sind in eine von Unternehmergeist erfüllte Kultur. In den Vereinigten Staaten entstehen gegenwärtig pro Jahr 600 000 neue Unternehmen. Nur 1,5 Prozent dieser Unternehmen sind Hochtechnologie-Firmen. Die anderen sind Unternehmen mit mittlerer und einfacher Technologie; viele sind Dienstleistungsunternehmen.

Es sind diese neu gegründeten Unternehmen und die kleineren und mittleren Unternehmen insgesamt, die das amerikanische Arbeitsplatzwunder geschaffen haben. Es sind allein sie.

Die Großindustrie dagegen verliert per Saldo Arbeitsplätze – durch Automatisierung und Schrumpfung veralteter Industrien. Die neuen, kleineren und mittleren Unternehmen haben allein in den beiden letzten Jahren 6 Millionen zusätzliche Arbeitsplätze für die wachsende amerikanische Erwerbsbevölkerung geschaffen. In der Bundesrepublik Deutschland dagegen ist das Stellenangebot gegenüber 1979 um 1,5 Millionen zurückgegangen.

Die Renaissance des Unternehmertums in Amerika ist die Voraussetzung für die erfolgreiche Weiterentwicklung der Hochtechnologie. Denn nur wenn das Problem der Arbeitslosigkeit gelöst oder wenigstens in erträglichen Grenzen gehalten wird, können die Hochtechnologien voranschreiten. Andernfalls müßte die Volkswirtschaft ihre Ressourcen immer stärker darauf verwenden und damit verschwenden, die alten Schornsteinindustrien zu subventionieren, um Arbeitsplätze zu erhalten. Auch bei uns ist eine Renaissance des Unternehmertums notwendig.

Für die Politik heißt dies: Sie muß die Rahmenbedingungen schaffen und wieder schaffen, unter denen sich auch bei uns Unternehmergeist, Eigenverantwortung, Leistungsbereitschaft und Risikobereitschaft entfalten können.

Wir brauchen eine Steuerpolitik, die zu Leistung motiviert. Das Arbeitsrecht mit seinen starren Regelungen, mit seinem überzogenen Kündigungsschutz, mit seinen Regelungen, die für kleine und große Unternehmen unterschiedslos gelten, stimmt ebenso nicht mit den Anforderungen der neuen Epoche überein, in der Freiheit, Flexibilität und Dynamik Trumpf sind.

Eines der wichtigsten gemeinsamen Ziele der christlich-liberalen Koalition ist es, die Marktwirtschaft zu erneuern. Es gibt erste Erfolge. Auch bei uns regt sich der Unternehmergeist wieder, wie die steigende Zahl der Neugründungen von Firmen ausweist. Aber ich verhehle nicht, es ist erforderlich, mit den Reformen zur Erneuerung der Marktwirtschaft schneller voranzugehen.

Zweitens: Innovative öffentliche Innovationen und Förderung der Forschung

Lassen Sie mich auf eine weitere Aufgabe der Politik eingehen: das Zusammenwirken von Staat und Industrie in den Hochtechnologien.

Mit der Schaffung marktwirtschaftlicher Freiräume, in denen sich Unternehmertum, Innovationen und Investitionen entfalten können, spielt der Staat eine indirekte Rolle. Es gibt jedoch zwei Bereiche, wo von ihm auch eine direkte Rolle gefordert ist. Der erste ist der Bereich der öffentlichen Investitionen. Der Staat ist hier in seiner Rolle als Nachfrager am Markt gefordert.

Gerade in der Informationstechnologie und noch stärker in der mit ihr verbundenen Weltraumtechnologie ist der Staat der wichtigste einzelne Nachfrager.

Eine unentbehrliche Voraussetzung für den Erfolg unserer Hochtechnologie-Industrie ist deshalb, daß die staatlichen Investitionen innovativ sind, und das heißt: daß sie der technischen Entwicklung nicht nachhinken, sondern sie antreiben und der Industrie einen Absatzmarkt für modernste Produkte bieten. Auch hier ist bei uns noch vieles zu tun. Ich brauche nur an die kümmerliche Ausstattung unserer Ministerien und anderen Behörden etwa mit Textverarbeitungsgeräten erinnern, von persönlichen Tischcomputern ganz zu schweigen.

Von überragender Bedeutung für die informationstechnische Industrie sind die Investitionen der Bundespost. Hier ist in letzter Zeit Wesentliches geschehen. Wir haben die Einführung des Bildschirmtextes und sind damit Amerika und Japan voraus. Wir haben eine feste Planung für die Einführung des ISDN, also eines digitalen Netzes, das die jetzt getrennten Dienste wie Telefon, Fernschreiben und Datenübermittlung integriert. Wir haben die Entscheidung für den Bau eines Fernmeldesatelliten der Bundespost. Wir haben die Entscheidung mit Frankreich zusammen ein digitales Mobilfunksystem zu bauen.

All diese Entscheidungen führen nicht nur zu einer großen Nachfrage nach modernsten informationstechnischen Produkten. Sie schaffen vielmehr zugleich die öffentliche Infrastruktur, die unserer Industrie die Entwicklung und Produktion neuer Endgeräte erlaubt und damit zusätzlich zu dem öffentlichen Markt einen riesigen privaten Markt öffnet.

Der zweite Bereich, in dem der Staat eine direkte Rolle zu spielen hat, ist die Unterstützung von Forschung und Entwicklung in den Hochtechnologien.

Wir müssen dabei klar vor Augen haben, was in Japan und in den USA geschieht. Über Japan brauche ich hier kein Wort zu verlieren. Weniger allgemein bekannt scheinen mir jedoch die enormen Beträge zu sein, mit denen die amerikanische Regierung Forschung und Entwicklung in ihrem Land fördert. 1984 waren dies 53 Mrd. Dollar, also über 160 Mrd. DM.

Im Zentrum dieser Förderung stehen die Hochtechnologien. Die deutsche Industrie schätzt, daß 40 Prozent der Forschungs- und Entwicklungsausgaben der amerikanischen Elektronikunternehmen vom Staat finanziert werden.

Das größte Forschungsbudget liegt beim Pentagon. Es hat sich in den letzten 5 Jahren fast verdoppelt, auf 34 Mrd. Dollar im letzten Jahr. In dem Pentagon-Forschungsprogramm finden wir sämtliche Zentraltechnologien im Informationsbereich: die Entwicklung von Super-Computern, die Entwicklung von Methoden für den computer-unterstützten Entwurf von Software-Programmen, ein für die Zukunft besonders wichtiges Forschungsfeld, und schließlich die Forschung im Bereich der sogenannten künstlichen Intelligenz, also in der Entwicklung von Computern, die nicht mehr nur Daten, sondern Wissen verarbeiten, die Muster erkennen, die Sprache erkennen, die Schlußfolgerungen treffen, die lernfähig sind.

Wer auf die USA und Japan und auf andere Länder blickt, für den kann es keine Frage sein, daß auch wir Forschung und Entwicklung in unseren Hochtechnologie-Industrien mit öffentlichen Mitteln energisch unterstützen müssen. Die Bundesregierung hat in dieser Erkenntnis im letzten Jahr ein Programm für die Förderung der Informationstechnik verabschiedet, das 3 Milliarden DM über 5 Jahre hin vorsieht. Gegenüber den USA und Japan nimmt sich diese Zahl bescheiden aus.

Eine der wichtigsten Aufgaben sehe ich deshalb darin, das Verhältnis von Zukunftsinvestitionen und Erhaltungssubventionen drastisch zugunsten der Zukunftsinvestitionen zu verändern.

Drittens: Bildungspolitik für das neue Zeitalter

Ein weiteres zentrales Feld staatlicher Politik zur Sicherung unserer Zukunft ist der Bereich der Bildung und Ausbildung. Letztlich liegt hier der Schlüssel zum Erfolg.

Um unser Land in das Informationszeitalter zu führen, brauchen wir die Wissenschaftler und Ingenieure, die die neuen Technologien entwickeln, brauchen wir die Manager, die sie am Weltmarkt durchsetzen. Wir brauchen ebenso die Lehrer, die Schüler und Studenten für die neue Zukunft ausbilden, wir brauchen die Journalisten, die die Probleme ihrer Zeit verstehen, wir brauchen kulturelle Eliten, die nicht ein Zurück in die Vergangenheit predigen, sondern die nach vorne schauen und als Avantgarde die neue Kultur des Informationszeitalters heraufführen.

Wir brauchen Zielvorgaben der politischen und gesellschaftlichen Gruppen, die uns durch die zweifellos schwierige Übergangsperiode in das Informationszeitalter führen. Geistige Führung ist im Kampf gegen den fortschrittsfeindlichen Kulturpessimismus nötiger denn je. Unsere Schulen und Hochschulen auf die Aufgabe auszurichten, ihre Schüler und Studenten für das neue Zeitalter zu erziehen, ist somit eine grundlegende Aufgabe. Ich verhehle meine Meinung nicht, daß wir bei Erfüllung dieser Aufgabe noch ganz am Anfang stehen, daß wir noch weit davon entfernt sind, die Dinge mit der nötigen politischen Energie und Dringlichkeit voranzutreiben.

Eliteuniversitäten

Eine besondere Rolle für unsere Zukunft kommt den Hochschulen zu. Der Wettbewerb der Nationen ist heute zu allererst Wettbewerb ihrer Universitäten. Die amerikanischen Erfolge in der Hochtechnologie wären undenkbar ohne die Elite-Universitäten wie Stanford und Berkeley, MIT und Harvard. In ihren Labors wurden einige der entscheidenden Durchbrüche erzielt, die das hochtechnologische Zeitalter einleiteten. In ihrem Umkreis siedeln die neuen, hochinnovativen Technologieunternehmen des Silicon Valley, der Boston Route 128. Die Unternehmensgründer sind oft Absolventen dieser Universitäten.

Um die Lage bei uns zu schildern, gehe ich von einem konkreten Beispiel aus: Bei Los Angeles liegt das California Institute of Technology, kurz Caltech genannt. An ihm studieren 1800 Studenten, sie werden unterrichtet von einer erlesenen Schar von Professoren, aus deren Reihen fast jedes Jahr ein Nobel-Preisträger kommt. Fragt man diese Professoren, was das Wichtigste für sie am Caltech ist, dann ist die Antwort einstimmig: »good students« – gute Studenten.

Und sie erzählen dann weiter, daß jedes Jahr Mitglieder der Fakultät einen Monat der Aufgabe widmen, für Caltech die besten Studenten zu gewinnen. Sie holen sie bisweilen aus völlig unbekannten high-schools in abgelegenen Provinzen. Und man sagt mit Stolz: »Wer bei uns studiert, gehört zu den 0,5% der in den Naturwissenschaften begabtesten Menschen.« Das Verhältnis Undergraduate-Studenten zu Professoren ist 3 : 1, vom ersten Semester an beteiligen sich die Studenten bereits an der Forschung – also im Alter von 18 Jahren.

Ich frage Sie, wo gibt es in unserem Land eine Universität, wo wir Spitzenbegabungen so frühzeitig in einer auch nur vergleichbaren Weise fördern können.

Wir können es nicht. Wir haben insbesondere in den frühen Semestern keine Möglichkeit, hochbegabte Studenten wirklich optimal zu fördern – wenn wir von kleinen Fächern wie Assyriologie absehen. Wir haben in den letzten 15 Jahren unsere Hochschulen enorm ausgeweitet. Gingen zu Beginn der sechziger Jahre nur 5% eines Jahrgangs auf eine Universität, so sind es jetzt 21%. Diese Ausweitung war richtig.

Aber unbegreiflich erscheint heute das Versäumnis, in diesem so gewaltig expandierten Universitätssystem durch ausreichende Flexibilität und durch Wettbewerb dafür zu sorgen, daß Spitzenforschung einerseits und Hochbegabtenförderung und damit Leistungselitenbildung andererseits die notwendigen Entfaltungsmöglichkeiten haben.

Das amerikanische Universitätssystem zieht seine Leistungsfähigkeit aus seiner Vielfältigkeit. Es bietet, von den junior colleges bis hin zu den Elite-Universitäten, ein breit gefächertes Lehrangebot, das allen Begabungen, allen Interessen und Neigungen gerecht werden kann. Unsere 76 wissenschaftlichen Hochschulen dagegen stellen einheitlich dieselben akademischen Ausbildungsansprüche. Die Diplome oder Staatsprüfungen sollen vergleichbar und gleichwertig sein. Die Studenten werden diesen Hochschulen in den großen Fächern von einer zentralen Verteilungsstelle zugewiesen.

Die an einer Hochschule Studierenden sind also nach Leistungsfähigkeit und nach Leistungswillen und von ihren Interessen sehr verschieden.

Die Lehrenden können sich in ihrem Lehrangebot und in den Prüfungsanforderungen nur auf ein mittleres Spektrum von Begabungen einstellen. Sie können weder die Hochbegabten wirksam ausbilden und fördern noch auch die Schwächerbegabten. Die ersten werden unterfordert, die letzteren überfordert. Und inhomogen, wie die Studenten an einer Universität, sind ebenso die Professoren. Spitzenforschung ist in einer solchen Atmosphäre schwierig gemacht.

Chancengleichheit: Ja! Ergebnisgleichheit: Nein!

Die zentrale Aufgabe unserer Hochschulpolitik ist also, dieses Versäumnis der letzten 15 Jahre gutzumachen und dem Wettbewerb zwischen den Hochschulen und der Differenzierung mehr Freiraum zu verschaffen. Dann braucht auch die Landesregierung in Düsseldorf nicht mehr darüber nachzudenken, wie hoch die Stellenzulagen sein müssen, um junge Spitzenwissenschaftler vor der Abwanderung in die USA abzuhalten. Denn es ist meist gar nicht das persönliche Einkommen, sondern es sind die besseren Lehr- und Forschungsmöglichkeiten, die die USA so attraktiv erscheinen lassen.

Nur wenn wir die Kraft finden, Ja zu sagen zu Leistungseliten – nicht zu Geld- oder Standeseliten – werden wir die Zukunft gewinnen.

Es sind einige wenige Tausend, die die entscheidenden Leistungen für die Weiterentwicklung der neuen Technologien bringen. Ihre Leistung aber ist die Voraussetzung dafür, daß Millionen die Neuentwicklungen produzieren und anwenden können, und das heißt: hochwertige Arbeitsplätze haben.

Hervorragend ausgebildete Leistungs- und Verantwortungseliten sind für unsere Demokratie lebenswichtig.

Wir müssen den Gleichheitsaposteln in der Bildungspolitik wie in allen übrigen Bereichen ein entschiedenes Nein entgegensetzen. Chancengleichheit: Ja! Ergebnisgleichheit: Nein! Zu einer gesunden Demokratie, die die Zukunft für sich hat, gehört, daß sie in der Spannung zwischen Gleichheit und Freiheit nicht die Freiheit auf den zweiten Platz setzt. Die Novellierung des Hochschulrahmengesetzes ist ein erster Schritt auf dem Weg, unseren Hochschulen die Freiheit zu Wettbewerb und Differenzierung zurückzugeben.

Am Ende dieses Weges muß ein System stehen, bei

dem jede Hochschule ihre Studenten selbst aussucht, und jeder Student sich seine Hochschule aussucht. Daraus wird sich wie von selbst eine Vielfalt im Lehrangebot und in den Leistungsanforderungen zwischen den Hochschulen ergeben.

Private Universitäten

Einen wichtigen Beitrag zu dem Ziel, in unser Hochschulsystem Freiheit und Vielfalt hineinzubringen, könnte eine, wenn auch kleine Zahl von privaten Universitäten leisten.

Es gilt ebenso, private Stiftungslehrstühle an Staatlichen Hochschulen zu errichten. Wenn angesichts der großen Expansion unserer Hochschulen und der damit verbundenen Berufung sehr junger Hochschullehrer die Professorenstellen oft auf Jahrzehnte blockiert sind, dann liegt darin ein weiterer Grund für Abwanderung junger Spitzenwissenschaftler. Natürlich kann niemand die finanziellen Gründe gering achten, die die Länder an der Schaffung zusätzlicher Professorenstellen hindern. Aber dann soll man doch seine ideologischen Scheuklappen beiseite legen und mit privaten Mitteln private Stiftungslehrstühle einrichten – wir brauchen unsere jungen Spitzenbegabungen selbst, wir sollten sie nicht einfach in die USA ziehen lassen. Hier geht es um Zukunftsinvestitionen erster Dringlichkeit.

Aufgabe der Bundesregierung und der Länderregierungen ist es, materielle und rechtliche Rahmenbedingungen zu schaffen, in dem die Gründung privater Universitäten und von Stiftungslehrstühlen erleichtert wird. Es gilt insbesondere das Stiftungssteuerrecht, das in seiner jetzigen Gestalt ein großes Hemmnis ist, zu reformieren. Auch die Aufgaben in der Bildungspolitik sind Freiheitsaufgaben.

Viertens: Hochtechnologische Zusammenarbeit in Europa

Sei nur kurz ein letztes entscheidendes Feld erwähnt: die Europapolitik. Nur Europa als Ganzes hat die Forschungs- und Industriekapazität, um in den neuen Technologien mit den USA und Japan mithalten zu können. Und nur Europa als Ganzes bietet für diese Technologien einen ausreichend großen Binnenmarkt, von dessen Basis aus wir auf den Weltmärkten konkurrieren können.

Politik für die hochtechnologische Zukunft in der Informationsgesellschaft heißt deshalb nicht zuletzt: Europapolitik, heißt europäische Zusammenarbeit in Forschung und Entwicklung, heißt europäische Firmen-Konsortien auch für gemeinsame Produktionen in den Hochtechnologien, heißt vor allem Schaffung eines homogenen Binnenmarktes durch gemeinsame Normen und gemeinsame öffentliche Ausschreibungen.

Auch hier sind die Dinge in Bewegung gekommen. Ich weise hin auf ESPRIT, das Strategische Programm der Europäischen Gemeinschaft für die Informationstechnologie, auf die Zusammenarbeit bei Airbus und Ariane innerhalb der Europäischen Weltraumorganisation und auf die deutsch-französische Zusammenarbeit bei der Entwicklung eines digitalen Mobilfunksystems.

Nationen und Kulturen stehen in ihrer Geschichte immer wieder vor großen Herausforderungen – vor »challenges«, wie Toynbee sie nannte. Die Antwort, die sie auf die Herausforderung geben, entscheidet über ihre Zukunft. Unser Land und Europa insgesamt steht heute vor einer solchen Herausforderung. Es geht darum, ob wir in der bereits voll in Gang befindlichen technologischen Revolution mit den USA und Japan Schritt halten können, ob wir den Übergang in das Informationszeitalter bewältigen.

Es ist für mich keine Frage, daß wir die Ressourcen haben, diese Herausforderung zu bestehen. Die Frage ist allein, ob wir sie zu mobilisieren verstehen. Auch hier bin ich optimistisch. Denn wir haben die Herausforderung erkannt, und wir haben begonnen, sie anzunehmen.

Sachregister

587

588